पाश्चात्य काव्यशास्त्र : अधुनातन संदर्भ

पाश्चात्य काव्यशास्त्र : अधुनातन संदर्भ

डॉ. सत्यदेव मिश्र
भूतपूर्व प्रोफेसर
हिन्दी तथा आधुनिक भारतीय भाषा विभाग
लखनऊ विश्वविद्यालय

लोकभारती प्रकाशन

लोकभारती प्रकाशन
पहली मंजिल, दरबारी बिल्डिंग, महात्मा गाँधी मार्ग
प्रयागराज-211 001
वेबसाइट : www.lokbhartiprakashan.com
ईमेल : info@lokbhartiprakashan.com
शाखाएँ : 1-बी, नेताजी सुभाष मार्ग, दरियागंज
नयी दिल्ली-110 002
अशोक राजपथ, साइंस कॉलेज के सामने
पटना-800 006 (बिहार)

पहला संस्करण : 2002
सातवाँ संस्करण : 2023

मूल्य : ₹ 600

जे.के. आर्ट प्रेस
प्रयागराज द्वारा मुद्रित

PASHCHATYA KAVYA SHASTRA
ADHUNATAN SANDARBH
by Dr. Satya Dev Mishra

ISBN : 978-81-8031-293-9

आचार्य द्वय

पं० विद्यानिवास मिश्र

एवम्

डॉ० सूर्यप्रसाद दीक्षित

को

सादर समर्पित

प्राक्कथन

प्रस्तुत कृति 'पाश्चात्य काव्यशास्त्र : अधुनातन संदर्भ' में पाश्चात्य काव्यशास्त्र के उद्भव और विकास के संक्षिप्त परिचय के साथ ही प्रतीच्य विचारकों की समीक्षा संबंधी अधुनातन मान्यताओं के रेखांकन का उपक्रम है। पुस्तक के प्रथम खण्ड में ग्रीक-रोमन, अंगरेजी, फ्रांसीसी और इतालवी दार्शनिकों-आलोचकों आदि की साहित्यिक तथा सहित्येतर मान्यताओं को यथासम्भव उनके मूल रूप में प्रस्तुत करने का प्रयास रहा है, साथ ही उन अवधारणाओं को विश्लेषित-विवेचित करने की कोशिश भी की गई है जो पाश्चात्य साहित्य के साथ ही हिन्दी समीक्षा-साहित्य को यत्किंचित प्रभावित कर रही हैं।

पाश्चात्य काव्यशास्त्र की गौरवमयी विस्तीर्ण परम्परा में टी० एस० इलियट के उपरान्त जिन समीक्षा निष्कषों को तरज़ीह मिली है, उनका हवाला इस पुस्तक में है।

वस्तुत: पाश्चात्य काव्यशास्त्र का अनुशीलन हिन्दी-साहित्य के सम्यक् अवबोध का प्रेरक भी है और पूरक भी। इसे समसामयिक साहित्य के प्रतिमान-रूप में गठित करने का यत्न तो किया ही गया है; साथ ही 'आतंकवादी' लेखन का उपकरण भी बनाया गया है। द्विवेदी-युग तक भारतीय काव्यशास्त्र को जिस रूप में प्रमाण माना जाता रहा है, उसी अनुपात में सम्प्रति पाश्चात्य काव्यशास्त्र एवं सौन्दर्यशास्त्र का उद्घोष किया जाता है। यों साहित्य की सार्वकालिक मीमांसा के लिए पाश्चात्य काव्यपरम्परा का परिज्ञान उपयोगी है; फिर भी उसकी अति से बचना आवश्यक है, अन्यथा हिन्दी के स्वायत्त साहित्यशास्त्र का स्वरूप स्थिर नहीं हो सकेगा। इसमें कोई सन्देह नहीं कि पश्चिमी साहित्य-सिद्धान्त अपेक्षाकृत अधिक वैज्ञानिक हैं। वे साहित्येतर सन्दर्भों से परिपूर्ण होने के कारण अधिक व्यापक भी हैं, अर्थात् साहित्य को समाज-विज्ञान, मनोविज्ञान, नृविज्ञान, इतिहास-बोध आदि के आलोक में देखने में समर्थ हैं; फिर भी वे हिन्दी-साहित्य की सही परख और पहचान के एकमात्र मानक नहीं हैं। संस्कृत साहित्य-सिद्धान्तों की भी अपनी सीमा है। पाश्चात्य समीक्षा उसकी तुलना में कहीं अधिक व्यावहारिक प्रतीत होती है; मुख्यत: लेखन-प्रक्रिया के विश्लेषण में, पर इन सबका सामंजस्य किए बिना हिन्दी-साहित्य का समुचित मूल्यांकन सम्भव नहीं है। चूँकि हिन्दी-साहित्य पूर्व और पश्चिम दोनों से प्रभावित रहा है इसलिए उसकी अपनी भावनिधि की जानकारी के साथ-साथ इन दोनों का तत्वबोध अपेक्षित है। यदि अन्यथा न लिया जाए तो मैं कहूँगा कि इधर जितनी काव्यशास्त्रीय चर्चा की जा रही है, उसमें दोनों का मूलोद्घाटन न करके पल्लवग्राही पाण्डित्य ही अधिक दिखायी देता है। किन्तु इस ग्रंथ में पाश्चात्य काव्यशास्त्र के गम्भीर अनुशीलन का प्रयास है।

यही नहीं इस पुस्तक में ईसापूर्व समीक्षकों के सिद्धान्तों और आधुनिक काल के समीक्षा आन्दोलनों तथा 'वादों' का भी लेखा-जोखा है।

कृति के प्रथम खण्ड में उन विचारकों का विवेचन है, जो विशिष्ट समीक्षा-सिद्धान्तों के उन्नायक माने जाते हैं। इनमें नैतिक मूल्यों के संस्थापक ग्रीकगुरु 'प्लेटो' (अफलातूँ) हैं, जिन्होंने अपने 'रिपब्लिक' ग्रन्थ द्वारा काव्य के अनुकृति-सिद्धान्त, कवि के दैवीविक्षेप एवं मिथ्यात्व का प्रतिपादन किया है। इनमें काव्यशास्त्र प्रेणता 'अरस्तू' हैं, जिनका अनुकरण-सिद्धान्त, विरेचन-सिद्धान्त, त्रासदी-सिद्धान्त और भावक (दर्शक) मनोविज्ञान भारोपीय साहित्यशास्त्र का मूलाधार है। इसी क्रम में रोमन कवि-आलोचक 'होरेस' की दैवी स्फुरणा तथा काव्यकला-मीमांसा, 'कुन्तलियन' की शास्त्रवादी विचारणा (वाग्मिता की व्याख्या), 'लोंगिनस' की उदात्त-परिकल्पना और 'दांते' की आदर्शवादी अवधारणा का पर्यालोचन किया गया है।

'नवक्लासिकल' स्तम्भ के अन्तर्गत 'आलोचनात्मक प्रेक्षण' के प्रवर्तक 'सिडनी', शास्त्रवादी 'बेनजान्सन', आभिजात्यवादी 'ड्राइडन', पत्रकार आलोचक 'एडीसन', बुद्धिवादी (नवशास्त्रवादी) 'पोप' और कवि-आलोचक 'डॉ० जानसन' का सिद्धान्त-प्रतिपादन किया गया। इनमें 'पोप' की कृति 'ऐसे ऑन क्रिटिसिज्म' और 'डॉ० जानसन' की कृति 'लाइफ ऑव द पोइट्स' में जिस जीवनचरितात्मक आलोचना के सूत्र मिलते हैं, वे निश्चय ही विचार-विमर्श के विषय हैं।

स्वच्छन्दतावादी चिन्तकों में कवि-आलोचक वर्ड्सवर्थ द्वारा 'लिरिकल बैलेड्स' की भूमिका में प्रतिपादित काव्य की नैतिक (आध्यात्मिक) एवं प्रकृतिवादी काव्य-मूल्यों की चर्चा की है और साथ ही, उसके समान धर्मा सहकारी लेखक रोमानी कवि 'कॉलरिज' की कल्पनातिशयता की प्रत्यालोचना भी की गई है। 'कॉलरिज' की 'वायोग्राफिया लिटरेरिया' अंग्रेजी का एक गौरवग्रन्थ है। उसने जिस प्रकार कविता को 'बैस्ट वर्ड्स इन बैस्ट आर्डर' कहकर परिभाषित किया है और जिस प्रकार काव्यकल्पना की दिव्य शक्ति का उद्घोष किया है, वह निस्संदेह काव्यमीमांसा का एक गूढ़ तत्त्व है।

इसके पश्चात् अंग्रेजी साहित्येतिहास के कालसापेक्ष युग-विभाजन के अनुरूप 'विक्टोरियन युग' के महान काव्यशास्त्री 'मैथ्यू आर्नल्ड' की व्याख्या की गई है। 'आर्नल्ड' की अमर कृति 'ऐसेज़ इन क्रिटिसिज़्म' और उनके जीवनवादी सूत्र 'साहित्य जीवन की समीक्षा है' का ऐतिहासिक महत्त्व रहा है। पुस्तक में 'इलियट' तथा 'रिचर्ड्स' की चर्चा है। ये दोनों आधुनिक विचारक हैं। आधुनिक साहित्य-चिन्तन प्रयोग एवं परीक्षण से प्राप्त ज्ञान-विज्ञान अर्थात् वैज्ञानिक आलोचना का अनुयायी है। सप्रश्नता इसका लक्षण है। इलियट ने एक कवि-आलोचक के रूप में नयी पीढ़ी को बहुत प्रभावित किया है। रिचर्ड्स की कृति 'प्रिंसिपिल्स ऑव लिटरेरी क्रिटीसिज़्म' में निर्धारित कलामूल्य (रचना प्रक्रिया, अनुभूति-सम्प्रेषण, मन:विश्लेषण आदि) भी नौसिखियों के कण्ठहार बने हुए हैं, अस्तु इनका प्रामाणिक परिचय

आवश्यक है। लेखक इस ओर सचेष्ट है। यों इनका दर्शन तो दुरूह है ही। नयी समीक्षा और उसके उत्तरवर्ती समीक्षकों दरेदा आदि की संकल्पनाओं का रेखांकन भी इस कृति में है।

'अन्य समीक्षकों' के रूप में यहाँ 'हीगेल', 'मार्क्स','फ्रायड', 'लारेन्स', 'क्रोचे', 'तेन' तथा 'स्पिनगार्न' की समीक्षा की गयी है। ये सभी किसी-न-किसी 'वाद' से सम्बन्धित हैं। 'हीगेल' के आदर्शवादी ललित कला-दर्शन की महत्ता स्वत: सिद्ध है। 'मार्क्स' और 'फ्रायड' इस युग के शीर्षस्थ एवं 'आलराउण्डर' विचारक रहे हैं। 'दास कैपिटल' में विवेचित 'मार्क्स' की सामाजिक कला चेतना, द्वन्द्वात्मक, भौतिकवादी, उपयोगितावादी, मानवतावादी और प्रगतिशील दृष्टि ने काव्य-सर्जना तथा समीक्षा-दोनों को अभिभूत किया है। 'फ्रायड', 'एडलर', 'युंग' एवं 'लारेन्स' द्वारा प्रतिपादित कला की मनोवैज्ञानिक प्रक्रिया तथा मनोविश्लेषणपरक साहित्यालोचन नए साहित्य-बोध का अपरिहार्य पक्ष है। इनके अतिरिक्त 'क्रोचे' का 'अभिव्यंजनावाद', उसकी सहजानुभूति, उसकी सौन्दर्यशास्त्रीय एवं भाषाशास्त्रीय व्याख्या तथा उसी से प्रेरित आचार्य शुक्ल की 'भावपक्ष'-'कलापक्ष' परक विवेचना सुपरिचित रही है। वैज्ञानिक तथा ऐतिहासिक आलोचना के प्रणेता 'तेन' और नयी आलोचना के प्रवर्त्तकों की यहाँ चर्चा है। इसी ध्येय से इनके अतिरिक्त 'काडवेल' और 'जार्ज लुकाच' के जन-साहित्य-दर्शन, 'एडवर्ड वुलों' के 'मानसिक अन्तराल', 'लैंगर' के 'प्रतिभास', जान ड्यूई' एवं 'बाउम गार्टेन' की सौन्दर्य-परिकल्पना और अमेरिकी शैली वैज्ञानिक 'स्ट्रक्चरल आलोचना' आदि का कुछ पूर्वाभास भी यहाँ करा दिया गया है।

द्वितीय खण्ड में विभिन्न वादों पर विवाद है। यों 'ड्राइडन' और 'पोप' के साथ 'नवशास्त्रवाद' को, 'प्लेटो' के साथ आदर्शवाद की; 'मार्क्स', 'फ्रायड' के साथ 'यथार्थवाद' की, 'वड्सवर्थ' 'कॉलरिज' के साथ एवं 'स्वच्छन्दतावाद' की, 'मैथ्यू आर्नल्ड' के साथ 'कला, कला के लिए' या 'जीवन के लिए'—इस विवाद की परिचर्चा यथेष्ट थी; फिर भी विचारधारा के विकास-क्रम-निरूपण हेतु यह प्रणाली अधिक प्रयोज्य है। 'बिम्ब' और 'प्रतीक' का पृथक् विवेचन करके उनके सही रूप का रेखाकंन यहाँ हुआ है। 'फिगारो' (1886) में घोषित, 'रिम्बो', 'एडलर एलन पो', 'बादलेयर' 'इजरापाउण्ड आदि द्वारा पोषित 'प्रतीक' तथा 'बिम्ब' हिन्दी में बहुचर्चित तो हैं, पर निर्भ्रान्त नहीं हैं। शुक्ल जी ने इसे 'चित्र भाषावाद' रूप में ग्रहण किया है तो कुछ ने इन्हें रूपक, समासोक्ति, रूपकातिशयोक्ति जैसे अलंकारों से गड्डमड्ड कर दिया है। इसमें विषयवस्तु और रूप—दोनों की अटूट क्रिया का तथा अवचेतन के स्वप्न-संवेदन का जो प्रतिविधान किया जाता है, उसकी मन: संरचना की ओर प्राय: दृष्टिक्षेप नहीं किया जाता। यह चर्चा, आशा है, उस दिशा में विचारोत्तेजक सिद्ध होगी। और अब इस क्रम में अन्तिम है—अस्तित्ववाद'। यह काव्य की उपयोगितावादी जीवन-दृष्टि का विपर्यस्त सिद्धान्त है। इसका विवेचन अन्य समीक्षकों के साथ 'सार्त्र' के विचार क्रम में भी किया गया है।

अंत में एक और निवेदन करके मैं विज्ञ पाठकों से विदा चाहूँगा। मैंने अंग्रेजी-हिन्दी की विभिन्न आलोचनात्मक पुस्तकों एवं आलोचकों की मूल कृतियों के साथ-ही-साथ दर्शन, राजनीति, मनोविज्ञान आदि की पुस्तकों का अनुशीलन कर इन प्रमुख पाश्चात्य साहित्यिक धारणाओं को जैसा समझा है, वैसा ही शुद्ध अन्तःकरण से निरूपित करने का प्रयास किया है। उत्तरवर्ती साहित्येवधारणाओं (उत्तर संरचनावाद उत्तर आधुनिकतावाद आदि) और विवादित प्रत्ययों की मीमांसा प्रस्तुत ग्रंथ की एक महती विशेषता है।

आशा है यह प्रबंध हिन्दी समीक्षा साहित्य के क्षेत्र में उपादेय सिद्ध होगा। अस्तु।

गणतंत्र दिवस, 2002

—सत्यदेव मिश्र

अनुक्रमणिका

प्रथम खण्ड

द्वितीय खण्ड

प्रथम खण्ड

- पाश्चात्य विचारक : पूर्वाभास
- नवशास्त्रवाद का प्रादुर्भाव
- स्वच्छन्दतावाद का प्रारूप
- विक्टोरियन मध्य मार्ग
- परिप्रश्नात्मक युग
- कुछ अन्य समीक्षक एवं समीक्षान्दोलन

1

पाश्चात्य विचारक : पूर्वाभास

यूनानी आलोचना का इतिहास ईसा से लगभग आठवीं शती पूर्व होमर से माना जाता है। यूनानी आलोचना की एक सुदीर्घ परम्परा रही है और इस सुदीर्घ परम्परा की महत्त्वपूर्ण कड़ियाँ हैं—प्लेटो, अरस्तू, लोंगिनुस आदि। परन्तु इसका तात्पर्य यह नहीं कि इस परम्परा के अन्य आलोचक नगण्य हैं। आठवीं शती ई० पूर्व होमर के आविर्भाव से लेकर तीसरी शती ई० पूर्व थियोफ्रेस्टस अथवा लोगिनुस के आविर्भाव तक लगभग 500 वर्ष की अवधि में अनेक ऐसे आलोचक और कवि-आलोचक हुए हैं, साहित्य और आलोचना के क्षेत्र में जिनकी देन निश्चित ही महत्त्वपूर्ण है। यदि एक सरसरी नजर दौड़ाई जाये तो होमर के उपरान्त हैसियड, पिंडार, गोर्जियास, एरिस्टोफेनीज, सुकरात, आइसाक्रेटीज, इस्किलस, साफोक्लीज़, यूरीपिडस और थियोफ्रेस्टस आदि ऐसे अनेक नाम मन:पटल पर उभरते हैं, जिनका योगदान आलोचनाशास्त्र के लिए गुणात्मक और विशिष्ट है। महाकवि होमर के बाद महान सम्बोधनगीत प्रणेता पिंडार ने यदि अपने स्फुट वक्तव्यों में काव्य-कला और काव्य-रचना-प्रक्रिया जैसे महत्त्वपूर्ण आलोचना-तत्त्वों पर विचार किया है तो उनके समकालीन आलोचक गोर्जियास ने काव्य-परिभाषा और काव्य-प्रभाव जैसे अनिर्णीत प्रश्न उठाये हैं। इसी भाँति एरिस्टोफेनीज ने यदि सर्वप्रथम निर्णयात्मक समीक्षा-प्रणाली का प्रणयन किया तो उनके समकालीन समीक्षक आइसाक्रेटीज ने भाषण-शास्त्र पर गम्भीर वक्तव्य दिये। इस्किल्स, सोफोक्लीज तथा यूरीपिडस महान नाटककार होने के साथ-ही-साथ उच्च कोटि के नाट्यशास्त्र-आलोचक भी थे। पाश्चात्य समीक्षाशास्त्र जैसी विस्तृत विषय-वस्तु के परिप्रेक्ष्य में, चूँकि इस पुस्तक का कलेवर लघु है, इसीलिये उन्हीं आलोचकों पर विचार किया गया है, जिनका अध्ययन-अध्यापन हिन्दी-प्रेमियों के लिये आवश्यक-सा हो गया है। इसी तथ्य को दृष्टिगत रखते हुए रोमीय आलोचना में होरेस और क्विंतलीयन पर ही विचार किया गया है। रोमीय आलोचना के साथ ही लोगिनुस का नाम भी जोड़ा गया है। हो सकता है यह तथ्य कतिपय विद्वानों को अमान्य हो, क्योंकि लोगिनुस जन्मत: ग्रीक थे और उन्होंने अपने ग्रंथ 'ऑन द सब्लाइम' का प्रणयन भी ग्रीक भाषा में किया था। चूँकि वह प्रथम स्वच्छन्दतावादी आलोचक ('फर्स्ट रोमांटिक क्रिटिक'—स्काटजेम्स) हैं, इसलिए मूलत: शास्त्रवादी ग्रीक आलोचकों की पंक्ति में लोगिनुस को खड़ा करना मुझे उचित प्रतीत नहीं हुआ। परिणामत: मैंने उन्हें ग्रीक आलोचकों की परम्परा से अलग ही माना है। परन्तु यह तथ्य भी निश्चित ही अटूट है कि जीवनपर्यन्त रोम में निवास करने के

कारण लोगिनुस को रोमन आलोचक भी घोषित नहीं किया जा सकता। अत: मेरा आग्रह है कि उन्हें इन दोनों परम्पराओं (जो कि एक दूसरे से बहुत कुछ सम्बद्ध हैं) से भिन्न ही समझा जाय।

क्लासिकल लातिन-साहित्यिक आलोचकों के साथ ही साथ इतालियन आलोचक दान्ते को भी इस पुस्तक में स्थान दिया गया है। यद्यपि वह हिन्दी-साहित्य-मर्मज्ञों में सुविख्यात नहीं हैं; फिर भी रचयिता और अध्येता को क्लासिकल भाषा-साहित्य के चंगुल से मुक्त कर देशज भाषा-साहित्य की ओर उन्मुख करने वाले तथा शताब्दियों तक देशज भाषाओं में लेखन, अध्ययन और अध्यापन की प्रेरणा के अक्षय स्रोत दान्ते को भुलाया कैसे जा सकता है!

पाश्चात्य आलोचना-साहित्य के इस विकासात्मक क्रम में ग्रीक, लातिन और इतालियन आलोचकों पर विचारोपरान्त अंग्रेजी-समीक्षा पर दृष्टि पहुँचती है। अंग्रेजी आलोचना का उद्भव और विकास 16वीं शती के उत्तरार्द्ध से ही माना जाता है; क्योंकि 16वीं शती के मध्य तक इंग्लैंड में किसी भी उल्लेखनीय आलोचनात्मककृति का प्रणयन न हो सका था। 16वीं शती के प्रारम्भ में चासर का 'माँक', 'होस्ट' और 'नाइट' तथा स्टीफन हाज की पुस्तक 'द पास्टाइम ऑफ प्लेजर' आलोचना के क्षेत्र में मात्र प्रारम्भिक प्रयास ही थे। पुनर्जागरण काल के उपरान्त ही अंग्रेज-विद्वानों को ग्रीक और लातिन के आलोचना-साहित्य के अध्ययन का सौभाग्य प्राप्त हो सका। परिणामत: यहीं से अंग्रेजी-आलोचना का विधिवत विकास प्रारम्भ हुआ और इस विकास-क्रम के अग्रदूत बने अंग्रेजी के प्रथम तीन आलोचक सर जान चीक, राजर आशम और थामस विल्सन। अंग्रेजी-आलोचना-शास्त्र की यह आलोचकत्रयी 'प्रथम ट्यूडर समीक्षक' अथवा 'कैम्ब्रिज स्कूल' के नाम से प्रसिद्ध है।

कृतित्व की दृष्टि से इस आलोचकत्रयी में विल्सन का नाम अग्रगण्य है। विल्सन के तीन ग्रंथ—'आर्ट ऑफ रिटारिक', 'रूल ऑफ रीजन' तथा 'ऑफ इलोक्यूशन' सुविदित हैं। सरजान चीक ने किसी भी महत्त्वपूर्ण ग्रंथ की रचना नहीं की। राजर आशम के दो ग्रंथ 'टाक्सोफिलस' और 'स्कूल-मास्टर' भी सुविदित हैं।

एक ओर तो ये आलोचक प्राचीन शास्त्रवादियों के गम्भीर अध्येता और अनुयायी थे, दूसरी ओर देशज भाषा अर्थात् अंग्रेजी के प्रबल समर्थक थे। इस प्रकार इनकी आलोचना की दो प्रवृत्तियाँ स्पष्ट लक्षित होती हैं: प्राचीन शास्त्रवादी ग्रीक और रोमन लेखकों की आदर्श कृतियों को प्रतिमान मान उनके अनुकरण के आग्रह की प्रवृत्ति; तथा देशी भाषा अंग्रेजी की विशुद्धता को बनाये रखने का प्रबल प्रयत्न।

इस आलोचकत्रयी के बाद अंग्रेजी आलोचना के क्षेत्र में 16वीं शती के उत्तरार्द्ध में प्राचीन एथेन्स की एक पहाड़ी के नाम पर 'ऐरोपेगस' नामक एक और साहित्यिक सर्किल का निर्माण हुआ और इस सर्किल के मुख्य सदस्य बने सर फिलिप सिडनी, गेब्रियल हारवे, स्पेन्सर एडवर्ड डिर आदि। इस सार्किल के सभी सदस्य शास्त्रवादी थे। इनका उद्देश्य प्राचीन ग्रीक तथा रोमन साहित्यकारों के अनुकरण से देशज भाषा

अंग्रेजी को भव्य बनाना था।

'एरोपेगस' के निर्माण के उपरान्त 16वीं शती के उत्तरार्द्ध से 20वीं शती तक अंग्रेजी-आलोचना का एक विधिवत् विकासात्मक इतिहास पाया जाता है। अंग्रेजी आलोचना के इस चार सौ वर्ष के इतिहास में अनेक महत्त्वपूर्ण आलोचक हुए हैं। अंग्रेजी-आलोचकों की इस लम्बी श्रृंखला में से इस पुस्तक में मात्र उन्हीं आलोचकों पर विचार किया गया है, जो आलोचना के क्षेत्र में किसी महत्त्वपूर्ण परिवर्तन के अग्रदूत अथवा स्तम्भ हैं तथा जिनका न्यूनाधिक परिचय एवं प्रभाव हिन्दी साहित्य-सर्जकों एवं अध्येताओं पर भी है।

इधर अंग्रेजी-आलोचना की इस सुदीर्घ परम्परा से इतर कुछ आलोचकों के प्रमुख सिद्धान्तों का परिचयात्मक उल्लेख भी इस संदर्भ में उचित प्रतीत हुआ; परिणामत: क्रोचे, हीगेल आदि के साहित्य-सिद्धान्तों का उल्लेख भी किया गया है। अंग्रेजी आलोचकों की इस परम्परा में क्रोचे और हीगेल पर किये गये विचारों का औचित्य मात्र इतना ही है कि क्रोचे और हीगेल हिन्दी साहित्य-सर्जक, भावक और आलोचक को उतना ही प्रभावित करते रहे हैं, जितना कि अरस्तू और आई० ए० रिचर्ड्स अथवा लोगिनुस और टी० एस० इलियट। इलियट के उपरान्त पश्चिम में जो नया साहित्य चिन्तन प्रकाश में आया, उसके अधुनातन स्वरूप को रेखांकित करने का प्रयास भी इस कृति में है।

1

प्लेटो की कला और साहित्य सम्बन्धी धारणाएँ

प्लेटो (428-348 ई० पू०) साहित्य के संकल्पित आलोचक नहीं थे। फलत: उनकी आलोचनाएँ किसी भी एक कृति में मूर्त रूप नहीं पा सकीं। उनकी रुचि दार्शनिक अन्वेषणों में विशेष रूप से थी। उन्होंने अपने दार्शनिक विचारों को संभाषणों के द्वारा प्रस्तुत किया है। और इन संभाषणों में भाग लेने वाले प्रमुख संभाषी उनके गुरु सुकरात ही रहे हैं। अपने गूढ़ विचारों की अभिव्यक्ति में अपने गुरु सुकरात को संभाषी के रूप में प्रस्तुत करने का उद्देश्य गुरु का संस्तवन करना था। उनके दार्शनिक अन्वेषणों के दौरान ही, प्रसंगवश उनके कला और साहित्य सम्बन्धी विचारों ने भी मूर्त रूप पाया है। मुख्य रूप से कला और साहित्य सम्बन्धी धारणाएँ ईआन (Ion), क्रेटिलुस (Cratylus), प्रोटोगोरस (Protogoras), गॉरगियाज (Gorgias), सिम्पोज़ियम् (Symposium), रिपब्लिक (Republic), फेइड्रूस (Phaedrus), फिलेबुस (Phliebus), और लाज़ (Laws) में पायी जाती हैं। कला और साहित्य सम्बन्धी ये धारणाएँ, दार्शनिक अन्वेषणों के पूर्वापर सम्बन्ध में; यद्यपि छुट-पुट संकेत मात्र ही हैं; किन्तु विचारागाम्भीर्य की दृष्टि से आलोचना के क्षेत्र में इनकी देन निश्चित ही अपूर्व और विलक्षण है।

कला सम्बन्धी दृष्टिकोण और काव्यारोप

(1) काव्य-सत्य—चूँकि साहित्य भी एक कला है; जैसे—चित्रकला, वास्तुकला आदि, इसलिए प्लेटो की कला सम्बन्धी धारणाएँ सर्वप्रथम विचारणीय होंगी। प्लेटो ने सामान्यत: कला के लिये जो कुछ भी व्यक्त किया है, उसका उनके प्रत्यय-सिद्धान्त (Theory of Idea) से गहरा सम्बन्ध है। 'रिपब्लिक' में वे स्पष्टत: कहते हैं कि प्रत्यय अथवा विचार ही आधारभूत सत्य है। वस्तुएँ पहले विचारों के रूप में ही कल्पित होती हैं, तदुपरान्त व्यवहार्य रूप ग्रहण करती हैं। अत: विचार ही चरम तत्त्व हैं। एक पेड़, वस्तुत: उस प्रत्यय के बिम्ब का प्रत्यक्ष मूर्त रूप है और कुछ भी नहीं। इस प्रकार प्रत्येक वस्तु का प्रत्यय ही मूलादर्श है और वस्तु उस मूलादर्श की प्रतिकृति। कहना न होगा कि प्रकृति में प्रत्यक्ष रूप से दर्शनीय जितनी भी वस्तुएँ हैं, वे सभी अपने-अपने मूलादर्शों (विचारों) की प्रतिकृति हैं। ये विचार उस सर्वशक्तिमान जनक के मन में ही रहे होंगे और प्रत्येक वस्तु का एक ही विचार अथवा मूलादर्श रहा होगा। चूँकि मूलादर्श ही अन्तिम सत्य हैं, इसलिए दृश्यमान जगत में विद्यमान सभी वस्तुएँ उनकी प्रतिकृति हुईं और सत्य से एक बार दूर हो गयीं। यही कारण है कि लाज़ में उन्होंने लिखा है कि कला (साहित्य, चित्रकला और वास्तुकला आदि) में वस्तुओं का पुन:सृजन मात्र मनोरंजन की दृष्टि से होता है—प्रथम शब्दों में, द्वितीय, रंगों में और अंतिम पत्थर में—तथा यह पुनुरुत्पादन सत्य से दुगुना दूर होता है। तात्पर्य यह है कि चरम सत्य सर्वोच्च कर्त्ता के मन में विचार अथवा मूलादर्श के रूप में था। इसी मूलादर्श की प्रतिकृति से बाह्य जगत में वस्तुओं का प्रतिअंकन कला (मूर्तिकला, चित्रकला, साहित्य आदि) में कलाकारों द्वारा किया गया। इस प्रकार कलाकृति प्रतिकृति की प्रतिकृति हुई; अत: सत्य से दुगुनी दूर हुई।

प्लेटो ने अपने सिद्धान्त को 'रिपब्लिक' की दसवीं पुस्तक में संभाषणों के द्वारा इस प्रकार स्पष्ट किया है—

"और जैसा कि मैं सोचता हूँ चित्रकार भी.........छाया का बनाने वाला होता है, क्या वह नहीं होता?"

"वस्तुत:"

"लेकिन क्या चित्रकार को भी आप सृष्टा और निर्माता कहेंगे?"

"निश्चित ही नहीं।"

"हम उसे स्पष्टतया अनुकारक नामित कर सकते हैं। वह दूसरों की बनाई हुई वस्तु का अनुकरण करता है।"

"अनुकारक जो कि प्रकृति के अन्वय में दूसरा स्थान रखता है।"

"और कारुणिक कवि भी अन्य अनुकारकों की भाँति ही सत्य से दुगुना दूर होता है।" वस्तुत: "उन्होंने मूल सत्य का जनक ईश्वर को, उस सत्य की अनुकृति सृष्टि को और इस अनुकृति का अनुकरण काव्य को माना।"

दृश्यमान जगत की वस्तुएँ, जिनके उद्गम का स्रोत ही मूलादर्श अथवा प्रत्यय है; जब वे ही अपूर्ण हैं तो उनसे पुनुरुत्पादित की गई कलाकृतियाँ तो और भी अधिक अपूर्ण होनी चाहिए। अत: कलाकृतियाँ मनुष्य को सत्य से दूर ले जाती हैं। इस प्रकार कला सत्य की प्रतिपादिका नहीं, वरन् सत्य की घातिका है। इसलिये कलाकृतियाँ न तो चारित्रिक उन्नयन में सहायक होती हैं और न राष्ट्र के कल्याण में—यही दो चीजें (नागरिकों का चारित्रिक उत्थान और राष्ट्र का कल्याण) ऐसी थीं जिन्हें प्लेटो मनुष्य के सभी प्रयत्नों की अच्छाई-बुराई के लिए निर्णायक मानते थे।

वे यह तो मानते थे कि कला और काव्य में मनुष्य और समाज को आकर्षित एवं सम्मोहित करने की अद्भुत शक्ति होती है। वे इस बात से अभिज्ञ न थे कि कला का उचित प्रयोग किया जाये तो समाज-कल्याण की अन्त:शक्ति भी उसमें विद्यमान है। उनके अनुसार यदि कला का समुचित अनुशीलन किया जाये तो जीवन में जो कुछ भी भव्य है, चरित्र में जो कुछ भी उदात्त है, सौन्दर्य में जो कुछ भी प्रेरणा शक्ति है, उस सभी को समग्र रूप में प्राप्त किया जा सकता है। किन्तु ऐसा कितने कर पाते हैं? तात्पर्य यह है कि काव्य-कला की समाज-कल्याण कारक अन्त:शक्ति से वे पूर्णत: परिचित थे। परन्तु उन्हें सन्देह ही नहीं, पूर्ण विश्वास था कि काव्य-कला का समुचित अनुशीलन जनसाधारण के लिए असम्भव होगा।

समग्रत: प्लेटो की कविता सम्बन्धी-उद्घोषणाओं में व्यष्टि और समष्टि-कल्याण ही अन्तर्निहित है। इन्हीं दो प्रतिमानों को निर्णायक मानते हुए, उन्हें कविता में दोष ही अधिक दिखाई दिये। कविता पर प्रहार के उनके जो आधार थे, उनमें प्रथम तो वही है जिसकी कि चर्चा पहले की जा चुकी है; अर्थात् कविता अथवा साहित्य एक कला है और कला मूलादर्श, जो कि वास्तविक तथ्य है, को यथावत् प्रस्तुत न कर सत्य से दुगुनी दूर ले जाती है। इसके अतिरिक्त तीन अन्य कारण और हैं, जिनके आधार पर उन्होंने कविता की कटु आलोचना की है।

(2) काव्य-सृजन-प्रक्रिया— प्लेटो कविता को स्वत: प्रसूत भावोद्गार मानते थे। कोई कवि काव्य रचना में गम्भीर मननोपरांत प्रवृत्त नहीं होता। वह पहले से ही नहीं सोचता कि उसे क्या लिखना है, वरन् अचानक ही अन्त:प्रेरणा द्वारा प्रेरित हो कर ही वह काव्य-रचना करता है। क्या इस प्रकार के स्वत: प्रसूत भावोद्गार विश्वसनीय हो सकते हैं? क्या वे सत्य को स्थानापन्न कर सकते हैं? निस्सन्देह कभी-कभी कवि की अभिव्यक्ति भी गम्भीर सत्य का उद्घाटन करती है। किन्तु तभी जब कवि-कर्म तर्क की कसौटी पर कस कर किया जाता है। तर्क को अपना पर्यवेक्षक बनाये बिना कवि सत्य का प्रतिपादन नहीं कर सकता। संक्षेप में कवि स्वयं और उसका सहज कविकर्म सत्य से भ्रमित करने वाला होता है। इसलिए कविता दर्शन का स्थान नहीं ले सकती। चूँकि कविता मूलत: मनोवेगों पर आधारित होती है, जबकि दर्शन गम्भीर तर्क और पर्यालोचन पर आधारित होता है। अत: राष्ट्र की **दृढ़ता और** उन्नति के लिए कविता अविश्वसनीय है। इसीलिए उनके आदर्श **'गणतंत्र'** में तब तक कोई कवि नहीं

रह सकता, जब तक कि वह मात्र स्तोत्रों और राज्य नायकों की प्रशस्तियाँ लिखने वाला ही न हो।

(3) काव्य प्रसूत भावप्रवणता— कविता भावों को उत्तेजित करती है, अत: प्लेटो ने काव्य की निंदा की। कविता का जन्म कवि के सहज मनोवेगों से होता है, फलत: कविता भावों को प्रभावित करती है न कि विवेक को, हृदय को प्रभावित करती है न कि बुद्धि को। जीवन का जो चित्र काव्य में प्रस्तुत किया जाता है, वह मनोभावों को अभिभूत करता है और विवेक का परित्याग। चूँकि मनोभाव, काव्यात्मक अन्त:प्रेरणा के क्षण में उच्छलित मनोवेग होते हैं, इसलिए वे मनुष्य का सही दिशा-निर्देशन नहीं कर सकते जैसा कि विवेक द्वारा सम्भव है। प्लेटो ने इस बात को अपने युग के आस्वादकों और त्रासिक काव्य के सन्दर्भ में स्पष्ट किया है। उनके युग की त्रासिक कविता आस्वादकों और दर्शकों को विलाप और रुदन के भावों से अभिभूत करती है। अत: उन्होंने लिखा है कि इस प्रकार की कविता के घातक प्रभाव से कुछ गिने-चुने दृढ़बुद्धि व्यक्ति ही बच सकते हैं। जनसाधारण तो इनके संहारक प्रभाव से मुक्त हो ही नहीं सकता। इस प्रकार के काव्य-प्रभाव के बारे में उन्होंने 'रिपब्लिक' में लिखा है—"For if we let our own sense of pity grow strong by feeding upon the griefs of others, it is not easy to restrain it in the case of our own sufferings."[1]

''यदि हम अपनी करुणात्मक अनुभूति का दूसरों के विषाद पर पोषण होने देंगे तो हम अपनी पीड़ा और वेदना के समय इस पर नियन्त्रण नहीं रख सकेंगे।'' तात्पर्य यह है कि काव्य का अनुशीलन मनुष्य की करुणात्मक अनुभूति को पल्लवित करता है और करुणात्मक अनुभूति का यह पल्लवन मनुष्य के मानसिक स्वास्थ्य के लिये घातक है तथा मानसिक रूप से रुग्ण मनुष्य प्लेटो के आदर्श गणतंत्र में स्थान नहीं पा सकता। अत: उन्होंने काव्य और कवि का बहिष्कार किया है। कविता के घातक प्रभाव को स्पष्ट करते हुए 'रिपब्लिक' में उन्होंने लिखा है—"Poetry fed and watered the passions instead of drying them up, and let them rule instead of ruling them as they ought to be ruled with a view to the happiness and virtue of mankind."[2]

''कविता भावातिरेक को शुष्क करने के बजाय पोषित और संसिक्त करती है तथा भावातिरेक को नियन्त्रित करने के बजाय उससे नियन्त्रित होती है, जबकि मानव-जाति के सौभाग्य और सदाचार के दृष्टिकोण से भावावेश पर नियन्त्रण होना ही चाहिए।''

(4) काव्य का अनैतिक स्वरूप— काव्य में नैतिकता की ओर अधिक ध्यान नहीं दिया जाता; अर्थात् काव्य का स्वभाव अनैतिक होता है। काव्य पर प्लेटो का यह

1. Quoted by B. Prasad 'An Introduction to English Criticism : p. 4.
2. Ibid.

अंतिम अभ्यारोप है। काव्य जीवन निरूपण में सदाचार और दुराचार, सद्गुण और दुर्गुणों को समान रूप से मानता है। कभी-कभी तो सदाचार पर दुराचार की विजय भी दिखाई जाती है, बिना इस बात की चिन्ता किये हुए कि इसका दर्शकों, पाठकों अथवा श्रोताओं पर क्या प्रभाव होगा। नीतिशास्त्री प्लेटो को होमर (Homer) के महाकाव्य में, पिण्डार (Pindar) के सम्बोध-गीतों (ओड्स) में, एसचिलस (Aeschylus), सोफोक्लीज (Sophocles) और यूरिपिड्स (Euripides) की त्रासदियों में; सदाचारियों को पीड़ा और वेदनाग्रस्त देख बड़ा भारी मनस्ताप हुआ। 'रिपब्लिक' में उन्हीं के शब्दों में : "They give us to understand that many evil livers are happy and many righteous men unhappy; and that wrong-doing, if it be undetected, is profitable, while honest dealing is beneficial to one's neighbour, but damaging to one's self"[1]

" वे समझने के लिए यह देखते हैं कि अनेक दुष्ट सौभाग्यशाली और सुखी हैं तथा बहुत-से सदाचारी अभागे और दुःखी; और अनैतिक कार्य, यदि उनका पता न लग सके, तो लाभकारी हैं, जबकि निष्कपट व्यवहार स्वयं के लिए तो क्षतिकारी है, किन्तु पड़ोसी के लिए हितकारी।" काव्यकारों द्वारा प्रस्तुत देवताओं और नायकों के रूप-चित्र भी समान रूप से आपत्तिजनक हैं। देवता और नायकों को अनुचित रूप से काव्य में वर्णित किया गया है। यदि देवता अन्यायी, प्रतिशोधी, अनाचारी दिखाये गये हैं तो नायक अनियंत्रित भावावेश—दम्भ, अमर्ष, दुःख आदि—से ग्रस्त प्रस्तुत किये गये हैं। प्लेटो इस प्रकार के साहित्य को नागरिक तथा राष्ट्र दोनों को दूषित और भ्रष्ट करने वाला मानते हैं।

कहना न होगा कि उपर्युक्त तीन पहलुओं को दृष्टिगत रखते हुए उन्होंने साहित्य की भर्त्सना की और काव्य तथा कवि को आदर्श राज्य के लिए घातक माना। प्लेटो, जैसा कि बताया जा चुका है, एक नीतिशास्त्री थे, अतः उन्होंने कविता के भावपक्ष पर कठोर प्रहार किया। तत्कालीन काव्यकारों की कृतियों में प्रस्तुत की गई भाव-प्रवणता और अनैतिकता ने उनकी इस कठोरता को और अधिक दृढ़ कर दिया। परिणामतः उन्होंने कवियों पर कठोर प्रहार किया और उन्हें आदर्श राज्य से निष्कासित किये जाने की सलाह दी। उन्हीं के शब्दों में, "And therefore when anyone of these pantomimic gentlemen............comes to us and makes a proposal to exhibit himself and his poetry, we will fall down and worship him as a sweet holy and wonderful being...........and so when we have anointed him with myrth, and set a garland of wool upon his head, we shall send him away to another city."[2]

---

1. Quoted by B. Prasad 'An Introduction to English Criticism, p. 5.
2. Republic—Book III
   Quoted by Wim Satt, Literary Criticism : A Short History, p. 10.

"और इसलिए जब कोई मूकाभिनय करने वाले भद्रजनों में से............हमारे पास आता है और स्वयं तथा अपने काव्य को प्रदर्शित करने का प्रस्ताव करता है, तो हम उसके सामने झुक कर एक मधुर, पवित्र और अद्‌भुत प्राणी की भाँति उसकी अभ्यर्थना करेंगे.............और जब हम उसको गन्ध रस से अभिषिक्त करके उसे माल्यार्पण कर लेंगे, तब उसे दूर किसी दूसरे नगर राज्य में निष्कासित कर देंगे।"

काव्य-प्रयोजन

प्लेटो का कवि और काव्य के सम्बन्ध में उपर्युक्त दृष्टिकोण निश्चित ही अतिवादी है। यद्यपि कविता मनुष्य को आह्लादित करती है, किन्तु मात्र आह्लाद ही उसका उद्देश्य नहीं माना जा सकता। वे किसी भी दशा में कला का शिक्षा से विच्छेद सहन नहीं कर सकते थे। फलतः काव्य की कसौटी भी उन्होंने सदाचार और सत्य को ही माना। यदि कविता मानव को शिक्षा नहीं देती, समाज कल्याण और सदाचार की वृद्धि नहीं करती, तो वह ऐसे काव्य की भर्त्सना करते हैं। कविता यदि अच्छी शिक्षा देती है, मानव-चरित्र के उत्थान और राष्ट्र के उन्नयन में सहायक होगी। यदि वह अध्ययन पर भावातिरेक ही करती है तो निश्चित ही उससे मनुष्य मानसिक रूप से दुर्बल होंगे। फलतः राष्ट्र कमजोर होगा। और कोई भी ऐसा मानव-प्रयत्न, जो व्यक्ति और राष्ट्र को दृढ़ कर उत्थान की ओर नहीं ले जाता, उनकी दृष्टि में अनुचित और भर्त्सना-योग्य है। अतः उनकी दृष्टि से कोई भी कवि तभी तक अच्छा माना जा सकता है, जब तक वह समाज का अच्छा शिक्षक हो और कोई भी काव्य तभी श्रेष्ठ कहा जा सकता है, जब उससे समाज को शिक्षा मिलती हो। सारांशतः काव्य का प्रयोजन, सत्य का उद्‌घाटन, मानव-कल्याण तथा राष्ट्र-उन्नयन ही माना जा सकता है। रिपब्लिक में वह लिखते हैं, "We must look for artists who are able, out of the goodness of their own natures to trace the nature of beauty and perfection, so that our youngmen, like persons who live in a healthy place, may be perpetually influenced for good."[1]

"हमें उन्हीं कलाकारों को खोजना चाहिए, जोकि अपनी प्रकृति की अच्छाई अथवा उत्तमता में से ही सौन्दर्य और आदर्श को ढूँढ़ सकें, ताकि हमारे नवयुवक , जो कि स्वस्थ स्थान पर रहने वाले व्यक्तियों के समान हैं; अनवरत रूप से अच्छाई से प्रभावित हो सकें।

नाटक सम्बन्धी विचार

अब तक कविता के बारे में जो कुछ लिखा जा चुका है, वह सभी कुछ समान रूप से उनके नाटक सम्बन्धी विचारों पर भी घटित होता है; क्योंकि नाटक काव्य का ही एक अंग है। उनकी धारणा है कि नाटक साहित्य भी सत्य से दुगुना दूर, भावातिरेक

---

1. An Introduction to English Criticism, p. 5.

को बल प्रदान करने वाला तथा नैतिकता और सदाचार के प्रति उदासीन रहता है। किन्तु कुछ ऐसी अन्य बातें और हैं, जो प्लेटों ने मात्र नाटक साहित्य के लिए ही कही हैं, अत: विचारणीय हैं।

(1) अधम वृत्तियों की ओर आकर्षण— प्लेटो के अनुसार नाटक साहित्य-दर्शकों को अधम वृत्तियों की ओर आकर्षित करता है। परिणामत: उन्होंने नाटकों और नाटककारों पर तीव्र प्रहार किये। नाटक रंगमंच पर खेलने के उद्देश्य से लिखा जाता है। नाटक की सफलता और स्वीकृति कुछ व्यक्तियों पर निर्भर न होकर बहुसंख्यकों पर निर्भर होती है। जनसाधारण को प्रसन्न करने के लिए नाटककारों को अधम वृत्तियों का वर्णन अत्यधिक रूप से करना पड़ता है, क्योंकि विजातीय भीड़ में अधिकांश का झुकाव अधम वृत्तियों की ओर ही होता है। ये अधम वृत्तियाँ त्रासदी में विलास और कलह आदि के रूप में प्रस्तुत की जाती हैं तथा कामदी में बिजली की कड़क और जंगली जानवरों की चीखों के अनुकरण आदि के रूप में। कहना न होगा कि ऐसे सभी दृश्य दर्शकों की अधम वृत्तियों को झकझोर करके उत्तेजित करते हैं और वे इन्हीं अधम वृत्तियों की उत्तेजना से अशुद्ध सुखानुभूति में डूब जाते हैं। यह ऐसी अधम सुखानुभूति होती है, जिसके लिए उन्हें (भावकों को) अपने सामान्य जीवन में स्वयं ही शर्म महसूस होगी। फलत: नाटक साहित्य प्रेक्षकों में अनुचित रुचि और अनुशासन-शिथिलता को प्रोत्साहित करता है। कहना न होगा कि ऐसे नाटकों और नाटककारों पर प्लेटो क्रूर नियन्त्रण रखना चाहते थे।

(2) छद्म व्यक्तित्व अथवा पररूप धारण के प्रभाव— कभी-कभी नाटक में अभिनय करने वालों (अभिनेताओं अथवा अभिनेत्रियों) पर विपरीत प्रभाव पड़ता है। कायर, चोर, बदमाशों और अपराधियों का लगातार रूप धारण करने वाले अभिनेताओं में उस प्रकार की वृत्तियों का विकास होने लगता है और उनके चरित्र को एक स्थायी क्षति पहुँचती है। अभिनय एक स्वस्थ व्यायाम भी नहीं कहा जा सकता। अभिनय करने वालों को अनिवार्यत: रूप से अपनी प्रकृति के विरुद्ध शोक-विलाप और अश्रु-प्रवाह करना पड़ता है, जो उनके शारीरिक अथवा मानसिक स्वास्थ्य को किसी तरह भी लाभ नहीं पहुँचाता। अभिनय से उनके व्यक्तित्व का विरोध होता है।

किन्तु प्लेटो ने यह भी कहा है कि जब अभिनेता मानव जाति के उत्तम चरित्रों (वीर, बुद्धिमान, सदाचारी आदि) का अभिनय करते हैं, तो उनके चरित्र का विकास और उन्नयन भी होता है। चूँकि बार-बार अभिनय से वही गुण उनमें उद्दीप्त होने लगते हैं। अत: उन त्रासदियों को जो जीवन के सर्वोत्तम और भव्यतम् रूप को प्रस्तुत करती हैं, प्रोत्साहन मिलना चाहिए।

(3) कारुणिक और हास्यात्मक सुखानंद— प्लेटो ने उस सुख के बारे में भी अपने विचार व्यक्त किये हैं, जो कामदी और त्रासदी के अवलोकन से उत्पन्न होता है। कारुणिक दृश्य में आखिर वह क्या है जो कि दर्शकों को आनंद देता है, यह एक

महत्त्वपूर्ण प्रश्न है। इस प्रश्न ने मनोवैज्ञानिकों को भी चक्कर में डाल रखा है। प्लेटो के अनुसार मानव-स्वभाव अनेक विजातीय भावों—अमर्ष, ईर्ष्या, दु:ख, भय आदि—का मिश्रण है। इन भावों में मनुष्य जब अत्यधिक आसक्त हो जाता है, तो उसे सुख मिलने लगता है। मनुष्य को क्रोध और रुदन में यदि सुख न मिले तो वह ऐसा करे ही क्यों? कहना न होगा कि प्लेटो के कारुणिक आनंद सम्बन्धी ये विचार न तो निर्विवाद ही हैं और न पूर्णत: विश्वसनीय ही।

कामदी-जनित सुख के सम्बन्ध में विचार करने से पूर्व यह स्पष्ट होना चाहिए कि उनके युग में व्यंग्य प्रधान कामदी ही लिखी गई थी। अत: वे व्यंग्य प्रधान कामदी से ही परिचित थे। फलत: व्यंग्य प्रधान कामदी को दृष्टिगत रखते हुए ही उन्होंने अपने सुख-सम्बन्धी विचार प्रस्तुत किये हैं। उनके अनुसार कामदी जनित हास्य रंगमंच पर विरोधी बातों को देखने से उत्पन्न होता है—यथा, एक कायर वीर पुरुष की भाँति अभिनय करे, निपट मूर्ख सर्वज्ञ का अभिनय करे, ठग ईमानदार का अभिनय करे आदि। अभिनेता जो नहीं है, उसी को प्रस्तुत करने का बहाना करता है। वस्तुत: यह असंगति ही हास्य का स्रोत है। यहाँ सुख विद्वेष मूलक होता है, क्योंकि अपने साथियों की कमजोरियों पर हमें दया आनी चाहिए न कि हँसी। प्लेटो ने इस प्रकार के हास्य के लिए चेतावनी दी है। इस प्रकार के हास्य में अत्यधिक आसक्ति चरित्र की गम्भीरता को नष्ट कर देती है। और बिना चारित्रिक गम्भीरता के भव्य तथा महान कार्य नहीं किये जा सकते।

उनकी काव्य और नाटक सम्बन्धी धारणाओं को ध्यान में रखते हुए यह कहा जा सकता है कि उनका दृष्टिकोण इधर कठोर था। उन्होंने काव्य और कला को एक नीतिशास्त्री की दृष्टि से देखा और उसके प्रति निर्मम होते गये। अपने युग की कविता और नाटक पर किये गये उनके प्रहार यह स्पष्ट करते हैं कि साहित्य को उन्होंने नीति के चंगुल से मुक्त होकर निरपेक्ष रूप से नहीं देखा। परन्तु इतना सब होते हुए भी यह नहीं कहा जा सकता कि कवि अथवा काव्य के वे मूलत: विरोधी थे। वे कविता के वहीं तक विरोधी थे जहाँ तक वह भाव-प्रवणता और अनैतिकता को प्रोत्साहन देती है। यदि कविता—सदाचार चारित्रिक उत्थान, आदर्श जीवन, दृढ़ और कठोर नागरिकों के निर्माण को प्रोत्साहित करती है, तो ऐसी कविता के वे पक्षपाती थे। यदि कवि एक अच्छे शिक्षक की भाँति व्यक्ति और समुदाय के उन्नयन में निर्णायक भाग लेने वाली काव्य रचना करे, तो ऐसे आदर्श काव्य को वे उपयोगी मानते थे। किन्तु उनके युग की काव्य रचना में भाव-प्रवणता का प्राधान्य था। अत: उनका यह विश्वास दृढ़तर होता गया कि आदर्श कवि हो ही नहीं सकते। सारांशत: कहा जा सकता है कि वे कवि अथवा काव्य के मूलत: विरोधी नहीं थे। वे आदर्श शिक्षक-कवि के पक्षपाती थे। यह आदर्श शिक्षक-कवि कैसा हो, यह उन्हीं में शब्दों से रिपब्लिक की तृतीय पुस्तक में इन पक्तियों से स्पष्ट है— "For we mean to employ for our souls' health the rougher and severer poet or story teller, who will imitate the style of virtuous only."[1]

"हमारा तात्पर्य अपने अन्तःकरण के स्वास्थ्य के लिए अत्यधिक उद्धत और प्रचंड कवि तथा कहानीकार को नियोजित करने से है, जो मात्र सदाचारियों की पद्धति का ही अनुकरण करेंगे।"

शैली सम्बन्धी प्रेक्षण

प्लेटो का युग वाग्मिता का युग था, अतः उन्होंने वाक्पटुता सम्बन्धी कुछ सिद्धान्तों का निरूपण 'फेइड्रुस' (Phaedrus) में किया है, जो समान रूप से लेखन-कला शैली पर भी लागू होते हैं। सर्वप्रथम अच्छे भाषण के लिए यह आवश्यक है कि वक्ता को उस विषय का पूर्ण ज्ञान हो, जिस पर बोलना है। किन्तु मात्र विषय-ज्ञान से ही कोई अच्छा भाषण-कर्त्ता नहीं हो सकता। भाषण ऐसा होना चाहिए जो सुनने वालों को प्रभावित कर सके, जैसे कि लेखन ऐसा होना चाहिए जो पढ़ने वालों को प्रभावित कर सके। इसलिए उसे श्रोताओं को प्रभावित करने की कला भी आनी चाहिए। भाषण-कला कुछ तो प्राकृतिक देन है तथा कुछ बोलने सम्बन्धी नियमों का ध्यान रखने तथा अनवरत अभ्यास से भी आती है। तीसरे किसी विषय पर जब भी विचार प्रकट किये जाएँ, तो स्वाभाविक अनुक्रम में ही प्रस्तुत किये जाएँ, अर्थात् प्रारम्भ कहाँ से करना है, मध्य का क्या कहना है और अन्त में क्या कहना है, ताकि पूरा भाषण सावयव और संघटित प्रतीत हो। अन्ततः वक्ता को मानव-मनोविज्ञान का भी ज्ञान होना चाहिए ताकि जैसे सुनने वाले हों वैसा ही बोले और उनक मन-मस्तिष्क को प्रभावित कर सके। कहना न होगा कि वाग्मिता सम्बन्धी उनके यही चार सिद्धान्त पूर्णतः लेखन-कला अथवा शैली पर भी लागू होते हैं, अर्थात् उपर्युक्त चार सिद्धान्त ही प्लेटो की शैलीगत धारणाएँ मानी जा सकती हैं।

महत्त्व

यद्यपि प्लेटो ने काव्य और नाटक को तुच्छ ही समझा, किन्तु फिर भी वे इन दोनों के विवेकी आलोचक कहे जायेंगे। काव्य और नाटक पर लगाए गए अपने अभ्यारोपों में उन्होंने उनकी प्रकृति, कार्य और प्रणाली पर पूर्ण प्रकाश डाला है। सत्य को काव्यात्मक महानता का प्रतिमान मानकर, उन्होंने काव्य-सत्य और जीवन-सत्य के भेद के प्रति अपनी भिज्ञता को प्रदर्शित किया है। कवि जो कुछ कहता है वह वैसा ही नहीं है, वरन् जैसा उसे प्रतीत होता है, अर्थात् उसका वर्णन कल्पना और भावों से रंगा हुआ होता है। यही कारण है कि काव्य-सत्य, वास्तविक सत्य से दुगना दूर होता है। इस प्रकार उन्होंने अपने इस अभ्यारोप में—कविता सत्य से दुगुनी दूर होती है—कविता की प्रकृति का विवेकपूर्ण विवेचन किया है। कविता पर उनके द्वितीय

---

1. Republic, Book III
   Quoted by wimsatt; Literary Criticism : A Short History, p. 10.

आरोप—कविता अनैतिक होती है—से काव्य-प्रयोजन और दर्शनशास्त्र-प्रयोजन का भेद स्पष्ट होता है। प्रथम का उद्देश्य आह्लाद है तो द्वितीय का उपदेश। इसी प्रकार काव्य पर भावातिरेक सम्बन्धी आरोप में, अप्रत्यक्ष रूप से उन्होंने काव्यात्मक प्रणाली का विवेचन किया है, जो कि प्रत्येक कला की एक जैसी ही है—'रमणीयता और मनोहरता के द्वारा सम्मत करा लेना, चिन्तन के स्थान पर अनुभूति और संवेदनशीलता के लिए बाध्य करना।' उनकी कारुणिक आनंद तथा हास्यात्मक सुख सम्बन्धी धारणाएँ भी आलोचना के क्षेत्र में पर्याप्त महत्त्व की हैं। यद्यपि उन्होंने कविता और नाटक पर नैतिक उपदेशों के अभाव में, अथवा भावातिरेक में आसक्ति, अथवा अतिनाटकीयतापूर्ण हास्यास्पद दृश्यों के कारण कठोरतम प्रहार किए हैं, किन्तु फिर भी उनके पक्ष में बहुत कुछ कहा जा सकता है।

2

अरस्तू का काव्यशास्त्रीय दृष्टिकोण

अरस्तू (384-321 ई० पू०) प्लेटो के विख्यात शिष्य थे। ऐसा विश्वास किया जाता है कि उन्होंने लगभग छह प्रबन्धों की रचना की, जिनमें से काव्यशास्त्र (Poetics) और अलंकार शास्त्र (Rhetoric) ही आज अस्तित्व में हैं। काव्यशास्त्र का सम्बन्ध साहित्य-रचना सिद्धान्तों से है तथा अलंकारशास्त्र का वाग्मिता से। उनके काव्यशास्त्र ने ही अध्येताओं को अधिक आकृष्ट किया है।

अरस्तू ने काव्यशास्त्र की प्रकृति और उद्देश्य के बारे में अध्येताओं को संदेह में नही रखा है। काव्यशास्त्र का उद्देश्य उत्तम काव्य-रचना सम्बन्धी सिद्धान्तों का निरूपण है तथा उसकी प्रकृति पूर्णत: विश्लेषणात्मक और वैज्ञानिक है। काव्यशास्त्र में काव्य-कला-सिद्धान्तों का निरूपण मात्र ही नहीं है, वरन् उसमें प्रतिपादित निष्कर्ष तत्कालीन ग्रीक साहित्य में गहराई से बद्धमूल हैं। उन निष्कर्षों का स्पष्टीकरण भी ग्रीक साहित्य के उद्धरणों से ही किया गया है।

काव्यशास्त्र की परियोजना

काव्यशास्त्र छब्बीस छोटे-छोटे अध्यायों और लगभग पचास पृष्ठों का एक लघु प्रबन्ध है। इसके अध्ययन से ऐसा अनुमान होता है कि यह अरस्तू अथवा उनके किन्हीं शिष्य द्वारा लिपिबद्ध किये गये, उन व्याख्यानों का सार है जो उन्होंने अपने शिष्यों के समक्ष किये होंगे। ऐसा विश्वास किया जाता है कि काव्यशास्त्र का द्वितीय भाग रहा होगा जो अब अनुपलब्ध है; क्योंकि काव्यशास्त्र का प्रथम भाग अपूर्ण है। प्रथम भाग में उन प्रश्नों का समाधान नहीं किया गया है, जो अरस्तू ने स्वयं उठाये हैं; (उदाहरणार्थ कामदी और विरेचन सम्बन्धी प्रश्न) तथा जिन्हें काव्य-शास्त्र के द्वितीय भाग में विस्तार से निरूपित करने के लिये छोड़ दिया गया है। काव्यशास्त्र के द्वितीय भाग के अस्तित्व की पुष्टि निम्न उद्धरणों से होती **है; यथा—**

"of Comedy we will speak here after......"[1]

"We will explain it more clearly in our treatise on poetry......"[2]

प्रथम चार अध्यायों में और पच्चीसवें अध्याय में काव्य सम्बन्धी चर्चा की गयी है। पाँचवें अध्याय में त्रासदी, कामदी और महाकाव्य सम्बन्धी विचारों को प्रस्तुत किया गया है। अध्याय षष्ठ से लेकर अध्याय उन्नीस तक के चौदह अध्यायों में एक मात्र त्रासदी का ही विवेचन है। अध्याय बीस, इक्कीस और बाईस में शैली और काव्य-भाषा की चर्चा है; तेईस-चौबीस में महाकाव्य तथा अन्तिम अध्याय में महाकाव्य और त्रासदी का तुलनात्मक विश्लेषण प्रस्तुत किया गया है। अरस्तू के समय में त्रासिक साहित्य का सर्वाधिक विकास हुआ था; अत: उन्होंने त्रासदी सम्बन्धी धारणाओं को विस्तार से प्रतिपादित किया है। चूँकि महाकाव्य और कामदी पर विचार किये बिना त्रासदी का विवेचन अपूर्ण रहता, इसलिये काव्य के इन रूपों (महाकाव्य, कामदी आदि) पर भी पर्याप्त प्रकाश डाला गया है। गीतिकाव्य को त्रासदी का संघटक हिस्सा मानकर ही प्रतिपादित किया गया है। काव्यशास्त्र में वर्णित विषयों का संक्षिप्त परिचय इस प्रकार है—

कविता सम्बन्धी धारणाएँ

अरस्तू ने सर्वप्रथम कविता की प्रकृति पर विचार किया है। अपने गुरु प्लेटो की भाँति ही वह कविता को अनुकरणात्मक कला मानते हैं। अरस्तू ने अनुकरण का व्यापक अर्थ लिया है। उनका अनुकरण-सिद्धांन्त, प्लेटो की भाँति ही, अत्यधिक गहन एवं व्यापक है।

अनुकरण-सिद्धान्त (Theory of Mimesis)

ग्रीक शब्द 'मिमेसिस' (Mimesis) का अंग्रेजी अनुवाद 'इमिटेशन' (Imitation) तथा अंग्रेजी के माध्यम से हिन्दी अनुवाद 'अनुकृति' अथवा 'अनुकरण' किया गया है। वस्तुत: 'मिमिसिस' शब्द का प्रयोग यूनान में अति प्राचीन था, प्लेटो ने भी यह शब्द अपने पूर्ववर्ती साहित्यकारों से ग्रहण किया था। अरस्तू ने सम्भवत: यह शब्द अपने गुरु प्लेटो से ग्रहण कर कला को अनुकरणात्मक माना है। परन्तु अरस्तू किसी भाँति भी काव्य को राजनीतिशास्त्र एवं नीतिशास्त्र के परिप्रेक्ष्य में नहीं देखते। उनकी दृष्टि सौन्दर्यपरक है। वह साहित्य-कला का मूल्यांकन एक सौन्दर्यशास्त्री के दृष्टिकोण से करते हैं। कुल मिलाकर कहना यह है कि 'मिमेसिस' शब्द को प्लेटो से ग्रहण करते हुए भी अरस्तू ने भिन्न अर्थ में प्रयुक्त किया है। (Aristotle accepted the current phrase and interpreted it anew. — S. H. Butcher)

---

1. S. H. Butcher: Aristotle's theory of Poetry and fine art—(Dover Publications,1951), Page 23.
2. The same—Page 251.

अरस्तू ने 'मिमिसिस' शब्द का प्रयोग काव्यशास्त्र (Poetics), राजनीतिशास्त्र (Politics), भौतिकशास्त्र (Physics), अध्यात्मशास्त्र (Metaphysics) आदि कई एक प्रबन्धों में किया है। फलत: 'अनुकरण' की सही अर्थावधारणा के लिए यहाँ उसे निम्न शीर्षकान्तर्गत विवेचित किया जाना समीचीन प्रतीत होता है—

(1) अनुकरण से अरस्तू का क्या अभिप्राय है, अर्थात् अनुकरण की परिभाषा।

(2) अनुकरण किस वस्तु का किया जाता है, अर्थात अनुकार्य।

(3) कवि अनुकरण क्यों करता है अथवा अनुकारक का प्रयोजन।

(4) भारतीय अनुकरण-सिद्धान्त से तुलना।

परिभाषा

'मिमिसिस' की परिभाषा के सम्बन्ध में विद्वानों में मतैक्य नहीं है। समयानुसार 'अनुकरण' की विभिन्न परिभाषाएँ की गई हैं। 18वीं शती के प्रारम्भ में अरस्तू का काव्यशास्त्र प्राप्त हुआ। फलत: तत्कालीन अलंकारशास्त्रवादियों (Rhetoricians) ने अनुकरण का अर्थ 'शास्त्रीय अनुकृति' ठहराया। अर्थात् उनके मत से दूसरे शास्त्रवादी कलाकारों का अनुकरण, उनकी नकल (Copy) ही 'मिमेसिस' है। कहना यह है कि 18वीं शती के प्रारम्भिक वर्षों के अंग्रेजी आलोचकों की अनुकरण सम्बन्धी धारणानुसार होमर, वर्जिल आदि महान् कवियों का अनुकरण ही, उनकी अनुकृति ही मीमिसिस है। अलैक्जेंडर पोप ने कहा भी था कि आज के कवियों का दायित्व मात्र होमर और वर्जिल को रटना और उन्हें आदर्श मानकर ही काव्य रचना करना है।

नवशास्त्रिवादियों में डॉ० जॉनसन, ड्राइडन आदि 'मिमेसिस' का अर्थ सार्वभौम के चित्रण अथवा प्रतिअंकन (Representation) से लेते हैं। इन लोगों का दृष्टिकोण भी बहुत कुछ अनुकृति अथवा नकल के पक्ष में ही है।

स्वच्छन्दतावादी एवं आधुनिक आलोचक अनुकरण को मात्र प्रतिकृति (Mere copy) नहीं मानते, वरन् पुन: सृजन अथवा पुनर्निर्माण (Reproduction) मानते हैं। बूचर के अनुसार अरस्तू की 'मीमेसिस' सादृश्य विधान अथवा मूल का पुनरुत्पादन है। उसके लिए अनुकरण सृजनात्मक क्रिया है। प्रो० गिलबर्ट मरे 'पोएतेस' शब्द का अर्थ कर्त्ता अथवा रचयिता या मेकर (Maker) मानते हुए कवि-कर्म अनुकरण को रचनात्मक (Making)मानते हैं। अत: उनके लिए मीमिसिस सृजन ही है, प्रतिकृति अथवा नकल (Copy) नहीं। स्कॉट जेम्स के अनुसार 'अनुकरण' जीवन का वस्तुपरक अंकन अथवा जीवन का कल्पनात्मक पुनर्निर्माण है। उन्हें के शब्दों में—
"Imitation, for the poetics, is the objective representation of life in literature—What in our language we might call the imaginative reconstruction of life."[1]

---

1. Scott James : The making of Literature, p. 53.

इसी भाँति एटकिन्स के अनुसार 'मीमेसिस' 'प्रायः पुनः सृजन' अथवा सृजनात्मक दर्शन की क्रिया है। पॉटस के लिए 'जीवन का पुनः सृजन' ही अनुकरण है। इसके साथ ही नव अरस्तूवादी समीक्षक आर० एस० क्रेन, एडलर, क्रोसन, रिचर्ड मैकियान आदि ने 'मिमेसिस' को संरचनात्मक सिद्धान्त (Structural principle अथवा Organic principle) कहा है। ये आलोचक जीवन का काव्य से कोई प्रकट सम्बन्ध स्वीकारने के पक्ष में नहीं हैं। इनका मत है कि अनुकरण जीवन का नहीं होता, वरन् मीमिसिस के आधार पर रचना के संघटक तत्त्वों (चरित्र, कथानक आदि) में मात्र सामंजस्य स्थापित किया जाता है, ताकि रचनागत आंतरिक सामंजस्य की उपलब्धि की जा सके। इस प्रकार इन लोगों के अनुसार अनुकरण काव्य-निर्माण सम्बन्धी आंतरिक नियमों का निर्वाह करना है, अर्थात् संरचनात्मक समन्वय एवं सामंजस्य स्थापन की प्रक्रिया ही मीमेसिस है।

कुल मिलाकर कहना यह है कि अनुकरण की विभिन्न आलोचना-सम्प्रदायों एवं स्कूलों द्वारा अब तक अनेक परिभाषाएँ की गई हैं। ये परिभाषाएँ अधिकांश युगीन साहित्य-धाराओं के अनुरूप हुई हैं, अतः अनुकरण का सही अर्थ जानने के लिए यह अनिवार्य होगा कि हम अरस्तू के अनुकरण सम्बन्धी विभिन्न विचारों पर दृष्टि-बिन्दु स्थिर करके निष्कर्ष निकालें।

भौतिक-शास्त्र में अरस्तू ने कला को प्रकृति की अनुकृति (Art imitates nature-physics) कहा है। राजनीतिशास्त्र में कला को प्रकृति के सादृश्य (Making of a likeness or images of Nature) की अनुकृति कहा है। काव्य-शास्त्र में काव्य को मानव के आन्तरिक कार्य-व्यापारों की अनुकृति (Imitation of inner human actions) कहा है। काव्यशास्त्र के ही द्वितीय और तृतीय खण्ड में उन्होंने काव्यात्मक अनुकरण के विशेष विषय मनुष्य-चरित्र, उसके मनोभाव, कार्य एवं अनुभव (ethe, pathe, praxies) अर्थात् (Passions, deeds and experiences) माने हैं। अरस्तू के उपर्युक्त कथनों के आधार पर कहा जा सकता है कि उनका 'मीमिसिस' से तात्पर्य प्रकृति अथवा जगत के बाह्य स्थूल अर्थात् गोचर रूप (पेड़, पौधे, नदी, तालाब, आकाश, पशु-पक्षी आदि) के साथ-ही-साथ मनुष्य की अंतःप्रकृति अर्थात् उसकी नैसर्गिक वृत्तियों एवं मनोभावों आदि के अनुकरण से था।

अनुकरण का अर्थ वह हूबहू नकल (Copy) करना नहीं मानते थे। उनका अनुकरण स्पष्ट ही सृजनात्मक क्रिया है। क्योंकि उनकी धारणा है कि अनुकरण की प्रक्रिया में प्रकृति के अनेक दोष, उसकी अनेक अपूर्णताएँ कला द्वारा पूरी की जाती हैं। इस तथ्य को उन्होंने स्वयं भौतिकशास्त्र एवं राजनीतिशास्त्र में प्रस्तुत किया है। उन्हीं के शब्दों में —"प्रत्येक कला का उद्देश्य प्रकृति की अपूर्णता (Every art aims at filling out what nature leaves undone—Politics IV, 17) को पूरा करना होता है।" भौतिकशास्त्र में उन्होंने लिखा है—"जब प्रकृति असफल होती है, कला कार्य पूरा करती है अथवा काल प्रकृति के छूटे हुए अंशों का अनुकरण (Art finishes the job when nature fails, or imitates the missing parts-physics II, 8) करती है'' भौतिकशास्त्र में एक स्थल पर उन्होंने लिखा है—''सामान्यत: कला, अंशत: प्रकृति की अपूर्णता को पूरा करती है और अंशत: उसका (प्रकृति का) अनुकरण ('Generally' art partly completes what nature cannot bring to a finish and partly imitates her.)—करती है।''

एबर क्रॉबी ने लिखा है कि अरस्तू काव्य को प्रकृति की अनुकृति (Copy) या नकल नहीं मानते थे, क्योंकि वह कविता को प्रकृति की नकल अथवा प्रकृति का मात्र दर्पण ही मानते होते तो वह उससे अधिक कुछ नहीं दे सकती थी, जो प्रकृति देती है। पर सत्य यह है कि कविता अथवा कला हमें वह सब कुछ प्रदान करती है, जो प्रकृति नहीं दे पाती। श्री मैथिलीशरण गुप्त ने लिखा है—''जो अपूर्ण कला उसी की पूर्ति है।'' कहना यह है कि कविता में प्रकृति की मात्र नकल नहीं होती, वरन् प्रकृति कविता की पृष्ठभूमि में रहती है। प्रकृति काव्यकार को प्रेरणा प्रदान करती है, सृजन के लिये सामग्री प्रदान करती है। और कलाकार प्रकृति प्रदत्त विषय-वस्तु को अपनी संवेदनाओं, अनुभूतियों, कल्पनाओं आदि के माध्यम से प्रस्तुत कर एक नवीन सृजन करता है, जो प्रकृतिजन्य होकर भी, प्रकृति की अपूर्णताओं को पूरा करने वाला होता है। अत: अरस्तू के अनुसार यदि काव्य प्रकृति का अनुकरण है, तो भावनामय अनुकरण ही है, कोरी नकल नहीं।

अनुकार्य अथवा अनुकरण का विषय

कवि अथवा कोई भी कलाकार तीन प्रकार की वस्तुओं का अनुकरण करता है—''चीजें जैसी हैं या थीं; चीजें जैसी कही अथवा सोची-समझी जाती हैं अथवा जैसी वे होनी चाहिए (Things as they were or are, things as they are said or thought to be, or things as they ought to be—poetics, p.6, Translated by Butcher)। अर्थात् काव्य में वर्तमान या अतीत, जनसामान्य द्वारा विश्वसित अथवा वस्तुओं और घटनाओं के सम्भाव्य या आदर्शात्मक रूप को चित्रित किया जाता है। कहना यह है कि वह प्रकृति के प्रतीयमान रूप के साथ ही साथ, जनसाधारण द्वारा विश्वसित (Commonly believed) अथवा कलाकार द्वारा प्रस्तुत प्रकृति के सम्भाव्य (Probable) रूप को भी काव्य-विषय के अन्तर्गत रखते हैं। उनकी दृष्टि में कलाकार को स्वानुभव एवं स्वकल्पना के आधार पर प्रकृति के भावनामय एवं सम्भावित रूप को चित्रित करने को पूरा अधिकार है। अरस्तू काव्य विषय प्रकृति मानते हैं।

किन्तु प्रकृति सम्बन्धी उनकी धारणा अति व्यापक है। बताया जा चुका है कि उनकी प्रकृति स्थूल दृश्य जगत की प्रकृति ही नहीं, वरन् मानव के अन्तर्जगत की प्रकृति भी है। अर्थात् मानव के समस्त कार्य-व्यापार, भाव, आवेग, विचार, संवेदन, स्वभाव, चरित्र आदि सभी कुछ उनकी अंत:प्रकृति की धारणा के संघटक तत्त्व हैं। इसके साथ ही काव्य में प्रकृति के प्रतीयमान रूप का अनुकरण भी, वह फोटोग्राफिक अनुकरण नहीं मानते, वरन् भावनाप्रधान अनुकरण मानते हैं। कहना यह है कि प्रकृति

को सर्जक ने जैसा अनुभव किया है, उस अनुभूत रूप का प्रस्तुतीकरण साहित्य में होता है अर्थात् अनुकरण के हर पक्ष के साथ अरस्तू भाव तत्त्व को सन्निविष्ट करते हैं; कल्पना एवं भाव से काटकर प्रकृति की मात्र नकल के वह पक्षपाती नहीं।

अरस्तू ने काव्यशास्त्र के पच्चीसवें अध्याय में काव्यात्मक अनुकरण का विषय सम्भावित प्रकृति को भी माना है, अर्थात् वस्तुयें जैसी होनी चाहिए। बूचर द्वारा अनुवादित काव्यशास्त्र में अरस्तू के शब्दों में—"...........if it be objected that the description is not true to fact, the poet may perhaps reply—But the objects "are as they ought to be." poetics. XXV" किन्तु सम्भाव्य प्रकृति के अनुकरण से अरस्तू का तात्पर्य प्रकृति को आदर्श रूप में प्रस्तुत करने से नहीं था, वरन् परिस्थितियों के अनुरूप सम्भावित प्रकृति के चित्रण से था। बूचर ने लिखा है कि अरस्तू की यह उद्भावना वस्तुएँ जैसी होनी चाहिए—(Things as they ought to be) किसी प्रकार की नैतिकता अथवा आदर्श से सम्बन्धित नहीं है, वरन् यह उनकी सौन्दर्यपरक-चेतना (The expression "things as they ought to be" must be taken not in a moral but simply in an aesthetic sense.—Butcher) से सम्बन्धित है। अरस्तू कलाकार का उद्देश्य आदर्श मनुष्य का चित्रण न मानकर, सम्भाव्य मनुष्य का चित्रण मानते हैं अर्थात् मनुष्य जैसा उन परिस्थितियों में हो सकता है। इस सन्दर्भ में उन्होंने ग्रीक नाटक 'सम्राट इदिपस' का उदाहरण दिया है। नाटक का नायक राजा इदिपस शापवश भूल से अपनी माँ से विवाह कर लेता है। सत्य ज्ञात होने पर सम्राट नाटक के अन्त में विक्षिप्त होकर आत्मसात करता है। अरस्तू के अनुसार उसे विक्षिप्त होकर आत्मघात अवश्य करना चाहिए। यह पागल होकर आत्मघात करने की अनिवार्यता प्रस्तुत करना ही कलाकार का सौन्दर्य-बोध (Aesthetic Sense) अथवा सौन्दर्यपरक सिद्धान्त कहा जायेगा। कहना यह है कि अरस्तू के अनुसार काव्यकार का उद्देश्य आदर्श मनुष्य का चित्रण नहीं, वरन् सम्भाव्य मनुष्य का (मनुष्य उस समय परिस्थितियों-वश जैसा हो जायेगा) चित्रण करना है। उदाहरण के लिए हिन्दी में चन्द्रधर शर्मा 'गुलेरी' की कहानी 'उसने कहा था' में नायक लहनासिंह की मृत्यु अरस्तू के इस सौन्दर्यपरक बोध के अनुसार अनिवार्य होगी।

कवि-अनुकरण एवं काव्य-सत्य

अरस्तू ने काव्यशास्त्र में दस-बारह स्थलों पर अनुरंजन (Pleasure) का उल्लेख किया है। इसी प्रकार नीतिशास्त्र में भी अनुरंजन शब्द का प्रयोग किया गया है। वह अनुकरण की क्रिया से अनुरंजन की उपलब्धि मानते हैं। इस प्रकार काव्यसृजन की प्रक्रिया, अरस्तू के अनुसार सुखदायिनी अथवा अनुरंजन प्रदान करने वाली होती है। वाई वाटर द्वारा अनुवादित काव्य-शास्त्र के 24वें अध्याय में उनके शब्द इस प्रकार हैं—'त्रासिक सुख करुणा एवं त्रास के (मनोभावों) द्वारा उद्भूत होता है और कवि इसे अनुकरण के द्वारा (The tragic pleasure is that of pity and feat, and the poet has to produce it by a work of imitation—Poetics ch. XXIV) उत्पन्न करता है।'

सम्भवत: अरस्तू की यह भी मान्यता है कि यह अनुरंजन साधारण प्रकार के अनुरंजन से भिन्न एवं गहन है, क्योंकि यह करुणा एवं त्रास के भावों से जनित सुख है, जो मानव्-प्रकृति का एक विलक्षण विरोधाभास है। कुल मिलाकर यह कहा जा सकता है कि प्लेटो की भाँति ही वे भी मानते हैं कि अनुकरण से कलाकार को सुखानुभूति होती है। समन्वय अथवा सामंजस्य, लय अथवा ताल के प्रति अनुराग मनुष्य की नैसर्गिक प्रवृत्ति है। कवि कर्म से इस वृत्ति की तुष्टि होती है। परिणामत: कवि को कवि-कर्म में आनन्दानुभूति होती है, किन्तु प्लेटों की भाँति वह यह नहीं मानते हैं कि कवि द्वारा प्रस्तुत जीवन-चित्र अवास्तविक तथा सत्य से दुगने दूर होते हैं। उनके अनुसार कवि विश्वव्यापी और चिरस्थायी सत्य का उद्घाटन करते हैं। काव्य-सत्य के सम्बन्ध में अपने विचारों को सिद्ध कने के लिए अरस्तू ने कविता और इतिहास पर तुलनात्मक दृष्टि से विचार किया है। बूचर द्वारा अनुवादित काव्यशास्त्र के ग्यारहवें अध्याय में इस तथ्य को इस प्रकार स्पष्ट किया गया है—"It is not the function of the Poet to relate what has happened but what may happen, what is possible according to the law of probability or necessity. the poet and historian differ not by writing in verse or in prose.......the difference is that one relates what has happened, the other what may happen. Poetry, therefore, is a more philosophical and a higher thing than history : for poetry tends to express the universal, History the particular. By the universal. I mean how a person of a certain type will on occasion speak or act, according to the law of probability or necessity."

''कवि कर्म जो कुछ घटित हो चुका है उसका वर्णन नहीं, वरन् जो कुछ घटित हो सकता है— जो कुछ सम्भावना अथवा अनिवार्यता के नियमाधीन सम्भव है—उसका वर्णन करना है। कवि और इतिहासकार में पद्य और गद्य लेखन के कारण भेद नहीं है........वरन् उनमें वास्तविक भेद यह है कि एक उसका वर्णन करता है, जो घटित हो चुका है तथा दूसरा उसका जो घटित हो सकता है। इसलिए कविता इतिहास से अधिक तात्त्विक और श्रेष्ठ है, क्योंकि कविता सार्वभौम का चित्रण करती है, जबकि इतिहास विशेष का। सार्वभौम से मेरा तात्पर्य संभाव्यता अथवा अनिवार्यता के नियमानुसार किसी व्यक्ति विशेष के निश्चित अवसर पर किये गये व्यवहार और बातचीत से है।''

इतिहास देशकाल की सीमाओं से बद्ध वस्तुगत सत्य का प्रतिपादन करता है, जबकि काव्य वस्तुगत सत्य को प्रतिपादित करते हुए भी सार्वभौम सत्य को उद्घाटित करता है। इतिहास विशिष्ट व्यक्तियों, स्थानों और घटनाओं आदि को यथावत् प्रस्तुत करता है, कविता उन्हें सार्वभौमिकता से अनुप्राणित कर देती है। अर्थात् कविता विशिष्ट व्यक्तियों को विशिष्ट जीवन परिस्थितियों के मध्य रख उनके स्वभाव और चरित्र को इस प्रकार प्रस्तुत करती है, जिससे शाश्वत-मानव स्वभाव पर प्रकाश पड़ता

है। इस प्रकार काव्य-चित्र मृत तथ्यों का पुनरुत्पादन मात्र ही नहीं होते। काव्य-तथ्यों मे सत्य सन्निहित होता है, जिसके कारण वे सार्वदेशिक और सार्वकालिक बन जाते हैं। इस प्रकार कहना न होगा कि अपने गुरु प्लेटो द्वारा कविता पर किये गये कठोरतम अभ्यारोपों का उत्तर देते हुए उन्होंने कवि और काव्य को श्रेष्ठ स्थान प्रदान किया है।

भारतीय अनुकरण-सिद्धान्त से तुलना

काव्य एवं कला को अनुकरणात्मक मानने की धारणा विश्व-साहित्य में अति प्राचीन है। संस्कृत काव्यशास्त्र में भी अनुकरण का सिद्धान्त पाया जाता है। संस्कृत में काव्यात्मक अनुकरण पर विचार करने वालों में भरत मुनि एवं धनंजय के नाम उल्लेखनीय हैं।

भारतीय काव्यशास्त्र के आदि पितामह मुनि भरत ने अपने ग्रन्थ 'नाट्य शास्त्र' में काव्य को अनुकरणात्मक माना है। इस ग्रन्थ में ऐसे अनेक सूत्र हैं, जो काव्यानुकरण पर प्रकाश डालते हैं। काव्यानुकरण की अर्थवत्ता को प्रकाशित करने वाला भरत मुनि का निम्न सूत्र महत्त्वपूर्ण है—

'नैकान्ततोऽत्र भवतां देवानां चानुभावनम्।
त्रैलोक्यस्यास्य सर्वस्य नाट्यं भावानुकीर्तनम्॥ 107॥'

अर्थात् इसमें मात्र आपको तथा देवों को ही (चरित्र को) प्रदर्शित नहीं किया गया है, वरन् समग्र विश्व के भावों का अनुकीर्तन इस नाटक में है।

मुनि इस श्लोक में असुरों को नाटक का स्वरूप समझाते हुए कह रहे हैं कि नाटक सम्पूर्ण विश्व अथवा त्रिलोक के भावों का अनुकीर्तन है। कहना यह है कि नाटक मात्र देवताओं अथवा असुरों के क्रिया-कलापों का अनुकीर्तन ही नहीं, वरन् तीनों लोकों में निवास करने वाले सभी प्राणियों की अंत:प्रकृति अथवा स्वभाव (Inner Nature) का अनुकीर्तन है।

इसके साथ ही आगे एक स्थल पर मुनि ने लिखा है—

'नाना भावोपसम्पन्नं नानावस्थान्तरात्मकम्।
लोक वृत्तानुकरणं नाट्यमेतन्मन्ययाकृतम्॥ 2॥

नाट्यशास्त्र अर्थात् नाटक स्वयं मेरे द्वारा—रचित, नाना भावों एवं अवस्थाओं से युक्त लोकवृत्त का अनुकरण है। कुल मिलाकर यह कहा जा सकता है कि मुनि भरत समस्त लोकों के प्राणियों की अंत:प्रकृति (स्वभाव), मनोभाव एवं नाना अवस्थाओं के अनुकरण अथवा अनुकीर्तन को नाटक कहते हैं। इस प्रकार हम कह सकते हैं कि भरत मुनि भी अरस्तू की भाँति ही नाटक (काव्य) को अनुकरण अथवा अनुकीर्तन मानते हैं।

भरत मुनि के उपरान्त धनंजय ने 'दशरूपक' में अवस्था की अनुकृति (अवस्थानुकृतिर्नाट्यम् 1/7) को नाटक कहा है। अवस्था से उनका प्रयोजन

मानव-मन एवं शरीर की अवस्थाओं अर्थात् शरीर की सभी दशाओं (बाल्यावस्था से वृद्धावस्था तक की सभी दशायें) तथा मन की सभी वृत्तियों से है। कहना यह है कि वह भी मानव की बाह्यावस्था एवं अंत:प्रकृति की अनुकृति को नाटक मानते हैं।

कुल मिलाकर कहना यह है कि अरस्तू की भाँति ही भारतीय आचार्य भी काव्य (नाटक) को अनुकरणात्मक मानते हैं। यही नहीं, अरस्तू की भाँति ही भारतीय आचार्यों का भी अनुकरण से तात्पर्य कोरी नकल (Mimicry अथवा Copy) से नहीं है। वे अनुकरण का कदाचित् अरस्तू से भी गम्भीर अर्थ ग्रहण करते हैं। भरत मुनि के नाट्यशास्त्र के प्रसिद्ध टीकाकार अभिनव गुप्त ने 'अभिनव भारती' में स्पष्ट किया है कि भरत मुनि का अनुकरण से तात्पर्य उस कोरी नकल से नहीं, जैसी कि एक विद्यार्थी अपने अध्यापक की हास्यास्पद ढंग से उतारता है। अरस्तू की भाँति ही अभिनव गुप्त भी कोरी नकल को काव्य (नाटक) नहीं मानते। वह भरत मुनि के उन पूर्ववर्ती टीकाकारों, जिन्होंने मुनि के 'अनुकीर्तन' शब्द को अनुकरण परक समझकर नाट्य को अनुकरण रूप प्रमाणित करने का प्रयास किया है, की धारणाओं का खंडन करते हैं। 'अभिनव भारती' में उन्होंने लिखा है—

> **''तदिदमनुकीर्तनमनुव्यवसायविशेषो वा नाट्यापरपर्यायो नानुकार इति भ्रमितव्यम्''**

अर्थात् ''यह अनुव्यवसाय-विशेष रूप 'अनुकीर्तन' जिसको कि नाट्य-नाम से भी कहा जाता है, अनुकरण रूप है ऐसा समझने की भूल नहीं करनी चाहिए।'' इस प्रकार अभिनव गुप्त 'अनुकीर्तन' को नाटक मानते हैं, 'अनुकरण' (कोरी नकल) को नहीं। वस्तुत: वे 'अनुकीर्तन' के लिए एक विशेष शब्द 'अनुव्यवसाय' का प्रयोग करते हैं। इस प्रकार उनके लिए नाटक 'अनुव्यवसाय' है 'अनुकरण' नहीं। उनका अनुव्यवसाय दस प्रकार की लौकिक प्रतीतियों (अनुकार, प्रतिबिम्ब, आलेख, सादृश्य, आरोप, अध्यवसाय, उत्प्रेक्षा, स्वप्न, माया, इन्द्रजाल) से भिन्न एक अद्भुत एवं विलक्षण ज्ञान है। इस प्रकार अभिनव गुप्त 'अनुकरण' को नाटक नहीं, वरन् अनुव्यवसाय (एक विलक्षण ज्ञान) को नाटक (काव्य) मानते हैं।

सारांशत: कहा जा सकता है कि यवनाचार्य अरस्तू की तुलना में भारतीय मनीषियों की अनुकरण सम्बन्धी धारणा अतिव्यापक, गहन एवं सूक्ष्म है।

काव्य-प्रयोजन

अरस्तू अपने गुरु प्लेटो की भाँति काव्य का उद्देश्य मात्र उपदेश या शिक्षा नहीं मानते। उन्होंने काव्य-प्रयोजन आनन्द या सुख ही माना है। यद्यपि उन्होंने काव्यशास्त्र में कहीं भी काव्य-प्रयोजन सम्बन्धी स्पष्ट घोषणा नहीं की है, किन्तु फिर भी काव्यशास्त्र में ध्वनित यही होता है कि वे कविता का उद्देश्य सुखानुभूति ही मानते थे। उदाहरणार्थ बूचर द्वारा अनुवादित काव्यशास्त्र की यह पंक्ति ली जा सकती

है—"Each art ought to produce, not any chance pleasure but the pleasure proper to it."

किन्तु यह भी नहीं कहा जा सकता कि अरस्तू ने नैतिक उपदेश या शिक्षा का बहिष्कार किया है। वे उस काव्य को सर्वश्रेष्ठ मातने हैं; जो आनन्दाभूति के साथ ही साथ जनसामान्य को चारित्रिक उत्थान की शिक्षा भी दे। कहना न होगा कि नैतिक शिक्षा यदि सुख की सहयोगिनी बनकर आती है तो वे उस काव्य को श्रेष्ठतम मानते थे। बूचर के शब्दों में— "From the Aristotelian and Greek point of view art is an element in the higher life of the community : the pleasure it affords is an enduring pleasure, an aesthetic enjoyment which is not divorced from civic ends."[1]

"ग्रीक और अरस्तू के दृष्टिकोण से समुदाय के उच्चतर जीवन में कला एक मूल तत्व है। कला जो सुख प्रदान करती है, वह स्थायी सुख होता है और कला का यह सौन्दर्य परक आनन्द जन कल्याणात्मक प्रयोजन से विच्छिन्न भी नहीं होता है।" इस प्रकार अरस्तू काव्य-प्रयोजन सम्बन्धी धारणाओं में अंशतः प्लेटो से सहमत थे और अंशतः असहमत।

काव्य द्वारा उत्तेजित भावप्रवणता

प्लेटो की भाँति अरस्तू भी यह मानते हैं कि कविता भावोत्तेजना करती है। उन्होंने त्रासदी को काव्य की श्रेष्ठतम शाखा माना है। त्रासदी करुणा और त्रास के संवेगों को उत्तेजित करती है। प्लेटो ने इन भावों को मनुष्य के विकास और स्वास्थ्य के लिए घातक माना है, अरस्तू ऐसा कुछ नहीं मानते। उनके अनुसार मनोवेगों का उत्तेजन उनके विरेचन (कैथारसिस) में सहायक होता है और मनोवेगों का विरेचन मानसिक स्वास्थ्य के लिए आवश्यक है। प्रत्येक मनुष्य के जीवन में करुणा और त्रास से अभीभूत होने के अवसर आते हैं। यदि इन संवेगों का अंतःकरण में केन्द्रीभूत होने दिया जायेगा तो ये मानसिक संतुलन के लिए घातक होंगे। त्रासदी में प्रेक्षक दूसरों के कष्टों को देखकर इन भावों की स्वच्छन्द अभिव्यक्ति कर अपने अन्तःकरण को शुद्ध कर लेता है। परिणामतः अपने स्वयं के कष्टों के अवसर पर मनुष्य मानसिक रूप से स्वस्थ बना रहता है। इसके साथ ही इन मनोवेगों की अनुभूति हमें दूसरों के कष्टों से तादात्म्य स्थापित करना सिखा देती है और हम अपने स्वार्थों के ऊपर उठ उदात्त और भव्य जीवन की ओर उन्मुख होते हैं। त्रासदी वह कला है जो कि मानसिक स्वास्थ्य के लिए घातक इन मनोवेगों का रूपान्तरण, मिल्टन के शब्दों में—Calm of mind, all passion spent'—में कर देती है। इस प्रकार काव्य द्वारा उत्तेजित भावप्रवणता घातक नहीं, जैसा कि प्लेटो का विश्वास था, वरन् मनुष्य जीवन के लिए स्वास्थ्यकारी तथा लोकोत्तरकारी है।

---

1. Aristotle's Theory of Poetry & fine art, p. 213.

त्रासदी सम्बन्धी धारणाएँ

त्रासदी का जन्म— कविता एक अनुकरणात्मक कला है। काव्य में दो प्रकार के कार्य-व्यापारों का अनुकरण होता है: सदाचारियों के अच्छे कार्य-कलापों का तथा दुराचारियों के दुष्कृत्यों का। सदाचारियों के कार्य-व्यापारों के अनुकरण से महाकाव्य का जन्म हुआ और दुराचारियों के कार्य-व्यापारों के अनुकरण से व्यंग्य काव्य का। गम्भीर स्वभाव के काव्यकार सदाचारियों के कार्यों का अनुकरण करने में तथा देवी-देवताओं के स्तोत्रों के निर्माण में संलग्न हुए तथा तुच्छ कोटि के काव्यकारों ने व्यंग्य रचनायें की। इन्हीं दो प्रकार की काव्य-रचनाओं के रूपान्तरण और विकास का प्रतिफलन क्रमश: त्रासदी और कामदी में हुआ, अर्थात् गम्भीर काव्यकारों ने त्रासदी और तुच्छ काव्यकारों ने कामदी का सृजन किया। कहना न होगा कि त्रासदी का महाकाव्य से वही सम्बन्ध है जो कामदी व्यंग्य से। चूँकि महाकाव्य और त्रासदी का जन्म सदाचारियों के कार्यव्यापारों की अनुकृति से हुआ तथा व्यंग्य और कामदी का दुराचारियों के कार्य-कलापों की अनुकृति से, इसलिए अरस्तू ने महाकाव्य और त्रासदी को व्यंग्य और कामदी से श्रेष्ठ माना है। महाकाव्य और त्रासदी में भी अरस्तू ने त्रासदी को महाकाव्य से श्रेष्ठ माना है, क्योंकि त्रासदी अपनी सघनता, संक्षिप्तता, सुसम्बद्धता, और संगीतात्मकता के कारण महाकाव्य, जोकि परिधि में विस्तृत और श्लथ होता है, से कहीं अधिक प्रभावशाली होती है। परिणामत: अरस्तू अपने काव्य-शास्त्र में त्रासदी की ही सर्वाधिक विस्तार से चर्चा की है।

त्रासदी का स्वरूप— बूचर के अनुवादानुसार— "Tragedy is an imitation of an action that is serious, complete, and of a certain magnitude; in language embellished with each kind of artistic ornaments, the several kinds being found in separate parts of the play; in the form of action, not of narrative; through pity and fear effecting the proper purgation or katharsis of these emotions."

"त्रासदी किसी गम्भीर स्वत: पूर्ण तथा निश्चित आयाम से युक्त व्यापार की अनुकृति का नाम है; जिसे भाषा में विभिन्न कलात्मक तरीकों से अलंकृत किया जाता है तथा जिसके (नाटक अथवा त्रासदी के) पृथक-पृथक हिस्सों में उस निश्चित कार्यव्यापार के विविध प्रकार पाये जाते हैं; जिसका रूप वर्णनात्मक न होकर कार्यात्मक होता है; और जिसमें करुणा तथा त्रास के उद्रेक द्वारा इन मनोविकारों का विरेचन किया जाता है।"

यहाँ पर अरस्तू ने वस्तुत: त्रासदी के नाम पर गम्भीर नाटक का ही विवेचन किया है। गम्भीर कार्य-व्यापारों और गम्भीर चरित्रों का विवेचन ही अरस्तू की त्रासदी अथवा गम्भीर नाटक का सार है।

गम्भीर कार्य-व्यापार से अरस्तू का तात्पर्य उस कार्य-व्यापार से है, जो त्रासदी के प्रेक्षकों अथवा पाठकों को व्याकुल कर दे। यह दर्द और दुखों की एक ऐसी कहानी है,

जो प्रेक्षकों अथवा पाठकों के मन में करुणा और त्रास का उद्रेक करती है। मनुष्य के सभी क्रिया-कलापों, विचारों तथा भावनाओं को अरस्तू ने इस गम्भीर कार्य-व्यापार के अन्तर्गत माना है, जिसका त्रासदी में अनुकरण होता है।

कार्य-व्यापार स्वत: पूर्ण होना चाहिए, जिसका एक आदि, मध्य और अन्त हो। कार्य-व्यापार के प्रारम्भ से तात्पर्य यह है उसके पूर्व प्रेक्षक अथवा पाठक को कहानी समझने के लिए न तो कुछ कल्पित ही करना पड़े और न दूसरे द्वारा निर्देशित ही होना पड़े। तदुपरान्त ये घटनायें जिनका अस्तित्व प्रारम्भिक कार्य-व्यापार के कारण ही सम्भव है, कार्य-व्यापार का मध्य माना जायेगा तथा कार्य-व्यापार को मध्य की सामूहिक घटनायें जिस अन्त की ओर ले जायेंगी, वही अन्त समझा जाना चाहिए। यदि किसी नाटक में कार्य-व्यापार के इस क्रम—आदि, मध्य और अन्त में किसी प्रकार का व्यवधान होगा, तो सम्पूर्ण कथानक श्लथ और रुग्ण प्रतीत होना चाहिए, अन्यथा पूर्णत: संघटित। इस प्रकार कार्य-व्यापार की स्वत: पूर्ति से तात्पर्य संघटनाओं का वह व्यवस्थित और सहज क्रम है, जिसके कारण कथानक सावयव एकता पूर्ण प्रतीत होता है।

कार्य-व्यापार अथवा कथानक का एक निश्चित आयाम होना चाहिए। कथानक की यह लम्बाई इतनी होनी चाहिए जितनी कि एक बार में समझी जा सके अथवा जितनी कि एक निश्चित समय में समझी जा सके। अरस्तू के अनुसार कार्य-व्यापार का उचित आयाम सौन्दर्य की मूलभूत आवश्यकता है। उदाहरणार्थ समझा जा सकता है कि जैसे कोई भी सुन्दर प्राणी न तो अधिक लम्बा होता है और न अधिक छोटा, वरन् समानुपात में होता है। ठीक इसी प्रकार कार्य-व्यापार भी समानुपात में होना चाहिए, ताकि कलात्मक सौन्दर्य प्रस्तुत कर सके। अरस्तू के ही शब्दों में इसकी लम्बाई उतनी ही होनी चाहिए, जितनी कि आसानी से स्मृति में समा सके अर्थात्—"A length which can be easily embraced by the memory."

अरस्तू त्रासदी के लिए काव्यकार द्वारा कहानी का कथन उचित नहीं मानते थे। कहानी चरित्रों के क्रिया-व्यापारों द्वारा ही प्रस्तुत की जानी चाहिए। अर्थात् उसका अभिनय हो, वर्णन नहीं। उन्होंने महाकाव्य और त्रासदी में यही तात्विक भेद किया है अर्थात् महाकाव्य में कहानी कवि द्वारा कही जाती है, जबकि त्रासदी में कहानी को क्रियाशील और जीवंत चरित्रों के माध्यम से अभिनीत किया जाता है। इन जीवंत और क्रियाशील चरित्रों के सम्भाषण और कार्य कलाप ही कहानी निर्मित कर देते हैं। महाकाव्य में कवि प्रथम पुरुष में बोलने के लिए स्वतन्त्र होता है, जबकि त्रासदी में उसे जो कुछ भी कहना है, चरित्रों के माध्यम से ही कहना होता है।

कलात्मक अलंकरण से तात्पर्य आन्तरिक सामंजस्य से है; ताल, लय और संगीत के समन्वय से है। किन्तु ताल और संगीतादि का प्रयोग प्रत्येक अवसर पर न होकर आवश्यकतानुसार ही होना चाहिए।

विरेचन (कैथारसिस)

त्रासदी की परिभाषा में अन्तिम, किन्तु सर्वाधिक महत्त्वपूर्ण और विवादास्पद कथन विरेचन सम्बन्धी कथन ही है। अरस्तू ने विरेचन (कैथारसिस) शब्द की काव्यशास्त्र में न तो कोई परिभाषा ही दी है औ न व्याख्या ही की है। यही नहीं, उन्होंने काव्यशास्त्र में केवल एक बार इस शब्द का प्रयोग त्रासदी की परिभाषा देते हुए किया है। अपने ग्रंथ राजनीतिशास्त्र में उन्होंने विरेचन शब्द का दूसरी बार प्रयोग किया है, किन्तु वहाँ पर पूर्ण विचार व्यक्त नहीं किये ओर यह कहकर छोड़ दिया कि इसकी विशद चर्चा काव्यशास्त्र में की जायेगी। खेद है कि काव्यशास्त्र अधूरा है। राजनीतिशास्त्र में उनके विचार इस प्रकार हैं—

''करुणा और त्रास अथवा आवेश कुछ व्यक्तियों में बड़े प्रबल होते हैं........किन्तु हम देखते हैं कि धार्मिक रागों के प्रभाव से वे शान्त हो जाते हैं, मानों उनके आवेश का शमन या विरेचन हो गया है। करुणा और त्रास से आविष्ट व्यक्ति इस विधि से एक प्रकार की शुद्धि का अनुभव करते हैं और उनकी आत्मा विशद् (निर्मल) और प्रसन्न हो जाती है।''

अरस्तू ने करुणा एवं त्रास (Pity and fear) सम्बन्धी मनोभावों के विरेचन की बात कहीं है, क्योंकि अरस्तू करुणा एवं त्रास को ही ट्रैजिक (Tragic) मनोभाव (Emotions) मानते हैं। वस्तुत: करुणा एवं त्रास को एक साथ युगल रूप में प्रस्तुत करने की परम्परा ग्रीक साहित्य में पहले से ही थी। अरस्तू ने इसी परम्परा का सहारा लिया है। ग्रीक आलोचक गौर्जियास ने भी इनका प्रयोग किया था। अरस्तू इन दोनों मनोभावों को अन्योन्याश्रित मानते हैं। मानव के मन में करुणा का उद्रेक अपात्र (Undeserved) नायक के पतन के कारणवश होता है तथा भय का उद्रेक अपने मित्र अथवा स्वयं के सम्बन्ध में वैसी ही दुर्घटना होने की आशंकावश। उन्होंने 'Rhetoric' में लिखा है—"A Sort of pain at an evident evil of a destructive or painful kind in the case of somebody who does not deserve it, the evil being one which we might expect to happen to ourselves or to some of our friends, and this at a time when it is said to be near at hand."[1]

इस प्रकार अरस्तू करुणा एवं त्रास को आत्मचिन्तारत अथवा आत्मनिष्ठ (Selfregarding) मनोभाव मानते हैं।

विरेचन शब्द की व्याख्या में विद्वानों मतैक्य नहीं है। अब तक लगभग चार प्रकार से विरेचन शब्द को परिभाषित किया जा चुका है।

(1) भैषजिक अर्थ में—वैद्य-पुत्र होने के कारण यह अनुमान लगाया गया कि अरस्तू ने इस शब्द को आयुर्विज्ञान से ग्रहण करके काव्यशास्त्र में इसका लाक्षणिक प्रयोग

---

1. Aristotle : Rhetoric, II, 8 Quoted by Humphry House : Aristole's poetics, p. 101.

किया होगा। अत: विद्वानों ने 'कैथारसिस' विरेचन को 'परगेशन' माना। परगेशन से तात्पर्य रोचक औषधियों द्वारा शरीर के मल या अनावश्यक पदार्थ को पदार्थ बाहर निकालने से है। इस व्याख्या का आधुनिक रूप होम्योपैथी में देखने को मिलता है। बीमारी के किसी लक्षण को दबाया न जाय, वरन् उभारा जाय और बाहर निकाल दिया जाय। यूनान में चिकित्सा का यह व्यापक रूप प्रचलित भी था। त्रासदी में भी मनोविकारों (करुणा और त्रास) का दमन न होकर उद्रेक होता है। इस उद्रेक से मनोविकार (करुणा और त्रास) शमित अथवा शान्त हो जाते हैं। अत: त्रासदी के अनुशीलन में मनोविकारों के उद्रेक की यह प्रक्रिया विरेचन हुई।

(2) धार्मिक संगीत के अर्थ में—राजनीतिशास्त्र के आठवें अध्याय में अरस्तू ने दो प्रकार के संगीत की चर्चा की है—शैक्षणिक संगीत और विरेचनात्मक संगीत। अत: विद्वानों ने अनुमान लगाया कि अरस्तू को विरेचन सिद्धान्त की प्रेरणा धार्मिक संगीत से ही मिली होगी। यूनान में धार्मिक संगीत का उपयोग मानसिक शुद्धि के लिये उस समय भी किया जाता था। अत: मान्यता स्थिर की गई कि जिस प्रकार धार्मिक भावनाओं से ओत-प्रोत होकर उद्दाम संगीत द्वारा मानसिक शुद्धि हो जाती है, उसी प्रकार मनोविकारों का शुद्धीकरण त्रासदी देखने अथवा पढ़ने से हो जाता है।

(3) नीतिपरक अथवा मनोवैज्ञानिक अर्थ में—विरेचन की नीतिपरक व्याख्या के अनुसार प्रेक्षक जब प्रेक्षागृह में करुणा और त्रास को अतिरंजित करने वाले दृश्यों को देखता है तो उसके मन में भी त्रास और करुणा के भाव पहले तो अपारवेग से उद्वेलित होते हैं और तत्पश्चात् उपशमित हो जाते हैं। किन्तु यह सब प्रेक्षागृह में ही सम्भव है, क्योंकि वहीं पर प्रेक्षक अपने मनोभावों की स्वच्छन्द अभिव्यक्ति कर सकता है। इस प्रकार विरेचन का नीतिपरक अथवा मनोवैज्ञानिक अर्थ हुआ—मनोविकारों (जोकि वासना रूप में हमारे मन में रहते हैं) के उत्तेजन के उपरान्त उद्वेग का शमन और तदुपरान्त मानसिक विशदता।

(4) कलापरक अर्थ—प्रो० बूचर ने अरस्तू का विरेचन शब्द केवल मनोविज्ञान और चिकित्साशास्त्र से ही सम्बन्धित नहीं बताया, वरन् यह भी कहा कि यह सिद्धान्त कला का भी अभिव्यंजक है। अब तक जितने भी मत रहे हैं उनके आधार पर विरेचन के मूल में उद्रेक, शमन और शुद्धि थी। बूचर ने दो शब्द और दिये और कहा कि त्रासदी के पढ़ने या देखने से गौरव (Dignity) और आत्मविस्तार (Enlargement of soul) की अनुभूति होती है और यह अनुभूति ही विरेचन है।

नायक के पतन में भी दर्शकों को गौरव की अनुभूति होती है। त्रासदी के नायक की किसी भूल के कारण होने वाले पतन में प्रेक्षक गरिमा का अनुभव करता है। उदाहरणार्थ कहा जा सकता है कि नैपोलियन और सुभाष चन्द्र बोस आदि के पतन में भी गरिमा है, भव्यता है, गौरव है।

इसी प्रकार बूचर यह भी मानते हैं कि किसी की असफलताओं की कहानी देखने, पढ़ने अथवा सुनने में दर्शक, पाठक या श्रोता को मानसिक सुख मिलता है रुचि पैदा

होती है और उसकी आत्मा का विस्तार होता है। यह स्वयं मन की सहज वृत्ति है कि हम किसी की सफलताओं की कहानी उतनी रुचि से नहीं सुनते, जितनी रुचि से उसकी असफलताओं की कहानी सुनते हैं।

विरेचन की इन विभिन्न परिभाषाओं की आलोचना भी की गई है, जैसे कि भैषजिक अर्थ में देखें तो विरेचन को एक कष्टदायक प्रक्रिया मानना होगा, जोकि वह नहीं है। निश्चित ही सुखद प्रक्रिया है। धार्मिक परिप्रेक्ष्य में विरेचन एक आदर्श शुद्धि के रूप में आता है। वस्तुत: विरेचन को आदर्श से नहीं जोड़ा जा सकता। नीतिपरक अर्थ में विरेचन के लिए प्रेक्षागृह आवश्यक है, जबकि वस्तुस्थिति यह है कि त्रासदी के पठन और श्रवण से भी मनोविकारों का विरेचन होता है।

उपर्युक्त व्याख्याओं को दृष्टिगत रखते हुए कहा जा सकता है कि विरेचन एक ऐसी त्रासिक सुख प्रदान करने वाली प्रक्रिया है जो मनोभावों (करुणा और त्रास) का त्रासदी के पठन,श्रवण अथवा प्रेक्षण से, अन्तर्निहितता की स्थिति से क्रियात्मकता की आरे उद्रेक करती है और उद्रेक किये हुए मनोभावों को पुन: उनकी गर्भित स्थिति प्रतिष्ठित करती है। इस प्रकार करुणा और त्रास के मनोभावों के उद्रेक और शमन की प्रक्रिया ही विरेचन अथवा 'कैथारसिस' हुई । इस प्रक्रिया से मनोभाव एक प्रकार से शमित और प्रशिक्षित हो जाते हैं और प्रेक्षक का मानसिक संतुलन यथावत् बना रहता है।

त्रासदी के संघटक अंग

अरस्तू ने त्रासदी के छह संघटक अंग माने हैं—कथानक, चरित्र और विचार जिनका कि अनुकरण किया जाता है; कथन-शैली और गीत जो कि अनुकरण के माध्यम हैं तथा अभिनय जो कि अनुकरण का ढंग है।

कथानक अथवा 'घटनाओं का विन्यास' ही त्रासदी का प्रधान अंग है। वे त्रासदी को किसी मनुष्य का अनुकरण नहीं मानते, वरन् मनुष्य के कार्य-व्यापार का अनुकरण मानते हैं। त्रासदी के निर्माण में कथानक की ही भूमिका प्रधान होती है, चरित्र की गौण। चूँकि कथानक विभिन्न कार्य-व्यापारों का क्रमबद्ध लेख होता है, इसलिए वे मानते हैं—"Without action there can not be tragedy; there may be without character."

निष्कर्षत: वह कथानक को प्रथम स्थान देते हैं, चरित्र-चित्रण को दूसरा तथा इसके साथ उच्चकोटि की त्रासदी के कथानक में स्थिति विपर्यास तथा अभिज्ञान-प्रसंगों का सृजन भी आवश्यक मानते हैं।

कथानक

त्रासदी के कथानक सम्बन्धी अरस्तू की तीन धारणायें महत्त्वपूर्ण हैं—त्रासदी का एक निश्चित आयाम अथवा आकार होना चाहिए, एक निश्चित सरंचना होनी चाहिए और तीसरे त्रासदी में कथानक ही सर्वाधिक महत्त्वपूर्ण अंग माना जाना चाहिए, अर्थात्

कथानक ही नाटक की आत्मा है।

कथानक का आकार पर्याप्त लम्बा होना चाहिए, ताकि निर्वहण पूर्णतः घटित हो सके। इसके साथ ही पर्याप्त छोटा भी होना चाहिए, ताकि एक कलात्मक सम्पूर्णता की भाँति प्रेक्षकों अथवा पाठकों द्वारा ग्रहण किया जा सके। तात्पर्य यह है कि कथानक परिमित होना चाहिए; अरस्तू के ही शब्दों में — "Like a creature a thousand miles long" नहीं होना चाहिए। उन्होंने त्रासदी के उचित आयाम को समझने के लिए दो मानक भी प्रस्तुत किये हैं। प्रथमतः आकार इतना हो कि त्रासदी रंगमंच पर भली-भाँति अभिनीति की जा सके; द्वितीय नाटक उतना ही लम्बा हो जितना कि मानव-स्मृति की परिधि में आसानी से आ सके।

संरचना के सम्बन्ध में अरस्तू के कथानक का एक 'प्रारम्भ', एक 'मध्य', एक 'अंत' होने पर अधिक बल दिया है। कथानक का 'प्रारम्भ' एक ऐसी स्थिति होगी, जिसके की निश्चित की परिणाम होंगे; भले ही उसके कारण इतने स्पष्ट न हों। कथानक का 'मध्य' वह स्थिति होगी, जिसके कारण और परिणाम दोनों ही होंगे तथा कथानक का 'अन्त' उसकी मध्य स्थिति का परिणाम ही होगा और यही वह बिन्दु होगा, जहाँ की कोई नई स्थिति जन्म न लेगी; सभी पूर्ववर्ती स्थितियों के परिणाम प्रत्यक्ष होकर नाटक का अन्त घोषित कर देंगे।

कहना न होगा कि अरस्तू ने नाटक के 'प्रारम्भ', 'मध्य' और 'अन्त' को स्पष्ट तथा उचित कारणों और उनके परिणामों के अधीन माना है। घटनाओं का घटित होना किन्हीं कारणों के अधीन होगा और उन घटनाओं के परिणाम भी अवश्य होंगे; कुछ भी अचानक और अकारण घटित नहीं हो सकता। तात्पर्य यह है कि त्रासदी के कथानक में भाग्य अथवा 'चान्स' के अधीन वह कुछ भी नहीं मानते।

कथानक की पूर्णता (स्वतः पूर्ण आयाम) के सम्बन्ध में उनकी मान्यता है कि कथानक सावयव एकता लिये हुए एक जीवन्त प्राणी की भाँति होना चाहिए। काव्यशास्त्र के अध्याय सात में वह 'सुन्दर' शब्द कथानक के लिए प्रयुक्त करते हैं, अर्थात् कथानक आवयविक एकता पूर्ण सुन्दर होना चाहिए। उन्होंने कथानक की घटनाओं की इस एकता के लिए जीवन्त प्राणी (लिविंग क्रीचर) शब्द का प्रयोग किया है, जो इस बात का संकेत करता है कि कथानक की एकता से उनका तात्पर्य यांत्रिक और जड़वत् एकता से न होकर जीवन्त प्राणियों के अवयवों में पाई जाने वाली एकता से है। तात्पर्य यह है कि एकता एक जड़वत् और यांत्रिक प्रक्रिया न होकर जीवित प्रक्रिया है। त्रासदी के कथानक की संरचना में पाई जाने वाली इसी जीवन्त एकता के कारण एक त्रासदी दूसरी त्रासदी से उसी प्रकार भिन्न होती है; जिस प्रकार एक मनुष्य दूसरे मनुष्य से अथवा एक प्राणी दूसरे प्राणी से।

नाटकीय सुसम्बद्धता के लिए अरस्तू ने 'संभाव्यता तथा अनिवार्यता (Probability and necessity) का मानक भी महत्त्वपूर्ण माना है। सम्भाव्यता तथा अनिवार्यता को नाटक के सम्बन्ध में यदि एक साथ लिया जाय, तो ये दोनों एक उच्च कोटि की तर्कणा

शक्ति पैदा करते हैं। इसी तर्कणा शक्ति अथवा विवेक के आधार पर हमें नाटक से वह सब कुछ निकाल देना पड़ता है, जो कि अविश्वसनीय है, भाग्य और 'चांस' द्वारा घटित है अथवा अति प्राकृतिक शक्तियों द्वारा उद्‌भूत है। उदाहरण के लिए अरस्तू का यह मानक भंग हो जायेगा, यदि कोई नाटककार एक व्यक्ति का, जोकि अपनी पत्नी से झगड़कर बाहर जा रहा है, अचानक दुर्घटनाग्रस्त होना प्रस्तुत करता है अथवा अचानक ही किसी अतिप्राकृतिक शक्ति के अधीन उसकी मृत्यु प्रस्तुत करता है। इसी भाँति अरस्तू की यह भी धारणा है कि कथानक अत्यधिक विश्वनीय होना चाहिए। उन्हीं के शब्दों में — "For the purpose of poetry a convincing impossibility is preferable to an unconvincing possibility."

"अविश्वासोत्पादक सम्भाव्यता से विश्वासोत्पादक असम्भाव्यता को तरजीह देना ही काव्योचित है।" तात्पर्य यह है कि काव्य में जो कुछ भी प्रस्तुत किया जाय, वह सभी कुछ विश्वास योग्य हो, भले ही जीवन में उसका घटित होना संभव न हो। कहना न होगा कि कथानक ऐसा हो जो अविश्वास में भी विश्वास पैदा कर सके। कॉलरिज के शब्दों में कहें तो—"It should create a willing suspension of disbelief."

यहाँ एक महत्त्वपूर्ण प्रश्न स्वभावत: मन को उद्वेलित करता है—क्या अरस्तू का यह मानक समान रूप से सभी नाटकों पर लागू होता है? उत्तर यही दिया जा सकता है कि त्रासदी की चर्चा करते समय अरस्तू के मस्तिष्क में सोफोक्लीज ही आदर्श और प्रतिमान के रूप में रहे होंगे। अत: वह मानक उस समय के सम्पूर्ण ग्रीक साहित्य पर भी लागू नहीं होता; अन्य साहित्यों की तो बात ही अलग है।

संकलन त्रय

कथानक, चूँकि नाटक की आत्मा है, इसलिए सर्वप्रथम कार्य-व्यापार की एकता अथवा संकलन कथानक में होना चाहिए। कार्य-व्यापार की एकता से तात्पर्य है कि कथानक में उन्हीं घटनाओं का उल्लेख होना चाहिए, जो नायक के दुखान्त से सम्बन्धित हैं और जो एक दूसरे से पूर्णत: सुसम्बद्ध हों। नायक के जीवन में अनेक घटनायें घटित हो सकती हैं; किन्तु त्रासदी में उन्हीं घटनाओं का उल्लेख होना चाहिए, जो सीधे ही उसके दु:खद पतन से सम्बन्धित हो। वे सभी कार्य-व्यापार अथवा घटनायें कथानक से जिनका विच्छेद होनें पर कथानक में कोई विशेष अन्तर नहीं आता असम्बद्ध कहलायेंगी। ऐसे कार्य-व्यापार व घंटनाएँ त्रासदी के कथानक को श्लथ बनाती हैं। अत: उनका कथानक में उल्लेख नहीं होना चाहिए।

इस भाँति कथानक की रचना में सहायक सभी घटनायें मात्र एक ही व्यक्ति के जीवन से सम्बन्धित होनी चाहिए; क्योंकि एकाधिक मनुष्यों से सम्बन्धित घटनाओं में सुसम्बद्धता नहीं हो सकती, जो कि त्रासदी के कथानक की प्राथमिक आवश्यकता है। सारांशत: कार्य-व्यापार की एकता से तात्पर्य कथानक की रचना करने वाली उन्हीं घटनाओं के संयोजन से है, जो मात्र नायक के जीवन से सम्बन्धित हों और नायक के जीवन के भी उसी पक्ष से सम्बन्धित हों, जो उसके दु:खद अन्त के लिए उत्तरदायी है।

समय की एकता के सम्बन्ध में अरस्तू ने मात्र इतना ही कहा है कि त्रासदी सूर्य के चक्कर तक ही होनी चाहिए। चूँकि स्थान की एकता के सम्बन्ध में उन्होंने काव्यशास्त्र में कुछ भी व्यक्त नहीं किया है, इसलिए स्थान और समय की एकता सम्बन्धी कोई भी नियम, उन्होंने अच्छी त्रासदी के लिए अनिवार्य भी घोषित नहीं किया है।

कथानक सम्बन्धी कुछ अन्य (विपर्यास और अभिज्ञान) मान्यताएँ

त्रासदी के कथानक की आंतरिक रचना भी महत्त्वपूर्ण होती है। अरस्तू के अनुसार आंतरिक रचना भी इस प्रकार की होनी चाहिए जो कि श्रोताओं, प्रेक्षकों अथवा पाठकों में करुणा और त्रास के भावों का पूर्ण उद्रेक कर सके। त्रासदी को आंतरिक रचनान्तर्गत नायक जानबूझ कर अच्छा कार्य करे और सत्य का उद्घाटन होने अथवा अभिज्ञान होने पर पता चले कि वह बुरा कार्य कर बैठा है; जैसे कि शत्रु का हनन करने पर पता चले कि वह तो भाई था। अरस्तू के अनुसार देखा जाए तो रुस्तम-सोहराब की कहानी से उच्च कोटि की त्रासदी रची जा सकती है; जिसमें कि रुस्तम सोहराब का वध कर चुकने के बाद सोहराब के गले की ताबीज को देखकर जान पाया कि यह तो उसी का पुत्र था। इस प्रकार कथानक की आन्तरिक संरचना ऐसी होनी चाहिए, जो प्रेक्षागृह के बाहर भी यदि किसी के सामने कहानी रूप में प्रस्तुत की जाए, वक्ता और श्रोता दोनों को ही करुणा तथा संत्रास से रोमांचित और अभिभूत कर सके।

त्रास और करुणा के भाव पाठक, प्रेक्षक अथवा श्रोता में पैदा करने की क्षमता जिस कथानक में जितनी अधिक होगी, वह उतना ही श्रेष्ठ माना जायेगा। त्रासदी का अन्त निश्चित ही दुःखान्त होना चाहिए। नायक का भाग्योदय सुखद से दुःखद स्थिति की ओर ही होना चाहिए। क्योंकि सुखद से दुखद स्थिति की ओर उत्तरोत्तर बढ़ना ही त्रासदी को पूर्णतः दुःखांत बना सकता है, और दर्शकों अथवा पाठकों को करुणा और त्रास के भावों से अभिभूत कर सकता है।

त्रासदी का कथानक सरल अथवा जटिल हो सकता है। सरल कथानक में उलझनपूर्ण स्थितियाँ नहीं होतीं, जबकि जटिल कथानक में होती हैं। जटिल कथानक में कार्य व्यापार का विपर्यय अथवा स्थिति का उत्क्रमण तथा अभिज्ञान अथवा 'अज्ञान का अनावृत' होना पाया जाता है। श्रेष्ठ त्रासदी की रचना जटिल कथानक पर होती है, सरल पर नहीं।

चरित्र— चरित्र से अरस्तू का तात्पर्य मात्र पात्रों से ही नहीं; वरन् वे चरित्र उसी पात्र को मानते हैं, जो अपने स्वभाव अथवा व्यवहार के कुछ पृथक् लक्षण प्रदर्शित करे, वे लक्षण चाहे अच्छाई की ओर हों अथवा बुराई की ओर। स्वतन्त्र इच्छा और अन्य से पृथक् व्यवहार न रखने वाला व्यक्ति, अरस्तू के अनुसार, चरित्र नहीं हो सकता। त्रासदी का कोई भी पात्र तब तक चरित्र नहीं है, जब तक कि वह दूसरों से पृथक् कार्य अथवा व्यहार नहीं करता। इस प्रकार चरित्र से उनका तात्पर्य मनुष्य के कार्य व्यापार से है।

परन्तु ध्यान रहे यहाँ कार्य व्यापार से तात्पर्य घटना से नहीं; मनुष्य की अंतरात्मा, भावात्मकता और संवेदनशीलता से है, जिनसे संचालित होकर समाज में उसका व्यक्तित्व गतिमान होता है। इस प्रकार चरित्र-निर्माण का आधार कार्य व्यापार है। चूँकि जब एक ही कार्य की बार-बार पुनरावृत्ति की जाती है, तो वही कार्य आदत बन जाता है, इसलिए कहा जा सकता है किसी पात्र का चरित्र उसकी आदतों का समूह है, कार्यों का गट्ठर है।

त्रासदी के चरित्रों के सम्बन्ध में अरस्तू चार बातें महत्त्वपूर्ण मानते हैं—

(1) चरित्र अच्छे अथवा सदचारी हों, किन्तु किसी भी तरह पूर्ण (परफेक्ट) न हों।

(2) चरित्र उपयुक्त (एप्रोपियेट) अथवा अपनी जाति (टाइप) के प्रति सच्चे हों।

(3) चरित्र वास्तविकता की तरह हों। (लाइक रीयलिटी)।

(4) चरित्र समनुरूप (कंसिसटेन्ट) अथवा अविरोधी हों।

(1) चरित्रगत सदाचार अथवा अच्छाई (गुडनेस ऑफ करेक्टर)— चरित्रगत सदाचार त्रासदी की प्राथमिक आवश्यकता है। सदाचारहीन चरित्र के प्रति प्रेक्षक अथवा पाठक में सहानुभूति पैदा नहीं हो सकती और बिना सहानुभूति के प्रेक्षकों अथवा पाठकों के मन में करुणा और त्रास के संवेगों का उद्रेक नहीं हो सकता और बिना इन भावों के उद्रेक के त्रासिक सुख नहीं मिल सकता। अतः सदाचार या अच्छाई त्रासदी के चरित्रों को मूलभूत आवश्यकता हुई।

यहाँ एक स्वाभाविक प्रश्न उठता है—क्या त्रासदी में सभी चरित्र समान रूप से सदाचारी होने चाहिए। उत्तर स्पष्टतः यह दिया जा सकता है कि त्रासदी का मुख्य कार्य व्यापार निश्चित ही अच्छाई के प्रतिष्ठान में संलग्न होना चाहिए। नायक के कार्य व्यापार का मुख्य आकर्षण भी सदाचार होना चाहिए, किन्तु यह आवश्यक नहीं है कि त्रासदी के सभी चरित्र समान रूप से अच्छे और सदाचारी हों, अरस्तू ने दुराचारियों के प्रस्तुतीकरण को कहीं भी नकारा नहीं है। शेक्सपीयर के 'इआगो' और प्रसाद के 'भटार्क' आदि का अस्तित्व भी हो सकता है।

(2) चरित्रगत उपयुक्तता (एप्रोप्रियेटनेस आफ करेक्टर)— चरित्रगत उपयुक्तता से तात्पर्य है कि त्रासदी में प्रस्तुत किये जाने वाले चरित्र एक स्तर के हों। एक अच्छे सामाजिक और राजनैतिक स्तर के हों। उच्चकोटि के सैनिक पदाधिकारी और प्रभुतासम्पन्न लोग ही, प्राचीन और मध्यकालीन समाज में, स्तर के समझे जाते थे। कहना न होगा कि अरस्तू का स्तर के पात्रों से तात्पर्य प्रभुतासम्पन्न वर्ग के चरित्रों से ही है। एथेन्स में उस समय दास और स्त्रियों को नागरिकता प्राप्त नहीं थी। उच्चकोटि के राजनीतिज्ञ, राजा-महाराजा और सैनिक पदाधिकारी ही स्तर के समझे जाते थे।

(3) चरित्रगत वास्तविकता (रीयलिटी ऑफ करेक्टर)— अरस्तू ने चरित्रगत वास्तविकता के सम्बन्ध में क्या कहा है, इसका उत्तर देना कठिन है, क्योंकि

उन्होंने कहीं भी इस बात को उदाहरण देकर नहीं समझाया है। कैसी वास्तविकता, इस प्रश्न के उत्तर में वे गम्भीर गुरु की भाँति शांत ही रहे हैं। वाईवाटर ने काव्यशास्त्र के अनुवाद पर टिप्पणी करते हुए कहा है कि वास्तविकता मूल की तरह होनी चाहिए, अर्थात् साहित्यिक चित्र मूल चित्रों अथवा वास्तविक चित्रों की तरह होने चाहिए। तात्पर्य यह है कि त्रासदी के पात्रों को रचयिता इस प्रकार प्रस्तुत करे कि वह वास्तविक मनुष्यों की तरह प्रतीत हों।

(4) चरित्रगत समनुरूपता (कन्सिसटेन्सी ऑफ करेक्टर)—चरित्रों में एक जीवन्त सुसम्बद्धता होनी चाहिए। चरित्र प्रारम्भ से अंत तक अपने व्यवहार को परिस्थितियों के अनुसार एक जैसा रखें। तात्पर्य यह है किसी भी पात्र में कोई आकस्मिक परिवर्तन नहीं होना चाहिए, जैसे कि कोई प्रवृत्तित: कायर अचानक ही बहादुर नहीं हो जाना चाहिए अथवा कोई वीर अचानक ही कायर।

त्रासदी का नायक

चूँकि त्रासदी का उद्देश्य करुणा और त्रास का उद्रेक होता है, इसलिए त्रासदी का नायक भी ऐसा ही होना चाहिए, जिसके कार्य-व्यवहार करुणा और त्रास के भावों का, पाठकों अथवा दर्शकों में, सर्वाधिक उद्रेक कर सकें त्रासदी का नायक अति उत्कृष्ट कोटि का सच्चरित्र मनुष्य नहीं होना चाहिए, क्योंकि ऐसे नायक द्वारा अकारण ही उठाये जाने वाले दु:ख, प्रेक्षकों के मन में करुणा और त्रास के स्थान पर संक्षोभ अथवा सदमा और कभी-कभी अच्छाई के विरुद्ध विद्रोह का भाव पैदा करते हैं; जिससे हमारी न्यायप्रियता को ठेस पहुँचती है। इसी भाँति नायक पूर्णत: दुष्चरित्र भी नहीं होना चाहिए, क्योंकि ऐसे व्यक्ति का पतन करुणा और त्रास का उद्रेक करने में समर्थ न होगा; वरन् प्रेक्षकों में संतोष और हर्ष के भाव पैदा करेगा। इस प्रकार त्रासदी के कथानक को पूर्णत: सफल बनाने में मात्र एक ही प्रकार का नायक सफल हो सकता है जो कि न तो अति उत्कृष्ट कोटि का सच्चरित्र और धार्मिक मनुष्य ही हो और न ऐसा दुष्चरित्र ही जिसके कि दुर्भाग्य का कारण उसकी भ्रष्टता बने; वरन् एक सामान्य चरित्र का (सदात्मा और दुरात्मा के बीच का) ऐसा व्यक्ति हो, जिसके पतन और दुर्भाग्य के लिए उत्तरदायी उसकी कोई भूल अथवा कमजोरी ठहरायी जा सके। कुल मिलाकर त्रासदी के नायक के लिए अरस्तू निम्न बातें महत्त्वपूर्ण मानते हैं—

(1) त्रासदी के नायक का चरित्र सर्वांगीणत: पूर्ण नहीं होना चाहिए, क्योंकि सर्वथा पूर्ण व्यक्ति द्वारा उठाये जाने वाले कष्ट हमारे विवेक को ठेस पहुँचाते हैं।

(2) त्रासदी का नायक मध्यम चरित्र का होना चाहिए। तात्पर्य यह है कि वह न तो पूर्णत: सदाचारी ही हो, और न दुराचारी ही, वरन् उसका व्यक्तित्व गुण-दोषों से युक्त होना चाहिए।

(3) त्रासदी के नायक में नैतिक दोष नहीं होने चाहिए। उसका पतन किसी निर्णयात्मक भूल (हैमर्सिया) के कारण होना चाहिए, नैतिक ह्रास के कारण नहीं।

यहाँ यह उल्लेखनीय होगा कि इस संदर्भ में अरस्तू द्वारा प्रयुक्त शब्द 'हैमर्सिया' किसी भी तरह नैतिक दोष नहीं है, नैतिकता से सम्बन्धित भी नहीं है, वरन् एक विशिष्ट प्रकार की भूल है, जो कि निर्णयात्मक गलती से उद्‌भूत होती है। अरस्तू ने काव्यशास्त्र के पृष्ठ पचास पर लिखा है, "Misfortune...........is brought upon him not by vice and depravity but by some error of judgment (hamartia)"

इस संदर्भ में 'हेमर्सिया' और त्रासिक दोष (Tragic flaw) शब्दों का भेद समझना भी जरूरी है। हैमर्सिया और त्रासिक दोष (ट्रेजिकफ्ला) वस्तुत: दोनों अलग-अलग अर्थ के द्योतक शब्द हैं। त्रासिक दोष का अधिकतर प्रयोग नैतिक दोष के लिए ही किया जाता है, जैसे कि 'ओथेलो' घमंडी और ईर्ष्यालु था तथा 'इडिपस' जल्दबाज, किन्तु 'हैमर्सिया' से तात्पर्य उस भूल से है, जो कि निर्णयात्मक गलती अथवा अज्ञान से पैदा होती है। चूँकि अज्ञान वश होने वाली भूल से जिस परिणाम की आशा की जाती है, उसके विपरीत परिणाम होता है, इसलिए 'हैमर्सिया' वश किये गये कार्य दर्शकों अथवा पाठकों को द्रवित कर करुणा से भर देते हैं। स्वयं की गलती पर नायक को पश्चात्ताप होता है। दर्शक या पाठक भी द्रवित होते हैं; बिना किसी अनैतिक और अवांछनीय प्रभाव के उसकी (नायक की) भूल को प्रेक्षक क्षमा भी कर देते हैं। यद्यपि 'हैमर्सिया' स्वयं में किसी प्रकार भी अनैतिक नहीं है, तथापि यदि नायक 'हैमर्सिया' वश नैतिक दोष भी कर बैठे, तो अरस्तू को आपत्ति नहीं है। इसके साथ ही, इतना भी निश्चित है कि जिस त्रासिक स्थिति में नायक को नैतिक दृष्टि से दोषी न ठहराया जा सके, वह त्रासिक स्थिति सर्वोत्तम मानी जायेगी। इस सिद्धान्त को 'सम्राट इडिपस' के नाटक से भली-भाँति समझा जा सकता है। नाटक में इडिपस अज्ञानवश (सच्चाई से अपरिचित होने के कारण) अपने पिता को मार अपनी माँ से विवाह कर लेता है। जब उसे सच्चाई का पता चलता है कि मृत पुरुष उसका पिता और नव परिणीता उसकी माँ है, तो वह बेहद पश्चाताप की अग्नि में झुलसता हुआ नाटक के अन्त में पागल होकर आत्महत्या कर लेता है। कहना न होगा कि नायक का यह दुर्भाग्यपूर्ण अन्त प्रेक्षकों के मन में करुणा और त्रास का उद्रेक तो करता है किन्तु उन (प्रेक्षकों) पर किसी प्रकार का अनैतिक प्रभाव नहीं डालता, क्योंकि इडिपस के कार्य 'हैमर्सिया' वश किये गए हैं। इस प्रकार पिता की हत्या और माँ से विवाह अनैतिक होते हुए भी 'हैमर्सिया' के कारण प्रेक्षकों या पाठकों के मन में अनैतिक प्रभाव उत्पन्न नहीं करते, क्योंकि यहाँ पर अनैतिकता अथवा त्रासिक दोष, 'हैमर्सिया' अथवा निर्णयात्मक दोष के साथ प्रस्तुत की गई है।

स्थिति व्यत्यय अथवा विपर्यय (पैरीपैटी)

'हैमर्सिया' की चर्चा करते समय यह आवश्यक है कि 'पैरीपैटी' पर भी विचार किया जाये। 'पैरीपैटी' एक प्रकार का भाग्यविपर्यय है। मात्र भाग्य विपर्यय कहना समीचीन न होगा, अत: कहा जा सकता है कि 'पैरीपैटी' एक प्रकार का उद्देश्य विपर्यय अथवा कार्य व्यापार का ही विपर्यय है। उदाहरण के लिए सोफोल्कीज के

नाटक 'सम्राट इडिपस' में दूत सम्राट की माता सम्बन्धी शंकाओं के निवारण के लिए आता है, किन्तु साथ ही स्वयं इडिपस के जीवन रहस्य का उद्घाटन भी कर देता है, जिससे एकदम विपरीत प्रभाव पैदा हो जाता है। 'पैरीपैटी' का नायक में होना वांछनीय है। 'पैरीपैटी' एक प्रकार की वह खाई है जो दूसरों के लिए तो खोदी जाये, किन्तु खोदने वाला स्वयं उसी खाई में गिर पड़े, जैसे कि शेक्सपीयर के 'हैमलट' नाटक में 'क्लाडियस' हैमलट को मारने के लिए षड्यंत्र रचता है, किन्तु 'पैरीपैटी' के अधीन स्वयं ही उस षड्यंत्र में फँस कर मारा जाता है। इस प्रकार स्थिति और कार्य व्यापार का विपर्यय पैरीपैटी कहा जा सकता है। यहाँ भी आवश्यकता एवं सम्भाव्यता के नियमानुकूल ही कार्य व्यापार का व्यत्यय होना चाहिए। डॉ० नगेन्द्र के अनुसार—'किन्तु यह व्यत्यय सदा आवश्यकता एवम् सम्भाव्यता के नियम के अधीन होना चाहिए। इसका उद्भव कथानक के आन्तरिक वस्तुविधान से ही होना चाहिए, जिससे कि अनुवर्ती घटनायें पूर्ववर्ती घटनाओं का सम्भाव्य परिणाम हों;' क्योंकि "इसमें बड़ा अन्तर पड़ जाता है कि कोई घटना किसी अन्य घटना के फलस्वरूप घटित हुई है या केवल उसकी अनुवर्तिनी है।"[1] नायक के पतन के लिए उत्तरदायी कभी 'डिस्कवरी' या अभिज्ञान भी होता है। अभिज्ञान में अज्ञान की ज्ञान में परिणति हो जाती है। अर्थात् अज्ञानवश किये हुए अच्छे कार्य अभिज्ञान होने पर अति निकृष्ट और पश्चात्तापकारक प्रतीत होते हैं। जैसेकि अज्ञानवश वध किया हुआ शत्रु ज्ञान होने पर निकट सम्बन्धी निकले, अत्यन्त वफादार प्रतीत होने वाली पत्नी दूसरे के साथ प्रेम करती पकड़ी जाये। कालिदास के नाटक 'अभिज्ञान शाकुन्तलम्' का सम्पूर्ण कथानक ही अभिज्ञान (डिस्कवरी) पर आधारित है।

इस प्रकार 'हैमर्सिया' 'पैरीपैटी' और 'डिस्कवरी' आदि आदर्श त्रासदी के कथानक और चरित्र से पूर्णतः सम्बद्ध हैं और इनका आदर्श त्रासदी में होना वांछनीय ही नहीं, अनिवार्य है।

कथानक और चरित्र का महत्त्व

अरस्तू कथानक को चरित्र से अधिक महत्त्वपूर्ण मानते हैं। काव्यशास्त्र में उन्होंने स्पष्टतया व्यक्त किया है—"त्रासदी का अस्तित्व बिना चरित्र के सम्भव है, किन्तु बिना कथानक अर्थात् कार्य व्यापार के असम्भव।" तात्पर्य यह है कि कार्य व्यापार के बिना तो त्रासदी हो नहीं सकती, परन्तु बिना चरित्र के, चरित्रों के अभाव में भी हो सकती है। अरस्तू का चरित्र रहित त्रासदी से तात्पर्य पात्र रहित त्रासदी से नहीं है, वरन् उस त्रासदी से है, जिसमें कि पात्र अपना स्वयं का व्यक्तित्व, आदत, व्यवहार, पृथक् रूप से प्रस्तुत नहीं करते; वे परिस्थितियों द्वारा संचालित होते हैं, परिस्थितियों को संचालित नहीं करते और ऐसे पात्रों को अरस्तू चरित्र नहीं मानते। इस प्रकार कथानक अथवा कार्य व्यापार रहित त्रासदी की कल्पना तो, उनके अनुसार असम्भव है,

1. काव्यशास्त्र, मानविकी पारिभाषिक कोश : सम्पादक डॉ० नगेन्द्र—साहित्य खण्ड, पृ० 197।

किन्तु चरित्र रहित और पात्रयुक्त त्रासदी का अस्तित्व हो सकता है। अब कहना न होगा कि वे त्रासदी में कथानक (अर्थात् कार्य व्यापार) को चरित्र से अधिक महत्त्व देते हैं।

(1) विचार (थॉट)—निश्चित परिस्थितियों में जो कुछ प्रासंगिक और सम्भव है, उसको कहने की क्षमता-शक्ति ही विचार है। त्रासदी में विचार वहीं प्रस्तुत किये जाते हैं, जहाँ किसी बात का अस्तित्व साबित करना हो अथवा जब किसी सिद्धान्त-वाक्य या सूत्र को प्रतिपादित करना हो।

(2) कथन-शैली (डिक्शन)— अर्थ की शब्दों में अभिव्यक्ति ही कथन-शैली है। अरस्तू के अनुसार त्रासदी की कथन-शैली परिस्थिति के अनुरूप और उचित होनी चाहिए, अर्थात् शोक, संवेदना, पश्चात्ताप आदि भावों की अभिव्यक्ति के अनुरूप ही शब्द चयन और कथन-शैली होनी चाहिए।

(3) गीत (सांग)—त्रासदी में गीत योजना भी होनी चाहिए। त्रासदी के अलंकरण में, अरस्तू, गीतों को महत्त्वपूर्ण तत्त्व मानते हैं।

(4) अभिनय (स्पैक्टेकिल)— उपर्युक्त के अनुकरण का ढंग ही अभिनय है। अभिनय प्रेक्षक अथवा श्रोताओं को भावात्मक आकर्षण प्रदान करता है।

कामदी सम्बन्धी धारणाएँ

कामदी के विषय में काव्यशास्त्र में कम कहा गया है। त्रासदी का जन्म महाकाव्य से तथा कामदी का जन्म व्यंग्य काव्य से हुआ है। वस्तुतः व्यंग्य काव्य का उद्‌भव लिंगोपासना सम्बन्धी उन गीतों से हुआ, जो ग्रीक में प्रजनन शक्ति प्रदान करने वाले देव 'दिओनिसस' की प्रशंसा में गाये जाते थे। इस प्रकार कामदी, जो अपने पूर्व रूप में लिंगोपासना सम्बन्धी व्यंग्य काव्य था, मनुष्य को निकृष्टतम रूप में प्रस्तुत करने वाला काव्य रूप हुआ। व्यंग्य काव्य और कामदी में मात्र इतना ही भेद है कि प्रथम व्यक्तियों के व्यक्तित्व की खिल्ली उड़ाता है तथा द्वितीय उनके सामान्य दुर्गुणों की; अर्थात् प्रथम दुर्गुणी का उपहास करता है तो द्वितीय दुर्गुणों का।

कामदी के चरित्रों के सम्बन्ध में अरस्तू की मान्यता है कि उनमें कोई दोष अथवा कुरूपता अवश्य होनी चाहिए, क्योंकि जब तक चरित्रों का कार्य व्यापार दोषपूर्ण अथवा कुरूप न होगा, तब तक कामदी के पात्र प्रेक्षकों को हास्य से अभिभूत न कर सकेंगे। उनके कार्य व्यापार तिरस्कृत अथा घृणित नहीं होने चाहिए, क्योंकि घृणित कार्य-कलापों से दर्शक अथवा पाठक पूर्णतः हास्य के वशीभूत नहीं हो सकते। इस प्रकार कामदी के पात्र हास्यास्पद ही होने चाहिए। चूँकि अरस्तू के अनुसार हास्यकुरूपता का ही एक अंश है, इसीलिए कामदी के पात्र कुरूपता-पूर्ण अथवा हास्यजनक कहे जा सकते हैं।

त्रासदी की भाँति ही कामदी में भी काव्य के सामान्यीकरण की शक्ति होती है। निश्चित परिस्थितियों में अनिवार्यता अथवा सम्भाव्यता के नियमाधीन कामदी भी

भविष्य में घटित हो सकने वाली घटनाओं का उद्घाटन करती है, किन्तु अपने चरित्रों और अवस्थाओं के अनुरूप ही। कामदी में व्यक्ति विशेष की कमजोरियों का प्रस्तुतीकरण नहीं होता, वरन् जन सामान्य की कमजोरियों का ही दिग्दर्शन कराया जाता है। इस प्रकार कहा जा सकता है कि कामदी व्यष्टि की दुर्बलताओं का चित्र प्रस्तुत करने वाला काव्य रूप नहीं है, वरन् समष्टिगत दुर्बलताओं को अनावृत करने वाला काव्य रूप है। अर्थात् इसमें सर्वजनीन दुर्बलताओं का चित्रण किया जाता है। निश्चित परिस्थितियों में एक निश्चित प्रकार अथवा एक ही 'टाइप' के व्यक्तियों के व्यवहार का उद्घाटन ही कामदी का मूलोद्देश्य होता है।

महाकाव्य सम्बन्धी धारणाएँ

महाकाव्य, उद्भव की दृष्टि से त्रासदी कामदी से अधिक प्राचीन है। इसकी उत्पत्ति देवताओं और महापुरुषों की प्रशस्ति में गाये जाने वाले स्तोत्रों और प्रशंसात्मक गीतों से हुई है। प्रकृति में महाकाव्य त्रासदी के अनुकूल होता है, किन्तु स्वरूप में त्रासदी के प्रतिकूल।

महाकाव्य की प्रकृति पर यदि विचार किया जाये तो त्रासदी की भाँति ही यह भी एक गम्भीर और स्वतः पूर्ण कार्य व्यापार का अनुकरण होता है। अरस्तू ने लिखा है, "Whoever knows what is good or bad tragedy knows also about epic poetry."

महाकाव्य के कथानक की संरचना भी त्रासदी के कथानक के भाँति ही होती है। महाकाव्य का कथानक साधारण और जटिल—दोनों ही प्रकार का हो सकता है। त्रासदी के कथानक की तरह ही कार्य व्यापार की एकता महाकाव्य के कथानक में भी पायी जाती है। महाकाव्य के चरित्र भी त्रासदी की भाँति ही स्तर के होते हैं। महाकाव्य के चार संघटक भाग—कथानक, चरित्र, विचार और लेखन-शैली—त्रासदी की तरह ही होते हैं, किन्तु शेष दो—गीत और अभिनय मात्र त्रासदी (नाटक) में होते हैं, महाकाव्य में नहीं। जहाँ तक स्वरूप का सम्बन्ध है, महाकाव्य त्रासदी से भिन्न होता है। महाकाव्य में जीवन की अनुकृति कथन अथवा वर्णन के द्वारा होती है। जबकि त्रासदी में नाटकीय कार्य व्यापार के माध्यम से। महाकाव्य की परिधि विस्तृत होती है, जबकि त्रासदी की सीमित। इसीलिए महाकाव्य में गीत और अभिनय का कोई उपयोग नहीं होता। महाकाव्य में अर्थतत्व का सम्प्रेषण मात्र पठन अथवा श्रवण से होता है। आकार में महाकाव्य त्रासदी की तरह संकुचित नहीं होता, इसका यही कारण है कि त्रासदी में प्रत्येक स्थल पर घटित होने वाली घटना को प्रस्तुत नहीं किया जा सकता, क्योंकि रंगमंच पर मात्र एक ही स्थान तथा उससे सम्बन्धित घटना और उस घटना से सम्बन्धित चरित्रों को प्रस्तुत किया जा सकता है। परन्तु महाकाव्य में, उसके वर्णनात्मक स्वरूप के कारण एक ही साथ कई घटनाओं को प्रस्तुत किया जा सकता है और यदि ये सभी घटनायें मूल विषय से सम्बन्धित हुईं, तो महाकाव्य के सौन्दर्य और गौरव की वृद्धि में सहायक होती हैं।

महाकाव्य और त्रासदी में असम्भाव्य अथवा चामत्कारिक वर्णन सम्बन्धी भेद भी हैं। कवि अपने काव्य में कुछ न कुछ अद्‌भुत या चमत्कारी को प्रस्तुत करने के लिए लालायित रहता है, क्योंकि चमत्कार पाठकों को अभिभूत करता है। इस असम्भाव्य के प्रस्तुतीकरण की गुंजाइश त्रासदी से महाकाव्य में अधिक रहती है; क्योंकि महाकाव्य में कोई भी घटना रंगमंच पर तो प्रस्तुत होती नहीं, अतः पाठक को कल्पना-चक्षुओं से ही इस असम्भाव्य को देखने का अवसर मिलता है, जबकि त्रासदी का प्रेक्षक सभी कुछ भौतिक चक्षुओं से रंगमंच पर घटित होते देखता है। इसी लिए महाकाव्य के पाठक अथवा श्रोता को चमत्कार का प्रदर्शन बहुत कुछ अंश तक विश्वसनीय प्रतीत होता है, जबकि त्रासदी के प्रेक्षक को वह अनर्गल एवं बेतुका। अरस्तू के कथनानुसार— "The poet should prefer probable impossibilities to improbable possibilities."

''कवियों को सम्भाव्य असम्भवता को असम्भाव्य सम्भवता से वरीयता देनी चाहिए।'' अर्थात् काव्य में विश्वसनीय असत्य को अविश्वसनीय सत्य से अथवा विश्वासोत्पादक झूठ को अविश्वासोत्पादक तथ्य से वरीयता मिलनी चाहिए। कहना न होगा कि इस प्रकार की कलात्मक असम्भाव्य अथवा चमत्कार का चित्रण त्रासदी की अपेक्षा महाकाव्य में अधिक किया जा सकता है। यहाँ एक स्वाभाविक प्रश्न उठता है कि अनुकरण का कौन सा—त्रासिक अथवा महाकाव्यात्मक रूप महत्त्वपूर्ण है। अरस्तू त्रासिक रूप को अधिक महत्त्व प्रदान करते हैं। त्रासदी से महाकाव्य की श्रेष्ठता के प्रतिपादन के लिए कहा जा सकता है कि महाकाव्य सुरुचि सम्पन्न पाठकों को आकर्षित करता है, महाकाव्य बिना रंगमंचीय सहायता और अभिनय के ही 'अपील' करता है, और इसका कार्यव्यापार एवं कथानक विविधतापूर्ण होता है। महाकाव्य की श्रेष्ठता सम्बन्धी इन सभी बातों को स्वीकार करते हुए भी अरस्तू ने त्रासदी को ही श्रेष्ठतम काव्य रूप माना है। त्रासदी भी सुरुचि सम्पन्न पाठकों को अभिभूत करती है, बिना रंगमंचीय सहायता के, मात्र पढ़ने पर भी पाठकों को अपील करती है। इसके अतिरिक्त कार्य व्यापार की सघनता, संकलन त्रय का निर्वाह, संगीत आदि ऐसी अनेक बातें हैं, जोकि पाठकों, श्रोताओं अथवा दर्शकों को त्रासदी की ओर अधिक आकर्षित करती हैं। और फिर अरस्तू की मान्यता है कि सघन प्रभाव अधिक सुखद होता है, बनिस्वत् बिखरे और फैले हुए प्रभाव के। त्रासदी अपने उद्देश्य—पाठकों, श्रोताओं अथवा दर्शकों को सुख, गौरव और आत्म-विस्तार प्रदान करना—की प्राप्ति में महाकाव्य से अधिक सफल है।

कथन-शैली सम्बन्धी धारणाएँ

काव्यशास्त्र में अरस्तू ने काव्य-भाषा और अलंकारशास्त्र में शैली पर विचार किया है। दोनों में उन्होंने अच्छी लेखन कला के दो ही महत्त्वपूर्ण प्रतिमान माने हैं—प्रांजलता और उपयुक्तता। लेखनकला का उद्देश्य पाठकों अथवा श्रोताओं तक अर्थ तत्त्व का सम्प्रेषण होता है, अतः शैलीगत स्पष्टता वांछनीय है। इसी तरह अर्थ

तत्त्वानुकूल उपर्युक्त शैली भी वांछनीय है, ताकि रचयिता द्वारा अभीष्ट अर्थ कर उचित सम्प्रेषण हो सके।

शैलीगत प्रांजलता के लिए चालू शब्द प्रयुक्त होने चाहिए, क्योंकि चालू शब्द ही जन सामान्य के लिए सर्वाधिक सुगम और स्पष्ट होते हैं। परन्तु लेखन-शैली का गौरव और आकर्षण अपरिचित शब्दों के प्रयोग में ही होता है। आद्य अथवा पुरातन शब्दों, विदेशी शब्दों, उपभाषाओं अथवा बोलियों के शब्दों और नवनिर्मित शब्दों में एक विशेष प्रकार का आकर्षण, गौरव तथा विचित्रता होती है; अत: इन शब्दों का प्रयोग भी अच्छी शैली के लिए उपयोगी है। वस्तुत: अरस्तू ने श्रेष्ठ काव्य-शैली के लिए उपरिउक्त दोनों ही प्रकार के शब्दों के उचित और विवेकपूर्ण संयोजन की सलाह दी है।

महत्त्व

जहाँ प्लेटो की काव्य सम्बन्धी मान्यतायें एक नीतिशास्त्री और समाज सुधारक की थीं, वहीं अरस्तू ने काव्य को एक वैज्ञानिक की दृष्टि से देखा। प्लेटो की आकांक्षा थी कि साहित्य नैतिकता-प्रचार का कार्य करे, जबकि अरस्तू ने साहित्य से उतना ही चाहा, जितना कि कला से अपेक्षित होना चाहिए।

काव्यशास्त्र में त्रासदी, कामदी और महाकाव्य आदि का दर्शकों, पाठकों अथवा श्रोताओं के दिल-दिमाग पर पड़ने वाले प्रभाव के सन्दर्भ में ही उनकी व्याख्या करने का अरस्तू का प्रयास, अपने में एक महत्त्वपूर्ण देन है। इस काव्यशास्त्र में इन सभी विधाओं की चर्चा में उन्होंने एक विलक्षण बोध का परिचय, जिसे यदि अमरीकियों की शब्दावली में कहें तो 'आडियेंस साइक्लॉजी' (दर्शकों का मनोविज्ञान) कह सकते हैं, दिया है।

इस प्रकार निस्संदेह कहा जा सकता है कि यद्यपि काव्यशास्त्र एक लघु और अधूरा ग्रन्थ है, किन्तु फिर भी साहित्यिक विधाओं पर अतिव्यापक, वैज्ञानिक, ऐतिहासिक, दार्शनिक, और मनोवैज्ञानिक दृष्टि से विचार करने वाली यह एक ऐसी पुस्तक है, जिसने संसार के साहित्य-मनीषियों को झकझोर दिया है।

3
होरेस की साहित्यिक मान्यताएँ

रोमन आलोचकों में सर्वोत्तम कवि और रोमन कवियों में सर्वोत्तम आलोचक होरेस आगस्तन युग की महानतम देन है। आगस्तन युग रोमन साहित्य का स्वर्ण युग था। रोमन साहित्य के श्रेष्ठ लेखक—वर्जिल, होरेस, तिवुलुस, प्रोपर्‌तियस्, ओविद और लिवी आदि—आगस्तन युग में ही सृजन संलग्न रहे। होरेस काव्य क्षेत्र में यद्यपि वर्जिल के बाद ही स्थान रखते हैं, किन्तु आलोचना के क्षेत्र में एक मात्र वे ही रोमन गुरु कहे जा सकते हैं। कहना न होगा कि रोमन साहित्य में उनका वही स्थान है, ग्रीक साहित्य में जो कि अरस्तू का।

होरेस ने कुल मिलाकार नौ ग्रंथों की रचना की है, जिनमें दो व्यंग्य काव्य, चार सम्बोध-गीति (ओड्स) और तीन पत्र-काव्य (Epistle) हैं। उनका अन्तिम पत्र-काव्य जो कि उन्होंने पिसोओं को लिखा है, काव्य-कला से विशेष रूप से सम्बन्धित है। इस अंतिम पत्र-काव्य को ही कुन्तिलियन ने अपनी पुस्तक 'इन्सतितूतियो ओरेतोरियो' में 'आर्स पोइतिका' (काव्य-कला) के नाम से अभिहित किया है। यद्यपि उनके छुट-पुट आलोचनात्मक प्रेक्षण सभी ग्रंथों में पाये जाते हैं, किन्तु 'आर्सपोइतिका' ही आलोचनात्मक अवधारणाओं को प्रतिपादित करने वाला उनका प्रधान ग्रंथ है। 'आर्स पोइतिका' एक दीर्घ पत्र-काव्य है, जिसमें कि पिसो कुल नाम से सम्बोधित कर एक पिता और उसके दो पुत्रों को साहित्यिक समस्याओं पर लेखक ने अपना परामर्श दिया है। 'आर्स पोइतिका' की कोई निश्चित परियोजना नहीं है, वरन् यह एक पत्र की भाँति ही किसी प्रकार की भी प्रबन्धात्मकता से मुक्त पत्र-काव्य है। किन्तु विद्वज्जनों ने अपने बुद्धि-विलास से इस पत्र-काव्य के भी तीन विषय-विभाजक खण्ड किये हैं; यथा—पोइसिस (विषय-वस्तु), पोइमा, (रूप-विधान) और पोइता (कवि अथवा रचयिता)। आर्स पोइतिका 'एब्रीमेन लायब्रेरी सीरीज़' में मोक्सोन (Moxon) के अंग्रेजी अनुवादानुसार मात्र सोलह पृष्ठों का एक लघु पत्र-काव्य है, जिसमें कि मूल लातिन की पाँच सौ से भी कम पद्य-पंक्तियाँ हैं। इसका विषय, आज की शब्दावली में, आलोचना है और इसमें विवेचित मुख्य शीर्षक—'काव्य', काव्य-शैली तथा नाटक हैं।

होरेस के युग में लेखन के दो सम्प्रदाय—प्राचीन लातिन सम्प्रदाय और आधुनिक एलैक्सेन्ड्रियन सम्प्रदाय—प्रचलित थे। प्राचीन लातिन सम्प्रदाय के प्रतिपादक साहित्यकार इन्नियस और नाइवियस थे तथा आधुनिक अलैक्सेन्ड्रियन का उद्‌भव उत्तरी मिस्र में ग्रीक विद्वानों की रचनाओं से हुआ था। किन्तु देश-प्रेम, राष्ट्रीय गौरव, अपूर्व शांति और सम्पन्नता से परिपूर्ण आगस्तन युग के साहित्यकारों को लेखन के उपरिउक्त दोनों ही आदर्श अपूर्ण प्रतीत हुए। विभिन्न भावों से उच्छलित सहृदय साहित्यकारों ने अपने भावों की अभिव्यक्ति के लिए प्राचीन ग्रीक आदर्शों की ओर दृष्टि लगाई। परिणामत: लातिन साहित्य में प्राचीन ग्रीक-साहित्यिक परम्पराओं का पुन: प्रवर्तन हुआ और इस पुनरुत्थान के अग्रदूत हुए वर्जिल तथा होरेस। चूँकि प्राचीन ग्रीक आदर्शों को प्रतिमान लातिन साहित्य को महिमान्वित करने में होरेस ने एक महत्त्वपूर्ण भूमिका अदा की है। इसलिए होरेस के आलोचनात्मक प्रेक्षणों पर प्राचीन ग्रीक गुरुओं की साहित्यिक मान्यताओं के परिप्रेक्ष्य में विचार करना ही समीचीन होगा।

काव्य सम्बन्धी अवधारणाएँ

'आर्सपोइतिका' में होरेस ने काव्य-प्रकृति, काव्य-प्रयोजन, विषय-वस्तु, काव्य-रूप तथा काव्य-भाषा पर विचार किया है। काव्य सम्बन्धी उनकी धारणायें निम्न शीर्षकों के अन्तर्गत द्रष्टव्य हैं—

(1) काव्य-प्रकृति— यद्यपि होरेस ने प्लेटो अथवा अरस्तू की भाँति कविता को अनुकरणात्मक कला के रूप में उद्घोषित नहीं किया है, किन्तु उनके लेखन से प्रतीत यही होता है कि वे काव्य को अनुकरणात्मक कला ही मानते हैं। उदाहरणार्थ एक स्थल पर 'आर्सपोइतिका' में वह लिखते हैं— "I would advise the well instructed imitator to take his model from life and customs."[1]

"मैं भली-भाँति सुशिक्षित अनुकारक को जीवन और रूढ़ियों से प्रतिमान चुनने का परामर्श दूँगा।"

बेनजान्सन के काव्यात्मक अनुवाद से भी अनुकरण की ही ध्वनि मिलती है; यथा— "And I still bid the learned maker look.

on life, and manners, and make these his book."

परन्तु काव्य की सम्पूर्ण प्रकृति मात्र जीवन की यथावत् अनुकृति ही नहीं है। उनकी धारणा है कि कवि अक्सर कल्पना का सहारा लेता है, तथ्य और कल्पना का संयोजन करता है। लेकिन कल्पना की अतिशय उड़ान में भी उनका विश्वास नहीं है। सत्य के अतिनिकटवर्ती कल्पना का योग ही काव्य में वांछनीय है। मोक्सोन द्वारा अनुवादित 'आर्सपोइतिका' में उन्हीं के शब्दों में—"A poet uses fiction and mingles facts with fancy.....fiction composed to please should be very near the truth."

कहना न होगा कि काव्य-प्रकृति सम्बन्धी होरेस का दृष्टिकोण बहुत कुछ अरस्तू से मिलता-जुलता है, जिनकी (अरस्तू की) मान्यता थी कि काव्य में अविश्वसनीय सत्य के स्थान पर विश्वसनीय झूठ को वरीयता मिलनी चाहिए।

(2) काव्य-प्रयोजन—प्लेटो काव्योद्देश्य नैतिक शिक्षा मानते थे। जीवन में जो कुछ भी भव्य, महान्, उदात्त और श्रेष्ठ है, उस सब के प्रति आस्था पैदा करना कवियों का आदर्श और काव्य-प्रयोजन होना चाहिए। अरस्तू सुख को ही काव्योद्देश्य मानते थे। काव्य का प्रयोजन प्रधानत: सहृदयों को सुख प्रदान करना है और यह सुख काव्य में यदि मानव-कल्याण का सहयोगी बनकर आये तो ऐसे काव्य को अरस्तू श्रेष्ठतम् मानते थे। होरेस ने दोनों की मध्यवर्तिनी स्थिति ग्रहण की। उन्होंने स्पष्टतया काव्योद्देश्य शिक्षा और सुख माना। श्रेष्ठ काव्य वही है, जो कि सहृदयों को प्रसन्न करने के साथ ही साथ व्यक्ति,राष्ट्र और मानव-कल्याण की शिक्षा भी दे।

वह एक देश भक्त नागरिक थे। एक सच्चे रोमन का राष्ट्र और साम्राज्य के प्रति क्या कर्त्तव्य है, उन्हें भली-भाँति अवगत था। प्लेटो ने कविता से राष्ट्रकल्याण के लिए जो चाहा, उससे भी वे अभिज्ञ न थे। इसके साथ ही वे एक उच्च कोटि के कलाकार और आलोचक भी थे। उनका सौन्दर्यपरक अनुभव गहन और विस्तृत था। अरस्तू की इस मान्यता—कला में जीवनानुकृति सुखानुभूति के लिए की जाती है, उपयोगितावादी

1. Moxon's translation in the Every man's Library Series—Page 71.

दृष्टिकोण से नहीं—पर उन्होंने गम्भीरता से विचार किया था। कहना न होगा कि उपरिउक्त दोनों प्रकार की काव्य प्रयोजन सम्बन्धी (शिक्षा और सुख)— मान्यतायें व्यक्तित्व में गहराई से बद्धमूल थीं। परिणामत: उन्होंने काव्य-प्रयोजन के निर्धारण में समन्वयात्मक दृष्टिकोण अपनाया और काव्य का उद्देश्य सुखानुभूति के साथ ही साथ शिक्षा भी माना, ताकि कविता सुख प्रदान करने के साथ ही व्यष्टि और समष्टि के उत्कर्ष और कल्याण में भी सहायक हो सके। मोक्सन द्वारा अनुवादित 'आर्सपोइतिका' में उन्हीं के शब्दों—"Poets desire either to improve or to please, or to unite the agreeable and the profitable......your will win every vote if you blend and instruct what is improving with what pleases, and at once delight the reader." "कवियों की आकांक्षा या तो सुधार करना होती है, अथवा प्रसन्न करना, अथवा सुखद और लाभकारी के संयोजन की.................यदि आप सुधारकारी और प्रसन्नकारी को संयोजित करेंगे, आप सर्वसम्मति प्राप्त करेंगे तथा एक साथ ही पाठकों को सुशिक्षित और आह्लादित करेंगे।"

इस प्रकार महान काव्य रंजनकारी तथा नैतिक रूप से उत्कर्षकारी होता है। उन्होंने अतीत में कवि-सम्मान की चर्चा करे हुए लिखा है कि वे ही कवि जन-सम्मान के पात्र बन पाते थे, जोकि जनसाधारण को परिवार, समाज और राष्ट्र के प्रति कर्त्तव्य की शिक्षा दिया करते थे। जन मानस में दुर्गुणों के प्रति द्वेष, सद्‌गुणों के प्रति प्रीति तथा आपत्तिकाल में धैर्य और वीरता के भाव उत्पन्न किया करते थे। परन्तु अतीत में कवि-सम्मान की इस प्रकार चर्चा करते हुए भी होरेस की यह मान्यता दृढ़ रही है कि कवि-कर्म सहृदयों को आकर्षित करना होता है। कहना न होगा कि काव्य में आकर्षण की यह अन्तर्निहित शक्ति ही सहृदयों को आह्लादित करती है। उन्होंने लिखा है, "It is not enough for poem to have beauty; they must also be pleasing and lead the listener's soul whither they will."

यहाँ एक स्वाभाविक प्रश्न उठता है कि काव्य द्वारा उत्तेजित भाव प्रवणता का सहृदयों पर क्या प्रभाव पड़ता है। काव्य द्वारा भावोत्तेजन होता है। इसलिए प्लेटो ने काव्यगत भावप्रवणता पर कठोरतम प्रहार किये थे और अरस्तू ने इन प्रहारों से काव्य की प्रतिरक्षा की थी। चूँकि होरेस के द्वारा प्रतिपादित काव्य-प्रयोजन सुखवादी और उपयोगितावादी दोनों ही सिद्धान्तों को समाहित किये हुए है, इसीलिए काव्य द्वारा उत्तेजित उस भाव प्रवणता का वे स्वागत करते हैं, जोकि सुहृदयों को संवेदनशील बनाती है तथा जिससे व्यष्टि और समष्टि कल्याण तीव्रतर होता है।

(3) काव्यगत विषय-वस्तु—विषय-वस्तु के सम्बन्ध में होरेस ने दो महत्त्वपूर्ण बातें लिखी हैं। मोक्सोन द्वारा अनुवादित 'आर्सपोइतिका' में उन्हीं के शब्दों में—"Let your theme be what it may, provided it be simple and uniform; choose a theme suited to your powers, ye authors, and ponder long what weight your shoulders refuse to bear and what they can support."

''तुम रचयिताओ, कोई भी विषय रखो, बशर्ते कि वह सरल और एक रूप हो, विषय-वस्तु ऐसी चुने, जोकि तुम्हारी शक्ति और सामर्थ्यानुरूप हो और चयन से पूर्व दीर्घ चिन्तन करो कि तुम्हारे कन्धों में किस भार को वहन करने की सामर्थ्य है और किसकी नहीं।''

सरल विषय-वस्तु से होरेस का तात्पर्य उस परिचित उपादान से है, जोकि मानव के सामान्य जीवन और समाजगत रूढ़ियों से लिया जाता है। विषय-वस्तु पूर्णतः एकरूप होनी चाहिए, तात्पर्य यह है कि जिस विषय को काव्य-सृजन के लिए चुना जाये, उसमें कुछ भी अनर्गल और असंगत न हो। कथानक में कार्यव्यापार की एकता पर काव्यशास्त्र में अरस्तू ने भी विशेष बल दिया। कहना न होगा कि रचयिता की अन्तर्निहित क्षमता के अनुरूप ही विषय-वस्तु के चुनाव पर होरेस का बल कार्य व्यापार को इसी एकता की ओर प्रच्छन्न संकेत मात्र है। रचयिता के क्षमतानुसार ही विषय-वस्तु के चयन पर होरेस ने अत्यधिक बल दिया है, यह बल अकारण नहीं है मोक्सोन द्वारा अनुवादित 'आर्सपोइतिका' में उन्हीं के शब्दों में—"He who chooses his subject wisely will find that neither words nor lucid arrangement fail him......sound judgment is the basis and source of good writing."

''वह जोकि अपने विषय का चयन बुद्धिमानी से करता है, उसे न तो शब्दों में और न प्रांजल विन्यास में ही असफलता मिलती है...........अच्छे लेखन का स्रोत और आधार गम्भीर निर्णय ही है।''

(4) काव्य-रूप— काव्य कितने प्रकार का होता है, इस प्रश्न पर होरेस ने मौलिकता से विचार नहीं किया है। प्राचीन ग्रीक-परम्पराओं के अनुगामी होने के कारण उन्होंने काव्य के कुछ निश्चित रूप माने हैं और उन विभिन्न काव्य-रूपों में प्रत्येक के लेखन के लिए एक समुचित और निश्चित छन्द अथवा वृत्त को स्वीकार किया है। अरस्तू ने भी काव्य के इन्हीं प्रकारों को स्वीकार किया, किन्तु प्रत्येक के लिए एक निश्चित ही छन्द वे आवश्यक नहीं मानते थे, यद्यपि काव्य को निश्चित किस्म के लिए निश्चित प्रकार के वृत्त का प्रयोग उन दिनों ग्रीक में एक आम धारणा थी। अरस्तू ने इस क्षेत्र में स्वच्छन्दता का सहारा लिया। उनके अनुसार, एक निश्चित काव्य-रूप रचयिता की शक्ति और रुचि के अनुसार किसी भी छन्द में लिखा जा सकता है। होरेस इस क्षेत्र में घोर परम्परावादी रहे। प्राचीन यूनानी महाकवियों द्वारा प्रयुक्त निश्चित छन्द उनके निश्चित प्रकार के काव्य-लेखन के लिए एक प्रकार से रूढ़ि हो चले थे। होरेस ने इन्हीं रूढ़ियों का अनुगमन किया। महाकाव्य के लिए उन्होंने होमर द्वारा प्रयुक्त 'डैक्टिलिक हैक्सामीटर' (एक कठोर वर्ण और दो वर्णों मृदु के संयोग से बनने वाली षट्पदी) को ही उचित माना। इसी भाँति शोक गीतों के लिये 'हैक्सामीटर' और 'आइमबिक मीटर' के संयोग को छन्द के रूप में निर्धारित किया। त्रासदी, कामदी और व्यंग्य काव्य के लिए 'आइमबिक मीटर' (प्रथम मृदु वर्ण और द्वितीय कठोर वर्ण से युक्त छंद) को सुनिश्चित किया। इसके अलावा काव्य के अन्य

रूपों; यथा—चतुर्दशपदी (सीनेट), द्विपदी अथवा दोहा (कपलैट), प्रगीत (लिरिक), गाथा गीत (बैलड), नाटकीय एकालाप (ड्रॉमाटिक मॉनालाग), दुखान्त कामदी (ट्रेजीकमेडी) आदि पर उन्होंने कोई विचार नहीं किया। कहना न होगा कि होरेस का यह निश्चित काव्य-रूपों और उनके लेखन में प्रयुक्त निश्चित छन्द अथवा वृत्तों पर दिया गया विशेष बल, मात्र प्राचीन गीतों के प्रति उनकी अंध श्रद्धा को ही प्रमाणित करता है। इस क्षेत्र में उनकी अवधारणाएँ न तो किसी प्रकार भी मौलिक ही है और न लेखनकला से सुसंगत ही।

(5) काव्य-भाषा— अरस्तू ने काव्य-शैली के लिए जो कुछ कहा, लगभग होरेस ने काव्य-भाषा के लिए वही कहा है। कहना यह है कि यहाँ भी होरेस प्राचीन ग्रीक साहित्यकारों के अनुगामी हैं। अरस्तू की भाँति उन्होंने भी शब्दों के उपयुक्त चयन तथा सही वर्ण-विन्यास पर बल दिया है। दिन-प्रति-दिन प्रयुक्त किये जाने वाले शब्द भी यदि उपयुक्त क्रम में रखे जायें, जो एक अद्भुत आकर्षण ग्रहण करते हैं। मोक्सोन द्वारा अनुवादित 'आर्सपोइतिका' में उन्हीं शब्दों में— "Your diction will be excellent if a clever combination renders a familiar word original."

''यदि आप एक दक्षतापूर्ण संयोजन से सुविदित शब्द को नवीन करके प्रस्तुत करेंगे, तो आपकी शैली श्रेष्ठ हो जायेगी।''

होरेस प्राचीन अथवा आधुनिक, सुपरिचित अथव अपरिचित और सरल अथवा कठिन, किसी भी प्रकार के शब्द-प्रयोग को अनुचित नहीं मानते, बशर्ते कि शब्द-विन्यास लेखन में प्रांजलता और प्रभावोत्पादकता पैदा कर सके। जिस प्रकार सुपरिचित शब्द समुचित विन्यास से आकर्षण की विलक्षण शक्ति ग्रहण कर लेते हैं, उसी प्रकार रचयिता की विचित्र भाव-भूमि की अभिव्यक्ति के लिए अपरिचित शब्द ही लुभावने प्रतीत होते हैं। कहना यह है कि सुपरिचित और परिचित शब्दों का समान रूप से प्रयोग काव्य-भाषा में वांछनीय है। होरेस कवि द्वारा नवीन शब्दों के गढ़ने को भी अनुचित नहीं मानते, क्योंकि नवीन शब्द-निर्माण राष्ट्रभाषा-कोश की समृद्धि करता है।

होरेस को उपर्युक्त सभी प्रकार के शब्दों का प्रयोग साहित्य में स्वीकृत है। तात्पर्य यह है कि काव्य-भाषा में सभी प्रकार के शब्द हो सकते हैं, बशर्ते कि उनका प्रयोग और विन्यास समुचित ढंग से किया जाये। रचयिता की कुशलता इसी में है कि वह सुपरिचित शब्दों का प्रयोग इस प्रकार करे कि वे अपरिचित प्रतीत हों और अपरिचित शब्दों का विन्यास इस प्रकार करे कि वे सुपरिचित प्रतीत हों। शब्द महत्त्वपूर्ण नहीं उनका सुबोध विन्यास महत्त्वपूर्ण है, क्योंकि शब्दों का उचित और सुबोध विन्यास ही उनमें सौन्दर्य और सम्मोहन भर देता है, जोकि (सौन्दर्य और सम्मोहन) अच्छी लेखन-शैली का जीवन है।

(6) अन्तःप्रेरणा अथवा कला— उच्च कोटि का काव्य-सृजन अंतःप्रेरणागत होता है अथवा अभ्यासगत, अर्थात् उच्चकोटि के साहित्यकार क्या प्रतिभासम्पन्न व्यक्ति ही हो सकते हैं अथवा कला सम्पन्न व्यक्ति भी; इस विवादग्रस्त प्रश्न पर

होरेस ने भी विचार किया है। होरेस ने दोनों का संयोजन किया है। वे प्रतिभा अथवा अंत:प्रेरणा को उतना ही आवश्यक मानते हैं, जितना कि साहित्यिक अभ्यास अथवा साहित्य-रचना-कला को। श्रेष्ठ काव्य-रचना एक के भी अभाव में अकल्पनीय है। वस्तुत: होरेस श्रेष्ठ साहित्यकार के लिए दोनों को ही अपरिहार्य मानते हैं। मोक्सोन द्वारा अनुवादित 'आर्सपोइतिका' में उन्हीं के शब्दों में—"Men have asked whether verse wins renown through nature or through art. I can not see how study profits without a vein of genius, or skill without training. Thus each gift needs the other's aid and joins in friendly union."

"लोग पूछ चुके हैं कि ख्यातिपूर्ण रचना प्रतिभा प्रदत्त है अथवा रचना-कला प्रदत्त। मैं कल्पना नहीं कर सकता कि बिना प्रतिभा पूर्ण मनोवृत्ति के अभ्यास हितकारी हो सकता है अथवा प्रवीणता बिना अभ्यास के। इसीलिए प्रत्येक योग्यता को एक दूसरे के सहयोग की आवश्यकता है और वे (प्रतिभा और अभ्यास) मित्रवत् एकता से सम्बद्ध हैं।" वस्तुत: यह कठोर यथार्थ है कि कोई भी महान कलाकृति बिना प्रतिभा और अभ्यास के सम्मिलित प्रयास के निर्मित नहीं की जा सकती। श्रेष्ठ काव्य सृजन के लिए अन्त:प्रेरणा अति आवश्यक है,किन्तु अन्त:प्रेरणा का पूर्ण और सफल उपयोग तब तक नहीं किया जा सकता, जब तक कि काव्य निर्माण सम्बन्धी कौशल भी न आता हो। होरेस अरस्तू से बहुत प्रभावित थे, फलत: अरस्तू की भाँति ही उन्होंने काव्य-सृजन में अभ्यास को ही अधिक महत्त्व दिया है। परन्तु इंग्लैंड के नवशास्त्रवादी आलोचकों की यह मान्यता कि अरस्तू और होरेस काव्य-सृजन को मात्र सिद्धान्तों के अधीन ही मानते थे, और उन्होंने प्रतिभा अथवा अंत:प्रेरणा को काव्य-सृजन-क्षेत्र से पूर्णत: निष्कासित कर दिया था, भ्रामक है। वस्तुस्थिति यह है कि वे दोनों (प्रतिभा और अभ्यास) को ही कवि-कर्म के लिए अपरिहार्य तत्त्व मानते हैं।

नाटक संबंधी अवधारणाएँ

नाटक संबंधी होरेस की अवधारणाएँ मूलत: अरस्तू की त्रासदी संबंधी मान्यताओं पर आधारित हैं। नाटक की चर्चा उन्होंने तीन शीर्षकों—कथानक, चरित्र और कथन-शैली—के अन्तर्गत की है।

(1) कथानक—कथानक के लिए कथा का चयन सुपरिचित उपादान से होना चाहिए, जैसे कि ग्रीक साहित्य की पूर्वपरिचित कहानियाँ आदि। परन्तु कहानी ग्रीक साहित्य से ली जाने पर भी उसका प्रतिपादन अथवा निरूपण रचयिता का स्वयं का अपना होना चाहिए, अर्थात् विषय-प्रतिपादन नवीन ढंग से होना चाहिए। कथानक आदि से अन्त तक सुसंगत और सुसम्बद्ध होना चाहिए। संरचना में कथानक अविभाज्य होना चाहिए, अर्थात् कथानक से आदि का मध्य से और मध्य का अंत से सामंजस्य होना चाहिए। कथानक में मुख्य कार्य व्यपार से संगत घटनाओं का उल्लेख ही होना चाहिए, क्योंकि असंगत घटनायें कार्य व्यापार को श्लथ और कथानक को रुग्ण बनाती हैं। अविश्वसनीय घटनायें, जैसे कि पिता पुत्र का वध करता हुआ अथवा मनुष्य

जानवर के वेश में रहता हुआ आदि, रंगमंच पर प्रस्तुत नहीं की जानी चाहिए, वरन् महाकाव्य की भाँति प्रतिवेदित की जानी चाहिए, क्योंकि इस प्रकार की सुनी हुई बातें उतनी अविश्वसनीय प्रतीत नहीं होतीं जितनी कि देखी हुई। अविश्वसनीय तत्त्व के कारण ही अतिप्राकृतिक शक्तियों का हस्तक्षेप भी कथानक में होरेस उचित नहीं मानते।

ग्रीक त्रासदी के कथानक में वृन्दगान का होना अनिवार्य था। होरेस भी नाटक के कथानक में वृन्दगान की अनुमति देते हैं, किन्तु इस वृन्दगान के लिए उन्होंने दो आवश्यक शर्तें भी रखी हैं—वृन्दगान कथानक का अविभाज्य अंग बनाकर रखा जाये, ताकि कार्यव्यापार की अन्विति में कोई व्यवधान उपस्थित न हो, दूसरे वृन्दगान द्वारा की गई चर्चा अथवा टीका-टिप्पणी का उद्देश्य हमेशा आदर्शात्मक ही होना चाहिए। वृन्दगान संबंधी प्रथम शर्त उन्होंने कलात्मक तथा दूसरी नैतिक दृष्टि से महत्त्वपूर्ण मानी है और इन दोनों ही दृष्टियों को वे कला-प्रयोजन का आवश्यक तत्त्व मानते हैं। उन्होंने नाटक के आयाम के संबंध में मात्र इतना ही कहा है कि नाटक न तो अधिक छोटा ही होना चाहिए और न इतना अधिक विशाल ही कि पाँच अंकों से भी अधिक लम्बा हो जाये।

(2) चरित्र— कथानक की भाँति ही चरित्र चित्रण में भी होरेस प्राचीन ग्रीक आदर्शों के अनुकरण की सलाह देते हैं। यदि चरित्र-चित्रण के लिए ग्रीक-कथा-पात्रों से इतर मनुष्यों को चुनना हो तो ऐसे पात्र चुने जावें जोकि अपने व्यवहार में सुसंगत अथवा अविरोधी हों। होरेस का चरित्रगत सुसंगतता पर बल देना, कहना न होगा कि अरस्तू का ही प्रभाव है। एक चरित्र जोकि अपने व्यवहार और कार्य-कलाप में परिवर्तनशील है, अपनी विशिष्ट आदतों को प्रदर्शित नहीं करता है, होरेस के अनुसार नाटक के लिए उपयुक्त पात्र नहीं हो सकता। ऐसे पात्रों को नाटक में प्रस्तुत नहीं किया जाना चाहिए। नाटक में कोई भी स्वभावत: क्रोधी व्यक्ति एकदम अपनी आदत छोड़कर शांत प्रकृति का नहीं हो सकता और न शांत प्रकृति का व्यक्ति क्रोधी।

होरेस चरित्रगत सत्याभास नाटक के पात्रों की दूसरी विशेषता मानते हैं। प्रत्येक पात्र को अपनी आयु और अनुभव के अनुसार ही व्यवहार करना चाहिए, अर्थात् एक बालक बालक की भाँति, युवक युवक की भाँति, अधेड़ अधेड़ की भाँति तथा वृद्ध वृद्ध की भाँति ही व्यवहार करे, अन्यथा कथानक अविश्वसनीय प्रतीत होगा। जिस आयु और अनुभव का पात्र हो उसके अनुरूप ही कथावस्तु का चयन होना चाहिए। मोक्सोन द्वारा अनुवादित 'आर्स-पोइतिका' में उन्हीं के शब्दों में— "Remember this, lest you assign the role of old age to youth or that of men to childhood; you must dwell on themes that suit and are akin to each age."

''इसे याद रखो, ऐसा न हो कि तुम वृद्धावस्था की भूमिका युवक को नियत कर दो अथवा युवकों की बच्चों को, तुम्हें अवश्य ही प्रत्येक आयु के लिए उपयुक्त और उससे संबंधित विषय-वस्तु का निरूपण करना चाहिए।''

कथन-शैली— नाटक के दोनों रूपों—त्रासदी और कामदी—के लिए होरेस ने 'आइमबिकमीटर' (प्रथम मृदुवर्ण और द्वितीय कठोर वर्ण से युक्त छन्द) को ही सर्वाधिक उपयुक्त माना है। छन्द की उपयुक्तता सिद्ध करने के लिए उन्होंने दो तर्क भी दिये हैं, प्रथमत: इस छन्द में कथोपकथन व्यक्त करने की सामर्थ्य सबसे अधिक होती है, दूसरे द्वितीय वर्ण कठोर होने के कारण नाटकीय वार्तालाप दर्शकों की भीड़ के शोर-गुल में भी आसानी से सुना जा सकता है। अरस्तू भी 'आइबिकमीटर' को ही नाटक के लिए उपयोगी मानते थे।

होरेस त्रासदी और कामदी की भाषा में अन्तर स्वीकार करते हैं। त्रासदी की विषय-वस्तु भव्य होती है, किन्तु कामदी की सामान्य। फलत: त्रासदी की भाषा भी उदात्त अथवा उन्नत होनी चाहिए, जबकि कामदी की साधारण। परन्तु कभी-कभी कामदी को साधारण अथवा विनम्र भाषा का प्रयोग त्रासदी में करना पड़ता है और त्रासदी की उन्नत भाषा का प्रयोग कामदी में। कहना यह है कि सामान्यत: त्रासदी और कामदी की भाषा क्रमश: उदात्त और साधारण होनी चाहिए, परन्तु यदि आवश्यकता हो तो उपर्युक्त सिद्धान्त को छोड़ भी जा सकता है, क्योंकि कथन-शैली हमेशा ही स्थल और परिस्थिति के समनुरूप उपयुक्त होनी चाहिए। नाटकीय शैली की विशेषता चरित्र की आयु, मनोदशा, लिंग और सामाजिक स्तर के समरूप उपयुक्तता में अन्तर्निहित है। उदाहरणार्थ नाटक में एक पुरुष की वार्तालाप का ढंग एक स्त्री से, एक बालक की एक नवयुवक से, एक नवयुवक की वृद्ध से, एक राजा की एक सेवक से, एक धनी की एक गरीब से, और एक दु:खग्रस्त व्यक्ति की एक सुखी व्यक्ति से निश्चित ही भिन्न होगा। कहना न होगा कि कथन-शैली के विवेचन में भी होरेस ने अरस्तू का निकट से अनुकरण किया है।

व्यंग्य काव्य सम्बन्धी अवधारणाएँ

होरेस ने 'आर्सपोइतिका' में व्यंग्य काव्य की चर्चा नहीं की है। किन्तु उन्होंने व्यंग्य काव्य सम्बन्धी दो पुस्तकें लिखी हैं, जिनमें विस्तार से व्यंग्य काव्य की विवेचना की गई है। होरेस व्यंग्य काव्य को एक नया काव्य-रूप मानते हैं, अर्थात् ऐसा काव्य रूप जिससे कि ग्रीक अपरिचित थे। परन्तु होरेस की ऐसी धारणा अंशत: ही सही मानी जा सकती है। प्राचीन ग्रीकों ने एक भिन्न साहित्यिक रूप की भाँति यद्यपि व्यंग्य काव्य का सैद्धान्तिक विश्लेषण नहीं किया है जैसा कि कामदी, त्रासदी, अथवा महाकाव्य का किया, लेकिन सामान्यत: ग्रीक इस काव्य रूप से परिचित थे। और इसको अन्य काव्य-रूपों के माध्यम से प्रयोग में भी लाते थे। उदाहरणार्थ 'मार्गितस्' नामक महाकाव्याभास (माक एपिक) इसका सबल प्रमाण है। इस प्रकार कहा जा सकता है कि व्यंग्य काव्य का उद्‌भव यद्यपि स्पष्टतया तो रोमन साहित्य में ही हुआ, किन्तु इसके तत्त्व ग्रीक साहित्य में पहले से ही विद्यमान थे।

होरेस की व्यंग्य काव्य सम्बन्धी धारणायें 'लुसिलियस' की आलोचना में ही अन्तर्निहित हैं, जोकि उन्होंने मुख्यत: अपने व्यंग्य काव्यों (सैटाइरस) की प्रथम

पुस्तक में की है तथा जिस आलोचना का कुछ अंश 'सैटाइरस' की द्वितीय पुस्तक में भी पाया जाता है। उन्होंने 'लुसियस्' की प्रशस्ति में जो कुछ भी कहा है, वस्तुतः वे सभी व्यंग्य की ही विशेषतायें हैं। व्यंग्यकार में वाग्विदग्धता अथवा बौद्धिकता के बल पर पाठकों को अप्रत्याशित रूप से प्रसन्न करने की क्षमता होनी चाहिए, तथा वस्तुओं में कौतुक अथवा आमोद-प्रमोद ढूँढ़ने की मनीषा। इसके साथ ही कठोर प्रहार और मर्मस्पर्शी अभिव्यक्ति की शक्ति भी व्यंग्यकार में आवश्यक है।

उन्होंने व्यंग्यकार से कुछ और अधिक चाहा है, जिसका कि 'लुसिलियस' में सर्वथा अभाव था; यथा—कलात्मकता, संक्षिप्तता, परिमार्जित लेखन-शैली तथा स्वराघात की विविधता। यही वे आवश्यक तत्त्व हैं, जिनका कि व्यंग्य काव्य में होना होरेस वांछनीय ही नहीं, आवश्यक मानते हैं। एक व्यंग्य काव्य वाग्वैदग्ध्य युक्त होना चाहिए न कि निन्दात्मक और अपमान जनक, क्योंकि व्यंग्य का उद्देश्य दुर्बलताओं का सुधार है, दुर्बलों को दण्ड देना नहीं, बुराई से घृणा करना है, बुरे से घृणा करना नहीं। व्यंग्य में न तो अति कटुता ही होनी चाहिए और न निरी विदूषकता।

व्यंग्य-शैली की कुछ महत्त्वपूर्ण शर्तें भी हैं। व्यंग्य काव्य में दिन-प्रतिदिन की बोलचाल की भाषा का प्रयोग, सुसंगत और संक्षिप्त ढंग से विषय का प्रतिपादन तथा परिमार्जित कथन शैली का प्रयोग होना चाहिए। अतः व्यंग्य-काव्य में विभिन्न मनोदशाओं के अनुरूप ही स्वराघात की विविधता होनी चाहिए, ताकि पाठकों की एक बार पढ़ने से ही मनःतुष्टि न हो जाय। होरेस ने उपर्युक्त नियमों का स्वयं के व्यंग्य लेखन में तो प्रयोग किया ही है; साथ ही व्यंग्य काव्य के क्षेत्र को पर्याप्त विस्तृत भी बनाया है, क्योंकि अपने व्यंग्य लेखन के माध्यम से ही उन्होंने जीवन और साहित्य सम्बन्धी अपने गम्भीरतम विचारों को प्रस्तुत किया है।

महत्त्व

होरेस ने अपने युग में रोमन साहित्य में प्रचलित दो सम्प्रदायों—प्राचीन लातिन सम्प्रदाय और आधुनिक अलक्सेन्द्रियन सम्प्रदाय—में से किसी को भी उचित न समझा, अतः उन्होंने पूर्ण ईमानदारी के साथ दोनों की अयोग्यता को घोषित कर, प्राचीन ग्रीक साहित्य को आदर्श मान रोम में भावी भव्य साहित्य-सृजन का मार्ग प्रशस्त किया। उनके सारे आलोचनात्मक प्रयास ग्रीक मानकों से ही अनुप्राणित हैं। ग्रीक साहित्यदर्शों का प्रचार-प्रसार उनके आलोचनात्मक प्रेक्षणों का प्रमुख अंग है। उनके इस ग्रीक साहित्य प्रेम का परिणाम यह हुआ कि लातिन में ग्रीक की भाँति ही उच्च कोटि के साहित्य का निर्माण हुआ।

वस्तुतः किसी भी नवीन साहित्य-सिद्धान्त के निर्माण का श्रेय उन्हें नहीं दिया जा सकता, क्योंकि उनके सभी साहित्य-सिद्धान्त ग्रीक गुरुओं की अवधारणाओं पर आश्रित हैं; फिर भी विश्व-मनीषा को उनकी देन कम नहीं। काव्य प्रयोजन शिक्षा है अथवा सुख, यह एक ऐसा विवादग्रस्त प्रश्न था, जोकि युगों से चला आ रहा था।

होरेस ने दोनों के समन्वय को ही काव्य-प्रयोजन घोषित कर युगों से चले आ रहे इस विवाद को युगों तक के लिए समाप्त कर दिया। इस भाँति उत्कृष्ट काव्य-सृजन प्रतिभा-प्रदत्त है अथवा अभ्यास-प्रदत्त, इस प्रश्न का हल भी उन्होंने समन्वयात्मक ढंग से किया और दोनों को ही काव्य-सृजन का आवश्यक अंग मानकर विवाद शान्त किया। इस प्रकार होरेस यद्यपि प्लेटो और अरस्तू आदि की तरह मौलिक विचारक तो नहीं थे, किन्तु फिर भी उनकी साहित्यिक अवधाराणों ने वह सब कुछ किया, जिससे लातिन साहित्य ही नहीं, विश्व साहित्य चिर ऋणी रहेगा।

4

कुन्तिलियन के साहित्य-सिद्धान्त

होरेस के बाद दूसरे महान्, महत्त्वपूर्ण और अन्तिम रोमनशास्त्रवादी कुन्तिलियन ही हैं। कुन्तिलियन का समय 35 वर्ष ई० पू० से 95 वर्ष ई० पू० तक माना जाता है। कुन्तिलियन यद्यपि जन्म से स्पेनिश थे, किन्तु उन्होंने शिक्षा-दीक्षा रोम में ही पाई थी और रोम में ही बीस वर्ष तक साहित्यशास्त्र (Rhetoric) के राज्य-प्रोफेसर के पद पर कार्य करने के उपरान्त स्थायी रूप से निवास करने लगे थे। यहीं पर राज्य-सेवा-मुक्त होने पर उन्होंने अपना वह महत्त्वपूर्ण ग्रन्थ 'इन्सतितूतियो ओरेतोरिया' (Institutio oratoria) (वक्ता की शिक्षा) लिखा, जिसके कि कारण वे आज भी विख्यात हैं।

'इन्सतितूतियो ओरेतोरिया' वाग्मिता-कला के आवश्यक तत्त्वों पर गम्भीरता से विचार करने वाला एक बारह खण्डों युक्त प्रबन्ध है। साहित्यिक आलोचना की दृष्टि से आठवें, नवें और दसवें खण्ड ही इस प्रबन्ध के सर्वाधिक महत्त्व के अंश कहे जा सकते हैं। क्योंकि इन्हीं तीन खण्डों में कुन्तिलियन ने एक विशेष प्रकार की गद्यशैली का उल्लेख किया है, जोकि लेखन और भाषण दोनों पर समान रूप से लागू होती है। इस शैली की उपयोगिता वक्ता तथा लेखक दोनों के लिए ही है। यही वह शैली है, जिसको कि कुन्तिलियन ने नव आविष्कृत और मौलिक कह कर प्रतिष्ठित किया है।

कुन्तिलियन प्राचीन ग्रीक साहित्यकारों (होमर, पिण्डार, एरिस्टोफेन्स, सोफोक्लीज, यूरिपिडस, प्लेटो, अरस्तू) और रोमन साहित्यकारों (बर्जिल, होरेस) के प्रशंसक भी थे और उनसे पर्याप्त प्रभावित भी। किन्तु इतना होते हुए भी उन्होंने प्राचीन ग्रीक और रोमन साहित्यकारों का अन्धानुकरण नहीं किया। उन्होंने अपनी अन्तरात्मा और अनुभव से अनुप्राणित होकर साहित्यिक मान्यतायें स्थिर कीं। यही कारण है कि प्राचीन गुरुओं से प्रभावित होते हुए भी उनकी साहित्यिक अवधारणायें पर्याप्त मौलिक और नवीन हैं। इसके साथ ही, कुन्तिलियन की अपनी एक निजी विशेषता यह भी थी कि वह अपने द्वारा प्रतिपादित सिद्धान्तों को न तो शाश्वत मानते थे और न पूर्ण। उनकी धारणा थी कि साहित्यिक सिद्धान्त प्रकृति के नियमों की भाँति सार्वभौम नहीं होते, वरन् देश-काल सापेक्ष और परिवर्तनशील होते हैं। कहना न होगा कि कुन्तिलियन का

यह उदारवादी दृष्टिकोण ही उन्हें अपने सभी सहयोगियों से भिन्न लाकर खड़ा कर देता है।

शैली सम्बन्धी धारणाएँ

कुन्तिलियन की शैली सम्बन्धी धारणाएँ मुख्यतया वाग्मिता से सम्बन्धित हैं। किन्तु ये धारणाएँ लेखन-कला पर भी उसी तरह लागू होती हैं, जैसी कि भाषण कला पर। कुन्तिलियन के समय में लेखन-कला और वाग्मिता के मध्य विभाजक रेखायें उनकी बाह्य चमक और शक्ति के आधार पर ही खींची जाती थीं। अर्थात् लेखनकला का मापक भाषा का चमत्कार और परिष्कार था तथा वाग्मिता का कथनबल। तात्पर्य यह है कि भाषण वहीं श्रेष्ठ माना जाता था, जिसमें कि ओज और शक्ति हो तथा लेखन वही श्रेष्ठ माना जाता था, जिसकी कि भाषा परिमार्जित हो। कहना न होगा कि दोनों (लेखन और भाषण) का उद्देश्य एक ही था—श्रोता अथवा पाठक तक विचारों का प्रभाव पूर्ण सम्प्रेषण। कुन्तिलियन ने इस विभाजन को भ्रामक मान यह उद्घोषित किया कि दोनों (लेखन-कला और भाषण-कला) के शक्ति और सम्मोहन के स्रोत एक ही हैं, भिन्न-भिन्न नहीं। अत: दोनों की शैलियों में मूलत: कोई भेद नहीं है। कुन्तिलियन की शैली सम्बन्धी अवधारणाएँ आज भी महत्वपूर्ण मानी जाती हैं और इस महत्व का प्रधान कारण भी यही है कि उन्होंने कथन-शैली को लेखन-शैली से भिन्न नहीं माना। आज जब वाग्मिता कला का युग नहीं रहा, उनकी शैली सम्बन्धी धारणाएँ विद्वानों को उसी प्रकार आकृष्ट कर रही हैं, क्योंकि उनसे लेखन-कला पर भी पर्याप्त प्रकाश पड़ता है।

उस युग में लोगों की धारणा थी कि शैली (लेखन या भाषण) पूर्णत: प्राकृतिक देन है। श्रेष्ठ शैली अभ्यास अथवा कलात्मक सिद्धान्तों से प्राप्त नहीं की जा सकती। लेखक अथवा वक्ता प्रतिभा सम्पन्न पैदा ही होते हैं, कलागत अभ्यास से कोई भी व्यक्ति श्रेष्ठ लेखक अथवा वक्ता नहीं बन सकता। कुन्तिलियन ने इस धारणा का खण्डन किया। श्रेष्ठ शैली को होरेस की भाँति वह भी प्रकृति और कला दोनों की ही रचना मानते हैं। तात्पर्य यह है कि श्रेष्ठ शैली प्रकृतिगत होते हुए भी उसमें कलात्मकता का समावेश अनिवार्य है, अर्थात् कोई भी प्रतिभासम्पन्न लेखक अथवा वक्ता तब तक दक्ष नहीं हो सकता, जब तक कि वह अपनी प्रतिभा को कलागत अभ्यास से परिष्कृत नहीं कर लेता। वक्ता अथवा लेखक की प्रकृति-प्रदत्त शैलीगत उत्कृष्टता में कला कोई व्यवधान उपस्थित नहीं करती, वरन् उसकी अन्तर्निहित शक्ति के समुचित और पूर्ण उपयोग में सहायक होती है। सुपरिचित और दिन-प्रतिदिन के प्रयोग में आने वाले शब्दों के स्थान पर अपरिचित और नवीन शब्द प्रयोग के तत्कालीन आग्रह को भी कुन्तिलियन ने भ्रामक माना है। उनकी धारणा है कि वाग्मिता के लिए अपरिचित और कठिन शब्दों का प्रयोग अनुपयोगी और अनुचित है। भाषण में गद्य का ही प्रयोग होता है, अत: वाग्मिता के लिए किसी प्रकार की भी कठिन शब्दावली अनुपयुक्त होगी, क्योंकि कठिन शब्दावली से आप्लावित भाषण ठीक से सम्प्रेषित न हो सकेगा। परिणामत:

भाषण से न तो श्रोता प्रभावित हो सकेंगे और न लाभान्वित ही। अरस्तू और होरेस की भाँति उनकी भी यह मान्यता दृढ़ है कि अपरिचित शब्दों से विश्वासोत्पादक अभिव्यक्ति नहीं हो सकती। और सही सम्प्रेषण तथा विश्वासोत्पादक अभिव्यक्ति ही वाग्मिता के मानक और प्राण हैं। अपरिचित शब्द भाषण-कला पर घातक प्रहार करते हैं। अपरिचित शब्द-प्रयोग अभिव्यक्ति को अस्पष्ट और कृत्रिम बना देते हैं। इसीलिए कुन्तिलियन भाषण में सुविदित और दिन-प्रतिदिन के प्रयोग में आने वाले शब्दों के प्रयोग पर ही बल देते हैं। परन्तु ध्यान रहे कि कुन्तिलियन का सुपरिचित अथवा दिन-प्रति-दिन प्रयोग के शब्दों से तात्पर्य जनसाधारण द्वारा प्रयुक्त भाषा के अपभ्रंश रूप अथवा अपूर्ण और व्याकरणच्युत रूप से नहीं है, वरन् व्याकरण की दृष्टि से शुद्ध, सरल तथा शिक्षित समुदाय में प्रयुक्त भाषा से है। तात्पर्य यह है कि सामान्यत: शिक्षित व्यक्तियों द्वारा प्रयुक्त सही और सरल शब्दावली का प्रयोग ही श्रेष्ठ वक्ता के लिए वांछनीय है। भाषण में सरल शब्दों का प्रयोग होना चाहिए, मात्र इतना कहना पर्याप्त नहीं है, अत: अच्छी भाषण-कला विषयक कुछ अन्य अनिवार्य बातों का उल्लेख कुन्तिलियन ने अपने शैली सम्बन्धी सिद्धान्तों में किया है।

शैली सम्बन्धी सिद्धान्त

(1) शब्द-चयन—कुन्तिलियन शैली का निर्माण शब्द-चयन और उनके विन्यास से मानते हैं। उचित शब्दों का चयन करना प्रथम सोपान है तथा उन शब्दों उचित स्थल पर प्रयोग दूरी सीढ़ी है। प्रथम सोपान पर पैर रखे बिना दूसरे की कल्पना निरर्थक है। अत: वक्ता को सर्वप्रथम उपयुक्त शब्दों को चुनना चाहिए। किसी भी शब्द को अनायास ही नहीं चुना जा सकता। वक्ता को कुछ शब्दों को चुनना पड़ेगा तथा कुछ को छोड़ना भी पड़ेगा, क्योंकि सभी ध्वनि शब्द लय और संगीतात्मकता की दृष्टि से भिन्न होते हैं। कुछ सुनने में मृदु तथा कुछ कठोर और कर्कश होते हैं। अत: वक्ता के लिए यह आवश्यक हो जाता है कि वह अभिव्यक्ति के अनुकूल ही शब्दों को चुने। वक्ता के समक्ष कई प्रकार के शब्द होते हैं; यथा—अपरिचित, नवीन, पुरातन, सुपरिचित अथवा दिन-प्रति-दिन प्रयोग में आने वाले सुविदित शब्द। इन सभी प्रकार के शब्दों में से स्थल के लिए जो उपयुक्त हो उन्हीं शब्दों को चुना जाना चाहिए। उन शब्दों का प्रयोग सर्वाधिक प्रभावकारी होता है, जो कि शब्दकोश में लिखित अर्थ से कहीं अधिक गम्भीर और व्यापक अर्थ का द्योतन करने में सहायक होते हैं। इस प्रकार के शब्दों के प्रयोग शैली में मनोहरता आ जाती है। यद्यपि सुपरिचित शब्दों के प्रयोग को ही वरीयता देनी चाहिए, परन्तु यदि ऐसा भाव है जिसका कि चालू शब्दों से उचित सम्प्रेषण नहीं हो सकता, तो नवीन शब्दों, अप्रचलित शब्दों अथवा स्वनिर्मित शब्दों का प्रयोग भी अवांछनीय नहीं है। किन्तु स्वनिर्मित अथवा नवीन शब्दों का प्रयोग इस प्रकार किया जाना चाहिए जिससे कि अभिव्यक्ति में अस्पष्टता न आने पावे। जहाँ तक पुरातन शब्दों के प्रयोग का प्रश्न है, कुन्तिलियन प्रयोग की मान्यता देते हैं। इन शब्दों के यत्र-तत्र प्रयोग से भाषा में लालित्य और शैली में गरिमा आ जाती है। परन्तु पुरातन

शब्दों का अनावश्यक और अविवेक पूर्ण प्रयोग नहीं होना चाहिए, क्योंकि इस प्रकार के शब्दों का अन्धाधुन्ध प्रयोग शैली में उत्केन्द्रता पैदा करता है। अन्ततः कुन्तिलियन की धारणा यही है कि सही शब्द का सही स्थल और सही क्षण में ही प्रयोग होना चाहिए। सुपरिचित शब्दों का प्रयोग अत्यधिक होना चाहिए। सुपरिचित शब्द यदि कलात्मक ढंग से प्रयुक्त हों तो अभिव्यक्ति में शक्ति और स्पष्टता रहती है, शैली में मनोहरता आती है और भाव सम्प्रेषित न होने का भय भी नहीं रहता।

(2) शब्द-विन्यास— शब्द-चयन के उपरान्त शैली का दूसरा सोपान है शब्द विन्यास। शब्द विन्यास वाक्य, उपवाक्य और वाक्यांश आदि के निर्माण के लिए किया गया शब्द-संयोजन है। उत्तम शब्द विन्यास के चार महत्त्वपूर्ण तत्त्व हैं, यथा प्रांजलता (Clearness), आलंकारिक मनोहरता, (Ornamental grace), कलात्मक संरचना (Artistic structure) और लयात्मक सहजता (Rhythmical Ease) । यद्यपि अरस्तू ने शब्द विन्यास के इन चारों तत्त्वों पर काव्यशास्त्र में पर्याप्त बल दिया है, परन्तु कुन्तिलियन ने शब्द-विभाग के इन तत्त्वों पर अत्यधिक मौलिकता से विचार किया है।

(अ) प्रांजलता (Clearness)—प्रांजलता अथवा स्पष्टता प्रभावपूर्ण शैली की प्राथमिक आवश्यकता है। वक्ता का कथन इतना प्रांजल होना चाहिए कि श्रोताओं के लिए उसे न समझ पाना असंभव हो जाये। जो कुछ भी कहा जाय, वह न तो अधिक विस्तार से हो और न अधिक संक्षिप्त रूप में ही हो, वरन् कथन का आयाम समुचित हो, ताकि श्रोता वक्ता के भाव की गहराई तक पहुँच सके। वाक्य अनावश्यक रूप से न तो इतने लम्बे ही हों कि श्रोताओं तक अभिप्रेत भाव संप्रेषित न हो सके और न इतने छोटे ही कि उनका कलात्मक सौन्दर्य ही नष्ट हो जाये। भाषण में व्याकरणिक त्रुटियाँ न रहें, इस बात का वक्ता को विशेष ध्यान रहना चाहिए।

(ब) आलंकारिक मनोहरता (Ornamental grace)— शैली में प्रांजलता के साथ ही आलंकारिक मनोहरता भी होनी आवश्यक है। आलंकारिक मनोहरता के लिए जरूरी है कि सभी भद्दी और कुरूप अभिव्यक्तियों से बचा जाये; जैसे गौरवपूर्ण संदर्भ में साधारण शब्दों का प्रयोग, छोटी-छोटी वस्तुओं के लिए बड़े-बड़े शब्दों का प्रयोग, असाधारण शब्दों का अतिसाधारण स्थलों पर प्रयोग तथा काव्यात्मक और, अकाव्यात्मक, पुरातन और नवीन, मधुर और कर्कश शब्दों का संयोजन आदि। वस्तुतः कुन्तिलियन शैलीगत आलंकारिक मनोहरता को एक कला मानते हैं, जोकि जितनी अधिक संगुप्त रखी जायेगी, उतनी ही अधिक प्रभावोत्पादक होगी। चूँकि संगोपन में आश्चर्य का भाव सन्निहित है, इसीलिए सुविदित वस्तुयें भी संगुप्तीकरण के कारण नवीन-सी प्रतीत होने लगती हैं।

शैलीगत आलंकारिक मनोहरता लाने के लिए वक्ता अथवा लेखक को उपमा रूपक और वक्रोक्ति आदि अलंकारों का प्रयोग भी करना चाहिए। रूपक के प्रयोग को कुन्तिलियन ने शैलीगत सर्वोच्च अलंकरण माना है। अलंकरण के ये सभी साधन शैली में अनूठापन, वैविध्य, रमणीयता और भावात्मक आनंद भर देते हैं। परन्तु अलंकरण

के इन सभी साधनों को संगुप्त रखना अनिवार्य है, क्योंकि कुन्तिलियन महानतम कला को कलागत संगोपन ही मानते हैं।

(स) कलात्मक संरचना **(Artistic structure)**—प्रांजलता, सौंदर्य तथा आलंकारिक मनोहरता शैली में किस प्रकार उत्पन्न होती है, यह कुन्तिलियन द्वारा उठाया हुआ महत्त्वपूर्ण प्रश्न है। इस प्रश्न का एक मात्र उत्तर उन्होंने कलात्मक संरचना से जोड़ा है। शब्दों को सर्वोत्तम अनुक्रम में नियोजित करना ही कलात्मक संरचना है। सामान्यत: वाक्य में शब्दों का अनुक्रम इस प्रकार होता है—प्रथमत: संज्ञा, द्वितीय स्थान पर क्रिया, फिर क्रिया विशेषण आदि, परन्तु यदि भाषण में कुछ अतिरिक्त सौंदर्य अथवा बल पैदा करना है, तो इस क्रम में परिवर्तन कर देना आवश्यक हो जाता है। अच्छे भाषण में शब्दों का विन्यास इस क्रम से किया जाना चाहिए, जिसमें कि एक निश्चित शब्द उसी स्थान पर हो, जहाँ पर कि उसका अर्थ गाम्भीर्य स्पष्टत: और पूर्णत: ध्वनित हो सके। तात्पर्य यह है कि श्रोताओं अथवा पाठकों को सर्वाधिक स्पष्ट तथा 'अपीलिंग' प्रतीत होने वाला शब्द-विन्यास ही कलात्मक संरचना है। कहना न होगा कि वक्ता शब्द विन्यास में स्वतन्त्र है, परन्तु वाक्य में श्रेष्ठ-शब्द वहीं माना जायेगा, जहाँ पर कि शब्द-नियोजन सर्वोत्तम है और श्रेष्ठ शब्द-नियोजन वहीं माना जायेगा जहाँ पर कि एक भी शब्द के अनुक्रम में परिवर्तन करने से पूरे वाक्य के अर्थ में या तो परिवर्तन हो जाता है अथवा प्रभावहीनता आ जाती है।

(द) लयात्मक सहजता **(Rhythmical Ease)**—कभी-कभी भाषण का प्रांजल, अलंकृत और कलात्मक विन्यास होते हुए भी श्रोता अथवा पाठक पर प्रशांत प्रभाव नहीं होता। ऐसा तभी होता है, जबकि भाषण में लयात्मक सहजता नहीं होती। अत: अच्छी भाषण-शैली के लिए लयात्मक सहजता एक अनिवार्य तत्त्व है। कविता पाठकों अथवा श्रोताओं को अपनी लयात्मकता के कारण ही अभिभूत करती है। कहना न होगा कि गद्य में भी यदि लयात्मकता का अंश होगा, तो भाषण श्रोता अथवा पाठकों को काव्य की भाँति ही अभिभूत कर सकेगा। अरस्तू भी गद्यगत लयात्मकता के पक्षपाती थे। कुन्तिलियन ने भी लयात्मकता को श्रेष्ठ शैली का अनिवार्य तत्व माना है, परन्तु उन्होंने शैलीगत लयात्मकता के लिए किसी प्रकार के निश्चित नियमों का उल्लेख नहीं किया। लयात्मकता के लिए उन्होंने पूर्णत: वक्ता को ही उत्तरदायी ठहराया है। वक्ता के कानों को जो शब्द मधुर और प्रिय लगें, उन्हीं शब्दों का प्रयोग अथवा संयोजन वे शैली में वांछनीय मानते हैं।

महत्त्व

यद्यपि 'इन्सतितूतियो ओरेतोरिया' के दसवें खंड में कुन्तिलियन ने वक्ता की शिक्षा से सम्बन्धित बहुत कुछ लिखा है, परन्तु शैली सम्बन्धी सिद्धान्त निरूपण ही इस पुस्तक का प्रधान उद्देश्य और अंश है और यही आलोचना के क्षेत्र में उनकी उल्लेखनीय देन भी है। श्रेष्ठ शैली प्रकृति-प्रदत्त है अथवा कलागत, उत्तम शैली के

आवश्यक तत्व; यथा—शब्द चयन, शब्द विन्यास, आलंकारिक मनोहरता, लयात्मक सहजता आदि आलोचनात्मक प्रेक्षणों में वे निश्चित ही प्लेटो, अरस्तू और होरेस के अनुगामी-से प्रतीत होते हैं। किन्तु इसके अतिरिक्त बहुत कुछ उनकी मौलिक देन भी है यथा—दिन-प्रतिदिन की भाषा का प्रयोग, कलात्मक शब्दानुक्रम नियोजन आदि। प्लेटो, अरस्तू और होरेस से भिन्न साहित्यिक अवधारणाओं की सार्वभौमता की अस्वीकृति, कुन्तिलियन की आलोचना के क्षेत्र में एक महत्त्वपूर्ण देन है। इस प्रकार कहना न होगा कि अरस्तू और होरेस से प्रभावित होते हुए भी कुन्तिलियन में मौलिकता का अभाव नहीं है।

5

लोंगिनुस की उदात्त-विषयक अवधारणा

रोमांटिक आलोचना के आधारस्तम्भ, रोमन आलोचकों में सर्वश्रेष्ठ मौलिक आलोचक, 'लोंगिनुस' (Longinus) का पेरि इप्सुस' (Peri Hupsous) पाश्चात्य साहित्यशास्त्र का प्रमुख ग्रंथ है।

हजारो वर्ष तक अंधकार के गर्त में पड़े रहने के उपरान्त सन् 1554 ई० में 'पेरिइप्सुस' प्रकाश में आया। परन्तु विडम्बना यह है कि ग्रन्थ की पाण्डुलिपि का लगभग तिहाई भाग खण्डित अथवा लुप्त है। लेखक के स्थान पर पाण्डुलिपि से 'दिओनीसिउस लोंगिनुस' का नाम जोड़ा गया है, जिसकी प्रामाणिकता और ऐतिहासिकता आज भी संदिग्ध है।

'पेरिइप्सुस' के अंग्रेजी में अब तक कई अनुवाद प्रस्तुत किये जा चुके हैं। अंग्रेजी अनुवादक 'हैमिल्टन फाइफ', 'रीज रौबर्ट्स', 'ए० डी० प्रिकर्ड', 'टी० एस० डौर्स, तथा 'टी० ए० मोक्सोन' आदि ने ग्रीक शब्द 'पेरिइप्सुस' को 'सब्लाइम', 'ऑन दी सब्लाइम' और 'ऑन दी आर्ट सब्लाइम' आदि शब्दों से अनुवादित किया है। वस्तुतः 'इप्सुस' शब्द का अंग्रेजी शब्द 'सब्लाइम' से यह अनुवाद 1674 में 'बोइले' द्वारा किये गये फ्रांसीसी अनुवाद के आधार पर हुआ है। इन्हीं अंग्रेजी शब्दों के आधार पर डॉ० नगेन्द्र और डा० निर्मला जैन ने हिन्दी में क्रमशः 'काव्य में उदात्त तत्त्व' तथा 'उदात्त के विषय में' शब्दों से 'पेरिइप्सुस' का अनुवाद किया है। वस्तुस्थिति यह है कि 'पेरिइप्सुस' का क्षेत्र अत्यनत व्यापक है। लोंगिनुस की 'पेरिइप्सुस' सम्बन्धी अवधारणा अति गहन है तथा काव्येतर विषय इतिहास, दर्शनशास्त्र, भाषण शास्त्र आदि ही नहीं वरन् धर्म शास्त्र तक को अपने में समेटे हुए है। उदाहरणार्थ लोंगिनुस ने 'लॉगिवर' की 'जैनिसिस' जैसे धर्म ग्रन्थ की ये पंक्तियाँ उदात्त मानी हैं; यथा— "God said—what? Let there be light, and there was light, let there be land and there was land."[1]

---

1. Law giver's Genesis (IX)

"प्रभु ने कहा—क्या? 'वहाँ प्रकाश हो; और वहाँ प्रकाश हो गया; वहाँ भूमि हो और वहाँ भूमि हो गई।"

इस प्रकार कहा जा सकता है कि 'पेरि इप्सुस' का विषय साधारण अर्थ में न तो तो 'सब्लाइम' (उदात्त) ही है और न इस व्यापक शब्द का अन्य किसी भाषा के एक शब्द द्वारा अनुवाद ही सम्भव है। प्रो० रीज राबर्ट्स ने भी 'पेरि इप्सुस' के अनुवाद 'ऑन दी आर्ट ऑफ सब्लाइम' के आमुख में बल पूर्वक व्यक्त किया है कि 'पेरि इप्सुस' का विषय साधारण अर्थ में 'सब्लाइम' अथवा 'उदात्त' नहीं है। लोंगिनुस की उदात्त सम्बन्धी इसी व्यापक, विस्तृत, गहन और गम्भीर धारणा को दृष्टिगत रखते हुए प्रस्तुत निबन्ध का शीर्षक 'उदात्त विषयक अवधारणा' रखा गया।

कृतिकार—'पेरि इप्सुस' के रचयिता का नाम और ऐतिहासिकता विवादास्पद है। सोलहवीं शती में 'पेरि इप्सुस' की खंडित प्रति उपलब्ध हुई जोकि मूलत: ग्रीक भाषा में थी। फ्रांसीसी और अंग्रेजी के आलोचक विद्वानों ने कृति को समझने के अनेक प्रयत्न कर कृतिकार के बारे में मान्यता दृढ़ की कि पेरि इप्सिुस' का रचयिता लोंगिनुस ई० पू० तीसरी शती (213-72 ई० पू०) में रोम संरक्षित सीरियन राज्य पालमीरा की महारानी जेनोबिया का प्रसिद्ध मंत्री और प्रतिष्ठित वीर था, जिसकी शौर्य-गाथा अत्यन्त रोमांचक रही थी और जिसने अपनी महारानी के लिए प्राणोत्सर्ग भी किया था। इतिहास में रानी जेनोबिया के मंत्री लोंगिनुस की जीवन-गाथा इतनी रोमांचकारी रही है कि 17वीं से 19वीं शती के उत्तरार्द्ध तक के फ्रांसीसी और अंग्रेजी आलोचक (विशेष रूप से स्काट जेम्स) उसे 'पेरि इप्सुस' जैसी रोमांटिक कृति से पूर्णत: सम्बन्धित करने में कतई नहीं हिचकिचाये। परन्तु 19वीं शती के उत्तरार्द्ध (1899 ई०) में प्रो० रीज राबर्ट्स ने वर्षों तक अथक श्रम करके 'पेरि इप्सुस' का वैज्ञानिक संस्करण प्रस्तुत करते हुए यह घोषणा की कि 'पेरि इप्सुस' का रचयिता पालमीरा की रानी का इतिहास-प्रसिद्ध मंत्री लोंगिनुस नहीं था, वरन् ईसा की पहली शती में रोम में निवास करने वाला 'दिओनीसिउस लोंगिनुस' नामक कोई अज्ञात ग्रीक साहित्यकार था, क्योंकि पालमीरा के विख्यात मंत्री का नाम 'केसिअस लोंगिनुस' था, जबकि पेरि इप्सुस के रचयिता का नाम 'दिओनीसिउस लोंगिनुस' है। प्रो० रीज राबर्ट्स के इस मत का समर्थन प्रो० जे० डब्ल्यू० एच० स्टकिन्स आदि ने भी किया है और यही मत अब पाश्चात्य साहित्य-शास्त्र के इतिहास-ग्रंथों में प्रतिष्ठित भी हो चुका है; यथा—

"But the internal evidence, especially the range of quotations and allusions from Homer to caecilius and other Augustan rhetoricians, sufficiently argue for a greek rhetorician at Rome in the first century."[1]

---

1. Literary Criticism : A Short History—William K. Wimsatt. J. R. & Cleanth Brooks-Edition, 70, p. 98.

''परन्तु अंत:साक्ष्य; विशेष रूप से होमर, कैसिलियस और अन्य आगस्तन् साहित्य-शास्त्रियों से लिए हुए क्रमबद्ध उद्धरण और साहित्यिक संकेत, ईसा की प्रथम शती में रोम में किसी ग्रीक साहित्य-शास्त्री को प्रमाणित करता है।''

लोंगिनुस की 'पेरि इप्सुस' के अतिरिक्त कोई अन्य कृति उपलब्ध नहीं है। तत्कालीन साहित्य और इतिहास के काल-धूमिल ग्रंथों में भी लोंगिनुस के सम्बन्ध में कुछ नहीं मिलता। अपने स्वयं के जीवन और व्यक्तित्व के बारे में अपनी एक मात्र पुस्तक 'पेरि इप्सुस' में भी लोंगिनुस चुप्पी साधे हुए हैं। परन्तु जिस प्रकार प्लेटो के सम्वादों में उनका व्यक्तित्व मुखरित हुआ है, ठीक उसी प्रकार 'पेरि इप्ससु' के गम्भीर अध्ययन-मनन पर पाठक के मन में लोंगिनुस के व्यक्तित्व के बारे में कुछ स्पष्ट रेखायें अवश्य उभरती हैं। 'पेरि इप्सुस' का रचयिता एक ऐसा ग्रीक साहित्यकार प्रतीत होता है जोकि ग्रीक देश की प्राचीन संस्कृति और गौरवपूर्ण इतिहास से चमत्कृत है। उसका साहित्य-ज्ञान महान है और वह प्राचीन ग्रीक साहित्य के कोने-कोने से परिचित भी प्रतीत होता है। वह होमर, दिमोस्थेनीस, एस्खीलुस, हिरोदोतुस, थूकदीसिस, सोफोक्लीज, एरीपिदस आदि कवियों, नाटककारों, वक्ताओं और इतिहाकारों से ही नहीं, वरन् प्लेटो और लॉगिवर जैसे दार्शनिकों और धर्मशास्त्रियों से भी अत्यधिक प्रभावित प्रतीत होता है। ग्रीक संस्कृति-साहित्य के इस स्वर्ण युग के पुनरुत्थान सम्बन्धी लोंगिनुस की अकुलाहट और कुछ सार्वभौम, सार्वकालिक सृजन करने की औत्सुक्यमयी विकलता 'पेरी इप्सुस' में निरन्तर ध्वनित होती है। यही कारण है कि 'पेरि इप्सुस' के अन्तिम अध्याय (44) में उसने प्रश्न उठाया है कि अलौकिक प्रतिभा के व्यक्ति अब उत्पन्न क्यों नहीं होते। उत्तर में वह तत्कालीन युग की धनासक्ति और विषयाशक्ति को ही उदात्त साहित्य-ह्रास के लिये उत्तरदायी ठहराता है। ''उसके मन में अपने पतनशील युग के लिए गहरी वेदना है और उस पतनशील युग के ओछे और आडम्बरपूर्ण वक्ताओं, आलंकारिकों तथा कवियों के प्रति चरम विरक्ति। वह अपने युग की पतनोन्मुख प्रवृत्तियों का भरसक अतिक्रमण करने के लिए व्याकुल दिखाई पड़ता है। अरस्तू की शास्त्र-गम्भीर व्यवस्था-प्रियता, होरेस की दुनियादारी तथा अन्य वक्तृत्व शास्त्रियों की क्षुद्रता की पृष्ठभूमि में लोंगिनुस का ज़िन्दगी से लबरेज, खुलापन, उद्दाम आवेग, आग्रहहीन सहृदयता, उदात्त धारणा और गहरा नैतिक बोध अपनी विशिष्ट छाप छोड़ जाता है।

पेरि इप्सुस की परियोजना—मूलत: ग्रीक भाषा-रचित 'पेरि इप्सुस' 44 अध्यायों में विभक्त एक छोटा सा ग्रन्थ है, अनुमानत: जिसका तिहाई हिस्सा खंडित है। सम्पूर्ण कृति किसी अज्ञात रोमन मित्र को सम्बोधित की गई है, जिसका नाम 'पोस्तुमिउस तेरेन्तिआनुस' है। 'पेरि इप्सुस' का घोषित विषय, यद्यपि साहित्यशास्त्र है, किन्तु इसकी मूल अवधारणा साहित्य में औदात्य विषयक है।

सबसे पहले पहले अध्याय में लेखक ने 'केकिलिउस' द्वारा लिखे हुए उदात्त विषयक निबन्ध की अपूर्णता का उल्लेख करते हुए इस विषय पर पुन: विचार करना

आवश्यक माना है। अध्याय प्रथम के अन्तिम अंश से अध्याय सप्तम तक औदात्त्य नैसर्गिक प्रतिभा और कलागत अभ्यास, भावाडम्बर तथा वागाडम्बर आदि के संबंध में विचार प्रस्तुत किए गए हैं। अनुच्छेद आठ में उदात्त के पाँच स्रोतों का उल्लेख करते हुए आगे के अध्यायों में इन्हीं पर विचार करने की घोषणा की गई है। अध्याय आठ से पन्द्रह तक प्रथम दो स्रोतों—महान विचारों के धारण की शक्ति तथा भाव अथवा संवेगों की उत्कृष्टतम एवं प्रबलतम अभिव्यक्ति की चर्चा की गई है। अध्याय सोलह से उन्तीस तक उदात्त-सृजन में सहायक अलंकारों—विपर्यय, व्यतिक्रम, रूप-परिवर्तन, सार, पर्यायोक्ति आदि का उल्लेख किया गया है। अनुच्छेद तीस से अड़तीस तक शब्द-चयन, रूपक तथा भाषा के अलंकरण पर विचार किया गया है तथा उन्तालीस-चालीस अध्याय में उदात्त के अन्तिम स्रोत—गरिमामय और भव्य रचना-विधान का विवेचन है। अध्याय 41 से 43 तक उदात्त बाधक छन्द-लय और शब्द प्रयोग की चर्चा है। अन्तिम अध्याय 44 में लोंगिनुस की तत्कालीन नैतिक पतन उद्भुत अकुलाहट ध्वनित होती है। वे इस नैतिक ह्रास को ही औदात्ययुक्त सृजन में बाधक मानते हैं।

उदात्त का स्वरूप—लोंगिनुस ने, वस्तुत: उदात्त की कहीं भी सूत्र-बद्ध व्याख्या नहीं की है। अरस्तू ने 'काव्यशास्त्र' में त्रासदी की सूत्रबद्ध परिभाषा कर फिर उसकी विस्तृत विवेचना की है; किन्तु लोंगिनुस की यह पद्धति ही नहीं है। उन्होंने उदात्त के स्रोतों, उदात्त-सृजन सम्बन्धी बाधाओं और उदात्त के प्रभाव का ही विस्तार से उल्लेख किया है, कहना न होगा कि उनकी पद्धति विषय का विशद विवेचन करना है, अरस्तू की भाँति विषय की सूत्रात्मक व्याख्या करना नहीं।

अत: यदि कोई उदात्त की व्याख्या का आग्रह करे ही, तो उसे 'पेरि इप्सुस' में लोंगिनुस द्वारा प्रतिपादित उदात्त स्रोतों, अनुदात्त और उदात्त के प्रभाव सम्बन्धी धारणाओं को आत्मसात करके ही कुछ निष्कर्ष निकालने होंगे।

लोंगिनुस की मान्यता है कि भाषा का वैशिष्ट्य और चरमोत्कर्ष ही उदात्त है; क्योंकि विशिष्ट भाषा (Elevated language) का प्रभाव श्रोताओं पर प्रत्यायन (Persuasion) अथवा अनुनयन के रूप में न होकर आत्मातिक्रमण (Transport) के रूप में होता है। विशिष्ट भाषा श्रोताओं अथवा पाठकों को साधारण मनोरंजन और बुद्धि विलास से ऊपर उठाती है, विस्मय तथा उद्रेक कर उन्हें मंत्रमुग्ध करती है, फलत: उनका आत्मातिक्रमण हो जाता है।

"A lofty passage does not convince the reason of the reader, but takes him out of himself. That which is admirable ever confounds our judgment, and eclipses that which is merely reasonable or agree-able."[1]

---

1. Longinus : On The Sublime, Translated by T. A. Moxon Makers of Literary Criticism : Compiled & Edited by Rajan & George—Page 57.

उदात्त के प्रभाव की चर्चा करते हुए उन्होंने 'पेरि इप्सुस' के प्रथम अध्याय में लिखा है कि ठीक समय पर उदात्त की एक कौंध समस्त वस्तु का अतिक्रमण कर वक्ता की सम्पूर्ण शक्तियों को एक क्षण में ही उद्घाटित कर देती है। उदात्त के प्रभाव को प्रत्यायन के रूप में स्वीकार न करना ही इस बात का प्रबल प्रमाण है कि लोंगिनुस सामान्यत: चमत्कारवादी अलंकृत भाषा-शैली अथवा शास्त्रवादियों की भव्य शैली को उदात्त नहीं मानते। उनका भाषा-वैशिष्ट्य शास्त्रवादियों के 'ग्रेंड स्टाइल' से निश्चित ही भिन्न और श्रेष्ठ है। उनकी विशिष्ट भाषा पाठक अथवा श्रोताओं में पठन अथवा श्रवण के समय गुणात्मक परिवर्तन उत्पन्न करती है, उन्हें मन्त्रमुग्ध कर लेती है।

काव्य वस्तु के रूप में लोंगिनुस ने विराट प्रकृति को भी उदात्त माना है। पेरि इप्सुस के अध्याय 35 में लोंगिनुस ने लिखा है—

"........प्रकृति ने हम मनुष्यों को नीच और जघन्य पशु होने के लिए नहीं बनाया है, बल्कि जब वह हमें जीवन के क्षेत्र में और इस विराट् विश्व में प्रविष्ट करती है, मानो किसी बड़ी सभा में प्रविष्ट कर रही हो—इस उद्देश्य से कि हम इस विराट पूर्णता का दर्शन करें और गौरव के उत्कट अभिलाषी बनें—उसी समय जो कुछ भी हमसे अधिक उदात्त और दिव्य है, उसके प्रति एक अदम्य आकर्षण वह हमारी आत्मा के भीतर अंकुरित कर देती है। यही कारण है कि सम्पूर्ण विश्व भी मानव-मस्तिष्क के विचार और चिन्तन के लिए पर्याप्त नहीं लगता और प्राय: हमारी कल्पना दिगन्त को पार कर जाती है; यदि हम अपने चारों ओर के जीवन पर दृष्टि डालकर यह देख सकें कि उसमें अद्भुत महान और सुन्दर पदार्थों की कितनी प्रचुरता है तो हमें अपने जन्म का प्रयोजन समझने में देर नहीं लगेगी। यही कारण है कि स्वभाव से ही हम छोटी-छोटी धाराओं की प्रशंसा नहीं करते, चाहे वे कितनी ही उपयोगी और निर्मल क्यों न हो, बल्कि नील नदी डैन्यूब अथवा राइन और इन सबसे अधिक महासागर से प्रभावित होते हैं। इसी प्रकार हम अपने द्वारा प्रज्वलित छोटी सी अग्नि-शिखा को........न हम ऐतना के ज्वालामुखियों की अपेक्षा अधिक विस्मयकारी मानते हैं जो अपने विस्फोट में अतल गर्त से बड़े-बड़े पत्थर एवं बृहदाकार शिलाखण्ड बाहर फेंकते रहते हैं और कभी-कभी जिनके गर्भ से विशुद्ध और अमिश्रित आंतभौंम ज्वाला का नद-प्रवाह उमड़ता चला आता है। इन सब विषयों में हम यह कह सकते हैं कि जो कुछ भी उपयोगी तथा आवश्यक है उसे मनुष्य साधारण मानता है, अपने सम्भ्रम का भाव तो वह उन पदार्थों के लिए ही सुरक्षित रखता है जो विस्मय विमूढ़ कर देने वाले हैं।"[1]

'पेरि इप्सुस' के अध्याय 35 में प्रकृति के विराट, विस्मयकारी और भयंकर रूप वर्णन के अवसर पर आलोचकों ने लोंगिनुस की उदात्त विषयक अवधारणा को पूर्णत: रोमांटिक घोषित किया है। वस्तुस्थिति यह है कि यहाँ पर भी लोंगिनुस मानव-प्रकृति और मनुष्य-मस्तिष्क की विराटता की ओर ही उन्मुख है,प्रकृति तो मनुष्य-स्वभावगत

1. पेरिइप्सुस—अनुवाद, डॉ० नगेन्द्र, पृ० 100।

उस विराटता का आलम्बन मात्र है। मनुष्य स्वभाव का यह विराटोन्मुखी पक्ष ही क्षुद्रताओं और संकीर्णताओं का अतिक्रमण कर महान और भव्य-सृजन में सहायक होता है। मानव स्वभावगत इस विराट्ता का उल्लेख लोंगिनुस ने होमर के युद्ध-वर्णन के प्रसंग में भी किया है। होमर की कविता की पंक्तियों पर लोंगिनुस की टिप्पणी द्रष्टव्य है; यथा—

"वही उनकी (दिव्य अश्वों) छलांग का इतना विस्तार करता है जितनी दूरी पूर्व और पश्चिम के बीच है।................यदि ये दिव्य अश्व लगातार दो छलाँगें लगायें तो विश्व की सीमा का अतिक्रमण कर जायेंगे।"

लोंगिनुस की यह टिप्पणी किसी प्रकार भी प्रकृति के विराट स्वरूप को दृष्टिगत रख कर नहीं की गई है। लेखक की यह टिप्पणी सर्जक की उस स्वभावगत विराट्ता का उद्घाटन करती है, जिसके अन्तर्गत अनन्तव्यापी उस अलौकिक व्यापार का वर्णन होता है, जोकि उदात्त सृजन करता है।

कहना यह है कि कवि या रचयिता की यह स्वभावगत विराटता ही है, जो प्रकृति में भी विराटता देख सकने में समर्थ है। मानव स्वभावगत इस विराटता से शून्य सर्जक अथवा भावक न तो साहित्य में उदात्त का सृजन ही कर सकते हैं और न आस्वादन ही। अत: लोंगिनुस का भावोत्कर्ष तथा भाषा वैशिष्ट्य जिस प्रकार क्लासिकों (शास्त्रवादियों) का 'ग्रेंड स्टाइल' (भव्य शैली) नहीं है, ठीक उसी प्रकार सर्जक की स्वभावगत विराट्ता रोमांटिकों की प्रकृति का भव्य और महान रूप नहीं है, प्रकृति तो आलम्बन मात्र है। अब कहना न होगा कि लोंगिनुस के उदात्त का स्वरूप न तो पूरी तरह शास्त्रवादी दृष्टिकोण से ही प्रभावित है और न पूर्णत: रोमांटिक अनुषंग से ओतप्रोत। उनके उदात्त का स्वरूप तो इन दोनों से भिन्न और विलक्षण है।

स्वभावगत विराटता के इस उद्घाटन को उदात्त मानने के साथ ही साथ लोंगिनुस वेग की प्रबलता तथा उद्दाम गति को भी उदात्त मानते हैं। वक्ता दिमोस्थनीस की प्रशंसा करते हुए लोंगिनुस ने लिखा है कि वह (दिमोस्थानीस) अपनी गर्जना और विद्युतमयी वेग से सभी युग के वक्ताओं को परास्त कर देता है तथा श्रोताओं को अपने धारा प्रवाह में बहा ले जाता है। इस सन्दर्भ में अध्याय 3 का यह कथन द्रष्टव्य है—

"वज्रपात का बिना पलक झपाये सामना करना तो आसान है, किन्तु एक के बाद एक तीव्र गति से होने वाले उसके भाव विस्फोट को अविचल दृष्टि से देखना सम्भव नहीं।"[1]

उदात्त क्या है, यह जानने के लिए यह जानना भी अनिवार्य है कि उदात्त क्या नहीं है। लोंगिनुस वागाडम्बर और वालेयता (Puerility) को अनुदात्त मानते हैं। इसी प्रकार जहाँ वे महान भाव-क्षमता उदात्त का स्रोत मानते हैं, वहीं भावाडम्बर अर्थात् बचकानी भावुकता को उदात्त का सबसे बड़ा अवरोध भी मानने में नहीं हिचकिचाते।

---

1. पेरिइप्सुस—अनुवाद, डॉ० नगेन्द्र, पृ० 99।

लोंगिनुस का उदात्त-विश्लेषण अत्यन्त द्वन्द्वात्मक है। एक ओर जहाँ वे सैफो के प्रेमगीतों में उदात्त के दर्शन करते हैं तो दूसरी ओर होमर के युद्ध-वर्णन को भी औदात्य युक्त मानते हैं। यदि एक ओर उन्हें एतना ज्वालामुखी के विस्फोट में उदात्त काव्य-विषय होने की पूर्ण क्षमता दिखाई देती है, तो दूसरी ओर पाताल में अजैक्स का मौन भी कहीं अधिक उदात्त और भव्य दिखाई देता है; यही नहीं, बल्कि 'गणतंत्र' में प्लेटो भी अपनी नि:शब्द वाग्धारा में पूर्ण महान और उदात्त प्रतीत होते हैं। इसी प्रकार जहाँ वे होमर का उल्लास और उत्साह का चित्रण उदात्त घोषित करते हैं, वहीं पर स्वयं होमर और एरीपिदस की त्रासदियों तथा सैफो के प्रेम गीतों में निरूपित भय करुणा और त्रास का चित्रण भी उदात्त-सीमान्तर्गत ही मानते हैं। लोंगिनुस की यह विविधता और द्वन्द्वात्मकता विषयगत संगति को किसी हद तक भ्रमित करती है। किन्तु फिर भी लोंगिनुस की उपर्युक्त विभिन्न विचार धाराओं पर यदि समग्रता से दृष्टिपात किया जाय तो कुछ निष्कर्ष निकालना दुस्साध्य नहीं है।

सारांशत: कहा जा सकता है कि लोंगिनुस की उदात्त विषयक धारणा पर्याप्त गहन और व्यापक है। उसकी विस्तृत परिधि के अन्तर्गत प्रबल भावानुभूति, महान विचार, उद्दाम आवेग, मानव स्वभावगत और प्रकृतिगत विराटता, असाधारण और दिगंत व्यापी कल्पना, विस्मयकारी असाधारणता के साथ ही साथ भव्य तथा गरिमामयी शांति और विलक्षण मौन का भी समाहार हो जाता है, क्योंकि इन सबका प्रभाव श्रोता अथवा पाठक को आत्मविभोर कर देता है।

इस प्रकार उदात्त एक प्रकार की 'एसटेसी' (Ecstasy) है, एक प्रकार का वह दुर्निवार, आत्मानुभव है, जिससे साहित्य-विज्ञ बच ही नहीं सकता, जो मंत्रमुग्धकारी तथा 'स्पैल बाउन्ड' करने वाला होता है तथा जिसकी स्मृति अमिट, प्रभाव स्थायी और विचारोत्तेजक होता है। उदात्त तत्त्व युक्त रचना सार्वदेशिक, सार्वकालिक और सभी साहित्य-मर्मज्ञों को आनन्द विभोर करने वाली होती है। जीवन, काल, व्यक्ति, परम्परा, स्थिति और अभिरुचि-भेद उदात्त के प्रभाव को मलिन नहीं कर सकते हैं। लोंगिनुस के शब्दों में—

"It is natural to us to feel our souls lifted up by the true sublime and conceiving a sort of generous exultation to be filled with joy and pride......."[1]

उदात्त के स्त्रोत— 'पेरिइप्सुस' के अध्याय आठ में लोंगिनुस ने उदात्त के पाँच स्त्रोतों का उल्लेख किया है; यथा—(1) महान विचारों के धारण की शक्ति (Grandeur of thought) (2) भावों अथवा संवेगों की उत्कृष्टतम एवं प्रबलतम अभिव्यक्ति (Vigorous and spirited treatment of the passion),(3) अलंकारों की

---

1. Longinus : On the Sublime. Translated By T. A. Moxon "Makers of literary Criticism" Compiled and Edited by Rajan & George, Page 57.

सुचित योजना (Appropriate use of figures),(4) अभिजात अभिव्यक्ति (Dignified Expression), (5) उपर्युक्त सभी स्त्रोतों का अंतर्भाव करता हुआ पाँचवाँ स्त्रोत है—गरिमामय और भव्य रचना विधान (Majesty and Elevation of structure)।

लोंगिनुस साहित्य में उदात्त-सृजन कला और प्रतिभा के समन्वित प्रयासाधीन ही मानते हैं। उनका विश्वास है कि प्रकृति (प्रतिभा) कितनी भी स्वच्छन्द और स्वाधीन क्यों न हो; व्यवस्था हीन नहीं हो सकती। प्रकृति के स्वच्छन्द कार्य व्यापार में भी अंतर्निहित एक व्यवस्था होती है; इसी व्यवस्था को प्रकाश में लाना कला का कार्य है। अत: कला-प्रकृति विरोधी न होकर प्रकृति सहयोगिनी है और एक निश्चित उद्देश्य की पूर्ति में प्रकृति की सहायता करती है। कहना न होगा कि प्रकृति और कला का चोली-दामन का साथ है। दोनों की इसी अनिवार्य संगति को दृष्टिगत रखते हुए उन्होंने 'पेरिइप्सुस' के अध्याय 22 में लिखा है— "For art is then perfect when it seems to be nature, and nature, again, is most effective when pervaded by the unseen presence of art."[1]

"कला प्रकृति के समान प्रतीत होने पर ही पूर्ण होती है और प्रकृति तभी सर्वाधिक प्रभावशाली होती है, जबकि वह कला की अदृश्य उपस्थिति से व्याप्त हो।"

कला और प्रकृति के इसी अंत: सम्बन्ध पर बल देते हुए लोंगिनुस ने उदात्त के उपर्युक्त पाँच स्त्रोतों में से, प्रथम दो प्रकृति अथवा प्रतिभा प्रदत्त माने हैं तथा अंतिम तीन कलागत।

वस्तुत: साहित्य में इन्हीं पाँचों स्त्रोतों का समन्वित प्रयोग, सच्चे अर्थों में प्रकृति और कला का सम्बन्ध है और जो साहित्यकार इस समन्वय करने में सक्षम है, वही उस उदात्त-साहित्य का सृजन कर सकेगा, जिसका प्रभाव दुर्निवार और स्थायी होता है।

1. महान विचारों के धारण की शक्ति

महान विचारों से रहित साहित्यकार उदात्त-सृजन नहीं कर सकता, क्योंकि औदात्त्य महान आत्मा की सच्ची प्रतिध्वनि हैं। "Sublime thoughts belong properly to the loftiest minds."[2]

यही कारण है कि लोंगिनुस ने महान आत्मा द्वारा प्रेरित मौन को भी उदात्त की संज्ञा दी है। उन्होंने पाताल लोक में 'प्रेतों के आह्वान; में अजेक्स (यूनान का विख्यात योद्धा) का मौन किसी भी कथन की अपेक्षा अधिक उदात्त और महान माना है। यहाँ पर भाव शब्दों के अभाव में भी भावक आत्मा की भव्यता को प्रतिबिम्बित करता है।

---

1. Translated by T. A. Moxon, Page 77, 78.
2. T. A. Moxon.

उदात्त के सभी उपकरणों में महान विचारों के धारण की शक्ति ही सर्वाधिक महत्त्वपूर्ण है। क्षुद्र और अधम विचारों के साहित्यकारों का सृजन न तो प्रशंसनीय ही हो सकता है और न कालजयी ही। दुरात्माओं को उदात्त वाणी नहीं मिल सकती। कहना यह है कि सदात्मा व्यक्तियों की वाणी ही उदात्त हो सकती है। महान साहित्य का गम्भीर और गरिमामय कलाकारों की वाणी से निःसृत होना नितान्त स्वाभाविक भी है।

महान् विचारों के धारण की क्षमता यद्यपि प्राकृतिक देन है। (इसी क्षमता को लोंगिनुस ने पेरिइप्सुस के अध्याय 9 में 'नैसर्गिक प्रतिभा' भी कहा है), किन्तु इस शक्ति को पर्याप्त अभ्यास से अर्जित भी किया जा सकता है। महान विचारों के पल्लवन के लिए आवश्यक है कि मन को भव्य विचारों की ओर उन्मुख और प्रेरित किया जाय। महान और उच्च विचारों का निरन्तर मनन-चिन्तन तथा महान साहित्यकारों के अनुशीलन से इस शक्ति को प्राप्त किया जा सकता है। लोंगिनुस ने उदाहरण देते हुए लिखा है कि साहित्यकारों को सृजन-संलग्न रहते समय विचार करते रहना चाहिए कि इस विषय को होमर ने किस प्रकार व्यक्त किया होता, प्लेटो अथवा दिमोस्थनीस इसे किस प्रकार उदात्त बना सके होते, क्योंकि इस प्रकार की प्रतिस्पर्धा सर्जकों का मार्ग दर्शन कर उदात्त सृजन में सहायक होती है।

महान विचारों से सम्पन्न, आत्मोत्थान युक्त साहित्यकार ही उदात्त सृजन कर सकते हैं। लोंगिनुस की यह एक ऐसी अवधारणा है, जिससे उनकी उदात्त-प्रभाव सम्बन्धी धारणा भी जुड़ी हुई है। उदात्त का प्रभाव आत्मातिक्रमण (Transport) होता है, अनुनयन (Persuasion) नहीं—यह धारणा इस बात को विशेषीकृत करती है कि आत्मातिक्रमण भव्य और महान विचारों की गरिमामयी अभिव्यक्ति से ही सम्भव है। अब एक सहज प्रश्न और भी सामने आता है कि आत्मातिक्रमित (Transported) होना उचित है अथवा अनुचित; अर्थात् काव्य-प्रभाव नैतिक रूप से कल्याणकारी होता है अथवा अकल्याणकारी। लोंगिनुस ने यद्यपि प्रत्यक्षतः इस प्रकार के किसी प्रश्न को पेरिइप्सुस में नहीं उठाया है। (क्योंकि नैतिकता प्लेटो का 'कसर्न' था लोंगिनुस का नहीं), परन्तु आत्मिक महानता उदात्त सृजन की चूँकि पहली शर्त है, इसीलिए उदात्त का प्रभाव (ट्रान्सपोर्ट) भी नैतिक रूप से कल्याणकारी ही माना जायेगा। इस प्रकार उदात्त-साहित्य का प्रभाव नैतिक तथा कलात्मक दोनों ही दृष्टियों से उत्तम माना जाना चाहिए। यहाँ पर महाकवि मिल्टन और लोंगिनुस एक ही स्तर पर उतरते हैं। मिल्टन का भी विश्वास था कि यदि कोई महान साहित्यकार होना चाहता है तो उसे चाहिए कि वह संसार की महान और अति सम्माननीय वस्तुओं का ही अनुकरण करे। महान कवि बनने के लिए मिल्टन लिखते हैं— "He ought himself to be a true poem, that is a composition and pattern of the best and honourablest things."[1]

---

1. Quoted by David Daiches 'Critical Approaches to Literature', p. 49.

(2) भावों अथवा संवेगों की उत्कृष्टतम एवम् प्रबलतम अभिव्यक्ति

महान विचारों के धारण करने की क्षमता के साथ ही साथ उनको व्यक्त करने की प्रबल शक्ति भी रचनाकार में होनी चाहिए। अभिव्यक्ति की यह क्षमता भी लोंगिनुस प्रकृति-प्रदत्त मानते हैं। औदात्य के इस द्वितीय प्राकृतिक स्रोत के बारे में लोंगिनुस ने जो कुछ भी कहा उसका अधिकांश भाग लुप्त है। यहीं पर पांडुलिपि खंडित पाई गई है। लोंगिनुस ने पुस्तक के अन्त में इस विषय पर किसी अन्य प्रबन्ध में विस्तार से चर्चा करने का संकेत भी दिया है। परन्तु दुर्भाग्यवश अन्य कोई प्रबन्ध अब तक मिल नहीं सका है।

सच्चे भावोद्गार का उचित स्थल पर सँजोना ही अभिव्यक्ति को गौरव प्रदान करता है। इस प्रकार भावों की प्रबलतम अभिव्यक्ति जहाँ शैली से सम्बन्धित है, वहीं पर भाव-संयोजन से भी। कौन सा भाव किस स्थान पर प्रकट किया जाय, यह पहचान ही भावों की उत्कृष्ट अभिव्यक्ति है। कहना यह है कि संवेगों को इस प्रकार स्थलबद्ध किया जाये कि वे सर्वाधिक आकर्षक एवम् अनुभूतिपरक बन सकें।

उत्कृष्ट एवम् प्रबलतम (भावाभिव्यक्ति) अभिव्यक्ति रचनाकार की तादात्मिकाशक्ति से सन्नद्ध है। महान विचारों की अभिव्यक्ति में रचनाकार को चाहिए कि वह अपने नायकों के उदात्त कार्यों से तादात्म्य स्थापित करे, जैसा कि होमर ने किया है। नायकों की भावनाओं एवम् मनोवेगों से तादात्म्य स्थापित करके ही रचनाकार भाव की उचित स्थल-गतता को पहचान सकेगा। होमर रचित 'इलिअद' में यूनानियों का युद्ध अचानक ही कोहरे और अन्धकार के आवरण में डूब जाता है; परिणामत: अजैक्स पुकार उठता है—

द्यौस, पितर हे देव बचाओ अन्धकार से
आज अखैयाँ के पुत्रों को, ज्योति दिखाओ।
मिले हमारे नयनों को वरदान दृष्टि का
और नष्ट ही करना हो तो करो उजागर।[1]

कहना न होगा कि यहाँ पर कोहरे और असहाय रात्रि में डूबे हुए किंकर्त्तव्यविमूढ़ आर्तनाद करते हुए अजैक्स की अन्तरात्मा से लेखक का पूर्ण तादात्म्य है और इस तादात्मिक क्षमता के कारण ही (लेखक) अजैक्स के करुण भावावेग को उचित स्थान पर गुम्फित कर पाठकों को अभिभूत कर सका है। वीर पुरुष दीन-हीन, अबला-विधवाओं की तरह प्रलाप नहीं करते, न कायरों की तरह चीत्कार ही करते हैं। वे तो परिस्थिति से जूझते हैं, संघर्ष करते हैं। अजैक्स का यह आर्तनाद रचयिता ने ऐसे स्थल पर सँजोया है, जिससे पाठक के मन में कायरों के प्रलाप का बोध नहीं होता, वरन् इस आर्तनाद में प्राकृतिक प्रकोप-क्षुब्ध एवं विवश एक सच्ची वीरात्मा की करुण पुकार सुनाई देती है। यह भाव के उचित स्थल पर संयोजन का ही परिणाम है कि युद्ध-

1. उदात्त के विषय में—पृ० 92, पद्यानुवाद भारत भूषण अग्रवाल (प्रथम संस्करण)

स्थल पर अधिकांशतः कायरों द्वारा किया गया प्रलाप एक सच्ची वीरात्मा का आर्तनाद बन गया है।

अतः कहा जा सकता है कि प्रबल भावावेग से सर्वाधिक प्रभावी हृदयस्पर्शी भावों का चयन, तदुपरान्त इन भावों अथवा विचारों को उचित स्थान पर एक आवयविक संघटना के रूप में प्रस्तुत करना ही लोंगिनुस के अनुसार भाव अथवा संवेगों की प्रबलतम एवं उत्कृष्टतम अभिव्यक्ति है। सैफो के प्रेमगीतों तथा होमर और दिमोस्थेनीस महाकवियों के काव्य में इस बात का निर्वाह मिलता है। सैफो की प्रेम विह्वलता का एक वर्णन इस संदर्भ में विचारणीय होगा—

"मुझको लगता है देवोपम भाग्यवान वह
बैठा तेरे ढिंग, तुझको अपलक निहारता
मौन मुग्ध जो ध्यानमग्न होकर सुनता है
तेरी मधु-वाणी को, तेरे रजत हास को

यही, है यही है रहस्य वह जिससे मेरे
प्राण फड़-फड़ा उठते हैं छाती के भीतर
पलभर को भी अगर देख लूँ तुझको तो
जड़ हो जाती जीभ, फूटते बोल न मेरे

कोई कोमल अग्नि लहक उठती है तन में
नयन दृष्टि-हत जैसे कुछ न देख पाते हों
और श्रवण में सहसा भर जाता है मानो
सागर की उत्ताल तरंगों का गुरु-गर्जन

स्वेद फूटकर बहने लगता धाराओं में
रोमांचित सर्वांग काँपने लगता थर-थर
पियरा जाती देह प्रणय की उस समाधि में
मुझे परस मिलने लगता आसन्न मृत्यु का।"[1]

उपर्युक्त छन्दों में दो परस्पर विरोधी भावों, देवोपम होने की अनुभूति और मृत्यु-नैकट्य की अनुभूति—का कितना सामंजस्य पूर्ण और सुस्थलीय संयोजन है। हृदयग्राही और हृदयद्रावक भावों का चयन और उचित स्थान पर संघटन निश्चित ही अद्‌भुत है।

काव्य में भावोद्‌गार को लोंगिनुस ने प्लेटो की भाँति भ्रमित करने वाला नहीं माना है। ऐसा प्रतीत होता है कि प्रबल भावोद्‌गार को वे उदात्तयुक्त साहित्य का अनिवार्य तत्त्व मानते हैं, बशर्ते कि उनकी (भावों की) उत्कृष्टतम एवम् प्रबलतम अभिव्यक्ति हो, अर्थात् उनका श्रेष्ठ चयन और समुचित स्थान पर प्रयोग हो।

(3) अलंकारों की समुचित योजना— औदात्य-सृजन में सहायक कलागत उपकरणों में लोंगिनुस ने अलंकारों को सर्वाधिक महत्त्व दिया है। अलंकार-प्रयोग से

1. उदात्त के विषय में, पद्यानुवाद भार भूषण अग्रवाल, पृ० 95।

ही उदात्त शैली का निर्माण होता है। यही कारण है कि 'पेरिइप्सुस' का लगभग तृतीयांश अलंकारों के औचित्य, और विवेचन से ही सम्बन्धित है। कौन-कौन-से अलंकारों का प्रयोग किस प्रकार होना चाहिए, लोंगिनुस का प्रमुख विवेचन है।

अलंकारों की सहज और समुचित योजना औदात्य सृजन में सहायक होती है। अलंकारों का ध्यानाकृष्ट प्रयोग लोंगिनुस ठीक नहीं मानते। अलंकार-प्रयोग स्थान, परिस्थिति और उद्देश्य के ऊपर निर्भर होता है। अलंकार का प्रयोग अलंकार प्रयोग के लिए ही नहीं हो सकता। तात्पर्य यह है कि साहित्य में अलंकारों का निरंकुश और निरपेक्ष प्रयोग वर्जनीय है। प्रयोग परिस्थिति-सापेक्ष ही हो सकता है, अर्थात् यदि परिस्थिति अलंकार-प्रयोग की आग्रही है तो अलंकार का प्रयोग होना चाहिए अन्यथा नहीं। इसके साथ प्रयोग भी इस प्रकार का होना चाहिए कि उसके प्रयोग पर किसी का ध्यान न जाये। वे कथन को मात्र और अधिक मनोहारी, अभिभूत करने वाला एवं भव्य बनाने में सहायक हों, न कि कथनांचल पर एक कृत्रिम चित्ती सी प्रतीत हों। प्रच्छन्नता युक्त अलंकार प्रयोग ही सर्वाधिक कलात्मक होता है। कहना यह है कि अलंकार-प्रयोग इस तथ्य को भी धूमिल करने वाला हो कि अमुक स्थान पर अलंकार-प्रयोग किया गया है। स्वयं लोंगिनुस के शब्दों में—"Hence it follows that a figure is then most effectual when it appears in disguise........it is the very brilliancy of the orator's figure which blinds us to the fact that it is a figure." [1]

सारांशत: कहा जा सकता है कि लोंगिनुस अलंकार प्रयोग में औचित्य के पक्षपाती हैं। औचित्य से तात्पर्य है कि अलंकारों का प्रयोग अयत्नज, प्रसंगानुकूल, प्रच्छन्न और सहज हो, क्योंकि कला प्रकृति के समान प्रतीत होने पर ही पूर्ण मानी जा सकती है और प्रकृति कला की अदृश्य परिव्याप्ति पर।

उदात्त सृजन में सहायक अलंकारों का निर्देश लोंगिनुस ने इस प्रकार किया है—विस्तारण, (संबोधन), प्रश्नालंकार, विपर्यय, व्यतिक्रम, पुनरावृत्ति, छिन्नवाक्य, प्रत्यक्षीकरण, संचयन, रूप-परिवर्तन, पर्यायोक्ति आदि।

(1) **विस्तारण** के अन्तर्गत वक्ता अपनी युक्तियों को विस्तार से प्रस्तुत कर उदात्त पोषण में सहायक होता है।

(2) **सम्बोधन** में शपथों का सहारा लेकर कथन में विश्वसनीयता और प्रभाव की सृष्टि की जाती है।

(3) **प्रश्नालंकार** में वक्ता स्वयं ही प्रश्न कर उसका उत्तर देता है; जैसा कि प्लेटो ने 'रिपब्लिक' में किया है।

(4) **विपर्यय** और '**व्यतिक्रम**' में शब्दों और विचारों के क्रम में परिवर्तन अथवा उलट-फेर की जाती है।

---

1. Longinus : On the Subline, Translated by T. A. Moxon. Makers of Literary Criticism........Rajant & George.—Volume I. Publication 1966.

(5) पुनरावृत्ति—'छिन्न वाक्य'—पुनरावृत्ति' में शब्दों अथवा वाक्यों की पुनः आवृत्ति की जाती है तथा 'छिन्न वाक्य' में क्रोधावेश के अन्तर्गत किसी भी वाक्य की कड़ी को बार-बार दुहराया जाता है।

(6) प्रत्यक्षीकरण में साक्षात् वर्णन द्वारा समस्त विषयवस्तु जीवित सी प्रतीत होने लगती है।

(7) सार में वर्णित वस्तु की क्रमशः वृद्धि की ओर संकेत होता।

(8) पर्यायोक्ति में घुमा-फिरा कर बात कही जाती है। परन्तु घुमा-फिराकर बात कहने से तात्पर्य उन घिसी-पिटी बातों अथवा शब्दों से नहीं है, जो अत्यधिक चलन में होने के कारण अपनी गरिमा और आकर्षण खो चुके हैं। उदाहरण के लिए पत्नी को 'अर्धांगिनी' कहने अथवा स्त्री मात्र को 'सुन्दरी' कहने में पर्यायोक्ति नहीं मानी जा सकती। पर्यायोक्ति का एक श्रेष्ठ उदाहरण 'शेक्सपीयर' के नाटक 'ओथैलो' से दिया जा सकता है। 'ओथैलो' संदेहवश जब अपनी सच्चरित्र पत्नी 'डेसडीमोना' को लुच्ची अथवा वेश्या (Whore) कहता है, तब डेसडीमोना और उसकी नौकरानी इमिलिया इस बात की शिकायत 'इआगो' से करती हैं। 'इमिलिया' वेश्या शब्द का उच्चारण यथावत् अपने मुख से करती है, परन्तु डेसडीमोना शालीनता और मर्यादावश 'वेश्या' शब्द को न कहकर 'पर्यायोक्ति' का सहारा लेकर घुमा-फिराकर अपना आशय प्रकट करती हैं।

Desdemona — Am I that name, Iago?
क्या मेरा वही नाम है इआगो?

Iago — What name, fair lady?
क्या नाम, सुन्दरी?

Desdemona — Such as she says; my lord did say, I was.
जैसा कि यह कहती है—मेरे स्वामी ने कहा कि मैं हूँ।

यहाँ पर 'वेश्या' श्ब्द को न कहकर इस आशय को घुमा-फिराकर एक वाक्य (जैसा कि यह कहती है, मेरे स्वामी ने कहा मैं थी) से स्पष्ट किया गया है। निश्चित ही यहाँ पर्यायोक्ति अलंकार का प्रयोग हुआ है। इसी भाँति 'रूप-परिवर्तन' भी उदात्त-पोषक अलंकार माना गया है।

लांगिनुस ने इन अलंकारों के औचित्यपूर्ण प्रयोग की ही सलाह दी है। अलंकारों के पृथक् और संश्लिष्ट दोनों प्रकार के प्रयोग को वे उदात्त सृजन में सहायक मानते हैं।

(4) अभिजात अभिव्यक्ति— अभिजात अभिव्यक्ति से लोंगिनुस का तात्पर्य काव्य भाषा से है; जिसके दो अंग हैं—उपयुक्त और प्रभावक शब्द-चयन तथा अलंकृत भाषा-प्रयोग; जिसमें कि रूपक और अतिशयोक्ति अलंकारों का प्रयोग वे आवश्यक मानते हैं।

यद्यपि यहाँ पर पाण्डुलिपि के लगभग चार पृष्ठ गायब हैं, किन्तु फिर भी प्राप्त पृष्ठों से भी लेखक के विचार पर्याप्त स्पष्ट हो जाते हैं। शब्द-चयन उपयुक्त तभी मानना चाहिए, लोंगिनुस की धारणा है, जब उसका प्रभाव पाठक अथवा श्रोताओं पर मर्मस्पर्शी और विभोरक हो। उपयुक्त शब्द चयन निर्जीव वस्तुओं में भी जीवन संचार करता है, कृति में भव्यता, सौन्दर्य, गरिमा, ओज, शक्ति और मार्दव भर देता है। उन्हीं के शब्दों में—"उपयुक्त और मनोहर शब्दावली के चयन का प्रभाव श्रोताओं पर कितने अद्‌भुत रूप से मर्मस्पर्शी और सम्मोहक होता है, और कैसे सभी वक्ता और इतिहासकार ऐसी शैली को अपना चरम लक्ष्य मानते हैं। इसी के द्वारा शैली में.........भव्यता, सौन्दर्य एक क्लासिकी स्पर्श, गरिमा, शक्ति, सामर्थ्य और एक प्रकार का दीप्त सम्मोहन आ जाता है, और वह तथ्यों में सजीव स्वर भर देती है। निश्चय ही सुन्दर शब्द विचारों का साक्षात् आलोक हैं।"

परन्तु इस भव्य भाषा का प्रयोग सभी स्थलों पर लोंगिनुस अवांछनीय मानते हैं। गरिमामयी भाषा का प्रयोग मात्र गम्भीर विषय के प्रतिपादन में ही किया जाना चाहिए; साधारण कथ्य के लिए गरिमामय शब्द-विधान उसी प्रकार हास्यास्पद होगा जिस प्रकार कि किसी छोटे बालक के मुँह पर गम्भीर त्रासद अभिनय का मुखौटा लगा देना हास्यास्पद होता है। कहना यह है कि गम्भीर और गौरवपूर्ण विचारों की अभिव्यक्ति गरिमामयी भाषा से तथा साधारण विचारों की अभिव्यक्ति सामान्य भाषा से होनी चाहिए—काव्य-भाषागत औचित्य अथवा उपयुक्तता का यही अभिप्राय है। लोंगिनुस के ही शब्दों में "............उचित यही है कि हम विषय के अनुकूल शब्दों का प्रयोग करें। इस विषय में हमें मनुष्य की शिल्पी प्रकृति का अनुकरण करना चाहिए, जिसने हमारे शरीर के निकृष्ट अंगों को..........सुदूरतम पृष्ठभूमि में रखा है, ताकि समूचे शरीर का सौन्दर्य नष्ट न हो जाय।"[1]

अलंकृत भाषा—प्रयोग के सम्बन्ध में उन्होंने रूपक और अतिशयोक्ति को रखा है। यद्यपि रूपक प्रयोग के सम्बन्ध में उनसे पूर्व अरस्तू और कुन्तिलियन आदि अन्य शास्त्रवादी बहुत कुछ कह चुके हैं, परन्तु लोंगिनुस इस शास्त्रवादी परम्परा से कुछ भिन्न दिखाई पड़ते हैं। अरस्तू ने रूपक के युगपत् प्रयोग में मात्र दो रूपकों को ही मान्यता दी थी और तभी से शास्त्रवादियों के लिए यह एक नियम सा बन गया था। लोंगिनुस इस नियम को उचित नहीं मानते। चूँकि रूपक प्रबल संवेगों की भाषा है, इसलिए भावावेग ही रूपकों की संख्या निर्धारित कर सकता है, कोई दृढ़ नियम नहीं। कोई भी लेखक भावावेग की अभिव्यक्ति के समय रूपकों की संख्या न तो गिनता ही है और न गिन ही सकता है। कहना न होगा कि लोंगिनुस का शास्त्रवादिता के प्रति यह एक गम्भीर रोमांटिक प्रतिवाद था।

अतिशयोक्ति के सम्बन्ध में उनकी धारणा है कि यह भावावेग से सहज रूप से निःसृत होनी चाहिए, न कि इसका प्रयोग स्वेच्छा से किया जाय। स्वतः निःसृत

---

1. पेरिइप्सुस, अनुवाद—डॉ० नगेन्द्र, पृ० 111।

अतिशयोक्ति भी निश्चित रूप से उदात्त-पोषक होगी। दूसरे सभी अन्य उदात्त-पोषक अलंकारों की भाँति ही अतिशयोक्ति का प्रस्तुतीकरण भी छद्मवेशी अथवा आत्मगोपन युक्त होना चाहिए। अर्थात् प्रयोग इस प्रकार हो कि पाठक अथवा श्रोता यह जान ही न पायें कि वक्ता अतिशयोक्ति का सहारा ले रहा है।

(5) गरिमामय एवं भव्य रचना-विधान— उपर्युक्त सभी स्रोतों का अन्तर्भाव करता हुआ अन्तिम पाँचवाँ स्रोत है, गरिमामय एवं भव्य रचना-विधान। गरिमामय एवं भव्य रचना-विधान से तात्पर्य है, काव्य-रचना के विभिन्न उपकरणों का सामंजस्य, अर्थात् भाव, विचार, अलंकार और शब्दों आदि का पूर्ण संगुम्फन। तात्पर्य यह है कि उपर्युक्त उदात्त के चारों तत्त्वों का पूर्ण समन्वयन और सामंजस्य ही भव्य रचना-विधान कहलाता है। रचना-तत्वों की यह संगति सृजन में भव्यता, गरिमा, आत्मातिक्रमण-शक्ति और एक प्रकार का विलक्षण आत्मसुख भर देती है; जिसमें कि सर्जक और भावक आत्मविभोर हुए बिना रह ही नहीं सकते।

भव्य रचना-विधान की स्थिति बहुत कुछ शरीर रचना-विधान के समान ही है। इसमें भी मानव शरीर की भाँति ही विभिन्न रचना-तत्त्वों का निवेषण होता है। जिस प्रकार शरीर के विभिन्न अंग पृथक्-पृथक् कोई महत्त्व नहीं रखते, परन्तु उनकी समग्रता से सुन्दर शरीर बन जाता है; उसी प्रकार औदात्य के विभिन्न तत्त्व अलग-अलग रहने पर उदात्त-अनुभूति पैदा नहीं करते, (क्योंकि विच्छिन्नता से औदात्य भी इधर-उधर बिखर जाता है) किन्तु समन्वयन पर उदात्त-सृजन कर पाठकों अथवा श्रोताओं का आत्मातिक्रमण करने में सक्षम होते हैं।

यही नहीं, वरन् कभी-कभी तो रचना तत्वों का सामंजस्य उस क्षति की भी पूर्ति कर देता है, जो रचना के किसी विशेष तत्त्व-दोष से उत्पन्न होती है और इस प्रकार यह सामंजस्य उदात्त-प्रभाव को अक्षुण्ण बनाये रखता है। दूसरे, यदि रचना, विधान श्रेष्ठ और आवयविक समग्रता पूर्ण नहीं है तो रचना या तो संक्षिप्त हो जाती है या अत्यधिक विस्तृत। और ये दोनों ही स्थितियाँ उदात्त-सृजन के लिए घातक होती हैं। अतः गरिमामय एवं भव्य रचना-विधान के उदात्त के अन्य सभी स्रोतों की भाँति ही महत्त्वपूर्ण और उदात्त-सृजन का पोषक है।

कल्पना और बिम्ब

उदात्त के उपर्युक्त पाँच स्रोतों के अतिरिक्त लोंगिनुस बिम्ब-विधायिनी कल्पना को भी साहित्य में गरिमा और ऊर्जा-सृजन का एक महत्त्वपूर्ण तत्त्व मानते हैं। वे बिम्ब को मन में उत्पन्न होने वाली भावनाओं अथवा विचारों का मानस-चित्र मानते हैं, जो वक्ता के मानस-पटल पर तो अंकित होता ही है, इसके साथ ही वक्ता को सुनकर श्रोता के मानस-पटल पर भी अंकित हो जाता है। कहना न होगा कि इस मानसिक चित्र का निर्माण करने वाली शक्ति ही कल्पना है। इस प्रकार कल्पना अथवा कल्पना-प्रसूत बिम्ब भी उदात्त के पोषक तत्त्वों में से ही है।

लोंगिनुस की धारणा कभी-कभी विरोधी तत्त्वों का मिलन-बिन्दु-सा प्रतीत होती है। वे कल्पना प्रेमी भी समझे जाते हैं और यथार्थ के आग्रही भी। उन्होंने एक ओर जहाँ होमर की दिगन्तव्यापी कल्पना की प्रशंसा की है, वहीं दूसरी ओर होमर द्वारा ही प्रणीत 'ओदेसी' को 'इलिअद' की तुलना में वह इसलिए अपकृष्ट रचना मानते हैं कि इसमें वयोवृद्ध कवि ने अविश्वसनीय कल्पना तत्त्व का अधिक सहारा लिया है। साहित्य में वे वास्तविक जीवन से गहीत बिम्ब माला के पक्षपाती हैं, यथार्थ को कल्पना के हाथों पराजित होता नहीं देख सकते। अपने कल्पना-प्रेम के साथ ही साथ वह काव्य **में विश्व**सनीयता अथवा यथार्थता का निर्वाह आवश्यक मानते हैं। इन दोनों विरोधी-**सी प्रतीत** होने वाली धारणाओं (अर्थात् कल्पना-प्रेम और विश्वसनीयता अथवा यथार्थ का आग्रह) में सामंजस्य ढूँढ़ा जा सकता है और वह सामंजस्य एक अन्य प्रसंग मिल्टन के शब्दों में इस प्रकार होगा—"कलाकार अथवा कवि को चाहिए कि वह अपनीं कला अथवा काव्य में A willing suspension of disbelief पैदा करे अर्थात् अविश्वास में भी असमंजस पैदा कर दे; तात्पर्य यह है कि अविश्वसनीयता में भी विश्वसनीयता का समाहार कर दे।" कहना यह है कि कल्पना तत्त्व को काव्य में वास्तविक जीवन से इस प्रकार सन्नद्ध किया जाये कि वह यथार्थ या विश्वसनीय सा प्रतीत होने लगे। कहना न होगा कि कल्पना तत्त्व और विश्वसनीयता का यही संगम लोंगिनुस को ग्राह्य था।

शैलीगत दोष— लोंगिनुस ने उदात्त सृजन में घातक शैलीगत दोषों का भी उल्लेख किया है। उदात्त विरोधी तत्त्वों में वाग्स्फीत या वागाडम्बर (Bombast), शब्दाडम्बर अथवा भावहीन एवं क्षुद्रवाग्विलास (Frigidity), वालेयता (Puerility) **और** भावाडम्बर (False Sentiment) आदि का उल्लेख किया है।

(1) वागाडम्बर— इससे तात्पर्य है कि भाव की गरिमा के अभाव में भी अलंकृत और भारी शब्दों का प्रयोग—उदाहरण के लिए गृद्ध जैसे छोटे से पदार्थ के लिए 'जीवित समाधि' शब्द का प्रयोग। वागाडम्बर उदात्त अतिक्रमण के प्रयास से उत्पन्न होता है।

(2) शब्दाडम्बर (Frigidity)— लोगों को प्रभावित करने के मोह में अतिशयोक्ति पूर्ण कथन ही वस्तुत: शब्दाडम्बर है। हिन्दी में बिहारी के ऊहात्मक दोहे इसी दोष से ग्रस्त हैं। लोंगिनुस ने बताया है कि 'स्त्री' के लिए चक्षु-दंश अथवा 'चक्षु -पीड़क' और 'पुतली' के लिए 'आँख की कुमारी' आदि शब्दों का प्रयोग मात्र शब्दाडम्बर है, भाषा का अलंकरण नहीं, **लोंगिनुस के शब्दों** में—सुन्दर स्त्रियों के सम्बन्ध में हिरोदोतुस का कथन 'चक्षु-पीड़क' भी ज्यादा बेहतर नहीं है।

शब्दाडम्बर ऐसे दोषों में से है जिनसे बच पाना कठिन होता है; यहाँ तक कि सत्य के पुजारी सुकरात के उच्चकोटि के शिष्य एवं साहित्य-महारथी प्लेटो और क्सेनोफोन भी इस दोष **से वंचित न रह** सके थे; यथा—'क्सेनोफोन' का 'स्पार्टा संविधान' में यह कथन—स्पार्टा वासियों की आवाज संगमरमर के बुतों के समान ही नहीं सुनी जा

सकती और कांस्य प्रतिमा के समान ही उनकी पुतलियाँ भी स्थिर हैं। निश्चय ही आप उनकी आँखों में स्वयं कुमारियों से भी अधिक लज्जा देखेंगे। निश्चित ही यह भावुकतावश किया हुआ क्षुद्रवाग्विलास ही है, क्योंकि आँखों में निर्लज्जता भी हुआ करती है।

(3) वालेयता (Puerility)—यह शैली का भारी दोष है, जोकि उदात्त के ठीक विपरीत होती है। 'वालेय' का शाब्दिक अर्थ है 'बचकाना'। बच्चों में जैसे चपलता, संयमहीनता, हल्कापन और क्षुद्रता पाई जाती है; वैसे ही वालेयता का दोष उस शैली में माना जायेगा जिसमें कि बिना संयम के वाग्स्फीति की जाये, क्षुद्र अर्थद्योतक शब्दों का प्रयोग हो और चंचल या अस्थिर पद विन्यास पाया जाये। इस प्रकार वालेयता शैली को असाधारण, अतिरमणीय और अधिक मनोरंजक बनाने का ऐसा प्रयत्न है, जिसमें बचकानी संयमहीनता के साथ अनावश्यक रूप से शब्द-विस्तार किया जाता है, जिससे शैली कृत्रिम हो जाती है। लोंगिनुस के शब्दों में—"Slips of this sort are made by those who aiming at brilliancy, polish, and especially attractiveness." [1]

(4) भावाडम्बर (False sentiment)—इसके अन्तर्गत लेखक मद्यपों की भाँति आचरण कर प्राय: अनपेक्षित, निरर्थक और असंगत आवेग की अभिव्यक्ति करते हैं। तात्पर्य यह है कि जहाँ आवेग की आवश्यकता नहीं होती अथवा जहाँ आवेग के नियन्त्रण की जरूरत होती है, वहाँ पर आवेग की अभिव्यक्ति कर देते हैं। आवेग अथवा भावों की यह अनावश्यक अभिव्यक्ति ही भावाडम्बर को जन्म दे, उदात्त का ह्रास करती है।

शैलीगत इन प्रमुख दोषों के अतिरिक्त कुछ अन्य दोषों का उल्लेख भी लोंगिनुस ने किया है; यथा—प्रसंगानुकूल भाषा का प्रयोग न करना, अभिव्यक्ति में अनावश्यक विस्तार, अभिव्यक्ति में अत्यधिक संक्षिप्तता अर्थात् 'टेलीग्राफिक स्टाइल' का सहारा लेना तथा संगीत-लय का आधिक्य आदि।

(अ) प्रसंगानुकूल भाषा का प्रयोग न कर निकृष्ट और कुत्सित भाषा-प्रयोग से अभिव्यक्ति में एक प्रकार की क्षुद्रता का प्रादुर्भाव होता है और क्षुद्रता उदात्त-सृजन में बाधक होती है। उदात्त शैली में कुत्सित और हीन भाव के वाचक शब्द का प्रयोग भाषागत कलंक-सा प्रतीत होता है। लोंगिनुस ने अभिव्यक्ति की इस क्षुद्रता के कई उदाहरण प्रस्तुत किये हैं। यथा—

''हिरोदोतस ने तूफान का पूर्ण विस्तार के साथ अद्भुत प्रभावशाली वर्णन किया है, किन्तु उस वर्णन में निस्संदेह कुछ ऐसे शब्द प्रयुक्त हैं जो विषय के गौरव के अनुकूल नहीं हैं। उदाहरण के लिए एक पद है, 'जब समुद्र उबलने लगा'। यहाँ 'उबलना' शब्द बहुत कुछ औदात्य को बाधित करता है, क्योंकि उसकी ध्वनि अच्छी

---

1. Translated by T. A. Moxon, p. 99.

नहीं है। इसी प्रकार एक स्थान पर वह लिखता है कि 'हवा थक गई' और मस्तूल से चिपके रहने वालों का 'अप्रिय अंत' हुआ। ....'अप्रिय' शब्द इतनी बड़ी दुर्घटना के लिए सर्वथा अनुपयुक्त है। इसी प्रकार थेओपोम्पस मिस्त्र पर फारस के शाह के आक्रमण का अद्भुत वर्णन करता है, पर बाद में सारे प्रभाव को कुछ हल्के शब्दों के प्रयोग से नष्ट कर देता है। वह कहता है: '...........दुनियाँ की कौन सी सुन्दर और अमूल्य से अमूल्य वस्तु अथवा कलाकृति उसकी सेवा में अर्पित नहीं की गई?.........मनों मसाले, और बहुत से बोरों और थैलों में भरे हुए श्री-पत्र तथा अन्य सभी प्रकार के आवश्यक द्रव्य, हर प्रकार के पशुओं का नमकीन गोश्त आदि-आदि पदार्थों के इतने बड़े-बड़े ढेर लग गये थे कि दूर से आने वाले लोग इन्हें पहाड़ और टीला समझ बैठते थे।'..........समस्त सामग्री के अपूर्व के बीच में ही वह थैलों-बोरों और मसालों का भी उल्लेख कर देता है जिससे ऐसा प्रभाव मन पर पड़ता है कि मानो नानबाई की दुकान है।..........(लोंगिनुस के अनुसार इस वर्णन को इस प्रकार प्रस्तुत किया जाना चाहिए था) वह यह कहता, "भोजन के अस्वाद और उपभोग के प्रत्येक आवश्यक पदार्थों को असंख्य पशु, ऊँट और गाड़ियाँ ढोकर ला रही थीं।"[1]

(ब) शैलीगत अत्यधिक संक्षिप्तता भी उदात्त विरोधिनी है। विचारों को अतिसंकीर्ण परिधि में बाँधने से कथन की भव्यता का ह्रास होता है। क्योंकि इस प्रकार की संक्षिप्तता में (जोकि एक प्रकार का टेलीग्राफिक स्टाइल है) पाठक की समझ और कल्पना के ऊपर लेखक बहुत कुछ छोड़ देता है। परिणामत: पाठक कथन से अभिभूत तो हो नहीं पाता, वरन् भाव ग्रहण करने के लिए एक प्रकार के मानसिक व्यायाम में उलझ जाता है। अत: शैलीगत संक्षिप्तता उदात्त पोषण में बाधक है। लोंगिनुस का यह आरोप समस्त पद्धति अथवा समास शैली के बारे में नहीं है, वरन् उस उक्ति के सम्बन्ध में है जोकि अनावश्यक रूप से अनेक भागों में खण्डित हो जाती है अथवा शब्दों की अल्पता के कारण दुर्बोध हो जाती है।

(स) शैलीगत अत्यधिक विस्तार भी उदात्त सृजन के लिए घातक है, क्योंकि अनावश्यक विस्तार आडम्बर को जन्म देता है।

(द) भाषा का अस्त-व्यस्त, छिन्न प्रवाह भी औदात्य को नष्ट करता है। इसी प्रकार अत्यधिक लययुक्त रचनाएँ कृत्रिम तथा आवेगहीन हो जाती हैं, क्योंकि अत्यधिक लयपूर्ण शैली शब्दों के भाव का नहीं, वरन् मात्र लय का सम्प्रेषण करती है। अत: शैलीगत अनावश्यक संगीतात्मकता और लयात्मकता भी उदात्त-सृजन में बाधा पैदा करती है।

स्वच्छन्दतावाद और लोंगिनुस—'स्कॉट जेम्स' ने लोंगिनुस को प्रथम स्वच्छन्दतावादी आलोचक माना है। यही नहीं, अंग्रेजी में लोंगिनुस की आलोचना के स्वच्छंदतावादी पहलू से प्रभावित होने वालों की एक लम्बी परम्परा रही है। 8वीं

1. पेरिइप्सुस अनुवाद : डॉ० नगेन्द्र, अनुच्छेद 43, पृ० 109 से 111 तक

शती के प्रथम दशक से 19वीं शती के मध्य तक के आलोचकों और कवि आलोचकों जॉनडेनिस, वर्ड्सवर्थ, डेनिस जोसेफ वार्टन, हैजलिट, एडीसन, कॉलरिज, शैले और कीट्स आदि को लोंगिनुस पर्याप्त प्रभावित करते रहे हैं।

लोंगिनुस के साथ ही साथ 'साहित्यिक पूर्णता' के शास्त्रवादी दृष्टिकोण में एक बड़ा परिवर्तन आया। अब तक ग्रीक और रोमन आलोचकों द्वारा यह समझा जाता रहा था कि प्राचीन महान कलाकारों द्वारा प्रयुक्त नियमों का अनुकरण करके कोई साहित्यकार साहित्य-सृजन के क्षेत्र में पूर्णता प्राप्त कर सकता है। जार्ज सेन्टसबरी के शब्दों में— "The whole tendency of classical criticism is in this direction. The provision of large numbers of positive rules inevitably suggest—to the feebler minds at any rate—that if you do not break these rules it will be all right with you."[1]

लोंगिनुस की आलोचना का बहुत कुछ अंश भी उदात्त-सृजन में सहायक, पोषक और बाधक कुछ नियमों के उल्लेख में ही समाहित हुआ है। उन्होंने भी उदात्त-सृजन के लिए कुछ आवश्यक नियमों का उल्लेख उसी प्रकार किया है जिस प्रकार अरस्तू, होरेस और कुन्तिलियन ने साहित्य सम्बन्धी नियमों को निर्धारित किया था। परन्तु लोंगिनुस ने कम से कम तीन प्रकार से इस नियम-निर्धारक शास्त्रवादी परम्परा को भंग भी किया है; और शास्त्रवादी परम्परा का यह अतिक्रमण ही उन्हें रोमांटिक आलोचकों से उसी प्रकार जोड़ता है जिस प्रकार कि नियम बद्धता का प्रेम उन्हें शास्त्रवादियों से जोड़े हुए है। सर्वश्रेष्ठ साहित्य का मापदण्ड आत्मातिक्रमण को मानना ही इसका प्रथम पहलू है। जहाँ पर शास्त्रवादियों ने साहित्यगत पूर्णता के मापदण्ड शिक्षा आनन्द और अनुनयन माने वहीं पर लोंगिनुस ने भावक का देश-कालातीत आत्मातिक्रमण सवोत्तम साहित्य का प्रतिमान स्वीकार किया है। शास्त्रवादी सिद्धान्तों का यह अतिक्रमण ही **स्कॉट जेम्स** के शब्दों में—"The storm and furry of a romantic movement."[2] है।

उत्तम साहित्य के प्रतिमान के रूप में आत्मातिक्रमण (Transport) की स्वीकृति वस्तुतः संवेगों अथवा भावावेग की स्वीकृति है तथा भावावेग सम्बन्धी यह स्वच्छन्दता ही रोमांटिक मनोदशा की आधारभूमि है। दूसरे उन्होंने पूर्ववर्ती शास्त्रवादियों के रूपक-प्रयोग सम्बन्धी नियम को भी भंग किया है। अरस्तू की मान्यता थी कि एक ही स्थल पर एक ही समय में रूपक का दो बार से अधिक प्रयोग नहीं होना चाहिए। अरस्तू की इस मान्यता को उनके परवर्ती आलोचकों ने नियम के रूप में स्वीकार किया है, परन्तु लोंगिनुस ने रोमांटिक तनाव में इस नियम को भंग कर स्वच्छन्दतावादी विचारधारा का परिचय दिया। लोंगिनुस के अनुसार रूपकों के विभिन्न प्रयोग वक्ता के प्रबल संवेगों से नियन्त्रित होते हैं, न कि उनकी नियमानुसार गणना से। तीसरे जहाँ

---

1. George Saintsbury : A History of English Criticism, p. 12-13.
2. Scott-James : The making of Literature, p. 87.

शास्त्रवादी किसी काव्य-कृति की श्रेष्ठता को निर्धारित नियमों के निर्वाह से मापते हैं, वहीं पर लोंगिनुस उसके प्रभाव से। लोंगिनुस के अनुसार यदि कोई काव्य कृति श्रोता अथवा पाठक को अभिभूत करने की क्षमता रखती है तो वह श्रेष्ठ है, अन्यथा नहीं, चाहे उसमें उन सभी नियमों का निर्वाह किया गया हो, जोकि पूर्ववर्ती पण्डितों द्वारा निर्धारित किये गये थे। कोई भी साहित्यिक कृति सर्वाङ्गीण शुद्धता अथवा पूर्ण रूपेण साहित्यिक नियम-निर्वाह के कारण श्रेष्ठ नहीं हो सकती, क्योंकि "महान प्रतिभा निर्दोषिता से बहुत दूर होती है; और सर्वाङ्गीण शुद्धता में अनिवार्यतः क्षुद्रता की आशंका रहती है तथा औदात्य में कुछ-न-कुछ छिद्र अवश्य रह जाता है। उच्चकोटि के गुणों को उनकी आन्तरिक ऊर्जा के कारण, भले ही वह गिनती में कम हों, वरीयता मिलनी चाहिए।" यही कारण है कि उन्होंने सदोष 'होमर' को निर्दोष अपोलोनियस से तथा सदोष दिमोस्थनीस को निर्दोष हीपेरिदिस से वरीयता दी है। अतः मात्र नियम-निर्वाह साहित्यगत पूर्णता का प्रतिमान नहीं हो सकता। यही वह तथ्य है जिसका उद्घाटन बाद में स्वच्छन्दतावाद में किया गया। इस प्रकार स्कॉट-जेम्स का यह कथन कि लोंगिनुस प्रथम 'रोमांटिक' आलोचक (The first romantic critic) हैं, सर्वथा उचित है।

महत्त्व— लोंगिनुस ने 'पेरिइप्सुस' में जो कुछ कहा, यथा—अलंकार-प्रयोग, शब्द-चयन, अलंकृत भाषा-प्रयोग, रचनात्मक उपकरणों का सामयिक गुम्फन आदि—वह सभी कुछ उनके पूर्ववर्ती शास्त्रवादियों अरस्तू आदि द्वारा कहा जा चुका था। परन्तु आत्मानन्द अथवा आत्मातिक्रमण को साहित्य का सर्वोच्च लक्ष्य घोषित करके लोंगिनुस निश्चित ही एक अप्रतिम और युगान्तरकारी रचनात्मक आलोचक के रूप में सामने आते हैं। वस्तुतः उन्होंने काव्य और वक्तृता में आत्म तत्त्व को प्रतिष्ठित कर उनके आन्तरिक मूल्यों का उद्घाटन किया है, जो कोई भी पूर्ववर्ती शास्त्रवादी आलोचक न कर सका।

इसके साथ ही, आलोचक के रूप में उन्होंने आलोचना के शास्त्रीय पक्ष के साथ ही साथ व्यावहारिक पक्ष पर भी बल दिया है। कहना न होगा कि उन्होंने दिमोस्थनीस की हीपेरिदिस से तथा होमर की अपोलोनियस से तुलना कर तुलनात्मक आलोचना का आभास कराया। यही नहीं, वे होमर की ही दो कृतियों 'इलियद' को 'ओदेसी' से श्रेष्ठ मानकर एक साथ ही ऐतिहासिक तथा निर्णयात्मक आलोचक के रूप में भी सामने आते हैं।

लोंगिनुस ग्रीक के महान साहित्यकारों (होमर, प्लेटो आदि) के बड़े भारी प्रशंसक भी हैं और कठोर आलोचक भी। जहाँ उनके आत्मतत्त्व के प्रशंसक हैं, वहीं उनके रचना विधान के आलोचक।

अभिरुचि से शास्त्रवादी, मनोदशा से 'रोमांटिक' तथा हृदय से आदर्शवादी लोंगिनुस का आलोचक-व्यक्ति त्रयात्मक है। इस त्रिगुणात्मक भावधारा के कारण ही उन्होंने अपने युग में शास्त्रवाद को एक नई व्याख्या दी, स्वच्छन्दतावादियों की

आधारभूमि का निर्माण किया तथा कला को एक नव उद्देश्य (मानव प्रकृति में उदात्त का उद्घाटन) की ओर प्रेरित किया। किया कारण है कि उनकी उदात्तवाणी आज भी 'रोमांटिक' तथा शास्त्रवादी दोनों प्रवृत्तियों के सर्जक और भावकों की प्रेरणा का अक्षय स्रोत है।

6

दान्ते का साहित्यिक दृष्टिकोण

वस्तुत: दान्ते (1265-1321) का आविर्भाव उच्चकोटि के देशज इतालियन भाषा-साहित्य का आविर्भाव है। देशज इतालियन में दान्ते के अमर महाकाव्य 'डिवाइन कमेडी' (Divine Comedy) का वही महत्त्व है जोकि होमर की महान कृति 'इलियद' (Iliad) का ग्रीक में और वर्जिल की 'अनीद' (Aeneid) का लातिन में। दान्ते के समय में क्लसिकल लातिन (प्राचीन रोम की वह भाषा जो कि ग्रीक से अत्यधिक प्रभावित थी) ही रोमन साहित्य की भाषा थी। नवोदित देशी भाषाओं का क्लासिकल लातिन के समक्ष कोई अस्तित्व न था। फ्रांसिस बेकन ने जोर देकर कहा है कि दान्ते के समय तक कोई भी देशज भाषा न तो हस्तलिखित ग्रंथों का स्तर ही पा सकी और न बिक्री केन्द्रों के माध्य से प्रचार और प्रसारोपयुक्त ही हो सकी। उन्हीं के शब्दों में—"For those modern Languages......the dignity of manuscript nor did it reach the counters of the book shops."[1]

कहना यह है कि दान्ते ही वह महारथी साहित्यकार हैं जिन्होंने देशज भाषा में आदर्श महाकाव्य का ही निर्माण नहीं किया, वरन् उच्चकोटि के सैद्धान्तिक एवं तर्कप्रधान साहित्य का सृजन किया। उनके इन दोनों प्रकार के साहित्य-ग्रंथों में क्रमश: 'डिवाइन कमेडी' तथा 'द वलगारी इलोक्यूओ' (De vulgari Eloquio) के नाम उल्लेखनीय हैं 'द वलगारी इलोक्यूओ' एक अपूर्ण आलोचनात्मक कृति है जिसमें उन्होंने देशी भाषा-साहित्य के अध्ययन का प्रबल समर्थन किया है तथा देशज-विरोधी अध्येताओं के मतों का ठोस तर्कों से खण्डन किया है। रिचर्ड गारनेट के शब्दों में तर्क— "His arguments might reach those who would not have condescended to read the vernacular."[2]

दान्ते की उपर्युक्त दोनों कृतियों का पता सर्वप्रथम 1529 ई० में चला, यद्यपि अनुमान किया जाता है कि वे 1304 के लगभग लिखी गई होंगी। 'द वलगारी इलोक्यूओ' तीन नामों—'द इलोक्यून्सिया वलगारी' 'द वलगारी इलोक्यूनिसया' और 'दवलगारी इलोक्यूओ' से अभिहित की गई है और तीनों में अन्तिम नामकरण ही सर्वविदित तथा मान्य है।

---

1. 'The whirligig of Taste' E. E. Kellett, p. 62 (Hogarth press).
2. Richard Garnett : Italian Literature, page. 36.

दान्ते के समय में क्लासिकल लातिन जीवन्त और जन सामान्य की भाषा नहीं थी। क्लासिकल लातिन में लेखन और अध्ययन कार्य दुरूह हो चुका था। यह सर्जक तथा भावक दोनों ही के लिए कठिन थी। जन-साधारण के स्थान पर क्लासिकल लातिन मात्र कुछेक विद्वानों की भाषा थी। इस दृष्टि से उन दिनों लातिन और इतालियन का सम्बन्ध बहुत कुछ संस्कृत और हिन्दी जैसा ही था। दान्ते ने 'द वलगारी इलोक्यूओ में, जैसा कि इसके नाम (of writing in the vernacular देशज भाषा-लेखन के सम्बन्ध में) से ही स्पष्ट है, जनसाधारण की भाषा इतालियन में लिखने का प्रबल आग्रह और अटूट तर्कों से समर्थन किया। यही नहीं, उन्होंने उन लेखकों को भी लताड़ा जो कि फ्रेंच को साहित्य-भाषा के रूप में में इतालियन से अधिक उपयुक्त और पूर्ण मानते थे। उन्होंने अपने प्रबुल तर्कों से इस बात का को जनमानस में प्रतिष्ठित करने का अपूर्व साहस किया कि इतालियन भी काव्य-भाषा बनने के लिए उतनी ही समर्थ, पूर्ण और उपयुक्त है। जितनी कि क्लासिकल लातिन रह चुकी है। यद्यपि 'द वलगारी इलोक्यूओ' का मुख्य उद्देश्य देशज इतालियन को साहित्यिक भाषा के रूप में प्रतिष्ठित करना है, परन्तु इतालियन काव्य के सम्बन्ध में व्यक्त किये गए लेखक के विचार भी कम महत्त्वपूर्ण नहीं। इतालियन काव्य सम्बन्धी दान्ते के आलोचनात्मक प्रेक्षण मात्र इतालियन साहित्य तक सीमित न होकर सार्वभौम महत्त्व रखते हैं। इतालियन काव्य सम्बन्धी सामान्यीकृत सिद्धान्त देशकालातीत किसी भी काव्य पर उतने ही लागू होते हैं, जितने कि इतालियन काव्य पर। यही कारण है कि आलोचकों ने दान्ते विरचित 'द वलगारी इलोक्यूओ' का स्थान अरस्तू की 'पोइतिक्स' अथवा 'रिहातोरिक' होरेस की 'आर्स पोइतिका', कुन्तिलियन की 'इन्सतितूतियोओरेतोरिओ' तथा लोंगिनुस की 'आन द सब्लाइम' से किसी प्रकार भी कम नहीं माना है। जार्ज सेन्ट्सबरी इसे (द वलगारी) इलोक्यूओ) उपर्युक्त सभी महासाहित्यकारों की महानतम् कृतियों का महत्त्वपूर्ण साथी मानते हैं—"a companion to Aristotle's two Books, The Epistle to the pisos, Longinus, and some at least of Quintilian."[1]

कहना न होगा कि कुन्तिलियन के बाद लगभग 1200 वर्षों के अन्तराल में यही एक मात्र वह महान आलोचनात्मक कृति है जिसे आलोचना के क्षेत्र में मध्य युग (5वीं शती से 15वीं शती तक का एक हजार वर्षों का वह समय जो कि प्राचीन युग और आधुनिक युग को विभाजित करने वाली खाई का सेतु है) की महानतम देन माना जा सकता है।

काव्य-भाषा— दान्तेकालीन शाही रोम में लातिन भाषा का पतन प्रारम्भ हो गया था। तत्कालीन रोमन साम्राज्य में नव विकसित ईसाई धर्मावलम्बी जनमास 'पैगन' आदर्शों से अनुप्राणित क्लासिकल लातिन का विरोधी था। चूँकि परिस्थितियाँ लातिन विरोधी थीं, इसलिए तत्कालीन साहित्यकारों के लिए यह कठिन था कि वे लातिन में वर्जिल के समान महान साहित्य का सृजन कर सकें। पहले तो लेखकों को लातिन

---

1. George Saintsbury : A History of English Criticism, p. 22.

भाषा पर उसकी दुरूहता के कारण अधिकार प्राप्त करना ही अति कठिन कार्य था; यदि वे अत्यधिक परिश्रम से भाषा पर अधिकार-प्राप्त कर भी लें तो भी लातिन के माध्यम से विचार-सम्प्रेषण एक दुस्साध्य कार्य था, क्योंकि उनकी मातृभाषा (इटली की कोई भी क्षेत्रीय भाषा) और क्लासिकल लातिन में कोई सामंजस्य न था। परिस्थिति की इसी गम्भीरता को दृष्टिगत रखते हुए दान्ते ने घोषणा की कि इतालियन ही साहित्य-भाषा के रूप में प्रतिष्ठित होनी चाहिए और अपनी उद्घोषणा का उन्होंने 'द वलगारी इलोक्यूओ' में अटूट तर्कों से समर्थन किया।

देशज इतालियन लेखक और भावक दोनों के लिए ही सरल थी; अत: देशी भाषा को ही साहित्य-भाषा अथवा काव्य-भाषा के स्थान पर प्रतिष्ठित करना उचित था। परन्तु यहाँ एक और विवादास्पद प्रश्न था कि इटली की कौन-सी बोली को साहित्य-भाषा के गरिमामय पद पर प्रतिष्ठित किया जाये। दान्ते ने इस प्रश्न का समाधान किया। उन्होंने क्षेत्रीय बोलियों से सर्वोत्तम शब्दावली को चुना और जो पूर्णत: स्थानीय शब्दावली थी उसे अलग कर दिया। धीरे-धीरे सभी क्षेत्रीय बोलियों की उच्चकोटि की शब्दावली का संकलन एक साहित्यिक भाषा के रूप में प्रतिष्ठित हुआ, जिसे दान्ते ने 'प्रख्यात देशज इतालियन' भाषा के नाम से अभिहित किया।

शब्दावली— अरस्तू, होरेस, कुन्तिलियन और लोंगिनुस की भाँति दान्ते ने भी सर्वप्रथम शब्द चयन पर विचार किया है। देशज इतालियन के शब्द भण्डार को दान्ते ने ग्रामीण और नागर अथवा अशिष्ट और शिष्ट दो श्रेणियों में विभाजित कर प्रथम श्रेणी शब्द प्रयोग को साहित्य में अनुपयुक्त एवं अनुचित माना है। यही नहीं, नागर शब्दों की भी उन्होंने तीन श्रेणियाँ बनाईं—बचकाना, स्त्रैण और पुरुषोचित शब्द। इन तीनों श्रेणियों में भी प्रथम दो अनुपयुक्त घोषित कर अन्तिम पुरुषोचित शब्दों पर ही विचार किया है। उन्होंने लिखा है कि पुरुषोचित शब्द भी दो प्रकार के होते हैं—(1) कर्कश और लचर (Shaggy and rumpled), (2) संयोजन प्रधान एवं कांतियुक्त (Combed and glossy)। अन्तत: पुरुषोचित शब्दों में भी वह द्वितीय श्रेणी बद्ध (संयोजन प्रधान एवं कांतियुक्त) शब्दों को ही काव्य-भाषा का आवश्यक तत्त्व मानते हैं।

संयोजन प्रधान (Combed) शब्द उच्चारण एवं श्रवण में मधुर प्रतीत होते हैं तथा कांतियुक्त शब्द (Glossy) भाषा को अलंकृत करते हैं। इन दोनों प्रकार के शब्द-प्रयोग से कथन मधुर एवं गरिमामय हो जाता है। परन्तु इन शब्दों का उपयुक्त और समयोचित प्रयोग ही दान्ते को वांछनीय था, क्योंकि इनका अनुपयुक्त और अधिक प्रयोग कथन को अति अलंकृत कर कृत्रिमता की ओर ले जाता है, जिसके कि दान्ते विरोधी थे।

वाक्य-विन्यास—ग्रीक एवं लातिन आलोचकों की भाँति ही दांते ने वाक्य-विन्यास (अथवा शब्दों का वाक्य में सही स्थल पर प्रयोग) पर पर्याप्त प्रकाश डाला है। वाक्य में शब्दों का प्रयोग इस व्यवस्था से होना चाहिए, जिससे कि पाठक और श्रोता एक गरिमा और लयात्मकता का अनुभव कर सकें। शब्द का वाक्य में और वाक्य का सम्पूर्ण भाषा में स्थलोपयुक्त प्रयोग लेखन को भव्यता एवं मधुरिमा प्रदान करता है।

उच्चकोटि के वाक्य-विन्यास के लिए होरेस की भाँति ही दान्ते भी क्लासिकल लातिन के प्राचीन साहित्यकारों (वर्जिल, ओविद लूकन, लिवी, फ्रोन्तिनस पोलस और आरोसियस आदि) की कृतियों को आदर्श मान उनके गम्भीर अध्ययन-मनन एवं अनुकरण के आग्रहशील हैं।

काव्य-विषय— शब्द-चयन और वाक्य-विन्यास मात्र भाषा-शैली से संबंधित हैं परन्तु बिना महान कथ्य के उच्च कोटि का लेखन नहीं हो सकता। भव्य-शैली निकृष्ट काव्य-विषय को गौरव प्रदन नहीं कर सकती। उदात्त शैली विषय को गरिमा तभी प्रदान कर सकती है, जब कि विषय स्वयं इतना महान हो जोकि शैली को गरिमा प्रदान कर सके। कहना यह है कि दान्ते जहाँ 'ग्रान्ड स्टाइल' पर इतना बल दिया है, वहीं 'ग्रान्ड थीम' को भी उच्च कोटि के लेखन का अनिवार्य तत्त्व माना है। स्काट जेम्स के शब्दों में— "It is no use asking for a grand style until you have recognized that it can only be employed in the service of a grand theme, as conceived by a man of great intellectual stature."[1]

महत्त्व— पाश्चात्य साहित्यिक आलोचना के इतिहास में महाकवि आलोचक दान्ते ही एक ऐसी विभूति हैं जिन्होंने देशज भाषा को काव्य-भाषा के रूप में (प्रतिष्ठित करने की ('द वलगारी इलोक्यूओ' में) न केवल वकालत ही की, वरन् (देशज इतालियन में, 'डिवाइन कमेडी' जैसा महाकाव्य लिखकर) एक उच्चकोटि का उदाहरण भी प्रस्तुत किया। यद्यपि क्लासिकल लातिन की श्रेष्ठता और भव्यता विश्व-विख्यात थी, किन्तु दान्ते अपनी देशज में ही महान होने के आकांक्षी थे। और उनकी यह आकांक्षा 'डिवाइन कमेडी' के रूप में फलित भी हुई।

पाश्चात्य आलोचना के क्षेत्र में यह दान्ते के प्रभाव का ही परिणाम था कि देशज भाषाओं के पक्ष में 'वीदा' रचित 'द आर्ट पोइतिका', फ्रेंचमैंन 'दु बिलै' रचित 'डिफैन्स' तथा इंग्लैण्ड में 'एडवर्ड किर्क' रचित 'शेफर्डस् कलैंडर' जैस ग्रंथों का प्रणयन हो सका।

दान्ते ने सामान्यत: क्षेत्रीय बोलियों को काव्य-भाषा के रूप में स्वीकृति नहीं दी, वरन् उस विख्यात इतालियन बोली को साहित्यिक भाषा के रूप में प्रतिष्ठित किया, जिसका स्वरूप पर्याप्त शब्द चयन के उपरान्त अत्यन्त भव्य और प्रभावशाली बन गया था। कहना न होगा कि प्रख्यात देशी भाषा इतालियन अपनी गरिमा और उत्कृष्टता में क्लासिकल लातिन से किसी प्रकार भी निकृष्ट नहीं थी। वस्तुत: दान्ते ने क्लासिकल लातिन-साहित्यकारों की भव्यशैली को देशज इतालियन में प्रकृत रूप प्रदान किया और आगे चलकर मिल्टन ने इसी भव्य शैली (ग्रांड स्टाइल) को अंग्रेजी में सहज रूप दिया।

●

1. Scott-James : The making of literature, p. 105.

2

नवशास्त्रवाद का प्रादुर्भाव

साम्राज्ञी एलिजाबेथ और जैकबियन युगों में ही शास्त्रवाद के प्रबल समर्थक सर फिलिप सिडनी और बेन जान्सन जैसे प्रभृति विद्वान-आलोचक हो चुके थे। सर फिलिप सिडनी और बेन जान्सन में भी भेद था—प्रथम यदि अव्यावहारिक नव शास्त्रवादी था तो दूसरा व्यावहारिक नवशास्त्रवादी। कहना यह है कि सिडनी ने नवशास्त्रवाद की मात्र वकालत ही की, जबकि बेन-जान्सन ने उसे अपनी कृतियों में मूर्त रूप भी दिया।

शास्त्रवाद के प्रबल समर्थक होते हुए भी वस्तुतः इन दोनों आलोचकों को, शास्त्रवाद शब्द के वास्तविक अर्थ को दृष्टिगत रखते हुए, पूर्णतः नवशास्त्रवादी घोषित नहीं किया जा सकता। इन्होंने प्राचीन ग्रीक और लातिन शास्त्रवादियों की यहाँ-वहाँ प्रशंसा तो अवश्य की है, परन्तु इनके विचार विच्छिन्न हैं; इन्होंने किसी ऐसे सिद्धान्त को प्रारूप नहीं दिया, जिसके आधार पर इन्हें पूर्णतः नवशास्त्रवादी घोषित किया जा सके। हुआ यह है कि प्राचीन ग्रीक और रोमन शास्त्रवादियों को प्रतिमान मानकर सर्वप्रथम जान ड्राइडन, जोजेफ एडीसन, अलेक्जेंडर पोप, डा० जॉनसन आदि ने कतिपय शास्त्रवादी सिद्धान्तों का प्रतिपादन किया; अतः शास्त्रवाद के सही अर्थों में हम इन्हीं आलोचक अथवा कवि-आलोचकों को नवशास्त्रवादी कह सकते हैं।

अंग्रेजी साहित्य का सत्तरहवीं शती के उत्तरार्द्ध से 18वीं शती का सम्पूर्ण काल आगस्टन युग (जान ड्राइडन से लेकर 18वीं शती के अन्त तक साहित्यिक उत्कर्ष के इस काल की तुलना रोम के सम्राट आगस्ट्स-युग के साहित्य से की जाने के कारण) के नाम से विख्यात है। ऐसा विश्वास किया जाता है कि इस युग के लेखकों की साहित्य-कला चर्मोत्कर्ष पर थी। इन लेखकों ने शेक्सपीयर और स्पेन्सर (जिन्होंने कि ग्रीक और लातिन गुरुओं से कोई भी सीधा प्रभाव ग्रहण नहीं किया था) की परवाह किये बिना ही अपनी समग्र क्रियात्मक शक्तियों को, दत्तचित्त होकर, प्राचीन गुरुओं के अनुकरण में लगा दिया। इन लोगों का प्राचीन क्लासिकों की ओर इतना प्रबल आकर्षण था कि हमें इस आकर्षण की पृष्ठभूमि में झाँकने के लिए बाध्य होना पड़ता है। यदि इस पृष्ठभूमि पर गम्भीरता से दृष्टिपात किया जाये तो प्राचीन गुरुओं (ग्रीक और लातिन गुरु) के प्रति इस अद्भुत आकर्षण के दो कारण प्रतीत होते हैं—प्रथमतः साहित्यिक मामलों में एलिजाबेथ युगीन साहित्यकारों का स्वतन्त्रताग्रह जिसकी कि परिणति अतीन्द्रिय अथवा अभौतिक वर्णनों के प्राचुर्य के रूप में लक्षित होने लगी थी तथा द्वितीय फ्रांसीसी साहित्य का प्रभाव।

इन अतीन्द्रिय (Metaphysical) वर्णनों ने काव्यानुशील एक दुस्साध्य कार्य बना दिया था। भावक को इतनी कष्ट कल्पनाओं (Conceits) से होकर गुजरना पड़ता था कि वह ऊब उठता था। साथ ही काव्य-छन्द भी अति संश्लिष्ट बनाये जा रहे थे। इन सबका समग्र प्रभाव यह हुआ कि अंग्रेजी कविता अति दुरूह हो चली। डा० जॉनसन, ड्राइडन आदि नवशास्त्रवादी आलोचकों ने अंग्रेजी कविता के भावी विकास के लिए इस 'मेटाफिजिकल' काव्यधारा को अवरोधक समझकर, कवियों के लिए प्राचीन शास्त्रवादी परम्परा के अनुशीलन का मार्ग प्रशस्त किया। कहना न होगा 'मेटाफिजिकल' काव्यधारा के विरुद्ध प्रतिक्रिया स्वरूप इन कवि-आलोचकों का प्राचीन गुरुओं के प्रति आकर्षण और अधिक प्रबल हुआ था।

आभिजात्यवादी विचारधारा को दूसरा ठोस आधार मिला इंग्लैण्ड पर फ्रांसीसी प्रभाव-अंग्रेज सम्राट चार्ल्स प्रथम ने एक फ्रांसीसी राजकुमारी से विवाह किया, जिसके साथ फ्रांसीसी दरबारी भी आये और उनके साथ आई फ्रांसीसी भाषा और साहित्य की लहर। फ्रांस उन दिनों लुई चतुर्दश के नेतृत्व में ग्रीक और लातिन क्लासिकल साहित्य के प्रभाव में पूर्णतः डूबा हुआ था। फलतः प्राचीन आभिजात्यवादियों से अनुप्राणित फ्रांसीसी साहित्य के सम्पर्क में जब अंग्रेज-बुद्धिजीवी आये, तो वे थोड़ी देर के लिए शेक्सपीयर और स्पेन्सर प्रणीत अपने देशज भाषा-साहित्य की स्वतन्त्र परम्परा को भूल से गये। प्राचीन आभिजात्यवादियों के प्रति उनका सम्मोहन और अधिक बढ़ा। इस प्रकार नवशास्त्रवादी परम्परा का पूर्ण अभ्युदय हुआ और इस अभ्युदय के अग्रदूत बने जॉन ड्राइडन, पोप आदि।

7

सर फिलिप सिडनी के आलोचनात्मक प्रेक्षण

सर फिलिप सिडनी (1554-1586) एक आदर्श मानव एवं उच्चकोटि के साहित्यकार थे। कहा जाता है कि जुतफेन के युद्ध में गम्भीर रूप से घायल होने पर उन्हें प्यास लगी, परन्तु अपनी पानी की बोतल उन्होंने अपने पास पड़े उस सिपाही को दे दी, जोकि बुरी तरह घायल, खून से लथपथ जीवन की अन्तिम घड़ियाँ गिन रहा था।

आलोचना के क्षेत्र में उनकी पुस्तक 'एपॉलॉजी फार पोयट्री' (Apology for Poetry) पर्याप्त सुविदित है। 'एपॉलॉजी' का विषय काव्य-कला को उन अभ्यारोपों से मुक्त करना है, जोकि स्टीफन गोसोन ने अपनी पुस्तक 'स्कूल ऑफ एब्यूज' (School of Abuse) में कविता पर आरोपित किये थे। स्टीफन गोसोन ने अपनी पुस्तक 'स्कूल ऑफ एब्यूज' सर फिलिप सिडनी को समर्पित करते हुए काव्य-कला पर निम्न आक्षेप किये—

(1) सर्जक अथवा भावक काव्य-सृजन अथवा काव्यास्वाद से इतर अपने समय का सदुपयोग कर सकता है, अर्थात् काव्य-सृजन अथवा पाठन में समय का दुरुपयोग होता है।

(2) कविता असत्य की जननी है।

(3) कविता अनुचित और अनुपयुक्त की धात्री है।

(4) प्लेटो द्वारा आदर्श गणराज्य से कवियों का निष्कासन सर्वथा उचित था।

सर फिलिप सिडनी ने इन अभ्यारोपों का ग्रीक और रोमन के प्राचीन शास्त्रवादी साहित्यकारों तथा पुनर्जागरण युग के इतालियन साहित्यकारों (ग्रीक साहित्यकारों में मुख्य : होमर, प्लेटो, अरस्तू और प्लुटार्क; रोमन में सिसरो, वर्जिल, होरेस, ओविद तथा इतालियन में मिनटर्नो स्केलिजर, कास्तल वेत्रों आदि) का सहारा लेकर समुचित उत्तर दिया।

किन्तु सिडनी की 'एपॉलॉजी' गोसोन के काव्यविषयक अभ्यारोपों मात्र का उत्तर मान लेना उचित न होगा; क्योंकि 'एपॉलॉजी' ही वह पुस्तक है, जोकि प्लेटो से लेकर सोलहवीं शती के उत्तरार्द्ध तक कविता पर लगाए गए सभी आरोपों का सतर्क एवं तथ्य पूर्ण उत्तर देती है। पुस्तक में सिडनी का ढंग बहुत कुछ एक तार्किक का ढंग है। वह सर्वप्रथम पक्ष-विपक्ष के सभी तर्कों को स्वयं प्रस्तुत कर अन्त में पक्ष का समर्थन इस विवेक से करते हैं कि पाठक अथवा श्रोता उनसे सहमत होने के लिए बाध्य हो जाता है। इस संदर्भ में कविता की श्रेष्ठता को विश्वसनीय बनाने का एक उदाहरण द्रष्टव्य है—"कविता ज्ञान की वह प्राचीनतम शाखा है, जिसकी दुग्ध-धारा ने धीरे-धीरे ज्ञान की दुष्कर शाखाओं का निर्माण किया। और जोकि आकर्षण में दर्शनशास्त्र से, सार्वभौमता में इतिहास से, नैतिकोपदेश में विज्ञान से तथा मानवोपकार में विधि (कानून) से श्रेष्ठ और महान है। काव्य की विभिन्न शाखाओं में व्यंग्य मानव-मूर्खताओं का उपहास करके, कामदी जीवन की सामान्य भूलों का हास्यास्पद अनुकरण करके, त्रासदी जीवन की अनिश्चितता को प्रस्तुत करके, प्रगीत प्रशंसनीय की मधुर प्रशंसा करके तथा महाकाव्य भव्य-शैली में महान सत्य को उद्घाटन करके, जीवन को सार्थक एवं रोचक बनाता है। इस प्रकार काव्य-निन्दकों द्वारा किया गया कविता का अपकर्ष किसी प्रकार भी उचित और सही नहीं माना जा सकता है।[1]

गोसोन द्वारा लगाए गए कविता-विरोधी आरोपों में प्रथम (काव्य सृजन अथवा अध्ययन में समय का दुरुपयोग होता है) के उत्तर में उनकी मान्यता है कि सदाचार को प्रोत्साहित करने वाली शिक्षा काव्य से अधिक ज्ञान की किसी और शाखा से नहीं मिलती। और सदाचारोन्मुख करने वाली ज्ञान की शाखा का सृजन और अध्ययन किसी प्रकार भी समय का दुरुपयोग नहीं ठहराया जा सकता। दूसरे, कवि को असत्य-भाषी समझना, कवि के उद्देश्य को न समझना है; क्योंकि असत्य का प्रश्न तो वर्तमान और भूतकालीन तथ्यों के कथन में हो सकता है, जबकि कवि तो वर्तमान और भूतकालीन

1. An Introduction to English Criticism, B. Prasad, p. 79.

तथ्यों का सहारा लेकर एक और महान सत्य का उद्घाटन करता है। इस प्रकार कवि कुछ भी मान लिया जाये, असत्य-भाषी नहीं माना जा सकता। तीसरे, कविता को अनुचित और अनुपयुक्त (निकृष्ट प्रेम) की धात्री मानना भी सर्वथा भ्रामक है, क्येंकि अनुचित का वर्णन कविता का दोष नहीं, भ्रष्ट कवि-मस्तिष्क की उपज है। इस प्रकार दोषी कवि हुआ, कविता नहीं। और फिर बिना अनुचित वर्णन के भी तो उच्चकोटि के साहित्य का सृजन होता है। चतुर्थ अभियोग वही प्लेटो के अभियोग की पुनरावृत्ति है। ध्यान रहे प्लेटो कविता-विरोधी नहीं थे, वरन् उन कवियों के विरोधी थे जो राष्ट्रीय देवताओं को दुराचारी अथवा दुराचारियों के पक्षपाती के रूप में प्रस्तुत करते थे। अतः प्लेटो के आधार पर काव्यदोषों की प्रतीति ही भ्रामक है।

शास्त्रवादी दृष्टिकोण

सिडनी की हार्दिक अभिलाषा थी कि अंग्रेजी-कवि भी ग्रीक और रोम के प्राचीन कवियों की भाँति ही सम्मानित हों। ग्रीक और रोमन परम्परानुसार ही वे भी स्रष्टा स्वयंभू और भविष्यवक्ता के गौरवमय पद पर आसीन हों। परिणामतः ग्रीक और रोमन साहित्यकारों और उनकी कृतियों को प्रतिमान और आदर्श मानकर ही उन्होंने अपना आलोचनात्मक दृष्टिकोण स्थिर किया। उनकी सभी साहित्यिक उद्घोषणाओं की पृष्ठभूमि में प्लेटो, अरस्तू अथवा होरेस में से कोई न कोई अवश्य रहा है। प्लेटो के काव्य-प्रयोजन और विचार-सिद्धान्त (Theory of Ideas) से वह पूर्ण प्रभावित थे। उनके काव्य प्रयोजन (शिक्षा अथवा सदुपदेश) तथा आत्मोत्कर्ष (आत्मोत्कर्ष में शरीर बाधक है) सम्बन्धी विचार इसी प्रभाव को ध्वनित करते हैं।

काव्य-परिभाषा में उन्होंने अरस्तू और होरेस का अनुसरण किया है। अरस्तू और होरेस की भाँति ही वह कविता को एक अनुकरणात्मक कला मानते हैं। एपॉलॉजी में उन्होंने लिखा है—"Poesy is an art of imitation, for so Aristotle termeth it in his Word Mimesis.........With this end, to teach an delight."[1]

काव्य-छन्द के सम्बन्ध में भी वह प्राचीन शास्त्रवादियों के ही अनुयायी हैं। छन्दहीन क्लासिकल कविता के वह प्रशंसक हैं। उनकी मान्यता है कि छन्दोबद्ध और लयात्मक होने से ही कोई पद्य काव्य नहीं बन जाती, क्योंकि छन्दोबद्धता मात्र अलंकरण का प्रसाधन है, श्रेष्ठ काव्य का एक मात्र लक्षण नहीं। जिस प्रकार लम्बी गाउन धारण करने से कोई वकील अथवा कवच पहने से सिपाही नहीं बन जाता; ठीक उसी प्रकार छन्दोबद्ध तथा लयात्मक लिखने से किसी को कवि नहीं कहा जा सकता। एपॉलॉजी में उन्हीं के शब्दों में— "But an Ornament and no cause to Poetry, sith there have been many most excellent poets that never versified and now swarm many versifiers that need never answer to the name of poets........It

1. 'An Introduction to English Criticism', B. prasad, p. 81.

is no rhyming and versing that maketh a poet, no more than a long gown maketh an advocate,....."[1]

महत्त्व— यद्यपि सर फिलिप सिडनी के आलोचनात्मक प्रेक्षणों की आधारशिला क्लासिकल ग्रीक एवं लातिन साहित्य पर ही रखी गई है, परन्तु फिर भी उनमें मौलिकता का अभाव नहीं। अरस्तू से प्रभावित हो काव्य को उन्होंने अनुकरणात्मक कला ही माना है, किन्तु उनकी मौलिक अवधारणा अरस्तू से निश्चित ही भिन्न है। जहाँ अरस्तू ने काव्यगत अनुकरणात्मकता को सहजात रूप से काव्यानंद से जोड़ा है, वहीं सिडनी काव्यगत अनुकरणात्मकता का एक निश्चित उद्देश्य मानते हैं और वह उद्देश्य है सदुपदेश और आनन्द। कहना यह है कि अरस्तू के लिए अनुकरण की प्रक्रिया ही काव्यांनद है, जबकि सिडनी के लिए अनुकरण की प्रक्रिया का उद्देश्य काव्यानंद है। कहना न होगा कि सिडनी यहाँ अरस्तू के मात्र अनुसरण कर्त्ता ही नहीं वर्‌न मौलिक परिकल्पना से अभिभूत भी हैं।

सिडनी जाने-अनजाने 'अनुकरण' शब्द के अर्थ में भी अरस्तू से भिन्न हैं। अरस्तू का अनुकरण से तात्पर्य है प्रकृति का अनुकरण, सिडनी ने अनुकरण को और अधिक व्यापक अर्थ में प्रयुक्त किया है। प्रकृति का अनुकरण करते समय कवि एक अद्‌भुत शक्ति से सम्पन्न हो जाता है, उसमें स्त्रष्टा की शक्ति आ जाती है; परिणामतः वह उन वस्तुओं और व्यक्तियों का सृजन भी कर जाता है, जो कि प्रकृति के अस्तित्व में भी नहीं हैं। प्रकृति की दुनियाँ यदि ताँबे की है तो कवि की सोने की। सिडनी की कवि-सृजन सम्बन्धी अवधारणा के बारे में बी० प्रसाद के विचार इस प्रकार हैं— "Her world is brassen, the poets only deliver a golden—truer lovers, more constant friends, braver warriors, more just rulers, more excellent men."[2]

उदाहरणार्थ कह सकते हैं कि कवि की इसी अद्‌भुत सृजनात्मकशक्ति के कारण ही हिन्दी साहित्य में तुलसी मर्यादा पुरुषोत्तम राम जैसे चरित्रवान, सदाचारी और आदर्श पात्र का निर्माण कर सके। इस प्रकार सिडनी के लिए कविता यदि एक अनुकरणात्मक कला है, तो उनका यह 'अनुकरण', 'आविष्कार' और 'सृजन' के स्तर का है। और कवि एक ऐसा 'अनुकारक' है, जोकि स्त्रष्टा के समान ही स्तर रखता है।

जहाँ तक काव्य-वृत्त का सम्बन्ध है, वह क्लासिकल परम्परा-प्रेमी होते हुए भी अपने देशज भाषा-प्रयुक्त छन्द की ओर उदासीन नहीं रहे हैं। यही कारण है कि 'चेवी चेज़' (Chevy chase) के गाथा गीतों (पर्सी और डगलस के पुराने गीत) ने उन्हें बराबर आत्मविभोर किया है। सारांशतः कहा जा सकता है कि ग्रीक और रोमन काव्यशास्त्र से अनुप्राणित होते हुए भी आलोचना के क्षेत्र में सर फिलिप सिडनी की देन मूल्यवान एवं पर्याप्त मौलिक है।

---

1. 'An Introduction to English Criticism', B. prasad, p. 81.
2. Ibid., B. Prasad, p. 85.

8

बेन जान्सन का शास्त्रवादी दृष्टिकोण

यद्यपि बेन जान्सन (1573-1637) ने अंग्रेजी साहित्य में एक कवि और नाटककार के रूप में ही अधिक ख्याति पाई है। किन्तु अंग्रेजी-आलोचना के इतिहास में भी वह कम महत्त्वपूर्ण व्यक्ति नहीं। उन्होंने एक भी पूर्ण आलोचनात्मक कृति का प्रणयन नहीं किया। उनकी आलोचनात्मक परिकल्पनाएँ नाटकों और काव्य संग्रहों की भूमिकाओं में ही स्थान पा सकी हैं; यथा 'द पोइटस्टर' (The Poetaster) तथा 'टिम्बर अथवा डिस्कवरीज़' (Timber or Discoveries made upon Men and Matter) आदि। प्राचीन शास्त्रवादियों के गहन अध्येता होने के नाते उन्होंने अंग्रेजी-साहित्य का दिशा निर्देशन उन्हीं लेखकों की शिल्पकारिता की ओर करने का प्रयास किया है। उन्हें दश-भाषा (अंग्रेजी) प्रेमी रचयिताओं की स्वच्छंदता में अंग्रेजी साहित्य के लिए भावी संकट का पूर्वाभास हुआ, परिणामत: उन्होंने अंग्रेजी-लेखन में व्यवस्था और अनुशासन की वकालत की। उनकी स्पष्ट मान्यता थी कि देश-भाषा का स्वच्छन्द प्रयोग प्रकृति-प्रदत्त प्रतिभासम्पन्न साहित्यकारों (जैसे कि शेक्सपीयर) के लिए तो उचित होगा, परन्तु अंग्रेजी के सभी साहित्यकार 'डिवाइनली इन्सपाइरड' नहीं हो सकते। अत: साधारण कोटि के साहित्यकारों को चाहिए कि श्रेष्ठ-लेखन के लिए प्राचीन ग्रीक और रोमन साहित्यकारों का अनुसरण कर उनके लेखन-सम्बन्धी नियमों का निर्वाह करें। उनकी धारणा थी कि क्लासिकल आलोचकों की भाँति ही अंग्रेजी-लेखक उच्चकोटि का साहित्य-सृजन' ज्ञान पूर्वक कर सकते हैं, संयोग वश नहीं (Not by chance but knowingly), उनका विश्वास था कि प्रकृत-प्रदत्त प्रतिभासम्पन्न कलाकार अपवाद स्वरूप ही होते हैं। लेखन में श्रेष्ठता भी कला-सम्बन्धी नियम-निर्वाह तथा अध्यवसाय से प्राप्त की जाती है। यही नहीं, इस विश्वास को उन्होंने क्रियान्वित भी किया; उनके सभी दु:खान्त नाटक लातिन-त्रासिक नाटककार 'सेनेका' (Seneca) पर तथा सभी कामदिक नाटक प्लाउट्स (Plautus) तथा तेरेन्स (Terence) के नाटकें पर प्रतिरूपित हैं।

आलोचनात्मक दृष्टिकोण में अरस्तू, होरेस और रजत युगनी लातिन आलोचक सेनेका, कुन्तिलियन तथा पेट्रोनियस (Petronius) उनके गुरु कहे जा सकते हैं। (लातिन साहित्य को तीन युगों में बाँटा गया है: प्राथमिक काल जिसका कि अन्त लगभग 100 वर्ष ई० पू० तक माना जाता है; क्लासिकल लातिन काल अर्थात् लातिन साहित्य का स्वर्णयुग—(100 ई० पू० से सम्राट आगस्ट्स सीजर की मृत्यु (14 ई० तक); परवर्ती क्लासिकल लातिन युग अथवा लातिन साहित्य का रजत युग (14 ई० से 150 ई० तक); परन्तु इन रजत युगीन लातिन साहित्यकारों में भी उन्हें सर्वाधिक प्रभावित किया कुन्तिलियन ने। वस्तुत: कुन्तिलियन की वक्तृतात्मक अवधारणा की पृष्ठ-भूमि में ही उनके नाट्य और काव्य-कला सम्बन्धी सिद्धान्तों का निर्माण हुआ है। यही कारण है कि अंग्रेजी आलोचना के इतिहास में वह प्रथम नवशास्त्रवादी आलोचक

के नाम से प्रतिष्ठित हैं। यहाँ 'नवशास्त्रवादी' से तात्पर्य उस आलोचक से है जो कि अपने साहित्यिक सिद्धान्तों को ग्रीक और रोमन साहित्यकारों की अवधारणाओं के आधार पर निर्मित कर उन सिद्धान्तों को स्वयं भी व्यवहार में लाता है। डेविड डेस के शब्दों में— "One of the first significant 'Neo-Classic' Critics in English. By 'Neo-Classic' We simply mean a critic who endeavours to develop his theory and practice on the basis of the achievement of the great Greek and Latin writers and who tries to systematise classical practice and classical critical ideas into a set of rules for the guidance of modern writers."[1]

''महत्त्वपूर्ण नवशास्त्रवादी अंग्रेजी-आलोचकों में से (बेन जान्सन) प्रथम थे। नवशास्त्रवादी से साधारणतया हमारा तात्पर्य उस आलोचक से है जो ग्रीक और लातिन लेखकों की निष्पत्ति (साहित्यिक) के आधार पर अपने सिद्धान्त और अभ्यास को विकसित करता है तथा जोकि शास्त्रवादी अभ्यास (अथवा परम्परा) और शास्त्रवादी आलोचनात्मक धारणाओं को आधुनिक लेखकों के मार्गदर्शन के लिए, नियम बद्ध करता है।''

उनकी आलोचनात्मक धारणाओं को प्रस्तुत करने वाली सर्वाधिक महत्त्वपूर्ण पुस्तक 'डिस्कवरीज़' ही है जो कि उनकी मृत्यु के चार वर्ष उपरान्त प्रकाशित हुई थी। वस्तुत: 'डिस्कवरीज' एक लम्बे समय में जान्सन द्वारा तैयार किए गये विभिन्न साहित्यिक टिप्पणियों का संकलन है, जिनमें कुछ टिप्पणियाँ तो लघुनिबंधों के कलेवर तक पहुँची हैं, कुछ मात्र कुछेक पंक्तियों तक ही सीमित हैं तथा जिनमें से प्रत्येक टिप्पणी का शीर्षक लातिन भाषा में है। नैतिकता, राजनीति और साहित्य पर लिखी हुई इन टिप्पणियों का कोई व्यवस्थित क्रम भी नहीं है। लगभग 137 टिप्पणियों में से जान्सन ने 100 पंक्तियों से अधिक स्वयं नहीं लिखी हैं। अधिकांशत: ग्रीक और रोमन साहित्यकारों के शब्दों का अनुवाद अथवा रूपांतरण ही इन टिप्पणियों की कथावस्तु है। फिर भी 'डिस्कवरीज' को हम उनकी मौलिकता से पूर्णत: अलग नहीं कर सकते, क्योंकि कोई अनुवाद अथवा रूपांतरण भी सम्बन्धित विषय पर उनके दृष्टिकोण की स्पष्ट छाप से मुक्त नहीं है। न्यूनाधिक मौलिकता से पुस्तक की प्रत्येक टिप्पणी अनुप्राणित है।

जान्सन का शास्त्रवादी लेखकों के प्रति प्रेम मात्र शास्त्रवाद के लिए ही नहीं था। उसके कारण थे। वास्तविकता यह है कि उन्हें अपनी मातृ-भाषा विशेष प्रिय थी। उनी आकांक्षा थी कि अंग्रेजी भी उसी भव्यता को प्राप्त करे, जिसको कि ग्रीक और लातिन प्राप्त कर चुकी थीं। शास्त्रवाद की ओर झुकाव वस्तुत: उनकी इसी आकांक्षा की परिणति थी। उनका विश्वास था कि तत्कालीन अंग्रेजी कविता के दोष—संवेगों का प्राचुर्य, कल्पना का अतिरेक और असंयमित सम्प्रेषण आदि— उसे निकृष्टतोन्मुख कर

1. David Daiches : Critical Aproaches to Literature, p. 177.

रहे हैं तथा ये दोष अंग्रेजी साहित्य को कभी गौरवान्वित न होने देंगे। अपने इसी विश्वास से अनुप्राणित हो उन्होंने अंग्रेजी सर्जकों को क्लासिकल नियमों के पालन का निर्देश दिया। लेखकों और आलोचकों को क्लासिकल सिद्धान्तों के प्रति समर्पित होने का मूल मंत्र ही जान्सन की आलोचना का केन्द्र बिन्दु है तथा अंग्रेजी आलोचना को उनकी एक महत्त्वपूर्ण देन भी यही है।

9

जॉन ड्राइडन का अभिजातवादी साहित्यिक दृष्टिकोण

बहुमुखी प्रतिभा के धनी ड्राइडन (1631-1700) 'आधुनिक अंग्रेजी आलोचना के जनक' कहे जाते हैं। शब्द के वास्तविक अर्थ में वह नवशास्त्रवादी आलोचक, कवि, नाटककार, व्यंग्यकार तथा मौलिक प्रतिभा के धनी युग-प्रवर्त्तक साहित्यकार थे। यही नहीं, जीवन के अन्तिम वर्षों में वर्जिल आदि कवियों की कृतियों का अनुवाद कर' वह एक सफल अनुवादक के रूप में भी सामने आये हैं।

'एन ऐसे आफ ड्रामाटिक पोइज़ी' (An Essay of Dramatic Poesy) के अतिरिक्त ड्राइडन ने आलोचना के क्षेत्र में कोई अन्य सम्पूर्ण ग्रंथ नहीं लिखा है। वस्तुतः उनका आलोचक-स्वरूप उनकी विभिन्न काव्य-कृतियों की भूमिकाओं तथा समर्पण-पात्रों में ही पूर्णतः परिलक्षित होता है। आलोचना के क्षेत्र में 'एन ऐसे आफ ड्रामाटिक पोइजी' से पूर्व भी उन्होंने दो महत्त्वपूर्ण भूमिकाएँ लिखी हैं—'इपिसल डैडीकेटारी आफ द राइवल लेडीज़' (Epistle Dedicatory of the Rival Ladies) तथा 'डैडीकेशन टू एनस मिराबिलीज़' (Dedication to annus Mirabilis) जिनमें से क्रमशः प्रथम में नाट्य लेखन में 'हीरोइक कपलेट' (वीर-द्विपदी-Heroic Couplet) तथा द्वितीय में वीररस-प्रधान काव्य लेखन में एकान्तरतः तुकान्त चुतष्पदी के प्रयोग-औचित्य पर बल दिया गया है। 'एन ऐसे आफ ड्रामाटिक पोइज़ी' के उपरान्त उनके ग्रंथ 'इण्डियन एम्परर', (Indian Emperor) की भूमिका—'ए डिफेन्स आफ एन ऐसे आफ ड्रामाटिक पोइज़ी' (A Defence of an Essay of Dramatic Poesy) में उन्होंने त्रासदी में तुकान्त द्विपदी के प्रयोग को उचित ठहराया है। 'आफ हीरोइक प्लेज' (Of Heroic Plays) तथा 'एपीलाग' (Epilogue) 'द डिफेन्स आफ एपीलाग' (The Defence of Epilogue) नामक भूमिकाएँ 'कान्क्वेस्ट आफ ग्रानाडा', (Conquest of Granada) नामक नाटक के क्रमशः प्रथम और द्वितीय भाग से पूर्वगठित की गई हैं।

'द स्टेट ऑफ इन्नोसेन्स' (The State of Innocence) की भूमिका 'द एपॉलाजी फार हीरोइक पोयट्री' (The Apology for Heroic Poetry) में महाकवि मिल्टन की प्रशस्ति की गई। 'ट्रोयलस एण्ड क्रोस्सिडा' की भूमिका 'द ग्राउंड्स आफ क्रिटिसिज्म इन ट्रेजडी' में अरस्तू की त्रासदी विषयक धारणाओं को अनावृत कर इस क्षेत्र में फ़्लेचर और शेक्सपीयर की निष्पत्तियों का विवेचन किया गया है। जुविनाल के व्यंग्यों के अनुवाद की भूमिका 'ए डिसकोर्स कन्सर्निंग द ओरिजनल एन्ड प्रोग्रेस ऑफ सेटायर'

(A Discourse Concerning the Original and progress of Satire) उनकी व्यंग्यात्मक शक्ति का परिचय है। 'द फ्रेसनोय' (De Fresony) की लातिन कविता 'द आर्ट ग्रेफिका' (De Arte Graphica) के अनुवाद 'ए पेरेलल आफ पोयट्री एण्ड पेन्टिंग' (A Parallel of Poetry and painting) में काव्य-कला पर तथा वर्जिल की कृतियों के अनुवाद की भूमिका 'डेडीकेसन आफ द एनीस' (Dedication of the anneis) में वर्जिल को दृष्टिगत रखते हुए महाकाव्य का विवेचन किया गया है। इसी भाँति होमर, आविद, चासर और बोकेसियो (Homer, Ovid Chaucer and Boccaccio) के कथा-साहित्य के अनुवाद की भूमिका 'प्रिफेस टू द फेबिल्स' (Preface to the fables) में उन्होंने इन साहित्यकारों का रसास्वादन करने के साथ ही साथ इनका एक विशिष्ट मूल्यांकन भी प्रस्तुत किया है।

यद्यपि ड्राइडन के आलोचनात्मक विचार विभिन्न कृतियों में विच्छिन हैं, परन्तु सभी के गम्भीर अध्ययन से अध्येयता उनके काव्य-प्रयोजन, काव्य-प्रकृति, काव्य-रूप और आलोचक के दायित्व सम्बन्धी दृष्टिकोण से स्पष्टतः अवगत हो जाता है। उन्होंने अपने कृतित्व द्वारा अंग्रेजी-आलोचना को एक नवीन दिशा दी है और आलोचना के इस दिशा-निर्देशन में उन्होंने देशी और क्लासिकल दोनों ही परम्पराओं कि उत्कर्ष-वर्द्धक तत्त्वों का उपयोग किया है। चूँकि वह एक श्रेष्ठ कवि-आलोचक थे, इसलिए उन्होंने अपने आलोचनात्मक विचारों को पहले अपनी कृतियों में संमूर्तित किया है, तदुपरान्त उन्हीं कृतियों की भूमिकाओं में उन्हें सिद्धान्तबद्ध किया है।

काव्य-परिभाषा— अरस्तू की भाँति ही ड्राइडन भी काव्य को एक अनुकरणात्मक कला मानते हैं। स्काट-जेम्स ने लिखा है—"................ड्राइडन कह चुके हैं कि कवि का कार्य अनुकरण करना है, और अनुकरण भी एक निश्चित ढंग से—उदाहरण के लिए आनन्दानुभव कराने और आत्मा को प्रभावित करने की दृष्टि से। "Dryden has said that it is the function of a poet to imitate, and to imitate in a certain way—namely with a view to giving pleasure or affecting the soul."[1]

'ए डिफेन्स ऑफ एन एस्से ऑफ ड्रामाटिक पोयज़ी' में ड्राइडन ने कविता को अनुकरणात्मक माना है। उन्हीं के शब्दों में—"यह सच है कि कवि का कार्य भली-भाँति अनुकरण करना है; किन्तु आत्मा को प्रभावित करने और मनोभावों को उद्वेलित करने और इस सबसे भी अधिक ऐसा प्रभाव उत्पन्न करने के लिए कि बिना सराहना किए न रहा जा सके (क्योंकि गम्भीर नाटकों का यह परम धर्म है); अनुकरण मात्र यथेष्ट नहीं हो सकता। इसलिए कवि जिस कथनोपकथन का अनुकरण करे वह काव्य की समस्त कलात्मकताओं और अलंकारों से विभूषित होना चाहिए और वास्तव में देखा जाये तो ऐसा होना चाहिए मानों बिना पूर्वचिंतन के

1. R. A. Scott-James : *"The making of literature"*, p. 142.

वह कभी बोला ही नहीं जा सकता।"[1]

ड्राइडन के शब्दों से ध्वनित होता है कि काव्यात्मक अनुकरण से उनका तात्पर्य मात्र नकल से नहीं है, वरन् एक प्रकार के गम्भीर अनुकरण से है; एक ऐसे अनुकरण से है जो कि कलात्मक अथवा अलंकृत हो, आनन्द प्रदान करने वाला हो, साथ ही आत्मा को प्रभावित करने की क्षमता हो। इसी तथ्य पर स्काट-जेम्स ने भी प्रकाश डाला है। उन्हीं के शब्दों में, So art does not aim at mere copying, but at making 'a beautiful resemblance of the whole.......for it is the work of a poet or maker, or creator, whose concern it is to produce something that is beautiful........According to Dryden, the Artist aims at making something more beautiful than life."[2]

"इसलिए कला का उद्देश्य मात्र नकल करना नहीं होता, वरन् समष्टि के सुन्दर सादृश्य का निर्माण करना होता है—निर्माता अथवा सर्जक अथवा कवि का कर्म यह है, उसकी चिन्ता जो कुछ सुन्दर है उसका सृजन करना है—............ड्राइडन के अनुसार कलाकार का उद्देश्य कुछ ऐसा सृजन करना है, जो कि जीवन से अधिक सुन्दर हो।" ड्राइडन-वांच्छित काव्य-परिभाषा सम्बन्धी उपर्युक्त विवेचन इस प्रकार ग्रहण किये जा सकते हैं—

(1) काव्य एक अनुकरणात्मक कला है।

(2) काव्य में जीवन का अनुकरण किया जाता है अर्थात् जीवन के वर्तमान और भूतकालीन तथ्यों की अनुकृति यथार्थ से अधिक सुन्दर रूप में प्रस्तुत की जाती है।

(3) काव्य-अनुकरण पर्याप्त कलात्मक ढंग से होता है, अर्थात् काव्य-अनुकरण में शैलीगत दक्षता भी वांछनीय है।

(4) काव्यानुकरण आनन्दानुभव प्रदान करने वाला होता है, अर्थात् काव्यानुकरण आत्मविभोरित करता है।

इस प्रकार यदि ड्राइडन के अनुसार काव्य की परिभाषा करना चाहे तो कह सकते हैं—"जीवन के भूत और वर्तमान कालीन तथ्यों का अलंकृत शैली में किया गया वह अनुकरण, जो यथार्थ से अधिक सुन्दर हो तथा जो सर्जक अथवा भावक को आनन्द प्रदान करे, काव्य कहलायेगा।" परन्तु ध्यान रहे ड्राइडन का अलंकृत शैली से तात्पर्य किसी भी प्रकार की वालेयता अथा वागाडम्बर से न था, वरन् काव्योचित शब्द-चयन, भाषागत छन्दोबद्धता और समुचित अलंकार प्रयोग से था, जोकि शैली में क्लासिकल गरिमा और भव्यता का प्रादुर्भाव करते हैं। किसी प्रकार के वागाडम्बर के वह घोर विरोधी थे।

---

1. 'ए डिफेन्स ऑफ एन एस्से ऑफ ड्रामाटिक पोयज़ी' अनुवाद : श्री जगदीश गोयल, पाश्चात्य काव्यशास्त्र की परम्परा, पृ० 77 से उद्धृत।
2. R. A. Scott-James : "*The making of literature*", p. 143.

अब एक स्वाभाविक प्रश्न उठता है कि काव्य से भावक अथवा सर्जक को आनन्दानुभूति क्यों होती है तथा सुख क्यों मिलता है। अरस्तू ने इस प्रश्न का उत्तर 'काव्यशास्त्र' में देते हुए अनुकरण की प्रक्रिया को ही आनन्ददायिनी घोषित किया है। अरस्तू से प्रभावित ड्राइडन भी अनुकरण को सुखदायी प्रक्रिया मानते हैं। चूँकि काव्यानुकरण मनुष्य-प्रकृतिगत सत्य को अनावृत करता है और अनुकरण द्वारा अनावृत सत्य मनुष्य-प्रकृतिगत सत्य से कहीं अधिक सुन्दर और भव्य होता है। इसीलिए अनुकरण पाठक अथवा प्रणेता को आनन्द से आत्माविमोहित करने वाला होता है। 'ए पेरेलल ऑफ पोयट्री एण्ड पेंटिंग' में ड्राइडन के विचार से इस प्रकार हैं—"A truth is the end of all our speculations, so the discovery of it is the pleasure of them; and since a true knowledge of Nature gives us pleasure, a lively imitation of it, either in poetry or painting , must of necessity produce a much greater for both these arts........are not true imitations of nature, but of the best nature, of that which is wrought upto nobler pitch. They present us with images more perfect than the life in any individual; and we have the pleasure to see all the scattered beauties of nature united by a happy chemistry without its deformities or faults."[1]

"हमारे समस्त चिन्तन का उद्देश्य सत्यान्वेषण है, जिसकी परिणति सुखद होती है। चूँकि मानव प्रकृति का सत्य ज्ञान हमें सुख दुख देता है, इसीलिए इसकी (मानव प्रकृति की) सजीव अनुकृति (चाहे वह काव्य-कला में अथवा चित्र-कला में) आवश्यक रूप से अधिक सुखद होती है। क्योंकि ये दोनों ही कला में ....मात्र मानव-प्रकृति की सत्यानुकृतियाँ ही नहीं होतीं, वरन् मानव-प्रकृति जोकि (कल्पना के आधार पर) सर्वोत्तम हो सकती है, जोकि श्रेष्ठतर अवस्था तक पहुँच चुकी होती है, उस मानव-प्रकृति का अनुकरण इन कलाओं (काव्य और चित्रकला) में होता है। ये कलायें हमें किसी के भी व्यक्तिगत जीवन से कहीं अधिक पूर्ण प्रतिमाएँ देती हैं। और हम इनकी विकृतियों अथवा दोषों की ओर बिना दृष्टिपात किये हुए ही, इनमें मानव-प्रकृति के विभिन्न तथा विच्छेन्न सौन्दर्य की एक सुखद एवं उपयुक्त रसायन तैयार होते देख आनन्द का अनुभव करते हैं।"

काव्य-प्रयोजन—प्लेटो ने काव्य-प्रयोजन शिक्षा, अरस्तू ने आनन्द, होरेस ने दोनों ही तथा लोंगिनुस ने आत्मातिक्रमण निर्धारित किया था। ड्राइडन उपर्युक्त अवधारणाओं से पूर्व परिचित तथा एक कवि के रूप में पर्याप्त अनुभवी भी थे। तत्कालीन साहित्यिक प्रवृत्ति भी 'कला कला के लिए' पक्षपाती न थी। युगानुभूति दर्शकों और श्रोताओं को दृष्टिगत रख ही विकसित हो रही थी। ड्राइडन युगव्यापी चेतनानुकूल ही भावक को सुख पहुँचाने के पक्षपाती थे। उदाहरण के लिए उन्हीं के शब्दों में—"मेरी

---

1. A parallel of Poetry and Painting (W. P. Ker—Essays of Dryden Vol. II, p. 137)

यह स्वीकारोक्ति है कि मेरा मुख्य ध्येय अपने युग को आह्लादित करना है।"[1]

परिणामत: उन्होंने काव्य का प्राथमिक उद्देश्य आनन्द ही घोषित किया। शिक्षा को उन्होंने दूसरा स्थान दिया। ड्राइडन के शब्दों में ही—"delight is the chief, if not the only, end of poesy, instruction can be admitted but in the second place; for poesy only insturcts as it delights."[2]

"यदि सुखानुभव काव्य का एक मात्र लक्ष्य नहीं तो प्रधान लक्ष्य अवश्य है; शिक्षा देना भी काव्योद्देश्य माना जा सकता है, किन्तु हर्षोद्रेक के समक्ष वह गौण है; क्योंकि कविता सुखानुभव के साथ ही साथ उपदेश दे सकती है।"

एक अन्य स्थल पर भी स्पष्टत: उन्होंने इसी बात को दुहराया है; यथा—

"The chief end of it is divertisement and delight........the first end...........is delight and instruction only the second."[3]

"(कविता का) प्रमुख लक्ष्य मनोरंजन और हर्षोद्रेक है........प्रथमोद्देश्य.......... आनन्द, और द्वितीयोद्देश्य मात्र उपदेश।"

नाट्य-कला—साहित्यांगों में नाटक पर ही ड्राइडन ने सर्वाधिक प्रकाश डाला है। उनके समय में फ्रांसीसी साहित्य में नाट्य-कला सम्बन्धी क्लासिकल नियमों—संकलन त्रय, त्रासिक और कामिक घटनाओं के मिश्रण पर प्रतिबन्ध, अविश्वसनीय दृश्यों को अभिनीत न कर प्रतिवेदित करना आदि का पूर्ण निर्वाह किया जा रहा था। फलत: अंग्रेजी नाटक और नाटककार जिनमें कि क्लासिकल नियमों का पूर्ण निर्वाह नहीं हो रहा था, फ्रांसीसी नाटक और नाटककारों की तुलना में हेय समझे जा रहे थे। हीनता की इस भावना से ऐलेजाबेथन नाटककार भी ग्रसित थे। ऐसे ही समय में ड्राइडन ने 'ऐसे आफ ड्रामाटिक पोयज़ी' लिखा जिसका कि मुख्य उद्देश्य ग्रीक, रोम और आधुनिक फ्रांसीसी नाट्य शास्त्रीय देन को पूर्णत: स्वीकारते हुए भी अंग्रेजी नाटककारों को सम्मानित कर उचित स्थान पर प्रतिष्ठित करना था। उन्होंने प्राचीन क्लासिकल नाट्यशास्त्रीय नियमों से न केवल अंग्रेजी नाटक को नियंत्रित होने से बचाया, वरन् नाटक की स्वदेशी परम्परा के विकास में विशिष्ट योगदान भी किया।

कथनोपकथन-शैली में लिखे गये 'ऐसे आफ ड्रामाटिक पोयज़ी' में एक संभाषी के माध्यम से उन्होंने नाटक को इस प्रकार परिभाषित किया है— "a Just and lively image of human nature, representing its passions and humours, and the changes of fortune to which it is subject, for the delight and instruction of mankind."

---

1. 'ए डिफेन्स आफ एन ऐसे ऑफ ड्रामेटिक पोयज़ी' अनुवाद : श्री जगदीश गोयल (पाश्चात्य काव्यशास्त्र की परम्परा से उद्धृत)
2. 'A Defence of an Essay of Dramatic Poosy.'
3. Preface to Evening's Love, Ker. Ip, 1943.

"(नाटक) मानव-जाति को आनन्दित और उपदेशित करने के लिए मानव प्रकृति का एक उचित और सजीव प्रतिबिम्ब है, जिसमें मानव-प्रकृति को नियन्त्रित करने वाले मनोवेगों, मनोदशाओं और भाग्य परिवर्तनों का वर्णन होता है।"

क्लासिकल नाटकों और फ्रांसीसी नाटकों की भाँति ही नाटक की परिभाषानुसार अंग्रेजी नाटक में ये सभी तत्त्व सुचारु रूप से पाये जाते हैं। यद्यपि अंग्रेजी नाटक में क्लासिकल और आधुनिक फ्रांसीसी नाटकों की भाँति न तो अविश्वसनीय दृश्यों को प्रतिवेदित ही किया जाता है और न संकलन त्रय का निर्वाह ही होता है। इसी तरह अंग्रेजी नाटक में त्रासिक और क़ामिक का समन्वय भी पाया जाता है जोकि क्लासिकल और फ्रांसीसी नाटकों में वर्जनीय है। प्रकृति में सुख-दुख की सन्निकटता पाई जाती है। और चूँकि नाट्य साहित्य प्रकृति का अनुकरण है; इसलिए अंग्रेजी नाटकों में प्रस्तुत किया जाने वाला त्रासिक-कामिक का संयोजन क्लासिकल नियम-विरोधी होते हुए भी, किसी प्रकार अनावश्यक और अकलात्मक नहीं ठहराया जा सकता। उन्होंने इस त्रासिक-कामिक दृश्य सम्मिलन को अंग्रेजी नाटक का अभूतपूर्व गुण और क्लासिकल नाटकों तथा आधुनिक फ्रांसीसी नाटकों के समक्ष अंग्रेजी नाटक और नाटककारों की मौलिकता और प्रतिष्ठा का तत्त्व घोषित किया। डॉ० बी० प्रसाद की ये पंक्तियाँ इस संदर्भ में उल्लेखनीय हैं, डॉ० बी० प्रसाद के अनुसार ड्राइडन की मान्यता थी—" ......To the honour of our nation we have invented, increased and perfected a more pleasant way of writing for the stage than was ever known to the ancients or moderns of any nation, which is tragi-comedy."[1]

अविश्वसनीय दृश्यों का रंगमंच पर अभिनीत किया जाना उन्हें आंशिक रूप से मान्य है। मृत्यु आदि का अभिनय चूँकि पूर्ण सफलता से अभिनीत नहीं किया जा सकता, इसलिए रंगमंच पर प्रस्तुत नहीं किया जाना चाहिए। परन्तु ग्रीक और लातिन क्लासिकल नाट्य सिद्धान्तों के अनुसार द्वन्द्व और युद्धादि का रंगमंच पर प्रदर्शित न किये जाने की परम्परा में उन्हें कोई औचित्य दिखाई नहीं देता। उनका विश्वास है कि दर्शक रंगमंच पर जब अन्य सारी बातों की कल्पना कर लेता है, तो युद्धादि की कल्पना क्यों नहीं कर सकता।

ड्राइडन ने अन्वित-त्रय अथवा संकलन त्रय (देश, काल तथा कथानक संबंधी) संबंधी प्राचीन अवधारणा—एक ही कथानक, 24 घंटे का समय तथा एक ही स्थल, ताकि घटनाओं की श्रृंखला न टूटे—का अनुमोदन भी पूर्णतः नहीं किया है। स्काट-जेम्स के अनुसार— "He ridicules the servile observation of the unities..... of time and place" which needlessly limit the scope of the dramatist Event of Aristotle he refuses to render slavish homage." "It is not enough that Aristotle has said so for Aristotle drew his models of tragedy from

1. An Introduction to English Criticism, B. Prasad p, 109.

sophocles and Euripides. And, if he had seen ours, might have changed his mind."[1]

"उन्होंने 'कालान्वित और स्थानान्विति के पराधीनता पूर्ण निर्वाह' का उपहास किया है, जो कि अनावश्यक रूप से नाटककार के कार्य क्षेत्र को सीमित करती हैं..........यहाँ तक कि वह अरस्तू के प्रति भी दासत्व पूर्ण श्रद्धा प्रकट नहीं करते। 'अरस्तू ने अपने त्रासदी विषयक प्रतिमान सोफ़ोक्लीज़ और यूरिपिडस से ग्रहण किये थे। और यदि उन्होंने हमारी (त्रासदियाँ) देखी होतीं, तो सम्भवतः अपना विचार बदल लिया होता।"

स्थानान्विति संबंधी अवधारणा पर वह फ्रांसीसी प्रभाव मानते हैं। उनकी धारणा है कि ग्रीक गुरु अरस्तू ने स्थानान्विति का उल्लेख कहीं भी नहीं किया। अरस्तू प्रणीत कलान्विति (24 घंटे के घटनाक्रम का प्रस्तुतीकरण) का निर्वाह लातिन के प्रख्यात कामदीकार तेरेन्स (Terence) ने भी नहीं किया है।

कार्यान्वितित संबंधी अरस्तू की अवधारणा से वह सहमत हैं। कथानक सावयव जीवंत प्राणी-सा प्रतीत होना चाहिएँ, अर्थात् कार्य-व्यापार अथवा घटनायें एक दूसरे से भली-भाँति गुम्फित हों, ताकि एक महान और सम्पूर्ण कथानक की रचना हो सके। वह दो कथानकों को एक नाटक में समेटने के विरोध में हैं, परन्तु उपकथानकों को दर्शकों के मनोरंजन के लिए प्रस्तुत किया जाना वह उचित मानते हैं। लेकिन शर्त यह है कि उपकथानक मुख्य कथानक से पूर्णतः सन्निविष्ट होना चाहिए। उनका विश्वास है कि फ्रांसीसी नाटकों का बन्ध्यता और शुष्कता ग्रस्त होने का कारण फ्रांसीसी नाटकों में दर्शकों के मनोरंजनार्थ मुख्य कथानक के साथ ही साथ उपकथानकों का अभाव है।

उनकी धारणा है कि कालान्विति और स्थानान्विति का अति नियमनिष्ठ प्रयोग कथानक का विनाश और कल्पना का ह्रास करता है। 'ए डिफेन्स आफ एन एस्से आफ ड्रामाटिक पोयज़ी' में उन्होंने लिखा है कि कालान्विति का अति नियमनिष्ठ प्रयोग तो यह होना चाहिए कि कथानक का समय (Stage-time) और अभिनय का समय (Plot-time) एक ही हो। अर्थात् कथानक के अनुसार किसी घटना क्रम के घटित होने में जितना समय लगा है, उतना ही समय उस घटना के अभिनीति होने में भी लगे। परन्तु कालान्विति के नियमानुसार चौबीस घंटे के क्रिया-कलापों को तीन घंटे में अभिनीति किया जा सकता है। इस प्रकार यदि चौबीस घंटे के कार्य-व्यापार को तीन घण्टे में अभिनीति किये जाने पर कालान्विति का खंडन नहीं होता तो कोई कारण नहीं कि हम चौबीस घंटों से अधिक समय के कार्यव्यापार (उतने समय के कार्यव्यापार जितने से कथानक में परिपक्वता आ जाये) का अभिनय तीन घंटों में होने पर कालान्विति का खंडन मान लें। यदि हम श्रोताओं अथवा दर्शकों को तीन घंटे के अभिनय के समय को

---

1. The making of literature, Scott-James, p. 139.

जीवन में चौबीस घंटे मान लेने के लिए आश्वस्त अथवा भ्रमित कर सकते हैं तो जीवन के कुछेक दिन अथवा महीनों के समय को तीन घंटों में अभिनीति मान लेने के लिए आश्वस्त क्यों नहीं कर सकते? इसी भाँति स्थानान्विति के संबंध में भी यह कहा जा सकता है कि यदि दर्शक प्रथम अंक में सुन्दर उद्यान की कल्पना कर सकता है, तो दूसरे अंक में किसी मकान—होटल की कल्पना क्यों नहीं कर सकता, यदि घटनाक्रम और समय परिवर्तन का आकांक्षी है? डॉ० बी० प्रसाद के शब्दों में, "For if the audience can be deluded into believing the stage-time of three hours to be twenty-four in life, it can as easily be deluded into believing it to be a few days or even a longer period of time if it does not unduly tax credulity. For the same reason the scene of the play need not be confined to one place. if the audience can imagine it to be a garden in the first act, why can it not imagine it to be a camp in the next, if the time taken by the intervening events warrants the change?"[1]

इस प्रकर ड्राइडन ने यहाँ पर अपने नाटकों में कालान्विति और स्थानान्विति का अति नियमनिष्ठ और परम्परित प्रयोग नकारा है। परन्तु कालान्विति और स्थानान्विति सम्बन्धी स्वच्छन्दता के भी वह इस हद तक कायल नहीं कि स्वच्छन्दता सीमा का अतिक्रमण कर उच्छृंखलता की पंक्ति में जा बैठे। 'ए डिफेन्स आफ एन एस्से आफ ड्रामाटिक पोयज़ी' में इस सम्बन्ध में वह विवेक के आग्रही हैं। कालान्विति और स्थानान्विति का विवेकपूर्ण निर्वाह कथानक में होना चाहिए; क्योंकि नाटक एक कल्पित कथा-साहित्य है, एक ऐसा कल्पित कथा-साहित्य जो कि विवेक पर आश्रित होता है। अत: कल्पना और विवेक का सहारा लेकर कथानक में कालान्विति और स्थानान्विति का उचित निर्वाह सम्भव है। इस सन्दर्भ में ड्राइडन ने बेनजान्सन की आलोचना की है। यात्रा में लगे समय की उपेक्षा कर बेन जान्सन अपने नाटक के एक ही अंक के एक दृश्य में रोम से टस्कानी में पहुँच जाता है और उसी अंक के दूसरे दृश्य में पुन: रोम में आ जाता है। यहाँ स्पष्ट रूप से नाटककार बने जान्सन ने स्थानान्विति का उचित निर्वाह न करके विवेक और कल्पना का समुचित सामंजस्य नहीं किया है, जोकि अन्वितियों के निर्वाह के लिए आवश्यक है। ड्राइडन के शब्दों में—"If Ben Jonson himself will remove the scene from Rome into Tuscany in the same act, and from thence return to Rome in the scene which immediately follows, Reason will consider there is no proportionable allowance of time to perform the journey, and therefore will choose to stay at home."[2]

---

1. An introduction to English criticism : B. Prasad, p. 111.
2. A Defence of An Essay of Dramatic Poesy.

इस प्रकार ड्राइडन ने कालान्विति और स्थानान्विति के परम्परित (विशेषकर ग्रीक और फ्रांसीसी नाटकों में) प्रयोग को अनुचित और कथानक एवं चरित्र-विकास के लिए घातक माना है। उनकी धारणा है कि विवेक (Reason) और कल्पना (Fancy) के उचित संयोजन के आधार पर ही कालान्विति और स्थानान्विति का कथानक में निर्वाह होना चाहिए। कामदी में जहाँ कि कार्य-व्यापार लघु होता है, चौबीस-तीस घण्टों के कार्य-कलापों को तीन घण्टों में अभिनीति किया जा सकता है; परन्तु त्रासदी में जहाँ कि कार्य-व्यापार विस्तृत और गम्भीर होता है, समय और स्थान में विस्तार किया जाना चाहिए, ताकि महान चरित्र और गम्भीर कथानक का पूर्ण विकास हो सके। स्थानान्विति और कालान्विति सम्बन्धी ड्राइडन के विचार 'डेडीकेशन ऑफ द अनीस (Dedication of the Aeneis) में इस प्रकार हैं—" ....that the time of a stage action should so strictly be confined to twenty-four hours as never to exceed them, for which Aristotle contends, and the Grecian stage has practiced. Some longer space, on some occasions, I think, may be allowed, especially for the English theatre which requires more variety of incidents than the French. Corneille himself, after long practice, was inclined to think that the time allotted by the Ancients was too short to raise and finish a great action and better a mechanic rule was stretched or broken, than a great beauty was omitted."[1]

"अरस्तू समर्थित तथा ग्रीक रंगमंच द्वारा अभ्यस्त कथानक कार्य व्यापार की अवधि (कालान्विति) बिना किसी अतिक्रमण के कठोरतापूर्वक चौबीस घण्टों तक ही सीमित है। मैं समझता हूँ कि कुछ अवसरों पर समयवृद्धि की अनुमति होनी चाहिए, विशेष रूप से अंग्रेजी नाट्य-साहित्य के लिए, जहाँ कि घटनाओं के वैविध्य की फ्रांसीसी नाट्य-साहित्य से अधिक आवश्यकता है। कार्नेल एक दीर्घ अभ्यास के उपरान्त स्वयं ही सोचने के लिए बाध्य हुए थे कि प्राचीन साहित्यकारों द्वारा निर्धारित समय एक महान कार्य-व्यापार के उत्थान और पतन के लिए अपर्याप्त था। अत: एक महान सौन्दर्य को छोड़ने के स्थान पर एक मशीनिक नियम का भंग किया जाना अच्छा ही हुआ।"

त्रासदी— ड्राइडन की त्रासदी सम्बन्धी अवधारणा प्रमुखत: 'ट्रोयलस एण्ड क्रेसिडा' (Troilus and Cressida) की भूमिका 'द ग्राउण्ड्स ऑव क्रिटिसिज्म इन ट्रेजडी' (The Grounds of Criticism in Tragedy) में पायी जाती है। उन्होंने त्रासदी सम्बन्धी कुछ बातें 'डेडीकेशन ऑफ द एनीस' (Dedication of the Aenies) तथा राइमर की 'ट्रेजडीस ऑफ द लास्ट एज कन्सीडर्ड' (Rymer's Tragedies of the Last Age Considered) सम्बन्धित प्रेक्षणों में भी प्रस्तुत की है। उन्होंने त्रासदी की परिभाषा

---

1. W. P. Ker : Essays of Dryden, Vol. II, pages 157-58.

अरस्तू की भाँति ही की है। वह एक सम्पूर्ण, महान एवं सम्भाव्य कार्य व्यापार की अनुकृति को ही त्रासदी मानते हैं। उन्हीं के शब्दों में—"An imitation of one, entire; great, and probable action; not told but represented; which by moving in us fear and pity is conducive to the purging of those two emotions in our minds."[1]

" (त्रासदी) एक महान, सम्पूर्ण और सम्भाव्य कार्य व्यापार की अनुकृति का नाम है; जिसका अभिनय किया जाता है, वर्णन अथवा कथन नहीं और जो हमारे मस्तिष्क से करुणा और त्रास के मनोवेगों का उद्रेक कर विरेचन करने में सहायक होती है।"

त्रासदी की उपर्युक्त परिभाषा अरस्तू की परिभाषा से पूर्णतः साम्य रखती है। परन्तु ड्राइडन ने भय और त्रास के मनोवेगों का विवेचन अरस्तू के अनुसार नहीं किया है इस विवेचन में वह फ्रांसीसी आलोचक रेपिन (Rapin) से अधिक प्रभावित प्रतीत होते हैं। डा० बी० प्रसाद के शब्दों में—"But he follows the French Critic Rapin, and not Aristotle, in his interpretation of the operation of pity and fear."[2]

रेपिन की धारणा है कि अहम् और सहानुभूति का अभाव ये दो मनोविकार मानव-जाति के सर्वाधिक प्रबल दुर्गुण हैं। इन दो दुर्गुणों (अहम् और सम्वेदना का अभाव अर्थात् हृदयगत कठोरता) से ग्रसित मानव-जाति के उपचार के लिए त्रासदीकारों ने दो अन्य मनोविकारों को खोजा और वे हैं त्रास (fear) और करुणा (pity)। रेपिन के अनुसार त्रास से अहम् अर्थात् अभिमान (Pride) का और करुणा से कठोर हृदयता अथवा सहानुभूति के अभाव (Hardness of Heart or want of Commiseration) का उपचार होता है। कहना यह है कि त्रास या भय त्रासदी दर्शकों के हृदयगत अभिमान का और करुणा, कठोर हृदयता का उपचार अथवा विरेचन करती है। रेपिन की यही धारणा ड्राइडन को मान्य है। ड्राइडन भी करुणा और त्रास के मनोविकारों का यही उद्देश्य मानते हैं। ड्राइडन की विचारधारा को एटकिन्स ने इस प्रकार व्यक्त किया है— "Fear is to cure pride, and pity want or Commiseration or 'hardness of heart."[3]

"भय अथवा त्रास, अभिमान के लिए तथा करुणा, समवेदनात्मक अभाव अथवा हृदयगत कठोरता के उपचार के लिए है।"

इस प्रकार ड्राइडन का करुणा और त्रास के मनोवेगों का विवेचन और प्रयोजन अरस्तू से पूर्णतः भिन्न है। त्रासदी में अरस्तू यदि करुणा और त्रास का उद्रेक और

---

1. The Grounds of Criticism in Tragedy (W. P. Ker : Essays of Dryden, Vol. I, p. 207.)
2. B. Prasad : Page 112, An introduction to English Criticism.
3. English literary Criticism—17th and 18th centuries; p. 121, J. W. H. Atkins.

तत्पश्चात् विरेचन मानवात्मा अथवा मानव-मस्तिष्क की विशुद्धता और प्रफुल्लता के लिये आवश्यक मानते हैं, तो ड्राइडन इन मनोवेगों को मानव-स्वभाव के बद्ध-मूल दुर्गुणों (अहंकार और हृदयगत कठोरता) के उपचार के लिए आवश्यक मानते हैं।

त्रासदी के नायक और चरित्र-चित्रण में वह अरस्तू और होरेस के ही अनुसरणकर्ता हैं। इन ग्रीक गुरुओं की भाँति ही उनकी भी मान्यता है कि त्रासदी का नायक करुणा और भय के उद्रेक में सहायक होना चाहिए, अर्थात् वह एक ऐसा सदाचारी पुरुष होना चाहिए, जिसका दुर्भाग्यपूर्ण पतन प्रेक्षकों के मन करुणा से भर दे। उसका सामाजिक स्तर भी उच्च कोटि का होना चाहिए, ताकि उसका पतन भावक-मन को भय से अभिभूत कर सके। सभी चरित्र अपने को मूक और निष्क्रिय पात्रों के रूप में प्रस्तुत न कर, अपने व्यक्तित्व का उद्घाटन कार्य व्यापारों के माध्यम से करने वाले तथा स्वयं को अपने सामाजिक स्तर; आयु और जीवन के अन्य तथ्यों के अनुरूप सच्चाई से प्रकट करने वाले होने चाहिए।

ड्राइडन ने ग्रीक-त्रासदी के प्रारम्भ में प्रस्तुत किये जाने वाले वृन्दगान (Chorus) को अंग्रेजी-त्रासदी के लिए अनावश्यक घोषित किया है। 'डेडीकेशन आफ एक्सामेन पोइटिकम' (Dedication of Examen Poeticum) में ग्रीक कोरस को उन्होंने 'व्यर्थ की बाधा' (an unprofitable encumbrance) कह अंग्रेजी-त्रासदी में वृन्दगान की वर्जना की है। कोरस को अनावश्यक घोषित करने में, वस्तुतः ड्राइडन का ध्यान श्रोताओं की ओर है। वह श्रोताओं के आनंद के सर्वाधिक आग्रही हैं। उनका विश्वास है कि ग्रीक त्रासदीकारों के लिए वृन्दगान का प्रयोग इसीलिए आवश्यक था कि उनके श्रोता ऐसा चाहते थे; परन्तु अंग्रेजी-रंगमंच पर इसका प्रयोग अनावश्यक है, क्योंकि अंग्रेजी-श्रोता वृन्दगान को नहीं चाहते। उनका दृढ़ विश्वास है कि नाटककार की सफलता का अंतर्निहित सूत्र उसका युग-बोध और श्रोताओं की अभिरुचि का ज्ञान है। क्लासिकल नियमों का अतिक्रमण करने पर भी जैकोबियन और ऐलिजाबेथन युग के नाटककारों को भारी सफलता इसीलिए मिली कि वे श्रोताओं की परिवर्तित अभिरुचि और युग-परिवेश के अनुकूल रचना कर रहे थे। उन्हीं के शब्दों में, " And one reason of that success", he says, "Is, in my opinion, this, that Shakespeare and Fletcher have written to the genius of the age and nation in which they lived; for though nature ....is the same in all places, and reason too the same, yet the climate, the age, the disposition of the people, whom a poet writes, may be so different that what pleased the Greeks would not satisfy an English audience."[1]

---

1. Observations on Rymer's Tragedies of last Age Considered' (Dr. Johnson; Life of Dryden).

"मेरी समझ में शेक्सपीयर और फ्लेचर की सफलता का एक कारण यह भी है कि उन्होंने अपनी युगीन मनोवृत्ति और राष्ट्र के लिये लिखा है। यद्यपि सभी स्थानों पर (लोगों की) प्रकृति और विवेक अथवा बुद्धि एक जैसी ही होती है; परन्तु जलवायु, युग और लोगों की मनोदशा, जिनके (लोगों के लिए) के लिए कवि लिखता है, में इतनी भिन्नता हो सकती है कि जो बात ग्रीक-श्रोता को संतुष्ट करती हो, वही बात अंग्रेज-श्रोता को तुष्ट न कर सके।"

कामदी—कामदी संबंधी ड्राइडन की अवधारणा अरस्तू के विचारों की ही पुनरावृत्ति है। ड्राइडन ने कामदी को परिभाषित करते हुए लिखा है—"a representation of human life in inferior persons and low subjects."[1]

"क्षुद्र विषय और अधम चरित्रों के माध्यम से मानव जीवन का अभिनय ही कामदी है।" अशिष्ट और निकृष्ट कोटि के व्यक्तियों के सुधार के लिए आवश्यक हो जाता है कि उनके दुष्कृत्यों को भली-भाँति अनावृत्त कर दिया जाय। कामदी यही कार्य करती है। कामदी में निकृष्ट कोटि के व्यक्तियों के जीवन को अनुकृति उनके सुधार के लिये प्रस्तुत की जाती है। कामदी के चरित्र-चित्रण और कार्य-व्यापार के संबंध में ड्राइडन ने 'प्रिफेस टु द फेबिल्स' में अपने विचार इस प्रकार रखे हैं—"Comedy is not so much obliged to the punishment of faults which it represents, as tragedy. For the persons in comedy are of lower quality, the action is little, and the faults and vices are but the sallies of youth, and the frailties of human nature, and not premeditated crimes."[2]

'त्रासदी की भाँति अभिनीतित दोषों को दंडित करने के लिए कामदी बाध्य नहीं है। क्योंकि कामदी में चरित्र निम्नकोटि के, कार्य-व्यापार लघु तथा दोष और दुर्गुण, दोष और दुर्गुण न होकर यौवन की झोंक और मानव-प्रकृति की कमजोरियाँ मात्र ही होते हैं, पूर्वइच्छित अथवा पूर्व चिंतित अपराध नहीं।"

कामदी और प्रहसन (Comedy and Farce)—ड्राइडन के युग में फ्रांसीसी प्रभाव के कारण अंग्रेजी साहित्य में प्रहसन का प्रादुर्भाव भी हो चला था। प्रहसन अथवा स्वांग अत्यधिक हास्यास्पद होने के कारण निम्न मानसिक स्तर के लोगों में पर्याप्त लोकप्रिय था। 'प्रिफेस टू एन ईवनिंग्स लव' (preface to an Evening's love) में कामदी और प्रहसन के भेद को स्पष्ट किया गया है। कामदी के चरित्र निम्नकोटि के होते हैं, उनकी वृत्तियाँ सहज तथा उनके दोष और दुर्गुण मानव-प्रकृति की स्वाभाविक दुर्बलतायें ही होते हैं, प्रहसन में कृत्रिम वृत्तियाँ और अप्राकृतिक घटनायें होती हैं।

---

1. A Parallel of Poetry and Painting, Vol. II, p. 132 (W.P. Ker, Essays of Dry den).
2. Preface to Fables, (W. P. Ker; Essays of Bryden, (Vol. II, p. 273)

कामदी मानव-स्वभाव की दुर्बलताओं और मूर्खताओं को उद्घाटित करती है, प्रहसन सस्ती काल्पनिक स्थितियों को प्रस्तुत करता है।

कामदी और प्रहसन के मनोरंजन में भी अंतर है। कामदी विद्वेष-पूर्ण सुखानुभव (Malicious pleasure) कराती है, जबकि प्रहसन घटिया और नकली मनोरंजन (bastard pleasure) कराता है। कामदी में दर्शक मानव-स्वभाव की दुर्बलताओं को देखकर इसलिए हँसता है कि वह (दर्शक) अपने को उन दुर्बलताओं से ग्रस्त पात्रों से श्रेष्ठ और बुद्धिमान समझता है। प्रहसन में गँवारू, अशिष्ट और अभद्र अभिनय एवं अभिनेताओं अथवा असभ्य दर्शकों और श्रोताओं की सम्मोहित दृष्टि तथा श्रवणशीलता को देखकर मनोरंजन होता है। कामदी-प्रेक्षकों की रुचि, प्रहसन-प्रेक्षकों की रुचि से परिष्कृत होती है।

अब एक प्रश्न उठता है कि कामदी का उद्देश्य मनोरंजन है अथवा सदुपदेश। ड्राइडन ने 'एन ईवनिंग्स लव' (An Evening's Love) में लिखा है— "The first end of Comedy is delight and instruction only the Second."[1]

कामदी का प्राथमिक उद्देश्य मनोरंजन है। (और वह भी विद्वेषपूर्ण मनोरंजन) शिक्षा का स्थान तो दूसरा ही है। सारांशत: कहा जा सकता है कि ड्राइडन ने कामदी-प्रयोजन को उच्च स्थान नहीं दिया है। विमसाट के शब्दों में, "Dryden was Inclined to take the aim of Comedy not very seriously."[2]

महाकाव्य— फ्रांसीसी आलोचकों की भाँति ही ड्राइडन महाकाव्य को त्रासदी से श्रेष्ठ मानते हैं। उन्हीं के शब्दों में —"What virtue is there in tragedy"; he asks, 'which is not contained in an poem, where pride is humbled, virtue rewarded and vice punished; and those more amply treated than the narrowness of the drama can admit?"[3]

"त्रासदी में कौन सा विशेष गुण है, जो महाकाव्य में नहीं पाया जाता,. जहाँ (त्रासदी की भाँति ही) अहंकार को विनम्रित, सदाचार को प्रतिफलित तथा दुराचार को दण्डित किया जाता है; और ये भी अत्यधिक प्रचुर मात्रा में निरूपित किये जाते हैं, जितना नाटक (त्रासदी) की संकुचित परिधि में निरूपित नहीं किये जा सकते।"

अरस्तू ने त्रासदी को महाकाव्य से श्रेष्ठ माना है। और इस श्रेष्ठता के दो प्रमुख लक्षण भी प्रतिपादित किये हैं; यथा—(1) त्रासदी अपने संदेश को अति संक्षिप्त परिधि में ही व्यक्त करती है, (2) त्रासदी पाठक और दर्शक दोनों को ही अध्ययन और अभिनय के माध्यम से लाभान्वित करती है। त्रासदी की श्रेष्ठता प्रमाणित करने वाले अरस्तू के इन दोनों ही तर्कों को ड्राइडन ने दोषपूर्ण ठहराया है। ड्राइडन के अनुसार

---

1. Preface ot Fables : (Ker, II, p. 272)
2. Literary Criticism : A Short History; Wimsatt & Brooks, p. 204.
3. Dedication of the Aenias (Ker, II. p. 159).

चूँकि त्रासदी का क्षेत्र सीमित होता है, इसलिए त्रासदी पाठक अथवा दर्शकों को उस गहराई तक प्रभावित नहीं कर सकती जिस गहराई तक महाकाव्य कर सकता है, अर्थात् महाकाव्य का उसकी व्यापक परिधि के कारण ही अध्येताओं पर गहन और चिरस्थायी प्रभाव पड़ता है।

जहाँ तक त्रासदी के अभिनीत किये जाने से दर्शकों पर व्यापक प्रभाव की मान्यता का प्रश्न है; ड्राइडन ने अरस्तू की इस मान्यता का तीन तर्कों से खंडन किया है—(1) अभिनय अभिनेता का कार्य है, अत: त्रासदी की श्रेष्ठता का श्रेयमात्र त्रासदीकार को ही नहीं दिया जा सकता; कवि और अभिनेता दोनों ही इस श्रेय के सहभागी हैं; जबकि महाकाव्य की श्रेष्ठता का श्रेय मात्र महाकाव्यकार की प्रतिभा को ही जाता है। (2) रंगशाला अथवा रंगमंच पर अनेक दृश्यों (विशाल सेना, युद्धादि) को प्रस्तुत नहीं किया जा सकता; जिनको कि सुन्दर भाषा में महाकाव्यकार भली-भाँति चित्रित कर देता है। (3) चूँकि अभिनय भी एक कला है अत: कुशल अभिनय से निकृष्ट कोटि की त्रासदी भी उत्कृष्ट प्रतीत हो सकती है और अकुशल अभिनय से उत्कृष्ट कोटि की त्रासदी निकृष्ट।

इस प्रकार ड्राइडन ने महाकाव्य को त्रासदी से श्रेष्ठ प्रमाणित किया है। 'ओरिजनल एण्ड प्रोग्रेस आफ सेटायर' में वह लिखते हैं— "An Heroic poem (i. e. the epic) is the greatest work of human nature."[1]

''एक वीर काव्य अर्थात् महाकाव्य मानव-प्रकृति की (मानव-प्रकृति को अनुकरण के माध्यम से प्रस्तुत करने वाली) सर्वोत्तम कृति है।'' जान ड्राइडन की धारणा है कि वीर काव्य का कार्यव्यापार महान, कथा-विन्यास विस्तृत, पात्र अलौकिक तथा भाषा-शैली उदात्त होती है। अत: वीर काव्य का प्रणेता भी उच्च कोटि का प्रतिभासम्पन्न महाकवि होना चाहिए। यही कारण है कि संसार में महाकाव्यकारों की संख्या त्रासदीकारों की तुलना में नगण्य सी है। और जो भी गिने चुने महाकाव्यकार हुए हैं, उनमें भी सफलता बहुत थोड़ों को ही प्राप्त हो सकी है।

भाषा-शैली सम्बन्धी दृष्टिकोण— ड्राइडन देश-भाषा प्रेमी थे; परिणामत: उन्होंने विशुद्ध अंग्रेजी शब्दावली का ही आग्रह किया है। वह भाषा को एकरूपता प्रदान करने के पक्षपाती थे, जैसा कि उस समय फ्रांसीसियों ने फ्रांसीसी भाषा को प्रदान कर रखी थी। वह वागाडम्बर और वाग्स्फीति के विरोधी थे। तुच्छ विषय को भव्य शब्दावली में लिखना अथवा अनावश्यक रूप से अस्वाभाविक स्फीति करना अर्थात् जो तथ्य एक पंक्ति में सुस्पष्ट किया जा सकता है, उसे चार-छह पंक्तियों में लिखना, वह अविवेकपूर्ण मानते थे। काव्योत्कर्ष के लिए अलंकारों का विषय-वस्तु और पात्रानुकूल प्रयोग उन्हें वांछनीय था। वह त्रासदी और महाकाव्य में उदात्त शैली के पक्षपाती थे, कामदी अथवा प्रहसन में नहीं।

---

1. The Original and Progrem of Satire (Ker. II, p. 43.

नाटकों में गद्य के स्थान पर पद्य का प्रयोग (क्योंकि पद्य-प्रयोग स्मृति को सहायता देता है), अतुकान्त छन्द के स्थान पर तुकान्त छन्द का प्रयोग उन्हें मान्य था। तुकान्त पद्य लेखन की उपयुक्तता और लाभों को उन्होंने इतना अधिक माना है कि उनका उल्लेख करना समय को व्यर्थ ही नष्ट करना भर है।

व्यंग्य-रचना

जहाँ तक व्यंग्य रचना का प्रश्न है ड्राइडन, रोमन और ग्रीक दोनों ही परम्पराओं से प्रभावित हैं। उनकी व्यंग्य रचना संबंधी विचारधारा का प्रमुख स्रोत है, 'डिसकोर्स कन्सर्निङ्ग द आरिजनल एण्ड प्रोग्रेस ऑफ सेटायर' (Discourse Concerning the Original and Progress of Satire)। ड्राइडन ने व्यंग्य काव्य को वीर काव्य अथवा महाकाव्य (प्रबन्ध काव्य) के वर्ग में ही रखा है। व्यंग्य काव्य की उत्पत्ति रोम में हुई और इसके जनक थे इनियस। इनियस (Ennius) द्वारा प्रणीत व्यंग्य काव्य का पल्लवन लुसिलियस (Lucilius) ने किया और इसको चर्मोत्कर्ष प्रदान किया कवि आलोचक होरेस ने।

वस्तुत: ड्राइडन के व्यंग्य लेखन में होरेस (Horace) और जुवैलन—दोनों का प्रभाव स्पष्ट लक्षित होता है। एक ओर यदि वह होरेस के उत्तम परिहास (Fine raillery) से प्रभावित प्रतीत होते हैं तो दूसरी ओर जुवैनल (Juvenal) के कठोर प्रहार और ताड़न (Severe Chastisement) से। कहना यह है कि उनका व्यंग्य लेखन मुक्त परिहास और कठोरतम प्रहारों का मिलन बिन्दु है। उनकी धारणा है कि सफल व्यंगकार वही है, जोकि 'दुष्ट', 'खल' और 'मूर्ख' आदि अभद्र शब्दों का प्रयोग न कर, अपने लेखन द्वारा व्यंग्य किये जाने वाले व्यक्ति की दुष्टता, खलता अथवा मूर्खता उद्घाटित और प्रमाणित कर दे। कहना न होगा कि सफल व्यंग्य-लेखन के इस सिद्धान्त को उन्होंने होरेस का अनुसरण करते हुए अपने व्यवहार में उतारा भी था।

आलोचना सम्बन्धी दृष्टिकोण— ग्रीक और रोम के क्लासिकल साहित्यकारों के प्रति श्रद्धावनत् ड्राइडन ने अपने स्वयं का निर्णय अक्षुण्ण रखा है। कहना यह है कि अरस्तू, प्लेटो, होरेस और वोयले आदि के आलोचना-सिद्धान्तों को मूल्यवान मानते हुए भी; वह युग-विशेष में, परिस्थिति विशेष में, नवीनता के आकांक्षी हैं। उनका विश्वास है कि शास्त्रवादी गुरुओं के सिद्धान्त मानव-प्रकृति से उद्घाटित सत्य हैं, परन्तु फिर भी वह परिस्थिति और देशकालातीत नहीं माने जा सकते और न सभी युगों में, सभी राष्ट्रों के हर प्रकार के साहित्य पर लागू ही हो सकते हैं। उन्हीं के शब्दों में पुन: कहा जा सकता है, "For thought nature is the same in all places, and reason too the same, yet the climate, the age, the disposition of the people, to which a poet writes, may be so different, that what pleased the Greek's would not satisfy an English Audience."

ड्राइडन ने प्राचीन गुरुओं के गम्भीर-अध्ययन की सलाह दी है, उनसे प्रेरणा ग्रहण करना भी उन्हें रुचिकर है; किन्तु प्राचीन गुरुओं का अन्धानुकरण उन्हें अमान्य है। वह

प्राचीन गुरुओं को मार्ग दर्शक के रूप में तो स्वीकार कर सकते हैं, परन्तु उनका दासत्व पूर्ण अनुसरण उन्हें प्रीतिकर नहीं। यद्यपि 'द ग्राउण्ड्स आफ क्रिटिसिज्म इन ट्रैजडी' (The Grounds of Criticism in Tragedy) में प्राचीन क्लासिकों को उन्होंने "as a torch ''''''''''''to enlighten our passage" कह कर सस्तवित किया है, तथापि उनके अंधानुकरण को अनुचित ठहराया है। सम्भवतः यही कारण है कि बेनजान्सन की, क्लासिकल परम्परावादी होने के कारण, उन्होंने प्रशंसा तो की है, परन्तु उनका हार्दिक प्रेम और अभिनन्दन शेक्सपीयर को ही प्राप्त हो सका है, (I admire him (Jonson) but I love Shakespeare) जोकि क्लासिकल परम्परावादी न होते हुए भी सोफोक्लीज़ और यूरिपिडस के समान ही नाटकों का सृजन कर सके।

वस्तुतः वह क्लासिकों की युग चेतना और आत्मतत्त्व के जितने बड़े प्रशंसक हैं, उतने उनके रूप विधान के नहीं। वह आविष्कार अथवा सृजन पर सर्वाधिक बल देते हैं। उनका सृजन (Invention) से तात्पर्य कलाकृति के विन्यास से है, सभी रचना तत्वों की सुन्दर व्यवस्था सर्वोत्तम सामंजस्य या समन्वय (Greatest harmony) से है। रचनागत इस भव्य समन्वय में, जो कि एक प्रकार का आविष्कार अथवा सृजन (Invention) है, इसमें संदेह नहीं कि क्लासिकों द्वारा प्रणीत उचित नियमों का निर्वाह भी आवश्यक है, परन्तु नियम-निर्वाह के ही साथ आवश्यक है प्रणेता की वह सृजनात्मक प्रतिभा जो कि रचना को आनन्दित और आत्मातिक्रमित करने वाली शक्ति से परिपूरित करती हैं। कहना न होगा कि इसी कारणवश ड्राइडन ने निर्दोष बेनजान्सन से दोषपूर्ण शेक्सपीयर को अधिक पसन्द किया है। उन्होंने 'एपालाजी आफ हीरोइक पोयट्री' में स्पष्टतः व्यक्त भी किया है कि आलोचना का प्रयोजन किसी काव्यकृति के छोटे-छोटे दोषों का निर्देश नहीं, वरन् उस महत्तम सौन्दर्य का उद्घाटन है जो कि कलाकृति को कालजयी बनाता है।

महत्व— अंग्रेजी साहित्य में ड्राइडन से पूर्व सर फिलिप सिडनी तथा बेन जान्सन की आलोचनायें गम्भीरता और व्यापकत्व की दृष्टि से बहुत महत्त्वपूर्ण नहीं मानी जातीं। यही कारण है कि डा० जॉनसन ने ड्राइडन को अंग्रेजी आलोचना का जनक (Father of English Criticism) कहा है। वस्तुतः ड्राइडन से ही आलोचना का वास्तविक युग प्रारम्भ होता है। ड्राइडन ही वह पहले आलोचक हैं, जिन्होंने अपने देशवासियों के समक्ष महान काव्य और महान आलोचना के तत्वों का उद्घाटन किया। यद्यपि उनके आलोचनात्मक प्रेक्षण किसी एक कृति में मूर्त रूप नहीं पा सके हैं, तथापि विभिन्न ग्रन्थों की भूमिकाओं और समर्पण-पत्रों में आलोचना के उन सभी महत्वपूर्ण पहलुओं पर उन्होंने प्रकाश डाला है जोकि, तद्युगीन साहित्य-मनीषियों और अध्येताओं के अनवरत चिन्तन का विषय बने हुए थे। कहना यह है कि काव्य-परिभाषा, काव्य-प्रयोजन त्रासदी, कामदी, महाकाव्य, व्यंग्य, संकलन त्रय, तुकान्त और अतुकान्त कविता, आलोचना, ट्रेजीकमेडी आदि सभी महत्त्वपूर्ण साहित्यिक समस्याओं का उन्होंने न केवल उत्तम हल ही खोजा है, वरन् अंग्रेजी-आलोचना के

क्षेत्र में कुछ नितांत मौलिक [जैसे कि फेब्ल्स (Fables) में उन प्रभावों का उल्लेख, जिनसे कि साहित्यिक व्यक्तित्व का निर्माण होता है, काव्य को अनुकरण न मानकर पुन: सृजन मान कल्पना-तत्त्व और सौन्दर्य-तत्त्व का महत्त्व स्वीकार करना आदि] स्थापनाएँ भी की हैं।

वस्तुत: आलोचक ड्राइडन के निर्माण में अरस्तू, होरेस, फ्रांसीसी नवशास्त्रवादी वोयले, संत-एवरमन्द तथा लोंगिनुस का विशेष हाथ रहा है। यदि अरस्तू से उन्होंने प्राचीन गुरुओं के सिद्धान्तों के प्रति सम्मान का पाठ सीखा है, तो फ्रांसीसी नवशास्त्रवादियों से त्रासदी के ऊपर महाकाव्य की प्रतिष्ठा का। लोंगिनुस (Longinus) तथा सन्त एवरमंद (Saint Evermond) ने उन्हें स्वतंत्र चिन्तन के लिए अभिप्रेरित किया है। स्वतन्त्र चिन्तन की इस प्रवृत्ति के कारण ड्राइडन एक उदारवादी नवशास्त्रवादी के रूप में हमारे समक्ष आये हैं। यह स्वतंत्र चिन्तन की प्रवृत्ति का ही परिणाम है कि वह प्राचीन सिद्धान्तों का तद्‌युगीन सर्जकों की सृजनात्मक प्रतिभा से ताल-मेल बैठा सके।

कुछ अंशों तक ड्राइडन का उद्देश्य फ्रांसीसी नाटककारों के समक्ष अंग्रेजी नाटक और नाटककारों को हीनता के भाव से मुक्त कर उचित स्थान पर प्रतिष्ठित करना भी रहा है। उनके इसी उद्देश्य को दृष्टि में रखकर जार्ज वाट्‌सन (George Watson) ने उनके साहित्यिक निर्णयों को सांस्कृतिक राष्ट्रवाद (Cultural Nationalism) के नाम से अभिहित किया है। उनकी राष्ट्रीयता की भावना को दृष्टिगत रखते हुए वाट्‌सन ने लिखा है—"In Essay of Dramatic Poesy"—"Dryden is out to prove that any English play in worth any two by a Frenchman."[1]

परन्तु इस प्रकार के संकुचित आक्षेप उनकी आलोचना के महत्व को कम नहीं कर सके हैं, जिसकी परिधि और विचारगांभीर्य उस समय तक के साहित्यिक इतिहास में अद्वितीय एवं अत्युत्तम है। जार्ज सेन्टसबरी ने उचित ही लिखा है, "He occupies a position which is only shared in the history of criticism by Dante (in some estimations, thought not in all) by Goethe—the position of the greatest man of letters in his own country, if not also in Europe, who is at the same time the greatest critic......"[2]

10

पत्रकार, आलोचक जोजेफ़ एडीसन

जोजेफ़ एडीसन (1672-1719) ने अपनी प्रख्यात पत्रिका 'स्पैक्टेटर' (Spectator) के माध्यम से ही अपनी आलोचनात्मक विचारधारा को प्रकट किया है। 'स्पैक्टेटर' में उनका प्रमुख उद्देश्य जन साधारण में ज्ञान का प्रचार था। 'स्पैक्टेटर' का

1. The literary Critics—(Pelican). George Watson; p. 46.
2. A History of English Criticism : George Saintsbury, p. 11?

उद्देश्य उन्हीं के शब्दों में, "To bring 'philosophy out of closets and libraries, schools and colleges, to dwell in clubs and assemblies, at tea-tables and in coffee-houses."

डॉ० जानसन ने भी इसी बात को स्वीकार किया है कि उनकी पत्रिका (Spectator) के अंक अथवा निबन्ध दर्शन-प्रज्ञ विद्वज्जनों के लिए न होकर उन लोगों के लिए थे, जिन्हें एडीसन से बहुत कुछ सीखना था। डॉ० जानसन ने लिखा है, "For those who had yet their rudiments to learn and found it not easy to understand their master."[1]

अंग्रेजी-आलोचना के इतिहास में जोजेफ़ एडीसन ही वह पहले आलोचक हैं, जिन्हेंने भावक का मार्ग दर्शन भी किया है। उनसे पूर्व सभी आलोचकों ने सर्जक के लिए नियम-निर्धारित कर सर्जक का ही मार्ग प्रशस्त किया था, परन्तु एडीसन ने सर्वप्रथम इस बात पर बल दिया कि अध्येता को आलोचनात्मक सहायता की लेखक से कहीं अधिक आवश्यकता है। हालाँकि उन्होंने जो कुछ भी अध्येताओं के लिए लिखा है, वह सभी कुछ समान रूप से रचयिता पर भी लागू होता है।

यद्यपि आलोचना की दृष्टि से ड्राइडन की भाँति उनका क्षेत्र व्यापक एवं विस्तृत नहीं था; तथापि उन्होंने आलोचना सम्बन्धी कुछ अति महत्त्वपूर्ण प्रश्न—सही और भ्रामक वाग्विदग्धता (True or False Wit), उत्कृष्ट सुरुचि (fine Taste), साहित्य का कल्पनात्मक प्रभाव अथवा आकर्षण (Imaginative appeal of literature) त्रासदी आदि—उठाये हैं। एडीसन के विभिन्न आलोचनात्मक प्रेक्षणों की कोई क्रमबद्ध योजना नहीं पाई जाती है। उनके विचार ड्राइडन की भाँति ही योजनाहीन और अनियमित रूप से 'स्पैक्टेटर' के अनेक निबन्धों में बिखरे पड़े हैं।

सही और भ्रामक वाग्वैदग्ध्य— अपने निबन्ध 'ऐसे कन्सर्निङ्ग ह्यूमन अंडर स्टैंडिंग (Essay Concerning Human understanding) में उन्होंने वाग्विदग्धता को इस प्रकार परिभाषित किया है— "The assemblage of ideas where in can be found any resemblance or Congruity to make up pleasant pictures and agreeable visions in the fancy..........that every resemblance of ideas is not that which we call wit, unless it be such as one that gives delight and surprise to the reader."[2]

"(वाग्विदग्धता) विचारों का वह संकलन है, जिसमें सुखद काल्पनिक चित्रों तथा मनोहर काल्पनिक झाँकियों से कोई भी सादृश्य अथवा संगति पायी जाये.....विचारों का प्रत्येक सादृश्य वाग्वैदग्ध्य नहीं हो सकता, जब तक कि वह

---

1. Dr. Johnson : Life of Dryden, An Introduction to literary Criticism : B. Prasad, p. 125.
2. Spectator : No. 62

पाठक को आनन्द और कौतूहल से अभिभूत करने वाला न हो।''

एडीसन की धारणा है कि विचारों का वही सादृश्य वाग्वैदग्ध्य कहा जा सकता है, जो आनन्ददायी और कौतूहल उत्पन्न करने वाला है और कौतूहल उत्पन्न करने के लिए आवश्यक है कि उन विचारों को संकलित न किया जाय, जो स्वभाव अथवा प्रकृतिगत साम्य में एक दूसरे के बहुत निकट हों। कहना यह है कि वह कौतूहल को वाग्विदग्धता का अनिवार्य तत्त्व मानते हैं और कौतूहल वहाँ उत्पन्न नहीं हो सकता, जहाँ दो विचारों में प्रकटत: अथवा प्रत्यक्षत: सादृश्य होगा। उन्होंने उदाहरण देकर स्पष्ट किया है कि किसी व्यक्ति के गायन को दूसरे व्यक्ति के गायन के अनुरूप कहना अथवा किसी पदार्थ की शुभ्रता की तुलना दुग्ध हिम की श्वेतता से करना अथवा विभिन्न रंगों की तुलना इन्द्रधनुष से करना, दो विचारों का स्पष्ट सादृश्य होगा; परिणामत: इस प्रकार के प्रकट सादृश्य में पाठक कौतूहलवश अथवा आश्चर्यान्वित नहीं हो सकता। अत: इस प्रकार के विचार सादृश्य में वाग्वैदग्ध्य नहीं माना जा सकता। इसके विपरीत वाग्वैदग्ध्य वहाँ माना जायेगा, पाठक को आश्चर्यान्वित करने वाले दो विचारों में संगति उद्घाटित की गयी है। उदाहरण के लिए यदि कवि अपनी नायिका के वक्ष को हिम की भाँति श्वेत बताता है तो ऐसी तुलना में कोई वाग्विदग्धता नहीं मानी जा सकती, परन्तु अपने इसी कथन को यदि वह एक दीर्घ नि:श्वास के साथ इस प्रकार व्यक्त करता है—''आह! नायिका का वक्ष हिम की भाँति श्वेत ही नहीं, शीतल भी है''—तो निश्चित ही यह कथन वाग्वैदग्ध्य (Wit) युक्त हो जायेगा। एडीसन के शब्दों में ही—"Thus when a poet tells us, the bosom of his mistress is as white as snow, there is no wit in the comparison; but when he adds, with a sigh, that it is as cold too, it then grows in to wit."[1]

इस प्रकार सच्ची वाग्विदग्धता (Wit) विचारों का वह सादृश्य अथवा संगति है जो पाठकों को आश्चर्यान्वित कर आनन्द से अभिभूत कर देती है।

सच्ची वाग्विदग्धता के ज्ञान के लिए आवश्यक है कि भ्रामक वाग्वैदग्ध्य को पहचाना जाये। एडीसन के अनुसार भ्रामक वाग्वैदग्ध्य की व्युत्पत्ति शब्दों अथवा वर्णों के साम्य से होती है, अर्थात् शब्द अथवा वर्णों की परस्पर संगति और साम्य से कभी-कभी वाग्वैदग्ध्य का भ्रम हो जाता है। वर्ण विपर्यय (Anagram) और परिवर्णी काव्य (Acrostic) शब्द अथवा वर्ण साम्य और संगीत पर आधारित भ्रामक वाग्वैदग्ध्य के श्रेष्ठ उदाहरण हैं। वर्ण-विपर्यय में मात्र वर्णों का पुन: विन्यास ही होता है, उदाहरण के लिए 'मेघनाद' को 'घन गर्जन' कहा जाये अथवा अंग्रेजी में 'फ्लोरेन्स नाइटेंगिल' (Florence Nightangle) को 'शीघ्रगामी चहकती हुई 'देवदूति' (Filt on, Cheering Angel) कह दिया जाय। परिवर्णी काव्य में भी पंक्ति के प्रारम्भ, मध्य अथवा अन्त के वर्ण अथवा शब्दों में साम्य और संगति पायी जाती है। भ्रामक वाग्वैदग्ध्य (शब्द

1. Joseph Addison : Spectator : No. 62.

अथवा वर्ण संगति और साम्य से उद्भूत) के सर्वोत्तम उदाहरण यमक अथवा श्लेष (Pun) अलंकार हैं। 'पन' (यमक, श्लेष) एडीसन के अनुसार एक प्रकार की वह कष्ट कल्पना (Conceit) है, जिसकी व्युत्पत्ति दो भिन्न अर्थ द्योतक शब्दों के पारस्परिक ध्वनि-साम्य से होती है। बी० प्रसाद ने शेक्सपीयर के उपन्यास 'एज यू लाइक इट' (As You Like It) के अंक तीन, दृश्य दो में सीलिया और रोजालिन्द के परस्पर वार्तालाप से 'पन' (Pun) का एक उत्तम उदाहरण प्रस्तुत किया है। जब सीलिया अपने अत्यन्त प्रेमी ओरलन्द (Orlando) जिसे कि उसने जंगल में एक वृक्ष के नीचे ढूँढ़ा था—के सम्बन्ध में कहती है—

Celia—He was furnished like a hunter.

Rosalindo—O, Ominous : he comes to kill my heart.

Here the pun is on the word 'heart' which has the same sound as the word 'hart' meaning a stage; the sport of hunters, which Rosalind has in mind too."[1]

"*सिलिया*—वह एक शिकारी की भाँति सुसज्जित था।

रोजलिन्द—ओ, अशुभ! वह मेरा हृदय विदीर्ण करने के लिए आता है।"

यहाँ पर ध्वनि साम्य युक्त 'हार्ट' शब्द द्विअर्थ का बोधक है। 'हार्ट' से तात्पर्य 'हृदय' से भी है और 'हिरण' से भी। शिकारियों की क्रीड़ा के साधन 'हिरन' को दृष्टिगत रखकर सीलिया ने ओरलन्द को शिकारी की भाँति बताया, जबकि रोजलिन्द अपने हृदय को दृष्टिगत रख अपने प्रतिद्वन्द्वी ओरलन्द्र को शिकारी स्वीकार करती है।

इस भ्रामक वाग्वैदग्ध्य के इन तीनों स्रोतों (वर्ण विपर्यय) परिवर्णी काव्य और 'पन' (श्लेष अथवा यमक) में से एडीसन 'पन' (Pun) को ही किसी हद तक सच्चे वाग्वैदग्ध्यता से संयोजित किए जाने के योग्य और महत्त्वपूर्ण मानते हैं। सत्य और भ्रामक वाग्विदग्धता के मध्य उन्होंने वाग्वैदग्ध्य का एक तीसरा रूप भी सुझाया है और वह है मिश्रित वाग्वैदग्ध्य (Mixed wit)। मिश्रित वाग्वैदग्ध्य सच्ची वाग्विदग्धता और 'पन' (Pun) का एक प्रकार का संयोजित रूप है, जिसमें अंशतः शब्दों और अंशत : विचारों का साम्य पाया जाता है। एडीसन ने काउले (Cowley) के इस कथन को (अपनी प्रेयसी की आँखों के लिए)—burning glasses made of ice—(हिम निर्मित दाहक उपनेत्र) मिश्रित वाग्वैदग्ध्य का बड़ा ही सटीक उदाहरण स्वीकार किया है। यहाँ पर काउले ने अपनी प्रेयसी के उदास और भावशून्य अवलोकन की तुलना हिम से तथा उसके सुन्दर नयनों की प्रेम-प्रज्वलन-शक्ति की तुलना अग्नि से करके विचारसाम्य का एक उत्कृष्ट उदाहरण प्रस्तुत किया है।

---

1. An Introduction to English Criticism : B. Prasad. p. 127-28.

साहित्यिक अभिरुचि (Literary Taste)

एडीसन के अनुसार साहित्य-सम्बन्धी मानसिक सुरुचि यदि किसी की उत्कृष्ट नहीं है, तो वह साहित्य के उच्चकोटि और निम्नकोटि के विभेदक विवेक से वंचित रह जायेगा। उन्होंने उत्कृष्ट रुचि को परिभाषित करते हुए लिखा है— "That faculty of the soul which discerns the beauties of an author with pleasure and the imperfections with dislike."[1]

''(साहित्यिक अभिरुचि) मनुष्यात्मा की वह अन्त:शक्ति है, जो एक काव्यकार के सौन्दर्य-उद्घाटन में प्रसन्नता का और त्रुटियों के उद्घाटन में अप्रसन्नता का अनुभव करती है।''

वह साहित्यिक अभिरुचि-विकास के लिए प्राचीन, प्रतिष्ठित एवं कालजयी कृतियों का अनुसरण आवश्यक मानते हैं। यदि किसी को अपनी साहित्यिक सुरुचि उत्कृष्ट बनानी हो, तो उसे चाहिए कि वह होमर, अरस्तू तथा अन्य सुरुचि-सम्पन्न साहित्यकारों का बराबर अध्ययन और अनुसरण करता रहे।

त्रासदी सम्बन्धी अवधारणा— एडीसन का त्रासदी सम्बन्धी दृष्टिकोण अरस्तू, होरेस और फ्रांसीसी नवशास्त्रवादियों से पूर्णत: प्रभावित है। अरस्तू की भाँति ही वह त्रासदी को साहित्य की सर्वोत्तम विधा मानते हैं; क्योंकि त्रासदी में मानव के अहम् का परिष्कार और वेदना का प्रशमन होता है। वह प्राचीन शास्त्रवादियों की भाँति ही दु:खदी के नायक को एक सद्गुण सम्पन्न, परन्तु भाग्यहीन व्यक्ति के रूप में चित्रित करना श्रेयस्कर समझते हैं। वह त्रासिक-कामिक के समन्वय के आकांक्षी भी नहीं हैं, जोकि नाटकों की महत्त्वपूर्ण देन है। कथानक का सुगठन एवं घटनाओं का शृंखलाबद्ध प्रस्तुतीकरण ही उन्हें मान्य है। कुल मिलाकर एडीसन के त्रासदी सम्बन्धी विचार प्राचीन शास्त्रवादियों की धारणाओं की पुनरावृत्ति मात्र ही हैं।

आलोचना सम्बन्धी दृष्टिकोण— एडीसन नवशास्त्रवादी आलोचक थे। उन्होंने महाकवि मिल्टन के 'पैराडाइज लास्ट' (स्वर्ग खो गया) की आलोचना करते हुए, प्राचीन शास्त्रवादियों (अरस्तू आदि) के सिद्धान्तों के प्रकाश में ही 'पैराडाइज लास्ट' को क्लासिकल कृतियों (इलिअद और अनीद) के समकक्ष प्रतिष्ठित किया है। अपने बारह निबन्धों में उन्होंने 'पैराडाइज लास्ट' के कथानक, चरित्र-चित्रण आदि पर विस्तार से विचार करते हुए, न केवल कृति की भव्यता प्रमाणित की है; वरन् स्वयं को एक प्रमुख नवशास्त्रवादी के रूप में प्रतिष्ठित भी किया है। यद्यपि वह एक कठोर नवशास्त्रवादी थे, तथापि उन्होंने प्रत्येक तरह के लेखन के लिए नियमों के दासत्वपूर्ण निर्वाह का आग्रह कभी भी नहीं किया है। उनका विश्वास है कि प्रतिभासम्पन्न काव्यकार बिना किसी नियम-निर्वाह के भी महानतम् साहित्य का सृजन कर सके हैं, जबकि साधारण रचयिता पूर्णत: संयमित और नियमबद्ध लेखन के बावजूद भी किसी

---

1. Spectator, 409.

उत्कृष्ट कृति का प्रणयन नहीं कर पाये। शेक्सपीयर बिना किसी नियमबद्धता के भी अंग्रेजी-साहित्य के शीर्षस्थ नाटककार हैं; जबकि बेनजान्सन अपनी सम्पूर्ण नियमानुकूल और शास्त्रवादिता के बावजूद भी मध्य श्रेणी में ही गिने जाते हैं। उन्होंने यह भी अनुभव किया है कि कभी-कभी नियमानुकूल लेखन से कृति का गौरव नष्ट हो जाता है, जबकि नियमों का अतिक्रमण उसे (कृति को) गौरवान्वित करता है। उन्हीं के शब्दों में—"There is sometimes a greater judgement shown in deviating from the rules of art than in adhering to them."[1]

कहना न होगा कि इस कथन में एडीसन निश्चित ही अपनी युगानुभूति से ऊपर उठ एक व्यापक और महान आलोचनात्मक दृष्टिकोण को प्रस्तुत करने में सफल हुए हैं।

महत्त्व—एडीसन की आलोचना की प्रकृति दुहरी है। त्रासदी और मिल्टन के 'पैराडाइज लास्ट' सम्बन्धी आलोचनाओं में वह एक नवशास्त्रवादी के रूप में समक्ष आते हैं,जबकि उनका आलोचना सम्बन्धी दृष्टिकोण बहुत कुछ स्वच्छन्द और सौन्दर्यपरक है। जहाँ उन्होंने कलात्मक नियमों के महत्त्व को स्वीकार किया है; वहीं वह इस बात से भी अनभिज्ञ नहीं कुछ ऐसी भी साहित्यिक मनोहरता एवं लालित्य है, जिसे न तो कलात्मक नियमों में बाँधा ही जा सकता है और न मात्र नियम-निर्वाह से प्राप्त ही किया जा सकता है। यही कारण है कि जहाँ उन्होंने मिल्टन के 'पैराडाइज लास्ट' महाकाव्य को शास्त्रानुकूल होने के कारण उत्कृष्ट घोषित किया है, वहीं पर उन्होंने शेक्सपीयर के नाटकों की भव्यता को भी (उनकी नितान्त नियमहीनता के बावजूद भी) पूर्णत: स्वीकारा है।

कभी-कभी एडीसन की आलोचना को हल्की और साधारण कोटि की गम्भीरता हीन आलोचना कहा जाता है। यह बात सच है कि उन्होंने गम्भीर साहित्य-सिद्धान्तों का न तो प्रतिपादन ही किया और न उनकी गम्भीर व्याख्या ही की। यह कार्य उन्होंने विद्वानों के लिए छोड़ दिया, क्योंकि उनका उद्देश्य तो ज्ञान का प्रचार जनसाधारण में करना था। यही सही है कि वह सर्जक के मार्ग दर्शक नहीं बने, परन्तु इससे भी बड़ा सत्य यह है कि वह भावक और विशेष रूप से साधारण भावक के मार्गदर्शक बने। उन्होंने अंग्रेजी साहित्य के प्रमुख ग्रंथों (पैराडाइज लास्ट आदि) को अति सामान्य लोगों के अध्ययन का विषय बनाकर अंग्रेजी साहित्य को व्यापकत्व और सार्वभौमता प्रदान की। वस्तुत: अंग्रेजी-साहित्य उनकी इस अमूल्य सेवा का चिरऋणी रहेगा।

11

अलैक्जेंडर पोप और नवशास्त्रवाद

पोप (Alexander Pope—1688-1744) की महत्त्वपूर्ण आलोचनात्मक कृतियों—'प्रिफेस टू द वर्क्स ऑफ शेक्सपीयर' (Preface to the works of Shakespear), 'द

---

1. Spectator, 592.

आर्ट ऑफ सिंकिंग' (The Art of Sinking) 'द इमीटेशन ऑफ द इपिसल ऑफ होरेस टू आगस्ट्स' (The Imitation of the Epistle of Horace to Augustus) 'प्रिफेस टू द ट्रांसलेशन ऑफ द इलियड' (Preface to the Translation of the Illiad) और 'एस्से ऑन क्रिटिसिज्म' (Essay on Criticism)—में ' एस्से ऑन क्रिटिसिज्म' ही सर्वाधिक महत्त्व का है। वस्तुत: यह काव्य-निबन्ध ही उनकी आलोचनात्मक मान्यताओं को उद्घाटित करने वाला एक मात्र निबन्ध है। जार्ज सेन्ट्सबरी के अनुसार इस काव्य-निबन्ध में तथा 'इपिसिल' में ही उनके वह सभी साहित्य-सिद्धान्त निहित हैं; जिनका प्रतिस्थापन उन्होंने यौवन काल में किया तथा जिनकी श्रेष्ठता की वकालत उन्होंने अपने समग्र साहित्यिक काल में निरन्तर की।

"Still, it is to the Essay and the Epistle that we
must turn for his deliberate theory of criticism,
announced in youth, endorsed and emphasised in age."[1]

इस काव्य-निबन्ध (Essay on Criticism) में पोप ने प्राचीन शास्त्रवादी लेखकों की कृतियों—होरेस की 'आर्स पोइतिका' (Horace-Ars Poetica) वीदा को 'डी आर्ट पोइतिका' (Vida-De Art Poetica) और बोइले की ल आर्ट पोइटिक' (Boileau's L' Art poetique) को ही प्रतिमान माना है। साहित्य-सिद्धान्तों सम्बन्धी पोप की क्लासिकल मान्यताएँ इस बात का प्रबल प्रमाण हैं कि वह अपने निबन्ध-प्रणयन में क्लासिकों से पूर्णत: प्रभावित रहे हैं; यहाँ तक कि इस आलोचनात्मक निबन्ध को पद्य में लिखकर तथा दो खण्डों में विभाजित करके भी उन्होंने विन्यास और पद्यात्मक आलोचना—लेखन की प्राचीन परम्परा का ही अनुसरण क्रिया है। क्लासिकों के इसी अन्धानुकरण के कारण उनकी मित्र लेडी एम० वोरट्ले मोन्टेगू ने 'एस्से आन क्रिटिसिज्म' को पूर्णत: दूसरों की चोरी (It was all stolen-Lady M. Wortly Montague) माना है।

(Essay on Criticism) इस निबन्ध में, जैसा कि इसके शीर्षक से ही विदित है, कवि-आलोचक पोप ने आलोचनात्मक सिद्धान्तों का प्रणयन ही किया है, सृजनात्मक सिद्धान्तों का नहीं, यद्यपि प्रेक्षण आलोचक और आलोचना को दृष्टिगत रखकर किये गये हैं, तथापि यह सिद्धान्त सर्जक और सृजन पर भी कुछ अंश तक लागू होते हैं। विषय-वस्तु की दृष्टि से इस काव्य-निबन्ध को तीन खण्डों में बाँटा जा सकता है। प्रथम खण्ड अर्थात् प्रथम दो सौ पंक्तियों में सामान्यत: आलोचक-कला (आलोचनात्मक क्षमता कुछ अंश तक प्रकृति पर, तथा कला-नैपुण्य एवं अभ्यास पर तथा कुछ अंश तक क्लासिकों के तत्सम्बन्धित नियमों और प्राचीन साहित्य के अनुशीलन पर निर्भर रहती है) पर विचार किया गया है। दो सौ एक से लगभग पाँच सौ उनसठ पंक्तियों में अर्थात् द्वितीय खण्ड में मनोवैज्ञानिक, नैतिक और साहित्यिक

1. George Saitsbury : A History of English Criticism p. 188.

आलोचनाओं के दोषों के कारणों का उल्लेख किया गया है। तृतीय खण्ड अर्थात (560 से 744 पंक्तियों तक) में आलोचकों के लिए नियम निर्धारित किये गये हैं तथा अरस्तू से लेकर तत्कालीन आलोचकों की लम्बी श्रृंखला में उन आलोचकों की प्रशस्ति भी की गई है, जिन्हें पोप महान समझते थे।

पोप का आभिजात्यवाद—पोप के सम्पूर्ण आलोचनात्मक दृष्टिकोण का केन्द्र बिन्दु क्लासिकल लेखकों का प्रत्येक क्षेत्र में अनुकरण है। उनका दृढ़ विश्वास है कि प्राचीन साहित्यकारों के गम्भीर अध्ययन-मनन तथा उनकी शिल्प-विधि के अनुशीलन के बिना न तो उच्चकोटि का लेखन ही हो सकता है और न आलोचना ही। प्राचीन प्रभुओं के प्रति उनकी निष्ठा 'एस्से आन क्रिटिसिज्म' में उन्हीं के शब्दों में द्रष्टव्य है—

Be Homer's works your study and your delight,
Read them by day, and meditate by night.[1]

क्लासिकल साहित्यकारों का अनुशीलन न केवल उत्कृष्ट लेखक बना देगा, वरन् उत्तम आलोचक का निर्माण भी प्राचीनों के अध्ययन-मनन और अभ्यास का ही परिणाम होगा। लेखन में प्रकृति का अनुकरण वस्तुतः क्लासिकों का अनुकरण ही है, क्योंकि क्लासिकों के (कथानक, चरित्र, अभिव्यंजना आदि) लेखन के सभी उपकरण प्रकृति के अनुकरण से ही परिपुष्ट हुए हैं। यही कारण है कि ग्रीक, रोम और फ्रांस के प्राचीन साहित्यकारों की आलोचनात्मक परियोजना और सृजनात्मक कुशलता को वह अप्रतिम मान, तत्कालीन लेखकों को उनके अनुकरण का सुझाव देते हैं। उन्हीं के शब्दों में—

Be Homer's works your study and delight,
Read them by day, and meditate by night.[2]

कहना न होगा कि पोप की यह धारणा नवशास्त्रवाद की पराकाष्ठा है।

आलोचना का प्रयोजन— पोप के अनुसार आलोचना किसी भी साहित्यिक कृति का सही मूल्यांकन है। उनकी धारणा है कि साहित्यिक कृति के सही मूल्यांकन के लिए आलोचकों में कुछ प्राकृतिक क्षमता, उच्चकोटि के अभ्यास और क्लासिकों के साहित्य-सिद्धान्तों के सम्पूर्ण ज्ञान की आवश्यकता होती है।

साहित्य-सम्बन्धी विचार— पोप ने वाग्वैदग्ध्य, काव्य-भाषा आदि पर अपने विचार व्यक्त किये हैं। उनके अनुसार, वाग्विदग्धता वह एक सामान्य विचार है, जिसे समुचित कलात्मकता से व्यक्त किया जाता है अर्थात् कलात्मक सौन्दर्य से अलंकृत प्राकृतिक बिम्ब ही वाग्वैदग्ध्य है। यहाँ प्रकृति के सौन्दर्य से तात्पर्य जल-थल और आकाश के अर्थात् ब्रह्माण्ड के सौन्दर्य से नहीं है, वरन् मानव स्वभाव के सौन्दर्य से है;

---

1. Alexander Pope : Essay on Criticism.
2. Alexander Pope : Essay on Criticism.

क्योंकि नवशास्त्रवादियों के लिए प्रकृति (Nature) का तात्पर्य हमेशा ही मानव स्वभाव रहा है।

काव्य-भाषा सम्बन्धी विचार में पोप होरेस और कुन्तिलियन के अनुगामी हैं। पोप के अनुसार शब्द-चयन में न तो पूर्णत: नवनिर्मित शब्द को ही स्थान मिलना चाहिए और न अतिप्राचीन शब्दों को ही, क्योंकि अति नवीन और अतिप्राचीन दोनों ही प्रकार के शब्द अभिव्यक्ति को कृत्रिम, दुरूह और अस्पष्ट बनाते हैं।

महत्व— पोप का आलोचनात्मक दृष्टिकोण प्राचीन गुरुओं से अत्यधिक प्रभावित है; उसमें मौलिकता का प्राय: अभाव ही है। परन्तु इतना सब होते हुए भी उनके महत्त्व को कम नहीं किया जा सकता, क्योंकि उन्होंने अपनी युगधारा के अनुरूप प्राचीन प्रभुओं की मात्र शरण ही नहीं ली, वरन् उन सभी महत्त्वपूर्ण आभिजात्यवादी सिद्धान्तों को एकत्रित और व्यवस्थित किया जिससे कि नवशास्त्रवादी दर्शन का समग्र रूप साहित्य-मर्मज्ञों के समक्ष प्रकट हुआ।

12

डॉ० सेमुअल जॉनसन की आलोचना

डॉ० जॉनसन (1709-1784) का कृतित्व संक्षिप्त है, परन्तु उनका प्रभाव युगान्तकारी। उन्होंने आलोचना सम्बन्धी लगभग एक दर्जन निबन्ध 'रेम्बलर' (Rambler) में लिखे हैं; 'रास्सिलेस' (Rasselas) में काव्य-परिभाषा-सम्बन्धी विचार व्यक्त किये हैं, शेक्सपीयर के नाटकों की भूमिका (Preface to the plays of Shakespeare) लिखी हैं और कवियों की जीवनियों (Lives of the Poets) लिखी हैं। कुल मिलाकर बस इतना ही उनका महत्त्वपूर्ण आलोचक कृतित्व कहा जा सकता है।

जॉनसन के समय में साहित्य की आलोचना मात्र प्राचीन नियमों का किसी भी कृति पर लागू करना भर था। यदि कृति में क्लासिकों द्वारा निर्धारित नियमों का निर्वाह हुआ है, तो कृति उत्तम है अन्यथा नहीं। डॉ० जॉनसन ने सर्वप्रथम अपने युग के इस आलोचनात्मक मानदण्ड में परिवर्तन लाने का प्रयत्न किया। आलोचना का प्रयोजन निर्धारित करते हुए उन्होंने 'रेम्बलर' में स्पष्टत: घोषित किया है कि आलोचक को नवीनता की झोंक में न तो प्राचीन आलोचना सम्बन्धी निर्धारित नियमों की अवहेलना ही करनी चाहिए और न कृतिगत सौन्दर्योद्घाटन की अवहेलना, मात्र नियम भंग होने के भय से करनी चाहिए। उन्हीं के शब्दों में— "........that he may neither violate essential principle by a desire of novelty, nor debar himself from the attainment of beauties within his views by a needless fear of breaking rules which no literary dictator had authority to enact."[1]

---

1. Rambler, 156.

यद्यपि डॉ० जॉनसन एक नवशास्त्रवादी आलोचक हैं, तथापि वह प्राचीन अधिकारियों द्वारा निर्धारित नियमों का दासत्व स्वीकार नहीं करते।

आलोचना जगत को उनकी दूसरी महत्त्वपूर्ण देन है—सर्जक की कृति की आलोचना से पूर्व उस युग और परिस्थितियों अथवा परिवेश के अध्ययन का आग्रह। उनकी दृढ़ मान्यता है कि साहित्य और साहित्यकार युग-सापेक्ष होते हैं। यद्यपि किन्हीं बातों में उच्चकोटि के साहित्यकार युग का अतिक्रमण भी कर जाते हैं, तथापि उनके कृतित्व का बहुत कुछ अंश युग-परिवेश से नियंत्रित होता है। उनके अनुसार, किसी लेखक की सही जाँच करने के लिए हमें यह जानना आवश्यक होगा कि उस युग की क्या माँग थी, लोग साहित्यकार से क्या चाहते थे?

काव्य सम्बन्धी दृष्टिकोण—डॉ० जॉनसन ने 'मिल्टन के जीवन' में कविता के सम्बन्ध में लिखा है कि सत्य और आनन्द को समन्वित करने वाली कला का नाम कविता है, जिसमें कि कल्पना और बुद्धि का सहारा लिया जाता है। अर्थात् कविता की प्रकृंति सत्य अथवा जीवन का अनुकरण करना है। इसी तरह शेक्सपीयर के नाटकों की भूमिका में उन्होंने काव्य-प्रयोजन आनन्ददायिनी शिक्षा माना है।

नाटक सम्बन्धी दृष्टिकोण—जॉनसन ने युगानुकूल ही नाटक की प्रकृति, संकलन त्रय, नाट्य जनित आनन्द और ट्रेजी—कमेडी पर भी विचार किया है। नाटक को वह जीवन की सच्ची तस्वीर मानते हैं। नाटक मनोद्गारों को मानवीय भाषा में व्यक्त करने की साहित्यिक विधा है। उनका विश्वास है कि कोई भी कहानी जो कि मात्र कल्पना के ऊहापोह पर आश्रित है और जिसका यथार्थ जीवन से कोई सम्बन्ध नहीं है, नाटक की कथावस्तु के लिए नहीं चुनी जा सकती, क्योंकि प्रत्येक नाटक की कथावस्तु के मूल्य की कसौटी उसकी सत्यता ही है, अर्थात् जीवन का यथार्थवादी प्रस्तुतीकरण ही नाटक का उचित कथ्य हो सकता है। उन्हीं के शब्दों में— "........the value of every story depends on its being true. A story is a picture of either an individual or of human nature in general : if it be false it is a picture of nothing."[1]

व्यावहारिक आलोचक— व्यावहारिक आलोचना के क्षेत्र में कृतियों और कृतिकारों के सम्बन्ध में निर्णयात्मक एवं व्यवस्थित ढंग से लिखने वाले अंग्रेजी के प्रथम आलोचक डा० जॉनसन ही हैं। उन्होंने 52 कवियों की जीवनियाँ (Lives of the Poets) 'कवियों के जीवन' शीर्षकान्तर्गत क्रमबद्ध रूप में लिखी हैं। उनकी यह कृति अंग्रेजी-आलोचना की अमर कृति है। इसमें न केवल कवियों के जीवन चरित के सम्बन्ध में ही निर्णयात्मक विचार प्रस्तुत किये गये हैं, वरन् कवियों की बड़ी ही प्रौढ़ आलोचना भी की गई है। इन जीवनियों में डा० बी० प्रसाद के अनुसार काउले

---

1. Entry in Boswell's life, dated 16th March, 1776.

(Cowley), मिल्टन ड्राइडन, एडीसन और पोप के जीवनचरित हैं। इस पुस्तक में जॉनडन (John Donne) से प्रारम्भ होने वाले और काउले से समाप्त होने वाले अंग्रेजी के 'मेटाफिजिकल काव्य' का विशद् विवेचन पाया जाता है।

महत्व— अंग्रेजी-आलोचना के नवशास्त्रवादी स्कूल के अन्तिम महान् आलोचक डॉ० जॉनसन ही हैं। उन्होंने आलोचक और लेखक—दोनों के लिए नियम निर्धारित किये हैं, परन्तु उनका नियम-निर्धारण मात्र प्राचीन गुरुओं के नियमों का निर्वाह ही नहीं है, वह आलोचक और लेखक को थोड़ी स्वतन्त्रता देते हैं। परन्तु इस स्वतन्त्रता के बावजूद भी होरेस के अनुसार ही काव्य वह कवियों से महान्-काव्य निर्माण सम्बन्धी नियमों के निर्वाह की अपेक्षा करते हैं; क्योंकि उनका विश्वास है कि महान काव्य-सृजन किसी प्रकार भी 'चान्स' पर आधारित नहीं हो सकता। कुल मिलाकर कहा जा सकता है कि वह पूर्णत: नवशास्त्रवादी हैं, परन्तु रूढ़िवादी नवशास्त्रवादी नहीं।

●

3

स्वच्छन्दतावाद का प्रारम्भ

नवशास्त्रवाद के तीन प्रमुख तत्त्व हैं—(1) काव्य को एक अनुकरणात्मक कला माना, जिसमें प्रकृति (नवशास्त्रवादियों ने प्रकृति के नाम पर प्रायः मानव-प्रकृति का ही चित्रण किया है, दृश्यमान जगत की प्रकृति की अमूमन अवहेलना ही की है।) का अनुकरण शिक्षा और सुखानुभव के लिए किया जाता है, (2) काव्य के निश्चित प्रकार (नाटक, कवितादि) हैं और प्रत्येक नवलेखन इन्हीं विधाओं का अंग होना चाहिए; (3) प्रत्येक कवि को अनिवार्यतः लेखन सम्बन्धी क्लासिकल नियमों का निर्वाह करना चाहिए। नवशास्त्रवाद के ये तीनों प्रमुख तत्त्व सैद्धान्तिक रूप से अथवा व्यावहारिक रूप से किसी भी नवशास्त्रवादी आलोचक अथवा कवि-आलोचक के लेखन में नहीं पाये जाते; यहाँ तक कि पोप में भी नहीं, जो कि नवशास्त्रवादी विचारधारा के प्रबल समर्थक कवि-आलोचक हैं। पोप ने भी देश-कालानुसार नियमों की शिथिलता को स्वीकारा है। ड्राइडन भी 'अरस्तू ने कहा है' मात्र इसीलिए किसी भी बात को स्वीकारना नहीं चाहते। एडीसन भी काल्पनिक आकर्षण (Imaginative appeal) की बात करते हैं। इन सभी नवशास्त्रवादी आलोचकों और कवि—आलोचकों ने क्लासिकों द्वारा निर्धारित सिद्धान्तों की वकालत करते हुए भी तर्क और विवेक के हस्तक्षेप को किसी भाँति भी नकारा नहीं है। कहना यह है कि क्लासिकल मतान्धता (Dogmatism) का प्रतिवाद इन आलोचकों से अनजाने हो ही गया है। यही कारण है कि ड्राइडन काव्य-सौन्दर्य के मूल्य पर किसी क्लासिकल नियम को तोड़ना बेहतर मानते हैं; एडीसन को कभी-कभी नियमातिक्रमण कलागत न्याय प्रतीत होता है; यहाँ तक कि बेन जॉनसन को भी किसी शास्त्रवादी लेखक को साहित्य जगत का तानाशाह मानना हास्यास्पद प्रतीत होता है, भले ही वह अरस्तू ही क्यों न हों। इस प्रकार कहा जा सकता है कि अंग्रेज आलोचकों ने शास्त्रवादी सिद्धान्तों को अपनाते हुए भी देश-कालानुसार इन सिद्धान्तों की परिसीमाओं को निरन्तर दृष्टि-पथ में रखा है। वस्तुतः शास्त्रवाद की सीमायें तो लोंगिनुस और कुन्तिलियन ने भी स्वीकार की थीं।

इधर ठीक इसी समय शास्त्रवादी परम्परा के प्रबलतम समर्थक फ्रांसीसी साहित्यकार भी शास्त्रवादी नियमों की मशीनगतता की अवहेलना करने लगे थे। कम से कम फ्रांसीसी साहित्य-जगत के दो प्रमुख साहित्यकार कारनेल (Corneille) और सन्त एवरमन्द (Saint Evermond) तो निश्चित ही शास्त्रवादी सिद्धान्तों की कमियों का उल्लेख कर रहे थे। चूँकि फ्रांसीसी साहित्य का उन दिनों अंग्रेजी साहित्य पर भारी प्रभाव था, इसीलिए अंग्रेजी साहित्य में भी प्राचीन शास्त्रवादी सिद्धान्तों पर गहरे

प्रश्नवाचक चिह्न लगाये जाने लगे। इस प्रकार प्राचीन व्यवस्था का स्थान नयी व्यवस्था ने अर्थात् नवशास्त्रवाद का स्थान स्वच्छन्दतावाद ने लिया, जिसमें कि व्यक्ति और रचना दोनों के ही स्वातन्त्र्य की आवाज बुलन्द की गई। वस्तुत: इस नयी साहित्य-व्यवस्था (स्वच्छन्दतावाद) का आविर्भाव स्वच्छन्दतावादी साहित्यकारों का कोई नया अनुसन्धान न था, वरन् उस प्राचीन (शास्त्रवादी और नवशास्त्रवादी) व्यवस्था में ही विद्यमान स्वच्छन्दतावादी तत्त्वों के विकासात्मक स्वरूप की प्रतिस्थापना इन साहित्यकारों ने की थी।

चूँकि साहित्य समाज का दर्पण है, इसलिए प्रत्येक सामाजिक (जिसमें कि राजनीति भी सम्मिलित है) परिवर्तन साहित्य को अवश्य ही प्रभावित करता है। स्वच्छन्दतावाद के आविर्भाव के पीछे भी सामाजिक परिवर्तनों का हाथ है। फ्रांस की राज्यक्रान्ति और उस राज्यक्रान्ति को सम्बल देने वाले रूसो ने स्वच्छन्दतावाद के विकास को पर्याप्त प्रभावित किया है। रूसो व्यक्तिगत स्वतन्त्रता के महान समर्थक थे। और फ्रांसीसी क्रान्ति का तो नारा ही 'स्वतन्त्रता, समानता और भ्रातृत्व' था। फ्रांसीसी राज्यक्रान्ति के उपरान्त अमेरिका की स्वाधीनता सम्बन्धी उद्घोषणा और उसके साथ ही मानवीय अधिकारों की वकालत ने भी परोक्ष रूप से साहित्य जगत के परिवर्तनों को प्रभावित किया।

इधर साहित्य के क्षेत्र में जर्मन के श्लेगल (Schlegel) बन्धुओं (दो भाई) तथा शेलिंग (Shelling) ने कला के स्वच्छन्दतावादी दृष्टिकोण को स्पष्ट किया, जिसने आलोचना के क्षेत्र में सारे यूरोप को प्रभावित किया। शेलिंग ने कला के क्षेत्र में कल्पना तत्त्व पर विशेष बल दिया। इसके साथ ही इंग्लैण्ड में स्वच्छन्दतावादी प्रवृत्ति का विकास मध्यकालीन साहित्य (गाथा गीत, प्रेमाख्यान आदि) के प्रभाव से भी हो रहा था; यहाँ तक कि सर फिलिप सिडनी-जैसे नवशास्त्रवाद के प्रारंभिक समर्थक भी चेवीचेज़ (Chevy Chase) के गाथा गीत से अत्यधिक प्रभावित हुए थे। सन् 1765 में प्रकाशित बिशप पर्सी (Bishop Percy) की पुस्तक 'रिलीक्स ऑफ एन्सियेण्ट इंगलिश पोयट्री' (Reliques of Ancient English Poetry) ने अनेक अंग्रेज आस्वादकों को मध्यकालीन साहित्य से बेहद प्रभावित किया था। इस प्रकार कुल मिलाकर यह कहा जा सकता है कि स्वच्छन्दतावादी आन्दोलन के आविर्भाव में राजनीतिक, सामाजिक और साहित्यिक सभी परिवर्तनों का प्रत्यक्ष और अप्रत्यक्ष हाथ रहा है।

13

महाकवि वर्ड्सवर्थ का आलोचक-स्वरूप

सहजात कवि विलियम वर्ड्सवर्थ (1770-1850) स्वभाव के आलोचक नहीं थे। आलोचना उनका उद्देश्य भी नहीं था। यदि 1798 में वर्ड्सवर्थ और कॉलरिज द्वारा प्रकाशित 'लिरिकल बैलड्स' पर 'एडिनबर्ग' (Edinburgh) और 'क्वार्टरली' (Quarterly) पत्रिकाओं के नवशास्त्रवादी समीक्षकों ने कठोरतम प्रहार न किये होते तो

सम्भवत: वर्ड्सवर्थ ने अपनी आलोचक-मान्यताओं को कलमबद्ध भी न किया होता। वस्तुत: वर्ड्सवर्थ का आलोचनात्मक कृतित्व, उनकी आत्मरक्षा का वह प्रयत्न है, जोकि उन्होंने उपर्युक्त नवशास्त्रवादी समीक्षकों के प्रहारों के विरुद्ध किया था। परन्तु मूलत: और स्वभावत: आलोचक न होने पर भी अंग्रेजी आलोचनाशास्त्र में उनकी मान्यताओं का गौरव अक्षुण्ण है।

उनके प्रमुख आलोचनात्मक निबन्धों में 'लिरिकल बैलड्स' (Lyrical Ballads) के तीन संस्करणों (1800, 1802 और 1815) की भूमिकाएँ हैं तथा 1802 की भूमिका के साथ ही एक परिशिष्ट और 1815 की भूमिका के साथ एक संपूरक निबन्ध भी है। सन् 1800 में लिखी गयी 'लिरिकल-बैलड्स' की भूमिका को पर्याप्त परिवर्तन और परिवर्द्धन के उपरान्त 1802 और तदुपरान्त 1815 में प्रस्तुत किया गया है। ऐसा अनुमान किया जाता है 1800 में प्रकाशित 'लिरिकल-बैलड्स' की भूमिका तो वर्ड्सवर्थ द्वारा स्वरचित थी, परन्तु 1802 और 1815 की भूमिकाओं में वर्ड्सवर्थ ने अपने मित्र कॉलरिज द्वारा लिखी हुई टिप्पणियों को भी समाविष्ट कर लिया था।

काव्य-भाषा— वर्ड्सवर्थ के काव्य-भाषा सम्बन्धी दृष्टिकोण पर विचार करने से पूर्व यह आवश्यक है कि शास्त्रवादी और नवशास्त्रवादी आलोचकों की काव्य-भाषा सम्बन्धी मान्यताओं पर एक सरसरी नजर डाली जाये, क्योंकि इस ऐतिहासिक पृष्ठिभूमि को समझ कर ही उनके दृष्टिकोण को भली-भाँति समझा जा सकता है।

रोम के महानतम वक्ता सिसरो (Cicero) ने शैली को तीन भागों में विभाजित किया था; यथा—निम्न जिसका प्रयोग किसी बात को प्रमाणित करने के लिये, समझाने के लिए; मध्यम जिसका प्रयोग श्रोताओं को प्रसन्न करने के लिए होता है; और उच्च अथवा भव्य शैली जिसका प्रयोग श्रोताओं को आत्म-विभोर करने के लिए होता है। यद्यपि शैलीगत ये तीन श्रेणियाँ सिसरों ने वक्ताओं के भाषण करने के लिए रखी थीं; तथापि यह काव्य लेखन पर उतनी ही लागू होती हैं, जितनी भाषण करने पर। 18वीं शती तक नवशास्त्रवादियों ने इन तीनों शैलियों में प्रथम (निम्न कोटि की शैली) को काव्य-लेखन के लिए अनुपयुक्त ठहराया; क्योंकि उनका विश्वास था कि निम्नकोटि के शब्द, पद बन्ध आदि चूँकि बार-बार सुनने में आते हैं, इसलिए उनमें मनोहरता नहीं रहती। इसी प्रकार अब काव्य-लेखन की मात्र दो ही शैलियाँ प्रचलित थीं—मध्यम शैली और भव्य शैली। कहना यह है कि 18वीं शती तक काव्य-भाषा के नाम पर दो प्रकार के शब्दों का प्रयोग (मध्यम कोटि और उच्च कोटि के) ही मान्य था। इसके साथ ही डॉ० जॉनसन ने काव्य में पारिभाषिक और तकनीकी शब्दों के प्रयोग को भी अनुपयुक्त ठहराया था। कहना यह है नवशास्त्रवादी आलोचक निम्नकोटि के अर्थात् रोजमर्रा की भाषा के शब्दों तथा तकनीकी एवं पारिभाषिक शब्दों के अतिरिक्त अन्य सभी प्रकार के शब्दों को काव्य-लेखन में उपयुक्त मानते थे। इस प्रकार उनका काव्य-भाषा सम्बन्धी दृष्टिकोण—बहुप्रचलित, निम्नकोटि के शब्दों तथा पारिभाषिक

एवं तकनीकी शब्दों का अपवाद मान अन्य किसी भी प्रकार के शब्द-चयन को उपयोगी स्वीकार करना था।

नवशास्त्रवादियों की काव्य-भाषा सम्बन्धी धारणा, जहाँ तक कि प्रतिभा-सम्पन्न सर्जकों का प्रश्न था, बड़ी ही उपयुक्त साबित हुई; क्योंकि प्रतिभा-सम्पन्न लेखक भव्य शब्दों का प्रयोग और निर्माण अपनी प्रकृति-प्रदत्त प्रतिभा के बल पर कर ले जाते थे। परिणामत: जहाँ प्रतिभा-साहित्यकारों का साहित्य भव्य काव्य-भाषा प्रयोग से अत्यन्त ही सम्मोहक और उदात्त बना; वहीं पर साधारण कवियों का कृत्रिमतापूर्ण। क्योंकि साधारण कवियों ने भी पूर्व निश्चित भव्य काव्य-भाषा संबंधी दृष्टिकोण से शब्द निर्माण प्रारम्भ किया, जोकि उनकी क्षमता और शक्ति के बाहर की बात थी। फलत: 18वीं शती के काव्य में कृत्रिमता की एक ऐसी झाँकी आयी, जिससे सम्पूर्ण काव्य ही नीरस और जीवनहीन-सा हो गया। इस सन्दर्भ में कृत्रिम-काव्य-भाषा के कुछेक उदाहरण द्रष्टव्य होंगे; यथा—'गड़रिया' को 'ग्रामीण जाति' कहना, मैदान में दूर-दूर तक फैले हुए चमकदार पुष्पों को 'फूलमयदरी अथवा गलीचा' कहना आदि। डॉ० बी० प्रसाद के शब्दों में— "They turned shepherds into ' the rural race', a bright expanse of flower in the fields into 'their flowery carpet', singing birds into gay songsters of the feathered train."[1]

वस्तुत: काव्य-भाषा अथवा काव्य-भाषा सम्बन्धी नवशास्त्रवादियों के इसी दृष्टिकोण को महाकवि वर्ड्सवर्थ ने पूर्णत: अस्वीकृत कर दिया। 1798 के 'लिरिकल बैलड्स' के विज्ञापन में उन्होंने सर्वप्रथम यह घोषित किया कि इन कविताओं को सरल भाषा में रचने का उनका उद्देश्य यह जानना रहा है कि 'समाज के मध्यम और निम्न वर्ग की बोलचाल की भाषा काव्यानन्द के लिए कितनी अनुकूल साबित होती है। किन्तु कवि के इस प्रयोग पर जब नवशास्त्रवादी समीक्षकों ने निर्ममता से प्रहार किये; तो यही प्रयोग काव्य-भाषा सम्बन्धी एक निश्चित अवधारणा के रूप में बदल गया और अपनी इसी अवधारणा को उन्होंने सन् 1800 में प्रकाशित 'लिरिकल बैलड्स' की भूमिका में विस्तार से प्रतिपादित किया। इन कविताओं में उनका प्रमुख उद्देश्य सामान्य जीवन से घटनाओं को चुनकर जनसाधारण की भाषा में से चुने हुए शब्दों में कल्पना का पुट देकर व्यक्त करना था। उन्हीं के शब्दों में—"(His aim) was to choose incidents and situations from common life, and to relate or describe them, throughout as far as was possible, in a selection of language really used by men, and at the same time, to throw over them a certain colouring of imagination, whereby ordinary things should be presented to the mind in an unusual aspect."[2]

---

1. An Introduction to English Criticism : B. Prasad, Pages. 168-69.
2. Wordsworth : Preface to the Second Edition of Lyrical Ballads.

उनकी धारणा है कि काव्य-भाषा जनसाधारण की भाषा का चुना हुआ रूप होने के कारण उस भाषा से (जोकि कभी-कभी गौरवान्वित होने की आकांक्षा करने वाले कवियों द्वारा प्रयुक्त होती है।) कहीं अधिक स्थायी और दर्शन प्रधान होती है। कारण स्पष्ट है कि नवशास्त्रवादी विचारधारा के समर्थक कवि जान-बूझ कर जनसामान्य की इस जीवन्त भाषा का रूप क्लिष्ट और अस्वाभाविक बनाते थे, क्योंकि ऐसा करने में, अपने काव्य को जनसाधारण की रुचि और समझ से परे करने में, सम्भवतः उन्हें यह भ्रम रहता था कि वे स्वयं को तथा काव्य-कला को भव्यता और गौरव प्रदान करते रहे हैं। कहना न होगा नवशास्त्रवादी काव्यकारों के इसी संकीर्ण उद्देश्य से क्षुब्ध वर्ड्सवर्थ ने इस उद्देश्य पूर्ति का साधन तत्कालीन काव्य-भाषा और तत्सम्बन्धित दृष्टिकोण पर करारा प्रहार किया।

उन्होंने अपने काव्य-संग्रह की लगभग सभी कविताओं में तत्कालीन भाव-बोधक विचारों के लिए प्रयुक्त सभी मानवीकरणों को छोड़ दिया। यही नहीं, अस्वाभाविक ढंग से शैली को कृत्रिम गरिमा प्रदान करने वाले उन सभी साधनों को उन्होंने निरर्थक घोषित किया, जोकि तत्कालीन काव्य-लेखन में रूढ़ हो चुके थे। उन्हीं के शब्दों में—"My Purpose was to imitate and, as far as possible, to adopt the very language of men; and assuredly such personifications do not make any natural or regular part of that language........there will also be found in these volumes little of what is usually called poetic diction as much pains has been taken to avoid it as is ordinarily taken to produce it.......to bring my language near to the language of men."[1]

"जहाँ तक सम्भव हुआ है, मेरा उद्देश्य मानव मात्र की भाषा को चुनना ही रहा है और निश्चित ही ऐसे मानवीकरण उस भाषा (जन-सामान्य की भाषा) के प्राकृतिक अथवा नियमित अंश नहीं हैं। अपनी भाषा को जनभाषा के पास लाने के लिए ग्रंथों में काव्य-भाषा नाम की कोई भी वस्तु नहीं रखी गई है, क्योंकि (काव्य-भाषा) इनको दूर रखने के यहाँ उतने ही प्रयत्न किये गये हैं, जितने कि (लोगों द्वारा) इसको निर्मित करने के लिए किये जाते हैं।"

इस प्रकार वर्ड्सवर्थ ने अपनी अवांछित काव्य-भाषा (क्योंकि उनका उद्देश्य तो सहज रूप से जन-भाषा से काव्योचित शब्दों को ग्रहण करना था, किसी निश्चित काव्य-भाषा का निर्माण नहीं) में उन्हीं मुहावरों—सूक्तियों, विरोधालंकारों, पर्यायोक्तियों, विपर्ययों तथा अन्य काव्योचित तरीकों का सहारा लिया है, जोकि पहले से ही काव्य जगत में बहुप्रचलित तथा साधारण पाठकों के सुपरिचित थे।

अपनी काव्य-भाषा सम्बन्धी अवधारणा के अन्त में वर्ड्सवर्थ ने काव्य-भाषा और गद्य-भाषा में कोई तात्विक भेद नहीं माना है। उनकी धारणा है कि किसी श्रेष्ठ कविता

---

1. Wordsworth : Preface to the Second Edition.

की भाषा की अधिकांश भाग अच्छी गद्य भाषा जैसा ही होता है, दोनों ही भाषा में किसी प्रकार की विभेदक रेखा नहीं खींची जा सकती। यही नहीं, किसी कविता के सर्वाधिक आकर्षक और रसप्रधान अंश की भाषा पूर्णतः वैसी ही होती है, जैसी कि उच्चकोटि के गद्य-साहित्य की भाषा। महाकवि के शब्दों में ही— "That not only the a language of a large portion of every good poem, even of the most elevated character, must necessarily, except with reference to the metre, in no respect differ from that of good prose, but likewise that some of the most interesting parts of the best poems will be found to be strictly the language of prose, when prose is well written."[1]

महाकवि ने अपनी बात को स्पष्ट करने के लिये 'थॉमसग्रे' की कविता की अन्तिम दो पंक्तियाँ उद्धृत भी की हैं—I fruitless mourn to him that can not hear, And weep the more because I weep in vain.[2]

"जो नहीं सुन सकता उसके लिए मैं वृथा विलाप करता हूँ, और अधिक रोता हूँ, क्योंकि मैं व्यर्थ रोता हूँ।"

वर्ड्सवर्थ इन काव्य-पंक्तियों की भाषा में और उत्कृष्ट गद्य की भाषा में कोई अंतर नहीं मानते। कहना न होगा कि इसी मान्यताधीन वर्ड्सवर्थ ने काव्य-भाषा सम्बन्धी अपनी परिकल्पना को द्वितीय संस्करणों की भूमिकाओं के प्रारम्भिक शब्दों में इस प्रकार स्पष्ट किया है— "It may be safely affirmed that there neither is, nor can be, any essential difference between the language of prose and metrical composition."[3]

"हम निस्संकोच यह कह सकते हैं कि गद्य की भाषा और छन्दोबद्ध रचना की भाषा में न तो कोई तात्त्विक अन्तर है, न हो सकता है।"[4]

काव्य-भाषा सम्बन्धी वर्ड्सवर्थ की इस अवधारणा को दृष्टिगत रखकर तीन प्रश्न उठाये जा सकते हैं—

1. काव्य और गद्य की भाषा में वृत्त सम्बन्धी भेद भी क्या उसी प्रकार भेद नहीं है, जिस प्रकार के अन्य दूसरे भेद हो सकते हैं?

2. काव्य-भाषा जन साधारण द्वारा प्रयुक्त भाषा का चयन किया हुआ रूप होता है, वर्ड्सवर्थ की यह धारणा क्या नवशास्त्रवादियों की भाषागत धारणा से पूर्णतः भिन्न है?

---

1. Wordsworth : Preface to the Second Edition.
2. Thomas Gray : On the Death of Richard West.
3. Preface to the Second Edition.
4. ('लिरिकल बैलड्स' के द्वितीय संस्करण की भूमिका) अनुवाद : श्री महेन्द्र चतुर्वेदी—कविता और काव्य-भाषा पाश्चात्य काव्यशास्त्र की परम्परा, पृ० 144।

3. क्या वर्ड्सवर्थ का महानतम काव्य जनसामान्य की भाषा में चयनित रूप में लिखा गया है? अर्थात् क्या महाकवि अपनी भाषागत अवधारणा को अपने काव्य में भी व्यावहारिक रूप दे सके हैं?

प्रथम प्रश्न के उत्तर में कहा जा सकता है कि गद्य-पद्य का छंद सम्बन्धी भेद अन्य भाषागत भेदों में सम्मिलित नहीं किया जा सकता, क्योंकि काव्य की छन्दोबद्धता और गद्य की छन्द हीनता भाषागत भेद नहीं, स्वरूपगत भेद है।

द्वितीय प्रश्न के उत्तर में कहा जा सकता है कि काव्य-प्रयोग के लिए सुरुचि और भाव गाम्भीर्य से किया गया भाषा-चयन (भले ही यह चयन जनसाधारण द्वारा प्रयुक्त भाषा से ही क्यों न किया जाय) निश्चित ही काव्य को जनसाधारण की क्षुद्रता और ग्राम्य प्रयोगों से अलग कर देता है। और इस प्रकार जनसाधारण की वास्तविक भाषा (the language really used by men) से इस चयनित काव्य-भाषा में तात्त्विक भेद पैदा हो ही जाता है। इसी भाँति काव्य-भाषा (चयनित-भाषा) और गद्य-भाषा में भी इस स्तर पर विभेद करना अनुचित न होगा। कहना यह है कि वर्ड्सवर्थ की यह मान्यता पूर्णत: उचित नहीं ठहराई जा सकती कि काव्य-भाषा और गद्य-भाषा में छन्दोबद्धता के अतिरिक्त कोई तात्त्विक भेद नहीं होता, क्योंकि वर्ड्सवर्थ ने स्वयं ही स्वीकार किया है कि घनीभूत संवेगों और भावगाम्भीर्य के क्षणों में चयन की हुई भाषा भव्य, सबल और रूपक एवं अलंकारों से युक्त जीवन्त भाषा होती है। उन्हीं के शब्दों में—Is selected truly and judiciously, must necessarily be dignified and variegated, and alive with metaphors and flgures.

कहना न होगा कि वर्ड्सवर्थ की यह प्रबल भावावेगमयी भाषा नवशास्त्रवादी डॉ० जानसन की 'फ्लावर्स आफ स्पीच' (Flowers of Speech) से न तो बहुत दूर ही है और न बहुत भिन्न ही। इस तरह महाकवि अन्ततोगत्वा उसी स्थल पर पुनः खड़े प्रतीत होते हैं। जिस स्थल से विद्रोही हुए थे। यही कारण है कि रेन बैलैक ने उनका निर्वाह नवशास्त्रवाद में ही स्वीकृत किया है। Wordsworth, actually, ends in good neo-classicism.[1]

तीसरे प्रश्न के उत्तर में कहा जा सकता है कि उनकी महानतम कविताएँ; यथा—'टिंटर्न एब्बे' (Tintern Abbey), 'द इमोर्टेलिटी ओड' (The Imortality ode), आदि जनसाधारण की चयनित भाषा (In a selection of Language realy used by men) में नहीं लिखी गई हैं। इसके साथ ही यह कहना भी सर्वथा सत्य है कि महाकवि की अधिकांश कविताएँ, जिनमें कि उन्होंने घटनाओं और स्थितियों को जनसामान्य के जीवन से चुना है, जनसाधारण की चयनित भाषा में ही लिखी गई हैं। इस प्रकार यह कहना असंगत न होगा कि (रहस्यानुभूति प्रधान कविताओं को छोड़कर) महाकवि वर्ड्सवर्थ अपनी काव्य-भाषा सम्बन्धी अवधारणा को काव्य में भी उतार सके हैं।

---

1. Rene Wellek : A History of Modern Criticism Vol. II, p. 134.

काव्य सम्बन्धी अवधारणा—वर्ड्सवर्थ ने प्रारम्भ में कविता की परिभाषा—'कविता बलवती अथवा प्रभावशाली भावनाओं का सहज उच्छलन होती है।' (Poetry is spontaneous overflow of powerful feelings) कहकर की है। अब यहाँ एक विरोधाभास समक्ष आता है कि यदि कविता शक्तिशाली अथवा प्रभावशाली भावनाओं का मात्र सहज उच्छलन है, तो यह जनसाधारण की भाषा में कैसे लिखी जा सकती है। तात्पर्य यह है कि भावोद्‌गारों का स्वत: स्फुरण सर्जक को इतना अवसर कहाँ देगा कि वह जन-भाषा के चयनित शब्द भंडार में ही इस उच्छलन को शब्द बद्ध करे। फिर तो जो भी भाषा उस क्षण विशेष में सूझ पड़ेगी (जिस क्षण कि यह उच्छलन हो रहा है) उसी में काव्य रचना हो जायेगी। और इस प्रकार जन सामान्य प्रयुक्त भाषा के चयनित रूप (In a selection of language really used by men) में ही कविता करने का सुविचार भ्रामक ठहरता है। सम्भवत: महाकवि ने काव्य भाषा और काव्योत्पत्ति सम्बन्धी इस विरोधाभास को दृष्टिपथ में रखते हुए 'लिरिकल बैलड्स' के द्वितीय संस्करण की भूमिका में, काव्य-सम्बन्धी अपनी प्रारम्भिक धारणा को पर्याप्त रूपान्तरित करके प्रस्तुत किया। 'लिरिकल बैलड्स' के द्वितीय संस्करण की भूमिका में, काव्य-सम्बन्धी अपनी प्रारम्भिक धारणा को पर्याप्त रूपान्तरित करके प्रस्तुत किया। 'लिरिकल बैलड्स' के द्वितीय संस्करण की भूमिका में, काव्य-सम्बन्धी अपने प्रारम्भिक कथन को उन्होंने इस प्रकार विस्तृत एवं परिष्कृत किया है; यथा—I have said that poetry is the spontaneous overflow of Powerful feelings; it takes its origin from emotions recollected in tranquillity, the emotion is contemplated till, by a species of reaction, the tranquillity gradually disappear, and an emotion, kindred to that which was before the subject of contemplation, is gradually produced, and does itself actually exist in the mind. In this mood successful composition generally begins, and in a mood similar to this it is carried on.[1]

"मैंने पहले ही कहा है कि कविता सशक्त भावोद्‌गारों का स्वत: प्रसूत उच्छलन है। प्रशांतावस्था (मन की) में मनोभावों के अनुस्मरण से यह उद्‌भूत होती है। उस मनोभाव विशेष (वही मनोभाव अथवा भावोद्‌गार जो कि मन में स्वत: प्रसूत हो चुका है) का, एक निश्चित प्रक्रिया के माध्यम से, तब तक चिंतन चलता रहता है, जब तक कि (मन की) प्रशांतावस्था, पुन: तिरोहित न हो जाय और उस स्वत: प्रसूत मनोभाव का सजातीय मनोभाव मन:पटल (सर्जक के मन: पटल) पर पुन: न उभर आये। इसी मनोदशा में सफल रचना का सूत्रपात होता है और इसी के समान मनोदशा में ही रचना-कर्म अग्रसर होता है।"

इस परिभाषा से स्पष्ट है कि महाकवि ने दो विरोधी विचारों—बलवती भावनाओं का सहज उच्छलन और प्रशांतावस्था में अनुस्मरित मनोभावों—में कोई भेद नहीं है,

---

1. William Wordsworth : Preface to the Second Edition of Lyrical Ballads.

वरन् द्वितीय विचार के आधार पर प्रथम को प्रमाणित करने का प्रयत्न किया है। कहना यह है कि काव्य-रचना के लिए वह इन दोनों स्थितियों को अनिवार्य मानते हैं। क्योंकि यदि स्वत: प्रसूत सशक्त भावोद्‌गार ही न होंगे, तो मन की प्रशांतावस्था में स्मरण किसका किया जायेगा। और यदि अनुस्मरण नहीं किया जाता है और सहज उच्छलित मनोभावों को मन की आलोड़ित अवस्था में ही कलमबद्ध करने का प्रयास किया जाता है, तो ये मनोभाव जनसामान्य प्रयुक्त भाषा में किस प्रकार रूपान्तरित हो सकते हैं, जोकि महाकवि का घोषित एवम् प्रमुख उद्देश्य था। परिणामत: काव्य-सृजन के लिये (सशक्त भावनाओं का सहज उच्छलन तदुपरान्त मन की प्रशांतावस्था में उनका अनुस्मरण) दोनों ही अनिवार्य स्थितियाँ हैं। वस्तुत: काव्य-सृजन-प्रक्रिया के वर्ड्सवर्थ ने तीन स्तर प्रस्तुत किये हैं। प्रथम स्तर पर सशक्त भावोद्‌गारों का सर्जक के मन में उच्छलित होना है, द्वितीय स्तर पर उन्हीं भावोद्‌गार को मन की प्रशांतावस्था में अनुस्मरित करना है, ताकि उन सहज उच्छलित मनोभावों के सजातीय मनोभाव सर्जक के स्मृतिपटल पर पुन: विद्यमान हो जाएँ और तृतीय स्तर पर स्मृतिपटल पर विद्यमान इन मनोभावों को जन भाषानुरूप शब्दों में बाँधना है।

यहाँ एक महत्त्वपूर्ण प्रश्न उठता है कि वर्ड्सवर्थ की काव्य-परिभाषा का यह सैद्धान्तिक पक्ष स्वयं उनके व्यवहार में आया कि नहीं। उत्तर स्वीकारात्मक ही देना होगा। उनके साहित्य का श्रेष्ठतम अंश, वस्तुत: इसी सिद्धान्त का व्यवहार्य पक्ष है। 'सोलिटरी रीपर' अथवा 'डेफोडिल्स' (Solitary Reaper or Daffodils) कविताएँ इसका ज्वंलत उदाहरण हैं। डेफोडिल्स नामक पुष्पों के सौन्दर्य से महाकवि का संवेदन स्वत: प्रसूत सशक्त भावोद्‌गारों से भर जाता है, तदुपरान्त एकान्त क्षणों में जब वह उस मनोहारी पुष्प-सुषमा का अनुस्मरण करते हैं तो काव्य-स्त्रोत फूट कर बह चलता है, जिसकी परिणति 'डेफोडिल्स' नामक कविता में होती है, जो कि अंग्रेजी साहित्य की अविस्मरणीय एवम् बहुमूल्य निधि है। काव्य-सृजन प्रक्रिया सम्बन्धी कवि का यह गहन अनुभव उन्हीं के शब्दों में इस प्रकार है—

Often when on my couch I lie;
In vacant or in some pensive mood;
They flash upon my inward eye,
Which is the bliss if solitude.[1]

काव्य प्रयोजन— चूँकि कवि जनसामान्य के लिए लिखता है, इसलिए उसे काव्य के माध्यम से उपदेश भी देना चाहिए। उनकी मान्यता है कि प्रत्येक महाकवि शिक्षक भी होता है। उन्हीं के शब्दों में— "every great poet is a teacher; I wish either to be considered as a teacher or as nothing."[2]

---

1. Daffodils.
2. Wordsworth : Latter to Sir George Beaumount, Jan-Feb. 1808.

परन्तु इसका तात्पर्य यह नहीं है कि मात्र शुष्क उपदेश ही उनका काव्योद्देश्य था। वस्तुत: काव्यानन्द को वह प्राथमिकता देते हैं, किन्तु ऐसे काव्यानन्द को जिसमें नैतिक उत्थान अनिवार्य रूप से समाहित हो गया हो। इस प्रकार काव्योद्देश्य जनमानस को अभिभूत करने वाला एक ऐसा आनन्द होता है; जो कि मानव की दुर्भावनाओं का परिष्कार करता है, प्राणिमात्र के प्रति भावक को संवेदनशील बनाता है, प्रकृति और मानव-जीवन के सुतथ्यों को अनावृत कर भावक का ज्ञानवर्धन करता है और उन सभी बातों को प्रोत्साहित करता है, जो कि मानव-जीवन को अधिकतम मूल्यवान और पूर्ण बनाती हैं। उन्हीं के शब्दों में 'द रेक्ल्यूज' नामक कविता से—

'Truth, Grandeur, Beauty, Love and Hope—
And melancholy Fear Subdued By Faith.'[1]

इस प्रकार शिक्षा को वह काव्योद्देश्य मानते हैं, परन्तु शर्त यह है कि शिक्षा काव्यानन्द का अंश बनकर ही प्रस्तुत की जाये; क्योंकि उनकी दृढ़ मान्यता है कि आनन्दानुभव के माध्यम से दी हुई शिक्षा ही (We have no sympathy but what is propagated by pleasure) कारगर होती है।

उनकी धारणा है कि काव्य जन कल्याण का महानतम साधन है। महाकवि का उद्देश्य भी काव्य के माध्यम से जनहित करना ही था। लेडी ब्यूमोन्ट को लिखे गए खत इस बात के सबल प्रमाण हैं; यथा—".........to console the afflicted; to add sunshine to daylight by making the happy hapier; to teach the young and the gracious of every age to see, to think and feel, and therefore to become actively and securely Virtuous." तथा "they will cooperate...........in making the men wiser, better and happier."[2]

"(उनके काव्य का उद्देश्य) पीड़ितो को सांत्वना देना; दिवालोक में प्रखर रश्मियों के समावेश के भाँति ही भाग्यवानों को और अधिक प्रमुदित करना तथा प्रत्येक युग के किशोरों और कृपालुओं को चिन्तन-मनन एवं संवेदन प्रधान बनाने की शिक्षा देना था; ताकि वे सक्रियता एवं दृढ़ता से सदाचारी बन सकें।" वस्तुत: वर्ड्सवर्थ यहाँ बहुत कुछ ग्रीक गुरु प्लेटो से प्रभावित प्रतीत होते हैं, परन्तु जहाँ वह काव्यानन्द को शिक्षा का एक मात्र और अनिवार्य साधन मानते हैं , वहीं होरेस से प्रभावित प्रतीत होते हैं।

इस प्रकार महाकवि का काव्य-प्रयोजन काव्यानन्द के माध्यम से उपदेश देना है, जनहित करना है। वस्तुत: यही वह केन्द्र बिन्दु है जहाँ कि वह नवशास्त्रवादियों से भिन्न खड़े दिखाई देते हैं। काव्य-प्रयोजन नवशास्त्रवादी भी जनहित और जनोपदेश मानते हो, परन्तु नवशास्त्रवादी-आलोचकों का उपदेश, मात्र मनुष्य की बुद्धि अथवा प्रज्ञा को ही छूता था, जबकि महाकवि हृदय का स्पर्श आवश्यक मानते हैं।

---

1. Wordsworth : The Recluse.
2. Wordsworth : Letter to Lady Beaumont, May 1807.

यही नहीं, वर्ड्सवर्थ ने काव्य को सत्यान्वेषण का साधन भी माना है, उनकी धारणा है कि काव्य प्रणीत सत्य, विज्ञान प्रणीत सत्य से कहीं अधिक भव्य और व्यापक होता है। उनी कविता 'लाइन्स रिटिन अर्ली स्प्रिंग' (Lines written Early Spring) काव्यगत सत्य की व्यापकता और भव्यता का उत्कृष्ट उदाहरण है। काव्य-सत्य मनुष्य और प्रकृति दोनों के सम्बन्ध में रहस्योद्घाटन करता है। विज्ञान-सत्य मात्र कुछेक विद्वानों के मानसिक सुख का ही कारण हो सकता है, जबकि काव्य सत्य व्यापक रूप से जन-कल्याणकारी है। इसके साथ ही विज्ञान-सत्य मात्र हमें भौतिक सुख ही प्रदान कर सकते हैं; जबकि काव्य-सत्य मनुष्य से उसके अस्तित्व के अनिवार्य हिस्से (Cleave to us as a necessary part of our existence) की भाँति जुड़ा हुआ है। इस प्रकार महाकवि काव्य-सत्य को विज्ञान-सत्य से कहीं अधिक जनहितकारी एवम् भव्यतर मानते हैं। इस विवेचन के आधार पर कहा जा सकता है कि महाकवि की काव्य-प्रयोजन सम्बन्धी धारणा काव्यानन्द के माध्यम से मानव-जीवन में सत्यं, शिवम् एवं सुन्दरम् अनिवार्य परिणति है।

महत्त्व— नवशास्त्रवादी आलोचक किसी भी नवीन कृति की श्रेष्ठता की परख के लिए प्राचीन साहित्यकारों की साहित्यिक कृतियों और सिद्धान्तों (संरचना, काव्य-भाषा, छन्द-वृत्त आदि) को प्रतिमान मानते थे। किन्तु महाकवि ने प्राचीन सिद्धान्तों को प्रतिमान के रूप में स्वीकार नहीं किया । उन्होंने कृति की श्रेष्ठता की परख का एक मात्र प्रतिमान रखा, उसकी भावनात्मक अपील। कृति और कृतिकार मानव मन को छूने में कितना सफल हुआ है, अभिभूत करने में कितना सफल हुआ है—ज़ो जितना अधिक सफल हुआ, वह उतना ही बड़ा साहित्यकार है और उसकी कृति उतनी ही महान है। इससे कोई अंतर नहीं पड़ता कि उसने शास्त्रवादी नियमों का निर्वाह किया है अथवा नहीं। इस प्रकार हम देखते हैं कि महाकवि ने शास्त्रवादी और नवशास्त्रवादी शृंखलाओं को तोड़, काव्य-निर्णय सम्बन्धी स्वतन्त्र विचारधारा का उद्घोष कर, स्वच्छन्दतावाद को पुनरुज्जीवित किया।

14

कल्पना की परिकल्पना और रोमानी कवि-आलोचक कॉलरिज

पाश्चात्य काव्य-शास्त्र के इतिहास में सहजात प्रतिभा के धनी, सूक्ष्मदर्शी एवम् आध्यात्मिक अन्तर्दृष्टि-सम्पन्न कवि-आलोचक सेमुअल टेलर कॉलरिज (1772-1834) का स्थान मूर्धन्य है। सम्भवत: वही प्रथम अंग्रेजी आलोचक हैं, जिनकी साहित्यिक आलोचना की आधारभूमि दर्शनशास्त्र है। उनसे पूर्व के आलोचकों के काव्यालोचन का प्रमुख उद्देश्य कृति और कृतिकार के गुण-दोषों का विवेचन-विश्लेषण मात्र ही था। कॉलरिज ही वह प्रथम अंग्रेजी आलोचक हैं जिन्हें अपने पूर्ववर्ती आलोचकों की सतही और कृत्रिम आलोचना से इतर आलोचकों का ध्यान रचनाकार की

विधि अथवा प्रक्रिया की ओर आकर्षित किया। उनकी आलोचना का केन्द्र बिन्दु सर्जक की सृजन-प्रक्रिया का विश्लेषण-विवेचन करना है। उन्हीं के शब्दों में—"(उनका प्रयत्न) to establish the principles of writing rather than to Furnish rules how to pass judgement on what has been written by others."[1]

"(उनका प्रयत्न) रचना-सिद्धान्तों का प्रतिपादन करना है, न कि दूसरों की रचनाओं पर निर्णय देने सम्बन्धी नियमों का निर्धारण करना।"

उनकी कृतियों में यद्यपि "बिओग्रफिया लिटरेरिया' (Biographia Literaria) सर्वश्रेष्ठ है, तथापि अन्य कृतियों—'लेक्चर्स आन शेक्सपीयर' (Lectures on Shakespeare), 'द फ्रैंड' (The Friend), 'द टेबल टाल्क' (The Table Talk), लैटर्स (Latters),उनकी मृत्यूपरान्त प्रकाशित 'एनिमा पोइतेइ' (Anima Poetae) आदि का महत्व भी कम नहीं।

रेनवैलक उन्हें जर्मन दार्शनिकों—लेस्सिग (Lessing), कान्ट (Kant), शेलिंग (Schelling), शिलर (Schiller), श्लेगलस् (Schlegels) आदि से प्रभावित मानते हैं। इस प्रभाव का उल्लेख उन्होंने अपनी पुस्तक 'ए हिस्ट्री आफ मॉडर्न क्रिटिसिज्म'—'रोमांटिक एज' में पृष्ठ 151 से 156 तक कॉलरिज पर विचार करते हुए किया है। उनकी धारणा है—"It seems to me a matter of intellectual honesty not to credit Coleridge with ideas distinctly derived and even literary transcribed from others."[2]

"दूसरों से व्युत्पन्न और प्रतिलिपित किये हुए साहित्यिक विचारों के लिए कॉलरिज को श्रेय देना मुझे बौद्धिक ईमानदारी का मामला प्रतीत नहीं होता।"

रेनवैलक के इस विवादास्पद रहस्योद्घाटन के उपरान्त भी पाश्चात्य आलोचना-जगत में कॉलरिज का महत्त्व अब भी निरापद है। दर्शन और तत्त्व-चिंतन के आधार पर अपने काव्य-सिद्धान्तों को प्रतिपादित करने वाले कॉलरिज अब भी स्वच्छन्दतावादी आलोचना के महानतम उन्नायक समझे जाते हैं। यदि उन पर इन दार्शनिकों के प्रभाव को स्वीकार भी कर लिया जाये, तब भी वह मौलिक आलोचक ही ठहरते हैं। वस्तुतः एक महान रोमांटिक कवि होने के नाते उनके काव्य-सिद्धान्तों (सृजन-प्रक्रिया, कल्पना आदि) को उनकी स्वयं की मौलिक अनुभूतियों की परिणति स्वीकार किये जाने में किसी को भी आपत्ति नहीं होनी चाहिए। यही कारण है कि जार्ज सेण्टसबरी उन्हें विश्व के महानतम आलोचकों में से एक मानते हैं। उन्हीं के शब्दों में— "He might be called.....................one of the very greatest critics of the world."[3]

---

1. Coleridge : Biographia Literaria, edited by Shawcross. Chapter 18, Vol. II, p. 63.
2. Renewallek : A History of Modern Criticism : The Romantic Age, p. 153.
3. George Saintsbury : A History of English Criticism, p. 316.

वस्तुत: कल्पना संबंधी संकल्पना के लिए कॉलरिज जर्मन दार्शनिक काण्ट से प्रभावित थे। काण्ट की मान्यता है कि मन निष्क्रिय होकर सक्रिया और रचनाशील होता है। साधारण प्रत्यक्षीकरण में भी मन सक्रिय रहता है। प्रत्यक्षीकरण (perception) के काण्ट तीन रूप मानते हैं—

(i) भाव या संवेग (Sensibility) भावनुभूति मन की सहज क्रिया है।

(ii) बोध या परिज्ञान (Understanding) से ही हमारी प्रज्ञा (बोध-शक्ति) से ही हम कारण एवं परिणाम (Cause and effect) तथा पदार्थ के गुण का ज्ञान प्राप्त करते हैं जो समय और स्थान (Space and Time) सापेक्ष होता है।

(iii) भाव और बोध के समीकरण के लिए कल्पना शक्ति आवश्यक होती है। इसी से मानव विशिष्ट वस्तुओं का निर्माण करता है। सारी कलाओं के मूल में कल्पना-शक्ति ही होती है। इस तरह कल्पना ही मन की वह सृजनात्मक निकाय (Creative faculty) अथवा सृजन-शक्ति है जो सारे सृजन का मूल कारक है।

काण्ट की इस कल्पना विषयक अवधारणा से कालरिज और वर्ड्सवर्थ दूर तक प्रभावित थे। दोनों का सारा कल्पना-विधान काण्ट से अनुप्राणित है। कॉलरिज कल्पना को ससीम जीवात्मा में असीम ब्रह्म की शाश्वत सृजन शक्ति की आवृत्ति मानते हैं। उन्हीं के शब्दों में "Imagination is possible in man a lesser degree of the creative power of God."

उनकी मान्यता है कि कल्पना का संसार मिथ्या न होकर सत्य होता है क्योंकि कल्पना शाश्वत मस्तिष्क की मानव-मन में पुनरावृत्ति होती है। "....in the finite mind of the eternal act of creation in the infinitive I AM."

इस तरह कॉलरिज सभी सृजनात्मक कार्यों का श्रेय कल्पना को ही देते हैं। कल्पना सम्बन्धी उनकी धारणा बड़ी ही व्यापक एवं दर्शन प्रधान है। कल्पना के वस्तु तात्त्विक विश्लेषण सम्बन्धी उनकी जिज्ञासा का मूल कारण महाकवि वर्ड्सवर्थ की काव्यात्मकता थी। उन्होंने अपनी कल्पना सम्बन्धी धारणा का मूल स्रोत वर्ड्सवर्थ की कविता 'गिल्ट एण्ड सौरो (Guilt and Sorrow) में अचानक ही अनुभव किया था। उन्हीं के शब्दों में— "I was in my twenty fourth, when I had the happiness of knowing Mr. Wordsworth personally, and while memory lasts, I shall hardly Forget the Sudden effect produced in my mind by his recitation of a manuscript poem (Guilt and Sorrow) which still remains unpublished......It was the union of deep feeling with profound thought, the fine balance of truth in observing, with the imaginative faculty in modifying the objects of served; and above all the original gift of spreading the tone, the atmosphere, and with it the depth and height of the ideal world around forms, incidents, and situations, of which, for the common view, custom had dimmed all the lustre, had dried up the sparkle and the dewdrops.....This excellence, which in all Mr. Wordsworth's writings is more or less predominant, and which constitutes the character of his mind, I no sooner felt than I sought to understand. Repeated meditations led me first to suspect (and a more intimate analysis of the human faculties......matured my conjecture into full conviction) that fancy and imagination were two distinct and widely—different faculties instead of being, according to the general belief, either two names with one meaning or, at furthest, the lower and higher degree of one and the same power."[1]

इस प्रकार वर्ड्सवर्थ के काव्य में गहन भावनाओं का गम्भीर विचारों से सम्मिलन देखकर कॉलरिज ने न केवल सौन्दर्य का ही प्रत्यक्षीकरण किया, वरन् सत्यानुभव भी किया और अपने कल्पना और ललित कल्पना सम्बन्धी विचारों को दृढ़ किया। वस्तुत: यह एक प्रकट यथार्थ है कि वर्ड्सवर्थ से पूर्व के सभी कवियों का कथ्य मात्र सामान्यीकृत विचारों का दिग्दर्शन होता था। उनके काव्य में अनुभूति-पक्ष का अभाव था। कहना यह है कि नवशास्त्रवादी अंग्रेजी कवि (ड्राइडन, पोप आदि) भावनाओं और विचारों का संयोजन अपने काव्य में नहीं कर सके थे। यह महाकवि वर्ड्सवर्थ थे, जिन्होंने गहन अनुभूतियों और गम्भीर विचारों को अपनी कल्पना शक्ति की सहायता से समन्वित कर काव्य का उन्नयन किया। महाकवि के गम्भीरतम विचार भी भावोद्गारों की तरह नि:सृत होते हैं और गहनतम भावोद्गार भी विचारों की भाँति निर्गमित। कहना यह है कि उनका काव्य भावनाओं और विचारों का एक ऐसा मिलनबिन्दु है, जहाँ दोनों ही (भाव और विचार) अपना स्वअस्तित्व खोकर सह-अस्तित्व का रूप धारण करते हैं अथवा एकाकार हो जाते हैं। सम्भवत: यही वह कारण है कि वह कविता को 'शान्त क्षणों में भावोद्गारों का स्मरण' Emotions recollected in Tranquillity) मानते हैं; क्योंकि भावोद्गारों को शांत क्षणों में स्मरण करने से उन (भावोद्गारों) पर पर्याप्त चिंतन-मनन भी हो जाता है। इन शांत क्षणों में स्मरित और पर्याप्त और चिंतन-मनन के उपरान्त काव्य-रूप लेने वाली ये भावनाएँ, वस्तुत: 'प्रबल भावावेगों का गम्भीर विचारों से किया हुआ एक प्रकार का अद्भुत समन्वय अथवा सम्मिलन' (Union of deep feeling with profound thought) होता है। यह सृजन प्रक्रिया का वह स्थल है, जहाँ जीवन अथवा प्रकृति में प्रत्यक्षीकृत सभी वस्तुएँ स्थितियाँ, पदार्थ और घटनाएँ, कवि की भावनाओं और विचारों से रंजित होकर एक विलक्षण आकर्षण और महत्ता प्राप्त करती हैं। वस्तुत: इन वस्तुओं-पदार्थों अथवा स्थितियों और घटनाओं का अस्तित्व नहीं मिटता, वे मात्र सहृदयातिक्रमणकारी विलक्षण रंग-रूप धारण कर लेती हैं। उनमें एक अद्भुत, प्रचुर एवं मूल्यवान (Some thing rich and strange) परिवर्तन आ जाता है। चूँकि साधारण पदार्थों, स्थितियों, घटनाओं में भावनाओं और विचारों के समन्वित मध्यम से यह हृदयग्राही विलक्षण

1. S. T. Coleridge : Biographia Literaria, Vol, I. Chap. IV, Pages 58-61.

परिवर्तन कल्पना द्वारा ही लाया जाता है; इसीलिए महाकवि वर्ड्सवर्थ के काव्य श्रवण से कॉलरिज कवि-कल्पना के इसी चमत्कारी चमत्कार से प्रभावित हुए थे। इसी प्रभाववश उन्होंने कल्पना की उत्पत्ति और प्रकृति पर अपनी पुस्तक 'बायोग्राफिया लिटरेरिया' में विस्तार से विचार भी किया है।

कॉलरिज कोरी जीवनानुकृति अथवा प्रकृति की अनुकृति को उचित नहीं मानते और श्रेष्ठ काव्यकार को इससे बचने की राय देते हैं। उनकी धारणा है कि साहित्यकार की महत्ता सृजन करने में है, न कि प्रकृति अथवा जीवन के यांत्रिक अनुकरण में। चूँकि प्रकृति अथवा जीवन का सृजनात्मक अनुकरण बिना कल्पना के सम्भव नहीं, इसलिए सृजनकार्य में कल्पना का महत्त्व सर्वाधिक है। वह कल्पना को एक समन्वयकारी शक्ति मानते हैं; जोकि विभिन्न पदार्थों अथवा विभिन्न घटनाओं, स्थितियों अथवा किसी विषय के विभिन्न पक्षों को एकाकार करती है, उनकी संश्लिष्ट अन्विति करती है। यही नहीं, यह कल्पना की ही अद्भुत शक्ति है जो काव्यांतर्गत परस्पर विरोधी गुणों अथवा तत्त्वों में सामंजस्य और संतुलन स्थापित करती है। नूतन और पुरातन, ससीम और असीम, सामान्य और विशिष्ट आदि परस्पर विरोधी प्रतीत ोने वाली शक्तियों में समन्वय स्थापित करने वाली अन्त:शक्ति ही कॉलरिज ने कल्पना घोषित की है। उन्हीं के शब्दों में— "It is the unifying faculty of Imagination that these opposite forces are reconciled."

उनकी धारणा है कि कल्पना द्वारा ही काव्य हृदयग्राही, मर्मस्पर्शी और सजीव बनता है, अत: कल्पना की क्षमता और महत्त्व अक्षुण्ण है। कल्पना-प्रयोग की अन्त: शक्ति कवि का सर्वश्रेष्ठ गुण है और उसका समुचित प्रयोग काव्योत्कर्ष के क्षणों की सर्वोत्तम देन; यथा—".....the imagination is a power which the artist can only use when he is at his best."[1]

कॉलरिज ने कल्पना के दो रूप माने हैं—प्रारम्भिक कल्पना (Primary Imagination) और अनुषंगी कल्पना (Secondary Imagination)। प्रारम्भिक कल्पना इन्दिय्र-गोचर पदार्थों की प्रतीतानुभूति अथवा प्रत्यक्षीकरण की अन्त:शक्ति (Power of Perceiving the objects of senses) है। अनेक वस्तुओं, पदार्थों अथवा बहुस्थितियों की मिली-जुली स्थिति में से ही मानव-मस्तिष्क अपनी सहजात शक्ति के अधीन अनजाने ही, इस मिश्रित स्वरूप को निश्चित आकार देकर प्रत्यक्षीकृत कर लेता है। मानव-मस्तिष्क अथवा मानवात्मा की विभिन्न पदार्थों के मिश्रित स्वरूप को एक निश्चित रूपाकार करके देखने की यह नैसर्गिक शक्ति ही वस्तुत: कॉलरिज की प्रारम्भिक कल्पना है। इस प्रकार पदार्थों के मिले-जुले (mingled) स्वरूप का एक निश्चित आकार के रूप में अनभिप्रेत बोधिनी शक्ति ही प्रारम्भिक कल्पना हुई।

---

1. Biographia Literaria.

अनुषंगी कल्पना (Secondary Imagination) प्रकृति में पदार्थों के पाये जाने वाले अव्यवस्थित स्वरूप को एक निश्चित रूप देने की इस अन्तःशक्ति का अभिप्रेत (Voluntary) प्रयोग है। प्रथम यदि रूपाकार ढालने की अनभिप्रेत अन्तःशक्ति है, तो दूसरी ओर अभिप्रेत अंतःशक्ति। कहना यह है कि अनुषंगी कल्पना प्रारम्भिक कल्पना का ही वह विकसित रूप है, जिसका प्रयोग सर्जक स्वेच्छा से करता है। प्रारम्भिक और अनुषंगी कल्पना में कोई मौलिक भेद नहीं है, मात्र रूप का भेद है, स्तर का अन्तर है अर्थात् प्रारम्भिक कल्पना का ही विकसित स्वरूप है अनुषंगी कल्पना। अनुषंगी कल्पना क्षेत्र व्यापक है, जबकि प्रारम्भिक का सीमित। अनुषंगी कल्पना एक संयुक्त आत्मिक ऊर्जा है, जिसमें मनःशक्ति अथवा आत्मशक्ति के अन्य सभी पहलू—प्रत्यक्ष ज्ञान-शक्ति (Power of Perception), विचार शक्ति (Intellect), संकल्प शक्ति (Will Power), मनोवेग (Emotions) आदि सभी समाहित हो जाते हैं। चूँकि प्रारम्भिक कल्पना मात्र प्रत्यक्ष ज्ञान की ही शक्ति है, इसलिए अनुषंगी कल्पना का महत्त्व उससे अधिक है। दोनों के भेद को डॉ० बी० प्रसाद ने इस प्रकार स्पष्ट किया है, "It (Secondary Imagination) is a composite faculty of the soul, consisting all other faculties, perception, intellect , will, emotions, While the primary imagination uses only the first—perception, it employs all."[1]

प्रारम्भिक कल्पना प्रणीत प्रत्यक्षानुभव को, अनुषंगी कल्पना द्वारा विकीर्ण और विघटित करके नये रूप में पुनः प्रस्तुत किया जाता है। वस्तुतः प्रारम्भिक कल्पना द्वारा प्रणीत प्रत्यक्षानुभव का यह पुनः प्रस्तुतीकरण, न होकर पुनःसृजन होता है। इस प्रकार अनुषंगी कल्पना का कार्य प्रारम्भिक कल्पना द्वारा प्रस्तुत प्रत्यक्षानुभव रूपी अनगढ़ द्रव्य से नव सृजन करना है। कॉलरिज के शब्दों में, "It's function to diffuse, dissolve and recreate : to make the external internal, fashioning new images in its own semblance, in its own efforts to become divine."[2]

"इसका (अनुषंगी कल्पना का) कार्य विकीर्ण-विलीन करके पुनः सृजन करना है; बाह्य (दृश्यमान प्रकृति) को आंतरिक (अपनी अंतरात्मा के अनुरूप ढालना) बनाना है; बिम्बों को अपने (अनुंषगी कल्पना) अनुरूप नवीन आकार देना है; उत्कृष्ट अथवा दिव्य हो जाना है।" कहना यह है कि अनुषंगी कल्पना 'नव आकार देने वाली और रूपांतरित करने वाली' (Shaping and modifying power) शक्ति है। इसके प्रयोग से पदार्थ इसके अनुरूप ही नये आकार ग्रहण करते हैं। वस्तुतः उस समय पदार्थ वैसे नहीं रहते जैसे कि बाह्य जगत में अथवा प्रकृति में दृश्यमान हैं; वरन् उनका रूप सर्जक की मानसिक चिंताधारा के अनुरूप ढल जाता है। इस प्रक्रिया में सर्जक के मस्तिष्क और प्रकृति में क्रियायें-प्रतिक्रियायें होती हैं; यहाँ तक की प्रकृति को रंजित करने वाले सर्जक के मस्तिष्क और प्रकृति में कोई भेद नहीं रह जाता, दोनों एकाकार हो जाते हैं।

1. Dr. B. Prasad : An Introduction to English Criticism, p. 180.
2. Biographia Literaria, Chapt. XIII, p. 202. (Shawcross Edition).

डॉ० बी० प्रसाद के शब्दों में—"In this process the mind and nature act and react on each other. The mind colouring nature becomes one with nature, and nature coloured by the mind becomes one with the mind."[1]

अन्तर्मन और प्रकृति की इसी अभेदक स्थिति को कॉलरिज ने अपने शब्दों में इस प्रकार व्यक्त किया है— "The internal (Subject) is made external (object), and the external (object) internal (subject)."[2]

कहना यह है कि अनुषंगी कल्पना को वह एक प्रकार रूपंकर शक्ति मानते हैं तथा प्रारम्भिक कल्पना को समन्वयकारी। इस प्रकार अनुंषगी कल्पना एक प्रकार की वह रूपंकर शक्ति हुई, जो कि आत्मिक ऊर्जा के विभिन्न पहलुओं को समन्वित करके न केवल सृजन-संलग्न ही करती है वरन् मस्तिष्क और प्रकृति अथवा पदार्थ में तादात्म्य भी स्थापित करती है।

कॉलरिज की प्रारम्भिक कल्पना (Primary Imagination) और अनुषंगी कल्पना (Secondary Imagination) सम्बन्धी धारणाओं में, वस्तुतः, कोई मौलिक और प्रकारगत भेद नहीं है, वरन्, श्रेणीगत भेद है। तात्पर्य यह है कि प्रारम्भिक कल्पना का ही विकसित और अधिक प्रभावशाली रूप अनुषंगी कल्पना है। अर्थात् प्रारम्भिक कल्पना यदि शक्ति और प्रभाव की दृष्टि से दूसरी श्रेणी में आती है, तो अनुषंगी कल्पना प्रथम श्रेणी में।

इस श्रेणीगत भेद की चर्चा करते हुए यह कहना अप्रासंगिक न होगा कि महाकवि वर्ड्सवर्थ और कॉलरिज की कल्पना सम्बन्धी धारणाओं में मूलतः कोई भेद नहीं है; क्योंकि वर्ड्सवर्थ भी कल्पना की समन्वयकारी और रूपंकर शक्ति को उसी रूप में स्वीकार करते हैं, जिस रूप में कॉलरिज। भेद मात्र इतना ही है कि वर्ड्सवर्थ ललित कल्पना को भी सृजनात्मक मानते हैं, जबकि कॉलरिज मात्र कल्पना को। वस्तुतः इस भेद का भी कारण है और वह यह कि कॉलरिज ने कल्पना के सैद्धान्तिक पक्ष पर विशेष रूप से ध्यान दिया है, जबकि वर्ड्सवर्थ ने उसे पूर्ण सच्चाई से व्यवहार में उतारा है, सिद्धान्त के प्रति वह न तो कॉलरिज के समान जागरूक ही हैं और न उत्सुक ही।

18वीं शती में ललित कल्पना (fancy) और कल्पना (Imagination) में मूलतः कोई भेद नहीं माना जाता था। सर्वप्रथम वर्ड्सवर्थ ने इनमें भेद किया। महाकवि दोनों को (कल्पना और ललित कल्पना) को ही सृजनात्मक मानते हैं, जबकि कॉलरिज ललित कल्पना को निर्जीव शक्ति मानते हैं। उनके अनुसार ललित कल्पना मात्र संकलन और संयोजन करने वाली शक्ति है। ललित कल्पना-प्रणीत काव्यगत यह संयोजन उतना सरस, मार्मिक और हृदयग्राही नहीं हो सकता, जितना कि कल्पना-प्रणीत काव्यगत एकीकरण और सृजन। वर्ड्सवर्थ कल्पना और ललित कल्पना दोनों

---

1. Dr. B. Prasad : An Introduction to English Criticism, p. 180-181.
2. Biographia Literaria, Vol. II, 'On Poesy or Art', p. 258.

को ही सृजनात्मक शक्ति के रूप में स्वीकार करते हैं। उनके अनुसार दोनों में मात्र भेद इतना ही है कि कल्पना की सृजनात्मक शक्ति अधिक श्रेष्ठ और भव्य होती है, ललित कल्पना की उतनी नहीं। कहना यह है कि सृजन प्रक्रिया में कल्पना को यदि प्रथम स्थान प्राप्त है, तो ललित कल्पना को द्वितीय। परन्तु कॉलरिज ललित कल्पना को मूलतः सृजनात्मक ही नहीं मानते।

किन्तु दोनों कवि-आलोचकों के कल्पना और ललित कल्पना सम्बन्धी भेदात्मक दृष्टिकोण का यदि वस्तुतात्त्विक विश्लेषण किया जाये, तो दोनों के दृष्टिकोणों में कोई वास्तविक भेद प्रतीत नहीं होता। कॉलरिज की धारणा है कि ललित कल्पना वस्तुओं अथवा पदार्थों को स्मरण के आधार पर मनोरंजक आकारों में मात्र संयोजित करती है, जबकि कल्पना उनको विकीर्ण और विलीन करके स्वयं के आकार और रूप देकर पुनरुत्पादित करती है। इस प्रकार कल्पना का कार्य पूर्णतः सृजनात्मक है, जबकि ललित कल्पना का पूर्णतः यांत्रिक। मूलपदार्थ अथवा वस्तुएँ (जिन पर कि ललित कल्पना कार्य करती है) ज्यों की त्यों बनी रहती हैं, उनके रूप और आकार में कोई परिवर्तन नहीं आता। मात्र उनका सुखद एवं आकर्षक ढंग से संयोजन हो जाता है। वर्ड्सवर्थ द्वारा प्रस्तुत ललित कल्पना के एक उदाहरण से कॉलरिज के आशय को इस प्रकार स्पष्ट किया जा सकता है—

> The dews of the evening most carefully shun,
> They are the tears of the sky for the loss of the sun.[1]

'चेस्टरटन यहाँ सायंकालीन ओस की बूँदों से बचने का आगाह करते हैं, क्योंकि वे ओस की बूँदें न होकर आकाश द्वारा अपने प्रियतम सूर्य की याद में बहाये हुए आँसुओं की बूँदें हैं।' यहाँ पर कवि द्वारा प्रस्तुत रोते हुए आकाश का बिम्ब निश्चित ही एक नई चीज है, परन्तु इसके साथ ही यह भी पूर्ण सत्य है कि कवि ने मात्र चार चीजों—आकाश, संध्या, ओस की बूँदें और आँसू का समन्वय भर किया है। इनमें से किसी भी वस्तु में कवि द्वारा न तो कोई परिवर्तन ही उपस्थित किया गया है और न किसी वस्तु को अपनी मनःशक्ति के द्वारा रंजित ही किया गया है। कहना न होगा कि यहाँ पर कवि-कर्म तो मात्र सिनेमा मशीन जैसा—चार चित्रों को पर्दे पर प्रस्तुत भर करना ही रहा है। इस प्रकार ललित कल्पना मात्र असमान (Dissimilar) वस्तुओं अथवा बिम्बों को एक साथ समन्वित करने की ही शक्ति है। इसका कार्य मूलतः असामान्य वस्तुओं और अथवा बिम्बों के बीच किसी सादृश्य की ओर संकेत करना भी हो सकता है। विमसाट से कुछ पंक्तियाँ उद्धृत कर इस बात को इस प्रकार स्पष्ट किया जा सकता है—"(Fancy) is the faculty of bringing together images dissimilar in the main by some one point or more of likeness."[2]

---

1. Chesterton.
2. Shakespeare, a Poet Generally, quoted by Wimsatt and Brooks literary Criticism, p. 402.

यहाँ पर यह कहना भी अनुचित न होगा कि ललित कल्पना निपुणतम से सम्बन्धित है, जो कि अर्जित की जा सकती है, जबकि कल्पना प्रतिभा से सम्बन्धित है जो कि नैसर्गिक होती है। कुल मिलाकर कॉलरिज का ललित कल्पना- सम्बन्धी दृष्टिकोण यही है।

वस्तुतः महाकवि वर्ड्सवर्थ और कॉलरिज की कल्पना और ललित कल्पना सम्बन्धी यही धारणा है, जोकि पूर्णतः एक जैसी है, मात्र भेद इतना ही है कि जहाँ वर्ड्सवर्थ ललित कल्पना को भी सृजनात्मकता से पृथक नहीं करना चाहते, जबकि कॉलरिज उसमें कोई सृजनात्मकता स्वीकार नहीं करते। कहना यह है कि कल्पना और ललित कल्पना सम्बन्धी धारणाएँ दोनों की एक जैसी ही हैं; मात्र कथनगत अन्तर है, जो कि सतही है, स्वरूपगत नहीं।

कला सम्बन्धी दृष्टिकोण—कॉलरिज की कल्पना सम्बन्धी धारणा ने नवशास्त्रवादियों की परम्परागत कला सम्बन्धी विचारधारा में क्रान्तिकारी परिवर्तन उपस्थित किया। नवशास्त्रवादी आलोचक कला को प्रकृति की अनुकृति मात्र मानते थे। कॉलरिज की कल्पना सम्बन्धी परिकल्पना के आधार पर कला प्रकृति का मात्र अनुकरण न होकर, सहानुभूति प्रधान अनुकरण के रूप में प्रतिष्ठित हुई; क्योंकि कल्पना के माध्यम से प्रकृतिगत प्रत्यक्षानुभव सर्जक की मनःशक्ति और अन्तःशक्ति से रंजित (Coloured) होकर ही एक नवसृजन के रूप में उपस्थित होता है। चूँकि बाह्य प्रकृतिगत पदार्थ अथवा वस्तुएँ अथवा अन्तः प्रकृतिगत घटनाएँ अथवा स्थितियाँ, सर्जक की कल्पना शक्ति से रंजित होकर ही कला में स्थान पाती हैं; इसलिए कला को प्रकृति का मात्र अनुकरण (Mere copy) के रूप में स्वीकार किये जाने सम्बन्धी परम्परागत धारणा भ्रामक सिद्ध हुई। सर्जक की आत्मा बाह्य जगत के उन्हीं तत्त्वों अथवा दृश्यों की ओर आकर्षित होती है, जो दृश्य अथवा तत्त्व सर्जकात्मा तथा बाह्य जगत में उभयनिष्ठ होते हैं और आत्मा (मस्तिष्क) में उनका प्रतीताभास होता है। इस प्रकार कला बाह्य जगत अथवा प्रकृति और सर्जकात्मा अथवा सर्जक के मस्तिष्क के समरूप दृश्यों अथवा तत्त्वों का संयोजन है, मिलनबिन्दु है। कला प्रकृति को विचारों अथवा विचारों को प्रकृति के रूप में प्रस्तुत करने का महत्त्वपूर्ण माध्यम है। यह प्रकृति के मात्र अनुकरण से निश्चित ही व्यापक और जीवन्त है; क्योंकि इसमें प्रकृति का अनुकरण तो होता है, परन्तु यह अनुकरण सर्जकात्मा की अनुभूतियों से अनुप्राणित रहता है। साथ ही, प्रकृति के उन सभी तत्वों का समावेश भी इस अनुकरण में नहीं होता, जोकि सर्जकात्मा के लिए पराये हैं अथवा जिनका कि सर्जकात्मा से तादात्म्य स्थापित नहीं हो सका है। इस प्रकार कला बाह्य प्रकृति की मात्र अभिव्यक्ति ही नहीं है; वरन् कलागत अभिव्यक्ति प्रकृति की पवित्रात्मा (Spirit of Nature) की अभिव्यक्ति है; एक ऐसी अभिव्यक्ति है, जिसका कि सम्बन्ध मानव प्रकृति अथवा आत्मा से होता है। कॉलरिज के शब्दों में—"(Art reveals) the nature naturals (The very spirit of nature), which presupposes a bond between nature in the higher sense and the soul of man."[1]

"(कला) प्रकृति की पवित्रात्मा की अभिव्यक्ति है, जिसमें प्रकृति और मानवात्मा में एक बन्धन की अपेक्षा की जाती है।"

इस विवेचन के आधार पर कला सम्बन्धी अनुकरण एक मनोवैज्ञानिक प्रक्रिया ठहरती है, जिसका उद्भव मानवात्मा का प्रकृति पर प्रभाव और प्रकृति का मानवात्मा के प्रभाव से उत्पन्न दोनों (प्रकृति और मानवात्मा) के अस्तित्वों के विलयन (Fusion) से होता है। पूर्णत: कलात्मक अथवा सौन्दर्यशास्त्रीय स्तर पर भी, कला न तो प्रकृति के यथार्थ अथवा मूल रूप का ही अनुकरण है और न सर्जक की आत्मानुभूति का ही, वरन् दोनों (प्रकृति और मानवात्मा) के विलयन की अभिव्यक्ति है। कलात्मक अभिव्यक्ति में अन्धकार प्रकाशित होता है, क्षुद्र का उन्नयन होता है और परिचित को अपरिचित तथा अपरिचित को परिचित बना कर प्रस्तुत किया जा सकता है। कहना यह है कि कला प्रकृति और सर्जकात्मा के तादात्म्य के अनुरूप असदृश्य और सादृश्य का सामंजस्य है, समन्वय है। जिस किसी स्तर पर बाह्य प्रकृति और सर्जकात्मा का तादात्म्य होगा, विलयन होगा तथा इस तादात्म्य और विलयन से उद्भूत जो कुछ भी अभिव्यति समक्ष आवेगा—कला कहलायेगा; भले ही वह विरोधी प्रतीत होने वाली वस्तुओं अथवा विचारों का समन्वय ही क्यों न हो। इस बात को स्वयं कॉलरिज ने इस प्रकार व्यक्त किया है— "The balance or reçonciliation of opposite or discordant qualities; of sameness. with difference; of the general with the concrete; the idea, with the image; the individual, with the representative; the sense of novelty and of freshness, with old and familiar objects; a more than usual state of emotion, with more than usual order; judgement ever awake and steady self-possession; with enthusiasm and feeling profound or vehement."[2]

कला, विशेष रूप से काव्य कला विरोधी और असंगत गुणों का संतुलन अथवा सामंजस्य है; जैसा कि—सादृश्य का असदृश से, सामान्य का निश्चित से, विचार का बिम्ब से, व्यक्ति का प्रतिनिधि से, नवीनता और ताज़गी का प्राचीन और परिचित वस्तुओं से, असामान्य संवेगों का असामान्य व्यवस्था से, दृढ़ आत्मप्रतिष्ठा का उमंग और गहन एव प्रचण्ड भावोद्गार से, इन असंगत और विरोधी गुणों को समन्वित करने की कला की शक्ति निश्चित ही देश-कालातीत एवम् सार्वभौम है। परन्तु इस शक्ति का उद्भव कला (विशेष रूप से काव्य-कला) में तभी होता है जबकि उसका उद्गम प्रकृति और मनुष्यात्मा के पूर्ण समन्वय अथवा विलयन से हुआ हो।

---

1. Biographia Literaria, Vol. II, ' On Poesy or Art' p. 257.
2. Biographia Literaria, Vol. II, Chapt. XIV, p. 12.

कवि, काव्य और कविता (Poesy and Poetry) सम्बन्धी दृष्टिकोण

कॉलरिज ने कवि को बहुमुखी प्रतिभा का धनी (Versatile) माना है। शेक्सपीयर के वह इसीलिए प्रशंसक हैं, क्योंकि शेक्सपीयर बहुमुखी प्रतिभा के धनी थे। कॉलरिज ने कवि के लिए अनेक वाँछनीय गुणों—तत्त्ववेत्ता और भोला, दार्शनिक और भावुक, सचेतन और अचेतन आदि—का उल्लेख किया है। ये गुण परस्पर असंगत एवं विरोधी भी हैं। पर कवि के लिए यह विरोध वह आवश्यक मानते हैं, क्योंकि कोई श्रेष्ठ कवि विरोधी वृत्तियों एवम् गुणों का मिलनबिन्दु होता है। विरोधी गुणों का समंजन कवि-सृजन के लिए उपादेय है।

कॉलरिज ने जर्मन दार्शनिकों के प्रभाव से काव्य (Poesy) और कविता (Poetry) को भिन्न अर्थों में प्रयुक्त किया है। उनके अनुसार काव्य (Poesy) शब्द अति व्यापक है और उसके अन्दर सभी कलाओं, सभी मानव-कृतियों का समाहार हो जाता है; जबकि कविता (Poetry) शब्द का प्रयोग उन्होंने उन्हीं कृतियों के लिए किया है, जिनका कि माध्यम शब्द है।

कॉलरिज की कविता सम्बन्धी धारणा को मुख्यतः दो शीर्षकों के अन्तर्गत रखकर भलीभाँति समझा जा सकता है—रूप-विधान अथवा बहिरंग पक्ष और विषय-वस्तु और प्रयोजन अथवा अन्तरंग पक्ष।

बहिरंग पक्ष अर्थात् रूप-विधान की चर्चा करते समय उन्होंने उन सभी रचनाओं को कविता घोषित किया है, जिनका 'स्वरूप छन्द और तुक अथवा छन्द तुक दोनों के कारण गद्य' से भिन्न हो, क्योंकि ध्वनियों और मात्राओं का आवर्तन आनन्द प्रदान करने वाला होता है, जो कि प्रत्येक कविता का प्रथम और प्रधान उद्देश्य होता है। उन्हीं के शब्दों में— "A Poem uses the same medium as a prose composition namely words, to the difference between the two must lie in their different use of words in consequence of their different objects—all it has to do is to put words in metrical form with or without rhyme—and as a particular pleasure is found in anticipating the recurrence of sounds and quantities, all compositions that have this charm super-added, whatever be their contents, may be entitled poems."[1]

अंतरंग पक्ष की चर्चा करते समय सर्वप्रथम काव्योद्देश्य को स्पष्ट कर देना आवश्यक होगा। कॉलरिज कविता का निकटतम उद्देश्य आनन्द (Pleasure) मानते हैं, जबकि विज्ञान का तात्कालिक और अन्तिम उद्देश्य सत्य (Truth) मानते हैं। परन्तु विज्ञान और काव्य में एक विशेष अन्तर यह भी है कि विज्ञान पाठक को गहन आनन्दानुभूति कराने में कभी भी समर्थ नहीं होती; जबकि कविता आनन्दानुभव के साथ ही सत्यानुभूति भी कराने में समर्थ है। यही नहीं, वरन् कविता की उत्कृष्टतम

1. Biographia Literaria, Vol. II, Chapt. XVI, p, 9.

अवस्था ही यह है, जिसमों सत्य आनन्द बन जाए और आनन्द सत्य। डा० बी० प्रसाद के शब्दों में— "The immediate object of a work of science is truth and the immediate object of a poem (and of Poetry in general) pleasure. But the works of science may nevertheless afford a profound pleasure to its reader and the poem may be found to contain a profound truth—An ideal state would be one in which truth is pleasure and pleasure truth."[1]

इसके साथ ही कॉलरिज छन्दहीन, किन्तु तर्कयुक्त और आनन्दानुभव कराने वाली साहित्यिक विधा को भी कविता मानने को तैयार नहीं। जैसे कि उपन्यास, रमान्यास आनन्द भी प्रदान कर सकते हैं और तुक बद्ध भी हो सकते हैं, परन्तु फिर भी कविता नहीं कहे जा सकते। इस प्रकार छन्दोबद्धता को वह कविता की अनिवार्य शर्त मानते हैं। छन्दोबद्धता को कविता की अनिवार्य शर्त मानने का कारण यह है कि छन्द जब भाषा और कथ्य के सानुकूल होता है, तो कविता के प्रत्येक अवयव अथवा हिस्से से पाठक का लगाव निरन्तर बना रहता है।[2] और उसके मन में एक प्रकार की आनन्दयिनी एवं उत्तेजक उत्सुकता अनवरत प्रवाहित होती रहती है। इस प्रकार कविता की छन्दोबद्धता (भाषा और कथ्य से निकट से सम्बन्धित होने के कारण) उसकी अनिवार्य शर्त है। छन्द की प्रधानता का उल्लेख उन्हीं के शब्दों में—"परन्तु सच्ची कविता................ऐसी होनी चाहिए जिसके विविध भाग परस्पर एक दूसरे को सहारा दें और एक-दूसरे की व्याख्या करें और सब अपने-अपने अनुपात में छंद-विधान के साथ समंजस हों...........सच्ची कविता (में)...........पाठक केवल अथवा मुख्यत:.............अन्तिम समाधान तक पहुँचने की उद्वेगमयी इच्छा से नहीं, बल्कि यात्रा (पाठ) के आकर्षण से जनित मन के सुख की लब्धि के लिए आगे बढ़े (अथवा बढ़ता है).................।"[3]

इस प्रकार कविता के अंतरंग और बहिरंग पक्ष पर विचार करने के उपरान्त कविता की परिभाषा कॉलरिज के शब्दों में ही इस प्रकार दी गई है—"A Poem (therefore) is that species of composition, which is opposed to works of science, by proposing for its immediate objects pleasure, not truth and from all other species (having this object in common with it) it is discriminated by proposing to itself such delight from the whole as is compatible with a distinct gratification from each component part."[4]

---

1. Dr. B. Prasad : An Introduction to English Criticism : p. 186.
2. Perpetual and distinct attention to each part,—Biographia Literaria, Vol. II, Chap. 14, p. 10.
3. सं० डॉ० नगेन्द्र (बायोग्राफिया लिटरेरिया में कविता की परिभाषांश का अनुवाद : श्री महेन्द्र चतुर्वेदी) पाश्चात्य काव्य-शास्त्र की परम्परा, पृ० 165।
4. Biographia Literaria, Vo. II, Chap. 14, p. 11.

'कविता रचना का वह विशिष्ट प्रकार है, जो कि अपने प्रस्तावित प्रत्यक्ष उद्देश्य में विज्ञान से भिन्न होता है; क्योंकि विज्ञान का प्रस्तावित प्रत्यक्ष उद्देश्य सत्य है, जब कि कविता का आनंद । और अन्य सभी रचना-प्रकारों (अन्य साहित्यिक विधाओं) से (जिनका प्रस्तावित प्रत्यक्ष उद्देश्य कविता के समान ही होता है) इसकी भिन्नता इस बात में है कि यह (कविता) अपने पूर्ण रूप में भी वही आनंद प्रदान करने का प्रयास करती है; जो कि इसके प्रत्येक अवयव से प्राप्त होने वाली निश्चित प्रसन्नता के अनुरूप होता है।'

काव्य-भाषा— काव्य-भाषा संबंधी महाकवि वर्ड्सवर्थ की धारणाओं—काव्य-भाषा जन सामान्य प्रयुक्त भाषा का चयनित रूप है। (a selection of the real language or the very language of men) तथा कविता की भाषा और गद्य की भाषा में कोई तात्त्विक भेद नहीं होता (No essential difference between the language of prose and that of metrical composition) से कॉलरिज सहमत नहीं हैं। वस्तुतः उनकी काव्य-भाषा संबंधी अवधारणा का प्रमुख उद्देश्य वर्ड्सवर्थ के विचारों का खंडन करना ही रहा है। कॉलरिज ने छन्दोबद्ध रचना पर विचार करते हुए लिखा है—"वर्ड्सवर्थ ने जोर देकर कहा है कि गद्य और छन्दोबद्ध रचना की भाषा में न कोई तात्त्विक भेद है, न हो सकता है। अस्तु स्वयं, गद्य कम-से-कम तर्कानुबद्ध एवं विचारात्मक कृतियों का गद्य-बोलचाल की भाषा से भिन्न होता है और होना चाहिए; वैसे ही जैसे बातचीत में और पढ़ने में अंतर होना चाहिए।.........गद्य और साधारण बोलचाल में जो भेद हो सकता है उससे कहीं अधिक भेद छन्दोबद्ध रचना और गद्य के अवयव-विधान में होगा।"[1]

इस प्रकार कॉलरिज द्वारा वर्ड्सवर्थ की दोनों धारणाओं—गद्य-पद्य की भाषा में कोई तात्त्विक भेद नहीं होता; काव्य-भाषा जनसामान्य-प्रयुक्त भाषा चयनित रूप होती है—के खंडन के आधार इस प्रकार हैं। उनकी धारणा है कि प्रत्येक मनुष्य की भाषा उसके ज्ञान, मनीषा और भावनाओं की गहराई के भेद के कारण, हर दूसरे मनुष्य से भिन्न होती है। दूसरे मनुष्य की भाषा में उसके समुदाय के कारण भी भेद होता है अर्थात् दो विभिन्न समुदायों से संबंध रखने वाले व्यक्तियों की भाषा में निश्चित ही भेद होगा। तीसरे, सर्वजनीन प्रयुक्त शब्दों और पद बंधों का भी दो व्यक्ति एक समान प्रयोग नहीं कर सकते। कॉलरिज के ही शब्दों में— "Every man's language varies according to the extent of his knowledge, the activity of his faculties and the depth or quickness of his feelings. Every man's language has, first, its Individualities, secondly the common properties of the class to which he belongs, and thirdly, words and phrases of universal use."[2]

---

1. बायोग्राफिया लिटरेरिया-छन्दोबद्ध रचना : अनुवाद श्री महेन्द्र चतुर्वेदी, प्रधान सम्पादक डॉ० नगेन्द्र : पाश्चात्य काव्यशास्त्र की परम्परा, पृ० 158।
2. Biographia Literaria, Vol. II, Chap. 87, p. 41.

यहाँ तक कि एक ही समुदाय के दो व्यक्ति एक जैसी भाषा न प्रयुक्त ही कर सकते हैं और न बोल ही सकते हैं, भले ही वह सर्वजनीन शब्दों अथवा सूक्तियों अथवा पद बंधों का ही प्रयोग क्यों न करें। यही सिद्धान्त, कॉलरिज के अनुसार सुशिक्षित अथवा अशिक्षित, नागरिक अथवा ग्रामीण, सभी पर समान रूप से लागू होता है। अत: वर्ड्सवर्थ की यह धारणा— काव्य की भाषा जन सामान्य प्रयुक्त भाषा का चयनित रूप होती है—उचित नहीं ठहराई जा सकती; क्योंकि भाषा व्यक्ति से व्यक्ति क्षेत्र से क्षेत्र अथवा समुदाय से समुदाय तक निरंतर परिवर्तित होती रहती है, ऐसी दशा में जन-सामान्य प्रयुक्त भाषा का कोई निश्चित स्वरूप निर्धारित ही नहीं किया जा सकता।

कॉलरिज का विश्वास है कि विभिन्न मनुष्यों द्वारा प्रयुक्त भाषा की पारिवारिक, सामुदायिक और व्यवसाय सम्बन्धी एवम् विशिष्टताओं का यदि परित्याग कर दिया जाये, तो भाषा का वह रूप सामने आ सकता है, जिसे सर्वजनीन भाषा की संज्ञा दी जा सके। परन्तु इसके लिए यह अनिवार्य है कि प्रत्येक की विशिष्टताओं को छोड़ना अनिवार्य होगा। अब कहना न होगा कि जन-प्रयुक्त भाषा को काव्यभाषा के स्तर तक लाने के लिए; [ऐसे स्तर तक जिसकी अपील(आकर्षण) सार्वभौम हो] उसमें बहुत कुछ छोड़ना ही न पड़ेगा, वरन् बहुत से परिवर्तन भी करने पड़ेंगे।

वर्ड्सवर्थ की दूसरी धारणा—काव्य-भाषा और गद्य की भाषा में कोई तात्त्विक भेद नहीं होता—के सम्बन्ध में कॉलरिज की मान्यता है कि यद्यपि कविता और गद्य में प्रयुक्त शब्द एक जैसे-ही होते हैं, तथापि दोनों में शब्दों के विन्यास में बड़ा अन्तर होता है। इसके साथ ही, कविता और गद्य में प्रयुक्त वाक्यों में भेद न होते हुए भी क्या यह आवश्यक नहीं है कि गद्य-खंड और पद्य-खण्ड में वाक्यों का प्रयोग उनके आन्तरिक विन्यास के अनुरूप हो। कहना यह है कि गद्य-पद्य (कविता) में प्रयुक्त वाक्य एक-जैसे होते हुए भी, उनका प्रयोग दोनों में समान रूप से नहीं किया जा सकता, वरन् कविता और गद्य की उपयुक्तता के अनुरूप ही किया जाता है। चूँकि कविता में छन्द का प्रयोग होता है, इसलिए कविता के लिए एक भिन्न और निश्चित शब्द-विन्यास की आवश्यकता होती है, जोकि गद्य के लिए जरूरी नहीं है। इस प्रकार कविता की भाषा और गद्य की भाषा में भेद करते हुए उन्होंने अन्तिम रूप से लिखा है—"I write in metre, because I am about to use a language different from that of prose."[1]

मैं छन्द में लिखता हूँ, क्योंकि मैं उस भाषा का प्रयोग करने को हूँ, जोकि, गद्य की भाषा से भिन्न है।''

काव्यात्मक प्रतिभा— कॉलरिज ने प्रतिभा (Genius) और निपुणता (Talent) में वही भेद किया है, जोकि कल्पना (Imagination) और ललित-कल्पना (Fancy) में। प्रतिभा कल्पना से उसी प्रकार अभिन्न है, जिस प्रकार निपुणता ललित कल्पना से।

1. Biographia Literaria : Vol. II, Chap. 17, p. 42.

कहना यह है कि कल्पना और प्रतिभा सृजनात्मक शक्तियाँ हैं, जबकि ललित कल्पना और निपुणता मात्र समन्वयकारी दक्षता है। प्रतिभा जन्मजात शक्ति है; निपुणता अर्जित। कॉलरिज ने महाकवि शेक्सपीयर के सम्बन्ध में 'बायोग्राफिया लिटरेरिया' में प्रतिभा की अभिव्यक्ति के रास्तों की चर्चा की है। शेक्सपीयर की प्रारम्भिक कृतियों —'वीनस एण्ड एडोनिस' (Venus and Adonis) तथा 'द रेप ऑवं लुकरिस' (The Rape of Lucrece) पर विचार करते हुए, उन्होंने प्रतिभा के आविर्भाव अथवा अभिव्यक्ति के चार तरीके बताये हैं—

(1) सांगीतिक आह्लाद की अनुभूति (Sense of Musical Delight)—प्रतिभा सम्पन्न सर्जक काव्यगत सांगीतिक आह्लाद के प्रति पूर्णतः संवेदनशील होते हैं। कहना यह है कि प्रतिभा सम्पन्न सर्जक कविता में विचारों के अनुकूल ही संगीत की सृष्टि करते हैं। वह काव्य रचना में पूर्ण मधुरिमा का समावेश करने में सक्षम होते हैं।

(2) विषयनिष्ठता (Objectivity)—सच्ची प्रतिभा विषयनिष्ठ होती है। प्रतिभा सम्पन्न काव्यकार अपनी परिस्थितियों और अभिरुचि को काव्य-विषय-चयन और कवि-कर्म से दूर ही रखता है। कवि अपनी भावनाओं को काव्यगत उन भावनाओं से (जिनका कि चित्रकार और विश्लेषक वह है) पूर्णतः दूर रखता है। डॉ० बी० प्रसाद के शब्दों में, "The utter aloofness of the poet's own feelings, from those of which he is at once the painter and the analyst."[1]

कॉलरिज प्रतिभा और निर्वैयक्तिकता का निकट का समबन्ध मानते हैं, अर्थात् काव्यकार को स्थल रूप से अपने स्व से हटकर काव्य रचना करना चाहिए। उसकी स्थिति बहुत कुछ उस सर्वश्रेष्ठ स्रष्टा (ईश्वर) की जैसी होती है, जोकि अपनी सृष्टि में स्थूल रूप से कहीं भी दृश्यमान न होते हुए भी, सूक्ष्म रूप से सर्वत्र विद्यमान रहता है।

(3) कल्पना की परिवर्तन और आकार-निर्माण करने वाली शक्ति (The Shaping and Modifying power of Imagination)—प्रतिभासम्पन्न काव्यकार दृश्यमानजगत से जीवनहीन (Inanimate and cold) पदार्थों अथवा वस्तुओं में कल्पना की सहायता से प्राणों का संचार करता है, उन्हें जीवंत बनाता है।

(4) विचारों की शक्ति और गहनता (Depth and energy of thought)—कॉलरिज की धारणा है कि कोई भी कवि उस क्षण तक महान कवि नहीं हो सकता, जब तक कि वह एक गम्भीर दार्शनिक नहीं होता। प्रेरणा के क्षणों में मस्तिष्क में उद्भूत भावोद्गारों पर दार्शनिकों-जैसी गम्भीरता से चिंतन करके, पर्यास परिवर्तन-परिवर्द्धन के बाद ही उन्हें साहित्य में उतारा जाता है। इस प्रकार वर्ड्सवर्थ और कॉलरिज दोनों ही कविता को 'गम्भीर विचारों और गहन अनुभूतियों अथवा

---

1. B. Prasad : An Introduction to English Criticism, p. 190.

भावनाओं का सम्मेलन' (The union of deep feeling, with profound thought) मानते हैं। चूँकि कविता मात्र गहन भावनाओं का उच्छलन (Spontaneous overflow of powerful feelings) ही नहीं है, वरन् गम्भीर विचारों का गहन भावनाओं से संयोजन भी है; इसलिए यह भावकों को न केवल आनन्द ही प्रदान करती है, वरन् उनका उन्नयन भी करती है।

नाटकीय भ्रांति (Dramatic Illusion)—कॉलरिज ने मिथ्या कथाओं के प्रभाव पर भी विचार किया है। नाटकान्तर्गत अथवा मिथ्या वर्णन किस प्रकार पाठकों अथवा दर्शकों को प्रभावित करते हैं, यह एक अपने में ही महत्त्वपूर्ण प्रश्न है। जो कुछ भी हम पढ़ते या देखते हैं, यह जानते हुए भी कि वह सब मिथ्या है, हम उससे क्यों प्रभावित होते हैं? अर्थात् काव्यात्मक अथवा नाटकीय भ्रांतियों में पाठकों, श्रोताओं अथवा दर्शकों को आनन्दानुभव क्यों होता है? कॉलरिज ने 'बायग्राफिया' के 14वें अध्याय में एक योजना बनाई थी, जिसके अन्तर्गत दो प्रकार की कविताओं—प्रथम का विषय लोकोत्तर अथवा अति प्राकृतिक (Supernatural) घटनाओं एवं पदार्थ सम्बन्धी काव्य-सृजन करना था; द्वितीय का विषय जनसामान्य के जीवन से सम्बन्धित घटनाओं अथवा पदार्थों सम्बन्धी काव्य का सृजन करना था—की रचना होनी थी। इनमें से प्रथम प्रकार की कविताओं का सृजन कॉलरिज तथा द्वितीय प्रकार की कविताओं के वृजन का कार्य वर्ड्सवर्थ के अधीर था। सृजन इस प्रकार से करना था कि दिन-प्रतिदिन की वस्तुओं में भी नवीनता (Novelty) और आकर्षण (Charm) पैदा हो सके। कॉलरिज को कल्पना शक्ति के माध्यम से अति-मानवीय पदार्थों, घटनाओं अथवा वस्तुओं को इस ढंग से प्रस्तुत करना था कि उनमें विश्वसनीयता का संचार हो सके.....to procure for these shadows of imagination that willing suspension of disbelief (elsewhere called negative faith) for the moment, which constitutes poetic faith."[1]

कल्पना की इन प्रतिच्छायाओं के लिए स्वेच्छा से उस क्षण विशेष में (जिसमें कि कविता अथवा नाटक का अनुशीलन किया जा रहा है) अविश्वसनीयता को निलम्बित कर देना, जबकि काव्यात्मक विश्वास की संरचना होती है। कहना यह है कि अविश्वसनीयता में भी विश्वसनीयता का संचार ही कॉलरिज का नकारात्मक विश्वास (Negative Faith) अथवा अविश्वास का इच्छित निलम्बन (willing suspension of disbelief) है। कवि के भ्रान्त काव्य-संसार में विश्वास करने के लिए स्वेच्छा से भावक अपने विश्वास को (काव्यानुशीलन भर के समय के लिए) प्रलंबित कर देता है, क्योंकि उसे उस भ्रान्त संसार में सुखानुभव हो रहा होता है।

कॉलरिज की मान्यता है कि दर्शक की निर्णय शक्ति, उस समय, न तो पूर्णतः जागृत ही होती है और न पूर्णतः सुप्त; वरन् नाटक अथवा काव्यानुशीलन भर के समय

---

1. Biographia Literaria Vol. II, P. 107, Shawcross's Edition.

तक दर्शक अपनी निर्णय शक्ति को निष्क्रिय छोड़ देता है। कहना यह है कि भावक द्वारा काव्यानन्द न तो पूर्णतः चेतनावस्था में ही प्राप्त किया जाता है और न पूर्णतः अचेतनावस्था में ही; वरन् अपनी चेतना शक्ति को स्वेच्छा से प्रलम्बित करके प्राप्त किया जाता है।

महत्त्व— कॉलरिज ने दर्शन और काव्य का सम्बन्ध स्थापित करते हुए अपने काव्य-सिद्धान्तों को प्रतिस्थापित किया है। उनका काव्य-समस्याओं के प्रति जो दृष्टिकोण था, वस्तुतः वह साहित्यिक कम, मनोवैज्ञानिक अधिक था। उनकी कल्पना सम्बन्धी धारणा दर्शनोन्मुख अधिक है, साहित्यिकोन्मुख कम। वास्तव में कल्पना को उन्होंने 'रोमाण्टिक' काव्यधारा के अनुसार ही विश्लेषित किया है। उनकी कल्पना सम्बन्धी धारणा का रोमाण्टिक काव्य से इतर ताल-मेल बैठाना कठिन ही है। उन्होंने दर्शन सम्बन्धी गम्भीर और गहन समस्याओं की ओर युग-चेतना को काव्य के माध्यम से आकर्षित किया। टी० एस० इलियट ने ठीक ही लिखा है—"to bring attention to the profoundity of the philosophic problems into which the study of poetry may take us."[1]

वस्तुतः कॉलरिज एक उच्चकोटि के कवि और गम्भीर चिन्तक थे। उनकी आलोचना उनके कवि व्यक्तित्व और चिन्तना व्यक्तित्व के समन्वित प्रयास की परिणति है। उनसे पूर्व यूरोप में मात्र दो ही आलोचक इतने गहरे उतर सके हैं और वे हैं सम्भवतः अरस्तू और लौंगिनुस। सेण्ट्सबरी के शब्दों—"So, then there abide these three Aristotle, Longinus, and Coleridge—We can not quiet say that he is the greatest of the three. But his range is necessarily wider; he takes in, as their date forbade them to take, all literature in a way which must for centuries to come, give him prerogative."[2]

"इसलिए, वहाँ तीनों अरस्तू, लोगिनुस और कॉलरिज—के प्रति निष्ठा रखते हुए........हम स्थिरता पूर्वक यह तो नहीं कह सकते कि वह (कॉलरिज) इन तीनों में महानतम् हैं। परन्तु उनका कार्य क्षेत्र अनिवार्य रूप से अत्यधिक विस्तीर्ण है; जैसा कि उनके समय ने अत्यधिक विस्तीर्ण क्षेत्र में कार्य करने से उन्हें (अरस्तू, लोंगिनुस) रोका; शताब्दियों तक आने वाले समग्र साहित्य में, उन्हें (कॉलरिज को) विशेषाधिकार देता है।"

---

1. T. S. Eliot : The use of poetry and the use of criticism, p. 80.
2. George Saintsbury : A History of English Criticism, p. 340-41.

4

विक्टोरियन मध्यमार्ग

अंग्रेजी-आलोचना के इतिहास में सन् 1701 से 1830 तक का समय साहित्यिक सुरुचि के संघर्ष-काल के नाम से अभिहित किया जा सकता है; क्योंकि इस सम्पूर्ण समय में नवशास्त्रवादी मान्यताओं एवम् मूल्यों की स्वच्छन्दतावादी मान्यताओं एवम् मूल्यों से भयंकर टकराहट रही है। चूँकि इस काल में नवशास्त्रवादी आलोचकों द्वारा निर्धारित नियमों एवम् मूल्यों को स्वच्छन्दतावादी आलोचकों द्वारा पूर्णतः ढहा दिया गया था; इसलिए विक्टोरियन युग के आलोचकों का ध्यान साहित्यिक मान्यताओं के पुनः प्रतिस्थापन की ओर गया। परन्तु इस नवयुग के साहित्यकारों तथा साहित्यिक मूल्यों अथवा मान्यताओं के नवस्थापन की चर्चा करने से पहले यह आवश्यक होगा कि युग की सामाजिक एवम् राजनैतिक गत्यात्मकता को भी विश्लेषित किया जाये; क्योंकि बिना सामाजिक परिवेश को समझे साहित्य-विवेचना अधूरी रहती है।

विक्टोरियन युग में दो क्रान्तिकारी परिवर्तन हुए—एक तो रिफार्म एक्ट 1932 (Reform Act 1932) का बनना (जिससे कि शक्ति उच्चवर्ग से मध्यवर्ग के हाथ में आई) दूसरे, वैज्ञानिक प्रगति का होना। 'रिफार्म एक्ट' से शिक्षा का प्रचार और प्रसार अधिक हुआ, फलतः साहित्य जगत में भावकों, सर्जकों एवम् आलोचकों की बढ़ोत्तरी हुई। विज्ञान की प्रगति ने जहाँ जनसामान्य के जीवन में सुख-सुविधाओं की वृद्धि की, वहीं उसके धार्मिक विश्वास को भी झकझोर डाला। यही कारण था कि बाइबिल के उत्पत्ति-सिद्धान्त और अन्य धार्मिक पहलुओं को अब संदेह की दृष्टि से देखा जाने लगा था। इसके साथ ही औद्योगिक विकास ने धनी और धनहीन वर्गों की खाई को अधिक गहरा किया, परिणामतः अभाव और गरीबी लोगों का दिन-प्रति-दिन का अनुभव हो गया। युग परिवेश डॉ० बी० प्रसाद के शब्दों में "It was an age of Contrast in which authority co-existed with freedom, wealth with want, faith doubt, culture with 'Philistinism' (Arnold's) term for lack of culture in ' Culture and Anarchy.'[1]

कहना यह है कि अधिकार और स्वतन्त्रता, धन और अभाव, धार्मिक विश्वास और धर्म पर संदेह, संस्कृति और सामाजिक अराजकता आदि अनेक विरोधी बातें विक्टोरियन युग की प्रमुख विशेषताएँ थीं। ऐसे द्विधा और अराजकतापूर्ण समय में महारानी विक्टोरियन की छत्र-छाया में इंग्लैण्ड के समाज ने इस विरोधी और असंगत स्थिति में मध्यमार्ग की शरण ली, समझौते का रूप अपनाया।

---

1. Dr. B. Prasad : An Introduction to English Criticism, p. 197.

इस युग की स्थिति ने साहित्यकारों को सर्वाधिक प्रभावित किया। यही कारण है कि 1830 के बाद का अंग्रेजी साहित्य अपने युग को सर्वाधिक प्रतिबिम्बित करता है। आलोचना के क्षेत्र में भी समझौते अथवा मध्यमार्ग आलोचकों ने अपनाया है। विक्टोरियन आलोचकों द्वारा निर्धारित साहित्य सिद्धान्त, न तो नवशास्त्रवादियों की तरह अत्यन्त अनम्य (Rigid) ही हैं और न स्वच्छन्दतावादियों की भाँति पूर्णत: नम्य (Flexible) ही, कहना यह है कि ये आलोचक युग सापेक्ष मध्यवर्तिनी स्थिति के अनुगामी हैं। वे साहित्य सिद्धान्तों में विश्वास तो करते हैं, परन्तु उन्हें सभी पर कठोरता से लागू न कर, उनकी (सिद्धान्तों) अधिकांश स्वीकृत से ही सन्तुष्ट हो जाते हैं। चूँकि सिद्धान्त-निर्धारण के विक्टोरियन आलोचक पक्ष में थे, इसलिए मैथ्यू आर्नल्ड ने फ्रांसीसी साहित्य-सुरुचि के आधार पर इंग्लैण्ड में एक स्कूल स्थापित करने की बात भी चलाई। परन्तु इस प्रस्ताव से सभी सहमत नहीं हुए, परिणामत: यह तय हुआ कि फ्रांसीसी आलोचक टेन (Taine) और सेण्ट-बियुव (Sainte-Beuve) के सिद्धान्तों को साहित्य-जगत में न्यूनाधिक मान्यता प्रदान की जाये।

टेन और सेन्ट-बियुव-दोनों ही फ्रांसीसी आलोचकों का उद्देश्य किसी ऐसे वैज्ञानिक सिद्धान्त की खोज थी, जिससे कि किसी भी साहित्यकार का सही मूल्यांकन किया जा सके। टेन साहित्य को सामाजिक शक्तियों की उपज मानते थे। अत: इन सामाजिक शक्तियों को उन्होंने तीन भागों में विभाजित कर—रेस (Race), मिल्यू (Milieu) मूमेंट (Moment)—आलोचकों को इन्हीं के आधार पर किसी भी साहित्यकार के मूल्यांकन का सुझाव दिया। उन्होंने बताया कि लेखक के मानस का बौद्धिक और भावात्मक स्तर (Mental and emotional make up) उसकी जाति (Race) से निर्धारित होता है तथा उसके सामाजिक वातावरण (Social environment) का निर्माण उसके 'मिल्यू' (Milieu) (अर्थात् जिस युग में और जिस समाज में वह रह रहा है) से होता है तथा अपने जन्म से परिपक्वावस्था तक के सम्पूर्ण विकास के, अर्थात् रेस और मिल्यू के उपरान्त, जबकि वह अपने सभी अनुभवों को व्यक्त करने की स्थिति में होता है, यह स्थिति उसके मूमेंट (Moment—अभिव्यक्ति के क्षण) की स्थिति कहलाती है।

उनका विश्वास है कि इन तीनों स्थितियों के सही विश्लेषण के बिना किसी भी साहित्यकार का किसी भी आलोचक द्वारा किया हुआ मूल्यांकन न तो सही ही होगा और न सर्वांगीण एवं पूर्ण ही। सेन्ट-बियुव की धारणा भी लगभग टेन जैसी ही है। वह भी लेखक के जन्म-जाति, देश-काल, माँ-बाप, बन्धु-बांधव, शिक्षा आदि के सम्बन्ध में पूर्ण जानकरी प्राप्त करने के उपरान्त, आलोचकों को साहित्यकार के मूल्यांकन का परामर्श देते हैं। परन्तु इस प्रकार का आलोचक बनने के लिए यह अनिवार्य है कि आलोचक पूर्वाग्रहों और दुराग्रहों, प्रशंसा और निन्दा के भावों से पूर्णत: मुक्त रहकर तटस्थ रहे, क्योंकि आलोचक द्वारा स्वयं की रुचि-अरुचि का कुछ भी प्रभाव उसके निर्वैयक्तिक एवं तटस्थ दृष्टिकोण को मिटा सकता है।

फ्रांसीसी आलोचकों की इस जीवनचरित-प्रधान आलोचना-पद्धति को विक्टोरियन आलोचकों पर पर्याप्त प्रभाव पड़ा। इस पद्धति की निस्पृहता (Disinterestedness), यथार्थता एवं तथ्यात्मकता ने विक्टोरियन युग के महानतम आलोचक आर्नल्ड को सर्वाधिक प्रभावित किया। यह पद्धति निष्पक्षता का एक अद्‌भुत उदाहरण है, क्योंकि इस पद्धति में न तो नवशास्त्रवादियों के सिद्धान्तों को लागू करने की आवश्यकता थी औन न स्वच्छन्तावादियों की रोमांटिक परख की ही आवश्यकता थी। परन्तु आलोचना के क्षेत्र में इस फ्रांसीसी प्रभाव के बावजूद भी विक्टोरियन आलोचकों पर नवशास्त्रवादियों और रोमांटिक काव्य-सिद्धान्तों का पर्याप्त प्रभाव था। यही कारण था कि काव्य-प्रयोजन सम्बन्धी धारणा को लेकर विक्टोरियन आलोचक दो ग्रुपों में विभक्त थे। थामस कार्लाइल और रस्किन यदि नवशास्त्रवादी सिद्धान्त—कला जीवन के लिए है (Art for Life's Sake)— के समर्थक थे; तो वाल्टर पेटर और आस्कर वाइल्ड स्वच्छन्दतावादी परम्परा—कला, कला के लिये है (Art for art's Sake) के पक्षपाती थे। वस्तुतः यह वही साहित्य-संघर्ष था, जोकि क्लासिकल प्रभुओं (प्लेटो और अरस्तू) में प्राचीन काल में रहा था; जिनमें से प्रथम कला का प्रयोजन शिक्षा स्वीकार करते थे, जबकि दूसरे आनन्द। वस्तुतः इस संघर्ष में भी आर्नल्ड ही ऐसे निस्पृह आलोचक थे, जिन्होंने इन दोनों अतिवादी दृष्टिकोणों के मध्य से रास्ता निकालकर अंग्रेजी साहित्यालोचन की महानतम सेवा की।

15
मैथ्यू आर्नल्ड के साहित्य-सिद्धान्त

अंग्रेजी साहित्य के इतिहास में आलोचक आर्नल्ड (1822-1888) से पूर्व ही हमें कवि आर्नल्ड के दर्शन होते हैं। आलोचना के क्षेत्र में उतरने से पूर्व ही उन्होंने कुछ कविताएँ लिखी थीं। वह एक अनुभवी आलोचक थे। आलोचना लिखने से पूर्व ही उन्हें यह अहसास था कि उनका अभीष्ट क्या है। उन्होंने सर्वप्रथम अपनी आलोचना का श्रीगणेश 1853 की अपनी कविताओं का 'प्रिफेस' (Preface to the poems of 1853) लिख कर किया। इसके प्राक्कथन में उन्होंने ड्राइडन की भाँति ही अपनी रचनाओं के विषय-शैली पर प्रकाश डाला है। चार वर्ष उपरान्त आर्नल्ड की नियुक्ति काव्य प्रोफेसर (Professor of poetry) के पद पर आक्सफोर्ड विश्वविद्यालय में हुई। सौभाग्य से अब वह एक ऐसे सम्मान के स्थान पर थे, जहाँ पर कही हुई उनकी बातों को कुछ विशेष बल मिलता था। एच० डब्ल्यू० पाल के शब्दों में—"An honourable and advantageous platform (Oxford Chair was)."[1]

आक्सफोर्ड विश्वविद्यालय में दिये गये उनके भाषणों ने ही, वस्तुतः उन्हें प्रतिष्ठित आलोचक की गरिमा से मण्डित किया है। इनके भाषणों को संकलित कर उन्होंने दो पुस्तकों के रूप में—प्रथम का शीर्षक 'ऑन ट्रान्सलेटिंग होमर' (On

---

1. H. W. Paul : Matthew Arnold, E. M. L., p. 52.

Translating Homer) तथा दूसरी का शीर्षक 'द स्टडी ऑफ केल्टिक लिटरेचर' (The Study of Celtic Literature) रखा—प्रकाशित कराया। भाषण देने और पुस्तकों के प्रकाशन के मध्य के अन्तराल में उन्होंने साहित्यिक पत्रिकाओं में कई एक लेख भी लिखे। जार्ज सेण्टबरी इस अन्तराल को उनके आलोचक व्यक्तित्व की अन्तरवर्ती 'स्टेज'[1] मानते हैं। इस अन्तराल में लिखे अथवा पढ़े गये विभिन्न भाषणों अथवा लेखों में से चुनकर उन्होंने पुनः दो पुस्तकें—'एस्सेज इन क्रिटिसिज्म' (Essays in Criticism)—दो भागों में प्रकाशित कराईं। इस प्रकार कुल मिलाकर आर्नल्ड का आलोचक कृतित्व इन चार प्रकाशित पुस्तकों एवं 1853 की भूमिका में ही समाहित हो जाता है। इन पुस्तकों के चिन्तन के आधार पर उनकी आलोचना को दो प्रभागों में वर्गीकृत किया जा सकता है—प्रथम काव्य अथवा कविता सम्बन्धी चिन्ताधारा से सम्बन्धित है; द्वितीय, आलोचक-कला की अवधारणा से। इन दोनों पहलुओं में से प्रथम पहलू में वह स्वयं सृजन संलग्न रहे हैं तथा दूसरे पहलू में अपने सृजनात्मक अन्तरमन से मुक्ति पाकर काव्य-मूल्यांकन सम्बन्धी धारणाओं का विवेचन-विश्लेषण करते रहे हैं।

काव्य सम्बन्धी चिन्ताधारा—महारानी विक्टोरिया युगीन साहित्यकारों में अनियमित रूप से लिखने वाले तरंगी (Spasmodic) कवियों का एक गुट था, जिनमें पी० जे० बेले (P. J. Bailey), सिडनी डोबेल (Sidney Dobell) और अलैक्जेंडर स्मिथ (Allexander Smith) के नाम उल्लेखनीय हैं। इस ग्रुप की विचारधारा के अनुसार कविता कवि मानस की प्रभावशाली भाषा में अभिव्यक्ति है। इस आलोचनात्मक धारणा को ये कवि अपनी रचनाओं में उतार रहे थे। परिणाम यह हुआ कि एक ओर जहाँ कथ्यगत निरर्थकता, क्षुद्रता और अनियमितता का प्रादुर्भाव अंग्रेजी कविता में हुआ; वहीं दूसरी ओर कृत्रिम अलंकरण का सहारा अपने कथन को प्रभावशाली बनाने के लिए लिया जाने लगा। यद्यपि इन कवियों ने तद्‌युगीन 'संदेह (doubt), विवाद (Dispute), विकर्षण (distraction) और भय (fear)' को अपनी रचनाओं में कलमबद्ध किया है; तथापि इनका साहित्यिक कृतित्व पूर्णतः सतही और साधारण कोटि का ही समझा जाता है। तरंगी कवियों की काव्यधारा का प्रवाह इतना प्रबल था कि अल्फर्ड टेनीसन (Alfred Tennyson) जैसे मूर्धन्य कवि भी इस धारा में थोड़ी देर के लिए बहने ['माड (Maud) कविता में] लगे थे। और यही नहीं, इस काव्यधारा के प्रबल विरोधी स्वयं आर्नल्ड भी अपनी कविता 'एमपिडोक्लिज़ आन एटना' (Empedocles on Aetna) में इसी धारा के साथ-साथ प्रवाहित होते प्रतीत होते हैं।

इस तरंगी प्रवृत्ति (Spasmodic Tendency), जिसके कि शिकार स्वयं आर्नल्ड रह चुके थे, के विरोध में ही उन्होंने 1853 में प्रकाशित कविताओं के प्रथम संस्करण की

---

1. A profitable and convenient intermediate stage between the lecture and book. —George Saintsbury : A History of English Criticism, p. 474.

भूमिका लिखी थी। इस संस्करण में उन्होंने 'एम-पिडोक्लिज़ आन एटना' को सम्मिलित नहीं किया। इस कविता में नायक एटना ज्वालामुखी में कूद कर आत्मघात कर लेता है। चूँकि सम्पूर्ण कविता में नायक मात्र दुःख भोगता है और मात्र ऐसा दुःख-भोग जिसकी परिणति कार्य-व्यापार में नहीं होती, आर्नल्ड की दृष्टि में काव्य का उचित विषय अथवा कथ्य नहीं ठहराया जा सकता। यही कारण है कि तरंगी काव्यधारा के बहाव में लिखी हुई इस कविता को उन्होंने 1853 के संस्करण में स्थान नहीं दिया। जर्मन दार्शनिक शिलर से प्रभावित आर्नल्ड तरंगी काव्य पर प्रश्नचिह्न लगाते हुए लिखते हैं—"......ऐसी स्थितियाँ कौन-सी होती है जिनके यथार्थ चित्रण से भी काव्यानन्द की उपलब्धि न हो?—वे जिनमें वेदना की परिणति किसी क्रिया में न होती हो; वे जिनमें मानसिक कष्ट की सतत अवस्था को दूर तक खींचा गया हो और बीच में किसी ऐसी घटना, आशा या संघर्ष का विधान न हो जिससे उसका कुछ प्रतिकार हो; वे जिनमें सब कुछ सहना ही हो, करना कुछ भी न हो। ऐसी स्थितयों में अनिवार्यतः कुछ विकृति रहती है, उनके वर्णन में एक प्रकार की विरसता होती है। वास्तविक जीवन में जब कभी ऐसी स्थितियाँ हैं, तो वे कष्टकर होती हैं, कारुणिक नहीं। काव्य में उनका चित्रण भी कष्टप्रद होता है।"[1]

वस्तुतः तरंगी कवियों द्वारा विकृत पूर्वाग्रहों की ओर अत्यधिक झुकने की प्रवृत्ति एवं कार्य-व्यापार द्वारा कथ्य प्रस्तुतीकरण की अवहेलना आदि कुछ ऐसे दोष थे, जोकि काव्यानन्द का विनाश करते थे। जबकि आर्नन्ड के अनुसार, "सम्पूर्ण कला आनन्द के चरणों पर समर्पित है। मानव को कैसे सुखी बनाया जाए—इससे महत्तर एवं गम्भीरतर और कोई भी समस्या नहीं। उपयुक्त कला वही है जो परम आनन्द की सृष्टि करे।"[2]

इस प्रकार चूँकि आर्नल्ड की धारणा है कि काव्य का उद्देश्य सच्चा आनन्द है, वह आनन्द जिससे कि मन मोहित हो, हम आह्लादित हों, अतः उन्होंने तरंगी कविता को पूर्णतः दोषी ठहराया। उनके ही शब्दों में—"अरस्तू की उक्ति है कि अनुकरण अथवा चित्रण से हमें स्वभावतः ही आनन्द की उपलब्धि होती है—हमारे काव्य-प्रेम का यही आधार है और हमें यह आनन्द इसलिए मिलता है कि किसी प्रकार का ज्ञान सहज रूप से हमारे अनुकूल होता है।.............वह मनोरंजन करे, इतना ही पर्याप्त नहीं; उससे यह भी अपेक्षा की जाएगी कि वह पाठक को स्फूर्ति और आनन्द दे, कि उसमें मोहकता हो और वह मन को आह्लाद से भर दे........अतः किसी काव्य-कृति के समर्थन में इतना सिद्ध कर देना ही पर्याप्त नहीं कि वह मानव के ज्ञान की वृद्धि करे, उससे यह भी अपेक्षित है कि वह मानव के आनन्द की वृद्धि करे।"[3]

---

1. 'काव्य-संग्रह के प्रथम संस्करण की भूमिका' अनुवाद—श्री महेन्द्र चतुर्वेदी, प्र० सम्पादक, डा० नगेन्द्र : पाश्चात्य काव्यशास्त्र की परम्परा, पृ० 194।
2. वही, पृ० 194।
3. प्रथम संस्करण की भूमिका : अनुवाद—श्री महेन्द्र चतुर्वेदी, पृ० 193-94।

चूँकि काव्यानंद की अनुभूति विषय की सपाटबयानी से नहीं हो सकती, अर्थात् काव्य विषय अथवा कथ्यगत कार्य-व्यापार की अवहेलना से नहीं हो सकती; इसलिए काव्य-विषय ऐसा होना चाहिए, जो कि कार्य-व्यापार के माध्यम से भली-भाँति प्रस्तुत किया जा सके, ताकि पाठकों को आनंदानुभव हो सके। इस प्रकार काव्यानंद काव्य-विषयाधीन हुआ। "To Arnold, therefore, as to Aristotle the joy that poetry imparts is dependent on its subjects."[1]

वस्तुतः आर्नल्ड काव्य-विषय पर बेहद बल देते हैं। उनके अनुसार उपयुक्त विषय का चयन श्रेष्ठ काव्य-रचना-प्रक्रिया का मूलबिन्दु है। उन्हीं के शब्दों में, "सब कुछ विषय पर निर्भर है, उपर्युक्त कार्य का चयन कर लो, उसकी स्थितियों के मूल में निहित भावना से तादात्म्य स्थापित कर लो—यदि यह हो गया तो फिर सब अपने आप हो जाएगा।"[2]

काव्य विषय— अब प्रश्न उठता है कि काव्य के वे कौन से विषय हैं, जिनसे कि महान काव्य का सृजन किया जा सके। उत्तर में कहा जा सकता है कि कार्य-व्यापार, मानव के वे कार्य-व्यापार जो कि शाश्वत एवं महानतम आनंद की उपलब्धि कराने में सक्षम हैं। काव्य-विषय के हेतु कार्य-व्यापार-चयन के लिए युग सापेक्षता कतई आवश्यक नहीं। कहना यह है कि किसी भी कार्य-व्यापार का काव्य विषयोपयोगी होना, उसकी प्राचीनता या अर्वाचीनता पर कतई निर्भर नहीं होता, वरन् उसके निहित गुणों के अधीन होता है। इस प्रकार कवि-कर्म युग विशेष की अनुशंसा करना नहीं, वरन् उस युग विशेष के भावकों को अपने काव्य द्वारा महानतम आनन्दानुभव कराना है और यह आनन्दानुभव श्रेष्ठ काव्य-विषय-चयन से ही हो सकता है। काव्य-विषय के अनुरूप चयनित ऐसे कार्य-व्यापारों से, जो कि हर समय और हर एक को आनंदानुभव कराने (To please always and to please all) में सक्षम हों। अब प्रश्न उठता है कि वह कौन से उत्कृष्ट कार्य-व्यापार हैं, जोकि प्रतिक्षण, प्रतिपल, प्रत्येक को आनंदानुभव कराने में सक्षम हो सकते हैं। आर्नल्ड की धारणा है कि वे कार्य व्यापार जोकि उन काल-निरपेक्ष भावनाओं (प्रेम, हर्ष, क्रोध, दया, ममता आदि) को आन्दोलित करने में सक्षम होते हैं, जिनका (भावनाओं का) कि निवास मानव-मन (स्वभाव) के मूल में स्थायी रूप से होता है। ये भावनाएँ स्थायी और अपरिवर्तनशील होती हैं और इनके अनुरंजन के साधन भी स्थायी और अपरिवर्तनशील होते हैं। इससे कोई अंतर नहीं पड़ता कि वे प्राचीन हैं अथवा नवीन। जब कि वे इस निर्धारित प्रतिमान के अंदर हैं, इस देशकालातीत आनंदानुभव की कसौटी (Universal appeal) पर खरे उतरते हैं, वे (कार्य-व्यापार) उत्कृष्ट काव्य-विषय के अनिवार्य साधन एवम् तत्त्व हो सकते हैं। डा० बी० प्रसाद के शब्दों में, "So actions that are of

---

1. Dr. B. Prasad : An Introduction to English Criticism, p. 203, 204.
2. 'काव्य-संग्रह' के प्रथम संस्करण की भूमिका : अनुवाद : महेन्द्र चतुर्वेदी, पाश्चात्य काव्य-शास्त्र की परम्परा, पृ० 198।

this nature, that 'most powerfully appeal to those elementary feeling which are independent of time' are the fittest subjects of poetry. it is immaterial whether thay are ancient or modern so long as they satisfy this test of abiding appeal."[1]

आभिजात्यवाद—जब प्रश्न उठता है कि क्या युग (विक्टोरियन युग) इस प्रकार के कार्य-व्यापार प्रदान कर सकता है। आर्नल्ड का उत्तर नकारात्मक है। उन्हीं के शब्दों में....... "(कला).....के लिए जो तत्त्व आवश्यक हैं, वे हैं महान कार्य-मानवात्मा के शाश्वत तत्त्वों को अभिभूत करने के लिए सशक्त और आह्लाददायक रूप से संयोजित महान कार्य। वर्तमान युग जहाँ तक ऐसे कार्य उपलब्ध करा सकता है, वे सहर्ष उनका उपयोग करेंगे परन्तु जिस युग में नैतिक भव्यता नहीं उसमें इनका मिलना भी कठिन है और आध्यात्मिक उद्वेग के इस युग में इनका कोई प्रबल प्रभाव पड़ना एवं इनसे आह्लादित की सिद्धि होना भी कठिन है।"[2]

विक्टोरियन युग के तरंगी कवियों (Spasmodics) की धारणा थी कि काव्य-विषयगत निकृष्टता की खाई को वे उत्कृष्ट अभिव्यंजना पद्धति से भर देंगे। यही कारणा था कि ये तरंगी कवि उपमा और रूपकों का अत्यधिक प्रयोग करके तत्कालीन कविता को भाव-शून्य एवं कृत्रिम बना रहे थे। परन्तु आर्नल्ड की दृढ़ मान्यता है कि किसी प्रकार की भी अभिव्यंजना पद्धति अथवा शैली काव्य-विषयगत निकृष्टता को नहीं छिपा सकती। कहना यह है कि विक्टोरियन तरंगी कवि अभिव्यंजना-पद्धति पर विशेष बल देते थे; उनके कार्य-व्यापार के प्रस्तुतीकरण में प्रयुक्त बिम्बों की कलात्मकता अधिक महत्त्वपूर्ण थी, कार्य-व्यापार नहीं जबकि ग्रीक-सर्जक कार्य-व्यापार को अधिक महत्त्व देते थे। इसका तात्पर्य यह नहीं है कि ग्रीकों का अभिव्यजंना-पद्धति अथवा शैलीगत उत्कृष्टता पर अधिकार न था वरन् सत्य तो यह है कि वे भव्य शैली के बेजोड़ एवं निष्णात कलाकार हैं। वे (ग्रीक) इस तथ्य से पूर्णत: भिज्ञ थे कि बिना उत्कृष्ट काव्य-विषय को आधार बनाये, उत्कृष्ट-काव्य रचना असम्भव है। इसलिए अभिव्यंजना-पद्धति से उत्कृष्ट काव्य-विषय (कार्य-व्यापार) चयन को उन्होंने अधिक महत्त्व एवं उच्च स्थान दिया है। चूँकि आर्नल्ड की भी मान्यता ग्रीकों जैसी ही है। (अथवा वह ग्रीकों से अपनी मान्यता में प्रभावित हैं), इसलिए उन्होंने तद्‌युगीन तरंगी साहित्यकारों की मान्यताओं को भ्रामक ठहराया है।

इस प्रकार अपनी युगीन काव्य-धारा से असंतुष्ट आर्नल्ड ने अपना ध्यान पूर्णत: प्राचीन प्रतिमानों की ओर ही लगाया। उनका विश्वास था कि तद्‌युगीन साहित्यिक अराजकता में स्वस्थ और उत्कृष्ट साहित्यिक परम्परा कायम करने के लिए क्लासिकों

---

1. Dr. B. Prasad : An Introduction to English Criticism. p. 204.
2. अनुवाद—महेन्द्र चतुर्वेदी : पाश्चात्य काव्य-शास्त्र की परम्परा, पृ० 202।

को आदर्श रूप में मानना ही होगा। प्राचीनों से व्यक्ति लेखक को तीन बातें [विषय-चयन का सर्वोपरि महत्त्व, सही निर्माण (संतुलित निर्माण) की आवश्यकता एवं अभिव्यंजना की गौणता] सीखने का परामर्श वह देते हैं। वे क्लासिकों के अनुकरण के आग्रही नहीं हैं; उन जैसा बनने, होने के प्रयत्न के आग्रही हैं। अतः अपने युग के साहित्यकारों को प्राचीनों को आदर्श मान, उन जैसा भव्य सृजन करने लिए उनके अध्ययन का परामर्श आर्नल्ड ने दिया है। उन्हीं के शब्दों में,'' ....हमें उन जैसा बनने का प्रयत्न करना चाहिए, उनके अनुकरण का नहीं।............संतुलन ही प्राचीन साहित्य का बहुत बड़ा गुण है, और अपनी समस्त विविधता एवं शक्ति के बावजूद इसका अभाव ही आधुनिक साहित्य का बहुत बड़ा दोष। अपनी थोड़ी-बहुत सनक और बहक खोये बिना प्राचीनों को सावधानी से पढ़ा ही नहीं जा सकता और उनके जैसा बनने के लिए कम-से-कम उन्हें पढ़ना अवश्य पड़ेगा।''[1]

काव्यात्मक महानता की आर्नल्ड की जो अवधारणा है उसमें महाकवि शेक्सपीयर (a name never to be metioned without reverence) बिल्कुल 'फिट' बैठते हैं; क्योंकि आर्नल्ड की धारणानुसार ही शेक्सपीयर ने काव्य विषय का चयन प्राचीन काल से ही किया है। तात्पर्य यह है कि शेक्सपीयर के काव्य-विषय उत्कृष्ट एवं कार्य-व्यापार प्रधान हैं। परन्तु इसके साथ ही शेक्सपीयर की अनियन्त्रित अभिव्यक्ति-पद्धति (Unbridled expreission) को आर्नल्ड उचित नहीं मानते। शेक्सपीयर की शैली अत्यधिक उग्र है, उसमें संयम और संतुलन (जोकि प्राचीनों की अभिव्यक्ति का प्रधान और, आर्नल्ड की दृष्टि से, सर्वोत्तम गुण है) का अभाव है। कार्य व्यापार जब पूर्णतः सुबोध भाषा के लिए ही बाध्य करता है, तब भी शेक्सपीयर कुछ भी स्पष्टतः [(He is unable) to say a thing plainly, even when the press of action demands the very directest language.] नहीं कहते। परिणाम यह होता है कि भावक उनकी क्लिष्ट अभिव्यक्ति में अधिक उलझता है, बनिस्वत् उनके आधारभूत काव्योत्कर्ष (Fundamental excellence as a poet) में। यही कारण है कि शेक्सपीयर के भारी प्रशंसक होते हुए भी अर्नाल्ड ने शेक्सपीयर को अपने युग के लिए, निरापद अथवा विश्वस्त आदर्श (Safe model) स्वीकार नहीं किया; क्योंकि अनावश्यक रूप से चमत्कार उत्पन्न करने के लिए अभिव्यक्ति को निरर्थक ढंग से अस्पष्ट और अप्रत्यक्ष बनाये जाने वाली विक्टोरियन प्रवृत्ति को स्वयं शेक्सपीयर से ही प्रोत्साहन प्राप्त हुआ था। अतः अंग्रेजी कविता में इस दुष्प्रवृत्ति की फैशन उत्पन्न करने वाले शेक्सपीयर को आर्नल्ड अपने युग के काव्य के लिए नमूना अथवा प्रतिमान रूप में कैसे स्वीकार कर लेते? इस प्रकार अपने युग की अंग्रेजी कविता को अभिव्यक्तिगत इस दोष से बरी करने के लिए आर्नल्ड ने प्राचीनों (The admirable treatise of Aristotle and the unrivalled wroks of their poets) की ओर नजर लगाई। क्योंकि उनका विश्वास था कि प्राचीन से विक्टोरियन कवि यह सीख सकेगा कि उत्कृष्ट एवम् सम्पूर्ण कार्य

---

1. अनुवाद, श्री महेन्द्र चतुर्वेदी : पाश्चात्य काव्य-शास्त्र की परम्परा, पृ० 203।

व्यापार द्वारा छोड़ा हुआ नैतिक प्रभाव, किसी एक विचार अथवा एक सुन्दर बिम्ब से कहीं अधिक भव्य होता है। इस प्रकार आर्नल्ड के महान काव्य सम्बन्धी विचारों को यदि थोड़े से शब्दों में कहें तो कह सकते हैं कि कविता दु:खद स्थिति में भी सुख देती है; कविता में कार्य व्यापार का प्रतिपादन होता है, न कि विचारों का, कविता अपनी सम्पूर्णता में ही आनन्दानुभव कराती है, मात्र छोटे-छोटे हिस्सों में नहीं; और इसके उच्चतम आदर्श प्राचीन क्लासिकल साहित्यकार हैं। "Arnold's criterion of great poetry; that it gives joy even when the situation is painful, that it treats of action rather than thought, that it pleases as a whole and not merely in parts, and that it highest models are the ancient classics."[1]

भव्य शैली—1853 के प्राक्कथन में आर्नल्ड ने ग्रीकों को भव्य शैली को अंग्रेजी की अनुरंजित शैली से श्रेष्ठ घोषित किया। 'आन ट्रांसलेटिंग होमर' (On Translating Homer) सम्बन्धी वक्तव्यों में उन्होंने ग्रीक रचयिताओं की भव्य शैली को अंग्रेजी काव्य और जीवन में घुसती हुई बीमारी 'अमरीकीवाद' से मुक्ति दिलाने का एक मात्र साधन घोषित किया है। वस्तुत: 'अमरीकीवाद' (Americanism) से उनका तात्पर्य आत्मिक क्षुद्रता (Meanness of spirit) से है। इस आत्मिक क्षुद्रता का मुख्य कारण आर्नल्ड ने, प्रजातंत्र के नाम पर एक थोथी झोंक माना है जो कि अंग्रेजी जन-जीवन में घर कर गई थी। उन्होंने 'एम्पिडोक्लीज' (Empedocles) में लिखा है कि इस प्रजातांत्रिक झोंक में सद्गुणों को पददलित किया जा रहा है और संकीर्णताओं को समन्वित किया जा रहा है। उन्हीं के शब्दों में—

Great qualities are trodden down,
and littleness united.[2]

इस प्रकार अंग्रेजी जीवन और साहित्य में भव्यता, गरिमा और उत्कर्षता का जब ह्रास हो रहा था; आर्नल्ड ने होमर के लेखन को जीवन और साहित्य से क्षुद्रताओं और संकीर्णताओं को निष्कासित कर भव्योन्मुखी करने का एक मात्र साधन घोषत किया। वस्तुत: होमर की शैली अत्यन्त भव्य है। होमर की भव्यता ने अंग्रेजी साहित्य को निश्चित ही उत्कर्षगामी बनाया है। होमर के महान साहित्य के प्रभाव का उल्लेख स्वयं आर्नल्ड ने किया है। होमर के साहित्य के अनुशीलन ने किस प्रकार उनका (आर्नल्ड का) आत्मविस्तार किया; किस प्रकार उन्हें गौरवान्वित एवम् महिमान्वित किया? उन्हीं के शब्दों में— "The effect of the capital works of Michael Angelo perfectly corresponds to what Bouchardon said he felt from reading Homer; his whole frame appeared to himself to be enlarged, and all nature which

1. B. Prasad : An Introduction to English Criticism, p. 206.
2. Arnold 'Empedocles'. Quoted form ' An Introduction to English Criticism. p. 206.

surrounded him, dimnished to atoms."[1]

वस्तुतः आर्नल्ड द्वारा किया गया होमर के काव्यानुशीलन से बोचार्डन (Bouchardon) पर पड़े प्रभाव का यह उल्लेख, बोचार्डन के साथ-साथ उनका स्वयं का अनुभव भी है। अब कहना न होगा कि आर्नल्ड भव्य शैली का सहृदय पर प्रभाव आत्मविस्तारक एवं गरिमा से मंडित करने वाला मानते हैं। उनके अनुसार भव्य शैली काव्य और जीवन दोनों को परिष्कृत एवं उदात्त बनाती है। अब यहीं एक प्रश्न उठता है कि होमर में इस शैली का प्रादुर्भाव कैसे हुआ? उत्तर में आर्नल्ड ने होमर की शैलीगत भव्यता के जो तत्त्व घोषित किए हैं; वस्तुतः वे उनकी भव्य शैली सम्बन्धी धारणा का अनिवार्य अंश हैं। उनके अनुसार शैलीगत भव्यता (अथवा होमर की शैलीगत भव्यता) के तत्त्व इस प्रकार हैं—(1) लयात्मक द्रुतगति (Rapidity of Movement)(2) भाषागत सुबोधगम्यता एवं ऋजुता (Plainness and directness of language), (3) प्रकृतिगत आभिजात्य (Nobility of Nature) और (4) मस्तिष्कगत सरल सुबुद्धता (Simple lucidity of mind)।

आर्नल्ड ने भव्य शैली के नाम पर मात्र तीन ही साहित्यकारों (होमर, दान्ते और मिल्टन) की प्रशस्ति की है। तद्युगीन साहित्यकारों को उन्होंने परामर्श दिया है कि उनमें से जो भी ग्रीक और लैटिन भाषा न जानते हों, अर्थात् प्राचीन गुरु होमर और दान्ते को पढ़ने में असमर्थ हों, वे मिल्टन को पढ़े, मिल्टन के काव्य में उन लोगों को वही शक्ति और सम्मोहन मिलेगा, जोकि होमर और दान्ते के काव्य में है, क्योंकि मिल्टन की शैली उन्हीं की भाँति भव्य है।[2]

काव्य-परिभाषा— आर्नल्ड ने काव्य को जीवन से अलग करके कभी भी नहीं देखा। कविता उनके लिए 'कला, कला के लिये' की सिद्धान्तानुगामिनी कभी नहीं रही। 'स्वांतः सुखाय' उन्होंने काव्य को कभी नहीं माना। कविता उनके लिए जीवन की गम्भीर कला थी। इस प्रकार काव्यांतर्गत जो कुछ भी कहा जाये, जैसे भी कहा जाये, उस सभी का जीवनोपयोगी होना वह अनिवार्य मानते थे।

अंग्रेजी काव्य में, उन्होंने देखा कि जो कुछ बल प्राप्त है, वह रूप-रंग (Shape) को प्राप्त है, तथ्य (Substance) को नहीं; शैली को प्राप्त है, कथ्य को नहीं, यहाँ तक कि कहीं-कहीं महाकवि शेक्सपीयर भी शैलीगत चमत्कार-प्रदर्शन में दत्तचित प्रतीत होते हैं; सभी रोमांटिक कवि (वर्ड्वर्थ को अपवाद स्वरूप छोड़कर) तो इसी रूप-सज्जा रोग के निरन्तर शिकार रहे ही हैं। अंग्रेजी काव्य की इस कथात्मक अथवा तथ्यात्मक गौणता को देखकर उन्होंने अपने युगीन-साहित्य की अवस्थिति के सम्बन्ध में एक पत्र में सुझाव दिया है— "Modern poetry can only subsist by its

1. Quoted from : An Introduction to English Criticism, p. 207.
2. Who has the like power and Charm, because he has the like great style. Essays in criticism, second series, Milton, p. 40.

contents : by becoming a complete magister vitae (Director of life) as the poetry of ancient did. By including as theirs did, religion with poetry, instead of existing as poetry only and leaving religious wants to be supplied by the Christian religion."[1]

"आधुनिक कविता मात्र विषय-वस्तु से ही जीवित रह सकती है; प्राचीनों की कविता की भाँति जीवन-पथ-प्रदर्शक बनकर धर्म को स्व (कविता) में समाहित करके तथा धार्मिक आवश्यकताओं की पूर्ति को ईसाई धर्माधीन छोड़कर ही उसकी अवस्थिति है, मात्र कोरी कविता बनकर नहीं।" विक्टोरियन युग में विज्ञान ने धर्म को अविश्वसनीय बना दिया था। युग परिवेश आत्मिक क्षुद्रता (Americanism), सांस्कृतिक अराजकता (Philistinism) और विवेकहीनता (Charlatanism) The distinction between excellent and inferior, sound and unsound, true and untrue) से पूर्णतः परिव्याप्त था। आर्नल्ड इस आत्मिक क्षुद्रता, सांस्कृतिक ह्रास और विवेकहीनता से आक्रांत अपने युग की मुक्ति का मार्ग कविता में ढूढ़ रहे थे। यही कारण था कि आक्रांत अपने युग की मुक्ति का मार्ग कविता में ढूँढ़ रहे थे। यही कारण था कि अपनी आलोचनात्मक कृतियों में लगभग चार स्थलों पर ['द स्टडी ऑफ पायट्री' (The Study of Poetry) जो कि प्रारम्भ में अंग्रेजी-कवियों की भूमिका के रूप में लिखा गया निबन्ध था; अपने दो—वर्ड्सवर्थ और बायरन पर लिखे गये निबन्धों में तथा होमर पर दिये गये व्याख्यानों में। उन्होंने कविता को 'जीवन की आलोचना' (Criticism of life) के रूप में परिभाषित किया। उन्हीं के शब्दों में, "In Poetry, as a criticism of life under the conditions fixed for such a criticism by the laws of poetic truth and poetic beauty, the spirit of our race will find, we have said, as time goes on and as other helps fail, its consolation and stay."[2]

"कविता (जोकि) काव्यात्मक सत्य और सौन्दर्य के नियमों द्वारा निर्धारित शर्तों के अन्तर्गत जीवन की आलोचना (है) में, हमारी जाति की आत्मा, निकट भविष्य में जबकि दूसरी सभी सहायताएँ असफल होंगी, सांत्वना और धैर्य धारण करेगी।" इसी निबन्ध (The study of Poetry) में आगे चलकर आर्नल्ड ने 'जीवन की आलोचना' (Criticism of life) की व्याख्या 'महान और गम्भीर विचारों का जीवन में विनियोग' (The Noble and profound application of ideas to life)[3] कहकर तथा 'काव्यात्मक सत्य और सौन्दर्य के नियमों' (Laws poetic truth and poetic beauty) की व्याख्या 'तथ्य एवं कथ्यगत सत्य और गम्भीरता' (Truth and seriousness of substance and

---

1. Arnold : Letter to Clough, Quoted from 'An Introduction to English Criticism, p. 208.
2. Matthew Arnold : The Study of Poetry, p. 236. Quoted from—Essays in Criticism, (First and second series) Library Series Everymen's.
3. The study of Poetry, p. 23.

matter)[1] एवं 'नीति और शैलीगत लालित्य एवं पूर्णता' (Felicity and perfection of diction and manner)[2] कहकर की है।

वस्तुत: अरस्तू की भाँति ही आर्नल्ड भी जीवन का यथावत् प्रस्तुतीकरण कवि-कर्म नहीं मानते। उनके अनुसार कवित-कर्म जीवन की अभिवृद्धि करना है, जीवन सम्बन्धी स्वयं की धारणाओं को स्पष्ट करना है। इस तरह कवि द्वारा प्रस्तुत जीवनगत दृष्टिकोण अथवा जीवन की अभिवृद्धि ही काव्य और वास्तविक जीवन में विभेदक रेखाएँ खींचती है। इस प्रकार कवि द्वारा प्रस्तुत जीवन की आलोचना, वस्तुत: जीवन के संवर्धन अथवा समृद्धि के लिए काव्य के माध्यम से किया हुआ उसका अंशदान है।

परन्तु आर्नल्ड का 'जीवन की आलोचना' से तात्पर्य मात्र शुष्क शिक्षा से नहीं है, क्योंकि काव्यगत शिक्षा नैतिक शिक्षा की भाँति निष्प्राण नहीं होती। वैज्ञानिक और नैतिक शिक्षा मात्र मानव बुद्धि और विवेक को ही स्पर्श करती हे, जबकि काव्य माध्यम से दी हुई शिक्षा मनुष्यात्मा की समस्त शक्तियों को (काव्यात्मक सौन्दर्य और सत्य के नियमों के अधीन) अपील करती है। इस प्रकार प्रथमत: कविता कवि की अन्तरात्मा की सच्ची प्रतिध्वनि है, द्वितीयत: इसकी अभिव्यक्ति इस प्रकार भव्य शैली में की जाती है कि यह 'अनन्त सौन्दर्य और आनन्द की वस्तु' (A thing of beauty and a joy for ever) बन जाती है। कविता, वस्तुत: जीवन को परिपूरित करती है, बहुमूल्य बनाती है। जीवन को कैसे जिया जाये? 'वर्ड्सवर्थ' के ऊपर लिखे गये अपने निबन्धों में इस प्रश्न के उत्तर में आर्नल्ड ने स्पष्टत: व्यक्त किया है कि अपनी सीमाओं (काव्यात्मक सत्य और सौन्दर्य के नियमों के अधीन) के अन्तर्गत कविता जीवन को प्रचुरता प्रदान करती है, उसे मूल्यवान बनाती है। कविता में सृजन, प्रशिक्षण, संपोषण और आनन्द प्रदान करने की जितनी अद्‌भुत शक्ति है, उतनी अन्य किसी में नहीं। उन्हीं के शब्दों में—"The best poetry will be found to have the power of forming, sustaining, and delighting us as nothing else can."[3]

इस प्रकार कविता आवश्यक रूप से नैतिक होती है, परन्तु संकुचित उपदेशात्मक दृष्टिकोण से नहीं, वरन् वृहत्तर दृष्टिकोण से अर्थात् सत्यम्, शिवम् और सुन्दरम् के महानतम शब्दों के दृष्टिकोण से। " It (Poetry) is therefore essentially moral, not in the narrow didactic sense, but in the larger sense of conforming to the highest ideals of truth, goodness, and beauty."[4]

आलोचना-सम्बन्धी अवधारणा—आर्नल्ड सृजन शक्ति को आलोच्य-शक्ति से श्रेष्ठ मानते हैं क्योंकि मनुष्य का सर्वाधिक महत्त्वपूर्ण एवं उपादेय कार्य रचना करना

---

1. The study of Poetry, p. 23.
2. Essays in Criticism, second series, Byron, p. 11.
3. The Study of poetry, p. 237.
4. B. Prasad : An Introduction to English Criticism, p. 209.

है। जीवन के किसी भी क्षेत्र में मनुष्य का महानतम कार्य सृजन करना ही है। चूँकि सृजन जीवन के सभी क्षेत्रों में महानतम कार्य है, इसलिए साहित्य के क्षेत्र में भी सृजन और सर्जक का महत्त्व अक्षुण्ण हुआ। इस प्रकार साहित्य-क्षेत्र का महानतम कार्य किसी साहित्यिक कृति का सृजन (Creation) ठहरता है। परन्तु इस सृजन कार्य के लिए दो बातें अनिवार्य होती हैं, एक तो सृजनात्मक प्रतिभा सम्पन्न रचनाकारों का होना, दूसरे तत्कालीन साहित्यिक वातावरण अथवा परिवेश का निर्माण, जिसमें महान प्रबल, गम्भीर एवं सत्य विचारों का पल्लवन एवं प्रस्फुटन हो सके। आर्नल्ड का विश्वास है कि जब तक श्रेष्ठ साहित्य-सृजन में सहायक इन दोनों अनिवार्य बातों (प्रतिभासम्पन्न साहित्यकार एवं महानतम विचारों से व्याप्त परिवेश) का संयोग नहीं होगा, तब तक रचनात्मक साहित्य की गति अवरुद्ध रहेगी। द्वितीय सीरीज के निबन्धों में उन्होंने स्पष्टतः घोषित किया है कि बटलर और ग्रे (Butler and Gray) की सृजनात्मक प्रतिभा का पूर्ण प्रस्फुटन इसीलिए नहीं हो सका, क्योंकि वह गद्य के युग में पैदा हुए थे अथवा युग परिवेश सृजनात्मक शक्ति के पल्लवन में सहायक नहीं (—fell upon an age of prose...neither Butler nor gray could flower...) था।[1]

इस प्रकार यदि यह कहा जाये कि कोई युग सृजनात्मक नहीं है; तो इसका तात्पर्य यह होगा कि उस युग में उन सभी महानतम एवं सर्वोत्तम विचारों का पल्लवन नहीं हो रहा है जिनका कि संस्पर्श साहित्य में कहीं-न-कहीं होता ही है। आर्नल्ड की धारणा है कि युग के इस सृजनात्मक गतिरोध को तोड़कर, साहित्य-सृजन के अनिवार्य उपादान (महानतम एवं श्रेष्ठतम विचार) को पल्लवित और प्रस्फुटित करना, आलोचना का कार्य और आलोचक का दायित्व होता है। इस प्रकार आलोचना न तो मात्र 'काव्य-निर्णय' ही है और न आलोचक साहित्यिक निर्णयाधिकारी; वरन् आलोचक का कार्य तो संसार में सोचे-समझे गये सर्वोत्तम का प्रचार-प्रसार है और आलोचना का कार्य इन विचारों का पल्लवन एवं प्रस्फुटन। उन्हीं के शब्दों में—("The work of criticism in not merely) judgement in literature, (but) a disinterested endeavour to learn and propogate the best that is known and thought in the world, and thus to establish a current of fresh and true ideas."[2]

"आलोचना मात्र साहित्यिक निर्णय ही नहीं है; वरन् संसार के सर्वोत्कृष्ट ज्ञान और विचारों की तटस्थ खोज और प्रचार-प्रसार है। इस प्रकार (आलोचना) नूतन और सच्चे विचार-प्रवाह की स्थापना है।" इस तरह आलोचना की प्रकृति त्रय-कार्यात्मक हुई; यथा—वैयक्तिक संस्कृति (Personal culture) अर्थात् सर्वोत्तम ज्ञान की खोज,

---

1. Essays in Criticism, Second series, Grary, p. 54.
2. Arnold : Essays in Criticism, Quoted by Dr. B. Prasad : An Introduction to English Criticism, p. 211.

समाज सेवा (Service of Society) अर्थात खोजे हुए सर्वोत्तम ज्ञान का प्रचार-प्रसार तथा साहित्य सेवा (Service of literature) अर्थात् नूतन और सच्चे विचार-प्रवाह की स्थापना। आलोचक के इन तीनों कार्यों में से प्रथम दो दायित्वों के निर्वाह के लिए आलोचक को चाहिए कि वह अधिक ज्ञान अथवा अधिक से अधिक नूतन ज्ञान की उपलब्धि करे। 'To be true to his vocation, he should aspire for even more—for 'a knowledge of Greek, Roman and Eastern antiquity' and of all European Literatures ……"[1]

आलोचक का तीसरा कार्य है साहित्यिक संस्कृति (Literary culture) का उन्नयन करना। यदि एडीसन के शब्दों में कहें तो कह सकते हैं कि —"to bring philosophy out of closets and libraries, schools and colleges, to dewell inclubs and assemblies, at tea-tables and in coffee-houses."

इस प्रकार आलोचक का कर्त्तव्य हुआ कि वह सर्वोत्कृष्ट विचारों का प्रचार-प्रसार करके एक ऐसे बौद्धिक परिवेश का निर्माण करे, जिसका कि उपयोग सर्जक आवश्यकतानुसार कर सकें। कहना यह है कि आलोचकों का पुनीत कर्त्तव्य नवीन एवं सर्वोत्कृष्ट ज्ञान का प्रचार-प्रसार करके एक सृजनात्मक युग का निर्माण करना होता है, जैसा कि पिण्डार और सोफोक्लीज़ कालीन ग्रीक में हुआ अथवा जैसा कि जर्मनी में गोथे (Goethe) ने किया। इस प्रकार आर्नल्ड की धारणा है कि अनुर्वरता पूर्ण युगों में आलोचक का दायित्व साहित्य के लिए सृजनात्मक पृष्ठभूमि, परिवेश अथवा वातावरण तैयार करना है, भले ही किसी युग को पूर्णत: सृजन-प्रधान बनाने में आलोचकों की पीढ़ियाँ की पीढ़ियाँ ही क्यों न खप जायें। वस्तुत: इस दृष्टिकोण से आलोचना भी साहित्य की अन्य विधाओं की भाँति ही सृजनात्मक विधा है, क्योंकि सृजहीनता अथवा अनुर्वरता पूर्ण युगों (जब कि साहित्य की अन्य विधाएँ कुंठित रहती हैं) में यही (आलोचना ही) मात्र एक ऐसी साहित्यिक विधा है, जो कि (साहित्यिक के सृजन के लिए उपयुक्त परिवेश निर्माण में) सृजन संलग्न रहती है।

आर्नल्ड ने आलोचना की परिभाषा करते समय 'तटस्थ' (Disinterested) शब्द का प्रयोग किया है। परन्तु यहाँ 'तटस्थ' शब्द से उनका तात्पर्य सामाजिक, साहित्यिक अथवा व्यतिगत तटस्थता से नहीं है, क्योंकि सामाजिक, साहित्यिक और व्यक्तिगत संस्कृतियों (जो कि आलोचना के महत्त्वपूर्ण अंश हैं) के निर्माण के लिए आलोचक उनसे तटस्थ कैसे रह सकता है; वरन् तटस्थता से उनका तात्पर्य पार्टी केन्द्रित राजनीति और साम्प्रदायिक तटस्थता से है, क्योंकि उनके समय में ह्विग (Whig) और टोरी (Tory) नामक राजनैतिक दलों से सम्बन्धित आलोचक अपने दलों के हित-चिन्तन में अधिक तल्लीन थे और अपना आलोचक-दायित्व ठीक से निर्वाह नहीं कर रहे थे।

1. B. Prasad : An Introduction to English Criticism, 211.

"A Whig organ considered a literary work from the Whig point of view, a Tory Organ form the Tory point of view. This hindered a 'free disinterested play of mind' which alone is criticism—'to see the object as in itself it really is.'[1]

प्राचीन काल से बहुचर्चित एवं प्रतिष्ठित निर्णयात्मक आलोचना पद्धति के सम्बन्ध में भी आर्नल्ड ने अपने विचार प्रकट किये हैं। वस्तुतः यहाँ उन्होंने किसी भी निश्चित नियम का प्रतिपादन नहीं किया है। प्राचीन क्लासिकों की साहित्यिक कृतियों को ही वह आधुनिक काव्य के जाँच की कसौटी मानते हैं। उनकी धारणा है कि प्राचीन महान साहित्यकारों की कृतियों के उत्कृष्ट गुणों को आत्मसात करके आलोचक आधुनिक कृतियों की गुणात्मक श्रेष्ठता की जाँच कर सकता है। यहाँ यह आवश्यक नहीं है प्राचीन साहित्यकारों (ग्रीक और रोमन) की कृतियों और आधुनिक कृति (जिसकी आलोचना की जा रही है) में समानता हो, उनमें असमानता हो सकती है; क्योंकि यहाँ तो छान-बीन (काव्य एवं शैलीगत) मात्र उन गुणों की करनी है, उन विशिष्टताओं की करनी है, जिनके कि कारण प्राचीन कृति उत्कृष्ट कही जाती है। यदि वे गुण उस कृति (आलोचक कृति) में भी विद्यमान हैं, तो वह भी उत्कृष्ट है, अन्यथा नहीं। आर्नल्ड के शब्दों में—"Indeed there can be no more useful help for discovering what poetry belongs to the class of the truly excellent and can therefore do us most good, than to have always in one's mind lines and expressions of the great masters, and to apply them as a touchstone to other poetry. Of course we are not to require this other poetry to resemble them; it may be very dissimilar. But if we have any tact we shall find them when we have lodged them well in our minds, an infallible touchstone for detecting the presence or absence of high poetic quality, and also the degree of this quality, in all other poetry which we may place beside them."[2]

वस्तुतः आर्नल्ड का यह दृष्टिकोण लोंगिनुस और तदुपरान्त एडीसन से प्रभावित प्रतीत होता है।

निर्णयात्मक आलोचना के इस मानदण्ड के अतिरिक्त उनके युग में आलोचना के दो और मानदण्ड—व्यक्तिगत आकलन (Personal Estimate) और ऐतिहासिक आकलन (Histortical Estimate) प्रचलित थे। आर्नल्ड का इनमें से किसी में भी विश्वास नहीं है। इनमें से प्रथम प्रतिमान यानी कि व्यक्तिगत आकलन में तो आलोचक के पूर्वाग्रह, दुराग्रह, व्यक्तिगत रुचि, अरुचि तथा ईर्ष्या-द्वेष आदि अनेक

1. Dr. B. Prasad : An Introduction to English Criticism, p. 213.
2. Arnold : Essays in Criticism, Second Series, The Study of Poetry, p. 10.

कारणोंबस दिया हुआ निर्णय वह उचित और ईमानदारी पूर्ण नहीं मानते। उन्होंने उदाहरण देकर बताया भी है कि बर्नस (Burns) की स्काच-कविता की स्काच-आलोचकों द्वारा की गई प्रशस्ति का मात्र एक ही कारण है और वह है स्काच-कविता में की गई स्काच पेय, धर्म और स्काच-आचरण (Scotch drink, religion and manners) की प्रशंसा। कहना यह है कि बर्नस के स्काच-काव्य का मूल्यांकन स्काच-आलोचकों द्वारा व्यक्तिगत आकलन (Personal Estimate) के आधार पर किया गया भ्रामक मूल्यांकन है। सही निर्णय का उसमें सर्वथा अभाव है। इसी भाँति कृतिकार का ऐतिहासिक आकलन भी अपूर्ण और अनुचित होता है। उनका विश्वास है कि ऐतिहासिक आलोचना में कृतिकार की परिस्थितियों, जीवन-संघर्ष, तत्कालीन साहित्य, और समाज, उसकी परिसीमा और सुयोग (The state of life and literature in his days, his opportunities and limitations) आदि पर आलोचक अनायास ही अनावश्यक रूप से बल दे जाते हैं। और कृति के सही मूल्यांकन की उपेक्षा हो जाती है। इस प्रकार वह डॉ० जानसन-प्रिय ऐतिहासिक आलोचना-पद्धति को भी भ्रामक ठहराते हैं।

महत्त्व— आर्नल्ड अंग्रेजी-आलोचना की प्रतिष्ठित कड़ी हैं। उनका आलोचक दृष्टिकोण बहुत कुछ आभिजात्यवादी और स्वच्छन्दतावादी प्रवृत्तियों का मिलनबिन्दु हैं; क्योंकि एक ओर जहाँ वह अरस्तू से प्रभावित प्रतीत होते हैं, वहीं दूसरी ओर लोंगिनुस से। टी० एस० इलियट तो उन्हें आलोचक स्वीकार ही नहीं करते। वस्तुतः अपनी कविता सम्बन्धी धारणा (कविता मनुष्यों के महान कार्य-व्यापारों की परिणति है, न कि उनके विचारों और सम्भाषणों की) में वह ग्रीक के प्रमुख क्लासिक अरस्तू से प्रभावित हैं तथा कृति के मूल्यांकन सम्बन्धी अपनी धारणा में लोंगिनुस से —"Even the phrase 'Criticism of life', by which he is so well known is a restatement of the Aristotelian proposition that it is the actions of men, and not merely their thoughts or speech, that constitute great poetry............His 'touchstone method' as has been seen, is but a modified version of Longinus's test of poetic greatness. But while Longinus applied it to the whole work, Arnold suggests a comparison of passages only."[1]

किन्तु इसका तात्पर्य यह नहीं कि आर्नल्ड ने मौलिकता का कहीं भी प्रदर्शन नहीं किया है। यदि उसी ऐतिहासिक आलोचना-पद्धति, जिसके कि आर्नल्ड कट्टर विरोधी थे, से जाँचा जाये तो कहा जा सकता है कि तरंगी कवि प्रवृत्ति का विरोध कर उन्होंने भावक और सर्जक (जिनमें कि आलोचक भी सम्मिलित हैं) को प्राचीन क्लासिकों की आरे उन्मुख कर अंग्रेजी साहित्य की अमूल्य सेवा की।

---

1. An Introduction to English Criticism, p. 216, 17.

16

वाल्टर पेटर की शैलीगत विचारणा

कला की स्वतंत्र सत्ता के प्रतिस्थापक पेट (1891-1894) स्वभाव से चिन्तनशील आलोचक थे। अपनी रमणीय शैली में उन्होंने अपने विचारों को अति संक्षेप में ही अभिव्यक्ति दी है। उनका आलोचक कृतित्व 'एप्रिसिएशन्ज' (सरस समीक्षा—(Appreciations) 'प्लेटो एन्ड प्लेटोनिजम' (प्लेटो और प्लेटोवाद—Plato and platonism), 'स्टडीज इन द हिस्ट्री आफ द रिनेसान्स' (Studies in the History of the Renaissance) 'मेरियस द एपिक्यूरियन' (Marius the Epicurean),'एस्सेज फ्राम द गार्जियन' (Essays from 'The Guardian') में ही समाहित हो गया है।

पुनर्जागरण का इतिहास' (History of the Renaissance) नामक पुस्तक में संकलित निबंधों में उन्होंने अपने साहित्यिक दृष्टिकोण को स्पष्ट किया है। उनकी धारणा है कि जीवन और साहित्य का एक मात्र उद्देश्य (End) अनुभव (Experience) है। यह अनुभव कोई साधारण अनुभव नहीं, वरन् एक प्रकार का गहन एवं आह्लादकारी अनुभव है। इस अनुभव की प्राप्ति के लिये आलोचक को अपने सभी पूर्वाग्रहों, सिद्धान्तों और विचारों से मुक्त होकर किसी प्रकार के भी प्रभाव (Impression) के लिए अपने मस्तिष्क को तैयार करना पड़ता है। यदि दूसरे शब्दों में कहें तो कह सकते हैं कि यह आह्लादकारी अनुभव उसी को मिल सकता है,जिसका मस्तिष्क किसी प्रकार के भी सिद्धान्तों आदि से स्वतंत्र एवं स्वच्छ होगा। यह आनन्दातिरेक पूर्ण अनुभव (Ecstasy) ही जीवन की पूर्ण सफलता है। इस प्रकार पेटर के अनुसार ये आनन्दानुभव ही जीवन और साहित्य में महत्त्वपूर्ण हैं, क्योंकि ये अनुभव आत्मा का संवर्धन (enrichement) करते हैं, मनुष्य को आत्मानंद से भर देते हैं, अत: ये अनुभव अपने ही में ही मूल्यवान और महत्त्वपूर्ण हैं। इसलिए कला स्वयं ही अपना प्रतिफल है, जीवन को मात्र आनन्द के दृष्टिकोण से देखने का साधन है। डॉ० बी० प्रसाद के शब्दों में—"Art, thus is its own reward; it beholds the great spectacle of life 'for the mere joy of beholding' and for no other purpose."[1]

साहित्य सम्बन्धी अवधारणा—साहित्य को आनन्दानुभव मानते हुए पेटर ने साहित्य के दो रूपों की चर्चा की है; यथा, काल्पनिक साहित्य (Imaginative literature) और अकाल्पनिक साहित्य (Unimaginative literature)। अकाल्पनिक साहित्य के अन्तर्गत वह इतिहास, विज्ञान तथा अन्य उन सभी ज्ञान-प्रधान साहित्य की शाखाओं को रखते हैं, जिनमें कि लेखक का उद्देश्य मात्र तथ्यों का प्रस्तुतीकरण रहता है। इस प्रकार के साहित्य में लेखक कुछ भी स्वयं की ओर से नहीं जोड़ता तथ्य

1. B. Prasad : An Introduction to English Criticism, p. 21.

स्वयं बोलते हैं। काल्पनिक साहित्य, यद्यपि कि तथ्यों का उल्लेख करता है, तथापि उन तथ्यों का प्रस्तुतीकरण रचयिता उन्हें अपनी कल्पना द्वारा (Certain Colouring of imagination) **रंजित और संयोजित** करके करता है। अत: इस प्रकार के साहित्य में काव्य-कला आती है। इस काल्पनिक साहित्य में आत्मतथ्यों (Soul facts) का प्रस्तुतीकरण होता है। अर्थात् लेखक की अन्तरात्मा बाह्य तथ्यों अथवा प्रकृतिगत तथ्यों को जैसा अनुभव कर रही है, वैसा ही प्रस्तुतीकरण इस साहित्य में किया जाता है। वस्तुत: यहाँ पेटर कॉलरिज की धारणा—आंतरिक और बाह्य का तादात्म्य अर्थात प्रकृति और अन्तरात्मा का तादात्म्य (External made internal and internal external) काव्य में स्थापित होता है—को ही स्पष्ट करते-से प्रतीत होते हैं। इस प्रकार कल्पनाहीन साहित्य मात्र प्रकृतिगत तथ्यों का यथावत् प्रस्तुतीकरण करता है; जबकि कल्पनाप्रधान साहित्य अपनी आत्मानुभूति के आधार पर तथ्यों को नवनिर्मित करके प्रस्तुत करता है। पेटर दोनों में प्रयोजन-भेद भी मानते हैं। उनके अनुसार, तथ्यात्मक साहित्य (Unimaginative literature) का प्रयोजन मानव-सेवा है; काल्पकि साहित्य का आनन्द। उनकी धारणा है कि जब कोई व्यक्ति तथ्यों को कल्पना द्वारा रंजित और रूपित प्रस्तुत करता है, तब वह कलाकार कहलाता है और उसका कार्य 'ललित कला' के नाम से अभिहित किया जाता है।

साहित्य के सम्बन्ध में पेटर ने दूसरा प्रश्न उठाया है और वह है अच्छी कला (Gold Art) और महान कला (Great Art) का भेद। जिस प्रकार तथ्यात्मक साहित्य (Unimaginative Literature) के लिए तथ्यों को यथावत् (पूर्णत: सही रूप में) निरूपित करना ही वह श्रेयस्कर मानते हैं, उसी प्रकार अच्छी कला अथवा अच्छे साहित्य के लिए तथ्यों को अनुभूति के अनुरूप निरूपित करना उन्हें अभीष्ट है। उनकी धारणा है कि अच्छी कला का प्रतिमान मात्र यही है कि वह तथ्यों (Facts) को कलाकार की अनुभूति (Sense) के अनुरूप अर्थात् कलाकार के आत्मसंवेदन के अनुरूप पूर्ण सच्चाई से निरूपित करे। उनके अनुसार, एक अच्छा कलाकार यही कहेगा कि मैं तुम्हें (भावकों को) संक्षेप में वही दिखाना चाहता हूँ, जो कि मैं देखता हूँ (I Want you to see precisely what I see) और जहाँ कलाकार की शैली उसकी तथ्यगत अनुभूतियों को पूर्ण सचाई से व्यक्त करने में सफल होती है, उसकी वही अभिव्यक्ति अच्छी कला (Great Art) के नाम से अभिहित की जाती है। कहना यह है कि अच्छी कला तथ्यगत अनुभूति का भाषा में विशुद्ध अनुवाद (the accurate translation of the sense of fact in to language) है। परन्तु यह विशुद्ध अनुवाद कोई आवश्यक नहीं कि महान कला (Great Art) भी हो; क्योंकि जिस तथ्य ने किसी व्यक्ति लेखक की आत्मा को प्रभावित किया है, कोई गारण्टी नहीं कि वही तथ्य सम्पूर्ण मानवता को भी आत्मानुभव कराने में सक्षम हो। वह तथ्य पूर्णत: वैयक्तिक हो सकता है, जिसमें कि सार्वभौम 'अपील' न हो। इस प्रकार पेटर की धारणा है कि लेखक की तथ्यानुभूति जब तक महान उद्देश्यों से सम्बन्धित न होगी अथवा स्वयं में

महान न होगी, तब तक महान कला का सृजन नहीं हो सकता। इस प्रकार महान कला उसी तथ्यानुभूति से ही उद्भूत हो सकती है, जो कि देश-कालातीत सभी सहृदयों को आन्दोलित करने में अथवा आनन्द प्रदान करने में सक्षम हो। वस्तुतः पेटर की यही धारणा ही उन्हें 'कला, कला के लिए है' सिद्धान्त का समर्थक बना देती है। यहाँ यह कहना ही अप्रासंगिक न होगा कि पेटर की महान कला सम्बन्धी यह धारणा निश्चित ही लोंगिनुस से प्रभावित है; क्योंकि लोंगिनुस भी महान विचारों को महान कला की आवश्यक शर्त मानते हैं।

शैली सम्बन्धी धारणा—शैली सम्बन्धी तीन बातों—काव्य-भाषा (Diction), रूपरेखा (Design) और व्यक्तित्व (Personality) पर पेटर विशेष बल देते हैं। काव्य-भाषा के सम्बन्ध में उनका विश्वास है कि वह लेखक की तथ्यगत आत्मानुभूति (Sense of the fact) को रंजित करने में सक्षम (a vocabulary faithful to the colouring of his own spirit) होनी चाहिए। लेखक द्वारा आत्मानुभूति को संक्षिप्त शब्दों में बाँधने के भी वह आग्रही हैं। इसके लिए यह कतई आवश्यक नहीं है कि लेखक बहु प्रयुक्त एवं घिसे-पिटे पुराने शब्दों का ही सहारा ले; वह नये शब्दों का सहारा भी ले सकता है। परन्तु इसके साथ ही लेखक को अत्यधिक असाधारण अथवा असामान्य शब्दों का प्रयोग भी नहीं करना चाहिए। बड़े कौशल से लेखक को मात्र उन्हीं शब्दों को अपनी काव्य-भाषा का अंग बनाना चाहिए, जो कि न तो अधिक घिसे-पिटे रोजमर्रा में प्रयुक्त शब्द हों और न अत्यधिक नवीन अथवा असामान्य (जिनसे कि अभिव्यक्ति ही अस्पष्ट हो जाये); वरन् उसे उन शब्दों का प्रयोग करना चाहिए, जोकि लेखक के अभीष्ट अर्थ को सहृदय के समक्ष पूर्णता और समग्रता में स्पष्ट कर सकें। अत्यधिक असामान्य शब्दों, पदबन्धों अथवा अलंकारों का प्रयोग, सहृदय का ध्यान अभिव्यक्ति के सौन्दर्य से हटाकर मात्र अभिव्यंजना (शैली) के अलंकरण पर केन्द्रित कर देता है, जो कि शैलीगत भीषण दोष है।

शैलीगत दूसरी आवश्यकता शब्द-समन्वय है, एक ऐसा समन्वय जो कि सम्पूर्ण कृति को एकीकृत समष्टि में बदल दे। इस समन्वय से पेटर का तात्पर्य वाक्यों के क्रमबद्ध लेखन से नहीं है; वरन् एक संरचनात्मक संघटना से है, जिसमें कि प्रारम्भ में हीअन्त सन्निविष्ट रहता है। शैलीगत इस समन्वय के लिए पेटर 'शैली' में 'मन की उपस्थिति अनिवार्य' (the necessity of mind in style) मानते हैं; क्योंकि मस्तिष्क का कार्य, यहाँ, शब्द का शब्द से, पद का पद से, वाक्य का वाक्य से और काव्यांश का काव्यांश से एक ऐसा समन्वय स्थापित करना होता है, जिसमें कि सभी तत्त्व काव्य-विषय से एकाकार हो जाते हैं।

शैलीगत तृतीय आवश्यकता है, रचनाकार के व्यक्तित्व अथवा आत्मतत्त्व का शैली में समाहित (Soul in Style of Personality in Style) हो जाना। वस्तुतः शैली रचनाकार के आत्मतत्त्व की सच्ची प्रतिध्वनि होती है। रचनाकार का अन्तःकरण शब्दों में जो जीवन और ज्योति का संचार करता है, शैली-अलंकरण के सभी साधनों के एक

साथ प्रयोग से भी वैसी सम्भावना नहीं की जा सकती। वस्तुतः यहाँ कोई भी साहित्यशास्त्रीय नियम सफल नहीं होता है। प्रेरणा के क्षणों में रचनाकार की अन्तर्ध्वनि से जो शब्द फूटते हैं; वे शैली को एक ऐसी आह्लादकारी भव्यता प्रदान करते हैं, जिससे कि भावकों पर आत्मातिक्रमणकारी प्रभाव पड़ता है। यहाँ रचनाकार भावकों को अपनी समग्र शक्ति से (लोंगिनुस के शब्दों में— with an irresistible might) पराभूत कर लेता है। वस्तुतः यह वह स्थिति होती है, जबकि रचनाकार का शैली से तादात्म्य स्थापित हो जाता है। डॉ० बी० प्रसाद के शब्दों में —"It is his very self in his work......the man in style."[1]

वस्तुतः अपनी शैलीगत अवधारणा में भी पेटर लोंगिनुस से प्रभावित प्रतीत होते हैं।

आलोचना और आलोचक-विषयक विचार— अभी तक के विवेचन से स्पष्ट है कि पेटर रचनाकार की तथ्य-प्रतीतानुभूति अथवा तथ्यगत आत्मानुभूति को साहित्य और इस आत्मानुभूति को सही शब्द देना साहित्य-शैली मानते हैं। अब रही आलोचक के कार्य अथवा दायित्व की बात। उनकी धारणा है कि आलोचक का दायित्व कृतिकार की तथ्य प्रतीतानुभूति की सही जानकारी करके उसे सहृदयों तक पहुँचाना है। उन्हीं के शब्दों में—"to feel the virtue of the poet or the painter, to disengage it to set it forth—these are the three stages of the critic's duty."[2]

आलोचक का प्रथम दायित्व रचना की विशिष्टताओं अथवा रचना की कथ्य प्रतीतानुभूति को अनुभव करना है। अर्थात् आलोचक का कर्त्तव्य, रचनाकार की अन्य रचनाकारों से क्या प्रभिन्नता है, और वह प्रभिन्नता रचना के किन तत्त्वों में अथवा किस स्थान पर विद्यमान है—इन सब बातों की छान-बीन करना है। पेटर ने अपने मत का स्पष्टीकरण वर्ड्सवर्थ का उदाहरण देकर किया भी है। उनकी धारणा है कि कवि वर्ड्सवर्थ की अन्य कवियों से प्रभिन्नता इस बात में विद्यमान है कि वह प्राकृतिक वस्तुओं में एक रहस्यमय जीवनानुभूति करते हैं और मनुष्य-जीवन को प्रकृति के जीवन का अंग मानकर, प्रकृति के उपादानों (पहाड़ियों, झरनों, दृश्यों और ध्वनियों) से उसमें (मनुष्य-जीवन में) शक्ति, शील और सौन्दर्य का सृजन स्वीकार करते हैं। उन्हीं के शब्दों में—("Wordsworth's virtue or distinctive character in his) Mystical sense of a life in natural things, and of man's life as a part of nature, drawing strength and colour and character from local influence, from the hills and streams, and from natural sights and sounds."[3]

---

1. An Introduction to Literary Criticism. p. 223.
2. Walter Pater : The Preface to the Renaissance.
   Quoted from 'An Introduction to English Criticism, p. 223.
3. Ibid.

चूँकि किसी रचनाकार में सभी कुछ सम्मोहक और आत्मातिक्रमणकारी नहीं होता, इसलिए आलोचक का दूसरा दायित्व सर्जक की प्रतिभा को, उन सभी तत्त्वों से जो कि उसके काव्य में अतिसाधारण और नीरस हैं, से असम्पृक्त करना होता है। कहना यह है कि सर्जक की सर्जना में जो कुछ भी निकृष्ट है, उसे पृथक् करना आलोचक का दूसरा कार्य होना चाहिए। वर्ड्सवर्थ के संदर्भ में उदाहरण देकर पेटर ने बताया है कि वर्ड्सवर्थ की प्रतिभा को उनकी कृतियों के उन प्रसंगों से, जोकि क्लांतकारी, इतिवृत्तात्मक अथवा नीरस हैं, (The Instrusion from time to time of something tedious and prosaic)[1] से असम्पृक्त करना अथवा अलग करके महाकवि को सहृदयों तक पहुँचना आलोचक का दूसरा दायित्व होगा।

आलोचक का तीसरा दायित्व है कि वह सहृदयों के समक्ष रचना के सम्बन्ध में स्थिर किए हुए अपने प्रभाव (Impression) को न केवल यथावत् सम्प्रेषित ही करे, वरन् अपनी उस धारणा अथवा प्रभाव (जोकि उसने रचनाकार के सबन्ध में स्थिर किया है) के कारणों का भी उल्लेख करे कि किन परिस्थितियों में वह उस विशिष्ट रचनाकार के सम्बन्ध में ऐसा प्रभाव स्थिर [to indicate what the source of that impression (i. e. of the poet's virtue formed by the Critic) is, and under what conditions it is experienced][2] करने को बाध्य हुआ है? पेटर सच्चा आलोचक उसी को मानते हैं, जो रचनाकार अथवा रचना के सम्बन्ध में अत्यधिक गहराई अनुभव करके अपने प्रभावों को यथावत् प्रस्तुत करता है। किसी आलोचक द्वारा, आलोचना के पूर्व-सिद्धान्तों के प्रकाश में की गई आलोचना, वह भ्रामक मानते हैं। तात्पर्य यह है कि पूर्णतः पूर्वाग्रहों से मुक्त, आलोचना के सम्प्रदायों से असम्पृक्त एवं सौन्दर्यशास्त्र के एक सच्चे विद्यार्थी (true student of aesthetics)[3] के रूप में की गई आलोचना हो सकती है। इस प्रकार वह आलोचक का कार्य सौन्दर्यशास्त्रीय दृष्टिकोण के आधार पर किसी भी कृति से सौन्दर्य और आनन्दानुभव कराने वाले तत्त्वों और स्थलों का उद्घाटन मानते हैं। उस कृति-विशेष का रचयिता आलोचना के किस सम्प्रदाय से सम्बन्धित हैं, पेटर आलोचक का इससे कोई सरोकार नहीं मानते।

महत्त्व—वाल्टर पेटर अपने पूर्ववर्ती आलोचकों से पर्याप्त प्रभावित हैं। उनकी काव्य-विषय-सम्बन्धी धारणा यदि कॉलरिज से प्रभावित है, तो शैलीगत धारणा लोंगिनुस से। इस प्रकार उनका आलोचना सम्बन्धी दृष्टिकोण स्पष्टतः स्वच्छन्दतावादी युग में प्रचलित प्रभाववादी आलोचना (Impressionistic Criticism) का ही रूपान्तर है, जिसमें कि काव्यकृति का मूल्यांकन प्रभावों के आधार पर किया जाता है, आलोचनात्मक सिद्धान्तों के आधार पर नहीं। इसके साथ ही, कृति और कृतिकार की विशेषताओं के उद्घाटन पर दिया हुआ उनका बल भी आर्नल्ड का प्रच्छन्न प्रभाव ही

1. Essay on Wordsworth in 'Appreciations'.
2. Essay on Wordsworth in 'Appreciations'.
3. Essay on Wordsworth in 'Appreciations'.

मानना पड़ेगा, क्योंकि आर्नल्ड ने इसी उद्देश्य से वर्ड्सवर्थ और बायरन से विशेष महत्त्व के अंशों को चयनित किया था। परन्तु इस प्रभाव के बावजूद भी—वह निस्संदेह कॉलरिज से अधिक प्रांजल और आर्नल्ड से अधिक संक्षिप्त हैं तथा उनकी शैलीगत धारणा नितान्त वैज्ञानिक है। कुल मिलाकर यह कहा जा सकता है कि सौन्दर्य और आनन्दवादी आलोचक पेटर के आलोचनात्मक प्रेक्षण अत्यधिक मौलिक न होते हुए भी पर्याप्त मूल्यवान हैं।

●

5

परिप्रश्नात्मक युग

साम्राज्ञी विक्टोरिया का काल अधिकार का युग था। यद्यपि इस युग में विज्ञान और प्रजातांत्रिक मूल्यों का पर्याप्त विकास हुआ था, तथापि लोगों की धर्म, परिवार, राजनीति और साहित्य में पर्याप्त आस्था थी। धर्म के क्षेत्र में चर्च, परिवार के क्षेत्र में माता-पिता, राजनीति के क्षेत्र में संविधान और साहित्य के क्षेत्र में रोमांटिक परम्पराओं में जनसाधारण की न्यूनाधिक निष्ठा अब भी बनी हुई थी। परन्तु इन सभी क्षेत्रों में कुछ लोग बलात् आस्था को ढो रहे थे; बौद्धिकों के अन्तर्मन में संदेह और जिज्ञासा पहले से ही बलवती हो रही थी। इसी बलवती जिज्ञासा और संदेह की परिणति 1890 को 'द नाटी नाइन्टीज' (The Naughty neneties) नामक प्रसिद्ध क्रान्ति में हुई।

इस प्रकार विकटोरियन युग के अन्तिम दशक में युग जीवन के सुरक्षित आदर्शों (जिनमें कि साहित्य और आलोचना सम्बन्धी आदर्श भी थे) को खुले आम प्रश्न चिह्नित किया जाने लगा। जीवन और साहित्य में कुछ भी स्वीकार करने से पूर्व उसके मूल्यांकन की आवाज उठाई गई। पूर्ववर्ती अधिकारी विद्वानों द्वारा स्वीकृति सिद्धान्तों की भी 'स्क्रूटिनी' (छानबीन) आवश्यक प्रतीत हुई। बर्नर्डशॉ (Bernard Shaw) ने 'प्रश्नांकन-परीक्षण, (कसौटी)' का नारा बुलन्द किया। 'Question, Examine; Test; These were the Watchwords of his (Bernard Shaw) Creed.'[1]

इस प्रकार महारानी विक्टोरिया के अन्तिम दिनों में उद्भूत हुई प्रश्नांकन की प्रवृत्ति ने साहित्य और आलोचना के क्षेत्र में उग्र रूप धारण किया। यह इस प्रवृत्ति का ही परिणाम हुआ कि आलोचना के क्षेत्र में अनेक सम्प्रदायों (अभिव्यंजनावादी, मार्क्सवादी, मनोविज्ञान आदि) का उद्भव हुआ। वस्तुतः यह भी इस प्रश्नांकन प्रवृत्ति का ही परिणाम मानना होगा कि आधुनिक आलोचक सभी परम्पराओं को नकारकर प्रश्नों के घुड़-दौड़ में भूलुण्ठित हो रहा है, उसे या तो कोई नया मार्ग सूझ नहीं रहा है अथवा मार्गहीन अनर्गल लिखना ही उसने मार्ग निर्धारित कर लिया है।

1901 में विक्टोरिया की मृत्यु तक 'कला, कला के लिए' सिद्धान्त का अंग्रेजी साहित्य में पर्याप्त जोर था। वस्तुतः यह एक आनन्दवादी रोमांटिक विचारधारा थी, जिसके समर्थक जार्ज सेन्ट्सबरी (George Saintsbury) अर्थर कुइलर-काउच (Arthur Quiler Couch), एडमण्ड गूज (Edmond Gosse) आदि प्रभृत्ति विद्वान थे, जोकि आलोचना के क्षेत्र में किसी भी नियम का पालन अनिवार्य नहीं मानते थे। इन

---

1. A. C. Ward : Twentieth Century Literature, p. 6.

आलोचकों के उपरान्त ब्लूम्सबरी ग्रुप (Bloomsbury group) के आलोचक—लिटन स्ट्रेचे (Lytton Strache), वर्जिनिया वुल्फ (Virginia Woolf) आदि—भी एक प्रकार से इन्हीं के अनुसरणकर्त्ता थे, क्योंकि इस ग्रुप के आलोचक भी काव्यगत आनन्द को प्राथमिकता देते थे। कृति का सम्पूर्ण और समग्र विवेचन-विश्लेषण एवं किसी प्रकार के भी सिद्धान्त-निरूपण में इनकी रुचि नहीं थी।

इन कलावादी आलोचकों के साथ ही आलोचकों का एक और समुदाय (बर्नर्डशॉ और हेनरी जेम्स के नेतृत्व में) भी इसी समय पनप रहा था और वह था नैतिकता एवं परम्परावादी समुदाय। इस समुदाय के प्रधान आलोचक शॉ ने रोमांस के स्थान पर 'रीयलिज्म' की प्रतिस्थापना की। शॉ तो मात्र कला की दृष्टि से एक भी शब्द लिखना (For Art's sake alone, I would not face the toil of writing a single sentence. Shaw : Epistle Dedicatory to Man and Superman.) पसन्द नहीं करते थे।

इसी समय विज्ञान व मनोविज्ञान तथा आधुनिक प्रश्नांकन प्रवृत्ति के कारण लगभग चार प्रकार की आलोचनात्मक धाराओं का विकास भी हो रहा था; यथा—(1) विश्लेषणात्मक आलोचना (Analytical Criticism), (2) मनोवैज्ञानिक आलोचना (Psychological Criticism),(3) समाज वैज्ञानिक आलोचना (Sociological Criticism) और (4) अभिव्यंजनावादी आलोचना (Expressionistic Criticism)।

विश्लेषणात्मक आलोचना के प्रमुख टी० एस० इलियट थे। रोमांटिक युगीन प्रभाववादी आलोचना-पद्धति की अस्पष्टता से असन्तुष्ट इलियट वैज्ञानिक खोज-बीन पर अधिक बल दे रहे थे। चूँकि विश्लेषणात्मक आलोचना पद्धति को अरस्तू ने भी अपनाया था, इसीलिए इलियट ने सन् 1928 में 'इन द प्रिफेस टू 'फार लान्सलौट एन्ड्रयूज (In the preface to 'For Lancelot Andrews') में स्वयं को शास्त्रवादी घोषित किया। आस्ट्रिया में फ्रायड ने तथा इंग्लैंड में आई० ए० रिचर्ड्स ने मनोवैज्ञानिक आलोचना का प्रवर्तन किया जिसमें कि कला अर्द्धचेतन मन की अभिव्यंजना स्वीकार की गई। फ्रायड ने काव्य और उपन्यासों को जहाँ अधिक प्रभावित किया, वहीं पर रिचर्ड्स ने आलोचना को।

कला के मूल में सुखवादी भावना की अवधारणा ने अभिव्यंजनावाद (Expressionism) को जन्म दिया, जिसके कि प्रवर्तक विख्यात इतालियन आलोचक क्रोचे हैं। क्रोचे ने कला को 'अन्तर्बोध-अभिव्यंजना' (Intuition-Expression) कहकर परिभाषित किया है। अमेरिका में जे० ई० स्पिंनगार्न (J. E. Spingarn) और इंग्लैण्ड में लॉसेल्स एबरक्राम्बे (Lascelles Abercrombie) क्रोचे के उल्लेखनीय अनुगामी हैं।

समाज वैज्ञानिक आलोचक साहित्य को तत्कालीन समाज के सन्दर्भ में देखते हैं। उनकी धारणा है कि लेखक का तत्कालीन समाज और उसकी समस्याओं के प्रति रुख और उसके सामाजिक दर्शन का साहित्य से गहरा सम्बन्ध रहता है। वस्तुतः मार्क्सवादी आलोचना समाज वैज्ञानिक आलोचना का ही एक पहलू है। क्रिस्टोफर कॉडवेल (Christopher Caudwell) इस आलोचना-परम्परा के प्रमुख आलोचक हैं।

इस प्रकार अंग्रेजी आलोचना का परिप्रश्नात्मक युग विभिन्न आलोचना-धाराओं का मिलनबिन्दु है। आलोचना की इन बहुमुखी चिन्ताधाराओं में से मनोवैज्ञानिक और समाजवैज्ञानिक पद्धतियों को उत्तम मानते हुए टी० एस० इलियट ने उनके वैविध्य की ओर इस प्रकार संकेत किया है—"The Psychological and the Sociological are probably the two best advertised varieties of modern criticism; but the number of ways in which the problems of criticism are approached was never before so great or so Confusing.........Criticism seems to have separated into several diverse kinds."[1]

17

टी० एस० इलियट के साहित्य-सिद्धान्त

अमेरिका में जन्मे अंग्रेजी कवि, नाटककार, पत्रकार, साहित्य-सिद्धान्तकार एवं समालोचक थॉमस स्टीयर्नस् इलियट (Thomas Stearns Eliot. 1888-1965) का अंग्रेजी के आधुनिक साहित्यकारों में महत्त्वपूर्ण स्थान है। वह एक साथ ही उच्चकोटि के नाटककार, युग-कवि एवं मूर्धन्य समीक्षक हैं।

इलियट के कृतित्व में लगभग पाँच कविता-संग्रह तथा कुछ स्फुट कविताएँ, जिनमें 'द वेस्ट लैण्ड' (The Waste Land) सर्वाधिक विख्यात है, तथा लगभग छह नाटक हैं। इसके साथ ही, उनकी समालोचनात्मक कृतियों में अधिकतर उनके भाषणों एवं निबन्धों का संग्रह है। इनमें से प्रमुख रूप से उनके आलोचक-स्वरूप को स्पष्ट करने वाली कृतियों में—The Sacred Wood-1920, Homage to John Dryden 1924, For Loncelot Andrews, Selected Essys-1932, The use-of Poetry and the use of Criticism-1933, Elizabethan Essays-1934, Essays Ancient and Modern-1936—आदि के नाम उल्लेखनीय हैं एवं प्रमुख रूप से एक गद्यकार तथा आंशिक रूप से एक आलोचक के स्वरूप पर प्रकाश डालने वाली उनकी कृतियों में—The Idea of a Christian Society-1940, Definition of a Culture-1948, Essays on-Poets and poetry-1957 आदि के नाम प्रमुख हैं। इसके साथ ही, इलियट ने विभिन्न पत्र-पत्रिकाओं से सम्बन्धित रहकर ('इगोइस्ट' एवं 'क्राइटेरियन' पत्रिकाओं का तो उन्होंने संपादन भी किया था) दान्ते, शेक्सपीयर, मिल्टन, ड्राइडन, वर्ड्सवर्थ कॉलरिज एवं 'मेटाफिजिकल' कवियों पर अन्यान्य लेख लिखे हैं, जो उनके साहित्यानुराग-द्योतन के साथ ही साथ उनके आलोचनात्मक दृष्टिकोण पर भी प्रकाश डालते हैं।

अंग्रेजी-साहित्य में एक विशेषता रही है कि वहाँ महान कवि ही अधिकांशतः महान आलोचक भी हुए हैं। सर फिलिप सिडनी, बेन जान्सन, ड्राइडन, सेमुअल,

1. Introduction—The Use of Poetry and the Use of Criticism, p. 27.

जॉनसन, पोप कॉलरिज, मैथ्यू आर्नल्ड, टी० एस० इलियट आदि सभी उच्च कोटि के कवि होने के साथ ही साथ महान आलोचक भी हैं। इलियट का तो विश्वास भी यही था कि काव्यकार आलोचक की आलोचना ही महत्त्वपूर्ण होती है। वस्तुतः उनकी कविताओं में उनके आलोचना-सिद्धान्तों का प्रतिघटन उनके इसी विश्वास की अनिवार्य परिणति है।

इलियट के समय से ही अंग्रेजी-आलोचना में कई एक नयी धाराओं का उन्मेष हुआ है। नयी आलोचना को भी इलियट ने पर्याप्त प्रभावित किया है। बीसवीं शती के प्रारम्भ से ही साहित्य-क्षेत्र में रोमानी एवं मानववादी (Romantic and Humanistic) अवधारणाओं का विरोध प्रचलित हो गया था। आलोचक-जगत में टी० एस० इलियट के पदार्पण से इस विरोध ने और भी अधिक बल पकड़ा। स्वच्छन्दतावादी साहित्यिक दृष्टिकोण का प्रभाव लगभग पिछले दो सौ वर्षों से साहित्य में चला आ रहा था। परन्तु बीसवीं शती में आधुनिक चिन्तकों ने इस रोमांटिक प्रभाव-क्षेत्र से साहित्य को मुक्त किया। इन चिन्तकों में कुछ ब्रिटिशवासी थे तथा कुछ अमेरिकावासी।

अमेरिका में इस विरोध को प्रचलित करने वाले प्रसिद्ध आलोचक थे इरविंग बेबिट (lrving Babbit) और पाल इल्मर मोर (Paul Elmer More)। बेबिट ने अपनी कृति 'Rousseau and Romanticism' में रूसो-प्रणीत रोमानी दर्शन पर प्रश्नचिह्न लगाया। सम्भवतः बेबिट से प्रभावित इलियट भी साहित्य-जगत से सारी रोमानियत के परित्याग के लिए कटिबद्ध थे।

इंग्लैण्ड में ह्यूम (T. E. Hulme) ने स्वच्छन्दतावाद एवं मानववाद का कड़ा विरोध कर कला एवं साहित्य (विशेष रूप से आलोचना में) के क्षेत्र में क्लासिसिज्म (शास्त्रवाद) के पुनः स्थापन का प्रयास भी बीसवीं शती के प्रारम्भिक वर्षों में ही आरम्भ कर दिया था। इलियट में इस प्रयास का चरमोत्कर्ष पाया जाता है। अपनी शास्त्रवाद-प्रियता के कारण ही इलियट की आलोचना भी कभी-कभी डा० जॉनसन, बेन जान्सन, ड्राइडन आदि नवशास्त्रवादियों की परम्परा से जोड़ी जाती है। वस्तुतः ऐसा उचित प्रतीत नहीं होता, क्योंकि इलियट ने ऐसे आलोचना-सिद्धान्तों का प्रतिपादन किया, जिनका प्रतिपादन नवशास्त्रवादी न कर सके और जिन्होंने (सिद्धान्तों ने) साहित्य-आलोचना को व्यापक रूप से प्रभावित भी किया। इलियट के ये आलोचना एवं काव्य-सृजन सम्बन्धी सिद्धान्त ही आधुनिक शास्त्रवादी समीक्षकों में कदाचित उन्हें सर्वोपरि स्थान पर प्रतिष्ठित करते हैं।

तत्कालीन आलोचना बनाम इलियट का आलोचनात्मक दृष्टिकोण

बीसवीं शती के द्वितीय दशक में, जब इलियट का अंग्रेजी आलोचना में अवतरण हुआ, साहित्यिक आलोचना में दो प्रमुख संस्थानों (Schools) का बोलबाला था। प्रभाववादी समीक्षक आलोचना (Impressionistic Criticism) का सार आलोच्य कृति के अनुशीलन से गृहीत अनुक्रियाओं (Responses) में केन्द्रित मानते थे। कहना यह है कि प्रभाववादी आलोचकों के अनुसार साहित्यिक आलोचना व्यक्ति आलोचक द्वारा

किसी आलोच्यकृति से गृहीत प्रभावों एवं प्रतिक्रियाओं (Impressions and responses) की अभिव्यक्ति मात्र होती है। प्रभाववादी आलोचना-सिद्धान्तानुसार आलोचक में एक उच्चकोटि की सौन्दर्यपरक संवेदना या बोध (Aesthetic Sensibility) का होना ही पर्याप्त होता है, ताकि आलोचक आलोच्यकृति के अनुशीलन पर अधिकतम प्रभाव अथवा अनुक्रियाओं का अनुभव कर, उन्हें शब्द दे सके। प्रभाववादी आलोचक सभी प्रकार के पांडित्य, आलोचना-सिद्धान्तों और साहित्यिक परम्पराओं को अनावश्यक मानते हैं। प्रभाववादी आलोचना-संस्थान के अतिरिक्त दूसरा महत्त्वपूर्ण स्कूल था प्रत्ययवादी अथवा बुद्धिवादी (Abstract or Intellectual) आलोचना-संस्थान प्रत्ययवादी अथवा बुद्धिवादी आलोचक काव्यगत संवेग और अनुभूतियों की उपेक्षा कर मात्र कृति के बौद्धिक विश्लेषण पर ध्यान केन्द्रित करते हैं। इस सम्प्रदाय के आलोचक काव्यकृति के भावानुभूतियों एवं मनोवेगों से युक्त स्थलों पर दृष्टिपात न कर मात्र विचार-विश्लेषण अथवा विचारों के इतिहास की खोज-बीन में ही अधिक तल्लीन होते हैं। यही नहीं, ये आलोचक आलोच्य कृति के दार्शनिक एवं ऐतिहासिक पहलुओं पर अधिक गम्भीरता से विचार करते हैं, परिणामत: ये साहित्यालोचन को दर्शन, समाजशास्त्र, इतिहास आदि से अनावश्यक रूप से जोड़ देते हैं।

इलियट ने अपने समय में प्रचलित इन दोनों आलोचना-प्रणालियों पर 'द सेक्रड वुड' नामक अपने निबन्ध संग्रह में कठोरतम प्रहार किये। इस निबन्ध संग्रह के दो निबन्धों 'The Perfect Critic' और 'The Imperfect Critic' में उन्होंने प्रभाववादी एवं प्रत्ययवादी अथवा बुद्धिवादी स्कूलों की कड़ी आलोचना की है। उनके अनुसार, शुद्ध प्रभाववादी आलोचना, जिसका प्रतिनिधित्व अर्थर सइमन्स (Arthur symons) करते हैं, इसलिये अविश्वसनीय है कि उसमें गृहीत प्रभावों की शब्दबद्ध अभिव्यक्ति पूर्णत: सच्ची नहीं हो सकती। क्योंकि आलोच्य कृति-अनुशीलन से गृहीत क्षणिक प्रभाव अथवा अनुक्रियाओं को आलोचक उनके वास्तविक रूप में अभिव्यक्त नहीं कर सकता, वरन अपने मन में स्थित पूर्व प्रभावों अथवा प्रतिक्रियाओं से मिश्रित करके ही अभिव्यक्त कर सकता है। इस प्रकार इलियट की धारणा है कि प्रभाववादी आलोचना, वस्तुत: आलोचक द्वारा अनुभूत सौन्दर्यपरक प्रभावों अथवा अनुक्रियाओं की विशुद्ध अभिव्यक्ति नहीं होती, वरन् आलोच्य कृति से गृहीत विशुद्ध प्रभावों की एक ऐसी अभिव्यक्ति होती है, जिसमें आलोचक अपनी ओर से बहुत कुछ जोड़ता-घटाता अथवा परिवर्तित करता है। इसके साथ ही, आलोचक द्वारा आलोच्य कृति से गृहीत प्रभावों को इलियट पूर्णत: आलोचना भी नहीं मानते। उनके अनुसार वह तो व्यक्ति-आलोचक के मात्र वैयक्तिक संवेग हैं, उसकी सौन्दर्यवादी धारणाओं की मात्र सहज अभिव्यक्ति है, आलोचना नहीं। अत: प्रभाववादी आलोचक (विशेष रूप से अर्थर सइमन्स) इलियट की दृष्टि में अपूर्ण आलोचक (Imperfect critic) हैं।

प्रत्ययवादी आलोचक चूँकि आलोचना को मात्र एक बौद्धिक क्रिया (Intelectual Activity) मानते हैं, इसलिये इलियट उनके विरोधी हैं, वस्तुत: 'एब्स्ट्रेक्ट

क्रिटसिज्म' में आलोचकों का ध्यान आलोच्य कृति के अन्तर्गत पाये जाने वाले विचारों (सामाजिक, दार्शनिक, ऐतिहासिक आदि किसी भी प्रकार के विचार) के आलेखन की ओर अधिक था, आलोच्य कृति के सही एवं निष्पक्ष मूल्यांकन की ओर कम। इन आलोचकों का दृष्टिबिन्दु हमेशा ही आलोच्य कृति प्रणीत दार्शनिक, सामाजिक एवं ऐतिहासिक सामग्री की ओर अधिक रहता था, जिससे इनकी आलोचना साहित्यिक आलोचना न रहकर बहुत कुछ सामाजिक (Social) हो गई थी। इलियट ने इस संस्थान का भी डट कर विरोध किया। इसीलिये इस आलोचना के प्रतिनिधि आलोचक एवं अंग्रेजी साहित्य के प्रबुद्ध कवि आर्नल्ड की उन्होंने 'प्रचारवादी आलोचक' (Propagandist) कह कर कटु आलोचना की है।

कुल मिलाकर यह कहा जा सकता है कि इलियट ने इन निबन्धों (पूर्ण और अपूर्ण आलोचक) में प्रभाववादी आलोचकों की अत्यधिक भाव-प्रवणता पर तथा प्रत्ययवादी आलोचकों की अत्यधिक बौद्धिकता पर प्रहार किये हैं, क्योंकि उनकी दृष्टि में आलोचना न तो पूर्णत: भावाभिव्यक्ति ही है और न पूर्णत: विचाराभिव्यक्ति ही। इलियट ने इन दोनों आलोचना-स्कूलों की आलोचना करने के उपरान्त 'The Function of Criticism' नामक निबन्ध में आलोचना के सही रूप पर प्रकाश डाला है।

अध्ययन की सुविधा से इस निबन्ध (The Function of Criticism) को चार हिस्सों में विभाजित किया जा सकता है। प्रथम खण्ड 'परम्परा एवं वैयक्तिक प्रज्ञा' से जुड़ा हुआ है। द्वितीय खण्ड में मिडल्टन मरी (Middleton Murry) के स्वच्छन्दतावादी 'आत्मपरक' आलोचनात्मक दृष्टिकोण पर प्रकाश डाला गया है। मरी आलोचना पर रोमानी दृष्टिकोण से विचार करते हुए आलोचना को 'अन्तरात्मा की आवाज' (Inner Voice) घोषित करता है और इस तरह आलोचना की शास्त्रवादी कैथोलिक परम्परा (Classical Catholic tradition) को अंग्रेज एवं अंग्रेजी के प्रतिकूल एवं परायी बताकर आलोचना के स्वच्छन्दतावादी पहलू पर बल देता है। निबन्ध के तृतीय खण्ड में इलियट ने मिडल्टन मरी के विचारों को अस्वीकार का चौथे खण्ड आलोचना सम्बन्धी अपने दृष्टिकोण को स्पष्ट किया है।

इलियट आलोचना का प्रमुख साधन तथ्य-बोध (Sence of Fact) मानते हैं। वह प्रभाववादी भावप्रवणता एवं प्रत्ययवादी शुष्क बौद्धिकता को नियन्त्रित करके तथ्य-बोध पर बल देते हैं। उनकी धारणा है कि तथ्य-ज्ञान किसी भी आलोचक को गुमराह नहीं होने देता। यदि कोई आलोचक गुमराह रहा है तो या तो उसे आलोच्य कृति के तथ्यों का बोध ही नहीं हुआ है अथवा स्वयं तथ्यों के स्थान पर स्वनिर्मित कल्पनाओं के ऊहा-पोह में फँसा हुआ है, जैसा कि गोथे (Goethe) एवं कॉलिजर शेक्सपीयर के पात्रों पर विचार करते समय तथ्यबोध के स्थान पर ललित कल्पना के मनोराज्य में विचरण कर रहे हैं। वस्तुत: उनका तथ्यबोध से तात्पर्य आलोचक की वस्तुनिष्ठता से

है। कहना यह है कि वह आलोचना का महत्त्वपूर्ण एवं अनिवार्य साधन मानते हैं, तथ्य-बोध अथवा आलोचक का वस्तुनिष्ठ होना। यही नहीं, वह स्वस्थ आलोचना उसी को कहते हैं, जिसमें आलोचक आलोच्य कृति के पक्ष-विपक्ष (अच्छाई-बुराई) में मत-प्रतिपादन न करके, मात्र कृतिगत तथ्यों के विश्लेषण की ओर ही अधिक आग्रहशील रहता है। उनकी स्पष्ट मान्यता है कि सच्ची आलोचना वही होगी, जिसमें विवेचन (Interpretation) के नाम पर मात्र तथ्यों का विश्लेषण (Analysis) एवं प्रस्तुतीकरण किया गया हो। आलोचना का दूसरा महत्त्वपूर्ण साधन है, तुलना। इलियट आलोच्य कृति की प्राचीन क्लासिकल कवियों से तुलना के भी समर्थक हैं। वह श्रेष्ठ आलोचक उसी को स्वीकार करते हैं, जो कला-कृति गत तथ्यों का विश्लेषण करके, प्राचीन महान क्लासिकल कृतियों से आलोच्य की तुलना करते हुए उसका मूल्यांकन करता है। इस तरह इलियट के अनुसार आलोचना मानव-बुद्धि का वह निस्पृह अथवा तटस्थ प्रयोग है, (Disinterested exercise of intelligence) जिसके अन्तर्गत आलोच्य कृति के तथ्यों का विश्लेषण-विवेचन एवं तुलना करते हुए कृति के वास्तविक रूप का उद्घाटन किया जाता है। इस प्रकार की आलोचना प्राचीन युग में वह ग्रीक विद्वान अरस्तू की तथा आधुनिक युग में फ्रांसीसी आलोचक रेमी डी० गौरमान्ट की मानते हैं।

परन्तु यहाँ पर एक बात की ओर इलियट ने विशेष रूप से ध्यान आकृष्ट किया है और वह है तथ्य-बोध (Sense of facts)। वस्तुत: तथ्य-बोध से उनका तात्पर्य तथ्यान्वेषण से नहीं है, वरन् आलोच्य कृतिगत महत्त्वपूर्ण तथ्यों के ज्ञान से है। वह कहते हैं कि आलोचक को तथ्यों का स्वामी (Master) होना चाहिए, न कि अनुचर (Servant)। इसी सन्दर्भ में उन्होंने उदाहरण देते हुए बताया है कि शेक्सपीयर के काव्य की आलोचना करते समय आलोचक द्वारा शेक्सपीयर के धुलाई के बिलों (Laundry bills) की जानकारी सम्बन्धी तथ्यों की खोज का प्रयास भ्रामक, मूर्खतापूर्ण एवं अनुपयोगी होगा।

इलियट यह मानते हैं कि काव्यकार के सृजन सम्बन्धी कार्य-व्यापार में बहुत कुछ आलोचनात्मक श्रम (Critical labour) होता है। सृजन-व्यापार के दौरान रचयिता द्वारा की गई क्रियाएँ जितनी सृजनात्मक होती हैं, उतनी ही समीक्षात्मक भीं। इलियट यह स्वीकार करने को तैयार नहीं थे कि उच्चकोटि का काव्य-सृजन बिना किसी भी आलोचनात्मक श्रम के सम्भव है। यही कारण है कि कवि-आलोचक प्रणीत आलोचना को सर्वाधिक विश्वसनीय एवं श्रेष्ठ मानते हैं।

इलियट ने समीक्षा की प्रवृत्ति (Nature of Criticism) का उल्लेख (The use of Poetry and the use of Criticism) में किया है। उन्होंने दो प्रकार की आलोचना का उल्लेख किया है। आलोचना के प्रथम प्रकारानुसार यह जाना जाता है कि कविता क्या है? दूसरे के अनुसार, अमुक कविता क्या अच्छी है और अच्छी है तो क्यों? इस प्रकार आलोचना के प्रथम प्रकार को चाहे तो सैद्धान्तिक (Theoritical) तथा दूसरे को

व्यावहारिक आलोचना (Practical Criticism) कह सकते हैं। वस्तुत: आलोचना के ये दोनों भेद एक दूसरे से जुड़े हुए एवं अविभाज्य हैं। अरस्तू की आलोचना में इन दोनों प्रश्नों—कविता क्या है तथा अच्छी है या बुरी—का उत्तर मिलता है। अरस्तू ने आलोचना के ये दोनों प्रकार अविभाज्य रूप से ग्रहण किये हैं, इसलिए इलियट उन्हें श्रेष्ठ आलोचक मानते हैं।

'On poetry and poets' नामक निबन्ध संग्रह में इलियट ने अपने निबन्ध 'The Frontiers of Criticism' में आलोचक की सीमा रेखायें भी निर्धारित की हैं। उनकी धारणा है कि आलोचक साहित्य सम्बन्धी ज्ञान-विज्ञान की शाखा-प्रशाखाओं (समाजशास्त्र, दर्शनशास्त्र, धर्मशास्त्र, मानवशास्त्र आदि) का आलोचना में उपयोग कर सकता है; किन्तु मात्र उसी सीमा तक जहाँ तक, साहित्य का इन शास्त्रों के सम्बन्ध में विश्लेषण अनिवार्य हो। वह आलोचक को किसी भी दशा में साहित्येतर विषयों का व्याख्याता बनने देना नहीं चाहते, जैसा कि उनके समय में प्रत्ययवादी अथवा बुद्धिवादी आलोचकों द्वारा किया जाता था।

इलियट ने आलोचना को बृहत्तर दृष्टिबिन्दुओं से देखा है। उन्होंने काव्य-प्रकृति पर बड़े ही क्रान्तिकारी ढंग से विचार किया है। वस्तुत: उनकी आलोचनात्मक अवधारणाओं में काव्य-प्रकृति का विवेचन समीक्षा-प्रकृति के विवेचन से पूर्ववर्ती एवं महत्वपूर्ण है। उनके काव्य-प्रकृति सम्बन्धी विचारों की अभिव्यक्ति प्रख्यात निबन्ध 'परम्परा एवं वैयक्तिक प्रज्ञा' (Tradition and Individual talent) में विस्तार से हुई है।

काव्य-प्रकृति—परम्परा एवं वैयक्तिक प्रज्ञा
(Tradition and Individual Talent)

रोमांटिक सिद्धान्तानुसार कविता की अन्त:प्रेरणा का स्पष्ट प्रतिफलन थी। काव्यकार एक दैवी प्रतिभा (Genius) सम्पन्न व्यक्ति समझा जाता था तथा कविता उनके हृदयोद्‌गारों की रूपायित शब्द-योजना। कहना यह है कि रोमानी काव्य-सिद्धान्तों के अनुसार, कवि के व्यक्तित्व को काव्य-सृजन में महत्त्वपूर्ण स्थान प्राप्त था। धारणा यह थी कि काव्यकार अपने जीवन में जितना अधिक वैयक्तिक होगा, वह उतना ही महान सृजन कर सकेगा। कुल मिलाकार कहना यह है कि स्वच्छन्दतावादी काव्य-परम्परा प्रणीत 'वैयक्तिक काव्य-सिद्धान्त' (Personalist Theory of Poetry) का अंग्रेजी-साहित्य की बीसवीं शती के प्रारम्भिक दशक तक पर्याप्त प्रभाव था। इलियट ने अपने निबन्ध 'Tradition and Individual Talent' में इस स्वच्छन्दतावादी काव्यावधारणा पर मात्र कठोरतम प्रहार ही नहीं किये, वरन् काव्यसृजन के निर्वैयक्तिकतावादी सिद्धान्त का प्रतिपादन भी किया। इस सिद्धान्त के स्वरूपबोध के लिए पहले उनके परम्परावादी (Traditional) दृष्टिकोण पर विचार करना समीचीन होगा।

परम्परा सम्बन्धी दृष्टिकोण

इलियट के अनुसार, किसी साहित्यकार अथवा कलाकार का परम्परा से निरपेक्ष अकेले मूल्यांकन न तो पूर्ण ही होगा और न महत्त्वपूर्ण ही। इसीलिये वे कहते हैं कि किसी भी कवि अथवा कला-कृति को भली-भाँति समझने के लिये अथवा उसका मूल्यांकन करने के लिए हमें उसकी तुलना उस परम्परा के अन्य साहित्यकारों की कृतियों से करनी चाहिए। इलियट के शब्दों में—"कोई भी कवि, किसी भी कला का कोई भी कलाकार, अकेले अपनी पूरी अर्थवत्ता सिद्ध नहीं कर पाता। उसकी महत्ता, उसका विवेचन मृत कवियों एवं कलाकारों के साथ उसके सम्बन्ध का विवेचन है। उसका अकेले का मूल्यांकन आप नहीं कर सकते—तुलना के लिये आपको उसे भी मृतों के साथ रखना होगा।"[1]

इलियट की 'परम्परा' (Tradition) सम्बन्धी अवधारणा गत्यात्मक है। परम्परावादी होने से उनका तात्पर्य भूतकाल की पूर्णतः स्वीकृति अथवा अनुकरण से नहीं है, परम्परित काव्य-रूढ़ियों के पालन से भी नहीं हैं। उनकी परम्परा प्राचीन काव्योक्तियों एवं काव्य-रूढ़ियों का निष्क्रिय अनुमोदन नहीं है। यही कारण है कि परम्परा वंश-परम्परा के तत्त्वों की तरह विरासत में प्राप्त नहीं होती, वरन् सार्थक श्रम से अर्जित की जाती है। वह परम्परा का सर्वाधिक महत्त्वपूर्ण तत्त्व 'इतिहास-बोध' (Historic sence) मानते हैं। इस इतिहास-बोध के कारण ही कोई भी रचनाकार होमर से लेकर आज तक के समस्त यूरोपीय साहित्य का युगपत् दर्शन करने में सक्षम हो सकता है, बशर्ते कि इस बोध के लिए वह सार्थक श्रम करे। कुल मिलाकर कहा जा सकता है कि इलियट का परम्परा (Tradition) से तात्पर्य प्राचीन काल से चली आ रही साहित्य एवं कला की प्रमुख-धारणाओं के सम्यक् बोध से है। अर्थात् अतीतकालीन साहित्य-कला की विशिष्टताओं की सम्पूर्ण चेतना से है। परम्परा के इसी बोध के सम्बन्ध में इलियट ने लिखा है—"कुछ लोग ज्ञान को सहज़ ही आत्मसात् कर सकते हैं; जो अपेक्षाकृत मन्द हैं उन्हें पसीना बहाना पड़ता है। शेक्सपियर ने प्लुटार्क से जितना आधारभूत इतिहास ग्रहण कर लिया, उतना अधिकांश लोग पूरे ब्रिटिश संग्रहालय से भी नहीं कर सकते। आग्रह इस बात का होना चाहिए कि कवि को अतीत की चेतना का विकास अथवा अर्जन करना चाहिए और फिर जीवन भर इस चेतना को निरन्तर विकसित करते रहना चाहिए।"[2]

इस प्रकार हम देखते हैं कि उनकी परम्परा मात्र रूढ़ि नहीं, वरन् चिर-गतिशील सर्जनात्मक सम्भावनाओं की समष्टि है। वह किसी युग के सर्जनात्मक विकास के लिये

1. ट्रैडिशन एण्ड इण्डिविजुअल टेलैंट : अनुवाद, श्री महेन्द्र चतुर्वेदी, पाश्चात्य काव्यशास्त्र की परम्परा, पृ० 283।
2. वही, पृ० 285-86।

अतीत की महाकृतियों में प्रवाहित संवेदनों का बोध अनिवार्य मानते हैं। अर्थात् किसी भी दशा में महान सृजन के लिये कला-साहित्य के सम्पूर्ण अतीत का अर्थात् परम्परा का बोध, इनकी दृष्टि में, कलाकार के लिए आवश्यक है।

पहले बताया जा चुका है कि उनका परम्परावादी दृष्टिकोण स्थिर नहीं, गत्यात्मक है। उसके अनुसार, वर्तमान काल के कलाकारों के मूल्यांकन के लिये अतीत के कलाकारों की सहायता यदि आवश्यक है, तो पूर्ववर्ती कला-कृतियों के पुनर्मूल्यांकन के लिये वर्तमान की सहायता भी अनिवार्य होगी। कहना यह है कि जिस प्रकार अतीत से वर्तमान निर्देशित होता है, उसी प्रकार वर्तमान से अतीत परिवर्तित होता है। वस्तुतः अतीत और वर्तमान की एक दूसरे पर परिवर्तन और प्रभाव की छाप संबंधी उनकी धारणा ही इस सिद्धान्त को गत्यात्मक सिद्ध करती है।

काव्य में कुछ प्राणवत्ता आ सके, परिपक्वता आ सके, इसके लिये इलियट चाहते थे कि कवि अपने व्यक्तित्व से दूर हटकर परम्परोन्मुखी बने और परम्परावादी बनने के लिए अनिवार्य था कि काव्यकार सार्वभौम, सामूहिक अथवा सार्वजनीन संवेगों की साहित्य में अभिव्यक्ति करे। चूँकि व्यक्ति मानस से परम्परा का मानस कहीं अधिक मूल्यवान, महत्त्वपूर्ण एवं सार्वजनीन होता है, इसलिये उन्होंने निर्वैयक्तिक-सिद्धान्त का प्रतिपादन किया; जो कि परम्परा से अविच्छिन्न रूप से जुड़ा हुआ है।

अवैयक्तिक काव्य-सिद्धान्त अथवा निर्वैयक्तिकतावाद

परम्परावादी सिद्धान्त के अनुसार व्यक्ति साहित्यकार परम्परा के प्रति अनवरत रूप से आत्मसमर्पित रहता है। आत्मसमर्पण के इसी भाव के अधीन इलियट ने अवैयक्तिक काव्य-सिद्धान्त (Impersonal theory of poetry) का प्रतिपादन भी 'Tradition and individual Talent' नामक निबन्ध में ही किया है। इलियट ने लिखा है कि अतीत मरता नहीं, वरन् वर्तमान में जीवित रहता है। क्योंकि यदि हम किसी कवि का विश्लेषण-विवेचन गम्भीरतापूर्वक करें, तो पायेंगे कि रचना के न केवल सर्वोत्तम वरन् सर्वाधिक वैयक्तिक अंश भी ऐसे होंगे, जिनमें अतीत के साहित्यकारों का प्रभाव दृढ़तापूर्वक प्रकाशित हो रहा होगा। तात्पर्य यह है कि महान सृजन के लिये परम्परा का अंश.अनिवार्य है। बताया जा चुका है, कि अतीत से लेना तथा वर्तमान कलाकारों द्वारा अतीत में परिवर्तन करके कुछ देना, यह लेन-देन की परम्परा साहित्य में सतत प्रवाहित रहती है तथा जहाँ काव्यकार देने में (अर्थात् अतीत की परम्परा को प्रभावित अथवा परिवर्तित करने में) अपने आत्म का प्रकाशन करता है, वहीं लेने में आत्म का अवसान। चूँकि अतीत से, परम्परा से लेना अधिक महत्वपूर्ण है, इसीलिए उसे इस प्राप्ति के लिए अनवरत आत्मोत्सर्ग करना पड़ता है, इसी आत्मोत्सर्ग अथवा आत्मसमर्पण में काव्यकार के विकास का तत्त्व निहित है। वस्तुतः कलाकार की प्रगति एक सतत आत्म-समर्पण, व्यक्तित्त्व के सतत तिरोभाव की प्रक्रिया का ही नाम है। इलियट ने लिखा है— "The progress of an Artist is a continual self-sacrifice, a continual extinction of personality."[1]

इस प्रकार कलात्मक क्रिया सतत निर्वैयक्तीकरण (Depersonalization) की प्रक्रिया ठहरती है; जिसमें कलाकार के व्यक्तित्व की अभिव्यक्ति अथवा काव्यकार के आत्म-प्रकाशन के स्थान पर व्यक्तित्व का अनवरत रूप से अवसान किया जाता है।

वस्तुतः इलियट ने काव्यकार को माध्यम के रूप में स्वीकार किया है। उसके लिये काव्यकार काव्य-सृजन-प्रक्रिया का एक ऐसा माध्यम है, जो अपने मन पर पड़े प्रभावों और अनुभवों को एक ऐसे विलक्षण ढंग से संयुक्त करके, समन्वित करके काव्य में स्थान देता है, जो उसके व्यक्तिगत प्रभावों अथवा अनुभवों से स्वतंत्र निरपेक्ष एवं सार्वजनीन होते हैं। इलियट ने 'परम्परा एवं वैयक्तिक प्रज्ञा' में लिखा है—"मेरा तात्पर्य यह है कि कवि के पास अभिव्यक्ति करने के लिये कोई 'व्यक्तित्व' नहीं होता, एक विशिष्ट माध्यम होता है, जो केवल एक माध्यम होता है—व्यक्तित्व नहीं जिसमें मन पर पड़े हुए प्रभाव अजीब और अप्रत्याशित ढंग से संयुक्त होते हैं। हो सकता है व्यक्ति के लिये जो प्रभाव और अनुभव महत्त्वपूर्ण हों वे काव्य में कोई स्थान ग्रहण न करें और जो काव्य में महत्त्वपूर्ण हो जायें उनका योग व्यक्ति में—व्यक्तित्व में—नगण्य हो।"[2]

इलियट ने कवि-माध्यम सम्बन्धी अपने विचार को स्पष्ट करने के लिए एक विज्ञान-सम्मत उदाहरण भी दिया है। वह कहते हैं कि आक्सीजन और सल्फर डाई ऑक्साइड से भरे जार में यदि प्लैटिनम का एक टुकड़ा डाल दिया जाये, तो दोनों मिलकर सल्फर एसिड में बदल जायेंगे। किन्तु प्लैटिनम का टुकड़ा विकारहीन रहेगा। ठीक इसी प्रकार से सृजन-प्रक्रिया के दौरान कवि मानस भी प्लैटिनम के टुकड़े की भाँति ही निर्विकार रहता है।

इस प्रकार इलियट कवि-व्यक्तित्व और कविता में कोई सम्बन्ध स्वीकार नहीं करते। उनके लिए कोई कविता इसलिए महान नहीं होती है, क्योंकि उसमें कवि व्यक्तित्व का अवरोपण है, अथवा कवि ने उसमें कोई महान वैयक्तिक संदेश दिया है, महान उद्भावना की है, वरन् उनके लिए कविता इसलिए महत्त्वपूर्ण होती है, क्योंकि उसमें रचनाकार का वह निस्पृह मस्तिष्क कार्यरत होता है जो विशिष्ट एवं विभिन्न भावनाओं का स्वच्छन्दतापूर्वक, बिना किसी पूर्वाग्रह अथवा दुराग्रह के, मिश्रण करके एक नवीन सृजन करता है। रचना की इसी निर्वैयक्तिकता, निस्पृहता अथवा तटस्थता को महत्वपूर्ण मानने के कारण ही इलियट ने लिखा है—(But the more perfect the artist, the more completely separate in him will be the man who suffers and the mind which creates......) 'जितना अधिक कलाकार

---

1. T. S. Eliot; Tradition and Individual Talent.
2. अनुवाद : श्री महेन्द्र चतुर्वेदी।

पूर्ण होगा, उतना ही अधिक कलाकार एवं उसके सृजन-संलग्न आक्रांत मन में पृथकत्व होगा।'

इलियट ने काव्य-परिभाषा भी इसी निर्वैयक्तितावादी दृष्टिबिन्दु को स्पष्ट करने के लिए ही की है। वह लिखते हैं—'कविता भाव का स्वच्छन्द प्रवाह नहीं, भाव से पलायन है; व्यक्तित्व की अभिव्यक्ति नहीं, उससे मुक्ति का नाम है' (Poetry is not a turning loose of emotion, but an escape from emotion; it is not the expression of personality : but an escape from personality ....)

इलियट पर काव्य में व्यक्तित्व के आत्यन्तिक विरोध का आरोप अक्सर लगाया जाता है परन्तु बात ऐसी है नहीं। वस्तुतः इलियट का मन्तव्य रोमांटिकों की अत्यधिक वैयक्तिकता पर प्रश्नचिह्न लगाना था। वह काव्य में अतिशय निजीपन के स्थान पर सार्वजनीन मनोभावों की अभिव्यक्ति को प्रतिष्ठित करना चाहते थे। अतः यह कहना कि इलियट काव्यगत वैयक्तिकता के कट्टर शत्रु थे, भ्रामक होगा। पहले भी बताया जा चुका है कि वैयक्तिकता के निरोध एवं परम्परा के प्रतिस्थापन में भी वह यह मानते थे कि व्यक्ति कलाकार भी परम्परा को प्रभावित करता है। यहीं नहीं 1940 में कवि ईट्स (W. B. Yeats) पर भाषण करते हुए उन्होंने ईट्स की उत्तरकालीन कविताओं को (कविताओं में ईट्स के व्यक्तित्व की अभिव्यक्ति के बावजूद भी) श्रेष्ठ घोषित किया है, और यहाँ तक कि इसी भाषण में उन्होंने अपने निर्वैयक्तिकतावादी पूर्व मत का स्वयं ही विरोध भी किया है।

अन्य आलोचनात्मक अवधारणाएँ

इलियट की काव्यावधारणा से सम्बन्धित दो अन्य महत्त्वपूर्ण वाक्यांश हैं—वस्तुनिष्ठ समीकरण (Objective Correlative) एवं भाव-बोध-वियोजन (Dissociation of Sensibility)। उन्होंने अपने निबन्ध-संग्रह 'The Sacred Wood' में संकलित निबन्ध 'Hamlet and his problems' में वस्तुनिष्ठ समीकरण का उल्लेख किया है।

मनोभावों अथवा संवेगों की काव्य में सर्वोत्तम अभिव्यक्ति कैसे की जाये, इस बात को दृष्टिपथ में रखकर इलियट ने वस्तुनिष्ठ समीकरण अथवा विभावन-व्यापार का प्रयोग किया है। इलियट के अनुसार, चूँकि कवि-मानस-गत संवेगों का अथवा कवि के मनोभावों का सहृदय तक सीधा-सीधा सम्प्रेषण नहीं हो सकता, इसलिए कवि को अपने संवेगों के सम्प्रेषण के लिए वस्तुओं, स्थितियों और घटनाओं का चुनाव करना पड़ता है अथवा करना चाहिए, ताकि उनके (वस्तुओं, स्थितियों अथवा घटनाओं के) माध्यम से कवि के मनोभाव भावक तक सम्प्रेषित हो सकें। इस प्रकार कवि-संवेगों अथवा मनोभावों के सम्प्रेषण के लिए, इलियट के अनुसार एक मात्र ढंग है वस्तुनिष्ठ समीकरण को प्राप्त करना, अर्थात् किसी ऐसी ठोस वस्तु, चित्र, व्यक्ति, स्थान आदि का प्रस्तुतीकरण, जो कवि-सवंगों को पाठक में तुरन्त आहूत (Evoke) कर सके। अतः वस्तुनिष्ठ समीकरण हुआ कवि-भावों का मूर्त्त बहिराकार, जिसके सहारे सहृदय में

कवि स्व-मानस के भावों को आहूत करने का उपक्रम करता है। इलियट ने लिखा है—"The Only way of expressing emotion in the form of art is by finding an 'objective correlative' in other words, a set of objects, a situation, a chain of events which shall be the formula of that particular emotion, such that when the external facts.........are given the emotion is immediately evoked."

''संवेगों अथवा भावों को कला में अभिव्यक्त करने का एक मात्र ढंग है, वस्तुनिष्ठ समीकरण की प्राप्ति। दूसरे शब्दों में—वस्तुओं, स्थितियों और घटनाओं की शृंखला को इस ढंग से संयोजित करना कि वे विशिष्ट संवेगों से सम्बद्ध होकर अभिव्यक्त हो सकें........(अथवा) ये बाह्य वस्तुएँ विशिष्ट संवेगों को तुरन्त आहूत कर सकें।'' वस्तुनिष्ठ समीकरण की इस अवधारणा को इलियट ने अपने निबन्ध 'हेमलेट एण्ड हिज प्रॉब्लम्स' में घटित भी किया है।

उन्होंने वस्तुनिष्ठ समीकरण को दृष्टिपथ में रखकर ही शेक्सपीयर के नाटक 'हेमलेट' को उच्चकोटि की कला-कृति नहीं माना है, क्योंकि 'हेमलेट' की मानसिक स्थिति को प्रस्तुत करने के लिए शेक्सपीयर ने अपेक्षित समीकृत वस्तुओं का प्रयोग नहीं किया है।

वस्तुत: इलियट का कृति-संरचना से सम्बन्धित यह सिद्धान्त भी कवि की अवैयक्तिकता प्रमाणित करने का उनका एक अनोखा प्रयास है, जिसमें वह बहुत कुछ फ्रांसीसी प्रतीकवादियों से प्रभावित प्रतीत होते हैं। इलियट भी प्रतीकवादियों की भाँति ही काव्य में सीधी भावाभिव्यक्ति के स्थान पर भावों का आहूत किया जाना उचित मानते हैं।

इलियट ने दूसरे अवधारणात्मक वाक्यांश भाव बोध-वियोजन' Dissociation of Sensibility) का प्रयोग 'Selected Essays' नामक निबन्ध-संग्रह में संकलित निबन्ध (The Methaphysical Poets' में किया है। इस निबन्ध में उन्होंने 17वीं शती के उत्तरार्द्ध (मैटाफिजिकल कवियों के बाद) में अंग्रेजी-कविता में घटित होने वाले एक विशेषीकृत दोष का उल्लेख किया है और वह दोष है भाव एवं बोध अर्थात् हृदय और बुद्धि का वियोजन, प्रथक्करण। उनके अनुसार, स्वच्छन्दतावादी एवं विक्टोरियन कवियों (कॉलरिज, स्विनबर्न, आर्नल्ड आदि) की कविताओं में यह दोष व्याप्त है। इनकी सबसे बड़ी दुर्बलता यह है कि ये बुद्धि और भावना के उस समन्वित महत्त्व को नहीं समझ पाये हैं जिसके कारण विगत युगों में (17वीं शती के प्रारम्भ तक अर्थात् मैटाफिजिकल कवियों तक) विराट काव्य का सृजन सम्भव हो सका। कहना यह है कि मैटाफिजिकल कवियों के बाद इलियट के अनुसार, अंग्रेजी कविता में भाव-बोध-एकीकरण (Unification of Sensibility) का स्थान भाव-बोध-वियोजन (Dissociation of Sensibility) ने ले लिया है, जो कलात्मक दृष्टि से इलियट के अनुसार साहित्य में घटित होने वाली नितान्त घातक दुर्घटना है।

इलियट भाव-बोध-एकीकरण (Unification of Sensibility) एवं भाव-बोध-वियोजन (Dissociation of Sensibility) के आधार पर ही अच्छे और बुरे काव्य की पहचान करते हैं। भाव-बोध (Sensibility) से उनका तात्पर्य विचार की प्रत्यक्ष ऐन्द्रियानुभूति से अथवा विचार को भावना में ढालने से (a direct sensuous apprehension of thought, or a recreation of thought into feeling) है। उनके अनुसार, विचार की प्रत्यक्ष ऐन्द्रियानुभूति चूँकि चेपमेन (George-Chapman) और जॉन डन (John Donne) आदि की कृतियों में पाई जाती है, इसलिए इनकी कृतियाँ उत्तम काव्य के नमूने हैं। इनका काव्य समग्र शक्ति से, अर्थात् बुद्धि और हृदय अथवा भाव एवं ज्ञान को समन्वित करके लिखा गया है। यहाँ विचार भावना में रूपान्तरित करके प्रस्तुत किए गए हैं, फलत: भावक को पूर्णत: रस-मग्न करते हैं।

किन्तु यदि कवि अपने विचारों को भावना में रूपान्तरित करके प्रस्तुत नहीं करता, परिणाम भाव-बोध-वियोजन होता है। ऐसे काव्य को इलियट अच्छा काव्य नहीं मानते। उन्होंने टेनिसन (Tennyson) एवं ब्राउनिंग (Browning) की कविताओं में भाव-बोध-वियोजन का उल्लेख किया है। अर्थात् इनकी कविताएँ बुद्धि को अथवा ज्ञान या बोध को, हृदय अथवा भाव से खंडित करके लिखी गई हैं। ये कवि विचार तो प्रकट करते हैं, किन्तु उन विचारों को इन्द्रिय-बोध के माध्यम से प्रस्तुत नहीं कर पाते, अर्थात् विचारों को भावनाओं में रूपान्तरित करके अभिव्यक्त नहीं करते।

इलियट का अभिजातवाद

इलियट ने घोषणा की थी कि धर्म में वे एंग्लों-कैथोलिक, राजनीति में राजभक्त तथा साहित्य में आभिजात्यवादी हैं। आलोचना में वैज्ञानिक तथ्य-बोध पर बल देने वाले इलियट अरस्तू से अत्यधिक प्रभावित थे, फलत: उन्होंने 1928 में 'For Loncelot Andrewes' की भूमिका में स्पष्टत: अभिजात्यवादी होने का दावा किया। अभिजात काव्य की परिभाषा करते समय उन्होंने अपने अभिजातवादी दृष्टिकोण को 'What is Classic' में प्रकाशित किया है।

इलियट कला एवं साहित्य में व्यवस्था तथा अनुशासन के पक्षपाती हैं। उनकी कला सम्बन्धी धारणा का सम्प्रयास जीवन में अनुशासन कायम करना है तथा आलोचनात्मक अवधारणा का सम्प्रयास कला में सुव्यवस्था (Orderliness) लाना। यही कारण है कि इलियट आलोचना का अभिगम 'क्लासिकल' मानते हैं।

वह अभिजात कृति अर्थात् 'क्लासिक' को प्रौढ़ सभ्यता के प्रौढ़ भाषा-साहित्य की प्रौढ़ कृति मानते हैं, जिसकी रचना भी प्रौढ़ मस्तिष्क के द्वारा ही सम्भव होती है। चूँकि प्रौढ़ साहित्य में तत्कालीन समाज की प्रौढ़ता का ही प्रतिबिम्ब होता है, इसलिए प्रौढ़ साहित्य के पीछे एक सुदीर्घ परम्परा अथवा भाषा साहित्य की प्रगति का इतिहास होता है। कहना यह है कि 'क्लासिक' की रचनाकार वह प्रौढ़ मस्तिष्क व्यक्ति होता है, जो अपने पूर्ववर्ती अथवा प्राचीन साहित्य के प्रति सतत रूप से सजग रहता है। उसे अपनी प्राचीन विस्तीर्ण परम्परा का बोध होता है, क्योंकि यह परम्परा ही उसकी

पृष्ठभूमि में होती है। इसके साथ ही, उसे अपने पूर्वजों की संस्कृति एवं आचार-व्यवहार की प्रौढ़ता का भी समग्रत: बोध होता है।

भाषा-शैली की दृष्टि से अभिजात कृति में अपने युग की भाषा का चर्मोत्कर्ष लक्षित होता है। इलियट ने लिखा है, ''अभिजात कवि भाषा की सम्भावनाओं को नि:शेष कर देता है।'' अभिजात कृति का उल्लेख करते हुए उन्होंने 'वॉट इज ए क्लासिक' में लिखा है—''पूर्ण अभिजात कृति वह होगी जिसमें किसी जाति की समग्र प्रतिभा, यदि सर्वथा व्यक्त नहीं तो, अंतर्निहित अवश्य होगी और वह ऐसी भाषा में ही प्रकट होगी कि उसकी समग्र प्रतिभा एक साथ पुंजीभूत हो। अत: अभिजात कृति की विशेषताओं में हमें एक और विशेषता जोड़नी होगी— और वह है व्यापकता।.........उसमें जातीय चरित्र का उत्कृष्ट निदर्शन होगा और उसकी प्रभाव-शक्ति बहुत व्यापक होगी। जिस जाति की वह कृति होगी, उसमें तो प्रत्येक वर्ग एवं परिस्थिति के व्यक्ति के मर्म का स्पर्श करने की उसमें शक्ति होगी।''[1]

इलियट की 'क्लासिक' सम्बन्धी धारणा के सम्बन्ध में कुल मिलाकर यही कहा जा सकता है कि वह यहाँ भी परम्परा पर ही बल देते हैं। कहना यह है कि इलियट की साहित्यिक मान्यताओं का एक मात्र अखण्ड बिन्दु है, परम्परा अथवा समाज, देश एवं जातीय चेतना पर दिया जाने वाला असाधारण बल। सतत विकासशील इस जातीय चेतना की उत्कृष्ट भाषा-शैली के माध्यम से अभिव्यक्ति ही अभिजात कृति का प्राथमिक लक्षण है।

महत्त्व

इलियट की आलोचना व्यक्ति साहित्यकार के अनुभवों पर आधारित आलोचना है, इसलिए उसको कुछ अधिक ही महत्त्व दिया गया है। यद्यपि इलियट ने कुछ महान साहित्यकारों के साथ न्याय नहीं किया है, जैसा कि शेक्सपीयर और मिल्टन के साथ, जबकि मैटाफिजिकल कवियों को उन्होंने अनावश्यक रूप से महत्त्व दिया है। वस्तुत: उनका जातीय चेतना (Tradition) पर दिया जाने वाला अवांच्छित बल तथा व्यक्ति चेतना (Individual Talent) का अनावश्यक दमन ही वह केन्द्र बिन्दु है, जहाँ से उनकी अधिकांश साहित्यिक अवधारणाएँ उद्भूत हुई हैं।

अपने आभिजात्यवादी दृष्टिकोण के लिए इलियट अरस्तू से प्रभावित माने जा सकते हैं। इसके साथ ही साथ इलियट पर फ्रांसीसी आलोचक रेमी डी गौरमान्ट (Remy de Gourmont) का भी उल्लेखनीय प्रभाव रहा है। गौरमान्ट स्वयं अरस्तू से प्रभावित थे। वस्तुत: इलियट की आलोचना-पद्धति का प्रमुख सिद्धान्त (साहित्यिक कृति का विश्लेषण-विवेचन एवं प्राचीन कृतियों से तुलना करके किया जाने वाला मूल्यांकन) मूलत: अरस्तू की आलोचना-पद्धति का ही सार है, जिसे उन्होंने, सम्भवत: गौरमान्ट के माध्यम से ग्रहण किया है। यही नहीं, अपने प्रसिद्ध

1. अनुवाद : श्री महेन्द्र चतुर्वेदी, पाश्चात्य काव्य-शास्त्र की परम्परा, पृ० 279।

अवधारणात्मक वाक्यांश (Dissociation of Sensibility) के लिए भी इलियट कदाचित् फ्रांसीसी आलोचक गौरमान्ट के ऋणी हैं।

यद्यपि इलियट ने स्वयं को आभिजात्यवादी घोषित किया है, तथापि उनके आभिजात्य तथा नवशास्त्रवादियों द्वारा प्रणीत आभिजात्य में बहुत अधिक साम्य नहीं माना जा सकता। वह नवशास्त्रवादियों की भाँति न तो साहित्यिक नियमबद्धता के ही अनुयायी हैं और न साहित्यगत नीत्युपदेश के समर्थक, वरन् उन्होंने 'परम्परा एवं वैयक्तिक प्रज्ञा' में काव्य-मूल्यांकन के लिये अतीत के आलोचकों द्वारा निर्धारित नियम-निर्वाह की भर्त्सना की है। कुल मिलाकर यह कहा जा सकता है कि इलियट ने साहित्यानुशीलन एवं साहित्यालोचन के लिये तथ्य-बोध-सम्बन्धी वैज्ञानिक पद्धति पर बल दिया, जिससे कलाकृति की उसके वास्तविक रूप में जाँच-परख की उस साहित्यिक प्रवृत्ति का प्रतिस्थापन एवं पोषण हुआ, जिसे आधुनिक अंग्रेजी-आलोचना का प्रमुख संघटक तत्त्व माना जाता है।

इलियट : उत्तरवर्ती समीक्षा प्रतिरोधी अवस्थिति

यहाँ कवि, नाटककार, समीक्षक इलियट की काव्य-शास्त्रीय उपपत्तियों की आलोचना का संक्षिप्त स्वरूप रेखांकित किया गया है। इधर इलियट की काव्य संबंधी मान्यताओं उनकी काव्यनाटक संबंधी चिंताधारा पर कई प्रश्न चिह्न लगते रहे हैं, जैसे कि वे अत्यन्त कठिन और अग्राह्य कवि नाटककार हैं। उनकी समीक्षा संबंधी दृष्टि एकांगी और जटिल है। इस संबंध में इलियट ने अपने निबंध "मैटाफिजिकल पोयट्स" में जटिलता का कारण अपने युग की चेतना (स्पिरिट) को ठहराया है।[1] दूसरा कारण वे अपने युग के साहित्य में सार्वभौम अपील के अभाव को मानते हैं क्योंकि इस काल खण्ड का साहित्य लक्ष्य पाठकों (Target readership) को दृष्टि पथ में रखकर लिखा गया है। तीसरा कारण, उनके मत से, जनमानस में साहित्यानुराग और साहित्याध्ययन की कमी है।

वस्तुत: काव्यगत जटिलता संबंधी आरोप इलियट से पूर्व मिल्टन पर भी लगाया जाता था। इन दोनों रचनाकारों को समझने के लिए विद्वत्ता की अत्यंत आवश्यकता है। इस दृष्टि से उनकी सर्वोत्तम कविता 'बंजर भूमि' (The waste land) विचारणीय है।

'वेस्ट लैण्ड' पर समीक्षकों का आरोप है कि कविता में 'सावयव अन्विति' का अभाव है जो किसी रचना में सौन्दर्य की सृष्टि करती है। प्लेटो ने प्रोक्ति (वाक्यबंध) (डिस्कोर्स) को एक जीवित प्राणी की तरह माना है जिसमें सावयव एकता होनी चाहिए। अरस्तू ने भी अपने काव्यशास्त्र में त्रासदी के कथानक में जीवंत सावयव संघटन (प्रारम्भ, मध्य और अंत) पर बल दिया है। स्पष्ट है कि परवर्ती अंग्रेजी

---

1. ......It appears likely that the poet in our Civilization, as it exists at present, must be difficult. Our civilization comprehends great variety and complexity......"
—The Metaphysical Poets

समीक्षा में इसी सावयविक अन्विति को 'आर्गेनिक प्रिंसिपल' कहकर समीक्षा का महत्त्वपूर्ण तत्त्व माना गया है जिसका इलियट की कविता में नितांत अभाव है। इसी तरह जहां एजरा पाउण्ड ने 'वेस्ट लैण्ड' में प्रतीकात्मक जटिलता का उल्लेख किया है वहीं रिचर्डस ने उसमें केन्द्रीय विचार का अभाव खोजा है। बॉदलेयर के अनुसार कविता के एक हिस्से में पाशविक वासना की जो तस्वीर है, वह इलियट के अनुसार स्त्री-पुरुष के विवेक शून्य शारीरिक संबंधों का ही प्रतिफल है। कुल मिलाकर विभिन्न समीक्षकों की विविध टिप्पणियों ने 'वेस्ट लैण्ड' को साहित्य-समीक्षा की सबसे विवादास्पद रचना बना दिया है। वस्तुतः इलियट के उपरान्त समीक्षकों ने उन पर जो काव्यगत दुर्ज्ञेयता (Obscurity) जटिलता (Complexity), सामंजस्य हीनता, सावयव एकता की कमी (Lack of Organic unity) आदि के जो आरोप लगाये हैं वही परवर्ती अंग्रेजी समीक्षा में सिद्धान्तों के रूप में प्रतिस्थापित किये गये और समीक्षकों ने उन्हें रचना तत्त्वों के रूप में तरजीह दी। यही नहीं 'वेस्टलैण्ड' कविता में 'इलियट सांस्कृतिक अद्यःपतन, मानव मूल्यों के ह्रास से समाज में उत्पन्न जिस संशय और विकर्षण की भावधारा से आक्रान्त थे वह नई नहीं थी। उनसे पूर्व मैथ्यू आर्नल्ड में इसकी पर्याप्त अभिव्यक्ति मिलती है।

इलियट के समीक्षा-दर्शन के तीन-चार पहलू अत्यंत भ्रामक माने जाते हैं, यथा—

(i) भावावेग की स्वीकृति-अस्वीकृति संबंधी उनके अंतर्विरोधी कथन

(ii) उनका निर्वैयक्तिक समीक्षा-सिद्धान्त

(iii) उनकी व्यक्ति चेतना और जातीय चेतना संबंधी अवधारणा आदि।

इलियट की समीक्षा-पद्धति में जो अन्तर्विरोध दिखाई देता है। वस्तुतः वह उनके समीक्षक का निरंतर घटित होता विकास है। समीक्षा के प्रथम चरण में वे कविता की सौन्दर्यपरक 'अपील' पर बल देते हैं, द्वितीय चरण में काव्य के सामाजिक, सरोकार को मूल्यवान मानते हैं। एक ओर वे काव्य के निर्वैयक्तिक स्वरूप पर बल देते हैं वहीं, दूसरी ओर व्यक्तित्व की अभिव्यक्ति पर। उन्होंने स्वयं कवि यीट्स पर व्याख्यान करते हुए यीट्स की इसलिए प्रशंसा की है कि यीट्स के काव्य में व्यक्तित्व की अभिव्यक्ति हुई है। वे 'कविता और कवि निबंध संग्रह में समीक्षा-दृष्टि संबंधी अपने इस अंतर्विरोध को स्वीकारते भी हैं।[1] उन्होंने अपने निबंध 'व्यक्ति चेतना और जातीय चेतना (Tradition and Individual Talent) में निर्वैयक्तिक काव्याभिव्यक्ति पर बल देते हुए कविता को व्यक्ति रचनाकार के व्यक्तित्व के सतत तिरोभाव की प्रक्रिया माना है तथा कविता को उसकी कविता से पृथकत्व की सलाह दी है। परन्तु यीट्स पर

---

1. 'I have, in early essays, extolled what I called impersonality in art, and it may seem that, in giving as a reason for the superiority of Yeats's later work the greater expression of personality in it, I am contradicting myself. 'On poetry and poets'—T.S. Eliot, Page 255.

व्याख्यान करते हुए उन्होंने कवि व्यक्तित्व और उसके काव्य में गहरे संबंध को रेखांकित किया है।

आर० पी० ब्लैकमर ने इलियट की (संवेदना शक्ति-संवेग और भावना) (Sensibility, emotion and feeling) विषयक दृष्टि को भी काफी हद तक भ्रामक करार दिया है। उनकी दृष्टि में भावना (Feeling) ही आधारभूत तत्त्व है जो अनुभव में अंतर्निहित रहता है। यह (भावना) वास्तविक भी हो सकती है और काल्पनिक भी। संवेग (Emotion) सामान्यीकृत या व्यवस्थित भावनाओं का ही प्रतिरूप होता है, जैसे क्रोध एक संवेग है जो भावनाओं को चोट पहुँचने पर व्यवस्थित रूप धारण करता है।

संवेदन शक्ति (Sensibility) भावनाओं का संक्षिप्त और पुंजीभूत प्रतिदर्श है और यही रचनाकार की पूँजी है, उसकी सृजन धर्मी शक्ति है।[1] इलियट ने संवेग के अतिशय की अभिव्यक्ति को नकारा है इसीलिये वे कविता में संवेगों की अभिव्यक्ति को खुली छूट नहीं देते, उससे बचने का सुझाव देते हैं।[2] वस्तुतः काव्यगत संवेगों अथवा भाव प्रवणता के आतिशय से प्लेटो भी आक्रान्त थे और ऐसी कविता को बहिष्कृत करने का सुझाव देते थे।[3]

इलियट ने वेदना अथवा पीड़ा (Suffering) की अभिव्यक्ति को उचित माना है। वे धार्मिक कवि और नाटककार थे और वेदना को मानवात्मा की शुद्धि (पवित्रता) का कालजयी साधन मानते थे। किन्तु स्वच्छन्दतावादी कवियों, विशेष रूप से शैले और वायरन में संवेगों की अनियंत्रित अभिव्यक्ति।[4] अतिशय भाव प्रवणता को देखकर उन्होंने कविता को संवेगों की अनियंत्रित अभिव्यक्ति से बचाने का उपक्रम किया।

महाकवि वर्ड्सवर्थ ने कविता को प्रबल भावावेग की अभिव्यक्ति तो माना है किन्तु प्रशान्त क्षणों में उस प्रबल भावावेग के प्रशमन के उपरान्त उसके पुनःस्मृत रूप की अभिव्यक्ति पर बल दिया है। वस्तुतः इलियट भी कुछ इसी प्रकार से भावावेग के नियंत्रित और परिष्कृत रूप की अभिव्यक्ति को काव्य में स्थान देना चाहते हैं। इस प्रकार यह स्पष्ट है कि इलियट की संवेगों और कवि व्यक्तित्व की काव्यगत अस्वीकृति और पुनः स्वीकृति में कोई अंतर्विरोध नहीं वरन् उनके समीक्षक व्यक्तित्व के विकास और प्रौढ़त्व का सूचक है।

---

1. T. S. Eliot : A Collection of Critical Essays, edit, Hugh Kenner.
2. "Poetry is not turning loose of emotions but an escape from emotions—" Eliot
3. Plato—Republic.
4. Oh : lift me as a wave, a leaf, a cloud : I fall upon the thorns of life : I bleed :

   P. B. Shelley : Ode on the West Wind.

18

मूल्यवादी समीक्षक रिचर्ड्स

रिचर्ड्स (Ivor Armstrong Richards-1893-1979) 20वीं शती के सर्वाधिक प्रभावशाली अंग्रेजी-आलोचकों में से एक हैं। उनका वर्तमान यूरोपीय काव्य-शास्त्र में महत्त्वपूर्ण स्थान है। रिचर्ड्स साहित्य से पूर्व मनोविज्ञान एवं अर्थ-विज्ञान के क्षेत्रों में भी कार्यरत रह चुके हैं। अतः उन्होंने मनोविज्ञान एवं अर्थ-विज्ञान को भी साहित्य में कार्यान्वित किया है।

रिचर्ड्स के आलोचनात्मक कृतित्व में सात पुस्तकें उल्लेखनीय हैं, जिनमें से दो उन्होंने अन्य आलोचकों की सहायता से लिखी हैं; यथा—The Meaning of Meaning-1923' in collaboration with C. K. Ogden, 'The Foundation of Aesthetics' With C. K. Ogden and James Wood, Principles of Literary Criticism—1924, Science and Poetry-1925, Practical Criticism 1929, Coleridge on Imagination, The Philosophy of Rhetoric—1936.

यूरोप में वैज्ञानिक विकास ने 19वीं शती में ही धर्म एवं साहित्य की जड़ें हिला दी थीं। कविता वायवी दुनियाँ की वस्तु होने के कारण वैज्ञानिक उपयोगिता के सामने अर्थहीन एवं अकारथ प्रतीत होने लगी थी। कवि-आलोचक आर्नल्ड ने इस बात को अनुभव कर घोषणा की थी कि कविता ही अब इस धर्म-संस्कृति के संक्रान्ति काल में मनुष्य का उद्धार कर सकती है। वस्तुतः आर्नल्ड का यह काव्य सम्बन्धी मूल्यवादी एवं उपयोगितावादी दृष्टिकोण ही था, जिसका हवाला स्वयं रिचर्ड्स ने 1926 में दिया है।

20वीं शती वैज्ञानिक प्रगति की पराकाष्ठा का युग था। आज प्रत्येक वस्तु उपयोगितावादी दृष्टिकोण से देखी जाती है। ऐसे घोर उपयोगितावादी युग में विज्ञान के समक्ष कविता की क्या आवश्यकता है तथा मानव-जीवन के लिये उसका क्या मूल्य है—ये ऐसे ज्वलंत प्रश्न हैं, जिनका उत्तर देना आज साहित्यकार के लिए अनिवार्य हो गया है। रिचर्ड्स ने इस प्रश्नों का उत्तर दिया है। उन्होंने सामान्य जीवन में कविता की उपयोगिता प्रमाणित करने का अभूतपूर्व प्रयास किया है। इस प्रकार रिचर्ड्स की आलोचना का केन्द्रबिन्दु है, कला को जीवन के लिये उपयोगी सिद्ध करना। अपने इस उपयोगितावादी दृष्टिकोण को प्रस्तुत करने में रिचर्ड्स बेन्थम एवं मिल के उपयोगितावाद से पर्याप्त प्रभावित रहे हैं। उनके कतिपय महत्त्वपूर्ण सिद्धान्त इस प्रकार हैं—

काव्य-प्रकृति एवं मूल्यवादी सिद्धान्त

रिचर्ड्स ने काव्य-प्रकृति के निर्धारण में मनोविज्ञान का सहारा लेकर मानवमन (Human mind) की क्रियाओं (Workings) का सर्वप्रथम विश्लेषण किया है।

उनके अनुसार मानव-मन विभिन्न एषणाओं अथवा वृत्तियों [1] का व्यक्तस्थित क्रम (Mind is a system of impulses) है तथा मानव-मन वृत्तियों के उत्तेजन से कार्यरत होता है। जब कई वृत्तियाँ एक साथ उत्तेजित होकर मन को अनुप्रेरित करती हैं, तब मन कार्यरत होकर अधिक मूल्यवान वृत्तियों की तुष्टि करता है तथा पुन: सन्तुलन की स्थिति (State of Poise or Equilibrium) को प्राप्त होता है। रिचर्ड्स की धारणा है कि मन के सन्तुलन की आदर्श अवस्था वह होगी, जिसमें सभी वृत्तियाँ एक साथ उत्तेजित होने पर भी सन्तुष्ट हो सकें। परन्तु मन की ऐसी आदर्श स्थिति असम्भव है, क्योंकि एक वृत्ति के संतुष्ट होने से किसी न किसी वृत्ति का क्षुब्ध होना अनिवार्य है। अत: मन की वही स्थिति अपेक्षित, सर्वाधिक महत्त्वपूर्ण एवं मूल्यवान है, जिसमें अधिक से अधिक वृत्तियों की तुष्टि, कम से कम वृत्तियों को क्षुब्ध करके की जा सके। रिचर्ड्स के अनुसार मानव-मन की यही पूर्णत: संतुलन (State of Poise) की स्थिति है। इस स्थिति की उपलब्धि भी कविता करती है तथा इसकी अभिव्यक्ति भी काव्य में ही होती है।

मानव-जीवन में कुछ क्षण ऐसे आते हैं, जब विभिन्न प्रोत्तेजनों के अनुभव से मानसिक अनुक्रियायें (Impulses) इस व्यवस्थित क्रम में उद्‌भूत होती हैं कि मन एक विलक्षण अनुभव (Life's Experience) करता है। इस विलक्षण जीवनानुभव (life's Experience) के क्षणों में मन की पूर्णत: सन्तुलित अवस्था (State of Poise) की अभिव्यक्ति ही, रिचर्ड्स के अनुसार कविता है। कहना यह है कि जीवनानुभव के क्षणों में मन पूर्णत: संतुलित अवस्था (State of Poise) को प्राप्त करता है, कविता मन की इसी संतुलित अवस्था का निरूपण है, अभिव्यक्ति है। यही कारण है कि कविता में कवि स्वेच्छा से विचारों की अभिव्यक्ति नहीं करता, वरन् वह तो किसी निश्चित अवसर पर अपने जीवनानुभव को ही व्यक्त करता है। इसीलिये रिचर्ड्स का कहना है कि कवि के विचारों का मूल्यांकन भ्रामक होगा। मूल्यवान यदि कुछ है तो जीवनाभुव, मन की पूर्णत: संतुलित अवस्था में प्राप्त अनुभव। उनके अनुसार सच्चे पाठक का उद्देश्य काव्यगत विचारों की उधेड़-बुन में उलझना नहीं होता, वरन् कवि की जीवनानुभूति (Lifes Experience) से साधारणीकरण करने में होता है। अत: रिचर्डस् मनोविश्लेषणवादी आलोचकों द्वारा कृति के आधार पर की गई सर्जक-मस्तिष्क-प्रक्रिया का विश्लेषण न तो लाभदायक ही मानते हैं और न विश्वसनीय ही। उन्होंने लिखा है—"Whatever psycho-analysts may aver, the mental processes of the poet are not a very profitable field for investigation..............the attempt to display the inner Working of the artist's mind by the evidence of his

1. वृत्ति किसी भी प्रोत्तेजन से उद्‌भूत मस्तिष्क की अनुक्रिया का नाम है, अर्थात् किसी भी कारणवश मन द्वारा किया हुआ उत्तेजनानुभव ही वृत्ति है। रिचर्ड्स के शब्दों में—"An impulse is, roughly, the mind's response to a stimulus—Its stir from any cause.

—Principles of Literary Criticism, p. 83.

work alone must be subject to the gravest dangers."[1]

काव्य-मूल्य क्या है?

रिचर्ड्स ने मूल्य का मनोवैज्ञानिक विवेचन प्रस्तुत किया है। पहले बताया जा चुका है कि मानव-मन में निरन्तर नवीन वृत्तियाँ अथवा उद्वेग (Impulses) उठा करते हैं, जिनके समुचित सन्तुलन पर ही मानसिक सुख-शान्ति (Mental Poise) निर्भर करती है। मन स्वत: ही इन उद्वेगों के सन्तुलन में प्रयत्नशील रहता है। मन की इसी क्रिया को दृष्टि-पथ में रखकर रिचर्ड्स की सारी विवेचना के केन्द्रवर्ती बिन्दु—मूल्य की अवधारणा को समझा जा सकता है।

रिचर्ड्स ने उद्वेगों अथवा एषणाओं या वृत्तियों (Impulses) के दो प्रकार बताये हैं—अनुकूल एषणा अथवा आकांक्षा (Appetency) तथा प्रतिकूल एषणा अथवा घृणा (Aversion)। मन स्वाभाविक रूप से अनुकूल एषणाओं अथवा आकांक्षाओं (Appetencies) की तुष्टि की ओर आग्रहशील रहता है। इसी प्रकार मन भव्य एषणाओं या आकांक्षाओं (कल्याण, उत्सर्ग, परोपकार आदि) की ओर निकृष्ट एषणाओं (पापाचरण सम्बन्धी वृत्तियाँ) की अपेक्षा अधिक आकृष्ट होता है। इस प्रकार वे सभी वस्तुएँ मूल्यवान होंगी, जो एषणाओं की तुष्टि करती हैं, बशर्ते कि उनसे किसी अन्य अधिक महत्त्वपूर्ण एषणा का क्षरण न होता हो। कहना यह है कि जिस एषणा के सन्तोष से कम से कम वृत्तियाँ क्षुब्ध हों, वह वृत्ति अधिक मूल्यवान मानी जायेगी। रिचर्ड्स के अनुसार चूँकि कविता वृत्तियों अथवा एषणाओं (Impulses) को तुष्ट करती है, इसलिये मूल्यवान है। और वह कविता और भी अधिक मूल्यवान है, जो ऐसी श्रेष्ठ आकांक्षाओं की सन्तुष्टि करे, जिनसे कम से कम वृत्तियाँ क्षुब्ध होती हों। इस प्रकार कम से कम वृत्तियों को क्षरित करके अधिक से अधिक वृत्तियों का तोष करने वाला काव्य, रिचर्ड्स के अनुसार, सर्वोत्तम होगा, क्योंकि उस काव्य के सृजन अथवा अनुशीलन से सर्जक या भावक की मन:स्थिति पूर्णत: संतुलित होकर शान्ति को (State of Poise) उपलब्ध होगी। अत: कविता मूल्यवान है, भौतिक वस्तुओं से कहीं अधिक मूल्यवान है, क्योंकि वह ऐसे जीवनानुभव (Life's Experience) प्रदान करती है, जो इस नितान्त भौतिकतावादी वैज्ञानिक युग में मानव-मन को संतुलित करने वाले एवं शांतिदायक होते हैं।

यहाँ एक प्रश्न और उठता है कि बाधित अथवा क्षरित होने वाली वृत्तियाँ अधिक महत्त्वपूर्ण हैं अथवा बाधित अथवा क्षरित करने वाली। रिचर्ड्स अधिक शक्तिशाली एषणा को ही अधिक मूल्यवान एवं महत्त्वपूर्ण मानते हैं। बलवान एवं महत्त्वपूर्ण एषणायें हमेशा ही समाज सापेक्ष होती है। चूँकि समाज के नीति-नियम अधिकतर इस आधार पर निर्मित किये जाते हैं, जिससे समुदाय की अधिकतम एषणाओं की तुष्टि हो, इसलिए मनुष्य की बलवान एषणायें समाज की प्रचलित नैतिक परम्पराओं के

1. Principles of Literary Criticism, p. 29.

अनुकूल ही होती हैं। दूसरे शब्दों में यह कहा जा सकता है कि समाज के अधिकतम व्यक्तियों की, बिना किसी गतिरोध के, प्रमुख एषणाओं की तुष्टि का विधान करने वाला नियम ही अच्छा, नैतिक अथवा मूल्यवान होता है। यही कारण है कि अपराध भावना की तुष्टि को मूल्यवान मानते हुए भी रिचर्ड्स अपराधियों की निन्दा करते हैं। वह अपराधियों की इसलिये निन्दा नहीं करते कि वे (अपराधी) कानून-भंजक हैं अथवा कानून द्वारा दंडित हो चुके हैं, वरन् इसलिये कि उन्हें उन बलवान एषणाओं के मूल्यों से वंचित रह जाना पड़ा है, जोकि मानवीय एवं समाज-सापेक्ष हैं। वस्तुतः यही वह केन्द्रस्थल है, जहाँ रिचर्ड्स वैयक्तिक एषणा को सामाजिक एषणा से जोड़ देते हैं। सारांशतः रिचर्ड्स के अनुसार जो नैतिक है, अच्छा है, वही मूल्यवान है और वही समुदाय की अधिकतम एषणाओं की संतुष्टि करने वाला है। उन्हीं के शब्दों में—Anything is valuable which will satisfy an appetency without involving the frustration of some equal or more important appetency—thus morals become purely prudential and ethical Codes merely the expression of the most general scheme of expediency to which an individual or a race has attained.[1]

अर्थात् वह सभी कुछ मूल्यवान है जो किसी एक ऐसी एषणा अथवा इच्छा को इस प्रकार तुष्ट करे कि उसके समान अथवा उससे अधिक महत्त्वपूर्ण एषणा क्षुब्ध न हो.......इस प्रकार किसी व्यक्ति अथवा जाति द्वारा अनुमोदित सदाचार-विधान एवं नीतिपरक नियम मात्र उस व्यक्ति अथवा जाति-विशेष की सामान्यीकृत औचित्यावधारणाओं एवं विवेकपूर्ण मान्यताओं पर आधारित होते हैं। रिचर्ड्स के अनुसार संसार के सभी समाजों में किसी भी प्रकार की नैतिक, धार्मिक एवं सदाचार सम्बन्धी मान्यताओं के अनुमोदन में मूलतः एषणा तुष्टि का ही लक्ष्य होता है। यही कारण है कि बदली हुई परिस्थितियों के अनुरूप जब समाज की पूर्वपरम्परित नैतिक मान-मर्यादाओं में परिवर्तन की अनिवार्यता प्रतीत होती है, तो इस आवश्यकता की पूर्ति में साहित्य-कला बहुत दूर तक सहायक होते हैं। कहना यह है कि परम्परागत आदर्शों, सदाचार सम्बन्धी नियमों एवं मान्यताओं के समयानुकूल परिवर्तन की दृष्टि से भी रिचर्ड्स कला-साहित्य को उपयोगी एवं मूल्यवान मानते हैं। क्योंकि रूढ़िग्रस्त प्राचीन मान्यताओं के प्रति जन सामान्य में जो आक्रोश एवं द्वन्द्व विद्यमान रहता है, साहित्य में वह सामान्यीकृत होकर अभिव्यक्ति पाता है। रिचर्ड्स के शब्दों में—"(कलाकार की) अनुभूतियों में—कम-से-कम उन अनुभूतियों में जो उसकी कृति को मूल्यवान बनाती है—ऐसे आवेगों का सामंजस्य लक्षित होता है, जो अधिकांश लोगों के मन में अस्त-व्यस्त परस्पर अन्तर्भूत तथा द्वन्द्वरत हुआ करते हैं।"[2]

---

1. Principles of Literary Criticism, p. 48.
2. प्रिंसिपिल्स ऑफ लिटरेरी क्रिटिसिज्म : अनुवाद : महेन्द्र चतुर्वेदी, पाश्चात्य काव्य-शास्त्र की परम्परा, पृ० 294।

रिचर्ड्स ने दो प्रकार की कविताओं का उल्लेख किया है।—अपवर्जी काव्य (Poetry of Exclusion) तथा अन्तर्वेशी काव्य (Poetry of Inclusion)।

अपवर्जी काव्यान्तर्गत ऐसी एकीभाव-प्रधान प्रेम-कविताएँ रखी जा सकती हैं, जिनमें नायक-नायिका द्वारा अभिव्यक्त मात्र उन्हीं भावों को प्रस्तुत किया जाता है, जो प्रेमोद्दीपन में सहायक होते हैं। यहाँ कवि प्रिय को सम्पूर्ण समाज से काटकर एकांतिक दृष्टि से देखता है। कहना यह है कि अपवर्जी काव्यान्तर्गत भावनाओं एवं अनुभवों को अति सरलीकृत रूप में प्रकट किया जाता है। इसमें अनुभूतियों का अति सरलीकरण (Over Simplification) किया जाता है। चूँकि अपवर्जी काव्य में विरोधी वृत्तियों का समन्वय नहीं होता, मात्र एक प्रकार की ही भावानुभूतियों अर्थात् भावनाओं के अति सरलीकृत रूप की अभिव्यक्ति होती है, इसीलिए रिचर्ड्स के अनुसार ऐसी कविता निम्न कोटि की होती है। यदि रिचर्ड्स की दृष्टि से विचार करें तो हिन्दी की सम्पूर्ण छायावादी कवितायें, वर्तमान काल में बच्चन आदि की कवितायें अपवर्जी काव्यान्तर्गत ही रखनी होंगी।

रिचर्ड्स के अनुसार उच्चकोटि की कविता अन्तर्वेशी कविता (Poetry of Inclusion) होती है, क्योंकि ऐसी कविता में विरोधी वृत्तियों एवं भावानुभूतियों को समज्जित करके प्रस्तुत किया जाता है। अन्तर्वेशी कवितायें बहुभाव-प्रधान होती हैं। उनमें भावों एवं वृत्तियों का अति सरलीकृत रूप प्रकट नहीं होता, वरन् जटिल एवं मिश्रित रूप अभिव्यक्त होता है। यदि प्रेम सम्बन्धी अन्तर्वेशी कविता को लें तो उनमें सरल प्रेमाभिव्यक्ति के साथ ही साथ कुछ विरोधी भावानुभूतियों का समज्जन भी उपलब्ध होगा। कहना यह है कि कविता का यह एकीभाव-प्रधान अति सरलीकृत रूप न होकर परस्पर विरोधी बहुभाव प्रधान मिश्रित रूप होगा। रिचर्ड्स अन्तर्वेशी काव्य को अपवर्जी काव्य से श्रेष्ठ मानते हैं। रिचर्ड्स की इसी धारणा को काव्य में जटिलतावादी अथवा मिश्रतावादी (Complexity in Poetry) के नाम से भी अभिहित किया जाता है। हिन्दी में प्रगतिशील कविताओं, (अज्ञेय जी की 'हरी-घास पर क्षण भर' आदि) को अन्तर्वेशी काव्यान्तर्गत रखा जा सकता है। अंग्रेजी में इलियट की कविता 'लव सॉन्ग आफ अल्फ्रेड लार्ड प्रुफ्र्क' निश्चित ही अन्तर्वेशी कविता का उत्कृष्ट नमूना है।

काव्यगत प्रेषणीयता (Communication in Poetry)

रिचर्ड्स ने काव्यगत प्रेषणीयता की प्रक्रिया को बड़े ही सरल ढंग से प्रस्तुत किया है। वस्तुत: उनकी मान्यता है कि प्रेषणीयता किसी प्रकार की भी रहस्यमय एवं अद्भुत प्रक्रिया नहीं, वरन् मन की एक सामान्य क्रिया है। प्रेषणीयता का अर्थ है, पाठक के मन में समान अवस्था की उत्पत्ति। कहना यह है कि किसी विशेष परिस्थिति में भिन्न-भिन्न मानव-मन जब एक जैसा अनुभव करते हैं अथवा समान भावदशा को उपलब्ध होते हैं, तब यह अनुभव अथवा समान भाव-दशा प्रेषणीयता कहलाती है। अर्थात् किसी कलाकृति में प्रस्तुत (Embodied) सर्जक की अनुभूतियाँ

जब अन्यान्य पाठकों के मन में (कृति के अनुशीलन पर) मूर्त रूप ग्रहण करती हैं। और पाठक उसी भाव-दशा को उपलब्ध होता है,जिसको कि रचनाकार हुआ था, तब अनुभूति की यह क्रिया प्रेषणीयता कहलायेगी। रिचर्ड्स के अनुसार यदि कृति के अनुशीलन पर पाठक उसी भाव-दशा को उपलब्ध नहीं होता, जिसको कि सर्जक हुआ था, तो उस कृति में भाव-दशा अथवा अनुभूतियों (Expereinces) का सन्निवेश (Embodiment) नहीं माना जा सकता। इस प्रकार कहा जा सकता है कि रिचर्ड्स सर्जक की अनुभूतियों (Experiences) को भावक द्वारा अनुभूत करना ही प्रेषणीयता मानते हैं। उन्होंने लिखा भी है कि कुछ विशेष परिस्थितियों में विभिन्न मस्तिष्क प्राय: एक जैसा अनुभव (Under certain conditions, separate minds have closely similar experiences) ग्रहण करते हैं।

वस्तुत: भाव-प्रकाशन मनुष्य मात्र की स्वाभाविक वृत्ति है। भावनाओं के प्रकाशन की यह भावना कलाकारों में और भी अधिक घनीभूत होती है। फलत: कला-निर्माण में प्रेषणीयता का प्रयोजन भी अनिवार्य रूप से सन्निविष्ट रहता है। इस प्रकार प्रेषणीयता एक प्रकार से कला के धर्म में ही समाहित हो जाती है।

रिचर्ड्स के अनुसार प्रेषणीयता की सफलता मूलत: कवि की वर्णन-क्षमता अथवा अनुभूतियों के प्रस्तुतीकरण एवं श्रोता अथवा पाठकों की ग्रहण शक्ति में निहित रहती है। इसके अतिरिक्त प्रेषणीयता के व्यापार की सफलता में भावक का विषय-ज्ञान, परिस्थितियों एवं अनुभूतियों की समानता आदि का भी हाथ रहता है।

रिचर्ड्स कला में प्रेषणीयता अनिवार्य मानते हुए भी किसी प्रकार के भी उन कवि-प्रयत्नों को उपयोगी नहीं मानते, जिनसे काव्य में प्रेषणीयता की वृद्धि की जा सके। क्योंकि उनका विश्वास है कि काव्य को अधिक प्रेषणीय बनाने सम्बन्धी कवि द्वारा किया गया कोई भी प्रयत्न, उसे (काव्य अथवा कला को) कृत्रिम बना देगा। इस प्रकार रिचर्ड्स के अनुसार काव्यगत प्रेषणीयता एक नितांत सहज एवं स्वाभाविक क्रिया है जिसकी वृद्धि के लिये कलाकार द्वारा किया गया कोई भी बाह्य प्रयत्न अनावश्यक एवं प्रेषणीयता के लिए घातक होता है। उन्होंने लिखा है कि कलाकार जितना अधिक सहज रूप से अपनी रचना में तल्लीन होकर सृजन कार्य करेगा, अपनी अनुभूतियों को वह उतना ही अधिक प्रेषणीय बनायेगा। अर्थात् अनुभूतियों का सहज प्रस्तुतीकरण ही पाठक में तद्नुकूल भाव-दशा का निर्माण करता है।

रिचर्ड्स के विचार से सम्प्रेषण कला का तात्त्विक धर्म है। मनुष्य सामाजिक प्राणी होने के कारण, वह जो कुछ अनुभव करता है, उसे दूसरों को भी बताना चाहता है। कलाकार का अनुभव विशिष्ट और नव्य होने के कारण, उसकी सम्प्रेषणीयता समाज के लिए मूल्यवान् है। कलाकार की भी कसौटी यही है कि वह अपना अनुभव या उसका कोई अंश, दूसरों तक भली-भाँति पहुँचा सके। जिसका रचना में जितनी ही प्रबल और प्रभावशाली सम्प्रेषणीयता होती है, वह उतना ही बड़ा कवि या कलाकार होता है।

सम्प्रेषणीयता को प्रभावी होने के लिए कुछ बातों की आवश्यकता होती है, जिन्हें निम्नांकित रूप में देखा जा सकता है—

1. कवि या कलाकार की अनुभूति व्यापक, विस्तृत और प्रभावकारी होनी चाहिए।
2. अनुभूति के क्षणों में आवेगों का व्यवस्थित ढंग से सन्तुलन होना चाहिए।
3. वस्तु या स्थिति के पूर्ण बोध के लिए कलाकार या कवि में जागरूक निरीक्षण-शक्ति होनी चहिए।
4. कलाकार के अनुभवों और सामाजिक के अनुभवों में तालमेल होना चाहिए। यदि दोनों में अन्तर हो, तो कल्पना की सहायता से सम्प्रेषणीय बनाना चाहिए।
5. सम्प्रेषण के लिए आवश्यक प्रतिक्रियाओं में तीन बातों की आवश्यकता होती है—

   (क) वे एक-सी हों,

   (ख) वे विविध हों,

   (ग) उत्तेजनाओं से प्रेरित होने वाली हों।

   यह कठिन कार्य होता है, इसलिए कलायें संख्या में सीमित हैं तथा उनके स्वरूप के घटक तत्त्वों का बड़ा महत्त्व है।
6. समान प्रतिक्रियायें प्रकट करने के लिए उत्तेजना का काम करनेवाले स्वरूप-घटक तत्त्व अलग-अलग कलाओं के निम्नांकित प्रकार के हैं।

   (क) कविता के लिए लय, छन्द और स्वर-समायोजन (Rhythm, Metre and tune or candence)

   (ख) संगीत के लिए, लय, स्वर-समायोजन, तान या आरोहावरोह

   (ग) चित्रकला में —रूपरेखा और रंग

   (घ) मूर्तिकला में—आकार और उभार

अन्य वस्तुगत या शब्दगत सामग्री के साथ, ये तत्त्व मिलकर सम्प्रेषण को प्रभावशाली बनाते हैं। इसी प्रकार कविता के संघटक तत्त्व हैं— शब्दावली, लय और छन्द तथा बिम्ब। पूर्वोक्त तत्त्व ढाँचें या आधार का काम करते हैं, टिकते या समाये रहते हैं। इस प्रकार सम्प्रेषण की प्रक्रिया कला-कृतियों में सम्बन्ध होती है। इस प्रकार सम्प्रेषण की प्रक्रिया जटिल होते हुए भी महत्त्वपूर्ण है, क्योंकि इसी सम्प्रेषण के द्वारा ही कविता का आनन्द पाठक और श्रोता को मिलता है। कवि या कलाकार के विशिष्ट अनुभव सम्प्रेषण के द्वारा ही समाज को प्राप्त होते हैं जिससे ज्ञान और संस्कृति का विकास होता है, संकीर्णता और स्वार्थ दूर हटता है तथा मानव सम्वेदनाएँ परिस्कृत होकर व्यापक और उदात्त बनती है।

अर्थ-मीमांसा एवं काव्य-भाषा

अर्थ-मीमांसा की चर्चा रिचर्ड्स ने अपनी कई पुस्तकों 'The Meaning of Meaning, 'The Philosophy of Rhetoric, Practical Criticism' आदि में की है। 'प्रेक्टिकल क्रिटिसिज्म' में उन्होंने अर्थ के चार प्रकारों का निर्देश किया है—(1) वाच्यार्थ (Sense), (2) भाव (Feeling), (3) स्वर अथवा लहजा (Tone) और (4) अभिप्राय (Intention)। रिचर्ड्स के अनुसार 'सेन्स' वस्तुस्थिति से परिचित कराने वाली शब्द-शक्ति है। 'फीलिंग' से तात्पर्य वक्ता की उस भावना से है, जो वह शब्द-प्रयोग के द्वारा व्यक्त करना चाहता है। 'टोन' के माध्यम से लेखक का श्रोता अथवा पाठक के प्रति दृष्टिकोण प्रकट होता है। उसकी चेष्टायें व्यक्त होती हैं। 'इन्टेन्सन' के द्वारा वक्ता अथवा लेखक अपना अभिप्राय व्यक्त करता है। रिचर्ड्स अर्थ की पूर्ण अभिव्यक्ति के लिये भाषा के इन चारों उपकरणों को अनिवार्य मानते हैं ऐसी स्थिति में आलोचक का भी यह दायित्व होता है कि वह रचयिता द्वारा प्रयुक्त भाषा की उपर्युक्त चारों शक्तियों से परिचय पाने का प्रयास करे। उनकी धारणा है कि उत्तम काव्य में अर्थ के इन चारों प्रकारों का विवेकपूर्ण समन्वय होता है।

रिचर्ड्स का मत है कि साधारणतया भाषा में इन चारों प्रकार के अर्थों की न्यूनाधिक अभिव्यक्ति होती है, मात्रा एवं अनुपात भेद हो सकता है। उदाहरण के लिए, उनके अनुसार विज्ञान में वाच्यार्थ (Sense) अथवा यथातथ्य लेखन पर अधिक बल दिया जाता है। वैज्ञानिक का आग्रह सूचनात्मक, तथ्यात्मक अथवा अभिधात्मक भाषा-प्रयोग (Referential use of Language) की ओर ही रहता है। यही कारण है कि विज्ञान में गाय का अर्थ 'गाय' मनुष्य का अर्थ मनुष्य, चन्द्र का अर्थ चन्द्रमा और आँख का आँख होता है। यहाँ शब्द एकार्थक होते हैं एक के अतिरिक्त अनेकार्थ नहीं हो सकते। कहना यह है कि विज्ञान में भाषा के अभिधात्मक (Sense) अर्थ की प्राथमिकता रहती है, जबकि काव्य में रागात्मक अथवा भावात्मक (Feeling) अर्थ की। अर्थात् काव्य में भाषा का रागात्मक अथवा भावात्मक (Emotive use of language) प्रयोग होता है। कहना यह है कि काव्य में भाषा का प्रयोग तथ्यात्मक एवं पदार्थवाचक न होकर भावात्मक होता है; किसी पदार्थ का उल्लेख उस पदार्थ की सूचना के लिए न होकर पाठक के मन में अभिप्रेत भावों को आहूत (Evoke) करने के लिये होता है। यही कारण है कि उन्होंने लिखा है कि विज्ञान में कथन (Statements) एवं काव्य में छद्म कथन (Pseudo Statements) होते (Science Makes Statements, poetry makes pseudo-statement-Science and poetry) हैं। अत: विज्ञान सत्य का प्रतिपादन करती है, किन्तु कविता न सत्य का न झूठ का। काव्य सत्य एवं झूठ के विवेचन का विषय ही नहीं है, क्योंकि काव्यगत भाषा प्रयोग मात्र रागात्मक एवं भावात्मक है। इसलिए 'सिय मुख चंद' अथवा 'Beauty is truth, truth is beauty' कथन न सच्चे हैं और न झूठे। काव्यगत इन कथनों में सच-झूठ का

विवेचन, रिचर्ड्स के अनुसार भाषा-प्रयोग को न समझना होगा; क्योंकि 'सौन्दर्य ही सत्य है और सत्य ही सौन्दर्य है' अथवा 'सिय मुख चंद' कथन भाषा के रागात्मक प्रयोग (Feeling) को दृष्टिपथ में रखकर प्रस्तुत किये गये हैं, किसी भी तथ्य को निरूपित करने की दृष्टि से अथवा भाषा के अभिधात्मक प्रयोग (Sense) को दृष्टिपथ में रखकर नहीं। रिचर्ड्स ने उन आलोचकों का विरोध किया है, जो काव्य-भाषा के तथ्यात्मक (Sense) अर्थ को दृष्टिपथ में रखकर ही कविता का मूल्यांकन करते हैं—"The Statement which appear in the poetry are there for the sake of their effects upon feelings, not for their on sake. Hence to challenge their truth or to question whether they deserve serious attention as statements Claiming their truth, is to mistake their function."[1]

अर्थात् काव्य-कथन को प्रभावित करने के लिये होते हैं, मात्र स्वयं के लिये नहीं। अत: उनकी (काव्य-कथनों की) सत्यता को प्रश्नांकित करना, उनके कार्य को गलत समझना है।

काव्यास्वादन की प्रक्रिया एवं काव्य-प्रयोजन

वस्तुत: डॉ० रिचर्ड्स प्रणीत काव्य-प्रेरणा और आस्वादन की क्रिया एक ही है। वे काव्य में मूर्ति-विधान को बहुत उपयोगी नहीं मानते, क्योंकि एक ही कविता का विभिन्न सहृदयों द्वारा किया हुआ अनुशीलन, उनके मन में भिन्न-भिन्न प्रकार के बिम्ब उदित कर सकता है। परिणाम यह होगा कि सभी भावकों के मूर्ति-विधान जन्य अनुभवों में न तो एकता ही होगी और सर्जक के अनुभवों से उनका समन्वय ही हो सकेगा। अत: अनुभव-वैषम्य सम्बन्धी इसी दोष के कारण रिचर्ड्स ने काव्यगत मूर्ति-विधान को महत्व नहीं दिया है। यदि महत्त्वपूर्ण कुछ है तो मात्र सर्जक एवं विभिन्न पाठकों की अनुभूतियों की समानता। कहना न होगा कि यह अनुभवों की समानता ही उनकी सम्प्रेषण क्रिया का भी केन्द्रवर्ती बिन्दु है और आस्वादन की प्रक्रिया का भी।

डॉ० रिचर्ड्स काव्य-प्रयोजन आनन्द नहीं मानते। उनके लिये काव्यानुभूति आनन्दानुभूति नहीं। उनके अनुसार काव्य का लक्ष्य मनोभावों को सुव्यवस्थित करना होता है। उन्होंने लिखा है—"वे सभी सिद्धान्त भ्रान्त हैं, जो सुख को क्रिया-कलाप का लक्ष्य मानते हैं, यद्यपि आलोचनात्मक साहित्य में इनका बहुत प्रचार है। ....सुख के लिये—जो कविता के सफल पाठ से निष्पन्न होगा—कविता पढ़ना ही कविता के प्रति अनुचित दृष्टि है। स्पष्ट ही, हमारी दिलचस्पी कविता में होनी चाहिए........"[2]

---

1. Practical Criticism, p. 184.
2. प्रिंसिपिल्स ऑफ लिटरेरी क्रिटिसिज्म : अनुवादक : महेन्द्र चतुर्वेदी, पाश्चात्य काव्य-शास्त्र की परम्परा, पृ० 306।

काव्य का मूल्यवादी दृष्टिकोण

रिचर्ड्स कला को 'साधारण मूल्यों का सिद्धान्त' कहते हैं। उनकी धारणा है कि कलानुभूति अथवा सौन्दर्यानुभूति किसी प्रकार भी अलौकिक, विशिष्ट एवं स्वतः पूर्ण नहीं होती, अतः उस पर निरपेक्ष रूप से विचार किया जाना मूर्खता होगी। वे लिखते हैं—"काव्य-जगत् की शेष जगत् से किसी भी अर्थ में कोई पृथक सत्ता नहीं, न उसके कोई विशेष नियम हैं और न कोई अलौकिक विशेषतायें। उसका निर्माण भी बिलकुल उसी प्रकार के अनुभवों से हुआ है जैसे अनुभव हमें अन्य क्षेत्रों में हुआ करते हैं।"[1]

वस्तुतः वह कला के मूल्यवादी समीक्षक है एवं 'कला, कला के लिये' सिद्धान्त के मूलतः विरोधी। वह लिखते हैं—"यदि वह (कला) मानव-सुख की अभिवृद्धि में (भी) निरत हो, पीड़ितों के उद्धार या हमारी पारस्परिक सहानुभूति के विस्तार में संलग्न हो अथवा हमारे अपने विषय में या हमारे और वस्तु-जगत् के परस्पर सम्बन्ध के विषय में ऐसे नूतन या पुरातन सत्य का आख्यान करे जिससे उक्त भूमि पर हमारी स्थिति और सुदृढ़ हो—तो वह भी महान कला होगी।"[2]

हिन्दी में आचार्य रामचन्द्र शुक्ल रिचर्ड्स के सिद्धान्तों के समर्थक एवं प्रशंसक हैं। वस्तुतः दोनों में काफी दूर तक समानता भी है। शुक्ल जी भी रिचर्ड्स की भाँति ही उन सभी मतवादों के विरोधी हैं, जो साहित्य को जीवन से काटकर मात्र सौन्दर्यानुभूति के साधन के रूप में प्रतिष्ठत करते हैं। शुक्ल जी और रिचर्ड्स दोनों ही जीवन और साहित्य में सीधा सम्बन्ध मानते हैं। दोनों ही काव्य को नैतिकता से जोड़कर देखते हैं। शुक्ल जी एवं रिचर्ड्स दोनों ही कलावाद (विशेष रूप से ब्रैडले के कलावाद) के कट्टर विरोधी हैं। डा० बच्चन सिंह ने लिखा है—"रिचर्ड्स और शुक्ल जी दोनों ही काव्य को नैतिकता (मॉरल) से सम्बद्ध करके देखते हैं। दोनों ही के विचार से वह मन को विशदीभूत और परिष्कृत करता है।.......किन्तु शुक्ल जी की तरह वह कविता को आचार से सम्बद्ध नहीं करता और न कविता को पुलिस की क्रूरता दूर करने की दवा मानता है।...............फिर भी मानवीय संवेदना के विस्तार में वह उनका महत्त्व मानता है।"

"अपने इस विचार के कारण ही वह काव्यानुभूति को आनन्दानुभूति नहीं कहता। लेकिन सौन्दर्यशास्त्रीय अनुभव की समाधि-स्थिति (कान्टेम्प्लेटिव एटीट्यूड) को वह स्वीकार करता है। आचार्य शुक्ल इसी को हृदय की मुक्तावस्था या रस दशा कहते हैं। इस दशा में प्रमाता अपने योग-क्षेम से मुक्त हो जाता है। रिचर्ड्स इसी को निस्संगता या अन्तर्वृत्तियों का सामंजस्य कहता है।"[3]

---

1. वही, पृ० 301।
2. वही, पृ० 246।
3. आलोचक और आलोचना, पृ० 38।

महत्व

रिचर्ड्स ने काव्य-सृजन-प्रक्रिया को वैज्ञानिक ढंग से विश्लेषित करने वाली क्रिया माना है। साहित्य के रहस्यों को उद्घाटित करने वाली विज्ञान, उनकी दृष्टि में मनोविज्ञान है। दूसरे शब्दों में, यदि कहें तो कह सकते हैं कि साहित्यालोचन के लिए वह मनोविज्ञान सम्बन्धी ज्ञान को अनिवार्य मानते हैं। इस दृष्टि से रिचर्ड्स की समीक्षा-पद्धति को मनोवैज्ञानिक विश्लेषणात्मक कहा जा सकता है।

वस्तुत: रिचर्ड्स की आलोचना का व्यावहारिक पक्ष अधिक सुदृढ़ एवं पुष्ट है। इसके साथ ही सिद्धान्त-पक्ष में उनकी कुछ मान्यताओं ने काव्य और कवि के स्तर को गिराया है। उनके अनुसार काव्य सत्य का सत्यापन (Verification) नहीं कर सकता, विज्ञान कर सकती है। जहाँ अरस्तू ने काव्य-सत्य को अत्यन्त भव्यता एवं महत्ता प्रदान की, वहीं पर वह कविता को सत्य एवं ज्ञान के क्षेत्र से ही काटकर देखते हैं। ज्ञान के मामले में काव्य को वह विज्ञान के बाद द्वितीय स्थान पर भी नहीं रखते कविता उनके लिये ज्ञान के क्षेत्र की वस्तु ही नहीं; क्योंकि उसका प्रयोग मात्र रागात्मक एवं भावात्मक ही होता है।

फिर भी रिचर्ड्स ने इंग्लैण्ड व अमेरिका में नयी आलोचना एवं नये आलोचकों को पर्याप्त प्रभावित किया है। उनके सर्वाधिक उल्लेखनीय अनुयायी, विलियम एम्पसन (William Empson) हैं, जिन्होंने साहित्य में अस्पष्टता के महत्त्वपूर्ण मामले पर प्रकाश डाला है। उनके अनुसार साहित्य में अस्पष्टता से तात्पर्य किसी कथन में एकाधिक अर्थ निकालने से है। रिचर्ड्स ने भी साहित्यगत अस्पष्टता को दोष न मानकर अपनी पुस्तक 'Philosophy of Rhetoric' में भाषा की एक मूलभूत विशेषता माना है।

वस्तुत: रिचर्ड्स ने आधुनिक जीवन में कविता की सन्दर्भता पर प्रकाश डाला और सम्पूर्ण और स्वस्थमानव-जीवन में काव्य के महत्त्व और मूल्य पर भी विचार किया है। मनोविज्ञान के परिप्रेक्ष्य में कविता की सार्थकता और महत्ता पर इनके मौलिक विचार हैं। उनका मत था कि आज के युग में जब प्राचीन परम्परायें और जीवन-मूल्य विघटित हो रहे हैं, तब कविता का मूल्य, उसके मन को प्रभावित करने की क्षमता पर निर्भर करता है। जिस कविता में जितनी अधिक संप्रेषणीयता होगी, वह उतनी ही उत्कृष्ट होगी। उनके विचार से स्नायुविषयक व्यवस्था और उसकी आंशिक क्रियाशीलता ही मन है। जो कविता इस व्यवस्था के उपयुक्त होगी, वही कल्याणकारी होगी।

रिचर्ड्स के विचार से मन में संवेगों का उतार-चढ़ाव होता रहता है, जिससे उसमें तनाव या विषमता उत्पन्न होती रहती है। काव्य और कला इन संवेगों (Impulses) में संगति और सन्तुलन स्थापित करती हैं। वे संवेगों को व्यवस्थित कर स्नायु-व्यवस्था को सुख पहुँचाती हैं। सौन्दर्य इसीलिए मूल्यवान है क्योंकि वह विरोधी संवेगों से उत्पन्न विषमता में व्यवस्था और सन्तुलन स्थापित करता है।

इन संवेगों की दो कोटियाँ हैं—एक काम्य और दूसरी अकाम्य या विरक्ति। प्रथम प्रवृत्तिमूलक है और द्वितीय निवृत्ति या विरक्तिमूलक । रिचर्ड्स के विचार से वे एषणायें (काम्य संवेग) अधिक महत्वपूर्ण हैं जो दूसरी एषणाओं की अवरुद्ध या नष्ट किये बिना अपना विकास करती हैं। मन की सबसे अधिक उत्तम स्थिति वह है जिससे मानसिक क्रियाओं की सर्वोत्कृष्ट संगति स्थापित होती है और एषणाओं का संघर्ष और विघटन कम-से-कम होता है। कला और काव्य इस स्थिति के सम्पादन में सहायक होते हैं, क्योंकि वे (1) संवेगों में संतुलन स्थापित करते हैं और तनाव को दूर करते हैं। (2) वे हमारी अनुभूतियों और संवेदनाओं को व्यापक बनाते हैं। यह सन्तुलन की स्थिति बाह्य क्रियाओं को भी प्रेरणा देती है।

रिचर्ड्स के विचार से काव्य या कला अपने में सीमित या एकान्तिक नहीं होती। वे अन्य मानव-व्यापारों से सम्बद्ध होती हैं, उनसे पृथक् या भिन्न नहीं। मनुष्य की जितनी भी क्रियायें और कार्य हैं उनमें कला-सर्जना सबसे अधिक मूल्यवान है। किसी भी मानव-कार्य का मूल्य इस बात पर निर्धारित किया जाता है कि वह कहाँ तक संवेगों के सन्तुलन और सुव्यवस्था उत्पन्न करने में सक्षम है।[1] यही रिचर्ड्स का मूल्य-सिद्धान्त है।

विज्ञान और साहित्य का भेद बताते हुए रिचर्ड्स ने कहा है कि प्रत्येक कथन में वस्तुओं का निर्देश किया जाता है। जब निर्दिष्ट वस्तुयें सच्ची और वास्तविक होती हैं और उनके बीच सम्बन्ध भी सच्चा होता है, तब वह कथन वैज्ञानिक होता है। इसके विपरीत जब कथन में निर्दिष्ट वस्तुओं का सच्चा होना महत्त्वपूर्ण न हो और उनके बीच निर्दिष्ट सम्बन्ध भी महत्त्वपूर्ण न हो, वरन् इसके स्थान पर यह महत्त्वपूर्ण हो कि उनसे हमारे भाव और मनोवेग कहाँ तक जागृत होते हैं; तो ऐसे कथन वैज्ञानिक न होकर साहित्यिक या कलात्मक होते हैं। कविता का सम्बन्ध बौद्धिक सत्य से न होकर रागात्मक संबंध से होता है।

रिचर्ड्स की दृष्टि से हमारे अनुभवों के दो स्रोत हैं—बाह्य जगत, दूसरा मानसिक अवस्थायें। विज्ञान का सम्बन्ध प्रायः बाह्य जगत् से होता है और साहित्य का मूलतः अन्तःकरण या मानसिक अवस्थाओं से। साहित्य का मूल्य इस बात से नहीं कि वह कितना बौद्धिक ज्ञान प्रदान करता है; वरन् इस बात से आँका जाता है कि वह भावों और संवेगों को जागृत करने और उनमें सन्तुलन स्थापित करने की कितनी क्षमता है।

1. "रिचर्ड्स की इस स्थापना से हमें इस प्रश्न का उत्तर मिल जाता है कि भारतीय भक्ति-काव्य का इतना व्यापक प्रभाव और मूल्य क्यों है? क्योंकि वह कोरा चमत्कारी और क्षणिक मनोरंजन नहीं करता, वरन् स्थायी रूप से हमारी संवेदना को उदात्त और व्यापक बनाता है तथा इसके द्वारा सारे समाज के मनोवेगों में एक व्यापक सन्तुलन एवं सुव्यवस्था उत्पन्न होती है। यही उसके व्यापक आनन्दप्रद होने का मनोवैज्ञानिक कारण है।"

रिचर्ड्स का मुख्य सिद्धान्त **संप्रेषणीयता** का है। वे संप्रेषण को अत्यन्त महत्त्वपूर्ण मानते हैं। उनके विचार से संप्रेक्षण कला का तात्त्विक धर्म है। मनुष्य सामाजिक प्राणी है, अतः वह जो कुछ करता है उसे दूसरों तक पहुँचाना चाहता है। अतः किसी कलाकृति की उत्तमता की यही कसौटी है कि उसमें कलाकार जो कुछ कहना चाहता है वह दूसरों तक भली-भाँति पहुँचा सका या नहीं। इस सम्प्रेषण के तीन आधार हैं—(1) लय और छन्द, (2) शब्दावली और (3) बिम्ब-दृष्टि। संप्रेषणीयता किसी कलाकृति में प्रभावकारी तभी होती है जब कवि या कलाकार की अनुभूति व्यापक, विस्तृत और मूल्यवान हो तथा अनुभूति के क्षणों में संवेगों की व्यवस्थित संघटना हो। साथ ही वस्तु या स्थिति के पूर्ण बोध के लिए कवि या कलाकार में जागरूक निरीक्षण-शक्ति हो और उसके अनुभवों और सामाजिक के अनुभवों में सामंजस्य हो। जहाँ अन्तर का अनुभव हो वहाँ कल्पना की सहायता से संप्रेषणीय बनाया जाय।

रिचर्ड्स ने कल्पना के कार्यों पर भी सूक्ष्मता से विचार किया है। उनके विचार से यह कोई रहस्यमय शक्ति नहीं, वरन् मन की अन्य क्रियाओं के समान ही होती है। कल्पना छः विभिन्न अर्थों में प्रयुक्त होती है, जो हैं—

1. विशद चाक्षुष बिम्बों की उत्पादक-शक्ति के रूप में,
2. आलंकारिक भाषा के प्रयोग करने में,
3. दूसरों की मनःस्थिति को पुनः प्रकट करने में,
4. असम्बद्ध तत्त्वों को एक साथ प्रस्तुत करने की सूझ के रूप में,
5. अदृश्य तत्वों और निराकार वस्तुओं को प्रस्तुत करने में तथा
6. विपरीत या विरोधी गुणों के बीच सामंजस्य स्थापित करने में।

कल्पना पुरानी और ज्ञात बातों के प्रस्तुतीकरण में भी ताजगी और नव्यता ला देती है।[1] रिचर्ड्स के विचार से कल्पना का अन्तिम अर्थ विशेष महत्त्वपूर्ण है।

उनके मतानुसार कलाकार का कार्य उन अनुभूतियों का चित्रण करना और उन्हें चिरस्थायी बनाना है जिसे वह मूल्यवान् और रहने योग्य समझता है। वह समस्याओं से जूझने के लिए दृष्टि, शक्ति और मार्ग भी स्पष्ट करता है। अतः कलाकार के लिए मनोवैज्ञानिक नीति या आचरण के नियम आवश्यक हैं।[2] इसी मत के कारण उन्होंने डॉक्टर ब्रैडले के 'कला कला के लिए' सिद्धान्त का खण्डन किया है। डॉ० ब्रैडले, कविता के लिए, उसके परोक्ष वस्तुगत मूल्यों को आवश्यक नहीं मानते हैं। उनके विचार से कविता या कला में धर्म, शिक्षा, नीति, राजनीति, यश, धन, संस्कृति भावों को मृदु संवेदनशील बनाना, आत्मशान्ति या सदुद्देश्य का प्रचार आदि के समावेश से उसका मूल्य घटता है। रिचर्ड्स इसे स्वीकार नहीं करते। उनका मत है कि कुछ

---

1. I. A. Richards : Principles of Literary Criticism, Ch. 32, p. 241.
2. वही, Ch. 8, p. 61.

Arts are stone House of Recorded Values—वही, पृ० 32।

कलाकृतियों के लिए यह ठीक हो सकता है; पर उत्कृष्ट कविता में संस्कृति, भावों का मार्दव एवं सदुद्देश्य का उन्नयन आवश्यक है। इनसे कविता में महानता आती है और समाज के लिए अधिक उपयोग और गौरवपूर्ण बनती है। इनके बिना कला की सार्थकता नहीं। समाज के लिए वह निरर्थक है।[1] उन्होंने ब्रेडले के मत का विस्तार से खण्डन किया।

रिचर्ड्स का विचार है कि काव्य की भाषा रागात्मक (Emotive) होती है, तथ्यात्मक (Referential) नहीं। कवि वैज्ञानिक की भाँति तथ्यों की खोज नहीं करता। वह विशिष्ट चित्तवृत्तियों और रागात्मक अवस्थाओं का चित्रण करता है। अतः काव्य की भाषा ऐसे प्रतीकों का समूह होती है, जो श्रोता के मन में अनुरूप भाव उत्पन्न कर सके। वह लयात्मक होती है। छन्द को कठिन नियमबद्धता न होने पर भी उसमें लय आवश्यक है। उसमें संवेगों (Impulses) को जागृत करने में सहायता प्राप्त होती है है।

इस प्रकार रिचर्ड्स ने मनोवैज्ञानिक दृष्टि से काव्य और कला की प्रकृति और कार्य का विश्लेषण कर अपने समय में उठी शंकाओं का समाधान किया तथा काव्य और कला के शाश्वत मूल्य, समाजिक महत्व और उसकी अखण्डता को रेखांकित किया।

19
आधुनिक अंग्रेजी-आलोचना

आर्नल्ड एवं पेटर के उपरान्त नई आलोचना (New Criticism) तक के इस अन्तराल के आलोचनात्मक कृतित्व को आधुनिक अंग्रेजी आलोचना के नाम से अभिहित किया जा सकता है। यद्यपि इस अन्तराल के प्रारम्भिक दशक में आर्नल्ड-प्रणीत साहित्य का समाज सापेक्ष आलोचनात्मक दृष्टिकोण तथा पेटर की सौन्दर्यवादी आलोचना का पर्याप्त प्रभाव रहा है, तथापि इस बात के मानने से कतई इनकार नहीं किया जा सकता है कि बीसवीं शती के मध्य तक अंग्रेजी-आलोचकों ने अपनी स्वतंत्र विचार-अभिव्यक्ति का सहारा लेकर अंग्रेजी-आलोचना के उन्नयन में पर्याप्त सहायता की है।

वस्तुतः आर्नल्ड एवं पेटर के बाद अंग्रेजी-आलोचना बहुमुखी रही है। एक ओर जहाँ फ्रायड एवं मार्क्स से प्रभावित आलोचकों ने इन दोनों की परम्पराओं का उन्नयन किया है, तो दूसरी ओर कुछ अन्य आलोचकों ने अपने स्वच्छन्द आलोचनात्मक विचारों को भी शब्द दिये हैं। यही नहीं, इलियट जैसे निर्वैयक्तिकतावादी तथा रिचर्ड्स जैसे मूल्यवादी समीक्षक भी इसी अन्तराल की उपलब्धि हैं। कुल मिलाकर कहना यह है कि आधुनिक अंग्रेजी-आलोचना का दृष्टिबिन्दु एक नहीं है, जैसा कि शास्त्रवादी-नवशास्त्रवादी एवं रोमाण्टिक युगों की आलोचनाओं का था; वरन् इस काल के विभिन्न आलोचकों में दृष्टिकोण-वैभिन्य पाया जाता है। विश्व साहित्य कोशकार ने

---

1. I. A. Richards : Principles of Literary Criticism, Ch. X, p. 37-78.

किसी निश्चित आलोचनात्मक दृष्टिकोण हीनता को ही बीसवीं शती की आलोचना का प्राथमिक लक्षण माना है। इस आशय को 'विश्व साहित्य कोश' में जार्ज सेण्ट्सबरी (1845-1933) की आलोचनात्मक सिद्धान्त हीनता का उदाहरण [1] देकर स्पष्ट भी किया गया है। अतः इस काल की आलोचना का विकासात्मक अध्ययन करने के लिये यहाँ कुछ प्रमुख आलोचकों और उनके नेतृत्व में हुये आलोचनात्मक प्रयासों का संक्षिप्त परिचय देना ही समीचीन होगा।

इस युग के आलोचकों की संख्या पर्याप्त बड़ी है। जार्ज सेन्ट्सबरी (George Saintsbury), टी० एस० इलियट (T. S. Eliot) एवं आई० ए० रिचर्ड्स (I. A. Richards) के अतिरिक्त इस युग के आलोचकों में एडमण्ड गूज (Elmund Goose), एडवर्ड डोडिन (Edward Dowden), सिडनी कॉलविन (Sidney Colvin) डब्ल्यू० जे० कोर्थोप (W. J. Courthope), ए० सी० ब्रेडले (A. C. Bradley), सी० एच० हर्फोर्ड (C. H. Herford), डब्ल्यू० पी० केर (W. P. Ker), जे० डब्ल्यू० मैकेल (J. W. Mackail), एण्ड्रयू लेंग (Andrew Lang), जी० के० चेस्टर्टन (G. K. Chesterton), बैलक (Belloc), टी० ई० ह्यम (T. E. Hulme), एज़रा पाउण्ड (Ezra Pound), वर्जीनिया वुल्फ (Virginia Woolf), एबर क्रॉम्बी (Aber Crombie), मिडल्टन मरी (Middleton Murry), एफ० एल० लूकस (F. L. Lucas), सी० एस० लीविस (C. S. Lewis), ओलिवर एलटन (Oliver Elton), क्विलर कूच (Quiller Couch), एडमण्ड चैम्बर्स (Edmund Chambers) और हरबर्ट ग्रियर्सन (Herbert Grierson) आदि के नाम उल्लेखनीय हैं।

बीसवीं शती की अंग्रेजी आलोचना में दो परम्परायें—मनोविश्लेषणवादी एवं समाजवादी अथवा मार्क्सवादी—भली-भाँति सक्रिय रही हैं। मनोविश्लेषणवादी परम्परा के उन्नयन में राबर्ट ग्रेव्ज (Robert Graves) जैसे आलोचकों का हाथ है। आलोचना की यह कड़ी, जिसे हर्बर्ट रीड (Herbert Reade) ने भी विकसित किया, धीरे-धीरे अतियथार्थवाद के प्रारम्भिक स्वरूप में समाहित हो गई। शनैः-शनैः मनोविश्लेषणशास्त्रवादी इस आलोचना का विकास अवरुद्ध होने लगा, क्योंकि उसी समय इसी के समानान्तर कुछ आर्थिक एवं राजनैतिक कारणोंवश आलोचकों की दृष्टि व्यक्ति से हटकर समाजोन्मुख हो रही थी। मार्क्सवादी दर्शन से प्रभावित कुछ आलोचक समाजशास्त्रीय दृष्टिकोण से सोचने के लिए विवश हो रहे थे। इस संदर्भ में रिकवार्ड (Rickward), एडवर्ड अपवार्ड (Edward Upward), राल्फ फॉक्स (Ralphfox) आदि कुछ आलोचकों के नाम अग्रगण्य हैं, जिन्होंने सामाजिक स्त्रोतों को दृष्टिपथ में

1. The clear out statement of a point of view regarding the nature of literary value, as in many eighteenth century critics, is rare at the beginning of the twentieth century. In a critic like George Saintsbury (1845-1933), indeed, tolerance is almost indistinguishable from lack of principle.

—Dictionary of World Literature.

रखकर साहित्यालोचन सम्बन्धी लेख लिये। कॉडवेल द्वारा अपनी पुस्तक 'भ्रम और यथार्थ' (Illusion and Reality) में प्रस्तुत की गई अंग्रेजी साहित्य की आलोचना समाजवादी दृष्टिकोण से साहित्य का मूल्यांकन करने वाली, कदाचित, सर्वाधिक प्रभावशाली आलोचना है। इस पुस्तक का प्रमुख प्रकरण श्री यदुपति सहाय के अनुसार इस प्रकार है—"वैज्ञानिक अपनी प्रयोगशाला में सत्य पदार्थ-जगत् का एक अंश लेकर बैठ जाता है और उसकी गति और गुण का इस प्रकार वर्णन करता है, जैसे यह अंश ही सम्पूर्ण पदार्थ-जगत् हो। यह वैज्ञानिक भ्रांति हुई। इसी प्रकार कवि भी यथार्थ बाह्य जगत् का एक टुकड़ा चुन लेता है और उसकी गति और गुण का वर्णन इस भाँति करता है, जैसे वह सम्पूर्ण संसार ही, न केवल उसकी अपनी इच्छा और कल्पना का, बल्कि समस्त मनुष्यों की इच्छा और कल्पना का है। यह काव्यात्मक भ्रान्ति है। सत्य यह है कि अपने पदार्थ-अंश और सम्पूर्ण पदार्थ-जगत् की सापेक्षता के बीच वैज्ञानिक, अपनी आंशिक अनुभूति और इच्छा एवं कल्पना के सम्पूर्ण संसार की सापेक्षता के बीच कवि, ये दोनों ही प्रकृति के विरुद्ध मनुष्य के संघर्ष के दो ध्रुवान्त हैं, जिनकी सतत परिव्याप्ति से ही जीवन-क्रम बनता है। सत्य न केवल पदार्थ है और न केवल चेतना ही। सत्य दोनों के द्वन्द्वात्मक संघर्ष में निहित है। मनुष्य और प्रकृति, चेतना और पदार्थ के इस निरन्तर संयोग और वियोग के पल-पल परिवर्तित परिणाम का ही नाम सत्य है। ज्ञान और अनुभव के इस मार्क्सवादी सिद्धान्त के आधार पर कॉडवेल अंग्रेजी-काव्य के इतिहास को फिर से लिखता है। उदाहरणतः उसके अनुसार शेक्सपीयर ने अपनी ट्रेजिडियों में उसी संघर्ष की अभिव्यंजना की है, जिसे हमने आगे चलकर पूँजीवादी लक्षण के रूप में जाना; जो स्वतन्त्रता के लिये व्यक्ति की अबाध्य लालसा और समकालीन संघटन की रूढ़िगत वर्जनाओं का संघर्ष है। ऐंगिल्स के अनुसार, "अनिवार्यता का परिज्ञान ही स्वतन्त्रता है। और चूँकि रोमियो, जूलियट, मैकबेथ और ऑथेला के पास यह परिज्ञान नहीं था, इसलिए उन्हें ट्रेजडी का शिकार होना पड़ा।"

कॉडवेल इस सिद्धान्त के प्रतिपादन के बाद काव्य-सत्य को रचनाकार के वक्तव्यों में न ढूँढ़कर, उन सामूहिक भावावेगों में ढूँढ़ने का परामर्श देते हैं, जिनकी अभिव्यक्ति ही सच्चे रचनाकार अथवा मार्क्सवादी रचनाकार का धर्म है। उनकी धारणा है कि यद्यपि कवि द्वारा प्रस्तुत चित्र भी—स्वप्न-चित्रों की भाँति ही काल्पनिक होते हैं, परन्तु कवि-चित्रों में व्यक्ति के भावावेगों की अभिव्यक्ति न होकर समूह अथवा समाज के भावावेगों की अभिव्यक्ति होती है अथवा होनी चाहिए। इस प्रकार कॉडवेल ने कवि एवं उसकी कृति को अनिवार्य रूप से समाज से जोड़कर साहित्यालोचना को सामाजिक मूल्य प्रदान किया। यही नहीं, उन्होंने यह भी उद्घोषणा की कि महान् कला—साहित्य का सृजन वर्गहीन समाज में ही हो सकेगा, क्योंकि इस समय श्रमिक वर्ग भी अपनी अभिव्यक्ति को मध्यवर्गीय शब्दों और धारणाओं के माध्यम से ही शब्द दे पा रहा है।

इस प्रकार हम देखते हैं कि मनोविश्लेषणवादी एवं समाजवादी आलोचना की दो प्रमुख धारायें बीसवीं शती की अंग्रेजी आलोचना में सतत प्रवाहित रही हैं। किन्तु इन प्रभावशाली धाराओं के बावजूद भी बीसवीं शती की आलोचना बहुमुखी है, जिसमें 'साहित्यिक संदर्भ की भावना' (Sense of literary context) सेन्ट्सबरी द्वारा प्रणीत विद्वत्तावादी आचार्य-परम्परा, एबर क्रॉम्बी एवं मिडल्टन मरी द्वारा प्रवाहित रोमांटिक परम्परा आदि अनेक आलोचनात्मक धाराएँ समानान्तर बहती रही हैं। अतः आधुनिक अंग्रेजी-आलोचना के सही स्वरूप की जानकारी के लिये इस युग के कुछ प्रमुख आलोचकों की आलोचनाओं का सामान्य परिचय देना यहाँ उपयुक्त होगा।

टी० ई० ह्यूम (T. E. Hulme)

अंग्रेजी विचारक थॉमस अर्नेस्ट ह्यूम (Thomas Earnest Hulme—1883-1917) का स्थान, आधुनिक अंग्रेजी-आलोचना में मूर्धन्य है। आधुनिक विचारधारा को उनकी देन विलक्षण एवं अभूतपूर्व है। यही कारण है कि उनके मौलिक विचारों से आलोचक ही नहीं; कई अंग्रेजी कवि भी प्रभावित हुए हैं, जिनमें इलियट का नाम विशेष रूप से उल्लेखनीय है। ह्यूम के साहित्यिक दृष्टिकोण को आलोचकों ने तीन नामों—धार्मिक, दुःखान्त, क्लासिकल—से अभिहित किया है। वस्तुतः वह आधुनिक शास्त्रवाद के पितामह हैं। ह्यूम का देहान्त सितम्बर, 1917 में युद्ध करते हुए युद्धक्षेत्र से हुआ था। वे एक वीर सैनिक थे, उनके विचार भी—युद्ध कालीन जोश की भाँति ही आधुनिक अंग्रेजी-साहित्य की चिन्ताधारा को प्रभावित करते रहे हैं।

ह्यूम के जीवन-काल में उनकी तीन कृतियाँ ही प्रकाशित हो सकीं, जिनमें से दो अनुवाद ग्रन्थ हैं तथा एक स्वरचित मौलिक ग्रन्थ। प्रकाशित ग्रन्थों में प्रथम बर्गसाँ (Bergson) की पुस्तक का अनुवाद 'Introduction to Metaphysics' है, दूसरा जार्ज सॉरेल (George Sorel) की पुस्तक का अनुवाद—'Reflections on Violence'—है, जिसके प्रारम्भ में उन्होंने एक आलोचनात्मक लम्बी भूमिका भी लिखी है। उनके जीवन काल में उनका एक मात्र मौलिक ग्रन्थ, जोकि पाँच कविताओं तथा कुछ निबन्धों का संग्रह है; 'Complete Poetical Works of T. E. Hulme' के नाम से प्रकाशित हुआ है। वस्तुतः ह्यूम के विचारों का व्यापक रूप से दिग्दर्शन कराने वाला हर्बर्ट रीड द्वारा Speculation's शीर्षकान्तर्गत उनकी मृत्यूपरान्त प्रकाशित किया गया है, जिसका उपशीर्षक उन्होंने— 'Essays on Humanism and Philosophy of Art' रखा है। रीड द्वारा प्रकाशित 'Speculation's वास्तव में ह्यूम द्वारा समय-समय पर लिखित टिप्पणियों (Notes) का संग्रह है। वस्तुतः ह्यूम की ये साहित्यिक टिप्पणियाँ ही उनके उस साहित्यिक दृष्टिकोण को समाहित किये हुए हैं, जो वर्षों अंग्रेजी-आलोचना को प्रभावित करता रहा है, यत्र-तत्र अब भी कर रहा है।

ह्यूम स्वच्छन्दतावाद एवं स्वच्छन्दतावाद प्रणीत मानववाद (Humanism) तथा उदारवाद (Liberalism) के विरोधी थे। ह्यूम का मत है कि मानववादी अवधारणा मूलतः मानव पूर्णत्व (Human perfectibility) और मानव-कल्याण (Human

Goodness) सम्बन्धी विचारों की अतिरंजना पूर्ण (Exaggerated) अभिव्यक्ति है। मानववाद, जहाँ-जहाँ धर्म के नियन्त्रण से टकराता है, वह धर्म को नकारता है जैसा कि 18वीं और 19वीं शती में हुआ, जबकि विश्वास (Faith or Religion) के स्थान पर विवेक (Reason) को प्रतिष्ठित किया गया। अत: ह्यूम धर्म या विश्वास (Religion or Faith) की पुन: प्रतिष्ठा के लिये प्रयत्नशील हैं, ताकि मानव-समाज बुद्धिवाद (Reasonism) पर आधारित मानववाद के भ्रामक विचारों से मुक्ति पा सके। उनका विश्वास है कि मानववादी आधारशिला पर खड़ा हुआ सभ्यता का भवन अवश्य धराशायी होगा। वस्तुत: ह्यूम यहाँ विज्ञान और विशुद्ध तर्कवादी विचारधाराओं द्वारा 18वीं और 19वीं शती में सभी प्रकार के धर्म और धार्मिक विश्वासों पर किये गये वज्राघातों से धर्म की रक्षा के लिये कृतसंकल्प प्रतीत होते हैं। वे धार्मिक पुनरुत्थान (Religious Revival) के लिये आकुल है; फलत: 'धर्म की ओर लौट चलो' का आह्वान करते हैं। उनकी धारणा है कि धार्मिक प्रतिषेध और बन्धन किसी प्रकार भी सृजनहीन नहीं, वरन् पूर्णत: सृजनात्मक हैं। यही कारण है कि वह साहित्य के क्षेत्र में नियम, संयम एवं व्यवस्था के पक्षपाती हैं। साहित्य के प्रांगण में उनकी व्यवस्था-प्रियता, नियमानुशासन का आग्रह ही उन्हें आधुनिक शास्त्रवाद (Modern Classicism) का पितामह प्रमाणित करता है। इस प्रकार उनके धर्म और क्लासिसिज्म सम्बन्धी विचारों का मूल स्रोत एक ही है और वह उच्छृंखलता, नियमहीनता के विरुद्ध संयम, नियम एवं व्यवस्था का आग्रह; अत: दोनों (धर्म एवं शास्त्रवाद) एक दूसरे से सम्बन्धित हैं।

मानववादी सभी विचारधाराओं का केन्द्रबिन्दु मानव-कल्याण का भाव है। धर्म तथा साहित्य, दोनों ही क्षेत्रों में मानववादी मनुष्य से महान किसी को नहीं मानते, अर्थात् उनके लिये मानव महानतम एवं श्रेष्ठतम है। ह्यूम का कहना है कि मानववादियों का मानव-पूर्णत्व का यही भाव उसे हीनतर प्राणी अथवा अमानव (Non human) बना देता (The perfection that belongs to non human) है, क्योंकि पूर्णत्व मनुष्य का लक्षण ही नहीं है। उनकी धारणा है कि मानववादी दृष्टिकोण मनुष्य-चरित्र को घटिया, कृत्रिम एवं दूषित बनाता है। साहित्य के क्षेत्र में यह (मानववाद) स्वच्छन्दतावादी प्रवृत्तियों को प्रश्रय देता है। अत: वह मानववाद का बहिष्कार करते हैं।

साहित्य के क्षेत्र में ह्यूम सभी रोमांटिक काव्य-लक्षणों—भाव-प्रवणता, भावावेग, कल्पना आदि को महत्व प्रदान नहीं करते। उनके अनुसार रोमांटिक कल्पना का कार्य मात्र वस्तु-बोध ही होता है। कहना यह है कि सभी रोमांटिक काव्यतत्त्वों अर्थात् स्वच्छन्दकल्पना, अनियंत्रित भावावेग आदि पर अंकुश लगाने के वह पूर्ण पक्षपाती हैं। उनका विश्वास है कि रोमांटिक काव्य-परम्परा अपनी सारी विलक्षणताओं—शौर्य, प्रेम, अति नाटकीयता, रहस्यानुभूति आदि—के बावजूद भी आज निष्पंद एवं निर्जीव हो चुकी है। फलत: वे क्लासिसिज्म का आग्रह करते हैं। किन्तु उनका शास्त्रवादी

दृष्टिकोण किसी प्रकार भी प्राचीनों की गृहस्मारी (Nostalgic element) से पीड़ित नहीं है। वह प्राचीन शास्त्रवादियों के अनुकरण के आग्रही भी नहीं कहे जा सकते, वरन् वह तो शास्त्रवादी साहित्य में वर्तमान जीवन में व्याप्त असंतोष, धार्मिक अराजकता, भ्रान्तिमुक्तता आदि सभी युगीन भाव-धाराओं की अभिव्यक्ति के पूर्णत: पक्षपाती हैं। यही कारण है कि उनकी शास्त्रवाद (क्लासिसिज़्म) सम्बन्धी अवधारणा स्वयं में विशिष्ट है। उनका मत है कि शास्त्रवादी कला अथवा साहित्य का वस्तुगत नीतिपरक मूल्यों में अखण्ड विश्वास होना चाहिए। साहित्य-कला की विषय-वस्तु का चयन मनुष्य की वास्तविक दशा-दुर्दशा से होना चाहिए, जिसमें असंतोष, निराशा, मानवीय अपूर्णता सम्बन्धी भावों का समुचित स्थान हो। अपनी शास्त्रवादी अवधारणा के स्पष्टीकरण के लिए ह्यम ने क्लासिकल कला के उदाहरण के रूप में भारत और ग्रीक का उल्लेख किया हैं तथा साहित्य के क्षेत्र में होरेस और पोप के काव्य का उल्लेख किया है। वस्तुत: कला एवं साहित्य सम्बन्धी इन उदाहरणों के उल्लेख में उनकी दृष्टि व्यवस्था, संयम एवं रूप-विधान सम्बन्धी निश्चयात्मकता की ओर ही अधिक रही है।

ब्लूम्सबरी परम्परा का दर्शन एवं सौन्दर्यशास्त्र

आधुनिक आलोचना का सौन्दर्यवादी दृष्टिकोण ब्लूम्सबरी परम्परा से पर्याप्त प्रभावित है। दर्शनशास्त्री जी० ई० मूर (G. E. Moore) की पुस्तक 'प्रिन्सिपिया इथिका' (Principia Ethica) इस परम्परा के लेखकों का प्रेरणा-स्रोत मानी जाती है। इस परम्परा के प्रमुख आलोचकों में ई० एम० फॉरस्टर (E. M. Forster), वर्जिनिया वुल्फ (Virginia Woolf), लिटन स्ट्रेचे (Lytton Strachey), क्लिव बैल (Clive Bell), रोगर फ्राई (Roger Fry) आदि के नाम उल्लेखनीय हैं।

मूर महोदय ने 'प्रिंसिपिया इथिका' में जो दर्शन प्रतिपादित किया है, उसका स्वरूप कुछ इस प्रकार है—उनकी स्थापना है कि जीवन के सभी भव्य मूल्य संश्लिष्ट सावयव अन्विति के रूप में विद्यमान रहते हैं। उनकी धारणा है कि जीवन में किसी प्रकार का भी आन्तरिक मूल्य संश्लिष्ट अखंडता (Complex Whole) के स्वरूप में ही रहता हैं। कहना यह है कि मूर का सावयव अन्विति का सिद्धान्त (Principle of organic unity) उनके अखंडतावादी दृष्टिकोण पर आधारित है, अर्थात् वह नैतिक मूल्यों के एकत्व पर बल देते हैं, उन्हें खंड-खंड करके देखना नहीं चाहते। वह मानव के नैतिक कल्याण (moral good) अथवा कल्याण (good) सम्बन्धी भाव के एकत्व एवं अखंडता के पक्षपाती हैं। उनके अनुसार 'कल्याण' (good) एक ऐसा अखंड विचार है, जिसे न तो विभाजित ही किया जा सकता है और न परिभाषित ही। उन्होंने उदाहरण देकर इस बात को समझाया है। उदाहरण के लिए किसी वस्तु का सौन्दर्य-बोध (The Consciousness of a beautiful object) दो तत्वों (बोध+सौन्दर्य) का योग माना जायेगा। इन दोनों तत्वों 'सौन्दर्य' एवं 'बोध' को यदि अलग-अलग कर दें, तो इनमें किसी भी एक तत्व का वह मूल्य नहीं रह जायेगा, जो मूल्य एवं महत्व दोनों के

योग का था। अर्थात् इन दोनों तत्वों के योग (वस्तु का सौन्दर्य-बोध) का ही सर्वाधिक महत्व है। मूर का यही अखंडतावादी दृष्टिकोण अथवा सावयव अन्विति का सिद्धान्त (Principle of organic unity) है, जो उन्होंने मूलत: दर्शन के क्षेत्र में मानव-कल्याणवादी मूल्यों को दृष्टिपथ में रखकर घटित किया है।

मूर सौन्दर्यानुभव अथवा सौन्दर्यबोध को ही परम कल्याणकारक (The greatest good) मानते हैं। ब्लूम्सबरी परम्परा (Bloomsbury tradition) के लेखकों की सौन्दर्य-शास्त्रवादी आलोचना का, वस्तुत: यही (सौन्दर्य को परिबोध अथवा सौन्दर्य का आस्वादन, अनुभव, बोध आदि ही) केन्द्रबिन्दु है।

इस परम्परा के लेखक प्रेम और सौन्दर्यानुभव अथवा सौन्दर्यबोध में सौन्दर्यबोध को ही प्राथमिकता देते हैं। उनके अनुसार मानव की सहज वृत्ति अनुराग का महत्व इसीलिए अधिक नहीं हैं, क्योंकि वह (प्रेम) परिवर्तनशील है, अस्थायी है, जबकि कला एवं सौन्दर्य चिर स्थायी हैं, अमर हैं। यही कारण है कि इन लेखकों का अधिकाधिक झुकाव कला और सौन्दर्य की ओर ही है। वस्तुत: यहाँ यह कहना भी अतिशयोक्ति न होगी कि सौन्दर्य का आस्वादन एवं विशुद्ध कलावादी दृष्टिकोण ही इस परम्परा के आलोचकों का धर्म है। क्लिव बैल (Clive Bell) ने लिखा है—'कला ही धर्म है'—'Religion is art; for art is a religion.'। इस विशुद्ध कलावादी दृष्टिकोण को रोगर फ्राइ एवं वर्जिनिया वुल्फ ने और अधिक विकसित किया है। रोगर फ्राई तो यहाँ तक मानते हैं कि कलात्मक अनुभव संसार के अन्य सभी अनुभवों—नैतिक, सामाजिक, धार्मिक आदि से विलक्षण एवं महान होता है।

फॉरस्टर (Aspects of the Novel पुस्तक में) तथा वर्जिनिया वुल्फ ने इस सावयव एकतावादी सिद्धान्त एवं कलावादी दृष्टिकोण के आधार पर ही उपन्यासों की भी समालोचना की है। वे श्रेष्ठ उपन्यास में घटनाओं की संघटना पर बल देते हैं तथा उपन्यास का उद्देश्य अन्य सभी साहित्यिक विधाओं एवं कलाओं की भाँति ही मात्र सौन्दर्य-बोध अथवा सौन्दर्यानुभूति ही मानते हैं।

इस प्रकार 'ब्लूम्बर परम्परा' ने कला के सौन्दर्य-परक मूल्यांकन पर बल देकर आधुनिक अंग्रेजी-आलोचना को काफी दूर तक प्रभावित किया है; यहाँ तक कि इलियट—जैसे कवि-आलोचक भी इस प्रभाव से अछूते न रह सके। वस्तुत: इस परम्परा के आलोचकों का ध्यान प्रमुख रूप से कला-स्वायत्तता (Autonomy of art) की ओर ही अधिक है।

पत्रकार आलोचक लीविस

एफ० आर० लीविस (F. R. Leavis) 'स्क्रूटिनी' (Scrutiny) साहित्यिक पत्रिका के सम्पादक थे। लीविस के समय में इस पत्रिका का उद्देश्य अत्यधिक आधुनिकता एवं विद्वत्ता (Modernism & Academicism) पर प्रहार करना था। वस्तुत: लीविस ने किसी विशिष्ट आलोचनात्मक सिद्धान्त का प्रतिपादन नहीं किया। आलोचक के रूप में उनका प्रमुख कार्य साहित्य-कृतियों का पाठ-विश्लेषण-विवेचन था। मूल पाठ के

विश्लेषण-विवेचन के उपरान्त लीविस ने अधिकांशत: साहित्यकारों के पक्ष-विपक्ष में अपने विचार प्रस्तुत किये हैं। इस सन्दर्भ में लीविस को निर्णयवादी आलोचक कहा जा सकता है। मिल्टन की आलोचना करते हुए वह लिखते हैं कि मिल्टन को जीवन की सही पकड़ नहीं थी, उनका (मिल्टन का) जीवन के प्रति दृष्टिकोण गम्भीर नहीं था, उनमें एक प्रकार की 'भव्य जड़ता' (Grand obtuseness) थी। इसी प्रकार गुण-दोष कथनोपरान्त उन्होंने शैली (Shelley) की भी निर्णयात्मक आलोचना ही की है। जार्ज इलियट, जोजेफ कोनरेड एवं डी० एच० लारेन्स के वह इसलिए प्रशंसक हैं, क्योंकि उनमें उन्हें 'नैतिक पकड़' (Moral grasp) दिखाई देती है। कहना यह है कि रचयिताओं की रचनाओं के विश्लेषण-विवेचन के उपरान्त निर्णय लेना उनकी आलोचना-पद्धति की प्रमुख विशेषता है।

अपनी आलोचना के प्रारम्भिक काल में लीविस संस्कृति (Culture) एवं परम्परा (Tradition) के प्रति कुछ अधिक आग्रहशील प्रतीत होते हैं। अपनी प्रारम्भिक आलोचना-कृति (Mass Civilization and Minority Culture) में उनकी प्रमुख चिन्ता यही है कि साहित्य के क्षेत्र में नैतिक एवं सौन्दर्यपरक परम्पराओं का निर्वाह कैसे किया जाये। यही कारण है कि विभिन्न साहित्यकारों की आलोचना करते हुए वे इस बात का अधिक ध्यान रखते हैं कि रचनाकार ने किस प्रकार के जीवन का चित्रण किया है, अर्थात् उसकी संस्कृति सम्बन्धी अभिरुचि कैसी है, संस्कृति और परम्परा की इस उधेड़-बुन में ही उनकी आलोचना का दृष्टिबिन्दु कथ्य पर अधिक केन्द्रित हो गया है, कथनगत ढंग पर कम, अर्थात् उनकी आलोचना-विषय-वस्तु की ओर अधिक उन्मुख है, भाषा-शैली की ओर कम।

लीविस आई० ए० रिचर्ड्स एवं टी० एस० इलियट से प्रभावित थे, कदाचित् इलियट से सर्वाधिक। 'न्यू बीयरिंग्स इन इंगलिश पोयट्री' (New Bearings is English Poetry) एवं विशेष रूप से 'कामन परसूट' (Common Pursuit) नामक पुस्तक में कलाकार के निर्वैयक्तिकतावादी दृष्टिकोण पर उनके द्वारा बल दिया जाना इलियट की पुस्तक 'द सैक्रेड वुड' (The Sacred Wood) का प्रत्यक्ष प्रभाव माना जा सकता है। उनकी आलोचना के अनेक महत्वपूर्ण विचार 'सैक्रेड वुड' से ग्रहण किये गये हैं।

1936 में लिखी गई पुस्तक 'रिवेल्युएशन' (Revaluation) में भी वह आलोचना का सीमांकन 'जीवन की पकड़' (Grasp of life), 'नैतिक रुचि' (Moral Taste) आदि धारणाओं से करते हैं। इसके साथ ही वह 'परम्परा' सम्बन्धी दृष्टि पर भी विशेष बल देते हैं। उन्होंने 'रिवेल्युएशन' की भूमिका में लिखा है—"व्यक्ति कवियों की आलोचना करते समय आलोचक, स्पष्टतया अथवा अस्पष्टतया, उस परम्परा पर ही विचार करता है, जिसमें ये कवि पोषित होते हैं अथवा जिस परम्परा को ये कवि पोषित करते हैं।" यही नहीं, 1948 में लिखी गई अपनी पुस्तक 'द ग्रेट ट्रेडिशन' (The great Tradition) में भी उन्होंने आलोचकों का ध्यान परम्परा की ओर ही अधिक

आकृष्ट किया है। इस पुस्तक में, जो कुछ निबन्धों का संग्रह है, उन्होंने जार्ज इलियट, हेनरी जेम्स, जोजेफ कोनरेड आदि को उपन्यास के क्षेत्र में 'गम्भीर नैतिक दायित्वों' की परम्परा का महान उन्नायक एवं पोषक घोषित किया है।

कुल मिलाकर यह कहा जा सकता है कि लीविस की आलोचना का प्रमुख प्रयोजन व्यक्ति साहित्यकार द्वारा किये गये परम्परा के उन्नयन, पोषण एवं निर्वाह के प्रयत्न की खोज है। अर्थात् मानवीय चेतनता के सम्बन्ध में जीवन की उत्पत्तियों, सम्भावनाओं एवं साध्यताओं (Possibilities of human life) का सृजनात्मक साहित्य से उद्घाटन करना है। आलोचना के इस प्रयोजन की सिद्धि के लिए वह काव्य-विश्लेषण-विवेचन (Analysis of poems or passages) के आधार पर निर्णय देने के पक्ष में हैं। 'रिवेल्युएशन' की भूमिका में उन्होंने आलोचना-विधि पर प्रकाश डालते हुए लिखा है—'व्यक्ति कृवियों पर विचार करते समय आलोचक का कार्य विशेष रूप से कविताओं अथवा काव्य-खंडों का विश्लेषण (Analysis) या विवेचन करना होना चाहिए तथा इसके साथ ही वह कुछ भी न कहना होना चाहिए, जो आलोच्यकृति सम्बन्धी आलोचक के निर्णय से सीधे-सीधे सम्बन्धित न हो।' इस प्रकार लीविस निर्णयवादी ठहरते हैं, जो गुण-दोष-दर्शन और निर्णय को आलोचना-विधि की आधारभूत विशेषता मानते हैं।

यद्यपि लीविस ने सैद्धान्तिक आलोचना के क्षेत्र में कोई भी नवीन स्थापना नहीं की, तथापि नैतिक सुरुचि, 'परम्परा एवं संस्कृति' आदि की दुहाई देकर वह आधुनिक अंग्रेजी-आलोचना में पर्याप्त लोकप्रियता प्राप्त कर चुके हैं। यही नहीं, एल० सी० नाइट्स (L. C. Knights), ट्रेवर्सी (Traversi), मार्टिन टर्नेल (Martin Turnell), क्यू० डी० लीविस (Q. D. Leavis), डी० डब्ल्यू० हार्डिंग (D. W. Harding) अदि अनेक आलोचक भी उनकी आलोचना-पद्धति के अनुयायी हैं।

नई आलोचना अथवा सात्त्विक आलोचना
(The New Criticism or the Ontological Criticism)

जैसा कि पीछे बताया जा चुका है, नई आलोचना टी० ई० ह्यूम, एजरा पाउण्ड एवं टी० एस० इलियट से प्रभावित एक अमरीकी आलोचना-आन्दोलन है। यद्यपि नई आलोचना के तथाकथित प्रमुख आलोचकों ने न तो किसी नए कलात्मक अथवा सौन्दर्यपरक सिद्धान्त की प्रतिस्थापना ही की और न इन सभी आलोचकों की आलोचना-पद्धतियाँ एवं प्रवृत्तियाँ एक दूसरे से पूर्णतः ताल-मेल ही खाती हैं; फिर भी ये सभी आलोचक एक स्थल पर पूर्णतः एकमत हैं और वह स्थल है, तत्कालीन आलोचना-सम्प्रदायों (Schools of Criticism—मार्क्सवादी, मनोविश्लेषणवादी, मानववादी, जीवनचरितवादी, समाजवादी आदि) के खुले विरोध का स्थल। आलोचना के उपर्युक्त तत्कालीन सम्प्रदाय अपने-अपने दृष्टिकोण से साहित्य-समीक्षा करते थे। उदाहरण के लिए यदि मार्क्सवादी स्कूल के आलोचक किसी कविता अथवा उपन्यास का अध्ययन अपने सम्प्रदाय के सिद्धान्त वर्ग-संघर्ष की

सापेक्षता में करते थे, तो समाजवादी (Sociological) अपने गत्यात्मक सिद्धान्तों के समानुरूप। कहना यह है कि सभी आलोचना के स्कूल किसी भी दशा में कला की, कला की तरह तथा साहित्य की, साहित्य की तरह व्याख्या एवं समालोचना नहीं करते। नई आलोचना का प्रमुख उद्देश्य इन स्कूलों का इसी स्तर पर विरोध करना था, ताकि साहित्य-कला का, साहित्य-कला की तरह ही प्रतिपादन एवं विवेचन हो सके।

इस प्रकार अमेरिका तथा ब्रिटेन में बीसवीं शती के प्रारम्भिक वर्षों में प्रचलित विभिन्न आलोचना-सम्प्रदायों के साम्प्रदायिक दृष्टिकोण के विरुद्ध प्रतिक्रियास्वरूप नई आलोचना का उद्भव ह्यूम, पाउण्ड और टी० एस० इलियट से प्रभावित होकर सर्वप्रथम अमेरिका में हुआ।

अमेरिकन अध्यापक-आलोचक स्पिनगार्न (Jeol Elias Spingarn—1875-1939) अपनी सैद्धान्तिक आलोचना के लिए विख्यात थे। नई आलोचना का पूर्वाभास स्पिनगार्न ने ही दिया था। 1910 में कोलम्बिया विश्वविद्यालय में किये गये उनके भाषण का शीर्षक ही 'नई आलोचना' (The New Criticism) था। वस्तुतः वह भाषण ही सर्वप्रथम नई आलोचना के क्षेत्र का प्रारम्भिक प्रयास कहा जा सकता है। इस प्रकार स्पिनगार्न नई आलोचना के अग्रदूत माने जा सकते हैं, जिसका पूर्णतः विकास 1930 और 1940 के बीच हुआ।

स्पिनगार्न के कृतित्व में 'ए हिस्ट्री ऑफ द लिटरेरी क्रिटिसिज़्म इन द रिनेसान्स' (A History of the Literary Criticism in the Renaissance—1899), एवं 'क्रियेटिव क्रिटिसिज़्म' (Creative Criticism—1917) आदि के नाम उल्लेखनीय हैं। उन्होंने अपने विश्वविद्यालयी सम्बोधन (The New Criticism) तथा 'क्रियेटिव क्रिटिसिज़्म' में रचना के मूल्यांकन के लिये रचयिता के जीवन-चरित, इतिहास अर्थात् देश-काल एवं रचयिता के दार्शनिक दृष्टिकोण के आधार पर किये जाने वाले मूल्यांकन का दृढ़ता से विरोध किया तथा कृति को कृतिकार के व्यक्तित्व से असम्बद्ध मानकर कृति का मूल्यांकन कृति के आधार पर किये जाने पर बल दिया। उनकी धारणा थी कि किसी कविता का उसके कथ्य और कथन के आधार पर ही विश्लेषण-विवेचन एवं मूल्यांकन होना चाहिए। कविता में कवि के अभिप्रेत को रेखांकित करना, कवि के उद्देश्य को स्पष्ट करना, अर्थात् इस बात की सुस्पष्ट जानकारी प्रस्तुत करना कि कवि क्या कहना चाहता है और वह इस कथन में कहाँ तक सफल हुआ है, अर्थात् उसकी अभिव्यक्ति कैसी है;—मात्र इतना ही उनकी दृष्टि में किसी भी साहित्यकार का दायित्व एवं कर्तव्य होता है। वस्तुतः कृतिकार से निरपेक्ष, देश काल के दृष्टिबिन्दुओं से अलग-थलग, मात्र कृति के अन्तर्गत कृति के लिये ही किया जाने वाला कृति का मूल्यांकन नई आलोचना का सार है। एक पंक्ति में कहें तो कह सकते हैं कि कृतिकार के उद्देश्य और अभिव्यक्ति का सही मूल्यांकन ही नई आलोचना है।

वस्तुत: 'नई आलोचना' शब्द को आलोचक-समुदाय के 'टाइटिल' के रूप में सर्वप्रथम सन् 1941 में नामांकित किया जॉन क्रो रेन्सम (John Crowe Ransom) ने। यह एक विलक्षण बात थी कि 'न्यू क्रिटिसिज़्म' शब्द के प्रचार से पूर्व ही 'नई आलोचना' के महत्वपूर्ण सिद्धान्त स्थिर हो चुके थे। कैरोलिन (Caroline), रिकर्ट आदि आलोचकों ने इस प्रकार के सिद्धान्तों का व्यावहारिक प्रयोग एक दशक से भी अधिक वर्षों पूर्व कर दिया था। अपने प्रारम्भिक दिनों में नई आलोचना के विकास में अमेरिका के वेन्दरबिल्ट (Vanderbilt) विश्वविद्यालयी शिक्षकों ने प्रो० रेन्सम की प्रमुखता में उल्लेखनीय काम किया है।

आलोचकों का मत है कि 'नई आलोचना' पर एजरा पाउन्ड, टी० इ० ह्यूम एवं टी० एस० इलियट का पर्याप्त प्रभाव रहा है।

कुल मिलाकर यह कहा जा सकता है कि नई आलोचना के सैद्धान्तिक पक्ष पर सर्वप्रथम प्रकाश डालने वाले श्री स्पिनगार्न थे और इसका नामकरण करने वाले प्रो० रेन्सम। इस सिद्धान्तानुसार आलोच्य कृति का स्वतन्त्र अस्तित्व स्वीकार करके उस पर ध्यान केन्द्रित किया जाता है, रचनाकार के व्यक्तित्व और देश-काल पर नहीं। अमेरिकन साहित्य कोश के अनुसार—"New Critics seek to concentrate attention on the literary opus as an autonomous work of art, rather than on its author's personality or the age in which it was written."[1]

अमेरिका में उन दिनों मानववादी (Humanist), मार्क्सवादी एवं विद्वत्तावादी (Academicist) आलोचना-स्कूलों को बोलबाला था। मानववादी आलोचना को मानव-संस्कृति एवं सभ्यता के विकासात्मक परिप्रेक्ष्य में देखते थे। विद्वत्तावादी जीवन-चरित, मनोविज्ञान, समाजशास्त्र, नीतिशास्त्र, दर्शन आदि अन्यान्य विज्ञान एवं शास्त्रों के अध्ययन की ओर आलोचना को घसीट रहे थे। ऐसे ही समय में ह्यूम, पाउण्ड आदि से प्रभावित नई आलोचना का उद्‌भव प्रतिक्रिया स्वरूप हुआ, जिसके अग्रदूत एवं नामकरणकर्ता बने स्पिनगार्न (स्पिनगार्न के अध्याय में देखिए) तथा इस नाम के प्रचारक एवं प्रसारक बने रेन्सम (John Crowe Ransom), वारेन (Robert Penn Warren), ब्रुक्स (Cleanth Brooks), टेट (Allen Tate), ब्लेकमार (R. P. Blackmuar) और विन्टर्स (Yvor Winters)।

वस्तुत: टी० एस० इलियट द्वारा 'सैक्रेड वुड' में साहित्य के विशुद्ध सौन्दर्यवादी दृष्टिबिन्दु पर दिये गये बल ने नई आलोचना एवं आलोचकों को काफी हद तक प्रेरित किया था। इसी सन्दर्भ में यह भी उल्लेखनीय है कि उपर्युक्त आलोचकों में से 'नई आलोचना' शीर्षक के अन्तर्गत प्रो० रेन्सम ने ही सर्वप्रथम चार आलोचकों के कृतित्व का अध्ययन प्रस्तुत किया था।

---

1. M. J. Herzberg : The Reader's Encyclopedia of American Literature, p. 789.

नई आलोचना का दूसरा नाम 'सात्विक आलोचना' (Ontological Criticism) भी है, जिसके अनुसार कला-कृति अथवा साहित्य-कृति का कृतिकार, समाज, देश-काल एवं परिस्थितियों से निरपेक्ष, स्वतन्त्र, स्व में पूर्ण एक निश्चित सत्व अथवा अस्तित्व स्वीकार किया जाता है। सात्विक आलोचक अथवा नये आलोचक कृति को मात्र कृति की तरह देखते हैं तथा सभी बाह्य परम्परावादी एवं सम्प्रदायवादी प्रतिमानों से निरपेक्ष मात्र कृति के विश्लेषण-विवेचन के आधार पर ही उसका मूल्यांकन करते हैं। सत्ववादी आलोचक किसी भी काव्य-कृति का पाठ-विश्लेषण करके, उसकी व्याख्या तदुपरान्त विवेचनात्मक निर्णय के पक्षपाती हैं। श्री जार्ज के शब्दों में—"By ontological criticism we mean that school of Criticism which treats a poem as a definite entity, separate from both the poet and the socio cultural milieu in which it is produced.......and they oppose all extrinsic studies on the poem.....Thus the ontological critic resorts to close textual analysis of a poem or its explication and judgment."[1]

आलोचना के सापेक्षतावादी (Relativism) सिद्धान्तानुसार आलोचना के पूर्ण एवं निरपेक्ष (Absolute) प्रतिमान एवं सिद्धान्त नहीं हो सकते। सभी प्रतिमान एवं सिद्धान्त युग-विशेष के लिए ही होते हैं और युग के परिवर्तन के अनुकूल आलोचना के सिद्धान्तों एवं प्रतिमानों में भी परिवर्तन होता रहता है अथवा होना चाहिए। सापेक्षतावादियों (Relativists) के विरुद्ध नये आलोचक आलोचना के प्रतिमान एवं सिद्धान्तों को पूर्ण एवं निरपेक्ष (Absolute) मानते हैं।

नयी आलोचना के अन्तर्गत किसी भी कृतिकार की कृति-विशेष का निरपेक्ष एवं स्वतन्त्र मूल्यांकन किया जाता है, कृतिकार के सम्पूर्ण कृतित्व को दृष्टि में रखकर किसी भी कृति-विशेष पर विचार करना न तो वह उचित ही मानते हैं और न आवश्यक। उनका अभीष्ट प्रत्येक स्वतन्त्र कविता से पूर्ण अर्थ की खोज करना होता है। वे प्रत्येक कविता को स्वतः पूर्ण मानते हैं—'मैकलिश (Macleish) ने लिखा है कि 'एक कविता का अर्थ नहीं होना चाहिए, वरन् वह (कविता) होनी चाहिए—अर्थात् कविता का अर्थ नहीं वरन् अस्तित्व होता है। 'A poem should not mean But be.' कहना यह है कि नये आलोचक प्रत्येक कविता का स्वतंत्र अस्तित्व स्वीकारते हैं, फलतः उसके स्वतन्त्र एवं निरपेक्ष मूल्यांकन पर बल देते हैं। नई आलोचना का समग्र मूल्यांकन आज करना अनुचित होगा, क्योंकि यह अभी भी पुष्पित एवं पल्लवित हो रही है। प्रस्तुत निबन्ध का लक्ष्य मात्र नई आलोचना के सामान्य स्वरूप का परिचय कराना ही है, समग्र मूल्यांकन करना नहीं। यही कारण है कि यहाँ कई एक प्रमुख नये [illegible]ोचकों पर विचार नहीं किया गया है, जैसे कि विन्टर्स (Yvor Winters) को [illegible] दिया गया है, जो नये आलोचकों में से होते हुए भी नई आलोचना की सभी

A. G. George. 'Critics and Criticism, p. 164.

प्रवृत्तियों के न तो अनुगामी ही हैं और न परिपोषक ही। नई आलोचना के कुछ समीक्षक इस प्रसंग में विचारणीय हैं—

फ्रैंक रेमंड लीविस (1895 ई० से 1978 तक)— लीविस आधुनिक समय के परम विख्यात साहित्य-समीक्षकों में परिगणित होते हैं। इनका जन्म 1895 ई० में कैम्ब्रिज में हुआ था और वहीं पर इनकी शिक्षा हुई थी। कैम्ब्रिज विश्वविद्यालय में ही इन्होंने अध्यापन-कार्य भी किया। इनकी पत्नी क्यू० डी० लीविस (Q. D. Leavis) भी एक उत्कृष्ट समीक्षक थी। लीविस दम्पति ने एल० सी० नाइट्स और डेनीज थाम्पसन के सहयोग से 'स्क्रुटिनी' (Scrutiny) नामक पत्रिका निकाली, जो सन् 1932 से 1953 तक निकलती रही। वह आलोचना के क्षेत्र में एक अत्यन्त प्रभावशाली पत्रिका मानी जाती रही। इस पत्रिका में प्रोफेसर लीविस के लेखों ने अंग्रेजी उपन्यासों के सामाजिक एवं नैतिक महत्व पर प्रकाश डाला और उनके माध्यम से एक जोरदार, जीवन्त संस्कृति को उद्घाटित किया। इनको पुस्तकों में प्रमुख हैं—'न्यू बेयरिंग्स इन इंग्लिश पोइट्री (1932), रिवैलुएशन (1936), दि ग्रेट ट्रैडीशन (1948), दि कामन परसूट (1952), इंग्लिश लिटरेचर इन आवर टाइम ऐण्ड दि युनिवर्सिटी (1969), दि लिविंग प्रिंसिपिल : इंग्लिश ऐज ए डिसिप्लिन ऑफ थॉट (1975) थॉट, वर्ड्स ऐण्ड क्रियेटिविटी (1976) आदि।

एफ० आर० लीविस के विचार से कविता के समीक्षक को कविता का पूर्ण पाठक होना चाहिए। कविता हमारे समक्ष साकार और रूपमय वस्तुओं और व्यक्तियों को प्रस्तुत करती है। वह हमें सोचने के लिए नहीं, वरन् संवेदना में भर लेने और जटिल अनुभव का बोध करने के लिए निमन्त्रित करती है, जो कविता के शब्दों में समाया रहता है। फिर भी लीविस की दृष्टि से वही रचना महत्व की है, जो मानव-जीवन के लिए कोई संदेश या प्रेरणा देती है। वे भी आलोचना के लिए कृतिकार को नहीं, रचना को ही महत्व प्रदान करते हैं। यों उन्होंने किसी नये सिद्धान्त का प्रतिपादन नहीं किया। उन पर टी० एस० इलियट, एजरा पाउण्ड, आई० ए० रिचर्ड्स आदि का प्रभाव देखा जा सकता है।

एलेन टेट (Allen Tate) (1899 से 1979 तक)—एलेन टेट, जान क्रो रैनसम के शिष्य थे। ये प्रखर आलोचक और कवि थे। ये कवि, सम्पादक और समीक्षक के रूप में हमारे सामने आते हैं। इनका सम्बन्ध कई पत्र-पत्रिकाओं से रहा। ये मूलत: निबन्धकार हैं। इनके निबन्धों में साहित्य और आधुनिकता से सम्बद्ध विचार मिलते हैं। इन पर टी० एस० इलियट का विशेष प्रभाव देखा जा सकता है। अमेरिका में टेट एक उत्कृष्ट समीक्षक माने जाते हैं। टेट का तनाव का सिद्धान्त है। उत्कृष्ट काव्य में वे तनाव को आवश्यक मानते हैं। तनाव दो प्रकार का होता है—बाह्य तनाव और आन्तर तनाव। टेट के विचार से जिसमें दोनों तनाव अपनी चरम सीमा पर हों, वहीं उत्कृष्ट काव्य देखा जा सकता है। बाह्य तनाव का तात्पर्य कविता में आदि से अन्त तक युक्तिसंगत गति का होना तथा आन्तर तनाव का तात्पर्य कविता में स्थित

भावावेश एवं आलंकारिकता है। इस तनाव को अनेक रूपों में देखा गया है। बाह्य तनाव को कविता का विषय-वस्तु या विचार-पक्ष एवं आन्तर तनाव को भाव और शिल्प-पक्ष भी माना जा सकता है। टेट ने अपने विचारों को स्पष्ट करने में गणित और विज्ञान का सहारा लिया है। परन्तु, यह सब पुरानी वस्तुओं को नयी रीति से कहने का ढंग ही है, कोई एकदम नया सिद्धान्त नहीं।

टिलियर्ड (Tilliard) **(1889 से 1962 तक)**— ये प्रोफेसर थे और कई ग्रन्थों के प्रणेता भी। मिल्टन और शेक्सपीयर पर लिखे गये टिलियर्ड के ग्रन्थ बड़े महत्वपूर्ण माने जाते हैं। इनका ग्रन्थ 'दि एलिजाबीथन वर्ल्ड पिक्चर' 1943 में प्रकाशित हुई। इस पुस्तक में उन्होंने उस युग का वर्णन किया है जिससे आशा भरे विश्व का दृश्य प्रस्तुत किया गया है; पर काव्य-शास्त्र के क्षेत्र में इनका विशिष्ट महत्व का गन्थ 'दि डायरेक्ट ऐण्ड ऑब्लीक' (The Direct and Oblique) है जो सन् 1934 में प्रकाश में आया। द्वितीय महायुद्ध में इसकी प्राय: सभी प्रतियाँ नष्ट हो गयीं। 1945 में इसका नया और संशोधित संस्करण प्रकाश में आया। इस ग्रन्थ को यद्यपि टिलियर्ड का वक्रोक्ति (Oblique) सिद्धान्त का ग्रन्थ माना जाता है; पर वास्तव में यह अर्थ की विविध छायाओं या ध्वनियों के विवेचन का काव्य है और इसे ध्वनि-सिद्धान्त के समकक्ष रखना चाहिए। यों इसमें दोनों की मिली-जुली बातें हैं। उनमें प्रमुख विचार निम्नांकित हैं—(1) कविता को सामान्य वाच्यार्थ या वक्रतारहित और वक्रोक्ति या व्यंग्योक्ति में नहीं बाँटा जा सकता। सारा काव्य वक्रोक्ति या व्यंग्योक्तिपूर्ण होता है। कोई अधिक होता है और कोई कम। परन्तु जो कविता है, वह कभी सीधी या सपाट नहीं होती। उसमें कुछ न कुछ व्यंग्य या वक्रता अवश्य रहती है, जिससे उसके भीतर न कहा हुआ अर्थ उद्भासित होता है। टिलियर्ड के विचार से जिसे स्वभावोक्ति या सामान्य (Direct) कहा जा सकता है उस काव्य के तीन रूप हैं—(1) सरल कथनात्मक काव्य (Simple Statement Poetry), (2) अलंकृत काव्य (Reinforced and Embroidered Poetry) और (3) चमत्कारी या मुकरी काव्य (Disguised Statement Poetry), इसे चित्रकाव्य भी कहा जा सकता है। व्यंग्य वक्रोक्ति-काव्य (Oblique Poetry) के उन्होंने तीन आधार माने हैं—(1) संवेदनशीलता, (2) महती सामान्यता और (3) आदिम वृत्तियाँ। यह व्यंग्य-वक्रता कविता में अनेक साधनों या कारणों से संपादित होती है जिनमें प्रमुख हैं—लय, प्रतीक-विधान, पूर्व काव्य-संदर्भ-विधान या कवि-प्रौढोक्ति-विधान, कथानक, चरित्र-विधान। इन साधनों से कविता के अन्तर्गत व्यंग्योक्ति या वक्रता का चमत्कार लाया जा सकता है।

टिलियर्ड का वक्रोक्ति-सिद्धान्त भारतीय वक्रोक्ति एवं ध्वनि-सिद्धान्तों के कुछ भेदों का मिला-जुला रूप है। भारतीय वक्रोक्ति और ध्वनि-सिद्धान्त सूक्ष्म विश्लेषण और व्यापक शास्त्रीय दृष्टिकोण को लिये हुए अपने में पूर्ण है, परन्तु टिलियर्ड का डायरेक्ट और ऑब्लीक काव्य-सिद्धान्त उसी दिशा में एक नवीन कदम है जो कविता की उक्तियों के सौन्दर्य का विश्लेषण करने वाला है। इस

दृष्टि से पाश्चात्य काव्य-शास्त्रीय काव्य-चिन्तन में टिलियर्ड का सिद्धान्त अपना विशिष्ट महत्व रखता है।[1]

क्लीन्थ ब्रुक्स (Cleanth Brooks) (सन् 1906)—क्लीन्थ ब्रुक्स का जन्म सन् 1906 में 'केन्टकी' (Kentucky) में हुआ था। इनकी शिक्षा अमेरिकन विश्वविद्यालयों में हुई थी, परन्तु ये रोड्स स्कालर (Rhodes Scholar) के रूप में आक्सफोर्ड में रहे। ये कुछ समय तक लुइशियाना युनिवर्सिटी में प्राध्यापक रहे और बाद में येल (Yale) युनिवर्सिटी में अंग्रेजी के प्रोफेसर रहे। इन्होंने 1936 से 1942 तक 'सदर्न रिव्यू' नामक प्रसिद्ध त्रैमासिक पत्रिका का सम्पादन किया। ये अमेरिका में 'नयी समीक्षा' आन्दोलन के प्रमुख कर्णधार रहे और इन्हीं के कारण इसका प्रभाव शिक्षा-जगत् पर व्यापक रीति से पड़ा। ये विरोधाभास-सिद्धान्त के प्रमुख पुरस्कर्ता थे। कविता में भाषाई एवं संरचनात्मक पक्ष पर इन्होंने विशेष रूप से विचार-विमर्श किया। इनकी पुस्तक 'माडर्न पोइट्री ऐण्ड ट्रैडीशन' (1939) में प्रकाशित हुई आधुनिक कविता के स्रोतों तथा उसकी क्षमता पर सूक्ष्मता से विचार किया। इनकी अन्य पुस्तकें हैं—दि वेल राट अर्न (The Well-Wrought Urn) (1947), अण्डरस्टैंडिंग पोइट्री (1938), अण्डरस्टैंडिंग फिक्शन (1943), अण्डरस्टैंडिंग ड्रामा (1947)।

क्लीन्थ ब्रुक्स ने बड़ी निष्ठा के साथ नयी समीक्षा में भाग लिया, पर अब संभवत: वे अपने को नये समीक्षक-सम्प्रदाय में नहीं रखना चाहते। इनकी मान्यता थी कि कविता को शुद्ध रचना के रूप में मानकर उसके संरचनात्मक एवं भाषागत अर्थात् रूपगत विश्लेषण को विशेष महत्व प्रदान करना चाहिए तथा कवि-परिचय, प्रेरणा-स्रोत, कथ्य, नैतिकता आदि गौण बातें हैं।

उनकी मुख्य स्थापना 'विरोधाभास' सिद्धान्त की थी। उनका विचार है कि कविता की भाषा 'विरोधाभास' की भाषा है। यद्यपि विरोधाभास को आत्मा की भाषा नहीं माना जा सकता। विरोधाभास भावात्मक की अपेक्षा बौद्धिक, गम्भीर के स्थान पर चमत्कारपूर्ण एवं असंगत के स्थान पर तर्कसंगत होता है। फिर भी विरोधाभास, एक प्रकार से कविता के लिए उपयुक्त एवं अनिवार्य होता है। वैज्ञानिक के लिए सत्य का सीधा कथन आवश्यक होता है, अत: उसके लिए किसी भी प्रकार के विरोधाभास से रहित और विशुद्ध भाषा की आवश्यकता होती है, परन्तु कवि जिस प्रकार के सत्य का कथन करता है वह विरोधाभासपूर्ण शब्दों द्वारा ही किया जा सकता है। अपनी बात को उन्होंने अंग्रेजी कविता के अनेक उदाहरणों से सिद्ध किया है।[2] उनका मत है कि विरोधाभास, कवि की भाषा से अपने-आप फूट निकलता है, क्योंकि वैज्ञानिक के समान उसकी भाषा नियमों, संकेतों से बँधी नहीं होती, कवि तो अपनी भाषा आवश्यकतानुसार बनाता चलता है। वास्तव में कवि जो रूपकों और उपमाओं आदि का

1. देखिये, टिलियर्ड का वक्रोक्ति-सिद्धान्त : डॉ० मथुरेशनन्दन कुलश्रेष्ठ।
2. अण्डरस्टैंडिंग पोइट्री : दि लैंग्वेज ऑफ पैराडाक्स, पृ० 120।

व्यवहार करता है, वे एकदम उसी स्तर पर न होकर विभिन्न स्तरों पर होती हैं, अत: विरोधाभास उनके भीतर निहित रहता है।

छन्द के विषय में ब्रुक्स का उदार मत है। उनका मत है कि चाहे गद्य हो या पद्य, भाषा स्वत: ही अपने भीतर लय को समाहित किये रहती है। छन्द पर अधिक बल देने से कुछ लोग छन्द को ही कविता मानने लगते हैं, जबकि वह उसका एक उपकरण मात्र है। उनका मत है कि कविता एक अखण्ड इकाई है, उसके तत्वों को हम अलग-अलग नहीं कर सकते। जिस प्रकार एक वृक्ष जड़, तना, शाखों, पत्तों, फूलों से मिलकर पूर्ण बनता है, उसी प्रकार कविता भी सभी अंगों से युक्त होकर ही कविता बनती है।

यह भी सत्य है कि कविता, स्वयं ही अपना उद्देश्य है। उसमें किसी संदेश की खोज करना आवश्यक नहीं। कविता में मुख्य वस्तु है सौन्दर्यानुभूति। उसी को प्राप्त करना ही कविता को पाना है।

सर विलियम एम्पसन (Sir William Empson) (1906)—सर विलियम एम्पसन का जन्म 1906 में यार्कशायर में हुआ था। प्रारम्भ में ये गणित के विद्यार्थी थे और बाद में इन्होंने अंग्रेजी-साहित्य का अध्ययन किया। ये प्रोफेसर आई० ए० रिचर्ड्स के शिष्य थे और कैम्ब्रिज विश्वविद्यालय के छात्र थे। ये कुछ समय टोकियो और पेकिंग में भी प्रोफेसर रहे। सन् 1953 में इन्होंने इंग्लैण्ड की शेफील्ड युनिवर्सिटी में अंग्रेजी-साहित्य के प्रोफेसर का पद सँभाला। ये कवि और आलोचक दोनों ही हैं, पर आलोचक के रूप में इनका प्रभाव विलक्षण है। सन् 1955 तक इनके तीन कविता-संग्रह प्रकाशित हुए थे। इनमें भावात्मकता की अपेक्षा दार्शनिकता का पुट अधिक है। इनके आलोचनात्मक ग्रन्थों में 'सेवेन टाइप्स ऑफ ऐम्बिगुयिटी' (1930), 'सम वर्शन्स ऑफ पैस्टोरल' (1935), 'दि स्ट्रक्चर ऑफ काम्पलेक्स वर्ड्स' (1951) और 'मिल्टन्स गॉड्स' (1961) प्रसिद्ध हुए हैं। इनमें 'सेवेन टाइप्स ऑफ ऐम्बिगुयिटी' अत्यन्त प्रसिद्ध हुई और उसने 'नयी समीक्षा' को प्रेरणा और बल प्रदान करने का महत्वपूर्ण कार्य किया, यद्यपि यह ग्रन्थ उस समय लिखा गया था जब ये ग्रेजुएट कक्षा के विद्यार्थी थे। काव्य की भाषा की प्रकृति के विश्लेषण की दिशा में इनका विशिष्ट योगदान रहा है। इस कार्य में इन पर इनके अध्यापक रिचर्ड्स का प्रभाव है, क्योंकि इनका यह कार्य व्यावहारिक समीक्षा का था, जिसमें रिचर्ड्स की विशेष रुचि थी।

साहित्य या काव्यशास्त्र के प्रसंग में 'सेवेन टाइप्स ऑफ ऐम्बिगुयिटी' विशेष प्रसिद्ध हुई। इसमें सात प्रकार की संदिग्धार्थता पर प्रकाश डाला गया है। इसके अन्तर्गत, अनेक अलंकारों का ही विवरण है जैसे उपमा, रूपक, उत्प्रेक्षा, श्लेष, सन्देह, निदर्शना, प्रतिवस्तूपमा, दृष्टान्त आदि। इन्हीं को उदाहरण देकर स्पष्ट किया गया है। जहाँ पर उन्होंने उपर्युक्त ग्रन्थ में कविता के कला-पक्ष या अलंकृति के विविध पक्षों का विश्लेषण किया है वहीं पर 'सम वर्सेज ऑफ पैस्टोरल' में एम्पसन ने लोक-

साहित्य तथा जन-काव्य के महत्व को स्थापित किया है। इसमें काव्य के सामाजिक पक्ष पर विचार किया गया है और स्पष्टत: यहाँ इनके विचारों का प्रभाव देखने को मिलता है। इनका यह भी मत है कि कविता एक समन्वित इकाई है। उसमें रूप-पक्ष और वस्तु-पक्ष घुल-मिलकर एक हो जाते हैं। उन्हें अलग करके नहीं देखा जा सकता है। इस प्रकार एम्पसन का कोई नवीन काव्य-सिद्धान्त नहीं है। ये नये समीक्षावादी हैं।

लायोनल ट्रिलिंग (Lionel Trilling) (1905-1975)— ट्रिलिंग का जन्म 1905 में न्यूयार्क में हुआ था। इनकी शिक्षा कोलम्बिया युनिवर्सिटी में हुई और वहीं ये 1948 से अंग्रेजी के प्रोफेसर रहे। इन्होंने हार्वर्ड और ऑक्सफोर्ड में भी कार्य किया और एक साहित्यकार और समीक्षक के रूप में इन्हें बड़ी ख्याति प्राप्त हुई। अमेरिका के ये प्रख्यात आलोचक माने गये। साहित्य और काव्य के प्रति इनका दृष्टिकोण ऐतिहासिक और समाजशास्त्रीय था। इन पर टी० एस० इलियट का काफी प्रभाव था और ये उनके समकालीन भी थे। इनकी प्रसिद्ध कृतियों में 'दि लिबरल इमैजिनेशन' (1950), 'बियॉण्ड कल्चर' (1965), 'सिन्सियरिटी ऐण्ड अथारिटी' (1972) तथा 'माइण्ड इन दि माडर्न वर्ल्ड' (1973) विशेष प्रसिद्ध हैं। इनके ग्रन्थों में मानवतावादी दृष्टिकोण, साहित्य और समाज के अध्ययन के बीच दिखाई देता है। ये 1975 तक जीवित रहे।

उनका ऐसा अनुभव हुआ कि इस समय संसार साहित्य के प्रति कम रुझान रख रहा है; इतना ही नहीं, उसे सन्देह की दृष्टि से देखा जा रहा है। साहित्य का ऐतिहासिक अध्ययन भी सन्देहपूर्ण है। विशेष रूप से नई समीक्षा के सन्दर्भ में, जो कृति को ही महत्व देती है, अन्य बातों को नहीं। अन्य प्रकार के अध्ययन, साहित्याध्ययन के सहायक हैं। अन्य विद्याशाखायें जैसे विज्ञान, इतिहास, समाजशास्त्र, भूगोल आदि ज्ञान की विद्यायें हैं, जबकि साहित्य शक्ति या प्रभाव की विद्या है—ऐसा माना गया है; पर आज की समीक्षा ने साहित्य के इतिहासकारों पर ही प्रहार किया, जो इसे शक्ति या प्रभाव के रूप में स्वीकार करते हैं। परन्तु आज का युग विज्ञान का युग है और अध्ययन की वही पद्धति मान्य होगी, जो वैज्ञानिक पद्धति के समकक्ष बैठती है। इस दृष्टि से आनुवंशिकी या उत्पत्ति-सिद्धान्त विशेष महत्व का है। कला की उत्पत्ति किस प्रकार हुई—इसकी खोज महत्व की हो गयी। कला की अनुभूति के लिए, उसकी रचना-प्रक्रिया अथवा उसकी उत्पत्ति की खोज उसके मूल्य को बढ़ा देने वाली होती है। हाँ, यह बात भी सत्य है कि इसका दुरुपयोग भी किया जा सकता है। परन्तु इसमें सन्देह नहीं कि आनुवंशिकीय अध्ययन से निश्चितता की मात्रा अधिक बढ़ जाती है। यह भी अपेक्षा नहीं करनी चाहिए कि वैज्ञानिक अध्ययन से साहित्य का अनुभव विनिश्चय ही प्राप्त होगा। नई समीक्षा का वास्तविक विरोध, साहित्य के निजी अध्ययन की स्वायत्तता के अपहरण का है। वह उसकी स्वायत्तता की पुन: प्रतिष्ठा कर, उसे शक्ति का साधन बनाना चाहती है, ज्ञान का नहीं।

ट्रिलिंग ने 'नई समीक्षा' के एक अन्य दोष की ओर संकेत किया है। वह यह है कि ऐतिहासिक कृति अपरिहार्य रूप से एक ऐतिहासिक तथ्य है और यह भी कि उसकी सौन्दर्यानुभूति भी हमें होती है। अत: साहित्य एक ऐतिहासिक कला होने के कारण उसका अध्ययन किसी न किसी भाव से ऐतिहासिक रूप में भी आवश्यक है। एक भाव तो यह हो सकता है कि कविता अपने अतीत से परिचित होती है। कवि की कृति की सत्ता, अतीत के सम्बन्धों के आधार पर होती है। दूसरा भाव यह हो सकता है कि कोई कलाकृति, अपने अतीत की सत्ता के आधार पर साहित्यिक एवं सांस्कृतिक महत्व प्राप्त करती है और तीसरा भाव यह है कि प्राचीन समय में, कवि स्वयं इतिहासकार भी होता है और उसके काव्य में ही इतिहास समाविष्ट रहा करता था। अत: साहित्य का अध्ययन ऐतिहासिक दृष्टि से होना चाहिए।

नई समीक्षा ने अधिकांशत: अपने लिए प्रगीत मुक्तक को चुना, जिसमें ऐतिहासिक तत्व, प्रबन्ध-काव्य या कथा-साहित्य की अपेक्षा कम होता है; फिर भी उसे एकदम, सन्दर्भ, स्थिति आदि ऐतिहासिक तत्वों से मुक्त नहीं माना जा सकता। एक बात और है। नये समीक्षक किसी कृति की ऐतिहासिकता को इन्कार इसलिए करते हैं; क्योंकि उनके भीतर यह प्रवृत्ति काम करती है कि अतीत की कृति, हमें तात्कालिक और वास्तविक लगे। वे तब और अब के भेद को इसलिए मिटा देना चाहते हैं, क्योंकि मनुष्य एक है, वह निरन्तर और अखण्ड है। यह भावना ठीक है; परन्तु यह ठीक तभी है, जब हमें अतीत की वास्तविकता का एहसास हो। हम अतीत को अतीत के रूप में वर्तमान में उपस्थित और जीवित अनुभव कर सकें। कोई कवि आधुनिक तभी होता है, जब हम यह समझ सकें कि वह अपने समय में कितना प्रभावी मनुष्य था और यही समझ ऐतिहासिक अध्ययन की आधार होती है। किसी कविता को भी पूर्णतया हृदयंगम करने के लिए, जहाँ हम उसे, उसके सौन्दर्य के आधार पर जैसा हम आज देखते हैं, और जैसा कवि ने उसको प्रकट करना चाहा तथा उसके उस समय के पाठकों ने अनुभव किया था, उसे महत्वपूर्ण समझते हैं, वहीं पर यह भी जानना महत्वपूर्ण है कि इतिहास में उसका क्या स्थान है? अतएव सभी दृष्टियों से इतिहास या अतीत का बोध, कृति के अध्ययन के लिए आवश्यक है। इसी प्रकार शब्दार्थ के प्रसंग में भी यह देखना महत्वपूर्ण है कि उनमें मिथकों या पुराख्यानों का समावेश, अवतरण और प्रभाव किसी कृति की शब्दावली में किस सीमा तक घटित हुआ है। इस प्रकार लायोनल ट्रिलिंग की कृति की ऐतिहासिक विवेचना या इतिहास की दृष्टि से किसी कृति के अध्ययन का दृष्टिकोण महत्वपूर्ण है। यह दृष्टिकोण टी० एस० इलियट के इतिहास और परम्पराबोध के सिद्धान्त का समर्थन करने वाला है।

विम्सट, डब्लू० के० (Wimsatt, W. K.) (1907)— विम्सट, अमेरिका की येल युनिवर्सिटी में अंग्रेजी के प्रोफेसर 1939 ई० से रहे। अमेरिकन नयी समीक्षा में ये एक महत्वपूर्ण हस्ताक्षर थे, जिन्होंने चौथे और पाँचवें दशक में अमेरिकन समीक्षा पर प्रभुत्व स्थापित रखा। इन्होंने अनेक ग्रन्थों की रचना की। इनका ग्रन्थ 'लिटरेरी

क्रिटिसिज्म—ए शार्ट हिस्ट्री' (1957), क्लीन्थ ब्रुक्स के सहयोग में लिखा गया तथा दि वर्बल आइकन : स्टडीज इन दि मीनिंग ऑफ पोइट्री (1954) में प्रकाशित हुआ जिसके दो लेख 'दि इन्टेन्शनल फैलेसी' और 'दि अफेक्टिव फैलेसी' मोनरो बीयर्डस्ले (Monroe Beardley) के सहयोग में लिखे गये, जिनमें यह स्पष्ट किया गया है कि कलाकृति के मूल और स्त्रोत के सम्बन्ध में जिज्ञासा, कलाकार के निजी अनुभव से सम्बन्ध रखती है और उसके कारण किसी भी कलाकृति के विशुद्ध और तटस्थ अथवा वस्तुगत मूल्यांकन में व्यवधान उपस्थित होता है। सन् 1965 में इनकी पुस्तक 'हेट फुल कन्ट्रैरीज, स्टडीज इन लिटरेचर ऐण्ड क्रिटिसिज्म' प्रकाशित हुई। इन्होंने सैमुयल जानसन की गद्य-शैली पर भी एक महत्वपूर्ण पुस्तक लिखी है। अपने ग्रन्थों में इन्होंने यही मत स्थापित किया है कि सही तटस्थ मूल्यांकन, कृति के अर्थ पर ही केन्द्रित होना चाहिए, उसके रचनाकार और पाठक पर नहीं। यह मत नयी समीक्षा का प्रमुख दृष्टिकोण है।

विम्सट का विचार है कि कविता अचानक उत्पन्न नहीं हो जाती। वे स्वीकार करते हैं कि कविता के शब्द मस्तिष्क से निकलते हैं, कवि के हैट से नहीं। इसलिए मूल्यांकन कवि के कार्य का होना चाहिए। कवि अपने उद्देश्य में सफल हुआ या नहीं—यह भी उसकी कृति में ही देखना चाहिए। कविता, शैली का चमत्कार है जिसके द्वारा अर्थ को संप्रेषित किया जाता है। जो अनावश्यक है, उसका कविता में स्थान नहीं। कविता का अर्थ वैयक्तिक इसलिए है, क्योंकि वह कवि के व्यक्तित्व या उसकी आत्मा की अभिव्यक्ति करती है, किसी पदार्थ की अभिव्यक्ति नहीं। इस प्रकार विम्सट ने नयी समीक्षा का तर्कसंगत समर्थन किया है तथा कला के मूल्यांकन में तटस्थ और रचनागत समीक्षा को ही महत्वपूर्ण सिद्ध किया है।

विवेचना—पूर्वोक्त समीक्षकों के जिनमें से अधिकांश 'नयी समीक्षा' के प्रवर्तक, प्रतिपादक और समर्थक हैं, के विचारों पर ध्यान देने से यह बात स्पष्ट होती है कि नयी समीक्षा, कोई नया समीक्षा-सिद्धान्त प्रस्तुत नहीं करती, वरन् वह एक कलावादी आन्दोलन के समान, एक आन्दोलन है—जो कलावाद की ही एक शाखा है, जिसमें किसी भी कृति की समीक्षा, कृति के आधार पर ही किये जाने का आग्रह है। यदि हम प्राचीन काल से लेकर आधुनिक काल तक के कला-साहित्य-चिन्तन अथवा समीक्षा के इतिहास पर दृष्टिपात करते हैं, तो यह बात बराबर देखने में आती है कि एक युग में यदि साहित्य के मूल्यों अथवा उसके वस्तु-पक्ष और सामाजिक प्रभाव आदि पर बल दिया जाता है तो उसके परवर्ती युग में उसकी रचना के रूप और शिल्प-पक्ष को ही महत्व मिलता रहा है। जहाँ क्लासिकल या आभिजात्यवादी, या शास्त्रवादी, नव्यशास्त्रवादी, मूल्यवादी, मार्क्सवादी, मनोविज्ञानवादी और अस्तित्ववादी आन्दोलन वस्तु, रचनाकार और व्यक्ति को अधिक महत्व देते रहे; वहीं स्वच्छन्दतावादी, कलावादी और नयी समीक्षावादी आन्दोलन, कृति को विशेष या मुख्य प्रतिपाद्य मानते हैं। उसी क्रम में मार्क्सवादी, मनोविश्लेषणवादी और अस्तित्ववादी साहित्य-चिन्तन

की प्रतिक्रिया में बीसवीं शताब्दी में 'नयी समीक्षा' का आन्दोलन चला। यों तो आज प्रत्येक क्षेत्र में आधुनिकता-बोध की लहर के परिणामस्वरूप नयापन दिखाने का प्रयत्न है, जैसे नयी कविता, नयी कहानी, नवगीत, नव नाटक आदि तदनुसार भी नयी समीक्षा को आधुनिकता-बोध और वैज्ञानिकतापूर्ण दृष्टि का परिणाम माना जा सकता है। इस 'नयी समीक्षा' में जो विशिष्टतायें हैं, उन पर विचार करे लेना यहाँ समीचीन होगा।

1. **कृति का महत्व**—'नयी समीक्षा' में सबसे पहली बात तो यह है कि समीक्षा के लिए कृति या रचना ही विचारणीय है। उस कृति के रचनाकार, उसके जीवन और युगीन परिस्थितियाँ, उसकी रचना के प्रेरणा-स्रोत, रचना-प्रक्रिया, रचनाकार की मानसिकता, रचना का ऐतिहासिक पक्ष, उसमें निहित दर्शन, समाज, संस्कृति, नीति-उपदेश या उसकी उपयोगिता आदि सभी बातें 'नयी समीक्षा' के विचार-क्षेत्र से बाहर की वस्तुयें हैं। ये रचना की या तो पूर्ववर्ती हैं या फिर परवर्ती, अतः रचना की समीक्षा या उसमें निहित गुण-दोष-विवेचन से उनका कोई सरोकार नहीं। अतः इस नयी समीक्षा के लिए विचार्य-वस्तु केवल कृति है।

2. **रूपरचना**— जब हम कृति पर ही विचार करते हैं, तब सबसे पहले हमारे सामने उसकी भाषायी रूप-रचना आती है और यही 'नयी समीक्षा' का प्रमुख विचार-बिन्दु शब्दावली, शब्दों की बुनावट (टेक्स्चर), शब्दों की पच्चीकारी, अर्थ का ढाँचा (स्ट्रक्चर), शब्दार्थगत श्लेष (अनेकार्थता), संदेह (ऐम्बीगुयिटी), विरोधाभास (पैराडाक्स), सादृश्य-विधान, भावावेग (इण्टरनल टेन्शन), आद्यन्त गति और अर्थ-निर्वाह (एक्सटरनल टेन्शन) तथा अनेक प्रकार की सजावट या अलंकृति आदि बातें 'नयी समीक्षा' में विचार्य होती है।

3. **शैली-विज्ञान**— नयी समीक्षा में आलोचक की दृष्टि वैज्ञानिक होती है। उसमें बहुत कुछ विचार के तत्व शैली-विज्ञान के तत्व होते हैं।

4. 'नयी समीक्षा', कलाकृति की अखण्डता को स्वीकार करती है। उसके विचार सके उसके रूप-पक्ष और वस्तु-पक्ष को अलग-अलग या खण्ड-खण्ड करके नहीं देखा जा सकता। दोनों ही मिलकर एक समन्वित इकाई का निर्माण करते हैं, तभी वह रचना, रचना कही जा सकती है।

5. नयी समीक्षा में शब्द-विधान के साथ-साथ प्रतीक-विधान, लय-शब्द भंगिमा, विरोधाभास, तनाव आदि को लेकर अलग समीक्षकों ने विचार किया है। कुछ के विचार से विषमता, लय और बिम्ब कविता में महत्वपूर्ण होते हैं।

6. नयी समीक्षा में कविता शब्द-विधान और अर्थ-विधान की समन्विति या बुनावट है। शब्द विधान प्रधान होता है। और वही मुख्य काव्य-सौन्दर्य सम्पादित करता है।

7. भंगिमा के अन्तर्गत शब्द-रचना, लय, छन्द, अलंकार सभी कुछ आ जाते हैं।

8. इसके साथ ही साथ कुछ ऐसे भी समीक्षक हैं; जो कृति में जीवन-मूल्य, नैतिकता, विचार आदि के पोषक हैं, पर नयी समीक्षा में मूल दृष्टिकोण यही है कि कृति में यह देखा जाये कि वस्तु, भाव और विचार-पक्ष किस प्रकार रूप-रचना अर्थात् शब्द, लय, अलंकृति या कथन की भंगिमा में मिलकर एकरूप हो गया है और दोनों पक्ष मिलकर उस रचना को क्या आभा, क्या कान्ति और क्या सौन्दर्य प्रदान करते हैं।

9. नयी समीक्षा की सबसे बड़ी देन है—रचना का सूक्ष्मता और गहराई से अध्ययन। इसके पूर्व समीक्षा, बिना कृति को पढ़े ही, ऊपर-ऊपर उसकी परिस्थितियों, परम्पराओं और इतिवृत्तों को लेकर की जाने लगी थी। बहुत से लोग रचना को पढ़े बिना ही उसकी आलोचना और उसका व्याख्यान करने लगे थे। इस प्रवृत्ति को रोकने में निश्चय ही 'नयी समीक्षा' का विशिष्ट और महत्वपूर्ण योगदान है।

परन्तु इस प्रसंग में एक सबसे बड़ी आशंका यह है कि इस वैज्ञानिक, सूक्ष्म, शैलीवैज्ञानिक विवेचन में समीक्षा, ऐसी दुरूह न हो जाये कि पाठक को उससे कृति या रचना के सौन्दर्य का रसास्वाद मिलने के स्थान पर, उसकी ऐसी चीरफाड़ होने लगे कि रचना के सौन्दर्य के प्रति आकर्षण तथा उसे पढ़ने और बार-बार अनुशीलन से प्राप्त होने वाले रसास्वादन एवं सौन्दर्यानुभूति की ललक ही समाप्त हो जाये। ऐसी दशा में समीक्षा अपने मूल रास्ते से ही भटक जायेगी।

नयी समीक्षा, रचना या कविता को शुद्ध रूप में देखने की पक्षधर है। वह उसके स्वतन्त्र अस्तित्व की स्थापना करती है तथा निरपेक्ष एवं रचनापरक अध्ययन को उभारना चाहती है। इसकी दृष्टि में काव्यभाषा का बड़ा महत्व है। भाषागत तथा कृति का गहराई से शब्द, गति, लय और उनकी विशिष्ट भंगिमा एवं उनकी स्थिति के सौन्दर्य का अनुशीलन ही उसका लक्ष्य है। वास्तविक रचना-सौष्ठव इसी पद्धति से उभारा जा सकता है। अतः इसका योगदान विशिष्ट और महत्वपूर्ण है। परन्तु नयी समीक्षा एक दृष्टिकोण ही है, कोई नवीन-पद्धति या नया-सिद्धान्त नहीं।

रेनेवेलेक और आस्टिन वारेन का समन्वित काव्य-सिद्धान्त

रेनेवेलेक अमेरिका के प्रसिद्ध आलोचक एवं समालोचना तथा अंग्रेजी-साहित्य के इतिहास-लेखक हैं। ये येल युनिवर्सिटी (अमेरिका) में अंग्रेजी के प्रोफेसर हैं। वेलेक की 'ए हिस्ट्री ऑफ माडर्न क्रिटिसिज्म', 'रोमाण्टिक एज', 'दि राइज ऑफ इंग्लिश लिटरेरी हिस्ट्री', 'थियरी ऑफ लिटरेचर' आदि प्रसिद्ध ग्रन्थ हैं। थियरी ऑफ लिटरेचर, इन्होंने आस्टिन वारेन के सहयोग में लिखा। यह ग्रन्थ दोनों लेखकों के साहित्य की रचना, आलोचना और उसके प्रयोजन-सम्बन्धी विचारों को प्रकट करता है। इसमें साहित्य के सम्बद्ध विविध विषयों पर अब प्राप्त आधुनिक विचारों की आलोचना करते हुए अपने मत व्यक्त किये गये हैं। यद्यपि इसमें साहित्य-कला-चिन्तन-सम्बन्धी किसी नये सिद्धान्त का प्रतिपादन नहीं किया, फिर भी साहित्य से

सम्बद्ध अनेक पक्षों पर इनके निष्कर्ष बड़े उपयोगी और महत्वपूर्ण हैं। प्रमुख विषयों पर उनके विचार यहाँ प्रस्तुत किये जाते हैं—

वेलेक के विचार से साहित्य और साहित्य का अध्ययन दोनों अलग क्रियाएँ हैं—एक रचना है, कला है और दूसरा उसका ज्ञान। साहित्य की समीक्षा, साहित्य के अनुभव का बौद्धिक विश्लेषण और विवेचन है। इसके अनेक प्रकार हैं—जो वैयक्तिक सराहना है, उसे समीक्षा न कहकर साहित्य ही कहा जाना चाहिए। उसे समीक्षा की कोटि से अलग रखना चाहिए। उसके दो अन्य रूप हैं—एक निर्वैयक्तिक आलोचना और दूसरा है अनुवंशीय या कारण-कार्य-विश्लेषण। इनमें से पहला सूचनाओं का संकलन है और दूसरा सामाजिक विज्ञानों के लिए अधिक उपयुक्त है, साहित्य के लिए नहीं। इसी प्रकार कृति को केन्द्र में रखकर गहराई से उसका पठन भी वैयक्तिक स्तर पर होगा। अत: साहित्य के लिए एक कोई विधि नहीं, उसे अनेक विधियों से मूल्यांकित करना चाहिए। उनके विचार से साहित्य या कला का विश्लेषण, उसकी पर्तों के विन्यास का विश्लेषण है। अत: आधुनिक विश्लेषण बड़ा जटिल है।[1]

कविता के प्रयोजन के सम्बन्ध में भी दोनों विद्वानों का मत है कि यद्यपि कविता के अनेक प्रयोजन हो सकते हैं, जैसे सत्य की प्रतिष्ठा, नीति-उपदेश, मूल्यों की प्रतिष्ठा, सौन्दर्यानुभूति, आनन्द आदि, परन्तु उसका प्रमुख प्रयोजन है अपने स्वरूप की प्रतिष्ठा, उसके निजी रूप के प्रति सच्चा रहना।[2] कविता का सबसे पहला लक्ष्य है—कविता होना। जब कविता होगी, तो फिर उससे अनेक प्रयोजन सिद्ध हो सकते हैं। उनका यह भी विचार है कि किसी भी साहित्यिक कृति की आलोचना, किसी भी सिद्धान्त के आधार पर की जा सकती है, पर उसे साहित्य के इतिहास के परिप्रेक्ष्य में देखने से उसका एक अलग रूप प्रकट होता है। अत: ऐतिहासिक दृष्टिकोण को आलोचना से अलग करना उचित नहीं, जैसा कुछ नये समीक्षक करते हैं। ऐतिहासिक और सौन्दर्यवादी दोनों ही दृष्टियाँ, साहित्य की समीक्षा के लिए उपादेय हैं।

साहित्येतर दृष्टियों से साहित्य को देखने में भी दोनों विद्वानों का मत है कि इन दृष्टियों से देखना तभी उचित है, जब उनसे कलाकृति की समृद्धि हुई हो। जैसे मनोविज्ञान तभी महत्व का है, जब चरित्रों के चित्रण की जटिलता का उद्घाटन मनोवैज्ञानिक सिद्धान्तों के आधार पर किया जाये। पर साहित्य में मनोविज्ञान के सिद्धान्त ढूँढ़ना उचित नहीं। इसी प्रकार समाजशास्त्र, राजनीतिशास्त्र या दर्शनशास्त्र की बातें भी साहित्य में देखना और उसी के आधार पर मूल्यांकन करना उचित नहीं। यह भी उचित नहीं कि यह देखा जाये कि इन शास्त्रों की दृष्टि से साहित्यकार ने क्या भूल

1. साहित्य-सिद्धान्त : रेनेवेलेक और आस्टिन वारेन, पृ० 35।
2. वही, पृ० 49।

की है, जब तक कि वह **जीवन** के यथार्थ से नितान्त बेमेल न हो। कलाकृति में देखना यह होता है कि इन शास्त्रों के विचारों के साथ कला कितनी घुल-मिल गयी है और उसमें इनकी उपस्थिति से कितनी सौन्दर्य-वृद्धि हुई है।[1]

साहित्य तथा अन्य ललित कलाओं के सम्बन्धों पर विचार करते हुए उनका मत है कि ललित कलायें जिनमें साहित्य या कविता भी है, एक-दूसरी से निरन्तर प्रभावित होती रहती हैं। एक के विकास का प्रभाव दूसरी पर बराबर पड़ता है। इस पारस्परिक प्रभाव की जटिलता के विश्लेषण के लिए ऐसे नये काव्यशास्त्र की जरूरत है जिसमें एक ऐसी शब्द-राशि हो, जो विभिन्न कला-सम्बन्धों की व्याख्या करने में समर्थ हो।

साहित्यिक कृति के विश्लेषण के लिए कई बातें आवश्यक मानी गयी हैं जिनके आधार पर विश्लेषण किया जा सकता है—एक तो उसकी संरचना का पक्ष है कि किस प्रकार शब्दों के प्रयोग और उनके लयात्मक एवं ध्वन्यात्मक बुनावट से उसमें एक कलात्मक चमत्कार तथा भाव या अर्थ की प्रभावी व्यंजना हो सकती है। दूसरी बात, उसमें चित्रात्मकता या कल्पना को प्रेरित करने वाले बिम्बविधान की क्या स्थिति है इसे देखना होता है तथा तीसरी बात उसमें निहित मूल्य क्या है? वेलेक और वारेन का विचार है कि ये तीनों बातें अलग-अलग नहीं हैं, वरन् एक ही मूल्यांकन की समस्या के तीन पक्ष हैं तथा इन्हें एक-दूसरे से अलग नहीं किया जा सकता।[2]

इसी प्रकार उनका विचार है कि छन्द और ध्वनि का भी अध्ययन समग्र कला का एक पक्ष है और उसी रूप से उसका उपयोग होना चाहिए। इस प्रकार हम देखते हैं कि रेनेवेलेक और आस्टिन वारेन का साहित्य-सिद्धान्त **समग्रता** या **सापेक्ष्यवाद** का सिद्धान्त है। कोई तत्व अलग महत्व नहीं रखता। उसकी सार्थकता कलाकृति की समग्रता में योगदान के रूप में ही समझी जानी चाहिए। यही बात बिम्ब, प्रतीक, रूपक और मिथ के सम्बन्ध में भी है। इनका अध्ययन अलग करके नहीं, वरन् साहित्यिक रचना या कलाकृति की समग्रता और अखण्डता के परिप्रेक्ष्य में, उसके एक तत्व की रूप में, उसके एक अंग के रूप में उससे जोड़कर, उसका अध्ययन करना ही समीचीन है। साहित्यिक कृति का विश्लेषण प्रस्तुत करने के लिए यह **सापेक्ष्यवाद** या समग्रतावाद का सिद्धान्त, उपादेय और परिपूर्ण है। इसमें सभी दृष्टिकोणों का समावेश होने से इसे समन्वित सिद्धान्त भी कहा जा सकता है। वास्तव में यह कोई नया सिद्धान्त नहीं, वरन् एक समन्वित **सापेक्ष्य दृष्टिकोण** है।

---

1. साहित्य-सिद्धान्त : रेनेवेलेक और आस्टिन वारेन, पृ० 166।
2. वही, पृ० 205।

20

कुछ अन्य समीक्षक

हीगेल का साहित्य-दर्शन और हिन्दी-समालोचना

प्रख्यात जर्मन दर्शनशास्त्री जार्ज विल्हल्म फैड्रिक हीगेल (George Wilhelm Friedrich Hegel—1770-1831) ने आधुनिक चिन्ता-धारा को काफी प्रभावित किया है। वे मूलत: दार्शनिक थे, किन्तु उन्होंने राजनीति, धर्म, साहित्य और कला को भी प्रत्यक्ष अथवा परोक्ष रूप से प्रभावित किया है। हीगेल के सम्पूर्ण दर्शन-साहित्य का प्रयोजन सत्य की खोज थी, सत्य का दिग्दर्शन कराना था। सत्य की इस अनवरत खोज में उन्होंने तर्क को ही आधारभूत माना है। प्रत्येक तथ्य का रहस्योद्घाटन वह तर्क-पद्धति के अधीन ही करते हैं। वे 'रीज़न' एवं 'रियलिटी' को बहुत अधिक महत्ता प्रदान करते हैं। विश्व-चिन्तना को प्रभावित करने वाले उनके दर्शन का पहलू—द्वन्द्वात्मक पद्धति (Dialectic Method) अत्यधिक महत्व का है।

हीगेल के दर्शन को प्रकाश में लाने वाले ग्रन्थों में—'द फिनोमनोलाजी ऑफ स्पिरिट' (The Phenomenology of Spirit), 'लेक्चर्स आन एस्थेटिकस' (Lectures on Aesthetics), 'फिलासफी ऑफ रिलीजन' (Philosophy of Religion), 'एनसायक्लोपीडिया ऑफ फिलासोफीकल साइन्सेज' (Encyclopaedia of Philosophical Sciences), 'लॉजिक' (Logic), 'द फिलासफी ऑफ हिस्ट्री' (The Philosophy of History), 'द फिलासफी ऑफ राइट' (The Philosophy of Right) (मृत्युपरान्त प्रकाशित व्याख्यानों का संग्रह) के नाम उल्लेखनीय हैं।

दर्शन एवं द्वन्द्वात्मक पद्धति को प्रकाश में लाने वाले उनके महत्वपूर्ण ग्रन्थ अत्यन्त जटिल, भ्रामक, विन्यासपूर्ण एवं अस्पष्ट से हैं। फिर भी द्वन्द्वात्मक पद्धति के सम्बन्ध में हीगेल का दावा रहा है कि एक मात्र यही ऐसी पद्धति है, जिससे इतिहास और समाज की पारस्परिक निर्भरताओं और सम्बन्धों का बोध होता है। उनके अनुसार द्वन्द्वात्मक पद्धति का उद्देश्य एक ऐसी तर्क-प्रधान प्रणाली का अन्वेषण है, जो कि समाज के लिए इतिहास की 'आवश्यकता' को प्रमाणित कर सकती है।

हीगेल का प्रमुख दार्शनिक सिद्धान्त विश्वात्मा (Weltgeist) का विचार है। उनकी धारणा है कि इस जगत के दृश्यमान सभी जड़ एवं चेतन पदार्थ, सभी वस्तुएँ एवं सभी सत्तायें विश्वात्मा (World Spirit) का प्रपंच अथवा विस्तार है। वस्तुत: हीगेल भी आदिगुरु शंकराचार्य की भाँति ही पूर्णत: अद्वैतवादी हैं। उनकी मान्यता है कि जगत् की सभी वस्तुयें विश्वात्मा से प्रादुर्भूत हुई हैं, विश्वात्मा सब का आदि स्रोत है। उनका दार्शनिक सूत्र है—'The real is rational and the rational is real.' अर्थात जो कुछ वास्तविक या तात्विक है, वह बुद्धिमय है और जो कुछ बुद्धिमय अथवा बुद्धिगम्य है, वह तात्विक है। कहना यह है कि दृष्टिगम्य एवं अनुभव गम्य जगत के समस्त

क्षेत्रों में बुद्धि एवं चेतना का ही अखण्ड राज्य है। वे मानव-बुद्धि तथा विश्व-प्रक्रिया में व्याप्त बुद्धि तत्व को एक ही मानते हैं। यही कारण है कि हीगेल ने विश्वात्मा (Weltgeist) को पूर्ण विचार या विचार अथवा भाव (Absolute Idea), आत्मा (Absolute Spirit), विवेक (Reason), परम मन (Absolute Mind) अथवा दिव्य मन (Divine Mind) आदि कई नामों से अभिहित किया है। इसी विश्वात्मा (Weltgeist) अथवा विचार (Absolute Idea) के विकास एवं प्रगति को सूचित करने वाली पद्धति अथवा प्रक्रिया ही हीगेल की द्वन्द्वात्मक पद्धति के नाम से विख्यात है।

द्वन्द्वात्मक प्रणाली के जन्मदाता 'इलिया' (Elea) के प्रसिद्ध दर्शनशास्त्री जैनो (Zeno) थे। इस प्रणाली का प्रयोग बहुत-से दार्शनिकों ने किया है; यथा—प्लेटो, कान्ट, हीगेल, एफ० एच० ब्रेडले, कार्लमार्क्स आदि। वस्तुतः दर्शन के क्षेत्र में इस प्रणाली का सर्वाधिक महत्वपूर्ण प्रयोग यूनानी दार्शनिक प्लेटो और जर्मन-दार्शनिक हीगेल ने ही किया है। विश्व साहित्य कोश के अनुसार— "Dialectic has been part of the procedure of many philosophers, among them Zeno of Elea (its reputed originator), Plato, Kant, Fichte, Hegel, F. H. Bradley and the Marxists, perhaps its philosophical use is most note worthy in Plato and Hegel."[1]

प्लेटो ने इस पद्धति की चर्चा अपने प्रसिद्ध ग्रन्थ 'गणतन्त्र' (Republic Book V. p. 509-11, Book VII, 532-39) में की है। इस पद्धति के अनुसार उन्होंने प्रश्नोत्तर एवं परिचर्चा करके तत्व मीमांसा शास्त्र एवं नीतिशास्त्र के क्षेत्र में महत्वपूर्ण स्थापनायें की हैं। हीगेल प्लेटो की अन्तर्दृष्टि से प्रभावित थे। संभवतः उन्होंने द्वन्द्वात्मक पद्धति शब्द भी उन्हीं से ग्रहण किया था।

चूँकि हीगेल अन्तिम तत्व विचार अथवा भाव (Idea) को मानते हैं, अतः उन्होंने द्वन्द्वात्मक प्रणाली को भाव-जगत अथवा विचार-जगत पर घटित किया है। द्वन्द्वात्मक पद्धति के अनुसार विचार-जगत की प्रत्येक क्रिया में दुहरी प्रवृत्ति [वाद एवं प्रतिवाद (Thesis and Anti-thesis) की] सन्निविष्ट होती है। प्रत्येक वाद (Thesis) में कुछ ऐसे अन्तर्विरोध विद्यमान रहते हैं, जो कालान्तर में मूलवाद को नष्ट करके प्रतिवाद (Antithesis) के रूप में विकासोन्मुख होते हैं। तदुपरान्त प्रतिवाद के रूप में स्थापित इन अन्तर्विरोधों का भी संश्लेषण (Synthesis) अथवा समन्वय होकर एक उदात्त रूप की प्रतिस्थापना होती है। विकासक्रम इसी प्रकार आगे बढ़ता रहता है। हीगेल की धारणा है कि प्रत्येक प्रगतिशील सामाजिक परिवर्तन (अर्थ, धर्म, राजनीति आदि के क्षेत्र में) 'भाव' (Idea) अथवा 'विचार' की परिवर्तनगामी उन्नति की ही अनिवार्य परणति है। हीगेल के अनुसार समस्त द्वन्द्वात्मक प्रणाली इस प्रकार है—'सर्वप्रथम प्रत्येक वस्तु का एक मौलिक रूप (Thesis) होता है। विकासवाद के अनुसार यह

1. Dictionary of World Literature, p. 159.

बढ़ती है और इसका विकसित रूप कालान्तर में इसके मौलिक रूप का बिल्कुल विपरीत हो जाता है, जिसे विपरीत रूप (Antithesis) कहते हैं। ज्यों-ज्यों समय आगे बढ़ता है; विकासवादी सिद्धान्त के अनुसार ये मौलिक रूप आपस में मिलते हैं और इन दोनों के मेल से वस्तु का नया सामंजस्यपूर्ण (Synthesis) रूप तैयार होता है। यह सामंजस्यपूर्ण रूप थोड़े दिनों में फिर मौलिक रूप बन जाता है और फिर यही क्रिया आवृत होने लगती है।'[1]

इस प्रकार द्वन्द्वात्मक प्रणाली के अनुसार कोई भी वस्तु मूलत: 'वाद' (Thesis) है और उसकी विरोधी 'प्रतिवाद' (Anti-thesis)। 'वाद' और 'प्रतिवाद' दोनों में ही गुण और दोष होते हैं; और चूँकि दोनों परस्पर विरोधी होते हैं, इसलिए उनमें संघर्ष होता है और उस संघर्ष की परिणति 'संश्लेषण' (Synthesis) के रूप में एक उदात्त स्थिति में होती है। यह संश्लेषणात्मक स्थिति भाव की मूल स्थिति से भव्यतर होती है और उदात्त सत्य का उद्‌घाटन करती है।

हीगेल ने द्वन्द्वात्मक पद्धति को समाज, धर्म, राजनीति, इतिहास एवं कला आदि सभी के ऊपर आरोपित किया है। उनका विश्वास है कि 'आइडिया' का विकास ही सम्पूर्ण सामाजिक विकास (जिसमें कि अर्थ, धर्म, राजनीति आदि सभी समाहित हो जाते हैं) का केन्द्रस्थल है और चूँकि द्वन्द्वात्मक पद्धति के अनुसार ही 'भाव' अथवा 'विचार' (Idea) प्रगतिगामी है, इसलिए सम्पूर्ण सामाजिक परिवर्तनों की आधारभूत प्रणाली भी द्वन्द्वात्मक प्रक्रिया (Dialectical Process) ही है।

हीगेल का ललित कला-विषयक दृष्टिकोण— हीगेल के कला-सिद्धान्त को समझने के लिए उसकी द्वन्द्वात्मक प्रक्रिया-पद्धति को बराबर दृष्टि-पथ में रखना होगा। उपर्युक्त द्वन्द्वात्मक पद्धति का संक्षिप्त विवेचन इसी उद्देश्य में रखकर किया गया है। हीगेल ने अन्तिम तत्त्व 'आयडिया' प्रत्यय माना है। ब्रह्माण्ड भी विस्तार द्वन्द्वात्मक प्रणाली के आधार पर होता है। अर्थात् विचार मूल रूप में एक वाद (Thesis) है जोकि स्वयं की आंतरिक आवश्यकतानुसार अपने विरोध में प्रगतिगामी होता है तथा अनेक रूपों में टूटकर स्वत: ही प्रकृति (Nature) के रूप में प्रकट होता है। इस प्रकार प्रकृति (Nature) विचार (Idea) रूपी वाद (Thesis) की प्रतिवाद (Anti-thesis) हुई। चूँकि प्रकृति भी (अर्थात् प्रतिवाद की स्थिति भी) विचार की (द्वन्द्वात्मक प्रणाली के अनुसार) अधूरी अभिव्यक्ति है, इसलिये वह भी अपनी बहु दशाओं का विरोध कर अन्तिम सत्य को उपलब्ध होती है, जो कि परम आत्मा अथवा परम मन (Absolute Spirit or Absolute Mind) है और यही द्वन्द्वात्मक सिद्धान्त के अनुसार संश्लेषण अथवा समन्वय (Synthesis) की स्थिति है। परम मन अपनी अभिव्यक्ति—कला, धर्म और दर्शनशास्त्र के माध्यम से करता है। फ्रेंक थिली के अनुसार, "The Absolute Mind likewise passes through three stages, revealing itself in the art, the

1. हिस्ट्री ऑफ माडर्न पॉलिटिकल थॉट, पृ० 134।

religion, and the philosophy of the human mind."[1]

इस प्रकार हीगेल ने 'कला' को परम मन की अभिव्यक्ति का साधन मानकर उच्च स्थल पर प्रतिष्ठित तो किया है; किन्तु उन्होंने कला को परम मन अथवा परम आत्मा, जोकि अन्तिम सत्य है, की अभिव्यक्ति का सर्वोच्च फार्म कहीं भी स्वीकार नहीं किया है। उन्हीं के शब्दों में —'Art, however, as we shall see more definitely, far from being the highest form of spirit."[2]

इस तरह कला आधिभौतिक सत्ता को व्यक्त करने का माध्यम तो अवश्य ठहरती है, किन्तु ईश्वरीय तत्त्व को व्यक्त करने वाले सर्वोच्च फार्म के रूप में नहीं। उनकी धारणा है ईश्वर की सत्ता अथवा परम मन (Absolute Mind or Sprite) की अनुभूतिपूरक अभिव्यक्ति (Intuitive Expression) कला में होती है, उपस्थापनापूर्ण (Full of Presentation) अभिव्यक्ति धर्म में तथा तर्कपूर्ण अवधारणात्मक (With logical Concept) अभिव्यक्ति दर्शनशास्त्र में। चूँकि अन्तिम दोनों अभिव्यक्तियाँ क्रमानुसार प्रथम से श्रेष्ठतर एवं श्रेष्ठतम हैं, अत: इस क्रम में कला का स्थान तीसरा पड़ता है। वे कला से ऊपर धर्मशास्त्र और उससे भी ऊपर दर्शनशास्त्र को प्रतिष्ठित करते हैं। क्योंकि मानव कला के माध्यम से परम सत्ता का अनुभव भर करता है, जबकि धर्मशास्त्र में उसकी अभिव्यक्ति करता है और दर्शन-शास्त्र में शुद्ध तर्क-ज्ञान के आधार पर उससे एकीभूत हो जाता है। इस प्रकार परम मन की अभिव्यक्ति कला, धर्म और दर्शन में पूर्णता के दृष्टिकोण से क्रमानुसार होती है। फ्रैंक थिली के शब्दों में—"The Absolute Mind expresses its essence or truth in the form of intuition in art; in the form of presentation in religion; in the form of conception or the pure logical concept in philosophy."[3]

आइडिया (Idea) अथवा विचार-सम्बन्धी दर्शन के प्रतिपादनोपरांत हीगेल ने कला के इतिहास-दर्शन की चर्चा की है। भाव अथवा विचार की विकासात्मक प्रक्रिया के आधार पर हीगेल ने कला को तीन शीर्षकों—प्रतीकवादी (Symbolic), शास्त्रीय (Classic) एवं रोमानी (Romantic) कला के अन्तर्गत रखा है।

(1) प्रतीकवादी कला विचार (Idea) की पूर्ण अभिव्यक्ति के लिए शक्ति भर प्रयास तो करती है, परन्तु असफल रहती है। कहना यह है कि कला के प्रतीकवादी रूप में विचार की अपूर्ण किन्तु संघर्ष प्रधान अभिव्यक्ति होती है। परिणामत: प्रतीकवादी कला में अनोखापन तो प्रचुर मात्रा में पाया जाता है, किन्तु आइडिया की भौतिक वस्तुओं में अभिव्यक्ति अपूर्ण, सुरुचि विहीन, बेढंगी एवं बेडौल ही दिखाई देती है। भारत, फारस एवं मिस्र की कलाओं का हीगल ने प्रतीकवादी कला के

---

1. Frank Thilly : A History of Philosophy, p. 488.
2. Hegel : Aesthetics, I, p. 35.
3. Frank Thilly : A History of Philosophy, p. 488.

उदाहरण के रूप में उल्लेख किया है; उदाहरणार्थ— "Symbolic Art Covers for Hegel the exuberant, bizarre, but for him formless and tasteless Art of India, Persia, Egypt etc."[1]

(2) शास्त्रीय कला में 'आइडिया' की पूर्ण अभिव्यक्ति भौतिक वस्तुओं के माध्यम से सम्भव होती है। प्रतीकवादी कला की अपूर्ण अभिव्यक्ति यहाँ पूर्णत्व को उपलब्ध होती है, परिणामत: विचार और आकृति का वैषम्य मिट जाता है और सुरुचि एवं सौन्दर्य का विकास होता है। हीगेल ने यूनानी देवी-देवताओं की मूर्तियों को शास्त्रीय कला के उदाहरण स्वरूप रखा है। वे शास्त्रीय कला को कला की पराकाष्ठा मानते हैं। 'In classic art we have the highest of which art, As art, is Capable.'[2]

(3) रोमानी कला में भी 'आडिया' की पूर्ण अभिव्यक्ति नहीं पाई जाती। वस्तुत: रोमानी कला प्रतीकवादी कला से, 'विचार' की अभिव्यक्तिगत अपूर्णता में काफी तालमेल खाती है। दोनों में प्रधान भेद यही है कि रोमानी कला विचार की अपूर्णता सम्बन्धी अपने दोष को पर्याप्त कलात्मकता से अभिव्यक्त करने में पूर्ण सक्षम है, जबकि प्रतीकवादी कला नहीं। "In Romantic Art inadequacy receives artistic expression—It only differs from (Symbolic Art) in its clear sense of what it fails to express."[3]

रोमानी कला की शास्त्रीय कला एवं प्रतीक वादी कला से भिन्नता एवं विशेषता इस बात में भी है कि इसमें 'आइडिया' की अभिव्यक्ति (भले ही वह अपूर्ण हो) का आधार भौतिक वस्तुयें न होकर भाव-प्रधान बुद्धि होती है।

तदुपरान्त हीगले ने ललित कलाओं का विभाजन तीन चाक्षुष कलाओं (Visual Arts)—वास्तु-कला (Architecture), मूर्ति-कला (Sculpture) एवं चित्रकला (Painting) तथा दो श्रवण कलाओं (Auditory Arts) संगीत एवं काव्य के रूप में किया है। वास्तु-कला प्रतीकवादी कला की प्रावस्था है, जिसमें कि विचार अपने को अभिव्यक्त करने में पूर्ण सफल नहीं होता। वास्तु-कला में पदार्थ (Matter) का परिचालन किया जाता है, पदार्थ को स्थूल ढंग से सुडौल बनाने का प्रयास किया जाता है। इसमें चेतन तत्त्व की अभिव्यक्ति का प्रयास भर होता है, पूर्ण अभिव्यक्ति नहीं हो पाती। आध्यात्मिक शब्दावली में कहें तो कह सकते हैं कि वास्तु-कला मात्र उपासनागृह का निर्माण कर सकती है, उसमें ईश्वर की प्रतिष्ठा नहीं कर सकती, जो कि मूर्ति-कला का काम है। इसलिए मूर्ति-कला शास्त्रीय कला की प्रावस्था है, जिसमें

1. J. N. Findlay-Hegel : A Re-examination, p. 345.
2. Ibid.
3. Ibid.

कि 'आयडिया' अथवा अन्तिम सत्य की पूर्ण अभिव्यक्ति मिलती है अथवा जो विचार को पूर्णतः प्रकाश में लाने में, प्रदर्शित करने में सक्षम है।

चित्र-कला, संगीत-कला एवं काव्य-कला को हीगेल ने अपने ललित कला-दर्शन में रोमानी कला की प्रावस्थाओं के रूप में स्थान दिया है। चित्र-कला मूर्ति-कला से अधिक सूक्ष्म है, क्योंकि चित्रकला में कला विभीय स्थिति (Dimensional state) से मुक्त होकर एक आदर्श स्थिति को प्राप्त करती है, जहाँ कि सम्पूर्ण दृश्यमान जगत की दृश्यता रंगों के माध्यम से प्रस्तुत की जाती है अथवा की जा सकती है और जहाँ कला 'मास' (Mass) एवं 'स्पेस' (Space) से स्वतन्त्र होकर एक स्तर (Plan) को प्राप्त होती है।

हीगेल ने चित्र-कला से श्रेष्ठ रोमानी कला संगीत को माना है। संगीत-कला चित्रकला से उसी प्रकार सूक्ष्म है जिस प्रकार मूर्ति-कला से चित्र-कला, क्योंकि संगीत-कला का आधार ध्वनि है, जो कि स्थान, काल एवं पदार्थ तीनों से स्वतन्त्र मात्र स्मृति में रहने वाला सूक्ष्म तत्त्व है। वे संगीत-कला को अस्तित्व का बाह्यत्त्व समाप्त करके ध्वनियों के माध्यम से विशुद्ध आत्माभिवृत्तियों (Spiritual attitudes) को अभिव्यक्ति करने का श्रेष्ठ साधन मानते हैं। फलतः उसे चित्र-कला से अधिक सूक्ष्म एवं श्रेष्ठ प्रमाणित करते हैं।

हीगेल ने रोमानी कलाओं में सर्वश्रेष्ठ स्थान काव्य-कला को दिया है। काव्य-कला संगीत-कला से उसी प्रकार अधिक सूक्ष्म है, जिस प्रकार संगीत-कला चित्र-कला से काव्य का आधार कल्पना है। अतः काव्य पदार्थ से पूर्णतः मुक्त हो जाता है। काव्य-संसार विचारों और भावनाओं का अंतःसंसार है, जहाँ कि शब्द मनोभावों के प्रतीक बनकर मानव-मन को प्रतिबिम्बित करते हैं। हीगेल काव्य-कला को रोमानी कला को सर्वश्रेष्ठ प्रावस्था मानते हुए लिखते हैं— "Poetry is the Universal art of the Spirit which has become free in itself, and is not bound for its realization to external sensuous material but which merely proceeds in the interior Space and Time of Picture-thoughts and sensations."[1]

'काव्य-कला अन्तरात्मा की वह सार्वत्रिक कला है जो कि पूर्णतः स्वतन्त्र होकर अपने प्रत्यक्ष ज्ञान के लिए बाह्य ऐन्द्रिय उपादानों से बाध्य नहीं होती, वरन् प्रतिबिम्बित विचारों एवं भावानुभूतियों के देश-काल (Space and time) के अभ्यंतर में मात्र प्रगमन करती है।' इस प्रकार हम देखते हैं कि रोमानी कलाओं में सर्वाधिक सूक्ष्म स्तर काव्य-कला का है, क्योंकि काव्य-कला अपनी अभिव्यक्ति के लिए पदार्थ अथवा बाह्य प्रकृति के उपादानों की आश्रित नहीं है। वह बाह्य पदार्थ से बाध्य भी नहीं है। स्व में पूर्णतः स्वतन्त्र है; अतः सर्वश्रेष्ठ है।

---

1. Hegel : Aesthetics, I. p. 131.

हिन्दी-आलोचना में हीगेल के साहित्य-दर्शन की विस्तार से व्याख्या अपेक्षित है। इस क्षेत्र में यद्यपि छुट-पुट प्रयास हुए हैं, तथापि उन्हें पर्याप्त नहीं कहा जा सकता क्योंकि हीगेल की ओर संकेत करने वाले समालोचकों ने या तो हीगेल का अनुसरण किया है अथवा मात्र उनके ललित कला-विषयक दर्शन को भ्रामक एवं अनुपयुक्त साबित करने का प्रयास। डॉ० श्यामसुन्दरदास तथा बाबू गुलाब राय जैसे विद्वान यदि मात्र हीगेल के अनुसरणकर्त्ता कहे जा सकते हैं तो आचार्य रामचन्द्र शुक्ल एवं जयशंकर प्रसाद जैसे प्रतिष्ठित आलोचक एवं कवि-आलोचक उनके विरोधी।

डॉ० श्यामसुन्दर दास ने 'सहित्यालोचन' में ललित कलाओं का जो वर्गीकरण किया है, कहना न होगा कि वह हीगेलियन कला-विभाजन से पूर्णत: प्रभावित है। यह प्रभाव द्विविध रूप से ग्रहण किया गया है। एक तो ललित कलाओं को दो प्रमुख भागों—(अ) चाक्षुष कलायें (Visual Arts)— वास्तु-कला, मूर्ति-कला एवं चित्र-कला (ब) श्रवण कलायें (Auditory Arts)—संगीत एवं काव्य—में विभक्त करके तथा दूसरे, कलाओं का उनकी रूपगत सूक्ष्मता के आधार पर श्रेणी-विभाजन करके। डा० श्यामसुन्दर दास की नेत्रेन्द्रिय के सन्निकर्ष से मानसिक तृप्ति का साधन बनने वाली कलायें (वास्तु, मूर्ति एवं चित्र-कला) तथा श्रवणेन्द्रिय के सन्निकर्ष से मानसिक तृप्ति का साधन बनने वाली कलायें (संगीत एवं काव्य) वे ही हैं जिन्हें हीगेल चाक्षुष (Visual) एवं श्रवण (Auditory) कलायें कहकर दो भागों में विभक्त करते हैं। तुलनात्मक दृष्टि से डॉ० श्यामसुन्दर दास के ये शब्द उल्लेखनीय हैं—"ललित कलायें दो मुख्य भागों में विभक्त की जा सकती हैं—एक तो वे जो नेत्रेन्द्रिय के सन्निकर्ष से मानसिक तृप्ति प्रदान करती हैं और दूसरी वे जो श्रवणेन्द्रिय के सन्निकर्ष से उस तृप्ति का साधन बनती हैं। इस विचार से वास्तु (मन्दिर-निर्माण), मूर्ति (अर्थात् तक्षण कला) और चित्र-कलायें तो नेत्र-द्वारा तृप्ति का विधान करने वाली हैं और संगीत और काव्य कानों के द्वारा।"[1]

इसी संदर्भ में हीगेल प्रणीत विभाजन भी द्रष्टव्य है—"Hegel also deals in turn with the three visual Arts of Architecture, Sculpture and Painting, with the two auditory Arts of Music and Poetry."[2]

इसी भाँति हीगेल के अनुरूप ही (जिसका उल्लेख किया जा चुका है) डा० श्यामसुन्दर दास ने मूर्त्त-आधार की मात्रा के अनुसार कलाओं का श्रेणी-विभाजन करके काव्य-कला को सर्वोत्तम स्थान पर प्रतिष्ठित किया है। उन्हीं के शब्दों में—"इस मूर्त्त-आधार की मात्रा के अनुसार ललित कलाओं की श्रेणियाँ, उत्तम और मध्यम स्थिर की जा सकती हैं। जिस कला में मूर्त्त आधार जितना ही कम रहता है, वह उतनी ही उच्च कोटि की समझी जाती है। इसी भाव के अनुसार काव्य-कला को सबसे ऊँचा

1. डा० श्यामसुन्दरदास : साहित्यालोचन, पृष्ठ 18।
2. J. N. Findlay, Hegel : A Re-examination, p. 345.

स्थान दिया जाता है..........अन्तिम अर्थात् सर्वोच्च स्थान काव्य-कला का है।'[1]

बाबू गुलाबराय भी श्यामसुन्दर दास और हीगेल की तरह ही काव्य को ललित कलाओं का ही अंग मानते हैं। उन्होंने अपनी पुस्तक 'सिद्धान्त और अध्ययन' में चित्र-कला, संगीत-कला और काव्य की गणना ललित कलाओं के अन्तर्गत करके एक प्रकार से हीगेल के मत की ही पुष्टि की है। यही नहीं, हीगेल से कुछ आगे बढ़कर उन्होंने ललित कलाओं के पारस्परिक सम्बन्ध और एक-दूसरे पर डाले जाने वाले प्रभाव का भी उल्लेख किया है। उनकी धारणा है कि यूरोप की प्रभाववादी काव्य-धारा के मूल में प्रभाववादी चित्र-कला का ही प्रभाव रहा है।

कविवर जयशंकर प्रसाद ने हीगेल के कला-विभाजन की मीमांसा करते हुए काव्य को ललित-कलाओं का अंग स्वीकार की जाने वाली आधुनिक प्रवृत्ति को भ्रामक ठहराया है। उन्होंने हीगेल के विभाजन को अशुद्ध प्रमाणित कर इस सम्बन्ध में भारतीय चिन्ताधारा का अलग से उल्लेख किया है। उनकी धारणा है कि भारतीय परम्परा काव्य की गणना विद्या में और कलाओं की उपविद्या में करती रही है। वे न तो हीगेल की इस बात से सहमत हैं कि काव्य, चित्र, मूर्ति, संगीत आदि से इसलिए श्रेष्ठ है, क्योंकि इसका आधार सूक्ष्मतम है, पूर्णत: अमूर्त है और न इस बात से कि कला का स्थान धर्म और दर्शन से क्रमश: निम्न एवं निम्नतर है। अमूर्त के भेद (सूक्ष्म आधार के भेद) से साहित्य-कला की महत्ता प्रमाणित करने के सम्बन्ध में उनका मत है—"किन्तु वर्तमान विचार-धारा मूर्त्त और अमूर्त कलाओं का भेद करते हुए भी कविता को अमूर्त्त संगीत कला से ऊँचा स्थान देती है। कला के इस तरह विभाग करने वालों का कहना है कि मानव-सौन्दर्य-बोध की सत्ता का निदर्शन तारतम्य के द्वारा दो भागों में किया जा सकता है। एक स्थूल और बाह्य तथा भौतिक पदार्थों के आधार पर ग्रथित होने के कारण निम्न कोटि की, मूर्त होती है। जिसका चाक्षुष प्रत्यक्ष हो सके वह मूर्त्त है।..........संगीत-कला एवं कविता अमूर्त्त कलायें हैं। संगीत-कला नादात्मक है और कविता उससे उच्चकोटि की अमूर्त्त कला है। काव्य कला को अमूर्त्त मानने में जो मनोवृत्ति दिखलाई देती है, वह महत्त्व उसकी परम्परा के कारण है। यों तो साहित्य-कला उन्हीं तर्कों के आधार पर मूर्त्त भी मानी जा सकती है; क्योंकि साहित्य-कला अपनी वर्णमालाओं के द्वारा प्रत्यक्ष मूर्त्तिमती है............तब तो यह कहना भ्रम होगा कि चित्र-कला और वाङ्मय भिन्न-भिन्न वर्ग की वस्तुयें हैं। इसलिए अन्य सूक्ष्मताओं और विशेषताओं का निदर्शन न करके केवल मूर्त्त और अमूर्त्त के भेद से साहित्य-कला की महत्ता स्थापित नहीं की जा सकती है।"[2]

धर्म-शास्त्र और दर्शन-शास्त्र को कला से श्रेष्ठ मानने वाले हीगेल के मत के सम्बन्ध में भी उनके विचार द्रष्टव्य हैं—"हीगेल के मतानुसार कला के ऊपर धर्म-

---

1. डॉ० श्यामसुन्दरदास : साहित्यालोचन, पृ० 18-19।
2. जयशंकर प्रसाद : काव्य और कला तथा अन्य निबन्ध, पृ० 10-11।

शास्त्र का और उससे भी ऊपर दर्शन का स्थान है। ....परन्तु भारतीय विचारधारा इस सम्बन्ध में अपना जो मत रखती है वह विलक्षण और अभूतपूर्व है।''[1]

आचार्य पण्डित रामचन्द्र शुक्ल भी काव्य को कलागत वर्गीकरण में रखने सम्बन्धी विचारधारा के कटु आलोचक हैं। वे इस सन्दर्भ में प्राचीन भारतीय परम्परा की ओर संकेत करते हुए कहते हैं कि वात्स्यायन ने अपने काम-सूत्र में जिन चौंसठ कलाओं का उल्लेख किया है, उनमें वास्तु-कला, चित्र-कला, संगीत-कला आदि को तो कलाओं के अन्तर्गत रखा गया है; परन्तु काव्य को नहीं। वे साहित्य अथवा काव्य का सौन्दर्य-शास्त्र तथा कला से कोई भी सम्बन्ध स्वीकार नहीं करते उन्हीं के शब्दों में—

''सौन्दर्य-शास्त्र में, जिस प्रकार चित्र-कला, मूर्ति-कला आदि शिल्पों का विचार होने लगा उसी प्रकार काव्य का भी। सबसे बेढंगी बात तो यही हुई।''[2]

हिन्दी-आलोचकों के विचारों से अवगत होकर इस संदर्भ में अब पुनः कहना न होगा कि हिन्दी-आलोचना में अभी तक हीगेल के साहित्य-दर्शन की जो विवेचना प्रस्तुत की गई, वह अपूर्ण है, पर्याप्त नहीं। फलतः आज आवश्यकता इस बात की नहीं है कि उनके पक्ष अथवा विपक्ष में मान्यताओं को सुस्थिर किया जाये, वरन् आवश्यकता इस बात की है कि उनके साहित्य-दर्शन को भली-भाँति समझा जाये, उसकी विस्तार से मीमांसा की जाये। प्रस्तुत निबन्ध इसी उद्देश्य से अभिप्रेत एक छोटा-सा विनम्र प्रयास है।

21

मार्क्सवादी समीक्षक—कार्ल मार्क्स के साहित्य-सिद्धान्त

मार्क्सवादी चिन्तन-पद्धति की एक विस्तीर्ण परम्परा है। यद्यपि मार्क्स से पूर्व भी बेलिंस्की, हर्जन, चर्नीशेब्सकी, दोब्रोल्युबोव आदि चिन्तकों का साहित्यिक दृष्टिकोण पर्याप्त प्रगतिवादी रहा है; तथापि मार्क्सवाद के विशुद्ध स्वरूप का दर्शन तो मार्क्स एवं ऐंगिल्स-काल से ही होता है। कार्ल मार्क्स ने विश्व-चिन्ता धारा को सर्वाधिक प्रभावित किया है। मार्क्सवादी चिन्तन की सुदीर्घ परम्परा में मार्क्स एवं ऐंगिल्स के अतिरिक्त लेनिन, गोर्की, प्लेखानव, लूना चार्स्की, कॉडवेल, जार्जलुकाच, राल्फ फाक्स आदि के नाम उल्लेखनीय हैं।

इतिहास-प्रसिद्ध मित्रदय मार्क्स एवं एंगिल्स (1818-1883 एवं 1820-1895) मूलतः आर्थिक एवं राजनीतिक विचारक थे। किन्तु दोनों की ही साहित्य में गहरी अभिरुचि थी। मार्क्स-साहित्य में एंगिल्स की भी छाप रही है। वस्तुतः कार्ल मार्क्स सिद्धान्त-निर्माता थे और ऐंगिल्स उन सिद्धान्तों के सर्वाधिक विश्वस्त व्याख्याता एवं प्रचारक। मार्क्स ने अपने जीवन-काल में पर्याप्त समाजवादी साहित्य रचा। उनकी

1. जयशंकर प्रसाद : काव्य और कला तथा अन्य निबन्ध, पृ० 12।
2. आचार्य शुक्ल : काव्य में अभिव्यंजनावाद, (चिन्तामणि भाग 2), पृ० 178।

प्रमुख रचनाओं में 'द पावर्टी ऑफ फिलासफी-1847 (The Poverty of Philosophy), द कम्यूनिस्ट मेनिफेस्टो-1848 (The Communist Manifesto), द क्रिटिक ऑफ पॉलिटिकल इकनामी-1859 (The Critique of Political Economy), इनाउगरल एड्रेस आफ द इन्टरनेशनल वर्किंग-मेंज एसोसिएशन (Inaugural Address of the International Working-Men's Association), वेल्यू, प्राइस एण्ड प्राफिट-1865) (Value, Price and Profit) दास केपिटल-1867 (Das Capital), द सिविल वार इन फ्रान्स-1870-71 (The Civil War in France), द गोथा प्रोग्राम (The Gotha Programme), क्लास स्ट्रगल इन फ्रान्स (Class Struggle in France) आदि के अतिरिक्त लेख, संस्मरण, गुप्त पत्र, संवाद, आलोचना एवं छुट-पुट निबन्ध भी हैं। मार्क्स-साहित्य प्रमुखतः सामाजिक-आर्थिक समस्याओं से सम्बन्धित है। साहित्य अथवा कला को ही पूर्णतः समर्पित उनका कोई भी उल्लेखनीय ग्रन्थ नहीं है। उन्होंने कला-साहित्य सम्बन्धी विचार इन्हीं आर्थिक एवं सामाजिक ग्रंथों में ही यत्र-तत्र प्रकट किए हैं। इस प्रकार हमें युग-पुरुष कार्ल मार्क्स के साहित्य-दर्शन को जानने के लिए इन्हीं छुट-पुट उल्लेखों, पत्रों, सामयिक साहित्य एवं साहित्यकारों पर प्रकट किए हुए उनके विचारों आदि पर ही निर्भर करना पड़ता है। कार्ल मार्क्स के विचार युगान्तकारी थे। उनके द्वारा प्रवर्तित दर्शन इतना व्यापक है कि उनकी स्थापनाओं का प्रभाव जीवन के सभी क्षेत्रों पर पड़ा है। इतिहास, दर्शन और समाज के साथ ही साथ साहित्य और कला भी इस प्रभाव से अछूते न रह सके। आज के सर्जक और सर्जना, विवेचक और विवेचना—सभी मार्क्स-दर्शन से प्रभावित हैं। मार्क्स-दर्शन (विशेष रूप से द्वन्द्वात्मक भौतिकवाद पर) पर आधारित साहित्य में प्रगतिवादी आन्दोलन ने साहित्य के आनन्दवादी मूल्यों को झकझोर कर भौतिक उपयोगितावादी मूल्यों की स्थापना करने का सफल प्रयास किया है। वैज्ञानिक समाजवाद की व्याख्या मार्क्स के घनिष्ठतम मित्र ऐंगिल्स ने ही प्रस्तुत की है—"वैज्ञानिक समाजवाद वह समाजवाद है जो समाजवादी व्यवस्था स्थापित करने से पहले-उन तमाम वैज्ञानिक नियमों का ज्ञान प्राप्त कर लेता है, जिनके आधार पर सामाजिक परिवर्तन होते हैं। सामाजिक गत्यात्मकता नियम-विहीन नहीं होती। यदि हम इन नियमों को जान लें तो उसी के अनुरूप समाजवादी परिवर्तन कर सकेंगे। वैज्ञानिक समाजवाद जिस स्थान पर खड़ा है, वह स्वप्नों और भावनाओं की कोमल भूमि नहीं है, वरन् सत्य और परिस्थिति का कठोर धरातल है।"[1]

इस प्रकार मार्क्सवाद सृष्टि और समाज—दोनों की विकासात्मक स्थिति की विवेचना करने वाला दर्शन ठहरता है, जिसके कि दो स्वरूप हैं—प्रथमांतर्गत, सृष्टि और समाज के विकास का विश्लेषणात्मक अध्ययन प्रस्तुत किया जाता है तथा दूसरे में इस अध्ययन के आधार पर समाज में परिवर्तन लाने सम्बन्धी प्रयास किए जाते हैं।

---

1. हिन्दी-साहित्यकोश, भाग—1, पृ० 644।

मार्क्सवादी दर्शन बड़ा ही विराट, व्यापक, सुसम्बद्ध एवं विस्तृत है। मार्क्स की विचारधारा को सुगम्यता की दृष्टि से चार भागों में विभाजित किया जा सकता है; यथा—

(1) द्वन्द्वात्मक भौतिकवाद (Dialectical Materialism)

(2) इतिहास की भौतिकवादी व्याख्या अथवा ऐतिहासिक भौतिकवाद (Materialistic Interpretation of History)

(3) वर्ग-संघर्ष का सिद्धान्त (Theory of Class Struggle)

(4) अतिरिक्त मूल्य का सिद्धान्त (Theory of Surplus Value)

ये चारों मार्क्स-दर्शन-स्तम्भ भी परस्पर सुगुम्फित हैं और उनके मूल दर्शन (द्वन्द्वात्मक भौतिकवाद) की अविभाज्य इकाई हैं। इन सभी सिद्धान्तों की सुसम्बद्धता केटलिन (Catlin) के शब्दों में द्रष्टव्य है; यथा—"क्रान्तिकारी कदम वर्ग-संघर्ष के सिद्धान्त पर निर्मित है, वर्ग-संघर्ष अतिरिक्त मूल्य के आर्थिक सिद्धान्त पर, आर्थिक सिद्धान्त इतिहास की आर्थिक व्याख्या पर और यह व्याख्या मार्क्स-हीगेल के द्वन्द्ववाद पर और द्वन्द्ववाद भौतिकवादी अध्यात्म विद्या पर" मार्क्स की चिन्ताधारा के उपरिउक्त चार पहलुओं (यद्यपि ये चारों पहलू एक दूसरे से सुसम्बद्ध हैं) में उपर्युक्त से हमारा यहाँ अभिप्रेत मात्र उन्हीं दो पहलुओं से है, जिनका सीधा प्रभाव विश्व-साहित्य पर पड़ा है। और ये दो पहलू हैं—द्वन्द्वात्मक भौतिकवाद (Dialectical Materialism) तथा ऐतिहासिक भौतिकवाद (Historical Materialism) वस्तुत: मार्क्स-सौन्दर्य-शास्त्र का मूल उत्स द्वन्द्वात्मक भौतिकवाद ही है; ऐतिहासिक भौतिकवाद तो द्वन्द्वात्मक पद्धति के आधार पर इतिहास का अध्ययन है अथवा समाज का विकासात्मक अध्ययन है।

द्वन्द्वात्मक भौतिकवाद

द्वन्द्वात्मक भौतिकवाद मार्क्सवाद का दार्शनिक दृष्टिकोण है। यह सम्पूर्ण मार्क्सवाद को समझने की कुंजी है। द्वन्द्वात्मक भौतिकवाद ही वस्तुत: वह आधारशिला है, जिस पर उनके दर्शन के अन्य तीन खण्ड (ऐतिहासिक भौतिकवाद, वर्ग-संघर्ष एवं अतिरिक्त मूल्य का सिद्धान्त) भी टिके हुए हैं। 'शार्टहिस्ट्री आफ द कम्यूनिस्ट पार्टी आफ द सोवियत यूनियन' (Short History of the Communmist Party of the Soviet Union) में अधिकृत रूप से घोषणा की गई है कि प्रत्येक स्थिति के प्रति दल को सही दृष्टिकोण बनाने के लिए द्वन्द्ववाद की सहायता लेनी चाहिए। सामयिक घटनाओं के आन्तरिक सम्बन्धों को समझने के लिए, उनकी वर्तमान और भूतकालीन स्थिति के सही मूल्यांकन के लिए द्वन्द्ववाद की सहायता अपेक्षित है। मार्क्स के मतानुसार यह सिद्धान्त संसार की सभी समस्याओं का यथार्थ हल ढूँढ़ सकता है। द्वन्द्ववाद से भूत, वर्तमान और भविष्यकालीन सामाजिक परिवर्तनों की दशा का ज्ञान हो सकता है।

जार्ज सेबाइन ने द्वन्द्वात्मक भौतिकवाद की व्याख्या में अन्तर्निहित मार्क्स के दो प्रयोजनों की ओर संकेत किया है—प्रथम क्रान्तिकारी सर्वहारा-वर्गीय दल के स्वार्थों की रक्षा-यंत्र के रूप में प्रयोग करने के इरादे से तथा दूसरे इतिहास को इसी आधार पर समझकर आर्थिक तथा सामाजिक सिद्धान्त की आलोचना करने सम्बन्धी उद्देश्य से।

मार्क्स ने सन् 1844 और 1848 के बीच लिखे गये अपने ग्रन्थों में सर्वप्रथम द्वन्द्वात्मक भौतिकवाद सम्बन्धी अपने विचार फायर बाख से प्रभावित होकर प्रकट किये। जार्ज सेबाइन के शब्दों में—"Marx's first statements of Dialectic Materialism were made in a group of works written between 1844 and 1848 under the stimulus of Feverbach's Materialist interpretation of Hegel and as incidents in Marx's Career as a revolutionary.'[1]

द्वन्द्वात्मक भौतिकवाद की द्वन्द्ववादी-प्रक्रिया (Dialectical Process) में सम्भवत: वह हीगेल से तथा भौतिकवादी अवधारणा में फायरबाख से प्रभावित थे। इस प्रकार उन्होंने हीगेल से द्वन्द्ववाद और फायरबाख से भौतिकवाद लेकर अपने सिद्धान्त का शिलान्यास किया। हिन्दी-साहित्यकोश के अनुसार—"द्वन्द्वात्मक भौतिकवाद दर्शन की दो विभिन्न धाराओं से सम्बन्धित है। जहाँ तक इसकी प्रणाली का सम्बन्ध है, यह हीगेल के द्वन्द्वात्मक आदर्शवाद से प्रभावित हुआ है और जहाँ तक दार्शनिक दृष्टिकोण का प्रश्न है, द्वन्द्वात्मक भौतिकवाद अन्य पूर्ववर्ती भौतिकवादियों के अतिरिक्त जर्मन दार्शनिक फायरबाख के यान्त्रिक भौतिकवाद, अर्थात् मैकेनिकल मैटीरियलिज्म से प्रभावित हुआ है।"[2]

द्वन्द्वात्मक भौतिकवाद को भलीभाँति समझने के लिए भौतिकवाद एवं द्वन्द्वप्रक्रिया की अलग-अलग व्याख्या समीचीन होगी।

भौतिकवाद (Materialism)— मार्क्स अद्वैतवादी थे। किन्तु हीगेल अथवा वेदान्तियों की भाँति विश्व का मूल किसी चेतन सत्ता अथवा ब्रह्म को मानने वाले अद्वैतवादी नहीं। वह इस सृष्टि का एक मात्र मूल तत्त्व भूत अथवा पदार्थ (Matter) अथवा जड़ प्रकृति को मानते हैं। भूत अथवा पदार्थ (Matter) का यहाँ तात्पर्य इन्द्रियगोचर, आँखों को दिखाई देने वाला जड़ जगत् है। इस प्रकार भूत (matter) को एक मात्र मूल तत्त्व स्वीकार करने वाली विचारधारा ही भौतिकवाद कहलाती है। ऐंगिल्स के शब्दों में कहें तो कह सकते हैं कि प्रकृति (अर्थात् जड़ जगत अथवा मैटर) को मूल तत्त्व मानने वाला वाद भौतिकवाद है।

मार्क्स अनीश्वरवादी थे। आत्मा तथा ईश्वर में उनकी आस्था नहीं थी। उनकी धारणा कठोर भौतिकवादी थी। उनका कहना था कि जिनका (ईश्वर एवं आत्मा का) हम अनुभव नहीं कर सकते, उनके अस्तित्व को स्वीकार करना मृगमरीचिका होगी

1. George H. Sabine : A History of Political Theory, p. 762.
2. हिन्दी-साहित्यकोश, भाग—1, पृ० 377।

जिस ईश्वर और आत्मा का अनुभव न किया जा सके उसके अस्तित्व के पीछे दौड़ना भ्रामक होगा। अतः मनुष्य को अपने विचार का आधार सुस्पष्ट भौतिक वस्तुओं को बनाना चाहिए। जमीन, पेड़ पौधे, मकान आदि प्रतीत होने वाली वस्तुयें ही सर्वथा सत्य हैं। ईश्वर तो मनुष्य की कल्पना की उपज है, अतः जगत् का मूल तत्त्व प्रत्यक्ष, इन्द्रियगोचर जड़ पदार्थ ही हैं। इस प्रकार मार्क्स ने संसार का मूल तत्व एवं मूल कारण भूत अथवा जड़ प्रकृति को ही माना है। उनकी धारणा है कि संसार के विकास, परिवर्तन एवं नियन्त्रण के लिए ब्रह्म या ईश्वर जैसी किसी शक्ति की आवश्यकता नहीं; संसार की ये सभी क्रियायें अर्थात् विकास, परिवर्तन आदि उसकी (जगत की) अन्तर्निहित शक्ति और स्वभाव के अनुरूप होती रहती हैं।

भौतिकवाद की उपरिउक्त व्याख्या के सम्बन्ध में दो प्रश्न गम्भीर रूप से सामने आते रहे हैं; यथा—यदि प्रकृति जड़ है, चेतनाहीन है; तो उसमें परिवर्तन अथवा विकास की ओर जाने के लिये गति कहाँ से आ सकती है? दूसरे, यदि जगत का मूल कारण ही जड़ भूत (Lifeless Matter) है, और यदि उसे परिवर्तनगामी भी मान लिया जाये तो भी विकास-क्रम, उससे जो कुछ भी उद्भूत होगा, से उसमें चेतना कहाँ आयेगी? अर्थात् जड़ से तो जड़ वस्तु का ही उद्भव संभव है। वस्तुतः इन आरोपों को निराधार साबित करने के लिए मार्क्स ने जड़ प्रकृति की कुछ विशेषताओं का उल्लेख भी किया है, जो कि इस प्रकार है—

मार्क्स मानते हैं कि निरन्तर गतिशीलता प्रकृति का स्वभाव (Matter in Motion) है। इस बात को वैज्ञानिक दृष्टि से भी साबित किया जा सकता है। प्रत्येक जड़ पदार्थ (ईंट, पत्थर, लकड़ी आदि) की संरचना अणुओं से मिलकर हुई है। और प्रत्येक अणु का निर्माण करने वाले न्यूट्रॉन और इलेक्ट्रॉन होते हैं जो निरन्तर गतिमान रहते हैं। इस प्रकार जड़ भूत की गत्यात्मकता अनवरत एवं निरपवाद है। अतः जड़ प्रकृति (जोकि स्वयं गतिमान है) को संचालित करने के लिए किसी बाह्य शक्ति (ईश्वर आदि) की आवश्यकता नहीं है, वह स्वचालित है, स्वयं परिवर्तनगामी है, स्वयं विकासोन्मुख है। वस्तुतः यही वह स्थल है, जहाँ कि मार्क्स ने फायरबाख के यान्त्रिक भौतिकवाद (Mechanistic Materialism) को संशोधित करके नये रूप में प्रतिष्ठित किया है।

निरन्तर गतिशील होने के कारण जड़ प्रकृति निरन्तर परिवर्तनगामी भी है। प्रकृति में कुछ भी स्थायी, शाश्वत एवं चिरन्तन नहीं। सभी कुछ बदलता है। पुरातन का ह्रास होता है, विनाश होता है और उसके स्थान पर नवीन की उत्पत्ति होती है, सृष्टि होती है।

इसके साथ ही, प्रकृति एक सुसम्बद्ध समष्टि (Integrated Whole) है, जिसमें कोई तत्व भी निरपेक्ष नहीं होता, वरन् एक-दूसरे से सम्बन्धित होता है। यही नहीं, एक दूसरे को अनिवार्य रूप से प्रभावित भी करता रहता है। प्रकृतिगत प्रत्येक परिवर्तन, प्रत्येक घटना, अनिवार्य रूप से दूसरी घटनाओं को प्रभावित करती है।

मार्क्स की धारणा है कि प्रत्येक जड़ पदार्थ में विरोधी तत्त्वों की अनिवार्य उपस्थिति होती है; उदाहरण के लिए— कोई वस्तु एक साथ ही कठोर और नरम होती है। लोहा अत्यधिक कठोर होते हुए भी अपनी मुलायमियत के कारण तोड़ा और काटा जा सकता है। विद्युत में धन और ऋण दो परस्पर विरोधी तत्त्व सदा विद्यमान रहते हैं।

जड़ प्रकृति में अन्तर्विरोधी तत्त्वों के कारण ही विकास-क्रम आगे बढ़ता है। कहना यह है कि प्रकृतिगत परिवर्तन अथवा विकास प्रकृति में विद्यमान परस्पर विरोधी तत्त्वों के आपसी संघर्ष की ही अनिवार्य परिणति है। प्रकृति के इस अन्तर्विरोधी स्वभाव के कारण ही सामाजिक स्थितियों, मूल्य एवं मान्यतायें विकासोन्मुख होती हैं। इस प्रकार मार्क्स ने प्रत्येक वस्तु में विरोधी तत्त्वों का संगम माना है तथा उनके (विरोधी तत्त्वों के) पारस्परिक संघर्ष को संसार के विकास एवं परिवर्तन का मूल कारण।

द्वन्द्वात्मक पद्धति (Dialectical Method)

मार्क्स के अनुसार उपरिउक्त प्रकृतिगत परिवर्तन एवं विकास द्वन्द्वात्मक पद्धति के अनुसार होता है। द्वन्द्वात्मक पद्धति को उन्होंने हीगेल से ग्रहण किया है यहाँ पर मार्क्स हीगेल का पूरी तरह अनुसरण करते हैं हीगेल के अनुरूप ही उनकी धारणा है कि विकासक्रम वाद (Thesis), प्रतिवाद (Anti Thesis) एवं संवाद (Synthesis) के त्रैत से सर्वदा ऊर्ध्वगामी होता है। द्वन्द्वात्मक प्रक्रिया को समझने के लिए मार्क्स तथा उसके अनुयायियों ने कुछ तो हीगेल से और कुछ वैज्ञानिक क्रियाओं के आधार पर मौलिक उदाहरण भी दिये हैं। इस संदर्भ में ऐंगिल्स द्वारा दिये हुए दो उदाहरण उल्लेखनीय होंगे। पहला उदाहरण गेहूँ के पौधे का है। गेहूँ की बीज वाद (Thesis) है। भूमि में बोया हुआ यह बीज अपने अन्तर्विरोधों के कारण गलकर नष्ट होकर गेहूँ के पौधे के रूप में परिवर्तित एवं विकसित होगा। पौधे के विकास की यह अवस्था प्रतिवाद (Anti thesis) या विपरिणाम (Negation) है। तीसरी अवस्था में पौधे पर बाली आयेगी और बाली पककर गेहूँ के दोनों में बदल जायेगी, पौधा अपने अन्तर्विरोधों के कारण सूखकर नष्ट हो जायेगा। बाली का पककर पुनः गेहूँ के दानों के रूप में परिवर्तन एवं विकास संवाद (Synthesis) अथवा विपरिणाम का विपरिणाम (Negation of Negation) है। इसी तरह जड़ प्रकृति के विकास का दूसरा उदाहरण चट्टानों से लिया जा सकता है। चट्टान अपने रूप में वाद (Thesis) है। अपने अन्तर्विरोधों के कारण टूटकर चूर्ण बनती हुई पानी के माध्यम से बहकर समुद्र में पहुँचती है। चट्टान का चूर्ण में परिवर्तन प्रतिवाद (Anti Thesis) हुआ। तदुपरान्त अपने अन्तर्विरोधों के कारण चट्टानचूर्ण पुनः समुद्री चट्टान का रूप धारण कर लेती है। यह संवाद (Synthesis) की स्थिति मानी जायेगी। मार्क्स की धारणा है कि मानव-समाज के सभी क्षेत्रों में इस द्वन्द्वात्मक प्रक्रिया के अनुसार ही, सभी प्रकार के परिवर्तन एवं विकास होते रहते हैं।

इस प्रकार मार्क्स के द्वन्द्वात्मक भौतिकवाद के अनुसार भौतिक जगत् की सभी वस्तुयें तथा घटनायें अपने आभ्यान्तरिक विरोध और संघर्ष के कारण द्वन्द्ववादी प्रक्रिया के आधार पर अनवरत रूप से परिवर्तन-गामी एवं विकासोन्मुख रहती है।

यद्यपि कार्ल मार्क्स अपने सिद्धान्त द्वन्द्वात्मक भौतिकवाद की स्थापना में जर्मन के प्रसिद्ध दार्शनिकों (हीगेल एवं फायरबाख) से प्रभावित अवश्य थे; तथापि उनका सिद्धान्त पूर्णतः मौलिक है, हीगेल एवं फायरबाख का अनुकरण मात्र नहीं। उन्होंने हीगेल की द्वन्द्ववादी प्रक्रिया तो अपनायी, किन्तु उसका प्रयोग पूर्णतः मौलिक किया। हीगेल ने जहाँ अपनी द्वन्द्वात्मक पद्धति को विचार अथवा भाव (Idea) जगत पर लागू करके एक आदर्शवादी काल्पनिक दर्शन की स्थापना की है, वहीं मार्क्स ने उसे भौतिक जगत पर लागू करके एक यथार्थवादी व्यावहारिक दर्शन की सृष्टि की है। फायरबाख से भी उनकी मौलिकता स्पष्ट है। फायरबाख का भौतिकवाद जहाँ यांत्रिक है, वहीं मार्क्स का पूर्णतः गत्यात्मक।

हीगेल और मार्क्स—दोनों ही अद्वैतवादी (Monist) हैं। परन्तु दोनों के अद्वैतवादी दृष्टिकोण में भी मौलिक भेद है। हीगेल जगत का मूल तत्त्व चेतनसत्ता को मानते हैं, मार्क्स जड़ पदार्थ अथवा प्रकृति को। हीगेल जहाँ अध्यात्मवादी हैं, वहीं पर मार्क्स पूर्णतः भौतिकवादी। हीगेल समस्त जगत को चेतन सत्ता, जिसे चाहें तो विश्वात्मा कह सकते हैं, से प्रादुर्भूत मानते हैं। जबकि मार्क्स जड़ प्रकृति से ही सभी वस्तुओं का विकास स्वीकार करते हैं। हीगेल की धारणा थी कि इस जगत में बुद्धिमय तत्त्व (Idea) ही वास्तविक है, मार्क्स के लिए जड़ प्रकृति ही वास्तविक है। वस्तुतः मार्क्स का दर्शन ही हीगेल से विपरीत है, उल्टा है। उनके दर्शन में आत्म तत्त्व को नकारा गया है तथा भौतिक तत्त्व को प्रतिष्ठित किया गया है। मार्क्स ने स्वयं लिखा भी है कि हीगेल का दर्शन उल्टा सिर के बल खड़ा था, उन्होंने उसे पैरों पर उपस्थिति किया है अर्थात् विचारों की वायवी दुनिया से निकालकर यथार्थ की भूमि पर प्रतिष्ठित किया है। मार्क्स के शब्दों में—'हीगेल के यहाँ द्वन्द्ववाद सिर के बल खड़ा है। यदि आप उसके रहस्यमय आवरण के भीतर ढके हुए विवेकपूर्ण सारतत्व का पता लगाना चाहते हैं तो आपको उसे उलटकर फिर पैरों के बल सीधा खड़ा करना होगा।''[1]

ऐतिहासिक भौतिकवाद अथवा इतिहास की भौतिकवादी अथवा आर्थिक व्याख्या

मार्क्स ने द्वन्द्ववादी पद्धति को इतिहास पर आरोपित करते हुए मानव-इतिहास के विभिन्न परिवर्तनों एवं घटनाओं के लिए भौतिक अथवा आर्थिक कारणों को उत्तरदायी ठहराया है। इस प्रकार उन्होंने इतिहास की भौतिकवादी अथवा आर्थिक व्याख्या की है, यही उनका ऐतिहासिक भौतिकवाद है। ऐंगिल्स ने मार्क्स की समाधि पर अपने ऐतिहासिक भाषण में कहा था—''मार्क्स का एक महान् कार्य मानव-इतिहास में

---

1. कार्ल मार्क्स—पूँजी (प्रगति प्रकाशन, मास्को), पृ० 28।

विकास के नियम की खोज था, उसने अब तक विचारधाराओं के झाड़-झंखाड में छिपे हुए इस सरल तथ्य का पता लगाया था कि मनुष्य जाति को राजनीति, विज्ञान, धर्म, आदि का विकास करने से पहले खाने-पीने की, निवास की और कपड़ों की आवश्यकता है। अतएव एक निश्चित समय में, एक निश्चित जाति में जीवन-निर्वाह के तात्कालिक भौतिक साधनों का उत्पादन एवं आर्थिक विकास की मात्रा एक ऐसी नींव होती है, जिस पर उस जाति की राज्य विषयक संस्थायें, कानूनी विचार, कला तथा धार्मिक विचार पर आधारित होते हैं, अतः इसी दृष्टि से उन सब वस्तुओं की व्याख्या की जानी चाहिए।''[1]

यद्यपि कार्ल मार्क्स ने अपने ग्रन्थों में कहीं भी इस सिद्धान्त की विस्तार से सुव्यवस्थित व्याख्या नहीं की है। मात्र विभिन्न ग्रन्थों में छुट-पुट संकेत ही किये हैं, तथापि इस सिद्धान्त की पूर्ण एवं सुव्यवस्थित व्याख्या ऐंगिल्स एवं अन्य मार्क्स परवर्ती विद्वानों के विचारों में मिल जाती है।

इसी सिद्धान्त के अनुसार भोजन मनुष्य-जीवन की प्राथमिक एवं अनिवार्य आवश्यकता है। अतः मनुष्य के सब कार्यों में प्रकृति के साधनों से भोजन सामग्री उत्पन्न करना प्रधान कार्य है। चूँकि मनुष्य अकेले प्रकृति के साधनों से अधिक उत्पादन नहीं कर सकता, इसलिये लोग मिल-जुल कर उत्पादन-कार्य करते हैं। इस प्रकार जीवन के लिए आवश्यक पदार्थों के उत्पादन की दृष्टि से समाज की रचना होती है। समाज के कुछ लोग अपने निहित स्वार्थों की पूर्ति के लिए उत्पादन के साधनों तथा उत्पादित-सामग्री पर अनावश्यक अधिकार कर लेते हैं; फलतः समाज में असन्तोष फैलता है, किन्तु ये असन्तुष्ट एवं गरीब लोग यह अनुभव नहीं करते कि असन्तोष और दुःख का कारण उत्पादन के साधनों का दोषपूर्ण वितरण है; वरन् यह वर्ग (गरीब वर्ग) किसी दूसरे लोक (स्वर्ग लोक) की कल्पना करता है, जहाँ वह इन सब असन्तोषों, दुःखों, अभावों एवं चिन्ताओं से मुक्त होकर अनन्त सुखों का उपभोग करेगा। इस तरह दोषपूर्ण वितरण पद्धति उस काल्पनिक माया जाल को जन्म देती है,जिसे धर्म कहते हैं। मार्क्सवादियों की दृष्टि में धर्म गरीबों को भीषण कष्टों से मुक्त करने वाली मृगमरीचिका है। प्रभुता-सम्पन्न वर्ग धर्म-संस्था का निर्माण समाज में अपना प्रभुत्व बनाये रखने के लिए करता है। समाज में अनादि काल से दो वर्ग चले आ रहे हैं। एक तो उत्पादन के साधनों पर स्वामित्व करने वाला वर्ग, अर्थात् शोषक वर्ग है और दूसरा साधनहीन शोषित वर्ग है। शोषक वर्ग राज्य की सम्पूर्ण व्यवस्था, नियम-कानून, सामाजिक मूल्य—मान्यतायें आदि का नियमन उत्पादन के साधनों पर अपना एकाधिकार बनाये रखने की दृष्टि से करता है। इस प्रकार समाज की आर्थिक स्थितियाँ ही धर्म-कर्म, आचार-विचार, राजनीतिक संस्थायें (राज्यादि), नैतिकता एवं अनैतिकता तथा कला एवं सभ्यता के निर्माण में निर्णायक भूमिका

1. मार्क्स—सेलिक्टिड वर्क्स, खं० 1, पृ० 16।

अदा करती है। कार्ल मार्क्स ने इस बात को सूत्र रूप में इस प्रकार कहा है—"The Mode of production in material life determines, the social, political and intellectual life processes in general. it is not the consciousness of men that determines their being, but on the contrary, their social being that determines their consciousness."[1]

कहना यह है कि सामान्यत: मानव की सामाजिक, राजनैतिक एवं बौद्धिक जीवन-प्रक्रिया भौतिक जीवन के उत्पादन-साधनों द्वारा निश्चित होती है। अर्थात् मानव की चेतना उसकी सत्ता को निश्चित नहीं करती है, वरन् इसके विपरीत उसकी सामाजिक चेतना (भौतिक परिस्थितियाँ), उसकी चेतना (राजनीतिक,धार्मिक, कला सम्बन्धी संस्थाओं के स्वरूप) को निर्धारित करती हैं।

आर्थिक कारणों का इतिहास पर प्रभाव स्पष्ट करने के लिए मार्क्सवादियों ने मानव इतिहास को पाँच युगों—(1) आदिम साम्यवादी (Primitive Communist) युग (2) दास पद्धति-युग (Slave System) (3) सामन्तवादी पद्धति (Feudal System), (4) पूँजीपति पद्धति (Capitalist System) और (5) साम्यवाद (Communism)—में विभाजित किया है, जिनमें से पहले तीन युग बीत चुके हैं, चौथा युग चल रहा है और पाँचवा युग अभी आना है।

इस प्रकार मार्क्स और ऐंगिल्स प्रणीत इतिहास की भौतिकवादी व्याख्यानुसार सभी प्रकार के सामाजिक, धार्मिक, राजनैतिक कला सम्बन्धी परिवर्तनों के मूल में किसी दार्शनिक सम्प्रदाय, किसी राजनैतिक क्रान्ति अथवा किसी युग पुरुष आदि का हाथ नहीं होता, अपितु आर्थिक परिवर्तनों का हाथ होता है। अर्थात् इतिहास का मार्ग भौतिक अथवा आर्थिक मूल्यों से निर्धारित होता है। कहना यह है कि किसी प्रकार के सामाजिक परिवर्तन का मूल कारण, प्रधान कारण आर्थिक उत्पादन होता है। यहाँ यह बात भी उल्लेखनीय है कि मार्क्स एवं ऐंगिल्स आर्थिक उत्पादन को सामाजिक परिवर्तन का प्रधान एवं आधारभूत कारण तो मानते हैं, किन्तु एकमात्र कारण नहीं। ऐंगिल्स के शब्दों में—''इतिहास की भौतिकवादी व्याख्या के अनुसार इतिहास में अन्तिम रूप से निर्णायक प्रभाव रखने वाला तत्व उत्पादन है। मार्क्स ने और मैंने इससे इतर कुछ नहीं कहा है। परन्तु जब कोई इस कथन को विकृत करके यह कहने लगे कि आर्थिक तत्त्व ही एक मात्र तत्त्व है, तो ऐसा कहना पूर्णत: निरर्थक और बेढंगा होगा।''[2]

साहित्य एवं कला सम्बन्धी विचार

मार्क्सवादी कला एवं साहित्य का मानवतावादी दृष्टिकोण प्रस्तुत करते हैं उनकी धारणा है कि कला एवं साहित्य जीवन के लिए हैं। आर्थिक समानता स्थापित करने में

---

1. Literature and Art : Karl Marx and Fredrick Engels, p. 1.
2. लेडलर : सोशल इकनामिक मूवमेण्ट्स, पृ० 162।

साहित्य एवं कला को सहयोगी होना चाहिए। मार्क्सवाद की यह भी मान्यता है कि उत्पादन के साधन, समाज की यथार्थ परिस्थितियाँ ही मनुष्य के सांस्कृतिक, साहित्यिक और राजनैतिक जीवन-क्रम को संचालित करने वाले तत्त्व हैं। ऐंगिल्स के अनुसार—''राजनीतिक,न्यायिक, दार्शनिक, धार्मिक, साहित्यिक, कलात्मक आदि विकास आर्थिक विकास पर आधारित होते हैं पर वे एक दूसरे पर भी और आर्थिक आधार पर भी अपनी क्रिया-प्रतिक्रिया करते हैं।''[1]

चूँकि इतिहास के इस विकास-क्रम अर्थात् आर्थिक साधनों के विकास-क्रम में दो वर्गों—शोषित अथवा सर्वहारा वर्ग (Proletariat or in the words of Engels—Those who have not) तथा शोषक वर्ग (Those who have—Engles) का अहर्निश, अनवरत संघर्ष चल रहा है, इसलिये, मार्क्सवाद के अनुसार, ज्ञान की सभी शाखाओं का यह महत् उद्देश्य है कि वे इस वर्गसंघर्ष को तीव्रतर करें, ताकि साम्यवादी युग की स्थापना हो सके; जोकि मार्क्सवाद के अनुसार इतिहास के विकास क्रम का अन्तिम एवं आदर्शयुग होगा। लेनिन ने लिखा है कि साहित्य इस संघर्ष को तीव्र करने का महानतम अस्त्र है (Literature is the greatest weapon for sharpening the class struggle—Lenin.)

इस दृष्टिकोण से साहित्यकार का मूल उद्देश्य सर्वहारा वर्ग को पूँजीवादी व्यवस्था के उन्मूलन के लिए प्रोत्साहित करना हुआ। कहना यह है कि मार्क्सवाद साहित्य-कला का प्रयोजन सर्वहारा वर्ग के हितों की रक्षा करना तथा वर्ग संघर्ष में सर्वहारा वर्ग को विजित बनाकर साम्यवादी समाज की स्थापना करना मानता है। मार्क्सवादी चिन्ताधारा के अनुसार कविता का सीधा सम्बन्ध अर्थ-उत्पादन से है। कॉडवेल और लेनिन के विचार इस संदर्भ में द्रष्टव्य हैं—

काव्य-आधार की चर्चा करते हुए कॉडवेल ने 'इल्यूजन एण्ड रियलटी' में लिखा है—"Poetry is regarded then, not as something racial, national, genetic or specific in its essence, but as some thing economic."[2]

लेनिन के अनुसार—"Literature like all products of the human mind is ultimately determind by society's economic relationship; its means of material production."[3]

मार्क्सवादी साहित्य को वर्गवाद की उपज मानते हैं। लेनिन की स्पष्ट धारणा है कि वर्गहीन समाज में ही वर्गहीन साहित्य की रचना संभव है। अतः साहित्यकार के निरपेक्ष स्वातन्त्र्य का सिद्धान्त मात्र भ्रम है, विडम्बना है। उदाहरण के लिए

1. पाश्चात्य काव्यशास्त्र : 'मार्क्सवादी' परम्परा, पृ० 40-41।
2. Ilusion and Reality, p. 7.
3. Lenin on Art and Literature, (Quoted by F. Yudin, p. 126)

सामन्तशाही का रचनाकार उन जीवन-मूल्यों की कल्पना कभी नहीं कर सकता, जोकि समाजवादी युग के साहित्यकार द्वारा प्रणीत हैं अथवा होंगे। इसलिए वे साहित्य को वर्गगत मानते हैं।

मार्क्सवादी काव्य में 'सामूहिक भाव' को स्थान देना उचित मानते हैं। जो काव्य मात्र व्यक्तिनिष्ठ है, व्यक्ति-वैचित्र्य की ही अभिव्यक्ति प्रधान है, वह अनुपयुक्त तथा जनसाधारण के लिए अकल्याणकारी है। अत: ऐसे साहित्य को वे समाज-विरोधी मानते हैं। लोकमानस की विशिष्ट मान्यताओं, संस्कारों, प्रभावों तथा प्रतिक्रियाओं का समष्टिगत रूप ही कॉडवेल के शब्दों में 'सामूहिक भाव' है। यह एक प्रकार से लोक-हृदय की मूक पुकार है,लोकमानस-पुष्प की व्याप्त-गन्ध है। साहित्यकार का दायित्व है कि लोक-मानस की इसी मूक पुकार को जनसामान्य द्वारा प्रयुक्त भाषा में बाँधे तथा उस गन्ध से अपने साहित्य को सुरभियमय बनाये।

मार्क्सवादी जीवन और जगत को सतत परिवर्तनशील मानते हैं। परिणामत: 'सामूहिक भाव' भी युगानुसार परिवर्तनगामी हैं। इस प्रकार दास युग, पूँजीवादी युग और समाजवादी युग के 'सामूहिक भाव' एक दूसरे के पूर्णत: प्रतिगामी होंगे। फलत: साहित्यकार का दायित्व होगा कि वह अपने युग के 'सामूहिक भाव' को पहचाने परखे और फिर शब्दों में रूपायित करे।

यही नहीं, मार्क्सवादी काव्य-रूपों का सम्बन्ध भी युगानुसार वर्ग-विशेष से जोड़ते हैं। जैसे कि 'महाकाव्य' को वह सामन्ती युग के उस वर्ग-विशेष से जोड़ते हैं, जोकि युद्धादि में विशेष रूप से प्रवृत्त रहता था। इसी प्रकार नाटक को कृषि-युग की उपज मानकर महाकाव्य से अर्वाचीन घोषित करते हैं।

इसी संदर्भ में मार्क्सवादियों के समाजवादी यथार्थवाद की विवेचना भी समीचीन होगी। जीवन के यथार्थ किन्तु नग्न चित्रों को मार्क्सवादी कलापूर्ण नहीं मानते। उनका यथार्थवाद मानव-जीवन के विकास और विकास के लिए उत्तरदायी प्रेरक शक्तियों का यथावत् चित्र है। ऐंगिल्स ने वस्तु और पात्रों के यथार्थवादी चित्रण के साथ-साथ ही उन तत्त्वों के चित्रण पर भी बल दिया है, जो कि वस्तु और पात्र को उस स्तर तक पहुँचाने के लिए उत्तरदायी हैं। यही नहीं, भविष्य में होने वाले विकास की ओर संकेत करना भी वे यथार्थवादी साहित्यकार का अपरिहार्य दायित्व मानते हैं। समाजवादी यथार्थ को युद्ध के उदाहरण से स्पष्ट करते हुये कहा गया है कि युद्ध की विभीषिकाओं का मात्र यथार्थवादी चित्रण ही सामाजिक यथार्थवाद नहीं हैं, वरन् उस युद्ध के कारणों, परिणामों तथा भारी परिवर्तन (क्रान्ति) के तत्त्वों का दिग्दर्शन कराना भी यथार्थवाद है। कहना यह है कि इनमें से एक भी तत्त्व की अवहेलना करना एकांगी यथार्थवाद होगा, जोकि मार्क्सवादियों को मान्य नहीं। लेनिन ने 'आर्ट एण्ड लिटरेचर' की चर्चा करते समय कहा है—"सच्चे यथार्थवादी चित्र में अन्तर्निहित प्रेरक विचारधारा का घटनाओं के साथ अन्योन्याश्रित सम्बन्ध होता है, यहाँ कलाकार कार्य-कारण-सम्बन्ध का तिरस्कार नहीं कर सकता।"

इस प्रकार मार्क्सवादी न तो प्रत्यक्ष जगत के तथ्यों अथवा वस्तुनिष्ठ तथ्यों का नग्न चित्र ही यथार्थवाद मानते हैं और न काल्पनिक आशावादी चित्रण को ही। वे साहित्यकार की वैयक्तिक मान्यताओं को भी महत्त्व नहीं देते। उनका यथार्थवाद वस्तुस्थिति का वह यथावत् चित्र है, जो भावी परिवर्तन एवं विकास के लक्षणों को भी अनिवार्यत: प्रदर्शित करता है। साहित्यकार का मात्र इतना ही अधिकार और कर्त्तव्य है कि वह वस्तुस्थिति में अंतर्हित उस उद्‌भाविका शक्ति को भी शब्द दे, जो कालान्तर में क्रान्ति लायेगी तथा समाज को सही मार्ग की ओर विकासोन्मुख करेगी। इसके साथ ही, इस जीवन-शक्ति का वास्तविक घटना क्रम से सम्बन्ध स्थापित करना भी वे साहित्यकार के दायित्व से जोड़ते हैं। अपनी इस समाजवादी यथार्थवादी विशिष्ट अवधारणा के कारण ही मार्क्सवादी पूर्व प्रचलित सभी वादों का खंडन करते हैं। लेनिन के शब्दों में— "I cannot consider the products of expressionism, futureism—and other Isms the highest manifestation of artistic genius."[1]

मार्क्सवादी साहित्य-मूल्यांकन का एक मात्र मानदण्ड सामाजिक उपयोगिता को मानते हैं। चूँकि साहित्य सामाजिक कृति है, इसलिए उसका मूल्यांकन भी सामाजिक उपयोगितावादी दृष्टिकोण से होना चाहिए। कहना यह है कि मार्क्सवादी सामाजिक यथार्थवाद के अभाव में किसी भी कला-कृति को उत्तम नहीं मानते। साहित्य में न केवल वर्तमान जीवन के प्रति ही सचाई हो, वरन् उसमें भावी सम्भावनाओं का प्रत्यक्षीकरण भी होना चाहिए, ताकि समाज में प्रगतिशील तत्त्वों की प्रतिस्थापना और भावी विकास के मार्ग को प्रशस्त किया जा सके।

मार्क्सवादी साहित्य को पार्टी-सिद्धान्तों के प्रचार का साधन मानते हैं। (Literature must become party literature—Lenin)। उनकी धारणा है कि पार्टी के सिद्धान्तों और कार्यों से साहित्य का अनिवार्य सम्बन्ध है, और रहेगा। यही कारण है कि लेनिन ने वर्तमान साहित्य-स्वातन्त्र्य के सिद्धान्त का खण्डन किया है। साहित्य को पार्टी के सिद्धान्तों के प्रचार का साधन मानना, वस्तुत: उनका संकीर्ण तथा साम्प्रदायिक दृष्टिकोण है। यही नहीं, समाजवादी यथार्थ को वर्तमान के साथ ही साथ अतीत कालीन साहित्य के मूल्यांकन का प्रतिमान घोषित करना भी उनका रूढ़िवादी एवं संकुचित दृष्टिकोण ही है।

इस प्रकार मार्क्सवादी कला एवं साहित्य के उन सब प्रतिमानों के तीव्र विरोधी हैं, जो सर्वहारा वर्ग के हितों की रक्षा नहीं करते अथवा जो कि वर्गसंघर्ष को तीव्र न बनाकर सर्वहारा वर्ग की उन्नति में आड़े आते हैं। यही कारण है कि साहित्य एवं कला में प्रभाववाद, अभिव्यंजनावाद, प्रतीकवाद, कलावाद, रहस्यवाद आदि अन्याय उन सभी वादों के मार्क्सवादी विरोधी हैं, जो कि विशुद्ध सौन्दर्यवादी अथवा रूपवादी

1. Lenin on Art and Literature, p. 42.

चमत्कारी एवं बौद्धिक वाग्जालों के सृजन में संलग्न हैं। क्योंकि मार्क्सवादियों की धारणा है कि मानव के सभी मनोविकारों, संवेगों, भावनाओं आदि के निर्माण की पृष्ठभूमि में आर्थिक तत्त्व ही होते हैं; जबकि आदर्शवादी, सौन्दर्यवादी दर्शनशास्त्री आदि इन भौतिक वास्तविकताओं को मिथ्या ठहराते हैं। मार्क्सवाद की स्पष्ट धारणा है कि भौतिक वास्तविकतायें ही मनुष्य के चेतन मन की नियामक हैं। यही कारण है कि कॉडवेल ने 'इल्यूजन एण्ड रियालिटी' (Illusion and Reality) में कला को एक सामाजिक चेतना के रूप में स्वीकार किया है; वैयक्तिक अनुभूति के रूप में नहीं (Art is the product of Socitey-IIlusion and Reality)।

मार्क्स के साहित्य और कला सम्बन्धी इस दृष्टिकोण का विश्व-साहित्य पर गम्भीर प्रभाव पड़ा है। रूसी, अंग्रेजी, अमेरिकन, हिन्दी आदि सभी साहित्यों में सर्जक एवं आलोचक मार्क्सवाद से प्रभावित हैं। रूस तो आधारभूमि है ही, अंग्रेजी साहित्य पर यही सिद्धान्त क्रिस्टोफर कॉडवेल (Christopher Caudwell) ने अपनी पुस्तक 'इल्यूजन और रियलिटी' (Illusion and Reality) में लागू किया है। अमेरिकी-आलोचना में मार्क्सवादी प्रभाव माइकेल गोल्ड से प्रारम्भ होकर वी० एल० पेरिंगटन (V. L. Parrington) की प्रसिद्धि आलोचना-कृति 'द मेन करेंट्स इन अमेरिकन थॉट' (The Main Currents in American Thoughts—Three Volumes) में अपने चरम पर पहुँचा है। हिन्दी का प्रगतिवादी साहित्य भी मार्क्सवादकी गूँज से अनुप्राणित है।

क्रिस्टोफर कॉडवेल (Chritopher Caudewell) (1907-1937)— इन्होंने पाँच पुस्तकें 'एरोनाटिक्स' पर, सात जासूसी उपन्यास, कुछ कवितायें और कुछ कहानियाँ लिखीं। ये सब रचनायें 25 वर्ष की अवस्था के पहले लिखी जा चुकी थीं। सन् 1934 में इन्होंने मार्क्सवाद पर कुछ महत्त्वपूर्ण ग्रन्थों का अध्ययन किया। आगे चलकर इन्होंने मार्क्स, एंजिल्स और लेनिन के महत्त्वपूर्ण ग्रन्थ पढ़े। तदनन्तर इन्होंने अपने सुप्रसिद्ध ग्रन्थ 'इल्यूजन एण्ड रियलिटी' की रचना की। इन्होंने कुछ निबन्ध लिखे जो 'स्टडीज इन डाइंग कल्चर' शीर्षक से प्रकाशित हुए। इन्होंने 'क्राइसिस इन फिजिक्स' पुस्तक भी लिखी। इसी बीच स्पेन में गृहयुद्ध शुरू हो गया। इसमें काडबल सम्मिलित हो गये। कुछ समय बाद ये 'इण्टरनेशनल ब्रिगेड' में भर्ती हो गये। इसी के एक युद्ध में 'जरामा' में 12 फरवरी 1937 ई० में ये मारे गये। इनकी अधिकांश पुस्तकें मरणोपरान्त प्रकाशित हुईं। 'इल्यूजन एण्ड रियलिटी' के सम्बन्ध में प्रोफेसर हाल्डेन का मत था कि साहित्य-समीक्षा के क्षेत्र में यह पुस्तक एक नितान्त नया मोड़ उपस्थित करती है। मार्क्सवादी साहित्य-चिन्तन पर यह एक पूर्ण एवं महत्त्व की पुस्तक है। काडवेल एक प्रतिभासम्पन्न व्यक्ति थे। वे मौलिक चिन्तक के साथ-साथ क्रियाशील पुरुष थे। यदि वे जीवित रहते, तो निश्चय ही कुछ अत्यन्त महत्त्वपूर्ण ग्रन्थ लिखते जो नया इतिहास बनाते। उनकी मृत्यु विश्व के लिए एक अत्यन्त शोकपूर्ण घटना है।

काडवेल का मत है कि कविता मानव-मन की आदिम सौन्दर्यपरक क्रिया है। इसके अलग अस्तित्व का प्रमाण इसलिए नहीं मिलता, क्योंकि प्राचीन युग में धर्म,

इतिहास, विधि, तंत्र आदि समस्त ज्ञान-शाखाओं की अभिव्यक्ति साहित्य के द्वारा ही होती थी जो छन्दोमय लयात्मक होती थी। यूनान, रोम, चीन, जापान, मिस्र और भारत के प्राचीन ग्रन्थ इस बात के प्रमाण हैं। उस समय की कविता, लय, छन्द, तुक, उपमा-रूप अलंकारमय-रचना हुआ करती थी। उस समय, विशेष अवसरों पर ओज-पूर्ण भाषा ही काव्य का रूप धारण करती थी। सामूहिक ज्ञान का ओजपूर्ण भाषा में प्रकाशन ही कविता होती थी। काडवेल के विचार से कविता उस समय जातीय और राष्ट्रीय न होकर तत्त्वतः आर्थिक अभिव्यक्ति थी।[1]

कविता उस समय गीत के रूप में थी, जो सामूहिक रीति से गायी जाती थी और सामुदायिक भावना का प्रकाशन करती थी। वह नृत्य, अनुष्ठान और संगीत के साथ चलती थी[2] तथा वह कार्य और परिश्रम को मधुर बनाती थी। अतः इसका मूलतः सम्बन्ध, श्रम-कार्यों और आर्थिक क्रिया-कलाप से था। आदिम कविता न तो वस्तुगत या पदार्थगत वास्तविकता है और न आदर्श कल्पना ही; वरन् वह सामाजिक वास्तविकता है। उस समय कविता और धर्म एक-दूसरे से ओतप्रोत हैं। पर आगे चलकर कविता और धर्म अलग-अलग हो जाते हैं; क्योंकि कविता प्रत्येक युग में परिवर्तनशील है, जबकि धर्म परिवर्तनशील नहीं। आधुनिक कविता धर्म, इतिहास, विज्ञान, विधि आदि ज्ञान-शाखाओं से भिन्न है। काडवेल के अनुसार उसकी विशेषतायें निम्नलिखित हैं—

(क) कविता लयात्मक होती है। यह लयात्मकता सहज है, आरोपित नहीं, क्योंकि हमारे हृदय की गति और श्वास-प्रश्वास भी नियमित और लयात्मक होते हैं। साथ ही साथ समूह का पारस्परिक भाव-संवाद लय के द्वारा ही भली प्रकार होता है, क्योंकि उससे पुनरुक्ति की सुविधा और स्मरणीयता बढ़ती है। गद्य में यह नहीं होता।

(ख) कविता का अनुवाद कठिन होता है। हम यह बराबर देखते हैं कि कविता के अनुवाद से उस गहराई के साथ भाव संचार नहीं होता जितना मूल रचना से होता है। अर्थ और छन्द का अनुवाद हो सकता है, पर करते समय मूल भाव उड़ जाता है। जहाँ तथाकथित कविता का अनुवाद प्रभावकारी दिखता है; वहाँ पर वह अनुवाद न होकर मूल कविता की पुनः सृष्टि होती है।

(ग) कविता अतर्कशील (Irrational) होती है। इसका यह तात्पर्य नहीं कि कविता असंगत और अनर्गल होती है। इसका यही अर्थ है कि दर्शन और विज्ञान के समान उसमें तर्क का आधार महत्त्वपूर्ण नहीं है। वह भावात्मक होती है और संगति बाह्य पदार्थों से न होकर, आन्तरिक भावना या वास्तविकता से होती है।

(घ) कविता शब्दगत रचना होती है। कविता में नये भाव या विचार प्रधान होते हैं; पर उसमें मौलिक प्रधानता शब्दों की होती है। उस शब्द के स्थान पर दूसरा

---

1. इल्यूजन ऐण्ड रियल्टी, पृ० 15।
2. वही, पृ० 25।

समानार्थी शब्द रख देने से कविता का चमत्कार समाप्त हो जाता है। अतः कविता शब्दगत रचना होती है; क्योंकि उसका कौशल शब्दों के चयन और उनके सही प्रयोग में ही देखा जा सकता है।

(ङ) कविता अप्रतीकात्मक होती है। यहाँ काडवेल का तात्पर्य है बाह्य प्रतीकों से रहित। प्रतीक का तात्पर्य है सदा निश्चित अर्थ देने वाला प्रतीक जैसे गणित या समाजशास्त्र में होता है। झंडा किसी राष्ट्र का प्रतीक है और सदा रहता है। इन अर्थों में कविता प्रतीकात्मक नहीं है; पर उसमें मानसिक, परिवर्तनशील एवं संदर्भ भरे प्रतीक तो रहते ही हैं।

(च) कविता साकार होती है, निराकार नहीं। वह हमारी भावना के अनुरूप ठोस वस्तुओं को हमारे मानस-पटल पर प्रस्तुत करती है।

(छ) कविता घनीभूत संवेगों से युक्त होती है। कविता के संवेग, भावात्मक और सौन्दर्यात्मक होते हैं जिनमें प्रभाव डालने की क्षमता होती है।[1]

काडवेल कला को प्रयत्न और संघर्ष से उत्पन्न तत्त्व मानते हैं। समाज में वास्तविकता और काल्पनिकता में संघर्ष रहता है; पर यह संघर्ष मानसिक नहीं। यह सामाजिक समस्या है जिसका हल कलाकार ही समाज के लिए निकालता है। काडवेल का विचार है कि कला और संस्कृति गतिशील होती है। यह बात कला और संस्कृति के इतिहास से भली-भाँति स्पष्ट हो जाती है। सभी कलाओं का स्वरूप अपने समय के समाज की स्वतंत्रता-संबंधी भावना से निर्मित होता है। कला स्वतन्त्रता की एक शैली है।

यों तो सभी वस्तुयें नष्ट होती रहतीं और उत्पन्न होती रहती हैं; पर कला-तत्त्व तब तक बना रहता है, जब तक मनुष्य रहता है। जब मनुष्य व्यर्थ के निष्फल संघर्षों में विघटित होकर जर्जर हो जाता है और समाज की गति रुक जाती है, तब कला का फव्वारा भी लड़खड़ाने लगता है। परन्तु स्थायी सात्त्विकतायें अपने अन्तःकरण से कला की समृद्धि को जन्म देती हैं, इसलिए नहीं कि वे स्थायी हैं; वरन् इसलिए कि परिवर्तन ही उनकी सत्ता की शर्त है। इस प्रकार कला मनुष्य का आत्मसाक्षात्कार है और इस प्रकार वह मनुष्य के जीवित होने की एक वास्तविकता है।[2]

काडवेल का मत है कि कलाकार सत्य और सौन्दर्य की सृष्टि उन्हें साध्य मानकर नहीं करता, वरन् उसके लिए ये तत्त्व यथार्थ की जीवन्त गतिशीलता के अंग हैं। सच्ची सौन्दर्य-भावना का उद्भव वर्गविहीन, शोषणमुक्त समाज में ही सम्भव हो सकता है। सभी श्रम सौन्दर्यमंडित होगा।[3]

---

1. इल्यूजन ऐण्ड रियलिटी, अध्याय VII, पृ० 105-14।
2. इल्यूजन ऐण्ड रियलिटी, अध्याय XII, पृ० 248।
3. फरदर स्टडीज इन ए डाइंग कल्चर, पृ० 113।

जार्ज लूकाच (George Lukacs)— जार्ज लूकाच का प्रमुख अवदान यथार्थवाद की मार्क्सवादी व्याख्या करना है। इस प्रसंग में उनका दृष्टिकोण हमें आज की आशामयी प्रेरणा प्रदान करता है। आज परमाणु-युद्ध के खतरे से सारा विश्व आतंकित है। सारे विश्व में अस्तव्यस्तता और नैतिक पतन, हिंसा और आतंकवाद दिखलायी देता है। इससे निराशावाद ही चारों ओर है तथा प्रत्येक व्यक्ति संसार के विनाश और मानव-संस्कृति के विघटन पर दु:खी है। परन्तु मार्क्सवाद इस सारे विघटन और विनाश की आशंका के बीच एक नयी दुनिया के उद्भव को देख रहा है। क्योंकि वह इसे इतिहास की एक प्रक्रिया के रूप में ग्रहण कर रहा है।

लूकाच के अनुसार मनुष्यता की सम्पूर्ण विरासत के प्रति मार्क्सवाद की गहरी रुचि और संरक्षण की भावना है। आज के आधुनिकतावादी, अतीत से कटे हुए हैं। इस अतीत की विरासत का, सौन्दर्यशास्त्र अर्थात् कला और साहित्य से सीधा सम्बन्ध है—उतना ही जितना कि जीवन के अन्य क्षेत्रों से। यह अतीत की विरासत जो हमें कलाओं और साहित्य के माध्यम से प्राप्त होती है, एक समग्र समाज एवं समग्र मानव के निर्माण के लिए आवश्यक पृष्ठभूमि और सामग्री प्रदान करती है। अत: वह कला और साहित्य ही है जो मनुष्य के विकास के इतिहास को समग्रता में प्रदर्शित करता है, अत: हमारे नव-निर्माण में उसका महत्त्वपूर्ण योगदान होता है। लूकाच के विचार से कला, मानव की सामाजिक और नैतिक समस्याओं से गहराई तक जुड़ी रहती है। अत: वह हमारे लिए सामग्री का स्रोत भी है,तथा नव-निर्माण का माध्यम भी। लूकाच के विचार से प्रत्येक महान् ऐतिहासिक युग, संक्रान्ति का युग होता है। लूकाच का विचार-बिन्दु विशेष रूप से उपन्यास है, फिर भी उनके विचार बड़े महत्त्वपूर्ण, मौलिक एवं नई प्रेरणा देने वाले हैं।[1]

मार्क्सवादी विचारकों में 'अर्न्स्ट फिशर' का भी योगदान उल्लेखनीय है। उनके विचार से कला की स्थिति उतनी ही पुरानी है जितनी कि मनुष्य की। कला भी, मनुष्य के अनेक कर्मों में से एक है। कर्म करना, यह मानव की ऐसी विशेषता है जो उसे अन्य प्राणियों से अलग करती है। इसी के आधार पर उसने प्रकृति के तत्त्वों और पदार्थों का दोहन कर उनसे नयी शक्ति और ऊर्जा का विकास किया। इस कर्म के आधार पर मानव-सभ्यता आगे बढ़ती रही। मानव-समाज की दूसरी महत्त्वपूर्ण उपलब्धि भाषा है। यह भी मानव-शक्ति की अनोखी उपलब्धि है। फिशर के अनुसार कला के सृजन में उसका उद्देश्य अपनी शक्तियों में वृद्धि तथा जीवन को अधिक समृद्ध बनाना है। कला समूह की उपज है। भाषा, नृत्य, गीत आदि सामाजिक क्रिया के रूप में ही प्रकट हुए हैं।

कला की आवश्यकता मनुष्य-समाज के लिए अनिवार्य है क्योंकि मनुष्य जो कुछ है, उसके आगे और कुछ होना चाहता है। खण्ड जीवन के स्थान पर वह सम्पूर्ण जीवन

---

1. मार्क्सवादी साहित्य-चिन्तन, पृ० 297-310।

का आकांक्षी है। कला व्यक्ति को समग्र से एक करने का महत्त्वपूर्ण साधन है। कला का सम्बन्ध यथार्थ एवं वस्तुपरकता है। कला का मूल दायित्व एक सम्पूर्ण मनुष्य को सक्रिय करना है। उसे व्यक्ति को इस रूप में संप्रेषित करना है कि वह दूसरों के जीवन के साथ तदात्म्य स्थापित कर सके तथा उसे प्राप्त कर सके जो इस समय उसके पास नहीं है और जिसे प्राप्त करने की उसकी क्षमता है।

फिशर के विचार से स्वच्छन्दतावाद, प्रभाववाद, प्रकृतिवाद, प्रतीकवाद, रहस्यवाद आदि पूँजीवादी व्यवस्था के कला-आन्दोलन हैं जिनसे कलाकार व्यापक समाज के लिए अपने दायित्व को पूरा नहीं कर पाता। समाजवादी कलाकार इसी दायित्व के लिये रचना करता है। कुछ विषयों पर इनके विचार विवादास्पद भी हैं।[1]

इस प्रकार मार्क्सवादी साहित्य-चिन्तन का मूल उद्देश्य कला और साहित्य की समाजपरकता तथा ऐतिहासिकता के परिप्रेक्ष्य में उसकी अवधारणा के सांथ सर्जना माने जा सकते हैं। कला और साहित्य विचारधारा का ही एक अंग है। मनुष्य उस विचारधारा का केन्द्रबिन्दु है। इस चिन्तन में जहँ एक ओर परम्परा-बोध है, वहीं दूसरी ओर यथार्थ-बोध भी आवश्यक है। इतिहास, परम्परा-बोध एवं यथार्थ-बोध के आधार पर सामाजिक दृष्टि से यथार्थ चित्रण वांछनीय है।[2]

22.
मनोविश्लेषण : फ्रायड, एडलर एवं जुंग

मनोविश्लेषण (Pscho-analysis) मनोविज्ञान की एक पद्धति है, जिसके जनक वियाना के मस्तिष्क चिकित्सक सिग्मण्ड फ्रायड (Sigmund Freud 1856-1939) थे। इस पद्धति के विकास में यद्यपि फ्रायड के कई एक सहयोगी मनोवैज्ञानिकों ने भाग लिया है, तथापि इसके विकास में महत्त्वपूर्ण परिवर्तन लाने का श्रेय फ्रायड के सहयोगी एवं शिष्य एडलर (Adler) तथा कार्ल जुंग (Karl Jung) को ही दिया जाता है।

वस्तुतः मनोविश्लेषण मानसिक एवं स्नायविक रोगियों के उपचार की एक विशेष विधि है, जिसके आविष्कारक फ्रायड अपने समसामयिक सम्मोहन विशेषज्ञ शारकों एवं याने तथा वियना के चिकित्सक ब्रूयर से पर्याप्त प्रभावित थे। यही नहीं, इन सम्मोहन विशेषज्ञ-चिकित्सकों ने फ्रायड से पूर्व ही प्रयोगात्मक आधार पर यह सिद्ध कर दिया था कि सम्मोहन के क्षणों (Hypnotized State) में रोगी एक ऐसी अबोध अवस्था को उपलब्ध होता है; जिसमें उसके अन्तर्मन की उन बातों को भी जाना जा सकता है, जिन्हें वह बोध के समय कभी न बताता। यही नहीं,

1. मार्क्सवादी साहित्य-चिन्तन, पृ० 322-23।
2. आचार्य भगीरथ मिश्र के सौजन्य से।

एक निश्चित सीमा तक इस अबोध तारल्यमय अवस्था में व्यक्ति से कोई भी कार्य कराया जा सकता है। परिणामत: यह निष्कर्ष निकाला गया कि सम्मोहन के क्षणों में मानसिक रोगी के चेतन मन से परे अचेतन मन की तह तक पहुँचा जा सकता है। वस्तुत: फ्रायड ने अपनी मनोविश्लेषण-पद्धति का इसी आधार पर शिलान्यास किया है। फ्रायड ने स्वयं मानसिक-स्नायविक रोगियों पर प्रयोगों के दौरान यह अनुभव किया है कि सम्मोहन-क्रिया (Hypnotism) अथवा वार्तालाप में स्वच्छन्द-विचार-साहचर्य से अन्तर्मन में घनीभूत बहुत-सी पुरानी अनुभूतियाँ पुनरुज्जीवित हो उठती हैं। फलत: उन्होंने अपनी मनोविश्लेषण पद्धति का इसी आधार पर प्रतिपादन किया।

फ्रायड के मनोविश्लेषण सम्बन्धी आन्दोलन का प्रादुर्भाव— 1895 और 1900 में लिखी हुई उनकी पुस्तकों से माना जाता है। 1895 में उन्होंने जे० ब्रेउर (J. Breuer) के सहलेखन में 'स्टडीज इन हिस्टरी' (English translation 'Studies in Hysteria') लिखी तथा 1900 में ' डाइ ट्राउमडिउटंग (English transalation—'The Interpreation of Dream')। मनोविश्लेषण पद्धति पर उनकी सर्वाधिक महत्त्वपूर्ण एवं सारगर्भित पुस्तक 1938 में अंग्रेजी में अनुवादित होकर 'एन आउट लाइन आफ सायको एनालेसिस' (An Outline of Psychoanalysis) के नाम से प्रकाशित हुई । यद्यपि फ्रायड का साहित्य बड़ा विस्तृत है, तथापि यह पुस्तक मनोविश्लेषण पद्धति पर प्रस्तुत किया हुआ उनका विशिष्ट एवं अन्तिम विवेचन है। फ्रायड की मनोविश्लेषण पद्धति की प्रमुख स्थापनाएँ इस प्रकार हैं—

व्यक्तित्व-निर्माण सम्बन्धी अवधारणा

फ्रायड की प्रथम अवधारणा मनुष्य के व्यक्तित्व के निर्माण-सम्बन्धी है। वे सम्पूर्ण व्यक्तित्व का शिल्पीकरण तीन निकायों (Systems) के अधीन मानते हैं; यथा—'इद' (Id), अहम् (Ego) एवं अत्यहम् (Super Ego)। 'इद' मनुष्य का सहजात निकाय है। 'इद' एक प्रकार की उस सहजवृत्त्यात्मक ऊर्जा (Instinctual energy) का भण्डार है, जिसका व्यय मनुष्य की प्रतिवर्ती क्रियाओं (Reflex actions) एवं विभ्रमों (Hallucinations) के परितोष में होता है। 'इद' का उद्देश्य मनुष्य को कष्टकारक तनावों से मुक्त करना होता है, अर्थात् जब कभी भी मनुष्य किसी भी सहजवृत्ति के आकर्षण के कारण तनाव अनुभव करता है, तभी 'इद' उस वृत्ति की तुष्टि के लिये प्रयत्नशील होता है। इसीलिये फ्रायड ने इसे सुख-सिद्धान्त (Pleasure principle) भी कहा है।

मनुष्य में 'अहं' का निर्माण मूलत: संज्ञानात्मक एवं बौद्धिक प्रक्रियाओं के द्वारा जन्मोपरान्त धीरे-धीरे होता है। चूँकि 'अहं' का प्रधानोद्देश्य 'इद' की सहज वृत्तियों की माँगों की पूर्ति अथवा तुष्टि बाह्य जगत से करना होता है, इसलिए फ्रायड ने इसे वास्तविक सिद्धान्त (Reality Principle) के नाम से अभिहित किया है, अर्थात् 'अहं' वास्तविक सिद्धान्ताधीन कार्यरत होता है।

अत्यहम् (Super Ego) का निर्माण दो उपतंत्रों (Super Systems) के अधीन होता है, अहं-आदर्श (Ego-Ideal) तथा विवेक अथवा अन्तःकरण (Conscience)। अहं - आदर्श, फ्रायड के अनुसार, सामाजिक आदर्शों, मूल्यों एवं नीतिपरक मानकों तथा सदाचार सम्बन्धी प्रतिषेधों से निर्मित होता है। चूँकि 'अत्यहम्' के नियामक समाजगत आदर्श, मूल्य एवं मान्यतायें हैं, इसलिए 'अत्यहम्' पूर्णतावादी अथवा आदर्शवादी सिद्धान्त (Perfection principle) से परिचालित होता है।

वृत्तियों सम्बन्धी अवधारणा

फ्रायड की बात को भली-भाँति समझने के लिए उनकी सहज वृत्त्यात्मक अवधारणा को समझना आवश्यक है। उनका विश्वास है कि प्रत्येक नैसर्गिक वृत्ति (Instinct) का एक उद्‌गम (Source), एक लक्ष्य (Aim), लक्ष्य-प्राप्ति का एक साधन (Object) और एक प्रेरित करने वाला संवेग (Impetus) होता है। उनके अनुसार शारीरिक उत्तेजन (Bodily excitation) ही वृत्ति का उद्‌गम अथवा स्रोत है। जब शारीरिक उत्तेजन हो जाता है, तो उस उत्तेजन से मुक्ति पाना ही उस वृत्ति का लक्ष्य होगा और इस लक्ष्य की प्राप्ति जिस माध्यम से की जायेगी, वह साधन (Object) कहलायेगा तथा वृत्तियों को प्रोत्तेजित करने वाली शक्ति ही उसका संवेग अथवा प्रेरक बल (Impetus) कहा जायेगा। अर्थात् मानव की प्रत्येक सहज वृत्ति (Instinct) शारीरिक उत्तेजना के कारण ही जन्म लेती है अथवा जाग्रत हो जाती है। वृत्ति अपने उद्‌भव के पश्चात् अपने उद्देश्य की पूर्ति के लिये निश्चित माध्यम के सहारे प्रयत्नशील रहती है। परन्तु आवश्यक नहीं है कि वृत्ति की तुष्टि हो ही जाये, क्योंकि उसके प्रयोजन की प्राप्ति में अहं और अत्यहम् बाधक हो जाते हैं। इस बात को उदाहरण द्वारा इस प्रकार समझा जा सकता है।—एक मांसल एवं गदराये हुए शरीर वाली युवती को देखकर, मान लीजिये किसी युवक-मन के तार झंकृत हो उठते हैं। युवक प्रोत्तेजन का अनुभव करता है। फ्राइड के अनुसार युवक की उत्तेजना संबंधी अनुभूतियाँ ही युवती को प्राप्त करने संबंधी काम-वृत्ति के उद्‌भव का स्रोत कहलायेंगी तथा युवक के हृदय की प्राप्ति लालसा जनित मानसिक उत्तेजना से मुक्ति पाने का संकल्प ही उस काम-वृत्ति का उद्देश्य समझा जायेगा। इस उद्देश्य-प्राप्ति के लिये काम-वृत्ति साधन खोजेगी, जो कि उस वृत्ति का 'आब्जेक्ट' कहलायेगा। और इस सारे व्यापार में काम-वृत्ति को जो निरंतर प्रेरित करने वाला संवेग होगा, फ्राइड के अनुसार वह उस काम-वृत्ति का 'इम्पेटस' (Impetus) अथवा प्रोत्तेजक बल होगा। परन्तु यह आवश्यक नहीं है कि युवक की उस काम-वृत्ति का तोष हो ही-जाये, क्योंकि अहं और अत्यहम् (समाजगत मूल्य, आर्श, मान्यतायें एवं सदाचार संबंधी धारणायें) संतुष्टि के मार्ग में अवरोध उत्पन्न कर सकते हैं। फ्रायड की धारणा है कि अहं और अत्यहम् प्रोत्तेजक बल का प्रयोग वृत्यात्मक उद्देश्य पूर्ति में भी लगा सकते हैं और उद्देश्य-पूर्ति के मार्ग में अवरोध करने के लिये भी। फ्राइड ने मंनोविश्लेषण को एक गत्यात्मक विधि के रूप में प्रस्तुत किया है, जिसमें कि मनुष्य का मानसिक जीवन प्रेरक एवं

नियंत्रण शक्तियों की पारस्परिक अन्योन्यक्रिया (Interpaly) के रूप में गतिमान रहता है। फ्राइड के शब्दों में—" A dynamic Conception which reduces mental life to the interplay of reciprocally urging and checking forces."[1]

और जब प्रेरक शक्तियों से नियंत्रक शक्तियाँ अधिक बलशाली होती हैं, तो वृत्यात्मक ऊर्जा (Instinctual energy) के अवरोपण अथवा क्षरण मे अवरोध उत्पन्न हो जाता है, परिणामत: मनुष्य का मानसिक तनाव बढ़ जाता है।

अचेतन संबंधी अवधारणा :

फ्रायड ने मनोविश्लेषण-सिद्धान्त-विवेचन के प्रारम्भिक दिनों में अचेतन (Unconscious) सम्बन्धी अवधारणा पर पर्याप्त प्रकाश डाला है। अचेतन (Unconscious), अर्धचेतन (Preconscious) एवं चेतन (Conscious)— स्वीकार किये हैं। वस्तुत: अर्धचेतन और चेतन, अचेतन के ही स्वरूप हैं। उनकी धारणा है कि वृत्यात्मक ऊर्जा (Instinctual Energy) अहं अथवा अत्यहम् से जब अधिक प्रबल होती है और उत्तेजित मन अपनी भावनाओं को शब्द देने में सफल हो जाता है, तब मन का यह स्तर चेतन (Conscious) कहलाता है। और जब वृत्यात्मक ऊर्जा अहं अथवा अत्यहम् से निर्बल होती है, उत्तेजित मन शब्दों से सम्बन्ध स्थापित नहीं कर पाता है, तो भावनायें कुंठित होकर मन के उस स्तर पर पुञ्जीभूत हो जाती हैं, जिसे अचेतन मन (Unconscious mind) कहते हैं। हृदय के अधिकांश सूक्ष्म अंश अचेतन मन पर ही घनीभूत होते हैं, अर्थात् मनुष्य की अधिकांश भावनायें एवं मनोविकार अचेतन मन में ही रहते हैं। कहना यह है कि अचेतन मन जीवन के सभी अनुभवों एवं अभुक्त वासनाओं को सुरक्षित रखने वाला केन्द्रस्थल है। यही कारण है कि फ्रायड ने अचेतन मन को ही मनुष्य के आचार-विचार, व्यवहार-स्वभाव आदि को रूपित करने वाली प्रमुख शक्ति माना है। फ्रायड का कहना है कि अचेतन मन की विभिन्न अवस्थायें होती हैं। जिस अवस्था में भावनाओं अथवा विचारों का मनुष्य को शीघ्र बोध हो जाता है, उस अवस्था को ही फ्रायड मन का चेतन (Conscious) स्तर मानते हैं। 'अहम्' में चेतन और 'अर्धचेतन' मन का प्राधान्य होता है तथा 'इद' में अचेतन मन का।

अहं और अत्यहम् के कार्य-व्यापार अथवा दमन-सम्बन्धी अवधारणा

जब अचेतन मन की अभुक्त वासनायें अथवा दमित इच्छायें (जो कि इद् का ही प्रतिरूप हैं(अपनी अभिव्यक्ति का मार्ग खोजती हैं, तब मन को तीन प्रकार की चिन्ताओं का अनुभव होता है—वस्तुष्ठि (Objective), स्नायविक (Neurotic) और नैतिक (Moral)। बाह्यभय के कारण वस्तुनिष्ठ चिन्ताओं, अहं के उल्लंघन के भय से स्नायविक चिन्ताओं तथा अत्यहम् के अतिक्रमण-भय से नैतिक चिन्ताओं का उद्भव होता है। सभी प्रकार की चिन्तायें 'अहं' को झकझोरती हैं। परिणामत: 'अहं' क्रियाशील होकर अधिकांशत: दमन का सहारा लेता है। वासनाओं की अभिव्यक्ति

---

1. Quoted from' The Encyclopeadia Americana, Vol. 22, p. 733b.

तथा दमन का यह चक्र चलता रहता है। इस प्रकार फ्रायड ने दमन का मूल कारण भय माना है। यह तीन प्रकार का होता है—बाह्य भय, सामाजिक भय एवं नैतिक भय। दमित एवं अतृप्त वासनायें निरन्तर ही अभिव्यक्ति का मार्ग खोजती रहती हैं। कभी तो ये वासनायें अहं और अत्यहम् (जोकि इनको रोकने में अधीक्षक का कार्य करते हैं) का अतिक्रमण कर अत्यन्त विरूप, असामाजिक एवं भद्दे ढंग में अभिव्यक्ति पाने में सफल होकर दुराचार एवं पाप कर्मों को जन्म देती हैं और कभी मनुष्य की मानसिक विक्षिप्तता का कारण बनती हैं। फ्रायड की मान्यता है कि यही दमित वासनायें जब उदात्त रूप में अभिव्यक्ति पाती हैं, तो साहित्य एवं कला को जन्म देती हैं। साहित्य, कला, धर्म आदि सभी को फ्रायड इन्हीं संचित वासनाओं और प्रेरणाओं से उद्‌भूत मानते हैं।

काम-वृत्ति सम्बन्धी अवधारणा

फ्रायड की मनोविश्लेषण पद्धति का मूलाधार काम-वृत्ति ही है। काम-वृत्ति (Sex instinct) को ही दृष्टिपथ में रखकर उन्होंने, मनोविश्लेषण विधि का प्रतिपादन किया है। यदि एक शब्द में कहें तो कह सकते हैं कि काम-वृत्तियों की स्वस्थ और अस्वस्थ अभिव्यक्ति के कारण और प्रभाव-बोध की आवश्यकता ही इस पद्धति की जनक हैं। फ्रायड काम-वृत्ति को ही जीवन की सर्वाधिक प्रबल शक्ति मानते हैं। वह काम-वृत्ति की ऊर्जा को 'लिबिडो' (Libido) कहते हैं।

फ्रायड मनुष्य के सारे कार्य-कलापों को संचालिका इसी लिबडो (काम-ऊर्जा) को मानते हैं। समष्टितः एवं व्यष्टितः मनुष्य के सभी कार्यव्यापारों के मूल में 'लिबिडो' की प्रेरणा रहती है। इसके साथ ही, उनकी यह भी धारणा है कि मनुष्य के सारे जीवन में काम-वृत्ति का अहं और अत्यहम् द्वारा दमन होता रहता है। ये दमित काम वासनायें अचेतन मन में केन्द्रीभूत होती रहती हैं और समय-समय पर नाना रूपों में अभिव्यक्ति पाती हैं। ये अभिव्यक्तियाँ—कला, साहित्य, धर्म और संस्कृति के निर्माण की प्रधान एवं एकमात्र उपादान कारण हैं।

मनुष्य-जीवन में फ्रायड 'लिबिडो' के विकास की चार प्रावस्थाएँ—मुखवर्ती (Oral), गुदागत (Anal), लैंगिक (Phallic) तथा जननिक (Genital)—मानते हैं। उन्होंने शिशु का जीवन जन्म से ही काममूलक माना है। काम-ऊर्जा शिशु के मुख में रहती है, फलतः वह माँ के स्तन,अथवा अँगूठा आदि चूसता है। यह स्वरति की ही स्थिति है, जिसे फ्रायड ने 'लिबिड़ो' की मुखवर्ती 'स्टेज' कहा है। इस स्थिति में कामनाओं अथवा वासनाओं के दमन का प्रश्न नहीं होता, क्योंकि शैशव में मात्र 'इद' ही होता है। अहं और अत्यहम् अविकसित स्थिति में होते हैं। दूसरी अवस्था गुदागत होती है। इसमें बच्चा मलत्याग में काम-सुख प्राप्त करता है। इस अवस्था में वह कुछ-कुछ रति-चेतन भी हो जाता है। इसके साथ ही, सामाजिक और नैतिक दबावों के कारण उसके अहं (Ego) और अत्यहम् (Super Ego) का भी विकास होने लगता है, परिणामतः स्वाभाविक कामेच्छाओं का दमन भी इसी स्टेज से प्रारम्भ हो जाता है, इन

दमित इच्छाओं का केन्द्रीकरण उसके अचेतन में होता रहता है। शरीर विकास की तीसरी अवस्था लैंगिक स्टेज है। इसमें काम-सुख कामेन्द्रियों पर केन्द्रित होने लगता है। इस अवस्था के दौरान, फ्रायड के अनुसार, दो मनोग्रन्थियों का विकास और होता है—इडिपस काम्प्लेक्स (Oedipus Complex) तथा कास्ट्रेशन काम्प्लेक्स (Castration Complex)। इडिपस मनोग्रन्थि के कारण किशोर के मन में विषमलिंगी जनक के प्रति कामेच्छा तथा समलिंगी जनक के प्रति ईर्ष्या होती है। चूँकि ये दोनों इच्छायें असामाजिक तथा अनैतिक अर्थात् अहं और अत्यहम् की विरोधी हैं, इसलिये इनका दमन किया जाता है। दमित कामेच्छायें अचेतन में घनीभूत हो जाती हैं। नपुंसकीकरण सम्बन्धी कुण्ठा अथवा मनोग्रन्थि (castration complex) स्त्री-पुरुषों में भिन्न-भिन्न होती हैं। पुरुषों में नपुंसकीकरण हो जाने का भय रहता है, जबकि स्त्रियों में इस भय के साथ ही पुरुषों के प्रति उनके उदग्र एवं सुस्पष्ट जननांगों के कारण ईर्ष्या भाव भी रहता है। शरीर-विकास की अन्तिम अवस्था जननिक स्टेज है। इस अवस्था के अन्तर्गत विषमलिंगियों के प्रति काम-आकर्षण रहता है। इस अवस्था तक शिशु पूर्णतः युवावस्था को प्राप्त हो जाता है।

फ्रायड की धारणा है कि साधारणतः अचेतन में घनीभूत अतृप्त वासनायें और कुण्ठायें अपने को व्यक्त करने का प्रयत्न करती रहती हैं, किन्तु मनुष्य के अहं, जोकि सामाजिक मूल्य-मान्यताओं का प्रतिनिधित्व करता है, के प्रतिरोध के कारण सहज रूप में उनकी अभिव्यक्ति नहीं हो पातीं। परिणामतः ये दमित कामेच्छायें छद्म रूप से कपट पूर्वक अपने को प्रकट करती हैं। अतृप्त वासनाओं के ये छद्म रूप स्वप्न और जागृत जीवन की भूलें हैं। वासनायें जब अधिक घनीभूत एवं प्रबल हो जाती हैं, तो मनुष्य हिस्टीरिया, खण्डित व्यक्तित्व, अपराध-भावना आदि अनेक दुराचारों में संलग्न हो जाता है अथवा स्नायविक रोगों का शिकार हो जाता है। फ्रायड का विश्वास है कि मनुष्य जीवन में छोटे-से-छोटा कार्य अथवा व्यवहार भी अकारण एवं निष्प्रयोजन नहीं होता। प्रत्येक कार्य-कलाप के पीछे मनुष्य के अचेतन मन में स्थित अतृप्त वासनाओं की अभिव्यक्ति होती है, अर्थात् जीवन का प्रत्येक प्रयोजन अथवा प्रेरणा कोई रूपान्तरित कामेच्छा ही होती है।

उपर्युक्त तथ्यों के प्रकाश में फ्रायड ने दर्शन, धर्म, पुराण, समाज-विज्ञान, कला तथा साहित्य की नवीन व्याख्यायें भी प्रस्तुत की हैं। उन्होंने विश्व चिंताधारा को पर्याप्त प्रभावित किया है। फ्रायड ने अपने निबन्धों में (विशेष रूप से 'The Relation of the Poet to Day Dreaming' में) स्पष्टतः व्यक्त किया है कि कला अथवा साहित्य दमित कामवासनाओं, कुण्ठाओं अथवा, यौन वर्जनाओं का उदात्तीकृत रूप है। कवि अथवा कलाकार के अचेतन मन में अभिव्यक्तियों की अपेक्षा दमित वासनाओं का केन्द्रीकरण अधिक होता है। वह अपनी यौन-वर्जनाओं व भोग-लिप्साओं को समाज के भय के कारण (अथवा अहं और अत्यहम् के भय के कारण) परिष्कृत करके अन्यान्य प्रतीकों, रूपकों, उपमानों और विचित्र कल्पनाओं में अभिव्यक्ति करता है।

फ्रायड ने समस्त रचनात्मक साहित्य को दमित वासनाओं का परिष्कृत रूप माना है। यही नहीं, यह धर्म और संस्कृति को भी कुण्ठित वासनाओं के परितोष का ही साधन मानते हैं। उनके अनुसार धर्म और संस्कृति भी 'युनीवर्सल आब्सेशनल न्युरोसिस' है। फ्रायड के मनोविश्लेषण सिद्धान्त ने विश्व चिन्तना को व्यापक रूप से प्रभावित किया है। विश्व-साहित्य-समाज पर उनका प्रभाव युगांतकारी हैं। ब्रिटिश विश्वकोश के अनुसार— "Psycho-analysis has exerted, from the beginning, a profound influence on Literature and the other arts and on the whole body of social thought."[1]

मनोविश्लेषण पद्धति के उन्नयन में अनेकों मनोवैज्ञानिकों, मनोचिकित्सकों, लेखकों आदि (विल्हल्म स्टेकल, ओटोरेन्क, जोन्स, चार्ल्स, डी० एच० लारेन्स आदि) का हाथ रहा है, परन्तु इस क्षेत्र में सर्वाधिक महत्त्वपूर्ण स्थापना करने वालों में एडलर एवं जुंग के ही नाम उल्लेखनीय हैं। कहना यह है कि फ्रायड के शिष्यों एवं सहकर्मियों में एडलर एवं जुंग ने मनोविश्लेषण के क्षेत्र में फ्रायड से भिन्न स्थापनायें प्रस्तुत की हैं।

अल्फ्रेड एडलर (1870-1937)

वरिष्ठता के क्रम से विश्लेषकों की इस बृहत्त्रयी में आस्ट्रिया के मनश्चिकित्सक अल्फ्रेड एडलर (Alfred Adler) का स्थान दूसरा है। फ्राइड के निमंत्रण पर एडलर ने नौवर्ष (1902-1911) तक फ्रायड-स्कूल के मनोवैज्ञानिकों के चेयरमैन एवं फ्रायड के सहयोगी के रूप में कार्य किया। फ्रायड से सैद्धान्तिक मतभेद होने पर उन्होंने अपनी विचारधारा के प्रचार-प्रसार के लिए 1911 में एक स्वतन्त्र स्कूल की स्थापना की। उसके सिद्धान्त की सम्पूर्णतः व्याख्या प्रस्तुत करने वाली महत्त्वपूर्ण पुस्तकें—(1) The Practice and theory of Individual Psychology, (2) Problems of Neurosis, (3) Social Interest) है।

हीनता-श्रेष्ठता ग्रंथि एवं क्षति-पूर्ति का सिद्धान्त

एडलर का सिद्धान्त सामाजिक आधार पर विकसित हुआ है। उनका विश्वास है कि मानव के व्यक्तित्व और स्वभाव के निर्माण में जैवीय शक्तियों (विशेष रूप से काम) का हाथ नहीं रहता, वरन् सामाजिक शक्तियों का हाथ रहता है। यद्यपि फ्रायड की भाँति ही वह भी मनुष्य के व्यक्तित्व-निर्माण एवं विकास में बचपन के दिनों को नियामक मानते हैं, किन्तु फ्रायड जहाँ इस निर्माण के लिए जैवीय शक्तियों (विशेष रूप से 'लिबिडो') को उत्तरदायी ठहराते हैं, वहीं एडलर सामाजिक शक्तियों को। दुआने के शब्दों में—"Adler, like Freud, recognized the importance of the early formative years of childhood, but Adler's focus was on social

---

1. Encyclopeadia Britannica, Vol. 18, p. 725.

and not biological forces.[1]

फ्रायड और एडलर के मनोविश्लेषण-सिद्धान्तों के मूल में दूसरा भेद है, चेतन-अचेतन सम्बन्धी। फ्रायड जहाँ अचेतन मन पर सर्वाधिक बल देते हैं, वहीं पर एडलर चेतन मन पर। दुआने के शब्दों में—"Another point of difference between the theories of Freud and Adler Concerns the importance of consciousness. Where as Freud stressed unconscious determinants of behaviour, Adler emphasized the conscious."[2]

इन दोनों भेदों को दृष्टिपथ में रखकर यह कहा जा सकता है कि मनुष्य के आचरण अथवा व्यक्तित्व-निर्माण में फ्रायड जहाँ 'लिबिडो' (काम-वृत्ति) को प्रधानता देते हैं, वहीं पर एडलर समाज का प्रतिनिधित्व करने वाले चेतन मन को अर्थात् अहम् को, जोकि चेतन मन का ही प्रतिरूप है। इस प्रकार एडलर के मनोविज्ञान में 'लिबिडो' का उतना महत्त्व नहीं है, जितना कि अहम् का। उनकी धारणा है कि मानसिक स्नायविक रोगों का कारण अहं की माँग, अहं का आग्रह अथव 'स्वाग्रह' (Self Assertion) होता है।

एडलर का मत है कि मानव-व्यक्तित्व की समग्रशक्ति और सारे तत्त्व एक ही उद्देश्य के लिए अभिप्रेरित रहते हैं और वह उद्देश्य है श्रेष्ठत्व (Superiority)। सभी मनुष्यों का जीवन पर्यन्त अनवरत प्रयास 'श्रेष्ठत्व' की प्राप्ति ही है। श्रेष्ठत्वभाव अथवा श्रेष्ठत्व-ग्रंथि, एडलर के अनुसार, वह व्यापक अवधारणा है, जिसमें व्यक्तित्व के पूर्ण विकास, मानव-जीवन सम्बन्धी सभी प्रकार की उपलब्धियों एवं अहं-स्थापन का भाव समाहित रहता है। इस प्रकार उनकी श्रेष्ठत्व-ग्रंथि अहं-स्थापन (Self-Assertion) का ही प्रतिरूप है। दुआने के शब्दों में—"This final goal towards which all men strive, is superiority, which Comprises more complete and perfect development, accomplishment, fulfillment and realization of the self."[3]

एडलर का विश्वास है कि यह श्रेष्ठत्व भाव (जिसे चाहें तो स्वाग्रह अथवा अहंस्थापना भी कह सकते हैं) ही मानव-जाति की उन्नति के लिए उत्तरदायी है। मानव-सभ्यता का सम्पूर्ण इतिहास ही इस भाव के प्रयत्नों की कहानी है। कहना यह है कि 'सुपीरियरिटी' के भाव के कारण शिशु का शारीरिक विकास होता है। उसकी सामाजिक, बौद्धिक, राजनैतिक आदि सभी प्रकार की उन्नति और विकास इसी भाव के अधीन हैं—एडलर के शब्दों में—"It runs parallel to physical growth. it is an instinct necessity of life itself...All our functions follow its directions; rightly or wrongly they strive for Conquest, surety, increase......The urge

---

1. Duane P. Schultz : A History of Modern Psychology, p. 297.
2. Ibid.
3. Duane P. S. : A History of Modern Psychology, p. 297.

from 'blow' to 'Above' never ceases...........(This is) the fundamental fact of our life."[1]

एडलर श्रेष्ठत्व भाव (स्वाग्रह अथवा अहंस्थापन) के मूल में हीनता-भाव अथवा हीनता-ग्रन्थि (Inferiority complex) को मानते हैं। हीन-भावना का विकास दो प्रकार से होता है—शिशु के प्रारम्भिक जीवन से तथा समाज के यथार्थ द्वारा स्वाग्रह के विरोध से।

शिशु में जीवन के प्रारम्भिक काल से ही अपने शरीर के अंगों का अपूर्ण अथवा दोषपूर्ण विकास देखकर हीनत्व भावना घर करने लगती है। प्रारम्भ में एडलर ने यह सिद्धान्त मात्र उन्हीं बच्चों पर लागू किया था, जिनका आंगिक विकास वंशपरम्परा से दोषपूर्ण अथवा अपूर्ण होता है। कहना यह है कि इस सिद्धान्त के प्रारम्भिक दिनों में उनकी धारणा थी कि जन्मजात अपाहित, लूले, लँगड़े आदि बच्चे हीनता की भावना से आक्रान्त रहते हैं। फलत: वे इस आंगिक विकास सम्बन्धी क्षतिपूर्ति (Compensation) के लिये अन्य क्षेत्रों में अधिक प्रयत्नशील रहते हैं। किन्तु बाद को एडलर ने अपनी इस हीनता ग्रन्थि सम्बन्धी अवधारणा को व्यापक रूप में प्रयुक्त कर सभी प्रकार की शारीरिक, मानसिक, सामाजिक, वास्तविक अथवा काल्पनिक अक्षमताओं पर लागू कर यह सिद्धि किया कि इन सभी क्षेत्रों में अक्षमताओं अथवा विषमताओं के फलस्वरूप मनुष्य का अहं प्रताड़ित होता है और प्रताड़ित अहं हीनत्व-भाव को जन्म देता है तथा इसी हीनत्व-भाव की क्षतिपूर्ति के लिये मनुष्य नाना कार्य-व्यापार करता है। दुआने के शब्दों में—" Adler later broadened the scope of this concept to include any physical, mental, or social handicap, real or imagined."[2]

एडलर का मत है कि बच्चा अपने शिशुकाल में शारीरिक रूप से अत्यन्त छोटा तथा असहाय होता है, फलत: वह परिवार के सदस्यों और अपने वातावरण पर पूर्णत: आश्रित होता है। ऐसी दशा में प्रत्येक बच्चे के मन में हीनता का भाव जाग्रत होता है तथा इस हीनत्व-भाव से मुक्ति पाने के लिए वह निरन्तर श्रेष्ठत्व की प्राप्ति के लिये प्रयत्नशील रहता है। वह अपनी हीनत्व-भावना की क्षतिपूर्ति किसी प्रकार की भी 'सुपीरियरिटी' में करना चाहता है। यही नहीं, हीनता की भावना का जन्म शिशु-काल के अतिरिक्त जीवन के अन्य कालों में भी होता है। ऐसा तभी होता है, जबकि व्यक्ति का 'स्वाग्रह', जोकि उसकी मूल प्रवृत्ति है, का विरोध जीवन के यथार्थ से होता है। जीवन के यथार्थ से टकराकर यदि व्यक्ति अपने आत्मस्थापन के अनुरूप सफल न हो पाया, तो वह आत्मग्लानि से भर जाता है, हीनता का भाव उसके मन में जाग्रत हो जाता है। इस प्रकार एडलर ने हीनत्व-भाव की उत्पत्ति के दो रूप

---

1. Adler, 1930 pp. 398-99, (Quoted from 'A History of Modern Psychology, p. 297.)
2. A History of Modern Psychology, p. 298.

माने हैं—शिशु के प्रारम्भिक जीवन से तथा समाज के यथार्थ द्वारा स्वाग्रह के विरोध से। हीनता का यह भाव तब और बढ़ता है, जब मनुष्य अपने को दूसरों की तुलना में अपूर्ण पाता है।

हीनत्व भावना से मुक्ति पाने के लिए मनुष्य जीवन के नाना क्षेत्रों में श्रेष्ठत्व (superiority) प्रदर्शन करने का प्रयत्न करता है। यह श्रेष्ठत्व-प्रदर्शन ही, वस्तुत: एडलर का क्षतिपूरक सिद्धान्त है। हीनत्व, श्रेष्ठत्व और क्षतिपूर्ति सम्बन्धी शृंखला को फिलिप हैरीमन ने इस प्रकार शब्द दिये हैं—"An attitude of inferiority develops when an individual feels deficient in Comparison with others, He postualates a basic striving for superiority or self assertion which leads a person with an attitude of inferiority to seek to compensate."[1]

"हीनत्व-भाव का विकास तब और हो जाता है, जब कोई व्यक्ति स्वयं को दूसरों की अपेक्षा अपूर्ण अनुभव करता है। उसके मन में मूलत: श्रेष्ठत्व-प्राप्ति की प्रतिस्पर्धा अथवा स्वाग्रह घर कर लेता है, जोकि व्यक्ति को हीनत्व-भाव के साथ क्षतिपूर्ति के लिए, अन्वेषण के लिये प्रोत्साहित करता है।"

जीवन-पद्धति सम्बन्धी विचार

एडलर का कहना है कि इस हीनत्व-भाव से मुक्ति पाने के लिए व्यक्ति श्रेष्ठत्व-प्राप्ति के प्रयत्न भी करता है और दमन भी करता है। इस श्रेष्ठत्व-प्राप्ति और दमन सम्बन्धी प्रयत्नों के फलस्वरूप मनुष्य की भावना अनेक प्रकार के छद्म रूप अपना लेती है और उन छद्म रूपों की अभिव्यक्ति ही विभिन्न प्रकार की जीवन-पद्धतियों (Styles of lite) के रूप में होती है। इस प्रकार विभिन्न प्रकार के मनुष्यों द्वारा हीनत्व-भाव से मुक्ति पाने के लिये किये गये श्रेष्ठत्व-प्राप्ति सम्बन्धी प्रयत्न अथवा दमन सम्बन्धी प्रयत्न ही उनकी जीवन-पद्धतियों का निर्धारण करते हैं।

वस्तुत: एडलर यहाँ पर पर्याप्त आशावादी प्रतीत होते हैं। उनके इस सिद्धान्त से यह स्पष्ट है कि मनुष्य अपने व्यक्तित्व का निर्माण, भाग्य का निबटारा स्वयं करता है। फ्रायड की भाँति वह व्यक्ति के निर्माण में विगत एवं निष्क्रिय अनुभवों (अचेतन मन में घनीभूत विगत अनुभव) की शक्ति स्वीकार नहीं करते।

यद्यपि एडलर ने साहित्य तथा अन्य विचार-क्षेत्रों को उतना प्रभावित नहीं किया है, जितना कि फ्रायड ने; तथापि उनकी मनुष्य-जीवन के विकास सम्बन्धी अवधारणा पर्याप्त आशावादी है। मनोविज्ञान को उनकी देन गुणात्मक एवं विशिष्ट है। यही नहीं, उनके सिद्धान्त का उपयोग साहित्य में भी हुआ है। हिन्दी में अज्ञेय जी एडलर से प्रभावित कहे जा सकते हैं; उदाहरण के लिये—एडलर की हीनता ग्रंथि का विश्लेषण त्रिशुंक में द्रष्टव्य है—"उस समय के मानव-समाज की कल्पना कीजिए और कल्पना

---

1. Philip L. Harriman : Encyclopeadia Americana, p. 142.

कीजिये उस समाज के ऐसे प्राणी की, जो युवावस्था में किसी कारण—सर्दी खा जाने से या पेड़ पर से गिर जाने से या आखेट में चोट लग जाने से—किसी तरह कमजोर हो गया है।"[1]

कार्ल गुस्ताव जुंग (1875-1961)— वरिष्ठता-क्रम में फ्रायड के विख्यात शिष्य कार्ल गुस्ताव जुंग (Carl Gustav Jung) का नाम तीसरा है। आप स्विटजरलैण्ड के रहने वाले मनोवैज्ञानिक मनश्चिकित्सक थे। जुंग की महत्त्वपूर्ण मनोवैज्ञानिक स्थापनायें इस प्रकार हैं—

मनोविश्लेषणात्मक मनोविज्ञान (Anaytical Psychology)

जुंग ने 'लिबिडो' (काम-शक्ति) का अत्यधिक व्यापक अर्थ में प्रयोग किया है। उन्होंने 'लिबिडो' को जीवन-शक्ति' का नाम दिया है। उनकी 'जीवन-शक्ति' सम्बन्धी अवधारणा की परिधि में एडलर की 'स्वाग्रह-वृत्ति' तथा फ्रायड की 'कामशक्ति' दोनों का अन्तर्भाव हो जाता है। यही नहीं, जुंग ने फ्रायड के 'मनोविश्लेषण' (Pscho-analysis) शब्द के स्थान पर 'मनोविश्लेषणात्मक मनोविज्ञान' (analytical psychology) शब्द का प्रयोग किया है।

जुंग इस 'जीवन-शक्ति' को ही मनुष्य-जीवन की प्रेरक-शक्ति मानते हैं, जोकि मनुष्य के व्यवहार और आचरण में हमेशा व्यक्त होती है। जुंग का मत है कि यही वह शक्ति है, जो मनुष्य की विकास-क्रिया और जनन के लिए उत्तरदायी है अर्थात् मनुष्य के जनन, विकास और क्रिया (Reproduction, Growth and Activity) इन तीनों लक्ष्यों में यह 'जीवन-शक्ति' अपने को अभिव्यक्त करती है। दुआने के शब्दों में—Where as Freud defined libido in predominantly sexual term, Jung regarded it as a generalized life energy, of which sex was only one part. For Jung, this libidinal life energy expressed itself in growth and reproduction as well as other kinds of Activity."[2]

मनुष्य-व्यक्तित्व

इस जीवन-शक्ति के दिशा-अभिगमन के अनुरूप जुंग ने दो प्रकार के व्यक्तित्व वाले मनुष्यों का उल्लेख किया है—अन्तर्मुखी (Introvert) तथा बहिर्मुखी (Extrovert)। वस्तुत: जुंग का यह विभाजन ही सर्वाधिक विख्यात है। बहिर्मुखी व्यक्ति अपनी जीवन-शक्ति को बाहरी घटनाओं, वस्तुओं और व्यक्तियों पर केन्द्रित करते हैं। अर्थात् बहिर्मुखी व्यक्ति वे व्यक्ति हैं, जो जीवन-शक्ति को सामाजिक तथा भौतिक वातावरण की ओर उन्मुख करते हैं। अपनी ऊर्जा को समाजोन्मुख करने के फलस्वरूप ये व्यक्ति व्यवहार-कुशल, समाज-प्रिय, क्रियाशील तथा आत्मविश्वासी अधिक होते हैं।

---

1. त्रिशंकु, पृ० 25।
2. D. P. Schultz : A History of Modern Psychology, p. 290-91.

अन्तर्मुखी व्यक्ति में जीवन-शक्ति अन्तरोन्मुख होती है। उसकी सम्पूर्ण ऊर्जा 'स्व' पर केन्द्रित होती है। चूँकि ऐसे व्यक्तियों की सम्पूर्ण शक्ति और अवधान 'स्व' पर केन्द्रित होते हैं, अत: ये व्यक्ति भावुक, विचारशील, कल्पनाशील, एकान्तप्रिय, पलायनवादी तथा अव्यावहारिक होते हैं।

जुंग की धारणा थी कि ये विरोधी प्रवृत्तियाँ (अन्तर्मुखी बहिर्मुखी) न्यूनाधिक रूप से प्रत्येक व्यक्ति में विद्यमान रहती हैं, भेद मात्रा का होता है। अर्थात् प्रत्येक व्यक्ति में इन दोनों प्रवृत्तियों के अस्तित्व के साथ ही किसी एक प्रवृत्ति का प्राधान्य रहता है। दुआने के शब्दों में—"He did suggest, however that no one is a total introvert or extrovert, but rather that the dominant attitude at a given moment can be influenced by the situation. For example, at normally introverted person might become quite sociable and unreserved in a situation in which he is vitally interested."[1]

मन के स्तर

जुंग ने मन के लिए 'साइकि' (Psyche) शब्द का प्रयोग किया है। उन्होंने मन के तीन स्तर माने हैं—(1) चेतन (Conscious), (2) व्यक्तिगत अचेतन (Individual Unconscious) और (3) सामूहिक अथवा संस्कारगत अचेतन (Collective unconscious)।

चेतन मन के केन्द्र-स्थल में अहम् (Ego) का निवास रहता है। मन के इस स्तर पर व्यक्ति की स्व-सम्बन्धी धारणायें, स्मृतियाँ, अनुभव आदि ही संकलित रहते हैं।

अचेतन के दो रूपों में से व्यक्तिगत अचेतन के स्तर पर व्यक्ति-विशेष की इच्छायें, संवेग, धुँधली स्मृतियाँ तथा अन्याय वे अनुभव एकत्रित होते हैं, जो कि या तो दमित कर दिये गये होते हैं अथवा पहले भूले गये होते हैं। जुंग की धारणा है कि व्यक्तिगत अचेतन से मनुष्य बहुत-सी घटनाओं को चेतन मन में स्मृति के सहारे प्रतिष्ठित कर सकता है। कहना यह है कि व्यक्तिगत अचेतन का स्तर उतना गहरा नहीं है, जहाँ से कुछ भी चेतन में न लाया जा सके। अर्थात् व्यक्तिगत अचेतन चेतन मन के पटल पर अवतरित हो सकता है।

व्यक्तिगत अचेतन मन से नीचे 'साइकि' की जो पर्त है, जुंग उसे सामूहिक अचेतन कहते हैं। मन के इस स्तर से मनुष्य पूर्णत: अनभिज्ञ रहता है। इस स्तर से चेतन मन के पटल पर कुछ भी अवतरित नहीं होता। सामूहिक अचेतन मन में विगत पीढ़ियों तथा आदिकालीन पूर्वजों पर के संचित अनुभव होते हैं। जुंग का कहना है कि सामूहिक अचेतन मन की संरचना सार्वभौम होती है। यह व्यक्ति विशेष में भिन्न नहीं होता। हॉल के शब्दों में—"It is almost entirely detached from anything personal in the life of an individual and it is seemingly universal. All human beings

---

1. A History of Modern Psychology, p. 293.

have more or less the same collective unconscious."[1]

जुंग ने कला का उद्गम स्रोत अचेतन मन ही माना है। अचेतन में अनन्त समय से संचित अनुभव एवं संस्कार मनुष्य की अन्तर्वृत्तियों और बहिर्वृत्तियों के सामंजस्य से काव्य-कला के रूप में प्रस्फुटित होते हैं। डॉ० कृष्ण वल्लभ जोशी के अनुसार, "युंग कला का मूल उत्स मानव के अन्तश्चेतन (अचेतन) में युग से संचित कालातीत संस्कार मानना है। मनुष्य की अन्तर्वृत्तियों और कहिर्वृत्तियों के सामंजस्य से ही यह उत्स-काव्य-कला की भागीरथी में रूपायित होता है। कला-सर्जना का क्रम है—पहले संचित संस्कारों द्वारा आदर्श स्थापित किये जाते हैं। ये आदर्श देश-कालातीत होते हैं। पश्चात् स्मृतियों, बिम्बों, प्रतीकों, मिथकों द्वारा अभिव्यक्ति होती है। इसी प्रकार नाना क्रियाओं से वास्तविक काव्य की रचना होती है।"[2]

मनोवैज्ञानिक की इस बृहत्त्रयी में, वस्तुतः जुंग ही एक ऐसे मनोवैज्ञानिक हैं, जिन्होंने न केवल मनोविज्ञान एवं मनश्चिकित्सा को प्रभावित किया, वरन् धर्म, इतिहास, कला तथा साहित्य को भी प्रभावित किया है। कला और साहित्य की तो विवेचना भी उन्होंने विस्तृत रूप से की है।

23

मनोविश्लेषण-सिद्धान्त और लारेन्स

डी० एच० लारेन्स (D. H. Lawrence 1885-1930) प्रसिद्ध उपन्यासकार, कवि, कहानीकार एवं आलोचक थे। उन्होंने अपनी कविताओं, कहानियों, उपन्यासों, यात्रा-विवरणों एवं समालोचनात्मक कृतियों से अंग्रेजी-साहित्य को पर्याप्त समृद्ध बनाया है। उनके उपन्यासों में 'सन्स एन्ड लवर्स', 'रेंबो', 'विमेन इन लव', 'द प्रिंसेज', 'द प्लूम्ड सर्पेंट', 'लेडी चेटर्लीज लवर'; काव्य-ग्रन्थों में 'लूक वी हैव कम थ्रू', 'बर्ड्स बीस्ट्स एण्ड फ्लावर्स'; कहानी-संग्रहों में 'द वूमन टू रोड अवे एण्ड अदर स्टोरीज'; आलोचना-ग्रन्थों में 'साइकोएनालेसिस ऐंड द अनकांशस', 'फैंटेशिया ऑफ द अनकांशस', 'स्टडीज इन क्लैसीकल अमेरिकन लिटरेचर', 'पोर्नोग्राफी एण्ड आबसिनिटी' आदि के नाम उल्लेखनीय हैं। लारेन्स के 1915 में प्रकाशित 'रैंबो' तथा 1928 में प्रकाशित 'लेडी चैटर्लीज लवर' उपन्यास अमेरिका एवं इंग्लैण्ड में अश्लील घोषित किये जा चुके हैं। जहाँ तक 'श्लील' और 'अश्लील' का प्रश्न है, लारेंस आधुनिक युग के कदाचित् अभूतपूर्व विवादास्पद उपन्यासकार हैं। उनकी कृति 'लेडी चेटर्लीज लवर' संसार की सर्वाधिक विख्यात अथवा कुख्यात कृतियों में जो अपना स्थान ग्रहण कर चुकी है, उसका कारण यह श्लीलहीनता सम्बन्धी विवाद ही है। लारेंस ने 'फ्रायडियन साइकोएनालैसिस' की आलोचना में भी महत्त्वपूर्ण भूमिका निभाई

1. Hall and Lindzey, 1957, p. 80. Quoted from 'The History of Modern Psychology, p. 292.
2. पाश्चात्य साहित्य-शास्त्र : सिद्धान्त और सम्प्रदाय, पृ० 157।

है। यद्यपि लारेंस फ्रायड के 'मनोविश्लेषण-सिद्धान्त' के कटु आलोचक हैं, तथापि मनोविश्लेषण-सिद्धान्त से उनकी साहित्यिक कृतियाँ निश्चित ही प्रभावित हैं; यहाँ तक कि उनके दो उपन्यास अश्लील घोषित किये गये हैं। वह काम-वासना को मनुष्य की नैसर्गिक भूख मानते हैं। उनकी धारणा है कि कामेच्छाओं का दमन ही नैतिक कुण्ठाओं को जन्म दे मानव को विकृत करता है तथा कामेच्छाओं की मुक्त, निर्बन्ध एवं स्वच्छन्द तृप्ति ही मनुष्य के नैतिक स्तर को ऊँचा उठा सकती है। यद्यपि लारेन्स के जीवन-दर्शन में काम-वासना की नैसर्गिक एवं स्वच्छन्द पूर्ति पर बल दिया गया है; तथापि इसका मतलब यह भी नहीं कि लारेन्स के साहित्य का प्रयोजन कामोद्दीपन था। वे मात्र मानव की इस नैसर्गिक वृत्ति (काम) की सहज एवं निर्बन्ध तृप्ति के पक्षपातों थे, ताकि मनुष्य-व्यक्तित्व का बिना किसी कुण्ठा के समुचित विकास एवं उन्नयन हो सके।

फ्रायड के मनोविश्लेषण-सिद्धान्त से यद्यपि पश्चिमी साहित्य एवं कला-जगत व्यापक रूप से प्रभावित था, किन्तु फिर भी कुछ साहित्यकार इस प्रभाव को अस्वीकार कर रहे थे। लारेन्स का नाम ऐसे साहित्यकारों में अग्रगण्य है। लारेंस ने न केवल फ्रायड को अस्वीकृत ही किया, वरन् फ्रायडियन-मूल्यों का खण्डन भी किया। लारेन्स ने अपने अनेक पत्रों, निबन्धों में फ्रायड और जुंग की तीव्र आलोचना की है। मनोविश्लेषण सिद्धान्त पर उन्होंने अपनी दो पुस्तकों—(psycho-analysis and the unconscious-1921 तथा Fantasia of the Unconscious. 1922—में फ्रायडियन मनोविश्लेषण पर विशेष रूप से प्रहार किये हैं।

लारेंस ने 'मनोविश्लेषण-सिद्धान्त' की 'अति संकुचित' (Too narrowly), 'क्षतिकारक वैज्ञानिक' (harmfully scientific) कहकर अवहेलना की है। उनकी धारणा है कि 'साइकोएनालेसिस' द्वारा मानव-मन के वैज्ञानिक परीक्षण पर दिया जाने वाला बल पूर्णत: भ्रामक एवं अनुचित है। क्योंकि मानव-मन और उसकी नैसर्गिक वृत्तियों की जाँच-पड़ताल कभी भी मानव-कार्य-व्यापार के प्रमुख स्रोतों को जानने वाले परीक्षण मानव-ऊर्जा एवं जीवन-शक्तियों (life forces) को मात्र वैज्ञानिक बुद्धि-विलास की वस्तु बनाकर छोड़ देते हैं, जिससे मानव-शक्ति का ह्रास ही होता है, उत्थान नहीं। वस्तुत: लारेंस के ये मनोविश्लेषण विरोधी उद्‌गार, तत्कालीन औद्योगिकीकरण एवं तज्जन्य मानव-जीवन का मशीनीकरण, शुष्क तर्क एवं बुद्धि-प्रधान आधुनिकीकरण के प्रति वितृष्णात्मक प्रतिक्रिया से ओत-प्रोत हैं। यही कारण है कि सैद्धान्तिक रूप से 'फ्रायडियन साइकोएनालैसिस' के घोर विरोधी लारेंस भी व्यावहारिक रूप में उसके सभी तत्त्वों को ग्रहण किये हुये हैं। उनके प्रमुख उपन्यास 'लेडी चेटर्लीज लवर', 'संस एण्ड लवर्स' आदि जाने-अनजाने उसी 'मनोविश्लेषण-सिद्धान्त' के मूलभूत तत्त्वों की अभिव्यक्ति कर रहे हैं, जिसके कि वह सिद्धान्त निश्चित ही 'मनोविश्लेषण-सिद्धान्त' के आधार पर प्रस्तुत की गई हैं। ब्रिटेनिका विश्वकोश के अनुसार— An important opponent of psycho-analysis was D. H.

Lawrence; his novel 'Sons and Lovers-1913' interested psychoanalysis and critics who found a direct influence (of psycho-analysis) in its presentation of familial problems.[1]

24

क्रोचे और उनका अभिव्यंजनावाद

प्रख्यात इतालियन दार्शनिक बेनेदेतो क्रोचे (Benedetto Croce- 1866-1952) की सर्वाधिक प्रसिद्ध कृति 'फिलॉसफी ऑफ द स्पिरिट' (Philosophy of the Spirit) है, जिसके चार खंड हैं—'एस्थैटिक्स' (Aesthetics), 'लॉजिक' (Logic), 'फिलॉसफी ऑफ कॉण्डक्ट' [Phillosophy of Conduct (Economics an Ethics)] और 'थ्योरी एन्ड हिस्ट्री ऑफ हिस्टोरियोग्राफी' (Theory and History of Historiography)। इसके साथ ही, क्रोचे ने 'लाक्रितिका' (La critica) तथा **क्वादरनी दैला 'क्रितिका'** (Quaderni Della 'Critica') पत्रिकाओं में 1903 के बाद मृत्युपर्यन्त लेख लिखे, जिनका विषय तत्कालीन यूरोपीय-साहित्य (दर्शन, कला इतिहास, साहित्य आदि) का समग्र एवं विस्तृत मूल्यांकन करना था।

क्रोचे ने साहित्य-जगत में बहुचर्चित 'अभिव्यंजनावाद' (Expressionism) की स्थापना अपने ग्रंथ 'फिलॉसफी ऑफ द स्पिरिट' के प्रथम खंड 'सौन्दर्यशास्त्र (Aesthetics) में की है।

'अभिव्यंजनावाद' ने साहित्य के साथ ही साथ कला एवं संगीत को भी प्रभावित किया है। साहित्य-जगत में 'अभिव्यंजनावाद' के तत्त्वों की सर्वप्रथम उपस्थिति 19वीं शती के अंतिम दशक में फ्रेंक वेदेकिन्द (Frank Wedekind) के नाटक 'फ्रूहलिंगस इरवाचेन' (Fruhlings Erwachen-1891) से मानी जाती है। तदुपरान्त इसकी अभिव्यक्ति 'अगस्त स्टरिंदबर्ग' (August Strindberg) के नाटकों में भी हुई है। विश्व साहित्य-कोश के अनुसार— "Expressionism or some of its aspects, emerge in the last years of the 19th century. Frank Wedekind's 'Fruhling Erwachen e.g. (pub. 1891. performed 1906)..............August Strindberg's 'To Demascus 1898', A Dream Play 1902' and ' the Spook Sonata-1907' Contain most of the elements later stressed by the avowed expressionists."[2]

किन्तु साहित्य-कला के क्षेत्र में अभिव्यंजनावाद का प्रवर्तन करने वाले सर्वप्रथम दार्शनिक-सौन्दर्यशास्त्री क्रोचे ही हैं, क्योंकि इससे पूर्व अभिव्यंजनावादी तत्त्वों के दर्शन तो विभिन्न साहित्यिक एवं कलात्मक कृतियों में हुए हैं, किन्तु एक विशिष्टवाद अथवा अवधारणा के रूप में इसकी प्रतिस्थापना नहीं।

---

1. Encylopeadia Brittanica, Vol. 18, p. 725.
2. Dictionary of World Literature, p. 227.

क्रोचे का दार्शनिक दृष्टिकोण— क्रोचे सम्भवत: हीगेल से प्रभावित रहे हैं। हीगेल ने आत्मा की तीन प्रवृत्तियाँ—(1) ज्ञानात्मक, (2) व्यावहारिक और (3) आध्यात्मिक—मानी हैं। क्रोचे ने आत्मा की मूलत: दो प्रवृत्तियाँ—ज्ञानात्मक एवं व्यावहारिक—स्वीकार कीं; किन्तु इन दोनों प्रवृत्तियों के वे दो-दो भेद करते हैं; यथा—(1) ज्ञानात्मक प्रवृत्ति के दो भेद—(अ) सहजानुभूति, (ब) विचारात्मक क्रिया, (2) व्यावहारिक प्रवृत्ति के दो भेद—(अ) आर्थिक अथवा निजी योग-क्षेम से सम्बद्ध, (ब) नैतिक। कला एवं साहित्य का सम्बन्ध इन चारों में से वह सहजानुभूति से जोड़ते हैं। सहजानुभूति ही, वस्तुत: उनका स्वयंप्रकाश ज्ञान अथवा अभिव्यंजना है, जो पूर्णत: निरपेक्ष एवं विलक्षण आत्मिक क्रिया है, जिसका किसी प्रकार की बौद्धिक क्रिया से कोई सम्बन्ध नहीं है। क्रोचे ने सहजानुभूति अथवा कलात्मक अनुभूति का सामान्य अनुभूति से गहरा अन्तर माना है। उनका कहना है कि सामान्य अनुभूति के प्रमुख दो रूपों (सुख एवं दु:ख) का सम्बन्ध व्यावहारिक प्रवृत्ति, अर्थात् आर्थिक तथा नैतिक प्रवृत्तियों से होता है, जबकि कलात्मक अनुभूति का सम्बन्ध मात्र सहजानुभूति से। कहना यह है कि कलात्मक अनुभूति अथवा सहजानुभूति अथवा स्वयंप्रकाश ज्ञान एक अद्भुत आत्मिक क्रिया है, जिसका अन्य किसी क्रिया अथवा प्रवृत्ति से कोई सम्बन्ध नहीं होता। क्रोचे ने अपनी इसी सहजानुभूति की आधारशिला पर अभिव्यंजनावाद का भवन खड़ा किया है।

अभिव्यंजनावाद— अभिव्यंजनावाद वह कला-सिद्धान्त है, जिसमें बाह्य प्रकृति, अन्त:प्रकृति से भिन्न आत्मा की अपनी सौन्दर्य-बोध सम्बन्धी प्रक्रिया पर बल दिया जाता है। यह वह सौन्दर्य-प्रधान आत्मानन्दमूलक व्यापार है, सहजानुभूति की क्रिया है, जो आत्मा में ही पूर्णता प्राप्त करती है और जिसको बाह्य प्रकृति प्रभावित नहीं करती। इस प्रकार क्रोचे के अनुसार अभिव्यंजनावाद वह सिद्धान्त है, जिसके आधार पर कला एक विशुद्ध सौन्दर्य-प्रधान आत्मिक क्रिया प्रमाणित होती है।

सौन्दर्य की व्याख्या करते समय क्रोचे ने 'अभिव्यंजना' के चार स्तरों का उल्लेख किया है—(1) अन्त:संस्कार अथवा आत्म-संवेदन (Impression), (2) अभिव्यंजना (Expression or spiritual aesthetic Synthesis), (3) आनुषंगिक आनन्द (Hedonistic accompaniment or the pleasure of the beautiful), (4) अभिव्यक्ति (Translation of the aesthetic fact into physical phenomenon)। क्रोचे के शब्दों में—"The Complete process of aesthetic production can be symbolised in four steps—(a) impressions, (b) expression or Spiritual aesthetic synthesis, (c) hedonistic accompaniment or the pleasure of the beautiful and (d) translation of the aesthetic fact into physical phenomenon."[1]

---

1. Croce : Aesthetics (**हिन्दी-आलोचना :** उद्‌भव और विकास, पृ० 525 से उद्धृत)।

(1) अन्तःसंस्कार (Impression)—किसी वस्तु अथवा बिम्ब के प्रत्यक्षीकरण से मन पर उसकी जो छाप पड़ती है, वह अन्तःसंस्कार है। अन्तः संस्कार को चाहें तो आत्म-संवेदन भी कह सकते हैं। अनन्त अंतः संस्कार मानवात्मा में केन्द्रीभूत होते रहते हैं। अथवा मानवात्मा अनन्त अंतःसंस्कारों का भण्डार है।

(2) अभिव्यंजना अथवा सहजज्ञान, स्वयंप्रकाश ज्ञान अथवा सौन्दर्य (Intuition or Expression or Beauty)—वस्तुतः क्रोचे ने अभिव्यंजना, सौन्दर्य तथा स्वयंप्रकाश ज्ञान को एक ही अर्थ में प्रयुक्त किया है। वे अभिव्यंजना को ही कला मानते हैं और साहित्य की गणना भी कलाओं में करते हैं। आचार्य शुक्ल ने इसी अर्थ में 'कल्पना' शब्द का भी प्रयोग किया है। क्रोचे स्वयंप्रकाश ज्ञान (प्रातिभज्ञान सहजानुभूति, अथवा स्वानुभूति-ज्ञान) को बिना किसी बौद्धिक क्रिया अथवा विचारणा के उठी हुई एक मूर्त भावना मानते हैं, जिसे चाहें तो कल्पना भी कह सकते हैं। यह मूर्त-भावना आत्मा की अपनी सहज क्रिया है अथवा स्वयंप्रकाश ज्ञान है और यही कला है। इस प्रकार कला और अभिव्यंजना एक ही हैं। यही मूर्त भावना सुन्दर है। इसके अतिरिक्त संसार में कुछ भी सुन्दर नहीं, प्रकृति भी नहीं। प्रकृति में दिखाई देने वाले सौन्दर्य के मूल में क्रोचे लोगों की परम्परागत सौन्दर्य-बोध की धारणा मानते हैं। सुन्दरता की चर्चा करते-सुनते प्रकृति के सौन्दर्य के सम्बन्ध में लोगों की एक भावना बँध गई है, वैसे प्रकृति में सुन्दरता कहाँ? सुन्दर अगर है तो अभिव्यंजना अथवा स्वयंप्रकाश ज्ञान। उनकी धारणा है कि अभिव्यंजना ही सौन्दर्य है। सौन्दर्य मात्र अभिव्यंजना का होता है। क्रोचे के ही शब्दों में—"We may define beauty as successful expression or better as expression and nothing more because expression, when it is not successful, is not expression."[1]

कुल मिलकर कहना यह है कि क्रोचे ने सौन्दर्य, कल्पना स्वयंप्रकाश ज्ञान, अभिव्यंजना आदि शब्दों का एक ही अर्थ में प्रयोग किया है।

(3) आनुषंगिक आनन्द (Hedonistic Pleasure)—क्रोचे की धारणा है कि अभिव्यंजना की सौन्दर्यात्मक उपस्थिति से आत्मानन्द का अनुभव होता है अर्थात् मानव-हृदय अभिव्यंजना के क्षणों में आनन्द से भर जाता है। यही आनन्द कलाकार की आत्मिक प्रसव-पीड़ा (सम्प्रेषण की अकुलाहट) बनकर उस सौन्दर्य की कलाओं के माध्यम से अपूर्ण अभिव्यक्ति करता है। यही अभिव्यंजना का चतुर्थ स्तर (अभिव्यति) है।

अभिव्यंजना के प्रथम स्तर पर अन्तःसंस्कार आते हैं। दसूरे पर सहज ज्ञान अथवा अभिव्यंजना। किसी प्रसंग या वस्तु के दर्शन से मानवात्मा में केन्द्रित अन्तःसंस्कार उद्‌बुद्ध होते हैं। अन्तःसंस्कारों के उद्‌बुद्ध होने से जो काल्पनिक मूर्ति मन अथवा आत्मा में प्रतिबिम्बित होती है, वही अभिव्यंजना अथवा सहज ज्ञान है। यही कला

---

1. Croce : Aesthetics, p. 9.

है। यह सम्पूर्ण प्रक्रिया पूर्णतः काल्पनिक अथवा मानसिक या आत्मिक होती है, इसका बाह्य प्रकृति (पेड़, पौधे, नदी, तालाब) तथा अन्तःप्रकृति (मनुष्य के काम, क्रोध, मद, लोभ, मोह अर्थात् राग-द्वेष आदि) से कोई सम्बन्ध नहीं होता। अभिव्यंजना के चार स्तरों में से क्रोचे इस दूसरे स्तर (सहज ज्ञानात्मक स्तर) को विशुद्ध कला का रूप मानते हैं। वह इस स्तर को ही सर्वाधिक महत्त्व देते हैं। उनकी धारणा है कि कलाकार इस क्रिया की ओर विशुद्धतः आत्मसुख के कारण प्रवृत्त होता है। इस प्रक्रिया को एक स्थूल उदाहरण द्वारा इस प्रकार समझा जा सकता है। उदाहरण के लिये हमने कोई मेघखण्ड देखा। मेघखण्ड देखकर हम उसमें हाथी के सादृश्य की कल्पना करने लगे अथवा हाथी की आकृति हमारे मन में सहज रूप से (बिना किसी बौद्धिक क्रिया के) उभर आई। क्रोचे इस हाथी सम्बन्धी कल्पना को ही स्वयं-प्रकाश ज्ञान कहेंगे। उनके अनुसार यही अभिव्यंजना होगी। मेघखण्ड में हाथी सादृश्य का स्वयंप्रकाश ज्ञान हमारे अन्तःसंस्कारों के कारण ही होगा, क्योंकि हाथी सम्बन्धी संस्कार हमारे मन में पहले से ही विद्यमान थे। क्रोचे के अनुसार अन्तःसंस्कारों वाला यह स्तर अभिव्यंजना का पूर्व-स्तर है, अतः यह न तो विशुद्ध कला ही है और न पूर्ण अभिव्यंजना ही। अभिव्यंजना में मूर्त न होने के कारण यह तो मात्र-संवेदन (अंतःसंस्कार) है, जो कि अरूप है। आत्मा इसका अनुभव तो करती है, पर इसे अभिव्यक्त नहीं कर सकती और कोई भी अंतःसंस्कार, जिसकी अभिव्यक्ति आत्मा के अन्दर ही नहीं होती, क्रोचे के अनुसार मात्र आत्मसंवेदन है, अभिव्यंजना नहीं। अतः इस स्तर का बहुत महत्त्व नहीं। महत्त्वपूर्ण मात्र दूसरा स्तर ही है, अर्थात्, 'अभिव्यंजना' का स्तर। वस्तुतः दूसरा स्तर ही पूर्ण है, क्योंकि वहाँ आत्मानुभूति और अभिव्यक्ति (मूर्तता)—दोनों क्रियाएँ विद्यमान हैं।

क्रोचे तीसरा स्तर (आनन्द का स्तर) अभिव्यंजना की ही अनिवार्य परिणति मानते हैं। उनके अनुसार, जब तक अभिव्यंजना पूर्ण न होगी; कलाकार को आनन्द उपलब्ध नहीं हो सकता तथा जो आत्मसंवेदन, आत्मस्पंदन अथवा अन्तःसंस्कारों का उद्बोधन आत्मानुगत अभिव्यक्ति के स्तर को प्राप्त नहीं होता, वह अभिव्यंजना नहीं, अभिव्यंजना का पूर्व स्तर है।

चौथे स्तर पर कलाकार अभिव्यंजना प्रदत्त आनन्द का रंग, रेखा, स्वर, शब्द, आदि स्थूल माध्यमों से जनसाधारण को बोध कराता है, यह अभिव्यक्ति का स्तर है। परन्तु क्रोचे का कहना है कि कलाकार अभिव्यंजना के वास्तविक स्वरूप को स्थूल रूप दे नहीं सकता, क्योंकि अभिव्यंजना एक आत्मिक क्रिया है, जिसे उपादान प्रकृति के माध्यम से पूर्णतः व्यक्त नहीं किया जा सकता। यह अभिव्यक्ति हमेशा ही अपूर्ण रहेगी। इसलिये वे कहते हैं कि इन चारों स्तरों में दूसरा स्तर (अभिव्यंजना का स्तर) ही अपने में एक पूर्ण क्रिया है और सर्वोत्तम है। अभिव्यंजना की बाह्य अभिव्यक्तिगत असमर्थता से कलाकार के सम्बन्ध को डॉ० नगेन्द्र ने इस प्रकार स्पष्ट किया है—"क्रोचे के अनुसार कलात्मक सृजन व्यापार सहजानुभूति की क्रिया है जो मन में ही पूर्णता प्राप्त

कर लेती है। कलाकार उस क्रिया की ओर विशुद्धतः आत्म-सुख के कारण प्रवृत्त होता है। कलाकार उसे शब्द, प्रस्तर, रंग अथवा स्वर-साम्य में परिवर्तित करके मूर्त रूप प्रदान कर सकता है। परन्तु जिस बहिरंग रूपाकार का निर्माण वह करता है, वह उसकी सृजनात्मक अनुभूति का अनिवार्य अंग नहीं है। वह बहिरंग रूपाकार..............स्मृति (अभिव्यंजना की अनुभूति अथवा स्मृति) 'स्मृति का सहायक तत्त्व', अर्थात् एक मूर्त उद्दीपन है, जिसके द्वारा कलाकार अपनी सहजानुभूति का पुनर्निर्माण करता है। उसमें आवश्यकता होती है, 'सतर्क संकल्प-शक्ति' की जो विशिष्ट कल्पनाओं, सहजानुभूतियों अथवा चित्रों (अभिव्यंजना के मूर्त रूपों को) खो जाने नहीं देती।''[1]

इस प्रकार क्रोचे प्रदत्त अभिव्यंजना के चार स्तरों में से अन्त:संस्कार उद्बोधन सम्बन्धी प्रथम स्तर अभिव्यंजना का पूर्व स्तर है, उद्बुद्ध संस्कारजन्य सहज-ज्ञान की अनुभूति और आत्मा में होने वाली उसकी मूर्त अभिव्यक्ति द्वितीय स्तर, अभिव्यंजना का वास्तविक स्वरूप है। अभिव्यंजनाजन्य आनन्द तृतीय स्तर है तथा इस तृतीय स्तर को साहित्य-कला में रूप, रंग,स्वर, शब्द आदि के माध्यम से, अभिव्यंजनागत सौन्दर्य की झाँकियों की स्मृतियों के आधार पर, कलाकार द्वारा की गई अपूर्ण भौतिक अभिव्यक्ति ही चौथा स्तर है। क्रोचे के अनुसार, कलाकृति वास्तविक अभिव्यंजना के सौन्दर्य-आनन्द की कलाकार की स्मृति (अभिव्यंजनागत स्मृति) के आधार पर की गई स्थूल, किन्तु अपूर्ण अभिव्यक्ति है। क्रोचे इसे अपूर्ण अभिव्यक्ति इसलिये मानते हैं, क्योंकि अभिव्यंजना आत्मिक क्रिया है, आत्मान्तर्गत घटित होने वाला, (स्वयं में) पूर्ण व्यापार है, जिसका बाह्य प्रकृति (पेड़, पौधे, नदी, तालाब आदि) तथा अन्त:प्रकृति (मनुष्य के मनोविकार) से कोई सम्बन्ध नहीं। बाह्य और अन्त:प्रकृति तो अभिव्यंजनागत आनन्द की अभिव्यक्ति में, अर्थात् अभिव्यंजना के चौथे स्तर को मूर्तरूप प्रदान करने में उपादान हैं अथवा माध्यम हैं। उनका अभिव्यंजना (जोकि एक आत्मिक व्यापार है) से सीधा-सीधा कोई सम्बन्ध नहीं।

इस संदर्भ में एक बात उल्लेखनीय है कि क्रोचे का अभिव्यंजना सम्बन्धी यह सारा निरूपण कला के लिये है, कला-कृति (अथवा साहित्यिक कृति) के लिए नहीं। क्योंकि कला-कृति को दो अलग-अलग वस्तुओं के रूप में देखते हैं। कला की अभिव्यक्ति के लिये कलाकार विवश है, अर्थात् अभिव्यंजना के पूर्णत्व के लिये कलाकार विवश है; क्योंकि यह तो अनुभूति का सहज और स्वाभाविक उन्मेष है। पर उसे बाह्य रूप देना, अर्थात् कला-कृति के रूप में प्रकाशित करना कलाकार के हाथ में है। कहना यह है कि कला को एक आत्मिक क्रिया के रूप में प्रतिष्ठित करके क्रोचे ने काव्य (कला) का सौन्दर्य के अतिरिक्त अन्य कोई उद्देश्य नहीं माना है। वे मंगल तथा अमंगल को धर्म और नीति के क्षेत्र की वस्तु मानते हैं तथा सौन्दर्य को कला-क्षेत्र की।

---

1. डॉ० नगेन्द्र : मानविकी पारिभाषिक कोश (साहित्य खण्ड), पृ० 118।

इस प्रकार वे काव्य को विशुद्ध सौन्दर्य से ही सम्बन्धित करते हैं।

अभिव्यंजना-व्यापार से सम्बन्धित क्रोचे की कुछ अन्य धारणाओं का विवेचना भी इस सन्दर्भ में समीचीन होगा। चूँकि क्रोचे सहजानुभूति को ही अभिव्यंजना कहते हैं, अत: वे अनुभूति और अभिव्यक्ति में कोई भेद नहीं करते। उनके लिए ये दोनों (अनुभूति और अभिव्यक्ति) ही एक हैं। परिणामत: वे विषय-वस्तु और शैली को अभिन्न घोषित करते हैं। वे इस सन्दर्भ में पानी का एक उदाहरण देते हैं कि जिस प्रकार फिल्टर से पानी छाने पर वही पानी पुन: प्रकट होता है। (Like Water put into filter which reappears the same), उसी प्रकार विषयवस्तु और शैली में कोई भेद नहीं होता, वरन् अभिव्यक्ति किया हुआ विषय अनुभूति किये हुए विषय का ही व्यक्त रूप होता है।

विषय और शैली के इसी अभिन्नतावादी दृष्टिकोण की अनिवार्य परिणति ही उनकी कलाकृति की अखंडता-सम्बन्धी धारणा है। क्रोचे समग्रवादी (Organic Whole) सिद्धान्त के मानने वाले हैं, अर्थात् वे कला-कृति के विभिन्न उपादानों अथवा तत्त्वों के समग्र रूप पर बल देते हैं। विषय-वस्तु, शैली, पद-योजना, भाव-विचार, अलंकार आदि कविता के विभिन्न तत्त्वों की खंड-खंड करके की जाने वाली मीमांसा को वे कलाकृति की हत्या मानते हैं। उनके अनुसार, कला-कृति का मूल्यांकन उसकी सम्पूर्णता, सावयव अखंडता (Organic whole) के रूप में ही किया जाना चाहिए। इसी प्रकार वे कला की विभिन्न श्रेणियों अथवा कोटियों के निर्धारण का भी विरोध करते हैं। उनकी धारणा है कि जिस प्रकार सौन्दर्य अखंड है और उसका श्रेणी-विभाजन नहीं हो सकता, उसी प्रकार कला भी अखंड है, उसकी भी कोटियाँ निर्धारित नहीं की जा सकतीं।

वस्तुत: क्रोचे की साहित्यिक कृति अथवा कला-कृति की अभिन्नता-सम्बन्धी बात उचित प्रतीत नहीं होती, क्योंकि एक ही विषय को लेकर अन्यान्य रचनाएँ हो सकती हैं और हुई हैं, परन्तु शैलीगत वैभिन्न्य के कारण ही उनमें भिन्नता पाई जाती है: उदाहरण के लिये—'श्रीरामचरितमानस', 'विनय-पत्रिका' तथा 'कवितावली' का विषय एक ही होते हुए भी तीनों रचनाएँ भाषा और शैली-वैभिन्न्य के कारण ही एक दूसरे से पूर्णत: भिन्न और स्वयं में श्रेष्ठ कोटि की रचनाएँ हैं। यही नहीं, शैलीगत विभिन्नता के कारण ही साहित्य की कई विधाएँ—महाकाव्य, गीतिकाव्य, नाटक, उपन्यास, कहानी आदि आज अस्तित्व में हैं।

क्रोचे कला-सृजन एवं कला-आस्वादन की प्रक्रिया में भी मूलत: कोई भेद नहीं मानते। क्रोचे के अनुसार, कला-आस्वादन के लिए सामाजिक को सुस्ती, उत्तेजना, व्यक्तिगत सद्भावनाओं एवं मान्यताओं से मुक्त होकर कला का अध्ययन करना चाहिए, ताकि सामाजिक कलाकार से आत्मिक तादात्म्य स्थापित करके कलाकार द्वारा अनुभूत सौन्दर्यात्मक अथवा कलात्मक बिम्बों का अनुभव कर सके। वस्तुत: क्रोचे कला-सृजन की प्रक्रिया और कला-आस्वादन की प्रक्रिया को एक ही मानते हैं।

किन्हीं अर्थों में यह तथ्य भारतीय रस-सिद्धान्त के साधारणीकरण के अनुरूप पड़ता है।

क्रोचे कला-सृजन के लिये कलाकार से चार अपेक्षाएँ रखते हैं, अर्थात् वे सफल कलाकार में—सजग इच्छा-शक्ति, कला-सृजन के विभिन्न माध्यमों अथवा साधनों का ज्ञान, कलात्मक-चिन्तन तथा पर्याप्त कल्पना-शक्ति आवश्यक मानते हैं।

अभिव्यंजनावाद की स्थापना करे क्रोचे ने इस भौतिकवादी युग में आत्मा की आन्तरिक ऊर्जा, अन्त:सत्ता को प्रतिष्ठित करने का अपूर्व प्रयास किया है। यही नहीं, कला के क्षेत्र में उन्होंने कलाकार को नैतिक और सामाजिक दायित्वों से मुक्त किया है। उनकी अभिव्यंजनावादी अवधारणा ने कला-साहित्य को स्वांत: सुखाय के रूप में ही स्वीकृत किया है। उन्होंने काव्य को हृदय की सूक्ष्म झंकृतियों की अपूर्ण व्यंजना मानकर हृदय की सत्ता को बुद्धि से ऊपर प्रतिष्ठित करने का प्रयास किया है। वस्तुत: उनका 'अभिव्यंजनावाद' कला का विशुद्ध सौन्दर्यवादी दृष्टिकोण है, जिसमें बुद्धि-तत्व की अवहेलना करके आत्मिक क्रिया के नाम पर हवाई उड़ानें बहुत भरी गई हैं।

25

ऐतिहासिक आलोचना

तेन की वैज्ञानिक एवं ऐतिहासिक आलोचना-पद्धति

फ्रांसीसी विचारक, इतिहासकार एवं कला-साहित्य के आलोचक हिप्पोलित एदोल्फ तेन (1828-1893—Hippolyte Adolphe Taine) अपने समकालीन विचारकों में अग्रगण्य हैं। वे एक उच्चकोटि के विचारक एवं तार्किक थे। उन्होंने अपने समय की साहित्यिक भावप्रवणता (Excessive emotionalism) एवं दर्शन के क्षेत्र में पल्लवित अत्यधिक आध्यात्मिकता पर कठोर प्रहार किये हैं। उनका दृष्टिकोण बहुत कुछ वैज्ञानिक एवं मनोवैज्ञानिक था। यही कारण है कि उन्होंने प्रकृतिवादी साहित्य-आन्दोलन को पर्याप्त प्रभावित किया। प्रख्यात प्रकृतिवादी लेखक एमिल जोला तेन से विशेष रूप से प्रभावित रहे हैं।

तेन ने इतिहास, दर्शन एवं साहित्य पर बड़ी ही महत्त्वपूर्ण पुस्तकें लिखी हैं। वे साहित्य और कला के भी उच्चकोटि के आलोचक कहे जा सकते हैं। उनके बलजाक (Balzac) और स्टेन्धल (Stendhal) पर लिखे गये आलोचनात्मक निबन्ध फ्रांसीसी आलोचना में महत्त्वपूर्ण स्थान रखते हैं। तेन ने अपनी ऐतिहासिक आलोचना-पद्धति की विस्तार से चर्चा 'अंग्रेजी साहित्य का इतिहास' नामक अपनी पुस्तक की भूमिका (Introduction to History of English Literature) में की है, जो मूलत: फ्रांसीसी भाषा में लिखी गई है।

तेन के अनुसार किसी भी कला-कृति अथवा साहित्यिक कृति का मूल्यांकन वैज्ञानिक दृष्टिकोण से इतिहास को दृष्टि-पथ में रखकर किया जाना चाहिए। वह

आलोचना की वैज्ञानिक पद्धति को तब तक अपूर्ण मानते हैं, जब तक उसे ऐतिहासिक परिप्रेक्ष्य में न देखा जाये। यहाँ वैज्ञानिक पद्धति से तात्पर्य तथ्यात्मकता से है, अर्थात् आलोचक को चाहिए कि वह आलोच्य कृति और कृतिकार सम्बन्धी प्रमुख तत्त्वों एवं तथ्यों की एक तटस्थ वैज्ञानिक की भाँति खोज-बीन एवं जाँच-पड़ताल करे। चूँकि यह प्रक्रिया बिना ऐतिहासिक परिप्रेक्ष्य के संभव नहीं हो सकती; अतः वह इसे अपूर्ण घोषित करते हैं; यथा—"According to Taine, the scientific method gives certainty, but it lacks completeness because it is confined to the natural science only. He argues that it can be and should be applied not only in sociology, but also in the study of literature and art."[1]

'तेन के अनुसार वैज्ञानिक पद्धति निश्चितता तो प्रदान करती है, पूर्णता नहीं, क्योंकि यह पद्धति मात्र प्राकृतिक विज्ञानों तक ही सीमित है। उनका दावा है कि इस पद्धति का प्रयोग समाजशास्त्र के अध्ययन में ही नहीं, वरन् साहित्य और कला के अध्ययन में भी किया जा सकता है और किया जाना चाहिए।' इस प्रकार तेन ने आलोचना के वैज्ञानिक दृष्टिकोण को अपरिहार्य मानते हुए भी पूर्ण नहीं माना है। उनकी दृष्टि में आलोचना को पूर्णत्व ऐतिहासिक पद्धति के आधार पर ही प्राप्त होता है। कुल मिलाकर यह कहा जा सकता है कि वैज्ञानिक दृष्टि-प्रधान ऐतिहासिक आलोचना-पद्धति ही वह साहित्य के लिये उचित मानते हैं।

वस्तुतः इतिहास के परिप्रेक्ष्य में वैज्ञानिक दृष्टि से किया जाने वाला साहित्य का मूल्यांकन ही उनका अभीष्ट है, जिसका प्रदर्शन उन्होंने स्वयं बलजाक और स्टेन्धल पर आलोचनात्मक निबन्ध लिखकर किया है।

साहित्य का ऐतिहासिक अध्ययन शास्त्रवादी एवं नवशास्त्रवादी युगों में न्यूनाधिक रूप से ढूँढ़ा जा सकता है। जैसा कि बिमसॉट ने लिखा है— "The Notion of a rigorously historical study of literature has, it is true; a long neo-classic and classic ancestry."[2]

किन्तु आलोचना की ऐतिहासिक पद्धति पर विस्तार से विचार करने वाले फ्रांसीसी साहित्यकार तेन ही थे। तेन ने अंग्रेजी साहित्य के इतिहास की भूमिका[3] में ऐतिहासिक आलोचना-पद्धति के तीन प्रमुख तत्त्वों (मूलतः फ्रांसीसी भाषा में 'la race', 'le milieu', and 'le moment' जिनका अंग्रेजी अनुवाद—अधिकांशतः 'Race, surroundings and Epoch or moment किया गया है) का उल्लेख किया है। उनकी धारणा है कि रचनाकार के मनोविज्ञान, उसके जीवन और व्यक्तित्त्व के गम्भीर

1. Encyclopedia Brittanica, Vol. 21. P. 626
2. Literary Criticism : A Short History, P. 532.
3. भूमिका में ही उनका बहुचर्चित कथन 'Vice and virtue are products like vitriol and sugar'—भी है। यह कुख्यात कथन अधिकांशतः गलत समझा गया है।

अध्ययन के बाद ही रचना की विशिष्टताओं का उद्घाटन एवं कृति का सही मूल्यांकन किया जा सकता है। उन्होंने लिखा है कि रचनाकार का आंतरिक व्यक्तित्व ही रचना में प्रतिबिम्बित (An inner man is concealed beneath the outer man; the second does but reveal the first.) होता है। अत: सच्चे अर्थों में किसी भी रचना की आलोचना उसके रचयिता के आन्तरिक व्यक्तित्व को जाने बिना नहीं हो सकती। चूँकि आन्तरिक व्यक्तित्व बाह्य व्यक्तित्व में ही छिपा रहता है, इसलिए कृतिकार के बाह्य व्यक्तित्व का अध्ययन भी आलोचक का अभीष्ट होना चाहिए। और इस अध्ययन के लिये व्यक्तित्व-निर्माण में योग देने वाली परिस्थितियों, देशकाल आदि का ज्ञान प्राप्त करना अपरिहार्य होगा। इस सम्पूर्ण अध्ययन के लिए उन्होंने तीन बातों—'ल रेस', 'लिमिल्यू', 'लि मूमेंट—का ज्ञान अनिवार्य माना है। इस प्रकार इन्हीं तीन बातों को ऐतिहासिक आलोचना-पद्धति के अनुबन्धित तथ्यों अथवा तत्त्वों के रूप में स्वीकार किया जा सकता है। इन तीनों तथ्यों का स्वरूप निश्चित ही बहुत व्यापक है। यदि मोटे तौर पर रेखांकित करना चाहें, तो कह सकते हैं कि रचयिता का वंशागत व्यक्तित्व, तत्कालीन सामाजिक, राजनैतिक एवं भौगोलिक पृष्ठभूमि तथा ऐतिहासिक स्थिति अथवा परिस्थितियाँ आदि सभी कुछ ऐतिहासिक आलोचना के इन तीन तत्त्वों में समाहित हो जाता है।

वस्तुत: 'रेस' से उनका तात्पर्य कृतिकार के व्यक्तित्व एवं प्रकृति की सहजात एवं वंशागत प्रवृत्तियों की शोध से है। उन्हीं के शब्दों में—"Three different Sources contribute to produce this elementary moral state—Race, Surroundings, and Epoch. What we call the race are the innate and hereditary disposition which man brings with him into the World."[1]

तेन के अनुसार 'रेस' की जानकारी ही इस बात का प्रमाण है कि मनुष्यों में स्वभावगत विभिन्नता क्यों पाई जाती है; जिसके कारण सभी रचनाएँ भी एक जैसी नहीं होतीं।

तेन का 'लिमिल्यू' अथवा 'सराउंडिग्स' अर्थात् प्रतिवेश, परिवेश या वातावरण से तात्पर्य प्राकृतिक, सामाजिक एवं भौगोलिक परिवेश से है। तेन के ही शब्दों में—"For a man is not alone in the world; nature surrounds him, and his fellow-men surround him;...............social circumstances disturb or confirm the character committed to their charge. Sometimes the climate has had its effects."[2]

---

1. Taine : 'Introduction to History of English Literature', Translated by H. Van Laun and Quoted from 'Literary Criticism', Edited by Lionel Trilling, p. 220.
2. Introduction : Taine, Quoted from 'Literary Criticism', p. 221.

कृति की सही आलोचना के लिये तेन ने उस ऐतिहासिक वातावरण एवं उन परिस्थितियों की खोज-बीन (अर्थात् 'लि मूमेंट'—momentum) भी अनिवार्य मानी है, जिनमें साहित्यकार सृजन-संलग्न रहा हो। उनकी धारंणा है कि परिवेश का कृति एवं कृतिकार पर गहरा प्रभाव पड़ता है। यही नहीं, वे दो युगों के साहित्य एवं कला-वैभिन्य के लिये बहुत अंशों तक युग परिवेश को ही उत्तरदायी मानते हैं। उन्हीं के शब्दों में,— Beside the permanent impulse and the given surroundings, there is the acquired momentum ....

26.

आधुनिक और आधुनिकतावाद

(Modern and Modernism)

आधुनिक शब्द समय सापेक्ष है किन्तु इसका अर्थ अत्यंत लचीला है जिसे इतिहास, समाज, संस्कृति और कला-साहित्य पर भिन्न अर्थों में प्रयुक्त किया जा सकता है। आधुनिकता की अनिवार्य शर्त-स्वचेतना है। यह स्वचेतनता ही है जो पूर्ववर्ती समाज और साहित्य को नये ढंग से देखने की दृष्टि प्रदान करती है। स्वचेतन वृत्ति के कारण ही आधुनिकता की प्रमुख चिंतना वर्तमान के लिए बनती है। इस चिंतना के आधार पर आधुनिक चेता व्यक्ति भूत का मूल्यांकन और भविष्य का रेखांकन करना चाहता है। इतिहासकार के इस कथन में कि "भारत का आधुनिकीकरण (आधुनिक बनाने की प्रक्रिया) अंग्रेजों का काम था।"[1] वस्तुतः भारत की पुरातन समाज-अर्थ, संचार और परिवहन व्यवस्था के बदलाव का इंगित है। एब्रामस् ने लिखा है कि 'आधुनिक' शब्द का अर्थ सामान्यतः विभिन्न संदर्भों में परिवर्तनीय है।[2] वस्तुतः यूरोप में यह शब्द बीसवीं शती के प्रारम्भ में धर्म को विज्ञान के आलोक में देखने के लिए हुआ। विज्ञान (डार्विन के विकासवाद आदि) ने धर्म की रूढ़िगत मान्यताओं पर प्रश्न चिन्ह लगाये। फलस्वरूप मानवशास्त्र और दर्शन की मनोवैज्ञानिक व्याख्याओं ने नवीन सत्यों का उद्‌घाटन किया। वास्तव में आधुनिकता के दो संदर्भ सर्वप्रथम सामने आये—प्राचीन शास्त्रवादी धारा की प्रतिक्रियात्मक व्याख्या और नवीन वैज्ञानिक और मनोवैज्ञानिक आविष्कारों के आलोक में वर्तमान की व्याख्या।

आधुनिकतावाद का प्रारम्भ प्रथम विश्व युद्ध से माना जाता है। डी० एच० लारेंस 1915 से इसका प्रारम्भ मानते हैं। एब्रामस् ने लिखा है कि साहित्य में इस पारिभाषिक का सर्वप्रथम प्रयोग प्रथम विश्व युद्ध की.शुरुआत 1914 से हुआ और अर्ध

---

1. Modernization of India Was the Work of the British.
2. "The term is frequently applied to the literature written since the beginning of World War I in 1914." A glossary of literary terms : M. H. Abrams, page 101.

शती तक यह अवधारणा अंग्रेजी और अमेरिकी साहित्य में पल्लवित हुई। इस प्रवृत्ति के नाना आयाम—विषय-वस्तु और शिल्प (फार्म) के स्तर पर विभिन्न रचनाकारों—यीट्स, इलियट, आडेन जैसे कवियों, कोनरेड, लारेंस, वर्जीनिया बुल्फ जैसे उपन्यासकारों, जी० बी० शॉ जैसे नाटककारों तथा इलियट, रिचर्ड्स, एफ० आर० लीविस और अमरीकी नव्य समीक्षकों में देखे जा सकते हैं जिन्होंने वस्तु और शिल्प के स्तर अनेक प्रयोग किये।[1]

वस्तुतः 'आधुनिकतावाद' एक बहुआयामी विचारधारा है। इस 'प्रत्यय' की अनेक व्याख्यायें हुई हैं जो अन्तर्विरोधी भी हैं। दो विश्व युद्धों के मध्य जो मानवीय यातनाओं और विभीषिकाओं का दौर आया उसी का प्रतिफलन साहित्य के क्षेत्र में नाना वादों/आन्दोलनों—(अतियथार्थवाद, दादावाद, अस्तित्ववाद, आधुनिकतावाद) के रूप में दिखाई देता है। विज्ञान ने समाज को जहाँ परमाणु बम दिये, वहीं, नई प्रौद्योगिकी और तकनीक भी दी जिससे जहाँ एक ओर समाज के परम्परावादी सोच पर प्रश्न-चिह्न लगने लगे वहीं दूसरी ओर नई मान्यताओं और संवेदनाओं का उत्तरोत्तर विकास भी हुआ। इस सबका प्रतिफलन साहित्य और कलाओं में कथ्य और शिल्प के स्तर पर दृष्टिगोचर होने लगा तथा पश्चिम में आधुनिक कलाएँ, आधुनिक साहित्य तथा नई समीक्षा आदि का विकास हुआ। आधुनिकतावाद की कोई सर्वस्वीकृत परिभाषा नहीं है। जार्ज लुकाच इसे एक अमूर्त और इतिहास-निरपेक्ष संघटना मानते हैं। इलियट-युग की व्यर्थता और अराजकता का 'सिनेरियो' मानते हैं। कुल मिलाकर आधुनिकतावाद परम्परित मूल्य-मान्यताओं, साहित्यगत नवशास्त्रवादी दृष्टि बिन्दुओं पर प्रश्नांकन करता है तथा वर्तमान की स्वीकृति और समीक्षा के नये सोपान प्रस्तुत करता है।

हिन्दी साहित्य में अज्ञेय जी ने कदाचित्, सर्वप्रथम अपने उपन्यास 'शेखर : एक जीवनी' में नैतिक मूल्यों को तोड़ते हुए इस पश्चिमी प्रत्यय को रूपायित किया। इस तरह 1940 के बाद 60-65 तक इस पर विभिन्न विद्वानों ने अपने-अपने मत-मतान्तर पत्र-पत्रिकाओं (कल्पना, ज्ञानोदय, नई कविता आदि) के माध्यम से प्रस्तुत किये। समग्रतः आधुनिकतावाद परम्परा और इतिहास पर स्वचेतना को प्रश्रय देता है। परम्परा की स्वीकृत उसमे नहीं है परम्परा के प्रति अवमानना और नकार है। विज्ञान और प्रौद्योगिकी के विकास से उत्पन्न सामाजिक परिवर्तनों की उसमें स्वीकृति है। मानव-स्वातंत्र्य, व्यक्ति चेतना की अभिव्यक्ति तथा रूपवादी और प्रयोगवादी शैल्पिक विशिष्टताओं की वायवी भाषा में प्रस्तुति आदि कतिपय प्रवृत्तियाँ इस आन्दोलन में दृष्टिगोचर होती हैं।

---

1. "This half century literature has been one of the outstanding periods in English and American literature. It has been marked by persistent and multidimentioned experiments in subject matter and form."

27.

संरचना, संरचनावाद और उत्तर संरचनावाद

(Structure, Structuralism and Post-Structuralism)

'लिटरेचर' शब्द लैटिन शब्द लिट्टैरा (littera) से बना है जिसका अर्थ है अक्षरों (alphabets) में (शब्दों में) लिखित सब कुछ 'लिटरेचर' या साहित्य है। इसलिए दवाई की शीशी के साथ जो मुद्रित पर्ची रहती है वह भी 'लिटरेचर' कही जाती है।' किन्तु 'संरचना' की चर्चा जिस संदर्भ में की जा रही है वह पारम्परिक साहित्य का संदर्भ है अर्थात् भाषा का ऐसा कलात्मक प्रयोग जो मानव अवस्थिति के नाना पहलुओं को रेखांकित करता है। इस तरह साहित्य भाषा का सुन्दर ढंग से प्रयोग है।[1]

भाषा और अर्थ सम्पृक्त रहते हैं। जब भी हम भाषा के बारे में सोचते हैं अनिवार्यतः अर्थ के बारे में भी सोच रहे होते हैं। और जब भी हम अर्थ के संबंध में सोचते हैं तो अनिवार्यत वस्तुओं के बारे में, वस्तु जगत के संबंध में ही सोचते हैं। इस तरह भाषा वस्तुजगत की प्रतीति कराती है और अर्थ से सम्पृक्त रहती है। गोस्वामी जी ने लिखा भी है—"गिरा अरथ जल बीचि सम। कहियत भिन्न न भिन्न।" वस्तुतः हमारा जीवन अपनी भावात्मक जटिलताओं के कारण अर्थ और भाषा की सम्पृक्ति से इस हद तक आक्रांत रहता है कि हमें भाषा को उसकी अर्थछायाओं से अलग करके देखना-समझना अत्यंत कठिन प्रतीत होता है। किन्तु सस्सूर जैसे भाषाविद् भाषा पर स्वतंत्र दृष्टि से विचार करने पर विशेष बल देते हैं। भाषा पर विशेष बल देना, उसकी संरचना को समझना, उसे अर्थ से असम्पृक्त करके देखना, उसकी व्याकरणिक इकाइयों पर स्वतंत्र रूप से विचार करना, उसके रूप विधान का विश्लेषण-विवेचन करना भी भाषा-साहित्याध्ययन की एक जटिल किन्तु महत्त्वपूर्ण प्रक्रिया है। यही कारण है कि सस्सूर भाषा का अध्ययन भाषा के लिए मानते हैं।[2] इस तरह भाषा को अध्ययन का एक अलग और स्वतंत्र विषय मानकर उसे स्वतंत्र वस्तु/ पदार्थ के रूप में अध्ययन की कोटि में रखकर विचार करने का प्रयास भाषा की 'संरचना' को समझने का उपक्रम है। भाषा के इस अर्थ—वस्तुहीन प्रकरण ने 'आधुनिक' और आधुनिकतावादी साहित्य एवं भाषावैज्ञानिक संकल्पना को आकारित किया है और कुछ-कुछ आधुनिक 'दर्शन' को भी प्रभावित किया है। आधुनिकतावादी साहित्य में भाषा की संरचनागत जटिलताओं ने

---

1. 'Literature is the fine, artistic use of language to represent and explore the human condition...........literature is beautiful use of language.' Simplifications : Aniket Jaaware, page 15-16.
2. "It is for this reason that Saussure ends his famous work, "A course in general linguistics", with the insistence on the study of language in and for itself. Not a study of the language and its relation to the world, but of language in itself, and for itself." A. Jaaware.

पारम्परिक काव्य-साहित्य-लेखन को विरूपित किया है। वहाँ कथानक और नैतिक मूल्य-मान्यताएँ (व्यक्ति अथवा समाज की) उतनी महत्त्वपूर्ण नहीं हैं जितनी भाषा। पिछली शती के उत्तरार्ध में फ्रांसीसी कवि 'स्टीफन मलार्मे', मैकलीश, आंद्रे ब्रेतां (Andre Breton) और अंग्रेजी कवि इलियट आदि कथ्य अथवा काव्यगत संदेश से कहीं अधिक भाषा पर बल देते हैं।[1] कथा साहित्य का परिदृश्य भी ऐसा ही है। जेम्स जॉयस के उपन्यासों में कथानक और चरित्रों को ढूँढ़ना मुश्किल है। पाठक भाषागत जटिलताओं में ही उलझा रहता है।[2] 'उत्तर आधुनिकता की यह प्रवृत्ति बीसवीं शती के उत्तरार्ध तक न केवल फ्रांसीसी एवं अंग्रेजी साहित्य में वरन् अमेरिकन साहित्यकारों जॉन बार्थ, फिलिप के० डिक तथा रूसी स्टुर्गाटस्की बंधुओं के लेखन में भी दिखाई देती है। कुल मिलाकर यह कहा जा सकता है कि साहित्य-समीक्षा का केन्द्र बिन्दु अब संदेश विचार और संवेदना न रहकर भाषागत जटिलताओं की मीमांसा तक सीमित हो गया था। अत: आवश्यक है कि भाषागत संरचना और संरचनावाद पर पहले विचार किया जाए।

'शैली विज्ञान' साहित्याध्ययन की एक आधुनिक किन्तु विशिष्ट भाषिक प्रणाली और तकनीक है। वस्तुत: भारतीय काव्यशास्त्र में भी 'काव्यात्मा विमर्श' के संदर्भ में अलंकार, रीति, वक्रोक्ति, ध्वनि आदि सम्प्रदाय अपनी मूल प्रकृति में भाषिक ही थे। 'संरचना' और 'संरचनावाद' भाषिक दृष्टि से ही साहित्य के मूल्यांकन के प्रतिमान हैं जो प्रकृति में अत्यंत जटिल तो हैं ही बहुत कुछ अस्पष्ट और अप्रमाणित हैं और भ्रमात्मक भी हैं। 'विखंडन', 'संरचनावाद', 'उत्तर संरचनावाद', 'स्त्रीवाद', 'विचारवाद', 'उत्तर औपनिवेशिकता' आदि पदबंध अब जैसे एक दूसरे में गड्डमगड्ड हो गये हैं और अपनी अर्थवत्ता खो चुके हैं।[3]

'संरचना' (Structure) एक सावयव या संगतिनिष्ठ साकल्य (Organic whole) के रूप में में होती है। वह किसी वस्तु व्यवस्था अथवा साहित्यिक कृति की हो सकती

---

1. 'Poetry does not mean but be'.
2. 'The Best example for this is usually thought to be James Joyce's' 'Finnegan's Wake', in which language is twisted in such a complex manner that the plot and characters disappear. A. J.
3. With the rise of structuralism and post structuralism and the various reaction for and against these, a particular vocabulary has arisen which critics use freely..................... words like 'deconstruction', 'feminism', 'ideology', post-coloniality' etc.. when they are used with some meaning, are used in such widely different meanings that one begins to wonder if they mean anything a stall."

   "An introduction to structuralism and post-structuralism" —Aniket Jaaware, page, 43.

है। यहाँ साहित्यिक कृति के साकल्य का संदर्भ प्रयोज्य है। 'स्ट्रक्चर' संरचना अथवा संघटना का रूपाकार विभिन्न तत्वों/अंगों के मध्य अन्वय-संबंधों पर निर्भर करता है। ये अन्वय-संबंध अन्विति (unity) के प्रकार्यों (functions) पर निर्भर होते हैं। चूँकि प्रकार्य अमूर्त होते हैं। अत: संरचना की प्रकृति भी अमूर्त होती है। संरचना की इसी अमूर्त अथवा संकल्पनात्मक प्रकृति के कारण संरचना स्वयं में प्रेक्षणीय (Observable-दृष्टिगोचर) नहीं होती। किन्तु उसका परिज्ञान प्रेक्षण-प्रक्रिया द्वारा ही किया जाता है जो दो प्रकार की होती है।—(1) भाववादी/ विचारवादी अथवा (2) वस्तुवादी। भाववादी प्रक्रिया के मानने वाले विद्वानों का मत है कि अमूर्तीकरण की प्रक्रिया मानसिक होती है। अत: समीक्षक (प्रेक्षक) किसी वस्तु (कृति) की अभ्यंतर प्रकृति को स्वयं समझना चाहता है और उसकी व्याख्या भी स्वयं की गई आत्मगत व्याख्या होती है। वस्तुवादी प्रेक्षण प्रक्रिया के मानने वाले विद्वानों का मत है कि संरचना का केन्द्रक (Locus) व्यक्ति न होकर वस्तु (कृति) होती है। अत: संगति निष्ठ कृति के उपांगों में अन्वय-संबंधी व्यवस्था विद्यमान रहती है। इस तरह 'संरचना' प्रच्छन्न रूप से कृति की आंगिकता (Organicity) में निहित रहती है जो वस्तु का गुण है। अत: समीक्षक को कृति की अन्वय-संबंधी व्यवस्था की पहचान करनी चाहिए। कृति का संरचनात्मक रूप (मॉडल) भी बनाया जा सकता है। संरचनावादी भाषाविद् और शैली वैज्ञानिक वस्तुवादी अवधारणा के ही पक्षधर हैं। फलत: संरचनात्मक सिद्धान्त का केन्द्रवर्ती बिन्दु कृति ही ठहरती है कृतिकार अथवा समीक्षक नहीं।

'स्ट्रक्चर' (संरचना) संबंधी अवधारणा तीन आधारभूत तथ्यों की ओर संकेत करती है—**(1) अखण्डता (Wholeness)**— इसका संबंध आंतरिक संगति से है। कृति (रचना) में अपने संघटक (उपांगों) में एक विशिष्ट अन्विति होती है जो विशिष्ट अर्थ देती है। कृति के संघटक तत्त्वों—शब्द/पदबंध/वाक्य संरचना/वाक्य विन्यास आदि में विपर्यास या परिवर्तन करने से अर्थ परिवर्तन हो जाता है। उदाहरण के लिए यहाँ दो वाक्यों की संरचना विचारणीय है; यथा—'रूपा ने स्कूल छोड़ दिया'। 'रूपा से स्कूल छुड़वा दिया गया।' यहाँ रूपा और स्कूल छोड़ने की सत्ता है तथा स्कूल छोड़ने की स्थिति का विवरण भी है। परन्तु वाक्य-संरचना भेद से अर्थ-भेद सुस्पष्ट है। इसी तरह पदबंध या शब्द-संसर्ग भेद से भी अर्थ भेद होता है, जैसे—'रंगीन पोशाक' और 'रंगीन मिजाज' में शब्द-संसर्ग के कारण अर्थ भेद है।

(2) प्रयोजन (Purpose)— संरचना अपनी अर्थ वत्ता से जुड़ी रहती है। यह प्रयोजन मूलक प्रकार्य संरचना का संघटक तत्त्व होता है। यही कारण है कि संरचना का परिवर्तन शब्दार्थ के परिवर्तन का द्योतन करता है। उदाहरणार्थ बिहारी और कबीर की पंक्तियों को देखें यहाँ एक ही शब्द भिन्न प्रयोजनों को द्योतित करता है।

(i) **माली आवत देख करि कलियाँ करें पुकारि।**
फूले-फूले चुन लिये काल्हि हमारी बारि॥

(ii) **नहिं पराग, नहिं मधुर मधु, नहिं विकास यहि काल।**
अली कली ही सों विंध्यो आगे कौन हवाल॥

यहाँ कबीर ने 'कली' (कलियां) शब्द जीव मात्र की नश्वरता के लिए प्रयुक्त किया है। वहीं बिहारी ने कली अल्पायु की विवाहित किशोरी के लिए प्रयुक्त किया है।

(3) स्वायत्तता (Autonomy)—'संरचना' अपनी सत्ता के लिए किसी की मुखापेक्षी नहीं होती। वह स्वायत्त होती है। बाहरी किसी अन्य वस्तु पर आधारित नहीं। काव्य-साहित्य का संदर्भ लें तो कहा जा सकता है कि संरचना का अर्थ अर्थात् उसकी संघटक यूनिटों का अर्थ बाहर जाकर प्रमाणित नहीं होता, वरन् संरचना के संघटक तत्त्वों के घात-प्रतिघात से ही मूर्तिमान होता है। इस दृष्टि से लीलाधर जगूड़ी की कविता की कुछ पंक्तियाँ उल्लेख्य हैं। जहाँ सीने, पीने और धोने शब्दों का अत्यंत विडम्बनापूर्ण द्विअर्थक संयोग (संघटन) प्रस्तुत किया गया है; यथा—

कुछ अपने फटे कपड़े सी रहे हैं
कुछ सिलवा रहे हैं घाव
कुछ दवा पी रहे हैं।
कुछ खून
कुछ हाथ धो रहे हैं साबुन से
कुछ जान से।

यहाँ दो शब्द और व्याख्येय प्रतीत होते हैं जो शैली विज्ञान के संदर्भ में भी विचारणीय हैं, यथा— (i) संरचनात्मक साकल्यता (Structural wholeness) और

(ii) संरचना के साकल्य (Whole of the structure)

'संरचनात्मक साकल्यता' (Structural wholeness) अपनी सत्ता और अर्थवत्ता के लिए किसी दूसरी पर आश्रित नहीं होती, वह स्वयं की मुखापेक्षी ही होती है। परन्तु 'सरंचना के साकल्य' (Whole of the structure) की अवधारणा संदर्भ और देशकाल सापेक्ष है, अर्थात् 'संरचना के साकल्य' में किसी कृति की व्याख्या करते समय उस संदर्भ को भी रेखांकित करना पड़ता है जो रचनाकार ने सृजन के समय ग्रहण किया है। संदर्भ में कृतिकार की अन्य रचनाओं को भी ध्यान में रखना होता है और देशकाल को भी। उदाहरणार्थ 'राम की शक्ति पूजा' में निराला की पंक्तियों (धिक धिक जीवन जो सहता ही आया है विरोध) में धिक्कार का भाव मात्र राम के संदर्भ में ही नहीं वरन् देश काल और निराला के जीवन-संदर्भ में भी व्याख्येय होगा। इस तरह 'संरचना की स्वायत्तता' के उक्त दोनों बिन्दुओं को जानना भी यहाँ आवश्यक है। संरचना जहाँ साहित्यिक कृतियों की होती है वहीं ज्ञान-विज्ञान के अन्य अनुशासनों की भी। जब हम संरचनागत वैशिष्ट्य को एक प्रणाली के रूप में अंगीकार कर लेते हैं और उसकी विशिष्ट प्रक्रिया को इतिहास, नृविज्ञान, समाज विज्ञान, जीवन विज्ञान आदि पर अंतर्घटित करने का उपक्रम करते हैं तब हम एक बौद्धिक व्यापार का आश्रय लेते हैं। यह व्यापार बहुअंतर्व्यापी-प्रत्ययवादी प्रणाली ही संरचनावाद है। यह एक संकल्पना है एक अवधारणा है विविध अनुशासनों को समझने और व्याख्यायित करने की।

संरचनावाद और उत्तर संरचनावाद की स्पष्ट धारणा रूपायित करने में इतने प्रकार के शब्दों का (विखंडन, स्त्रीवाद, सिद्धान्तवाद, उत्तर औपनिवेशिकता आदि) प्रयोग हुआ है कि मूल शब्द (संरचनावाद और उत्तर संरचनावाद) नितांत भ्रामक हो गये हैं। उक्त शब्दों के प्रयोग से कभी मूलावधारणा का अर्थ विस्तार हुआ है अथवा अर्थसंकोच और कभी-कभी संरचनावाद और उत्तर संरचनावाद की मूलावधारणा ही तिरोहित हो गई है।

वस्तुत: 'संरचनावाद' का मूलाधार प्रसिद्ध भाषाविद् सस्सूर का भाषा संबंधी अध्ययन है। भाषाविज्ञान के सातत्य में जिस शैली विज्ञान का विकास हुआ और साहित्याध्ययन के लिए कृति के भाषागत स्वरूप, उसकी भाषिक संरचना पर जो बल दिया गया; उसी से संरचना—संरचनावाद आदि अलग संकल्पनाएँ निर्मित हुईं और कालान्तर में ये विधारणाएँ पश्चिम में प्रत्ययवादी भाषा-दर्शन के रूप में विवाद का विषय बनीं। संरचनावाद और उत्तर संरचनावाद पर अलग-अलग विद्वानों ने अलग-अलग विचार-बिन्दु और मॉडल प्रस्तुत किये हैं और इन संकल्पनाओं को जटिलतर बना दिया है। अब ये अवधारणाएँ भाषा-साहित्य ही नहीं मानव-समाज के विविध आयामों को स्पर्श कर रही हैं।

'संरचनावाद' (Structuralism) का गहरा संबंध भाषा से है। जॉन लॉक की मान्यता है कि भाषा का स्वरूप बड़ा जटिल है क्योंकि भाषा में अर्थ हीन शब्द भी हो सकते हैं और सार्थक भी। शब्दों का सामान्य अर्थ में प्रयोग भी हो सकता है और पर्यायगत भेद के आधार पर विशिष्ट अर्थ में भी। शब्द संकेतन का कार्य भी कर सकते हैं। संकेतन में नैरंतर्य भी हो सकता है।[1] भाषा के इस नाना रूपी आयाम और व्यापार को दृष्टि-पथ में रखकर ही वाल्टर बेन्जामिन की मान्यता है कि मनुष्य की भाषाओं के अतिरिक्त भी भाषाएँ मनुष्य जानता है किन्तु उनका नामकरण अब तक नहीं किया जा सका है।[2] इन विद्वानों की मान्यताएं एक ओर भाषा के जटिल स्वरूप की ओर इंगित करती हैं तथा दूसरी तरफ भाषा के संकेतन प्रधान रूप की ओर। संस्सूर भाषा के दो तत्त्वों का उल्लेख **करता** है। (1) परोल (Parole) वचन या उच्चार जो भाषा का भौतिक और कार्य**कारी** पक्ष है। (2) लैंगुइ (Langue) भाषा का मनोवैज्ञानिक पक्ष है। भाषा के नियम अमूर्त और तर्कातीत होते हैं— जिनसे प्रयोक्ता का वाक् (वचन या उच्चार) नियंत्रित होता रहता है। इस तरह भाषा वाक में ही खंडश: मूर्त मानी जा सकती है। इस लैंगुइ और परोल (भाषा और वाक्) की प्रक्रिया ही 'संरचना' और

---

1. To use no word without any idea annexed to it......to make known their meanings by synonymous terms.......and to observe constancy in the signification of words.........John Locke.
2. It should not be accepted that we know, of no languages other than of man for this is untrue. We only know of no naming of languages other than that of man—Walter Benjamin.

'संरचनावाद' के मूल में है। मानवशास्त्री लेवी स्त्रौस ने अपने संरचनावादी दृष्टिकोण को सस्सूर से प्रेरित होकर ही स्थायित किया और आदिम मनुष्यों, कबीलों, मिथकों की संरचना की तलाश उसने की। संसार के अधिकांश मिथकों का अध्ययन करते हुए उसने उनके भिन्न रूपों को खोजा। यह भिन्नता यदि 'वाक्' है तो मूल मिथक भाषा। इस तरह वाक् के आधार भाषा की तलाश ही 'संरचना' का प्रारूप है।

वस्तुतः 'संरचनावाद' का सार तत्त्व 'रूपवाद' में निहित है जिसमें भाषा के बाहर कुछ भी अग्राह्य है। भाषा एक संघटक साकल्य है जिसके अनेक घटक या अवयव हैं। अवयव एक ओर अपने अगले अवयव से जुड़ा रहता है और साथ ही अवयवी से भी। 'संरचनावाद' किसी वस्तु, कृति, घटना और समाज का अध्ययन इसी सावयवी पद्धति से करता है। उदाहरणार्थ मनुष्य एक सावयव प्राणी है जिसके सारे अवयव/घटक अँगुली-हाथ-पैर आदि एक दूसरे से जुड़े हैं और साथ ही मनुष्य से भी। एक की क्षति से संरचना विखंडित हो जायेगी और एक के क्षरण का प्रभाव दूसरे पर पड़ेगा।

संरचना अपने में पूर्ण होती है। उसकी पूर्णता की खोज करनी होती है। संरचना चाहें साहित्यिक कृति की हो अथवा मिथक की, पूर्णता उसकी अनिवार्यता है। रोलाँ बार्थ साहित्य की संरचना के विश्लेषण के लिए भाषिकी का मॉडल प्रस्तुत करते हैं। और वे अपने भाषिकी मॉडल को साहित्य के सभी रूपों पर अनुप्रयुक्त करने के पक्षधर हैं। वस्तुतः संरचनावाद और उत्तर संरचनावाद को समझने के लिए रूपवाद अथवा आधुनिक समीक्षा सम्प्रदाय रूसी-रूपवाद को समझना आवश्यक है। इसके जनक विक्टर स्क्लोवस्की माने जाते हैं। उन्होंने इसे शब्द की वापसी (1914) कहा तथा रूपवाद को 'साहित्य के रूप में साहित्याध्ययन' की सम्पूर्ण पद्धति बनाने का प्रयास किया। रूसी रूपवाद मास्को के लिंग्विस्टिक सर्कल, पीट्र्सबर्ग के 'ओपोजा' और 'प्राग-सम्प्रदाय' आदि के विचारकों ने स्थापित किया। यद्यपि इस पर ट्रटस्की जैसे मार्क्सवादी समीक्षकों ने अपने ग्रंथ 'लिटरेचर एण्ड रिवोल्यूशन' में कठोर प्रहार किये किन्तु फिर भी साहित्यालोचन की यह रूपनिष्ठ अर्थात् काव्यभाषा निष्ठ अवधारणा चल पड़ी। इस सम्प्रदाय का नई आलोचना के कतिपय समीक्षकों रेनेवेलेक (थ्योरी आफ लिटरेचर—1949) आदि ने भी समर्थन किया और हिन्दी समीक्षा के सातवें-आठवें दशक में यह सिद्धान्त स्वीकृत हुआ। डॉ० नामवर सिंह ने 'कविता के नये प्रतिमान' नामक पुस्तक पर रूसी रूपवाद का स्पष्ट प्रभाव परिलक्षित होता है। हिन्दी में मार्क्सवाद के नाम पर इस रूपवाद को हेय दृष्टि से देखा जरूर किन्तु वे भी काव्यभाषायी चिंतन में इससे अनुप्रभावित प्रतीत होते हैं। 'रूपवाद' एक प्रकार का 'काव्यभाषावाद' है जो काव्य में अंतर्निहित सौन्दर्य को भाषिक उपकरणों के द्वारा स्पष्ट करना चाहता है। इसीलिए रूपवाद के समर्थक एकनबॉम इसे कोई पद्धति शास्त्र न कहकर सौन्दर्य शास्त्र कहते हैं। साहित्य का एक आत्मनिर्भर और स्वतंत्र विज्ञान है जो साहित्य की सामग्री का स्वतंत्र परीक्षण करता है। इसमें कृति प्रथम दर्जे की वस्तु है। इससे पूर्व 'पाजिविटिज्म' अथवा दक्षिणपंथी विचारणा के समर्थक समीक्षक कृति के

स्रोतों, उस पर पड़े अन्य अनुशासनों और समाज के प्रभावों (इतिहास, देशकाल, आत्मकथ्य, दर्शन, नृविज्ञान, अर्थविज्ञान, समाजविज्ञान आदि की मान्यताओं के प्रभावों) को खोजा करते थे और समीक्षक का स्थान प्रथम तथा कृति का दोयम हो गया था। रूपवाद ने इस 'पाजिविटिज्म' को खंडित किया तथा कृति को प्रथम स्थान दिया। सौन्दर्य और संदेश को बाहर से नहीं कृति के अंदर से खोजने का उपक्रम किया। काव्य भाषा के महत्व पर विशेष बल दिया और कृति की स्वतंत्र सत्ता की घोषणा की तथा समीक्षा को पाठ केन्द्रित बनाया भावक या समीक्षक केन्द्रित नहीं।

रूपवाद की अवधारणानुसार काव्यभाषा की 'अजनबीयता' वरेण्य है। इसमें काव्य/साहित्य में प्रयुक्त दिन-प्रतिदिन के प्रयोग की भाषा में अजनबीपन अर्थात् नयापन खोजा जाता है। जो भाषा हम दिन-प्रतिदिन प्रयोग में लाते हैं उसी का ऐसा चयनित रूप जो अनुप्रयोग (गति, यति और लय तथा तुक से अनुस्यूत छंदादि का रूप) द्वारा नई और अपरिचित सी प्रतीत होने लगती है, पुराने शब्द नया रूपाकार ग्रहण करते हैं और इसी प्रक्रिया में रचना जन्म लेती है। उस धारणानुसार साहित्य की प्रचलित समीक्षा की 'सर्वसंग्रहवादी' दृष्टि अकारथ हो गई। कविता में दृष्टि-दर्शन और मूल्य-मान्यताओं की खोज निरर्थक हो गई तथा काव्य समीक्षा की यह रूपवादी अवधारणा काव्य भाषा के विश्लेषण-विवेचन पर केन्द्रित हुई। अब कृति के स्वतंत्र अस्तित्व की पहचान पर बल दिया जाने लगा और कृति में में निहित भाषाई तत्त्वों से ही विशेषान्वेषण किया जाने लगा। एकनबॉम ने कहा है कि वे रूपवादी नहीं विशेषान्वेषी हैं। अब साहित्य भाषा का पर्याय बन गया। रूसी-रूपवाद का साहित्य और भाषा-चिंतन पर गहरा असर पड़ा। रूपवाद ने साहित्य को रचनाकार और रचनागत परिस्थितियों से अलग कर मात्र पाठ (टेक्सट) पर बल दिया जो कालान्तर में 'संरचनावाद' और 'उत्तर संरचनावाद' का मूल कारक बना। कुल मिलाकर रूपवाद में भाषागत साहित्याध्ययन पर जो बल दिया गया वही भाषा विज्ञान के संरचनावादी सूत्र के रूप में विकसित हुआ और संदेश के उद्देश्य के लिए भाषा के संरचना के प्रकार्य को समझने के प्रयास शुरू हुए। फर्डीनांड सस्सूर (1857-1913) ने भाषा में 'संरचनावाद' की नींव डाली। यह रूसी रूपवाद के समांतर आधुनिकता वादी घटना थी। आधुनिक 'संरचनावाद' और उत्तर संरचनावाद के वस्तुतः जनक सस्सूर ही हैं।

सस्सूर ने भाषा को एक 'सिस्टम' व्यवस्था माना जिसका निर्माण चिह्नों (सिम्बल) से होता है। भाषागत ये चिह्न मनमाने ढंग से (आरबीट्रेरी) निर्मित हुए और अलग समुदायों की भाषाओं में अलग-अलग वस्तुओं के लिए अलग-अलग शब्द-चिह्न मनमाने ढंग से बने। भाषा की इस चिह्न 'चिह्न-निर्मित' का कोई लॉजिक (तर्क) नहीं है। एक भाषाई चिह्न के दो तत्त्व होते हैं। एक स्वर बिंब अथवा (लिखित बिंब) और दूसरा उसका विचार। पहला तत्त्व व्यंजक (सिग्नीफायर) है, दूसरा तत्त्व व्यंग्य सिग्नीफायड) है। उदाहरण के लिए 'हाथी' शब्द बोलकर/सुनकर/पढ़कर हम एक व्यंजक (सिग्नीफायर) प्राप्त करते हैं, जो तुरंत ही हमारे मन में 'हाथी' का बिम्ब

(पहचान) उभर देता है और मन में हाथी का व्यंग्य (सिग्नीफायड) बन जाता है। चिह्न के ये दोनों तत्त्व मनमाने हैं। नियमरहित हैं। ये चिह्न हमें हजारों वर्ष की भाषा परम्परा से प्राप्त हैं। सस्सूर ने शब्द और अर्थ की मनमानी या नियमरहित परम्परा पर विशेष ध्यान दिया है। भाषा विज्ञान और संरचनावाद को उनका यह अप्रतिम योगदान है। शब्द अर्थ के नाना रूप प्रस्तुत कर सकते हैं। शब्द हमारे सारे अनुभव जगत को मूर्तिमान करते हैं और नियंत्रित भी। अत: शब्दगत संरचना नाना प्रकार के अनुभव-संसार को रूपायित करती है। उसे समझने के लिए हमें संरचना को समझना चाहिए।

प्राग सम्प्रदाय (प्राग लिंग्विस्टिक सर्किल) ने 1942 में अपनी जो अवधारणाएं प्रस्तुत कीं। उन्हीं से सस्सूर का शब्दार्थ-सिद्धान्त और रूपवाद संयुक्त हुए और यहीं से सर्वप्रथम संरचना (Structure) और प्रकार्य (Function) संबंधी विवेचन प्रारम्भ हुआ। प्राग स्कूल के प्रमुख मुकारोवस्की ने साहित्य के अध्ययन के लिए संरचना और संरचनात्मक शब्दों की व्याख्या की। और कविता को भाषागत संरचना माना। उनकी दृष्टि में संरचना विभिन्न भाषाई तत्त्वों के पारस्परिक संबंधों की व्यवस्था है। इस तरह रूपवाद ने अंतर्वस्तु के स्थान पर भाषिक घटकों पर जोर दिया और भाषा के प्रकारों की चर्चा की।

1968 में रोमान जैकोबसान (अमरीका) ने अपने आलेख ''क्लोजिंग स्टेटमेण्ट' में भाषा में निहित संदेश के छह प्रकारों का उल्लेख किया। (1) वाचक (2) श्रोता-पाठक (वाचित) (3) संदर्भ (4) संहिता (5) सम्पर्क माध्यम (6) संदेश। कविता में सभी प्रकार के प्रकार्यों के दौरान संदेश पर ही बल दिया जाता है। समग्रत: प्राग स्कूल ने साहित्य को भाषा-चिह्न विज्ञान की परिधि में रखा। मुकारोब्सकी ने 1936 में कविता को ''एक चिह्न वैज्ञानिक तथ्य'' घोषित किया।

प्राग स्कूल/सर्कल का 'संरचनावाद' आगे विकसित हुआ और उसने नये रूप धारण किये। सातवें-आठवें दशक में फ्रांसीसी संरचनावाद का मॉडल आया। इस मॉडल में 'साकल्यवादी' (टोटलिस्ट) दृष्टि विकसित हुई। प्राग स्कूल हर 'पाठ' को 'एक चिह्न व्यवस्था' के रूप में देखता था जबकि फ्रांसीसी मॉडल साकल्यता (टोटलिटी) पर बल देता है। संरचनावादी साहित्य को भाषा का पर्याय मानते हैं परन्तु नई समीक्षा ने भाषिक विश्लेषण पर बल तो दिया किन्तु मात्र भाषा को साहित्य का पर्याय स्वीकार नहीं किया। इंग्लैण्ड में इलियट और रिचर्ड्स अमेरिका में 1941 के आगे जॉन क्रो रैंसम, क्लींथ ब्रुक्स, एलैनटेट, विमसॉट आदि ने आलोचक का काम मात्र साहित्यिक 'पाठ' के तत्त्वों की खोज तक सीमित रखा।

अधुनातन संरचनावादियों में समाजशास्त्री नृतत्त्व विज्ञानी क्लॉड स्ट्रास और रोलाँ बार्थ प्रमुख हैं। इन्होंने सस्सूर की अवधारणा को गहराई और विस्तार दिया। कालान्तर में (सातवें-आठवें दशक के आस-पास) स्ट्रास, बार्थ, फूको, अल्थूसर , लाकाँ आदि ने अपने-अपने ढंग से संरचनावाद पर विचार किया और उसे एक पूर्ण शास्त्र का दर्जा प्रदान किया। रोलां बार्थ ने 'संस्कृति' को भी भाषा माना तथा संस्कृति धर्मी साहित्य की

व्याख्याएँ सम्भव कीं। आधुनिक संस्कृति भी संरचना भी भाषा की तरह है। भाषा के ऐसे चिह्न चुनकर जो संस्कृतिमूलक हैं संरचना की दृष्टि से विश्लेषित-विवेचित किये जा सकते हैं। संरचनावाद के सूत्रों को समझाने के लिए उन्होंने 'द फैशन सिस्टम' नामक पुस्तक लिखी। उनके अनुसार —'संरचना' के बाहर बोध नहीं है। अर्थ लेखक के पास नहीं होता पाठ में, पाठ की संरचना में निहित रहता है। बार्थ 'पाठ' को फैलाने के पक्षधर हैं। शब्द, पद, वाक्य, मुहावरा आदि से पाठ की संरचना होती है। साहित्य-निर्माण में पाँच नियम कामं करते हैं—व्याख्या, चिह्न संहिता (सेमिक कोड), प्रतीकात्मकता क्रिया व्यापारक संहिता, सांस्कृतिकता। ये पाँचों नियम एक ऐसा संजाल बनाते हैं जिसमें होकर सारा पाठ गुजरता है। उस प्रक्रिया की पकड़ ही संरचनावाद है। बार्थ इस प्रकार अंतर्पाठीयता को जन्म देता है। अर्थात् पाठ संरचना खोलने पर उक्त पाँचों संहिताओं में से किस पर बल दिया जा रहा है अर्थात् व्याख्या (लेखक/आलोचक), चिह्न, प्रतीक, क्रिया व्यापार, संस्कृति आदि कौन और कब? कुल मिलाकर संरचनावाद एक ऐसा वाद है जो लेखकीय अथवा आलोचकीय अनुभव को अकारथ और गौण मानता है और पाठ-निर्माण, पाठ-संरचना में छिपे तथ्यों को उजागर करने का उपक्रम करता है।

उत्तरसंरचनावाद (Post-Structuralism) और विनिर्मितिवाद / विखंडन (De-Construction)

उत्तरसंरचनावाद संरचनावाद से आगे की अवधारणा है। दोनों को अलग नहीं किया जा सकता क्योंकि संरचनावाद का अगला चरण उत्तर संरचनावाद है। उत्तर संरचनावाद एक पद्धति भी है और दार्शनिक रूप भी। फ्रांस (जो नये-नये प्रत्ययों और वादों की जन्मभूमि है) में आठवें दशक से उत्तरसंरचनावाद विकसित हुआ। नौवें दशक के आस-पास संरचनावाद का पराभव और उत्तरसंरचनावाद का प्रारम्भ हो गया था। आज यह बौद्धिक वातावरण का महत्त्वपूर्ण स्वर है। यूरोप में इसका गहरा प्रभाव है और भूमण्डलीकरण के युग में यह भूमण्डलीय अवधारणा बनता जा रहा है। उत्तर संरचनावाद उत्तर औद्योगिक युग की उपज है। संरचनावाद इतिहास, नृतत्वशास्त्र मनोविज्ञान, साहित्य आदि पर एक रूपवादी भाषिक-दृष्टि थी किन्तु उत्तरसंरचनावाद उत्तर आधुनिक समय का उत्पाद है जो विखंडन पर बल देता है।

उत्तरसंरचनावादी विचार-दृष्टि के उद्भव के कई कारण रहे हैं; जैसे, राजसत्ताओं के आगे मानव अधिकारों की मांग, अतिशय आधुनिकता से ऊबकर धर्म एवं तत्त्व चिंतन की शरण, भूमण्डलीयकरण और उपभोक्तावादी और उत्तर पूँजीवादी (Late capitalism) संस्कृति की आधुनिक जकड़बंदी से अकुलाहट और उत्तर आधुनिक स्थितियों को समझना तथा आधुनिकता के केंचुल को उतारने का उपक्रम आदि। साहित्य-संस्कृति के क्षेत्र में उत्तरसंरचनावाद ने गहरा असर डाला है। उत्तरसंरचनावाद पुरानी चिंतन प्रणाली को खंडित करता है। संरचंनावाद की स्थापना फ्रांस में हुई थी।

अन्य देशों के विद्वानों—क्लाडे लेविस स्त्रौस (नृतत्त्वशास्त्री), माइकेल फुको (प्रत्ययवादी चिंतक), रोलां बार्थ (साहित्य-समीक्षक) सस्सूर भाषाविद रोमन जैकोब्सन, माइकेल बाख्त, नोम चाम्सकी आदि —ने इसकी स्थापना में महत्त्वपूर्ण योगदान किया था। किन्तु इनका कोई स्कूल नहीं था। सबका अपना-अपना चिंतन था। बार्थ और फुको आंशिक रूप से संरचनावादी ही थे। संरचनावाद भाषिकी की विशिष्ट प्रणाली है और उत्तरसंरचनावाद संरचनावाद का ही उत्तरवर्ती चरण है।

वस्तुतः उत्तरसंरचनावाद संरचनावाद की सीमांतों के आगे की स्थिति है। लाकाँ ने संरचनावाद की निरंकुशता पर प्रश्न चिह्न लगाया। उसने कहा कि स्ट्रास का संरचनावाद मनुष्य समाज को मशीन की तरह व्याख्यायित कर रहा है। इस तरह संरचनावाद प्रश्नों के घेरे में आया और सातवें दशक के मध्य में जेकुस देरिदा (Derrida Jacques) के 'स्पीच एण्ड फिनोमिना', राइटिंग एण्ड डिफरेंस' तथा 'ऑफ ग्रामोटोलॉजी' 'चिंतनपरक लेखन ने संरचनावाद का वर्चस्व कम किया और उत्तरसंरचनावाद की स्थापना की। पाल डी मन (अमेरिकी) ने उसे और विकसित किया।

संरचनावाद और उत्तरसंरचनावाद दोनों भाषिकी से सम्बद्ध हैं और भाषा पर ही अपने-अपने तरीके से विमर्श करते हैं। संरचनावाद में भाषा को एक मॉडल के रूप में प्रस्तुति पर बल था। ये भाषाई मॉडल सस्सूर से लेकर फुको और रोलाँ बार्थ आदि विद्वानों की दृष्टि से भिन्न-भिन्न ढंग से व्याख्यायित हुए हैं किन्तु सबका मतैक्य इस बिन्दु पर अवश्य है कि भाषा या पाठ ही महत्त्वपूर्ण है और उससे ही भाषागत प्रकार्यों के आधार पर पाठ निहित सौन्दर्य-संदेश आदि का उद्‌घाटन सम्भव है। उत्तरसंरचनावाद में भाषा ही केन्द्र में है और उत्तरसंरचनावाद भी भाषाविद् सस्सूर (स्विटजरलैण्ड) से अनुप्राणित है। वस्तुतः संरचनावाद और उत्तरसंरचनावद जैसी विधारणाओं के मूल में सस्सूर ही हैं। उन्होंने भाषा-निर्माण तथा बोलने और उसके अनुभावन के संबंध में विस्तार से चर्चा की है। अति संक्षेप में उनके भाषा-परिपथ को इस तरह समझा जा सकता है—

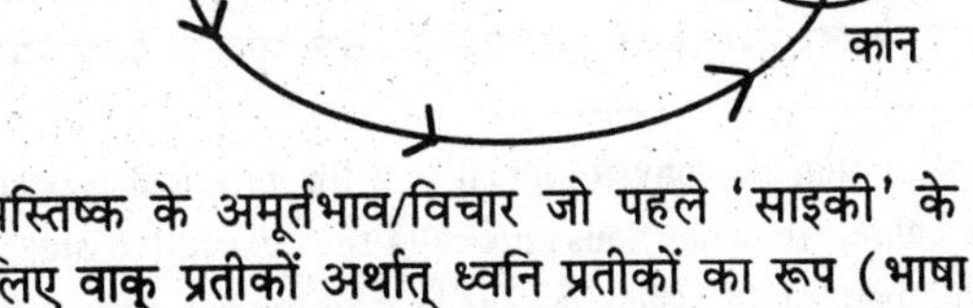

वक्ता के मस्तिष्क के अमूर्तभाव/विचार जो पहले 'साइकी' के स्तर पर हैं अभिव्यक्ति के लिए वाक् प्रतीकों अर्थात् ध्वनि प्रतीकों का रूप (भाषा का भौतिक रूप) धारण करते हैं और ध्वनि तरंगों के माध्यम से श्रोता अपने कानों से उन्हें सुनता

है। इस प्रक्रिया से श्रोता के मन/मस्तिष्क (साइकी/माइण्ड) में वक्ता के विचार/भाव की मूर्ति (इमेज) बनती है और वह वक्ता की बात को समझता है अथवा समझने का प्रयास करता है। सुनने की यह प्रक्रिया प्रारम्भ में अमूर्त होती है तदुपरान्त वाक् चिह्नों/प्रतीकों (भाषा का भौतिक पक्ष) के द्वारा मूर्तमान होती है। श्रोता/पाठक (साहित्य के संदर्भ में समीक्षक) वक्ता के मंतव्य (संदेश) की प्रतिक्रिया इसी प्रक्रिया द्वारा प्रतिक्रमित कर सकता है। वक्तव्य अथवा लेखन का व्यापार इसी तरह चलता रहता है। किन्तु इसमें दो बातें महत्त्वपूर्ण हैं—(i) वक्ता का अभिप्राय (Massage or Motif) और श्रोता की समझ (Understanding)। आवश्यक नहीं है कि दोनों एक ही हों, क्योंकि यहाँ सम्प्रेषण (Communication) की प्रक्रिया अंतर्निहित है जो अर्थ भेद उत्पन्न कर सकती है अर्थात् कहा कुछ जाये और समझा कुछ और जाये।

(ii) भाषा समाज/ समुदाय विशेष के भाषिक-प्रतीकों की व्यवस्था होती है जो भिन्न समुदायों में भिन्न-भिन्न हो सकते हैं। ऐसी परिस्थितियाँ ही भाषिक विश्लेषण चाहती हैं। संरचनावादी भाषिक मॉडल इसी आधारभूत दृष्टि से अनुप्राणित हैं जहाँ भाषा को स्वतंत्र इकाई मानकर वक्ता/श्रोता अथवा लेखक/पाठक के अनुभूति और अभिव्यक्तिगत स्तरों का विश्लेषण विवेचन होता है। सस्सूर इसीलिए भाषा के दो स्तरों या तत्त्वों Parole (परेल-वचन/उच्चार-भाषा का भौतिक पक्ष)- Langue (लैंगुइ भाषा का मनोवैज्ञानिक पक्ष/अनुभूति पक्ष)—चर्चा करते हैं।[1]

सस्सूर वाक् परिपथ (Speech circuit) की बात करते हुए भाषा को एक सामाजिक तथ्य (Social fact) मानते हैं। भाषा कैसे रूपायित होती है? कैसे रूपाकार (Crystallisation) ग्रहण करती है? इस प्रश्न को वे स्वयं ही उठाते हैं और उत्तर भी स्वयं ही देते हैं। वे लिखते हैं कि "जब हम ऐसी भाषा में बोलने वालों को सुनते हैं जिसे हम नहीं जानते, तब हम उस सामाजिक तथ्य की परिधि से बाहर होते हैं जिससे हम अपरिचित हैं........यदि हम समुदाय विशेष के व्यक्तियों के मस्तिष्क में संरक्षित ध्वनि-बिम्बों/प्रतीकों को समझ सकें तो हम उस सामाजिक बन्धन को आत्मसात कर सकेंगे जिससे वह भाषा विनिर्मित हुई है। वस्तुतः भाषा किसी निश्चित समुदाय के व्यक्तियों के बोलने-समझने और भाषिक अनुशासनों की निर्मिति होती है। भाषा व्यक्ति-वक्ता के बोलने में अस्तित्व ग्रहण नहीं करती ,वरन् समूह/समुदाय के बोलने-समझने के प्रयासों द्वारा निर्मित होती है।

भाषा किसी वक्ता के प्रकार्य में निहित नहीं होती। व्यक्ति-वक्ता का भाषा के प्रसंग में बस इतना ही योगदान है कि वह निश्चेष्ट भाव से भाषा-विकास-प्रक्रिया में

---

1. "It is clear that the physiological and the physical aspects of the speech circuit belong to what Saussure calls the 'executive side of language the 'parole'. part of it, where as the psychological part is that of 'langue'." "Simplifications : A. Jaaware, Page 135.

स्वांगीकृत हो। भाषा सामाजिक तथ्यीकृत होती है।[1] उत्तरसंरचनावाद में भाषा पर अधिक बल है। सस्सूर से दोनों संरचनावादी और उत्तरसंरचनावादी विद्वान अनुप्रभावित हैं। देरिदा एक सीमा के बाद सस्सूर की मान्यताओं को पलट देता है और एक नई पद्धति का उल्लेख करता है। जिसे विनिर्मिति, या विखंडन (De-Construction) कहा गया है।

सस्सूर दो भाषाओं के भाषिक चिह्नों की प्रकृत्या भिन्नतामूलक मानते हैं क्योंकि दोनों के सामाजिक तथ्य भिन्न-भिन्न हैं। उनकी मान्यता है कि भाषा में कुछ प्रस्तुत दिखाई देता है और कुछ अप्रस्तुत भी रहता है। और जो अप्रस्तुत या अनुपस्थित है जो अमूर्त और अदृश्य है वही भाषा की गहन संरचना (deep structure) कही जा सकती है।

अतः समीक्षक को भाषा की गहन संरचना में निहित उसी अनुपस्थित (अदृश्य या अमूर्त) को खोजना चाहिए। यह खोजने की प्रक्रिया ही 'ट्रेस' है। इस तरह सारा बल पाठ पर ही दिया जाता है। पाठ (Text) की सामान्य और गहन संरचना में ही सब कुछ निहित है। समीक्षा पाठ-केन्द्रित ही होती है। देरिदा ने इसी पाठ के 'डिकांस्ट्रक्शन' विखंडन की बात कही और 'डिकांस्ट्रकटिव' विखंडित पाठ की वकालत की किन्तु वह भी पाठ को ही केन्द्र में रखकर विनिर्मित (De-construction) की बात को आगे बढ़ाता है। मूलतः समीक्षक का काम उपस्थिति (पाठ) में अनुपस्थित (पाठ) की तलाश है जो 'ट्रेस और डिकांस्ट्रक्शन' से सम्भव होती है। 'पाठ' की गहन संरचना में निहित संवेदन/अर्थादि की खोज विखंडन के द्वारा ही सम्भव है। पॉल डी मन की मान्यता है कि काव्य-पाठ में ही आलोचना निहित रहती है। आलोचना की पद्धति, उसकी प्रक्रिया, उसके प्रतिमान हमें 'टैक्सट' में खोजने चाहिए। संरचनावाद या उत्तरसंरचनावाद पाठ के बाहर के किसी प्रतिमान/आदर्श सिद्धान्त को पाठ-समीक्षा के लिए अनावश्यक और अकारथ मानते हैं।

आलोचना के मानदण्ड कृति की संरचना में ही विद्यमान रहते हैं। डी मन यह मानता है कि कविता की संरचना में ऐसे तत्त्व निहित रहते हैं जिन्हें कवि स्वयं नहीं जानता और वे तत्त्व संरचना के विश्लेषण पर पाठक में आहूत हो सकते हैं।

---

1. When we hear people speaking a language we do not know, we perceive the sounds but remain out side the social fact because we do not understand them............ We could embrace the sum of word image, stored in the minds of all individuals, we could identify the social bond that constitute language. It is a store house filled by members of a given community through their active use of speaking, a grammatical system...............in the brains of a group of individuals. For language is not complete in any speaker, it exists perfectly only with in a collectively.........Saussure.

देरिदा विखंडन (विनिर्मिति-De construction) का कोई परम्परागत रूप संभव नहीं मानते। उसका कोई दर्शन या पूर्वनिर्मित समीक्षा सिद्धान्त नहीं है। विखण्डन परम्परावादी पाश्चात्य दर्शन/प्रतिमान/विचारधारा का निषेध करता है। साहित्य-समीक्षा के साथ ही दर्शन, नृविज्ञान तथा सभी मानविकी के अनुशासन देरिदा के लिए विखंडन की वस्तु हैं। पॉल डी मन ने 'ब्लाइंडनैस एण्ड इन साइट' (Blindness and Insight) में पाश्चात्य जगत की नई समीक्षा का ही विखंडन कर दिया जो स्वयं में एक पाठ केन्द्रित रूपवादी समीक्षा आन्दोलन है। नई आलोचना कविता को 'शब्द-प्रतिमा' (Verbal Icon) मानती है। यह 'शब्द-प्रतिमा' देशकालातीत स्वयंभू होती है। रचना में तनाव की स्थिति की परख करना और उसकी 'आवयविकता' अथवा अन्विति में सौन्दर्य की खोज करना नई आलोचना के केन्द्रवर्ती बिन्दु हैं। पॉल डी मन इस धारणा को समीक्षा का अंधापन मानता है। उसके अनुसार कृति की 'टैक्सट' व्याख्याकार अथवा समीक्षक का स्वयं का निर्माण है। एक ऐसा समीक्षक रूपाकार जो स्वयं एक कहानी है। इस तरह विखंडनवाद साहित्य (पाठ) और समीक्षा में कोई भेद नहीं मानता और इस पुरानी मान्यता को खंडित करता है कि सर्जक की भाषा-पाठ और संदेश की तलाश ही समीक्षक का लक्ष्य है इसलिए सर्जक समीक्षक से बड़ा है और कृतिकार की भाषा, समीक्षक की भाषा से उच्चकोटि की होती है और कि सर्जक, पाठक से बड़ा होता है आदि। 'विखंडनवाद' की दृष्टि में न रचना (पाठ) बड़ी है और न 'समीक्षा'। दोनों रचनाएँ हैं। दोनों में प्रामाणिक अनुभव होते हैं किन्तु ये अनुभव पाठ केन्द्रित ही होते हैं। इन जीवनानुभवों को सर्जक, समीक्षक और पाठक अलग-अलग ढंग से रूपाकार देते हैं। सब बराबर हैं।

सस्सूर की 'भाषा' अन्यान्य अर्थ भेदकों (डिफरेंशियल) का संजाल है। भाषा की यही संरचनात्मकता स्वयं अन्यान्य अर्थों को समेटे रहती है। किन्तु देरिदा ने सस्सूर के भाषागत दो भेदों परोल (Parole) वचन / उच्चार तथा लैंगुइ (Langue) भाषा को नकार दिया। 'ऑफ ग्रामाटोलोजी' (1917) में देरिदा की धारणा है कि सस्सूर ने लिखित पाठ की संरचना में अंतर्निहित दूसरे अर्थ की बात कहकर 'लेखन' को द्वितीय श्रेणी का बना दिया है। देरिदा के अनुसार--सस्सूर की यह धारणा कि भाषा का लिखित रूप जीवंत नहीं होता, बोला हुआ रूप ही जीवंत होता है, पूर्णतः भ्रामक है। देरिदा की दृष्टि में लेखन ही तो भाषा की पूर्व शर्त है। अतः उसे दूसरे दर्जों का नहीं माना जा सकता क्योंकि लेखन ही अर्थ के नाना आयामों में बदलाव (displacement) लाता है। अतः 'लेखन' ही भाषा का वह लीला व्यापार है जो भाषा को अनुशासित भी करता है और अर्थ के नाना संदर्भों से जोड़ता है।

शब्दार्थ के दो तत्त्व शब्द और अर्थ में किसकी स्थिति पहले है? यह पश्चिमी दर्शन का विवादास्पद सोच रहा है। ज्यादातर लोगों की धारणा यही है कि शब्द (भाषा का लिखित रूप) पहले है और अर्थ बाद की स्थिति है। देरिदा भाषा और अर्थ (थॉट) के इसी संबंध को उलटकर देखता है अर्थात् विखंडित करता है। उसकी विखंडनवादी

दृष्टि का यह केन्द्रवर्ती बिन्दु है। सस्सूर संरचना को प्रथम स्थान देते हैं। उत्तरसंरचनावादी देरिदा संरचना के विखंडन को महत्त्व देते हैं।

देरिदा 'विखंडन' को एक प्रकार की (स्ट्रैटजी) भाषायी रणनीति मानते हैं। यह एक प्रकार 'क्लोज स्टडी' है। गहन अध्ययन की कार्यवाही है। ऐसा अध्ययन जो संरचनावाद में दबा था। वस्तुतः विखंडन कोई सुस्पष्ट अवधारणा नहीं है, कोई सुदृढ़ विचार-सिद्धान्त नहीं है जिससे लेखन या समीक्षा के नियम प्रतिपादित किये जा सकें। यह पार्थक्य पर बल देता है अर्थात् संरचना के आधार पर स्थापित अर्थ से अलग अब तक छुपे हुए अर्थ की ओर इंगित पर बल। राजनीतिक विचारधाराओं के संबंध में देरिदा ने अपने एक साक्षात्कार में स्पष्ट किया था कि मार्क्सवादियों ने मार्क्स और लेनिन के पाठ (Text) का हमेशा एक ही अर्थ (विचारधारा परक अर्थ) को ग्रहण करने की कोशिश की है। मार्क्स के 'पाठ' को विखंडित करके पढ़ा जाना चाहिए ताकि 'पाठ' में छिपे पूर्वनिश्चित अर्थ (व्यंग्य) के अतिरिक्त उस 'पाठ' कीं अनेकार्थता को खोजा जा सके। वस्तुतः हीगेल और मार्क्स दोनों ही के 'पाठ' एक आदर्शवाद के संस्थापक हैं। एक भौतिकवादी आदर्शवाद (मार्क्स) पर बल देता है तो दूसरा (हीगेल) प्रत्ययवादी आदर्शवाद पर। दोनों के 'पाठों' को विखंडित करके उनके 'पाठों' की अनेक मुखता और तज्जन्य अनेकार्थकता खोजी जानी चाहिए। इस प्रकार देरिदा चिंतन के हर आयाम पर विखंडन लागू करना चाहते हैं। देरिदा का विखंडन पाठात्मक अध्ययन की एक ऐसी प्रक्रिया है, 'पाठ' को पढ़ने की एक ऐसी रणनीति है जो पूर्व निर्धारित 'पाठ संरचना' के गृहीत अर्थ से भिन्न अर्थों के संधान में सहायक होती है।

देरिदा के विखंडन में संरचनावाद से साम्य भी है और वैषम्य भी। देरिदा संरचनावाद के विरोधी नहीं हैं वरन् वे उत्तरसंरचनावादी हैं। संरचनावाद से वे इस बिन्दु पर सहमत हैं कि 'लेखन' लेखक के हेतु से हमेशा अनुशासित और परिचालित नहीं होता इसलिए वह स्वतंत्र होता है। अर्थात् 'पाठ' की 'सत्ता' लेखक से स्वतंत्र होती है अर्थात् पाठ का अर्थ पाठ की संरचना से ही अनुस्यूत है, बाहर से आरोपित नहीं। इस तरह आलोचना बाहरी हेतुओं (सिद्धान्तों-मतमतान्तरों-धर्म-दर्शन-समाज आदि की अवधारणाओं) से अनुप्राणित नहीं। पाठ के अंदर से ही अनुस्यूत कर्म है। और जब संरचना स्वयं की भाषा में ही कैद नहीं रहती, विखंडित होकर अनेकार्थकता का द्योतन करती है तब वह विखंडन है।

विज्ञान और साहित्य में यही फर्क है जहाँ विज्ञान को प्रमाणित करने के लिए बाहरी तत्त्वों की खोज करनी पड़ती है, वहीं साहित्य का प्रमाण स्वंय साहित्य का 'पाठ' है। वस्तुतः संरचनावाद और उत्तरसंरचनावाद ने (अनिर्मितिवाद—विखंडनवाद) साहित्य-समीक्षा सिद्धान्तों की पूर्व निर्मित सरणियों को कतई नकार दिया। इस तरह विखंडन साहित्यिक अवधारणाओं का उत्तरवर्ती रूप में। इसमें विलोमों के सहारे 'पाठ' विश्लेषण पर बल दिया जाता है, यथा—किसी विचार या

तत्व की उपस्थित और अनुपस्थित। वाचन और लेखन। शब्द और अलंकार। दर्शन और साहित्य। प्रमुख केन्द्र और उपकेन्द्र आदि। एक ही 'टैक्सट' की इन बिन्दुओं के आधार की गई समीक्षा विखंडन का कर्म है। यह पाठ में निहित (भीतर-बाहर) के विलोमों की परख करता है। 'विखंडनवाद' के अनुसार एक ही 'पाठ' की दो व्याख्याएँ हो सकती हैं और अनेक भी। सत्य का अनुसंधान मात्र देवताओं और दार्शनिक प्रत्ययों में ही नहीं पागलों, दलितों, स्त्रियों और पशुओं में भी हो सकता है। हर चीज के दो अर्थ हो सकते हैं। अर्थ का निर्णायक अब लेखक नहीं पाठ का पाठक है। और उसके पढ़ने की पद्धति है।

उत्तरसंरचनावाद ने 'स्त्री-पाठ' पर भी बल दिया है। 'स्त्री-पाठ' से अभिप्राय है किसी 'पाठ' को औरत की तरह पढ़ना। इस पुरुष प्रधान समाज में साहित्यिक पाठ को अब तक पुरुषवादी मनोवृत्ति से ही पढ़ा जाता रहा है अब 'स्त्रीवादी' दृष्टि से पढ़ने पर बल दिया गया। विखंडन का उत्स 'पाठ' में है और 'पाठ' को पढ़ने की रणनीति में। उत्तरसंरचनावादी 'औरत के पाठ' ने मर्द लेखक के हेतु के आधार वाली अवधारणा को समाप्त कर दिया। यहाँ लिंग भेद को प्रखर किया गया और 'स्त्री-पाठ' (औरत की दृष्टि से 'पाठ' के पढ़ने की रणनीति) पर बल दिया गया। पाठ से अर्थ अर्जित किया जाता है। अब तक अर्थार्जन मर्दवादी दृष्टि से था। अब क्रम उलट गया है। विखंडन 'पाठ' में अनुस्यूत प्रत्यय का उत्तरवर्ती स्वरूप नहीं है वरन् 'प्रत्यय' की विलोमात्मक स्थिति है। क्रम को उलटकर 'पाठ' विश्लेषण करना कार्य-कारण श्रृंखला को उलटकर 'पाठ' को पढ़ना विश्लेषित विवेचित करना, हमें यह दर्शाता है कि 'पाठ' जो उभारा गया है, ठीक वैसे ही कुछ दबाया भी गया है। क्रिया के जो कारण बताये गये हैं क्रिया उन्हीं कारणों की धात्री भी हो सकती है। इसकी पहचान कार्य-कारण श्रृंखला को उलटकर समझी जा सकती है। क्योंकि कारण-कार्य के पलटने से नये सत्य का उद्घाटन हो सकता है।

उत्तरसंरचनावादी समीक्षा का 'स्त्रीवादी' समीक्षा-रूप एक महत्त्वपूर्ण घटक है। एलेन शुवाल्टर ने 'Towards a feminist poetics' में कहा है कि एक स्त्री के रूप में पढ़ना (Feminist reading) पाठ में निहित सेक्सीय (यौनवादी) संरचना की सार्थकता को स्पष्ट करता है। पुरुष प्रधान समीक्षा को स्त्रीवादी दृष्टि से पलटने का उपक्रम विखंडन है। क्रम का विपर्यास है। वस्तुत: देरिदा का विखंडन इतिहास, मानवशास्त्र, दर्शन आदि सभी अनुशासनों के पाठ पर लागू होता है। इतिहास के महावृत्तांत 'पाठ' ही हैं। उन्हें क्रम विपर्यास के आधार पर विखंडित करके समझा जा सकता है। हर पाठ का अर्थ और पाठक अनुभव पृथक होता है। यहीं से अर्थ के दुधारेपन की अनुभूति होती है।

वस्तुत: विखंडन 'पाठ' को और लेखन को नये ढंग से समझने की प्रक्रिया है। यह न कोई स्थापित सिद्धान्त है और न कोई पूर्व निर्धारित विर्मश का विषय। यह विध्वंस भी नहीं है। 'पाठ' की तात्कालिक समझ है। विखंडन के अनुसार प्रत्येक पाठ

पढ़ने पर एक अधूरा पाठ होता है अर्थात् पढ़ने पर पूरे अर्थ का द्योतन नहीं करता है। यह एक प्रकार पूर्ण पठन-पाठन (Complete reading of a text) नहीं वरन् एक गलत पठन (misreading) है। अतः हर बार पढ़ने पर वह नया होता है। और नये अर्थों को उद्घाटित करता है। 'पाठ' का कोई पठन स्थायी और अंतिम नहीं होता, वरन् तात्कालिक होता है। विखंडन की प्रक्रिया 'पाठ' के दोहराने, बिखराने (क्रम उलटने) और कई बार प्रतिरोपण द्वारा सम्पन्न की जाती है। इस तरह देरिदा 'पाठ' (टैक्सट) के बाहर कुछ नहीं मानते और सिद्धान्तवादी समीक्षा को नकारते हैं।

उत्तरसंरचनावाद ने लेखक को 'टेक्सट' (पाठ) से अलग कर दिया। रोलाँ बार्थ का एक चर्चित लेख है 'लेखक की मृत्यु' (The death of the Author)। रोलाँ बार्थ का कहना है कि कई बार हमें ऐसी 'टेक्सट' मिलती है जिसके रचयिता को हम नहीं जानते। और जब ऐसे पाठ को हम अर्थ देते हैं अथवा पाठगत सत्य का संधान करते हैं तो वह पाठक या आलोचक का सत्य होता है। पाठ के अंत:साक्ष्य से ही हम लेखक के संबंध में जान सकते हैं। अतः यदि महत्त्वपूर्ण है तो सिर्फ पाठ। पाठक/आलोचक अलग-अलग दृष्टियों से अपने-अपने सत्य या निष्कर्ष पर पहुँचते हैं। उत्तरसंरचनावाद में 'पाठ' के उन स्थलों का बड़ा महत्त्व होता है जिनसे पाठक / आलोचक पूर्णतः अनभिज्ञ होता है। इन्हें अज्ञात स्थल (Blind spot) कहा जाता है। चूँकि इन स्थलों को बार-बार पढ़ने से हर बार नये अर्थों का संधान होता है। इसलिए उत्तर संरचनावादियों के लिए ये पाठ के अत्यंत महत्वपूर्ण अंश होते हैं। उत्तरसंरचनावादी विमर्श शुद्ध वस्तुनिष्ठ विमर्श है इसमें वैयक्तिकता के लिए गुंजाइश बहुत कम है। इस तरह उत्तरसंरचनावाद संरचनावाद का न तो नया संस्करण है और न पूर्णतः विरोधी मतवाद। देरिदा ने अपने ग्रंथ 'ऑफ ग्रामैटोलॉजी' में विखंडन के जो तीन सूत्र दिये हैं—'डिफरेंस' (भिन्नता या विलंबन या स्थगन) 'ट्रेस' निशान या चिह्न और 'आर्क राइटिंग' आद्यलेखन। इनमें से प्रथम दो (डिफरेंस आर ट्रेस) साहित्य की 'भाषा-संरचना' तथा तीसरा अनकहे / अनजान की तलाश से सम्बद्ध हैं। वस्तुतः प्रथम में एक ही शब्द/ पदबंध के दो भिन्न अर्थ ग्रहण किये जा सकते हैं। अतः प्रामाणिक अर्थ स्थागित या विलंबित होता रहता है। 'ट्रेस' चिह्न या प्रतीक भी हो सकते हैं और (आर्कराइटिंग) उस मूलार्थ की तलाश है जो अतलाशित है। वस्तुतः उत्तरसंरचनावाद उत्तर आधुनिकतावाद का ही एक प्रत्यय माना जा सकता है। यह एक बौद्धिक विमर्श अथवा भाषिक दर्शन की वायवी दृष्टि है।

28
उत्तर आधुनिकतावाद
(Post Modernism)

'उत्तर आधुनिकता' 'आधुनिकता' की तरह ही एक पाश्चात्य प्रत्यय है जो बहुआयामी है। सुस्पष्ट रूपाकार विहीन भी है। पश्चिम में विशेष रूप से प्रांस में साहित्य-संस्कृति और कला के क्षेत्र में अन्यान्य बौद्धिक विमर्श सामने आते रहते हैं।

उत्तर आधुनिकता उन्हीं में से एक अत्यंत जटिल प्रत्यय है। समीक्षा-दर्शन के रूप में उसका कोई निश्चित स्वरूप अब तक निर्मित नहीं हो पाया है। कुछ लोगों द्वारा उसे मार्क्सवादी दर्शन (डायलैक्टिक्स) द्विअर्थ धर्मी सामाजिक परिवर्तनों, राजनीतिक एवं सांस्कृतिक संक्रमणों आदि के रूप में देखा जा रहा है। कभी-कभी उसे आधुनिकतावाद का नव संस्करण अथवा विखंडित संस्करण भी समझा गया है। बौद्धिक मीमांसाकारों ने इसे एक जटिल अवधारणा-विचारधारा बना दिया है। उत्तर आधुनिकतावादी दृष्टि आधुनिकतावादी अवधारणा के गर्भ से उत्पन्न होते हुए भी उसका अतिक्रमण है। अत: आवश्यक है कि इस प्रत्यय को रूपांकित करने से पूर्व पश्चिम के वैचारिक परिदृश्य को दृष्टि-पथ में रखा जाए और इस क्षेत्र से कुछ चयनित चिंतकों की विधारणाओं को समझ कर कुछ निष्कर्षों पर पहुँचा जाए।

'आधुनिकता' यूरोप में औद्योगिकीकरण, उपनिवेश और बाजारी व्यवस्था की प्रतिफल थी। विज्ञान के विकास से ध्वस्त कतिपय धार्मिक विश्वासों की अस्वीकृति और विज्ञान द्वारा प्रदत्त मानवीय सुख-सुविधाओं की स्वीकृति थी। पूँजीवादी व्यवस्था और संस्कृति के विकास में आधुनिकता का हाथ रहा है। पश्चिम की इस आधुनिकता को विकासशील देशों (भारत भी) ने स्वीकारा। आधुनिकता और विज्ञान के अतिशय विकास ने कुछ अमानवीय विचारों को भी जन्म दिया, जैसे—मानव कृन्तक (Human clone) परखनली शिशु (Test-tube baby) आदि। परिणाम स्वरूप स्थापित मूल्य-मान्यता और धार्मिक चिंतना प्रभावित हुई। प्रकृति का न केवल दोहन शुरू हुआ वरन् प्रकृति पर विजय प्राप्त करने का अभियान 'देकार्त' जैसे विचारकों की प्रेरणा से प्रारम्भ हो गया। मनुष्य का स्वयंभू महामानव और 'स्वयंज्ञानी' प्रमाणित करने के उपक्रम हुए। देकार्त ने मनुष्य की मुक्ति प्रकृति के स्वामित्व में खोजी। इस तरह बुर्जुआ वर्ग ने आधुनिकता और ज्ञानोदय की निरंतर वकालत की। आधुनिकता के इस अतिशय से अस्सी के दशक में पश्चिमी समाज में वितृष्णा और नकार के भाव पनपने लगे। बौदलेयर आधुनिकता और ज्ञानोदय को प्रश्नांकित करने वाले प्रारम्भिक मनीषी माने जाते हैं। आधुनिकता और आधुनिकतावाद की सभ्यता विषयक योजनाएं अब जर्जर होने लगीं और उत्तर आधुनिक सोच का विकास हुआ जिसमें आधुनिकता के उत्तरवर्ती स्वरूप के प्रति नकार का भाव जन्मा। इसीलिए उत्तर आधुनिकता आधुनिकता की कोख से जन्मा वह परखनली शिशु है जो पुन: गर्भस्थ होकर अपनी मां को ही काट रहा है। इस अर्थ में ही उत्तर आधुनिकता, आधुनिकता तथा उत्तर आधुनिकतावाद, आधुनिकतावाद का चरम और निषेध है। भारत में पाश्चात्य अवधारणाओं और सामाजिक परिवर्तनों का प्रभाव लगभग सौ वर्ष के अंतराल से महसूस किया जाता रहा है।

यही बात आधुनिकता के संबंध में सही है। आज 'आधुनिकता' की प्रचण्ड आत्मघाती शक्ति उत्तर आधुनिकता के रूप में आत्मविस्फोटक हो गई है। आधुनिकता का जो विकास पिछले साढ़े तीन सौ वर्षों में हुआ उत्तर आधुनिकता उसी चरम का प्रतिफल और 'निगेशन' है किन्तु यह प्रत्यय (उत्तर आधुनिकता) निरंतर गतिशील

है इसका कोई केन्द्रवर्ती रूप अभी नहीं बना है, बन भी नहीं सकता क्योंकि यह एक प्रकार की विकेन्द्रीकरण की सतत प्रक्रिया है। जो लोग उत्तर आधुनिकता और उत्तर मार्क्सवाद को पयार्यवाची विधारणाए मानते हैं, कदाचित वे मार्क्स और हीगेल की द्वन्द्ववादी प्रणाली (डायलेक्टिक्स) से अनुप्रभावित हैं जिमसें 'वाद' (Thesis) की चरम स्थिति कालान्तर में प्रतिवाद (Antithesis) के रूप में सामने आती है। इसी तरह उत्तर आधुनिकता केन्द्रवादी विधारणा नहीं वरन् हर केन्द्रवाद के विकेन्द्रीकरण की प्रक्रिया है।

उत्तर आधुनिक व्यवस्था में कला-संस्कृति के घटक (साहित्य, संस्कृति, दर्शन, समाज, मनोविज्ञान आदि) तर्कवादी सिद्धान्त (Rationalist Theory) का विखंडन है, अथवा अब विखंडित करके ही समझे जाते हैं। समाजशास्त्री मैक्सवेबर समाज की एक ऐसी तर्क संगत व्यवस्था की खोज में थे जहाँ सामंतवादी व्यवस्था से आक्रांत समाज दु:खों से मुक्त हो जाएगा। इसीलिए प्रबोधन (Enlightenment) आधुनिकीकरण का अस्त्र बना। इमैनुअल काण्ट दर्शन में भी तर्कसंगत न्यायपूर्ण समाज-व्यवस्था की खोज में लगे थे। आधुनिकीकरण (Modernisation) सामाजिक संबंधों में न्याय संगत अनुशासन का पक्षधर है। विज्ञान शिक्षा और तकनीक का विकास और समाज हित में उनका अनुशासनात्मक अनुप्रयोग आवश्यक है। नीति, धर्म, कर्मकांड और आस्थाओं को ज्ञान-विज्ञान के आलोक में परखना, कला-साहित्य को पूर्व रूढ़िवादी मूल्य-परम्पराओं से मुक्त कराना आधुनिकीकरण की ही प्रक्रिया है और इन संकल्पनाओं को आत्मसात करना ही आधुनिकताबोध है। इस तरह 'आधुनिकता' 'प्रबोध' (ज्ञान) के द्वारा ही सम्भव है। यह प्रबोधन/ज्ञानोदय (Enlightenment) समाज के विकास का केन्द्रवर्ती बिन्दु है। इसी आधुनिकता का चर्मोत्कर्ष 'तकनीक', प्रौद्योगिकी सूचना-विस्फोट, इलैक्ट्रानिक मीडिया-कम्प्यूटर आदि नाना विकासों के रूप में परिलक्षित हो रहा है। वस्तुत: आधुनिकता का यही चर्मोत्कर्ष उत्तर आधुनिकता का प्रस्थान बिन्दु है। आधुनिकता की झोंक , मशीनीकरण की प्रक्रिया मनुष्य को ही यंत्र बनाये डाल रही है। इस व्यवस्था का निषेध उत्तर आधुनिकता में दिखाई देता है।

'लेट कैपिटलिज्म' के लेखक अर्नेस्ट मैंडेल ने तकनीकी संचय, विज्ञान संचय को ही विकसित देशों द्वारा निर्मित उपभोक्तावादी संस्कृति के मूल में माना है और 'नवपूँजीवाद' (Late capitalism) के विकास का मूल कारक भी। यह एक नई साम्राज्यवादी व्यवस्था है। 'उपभोक्तावाद' की इस चरम स्थिति, 'संग्रहवाद' की पराकाष्ठा पर उत्तर आधुनिकतावादी ल्योतार सबसे ज्यादा प्रहार करते हैं। इस तरह उत्तर आधुनिकता न केवल आधुनिकता पर प्रहार है वरन् आधुनिकता का एक नया क्रम भी है। इस प्रकार उत्तर आधुनिकता सौन्दर्य, शान्ति, उदात्त और विराट संबंधी सभी संकल्पनाओं को शक की दृष्टि से देखती है और महावृत्तान्तों पर प्रश्न चिह्न लगाती है।

किसी साहित्यिक कृति के निर्माण में अथवा पाठ संरचना में उत्तर आधुनिकता पूर्व निर्धारित नियमों पूर्व, परम्पराओं की खोज और मूल्यांकन का निषेध करती है। इस अवधारणा के अनुसार हर कृति के अपने नियम होते हैं। कोई कृति एक घटना है। उसकी प्रस्तुति में ही अप्रस्तुति, भाव में ही अभाव केन्द्रित रहता है। बौद्रीआ ने उत्तर आधुनिकता पर अपने कई ग्रंथों (Consumer society, Fatal strategies आदि) में विचार किया है। 'उपभोग' के नानारूपों और जटिल संबंधों को वे उत्तर आधुनिकतावादी स्थितियाँ मानते हैं। मार्क्सवाद पूँजी और उपभोग की स्थितियों की दृष्टि से उत्तर आधुनिकता के निकट है।

'उत्तर-आधुनिकता पद बन्ध जॉन बार्थ ने 1967 में कला के संदर्भ में प्रयोग किया। 1974 में पीटर बर्जर ने तथा ल्योतार ने 1979 में अपने ग्रंथ "The Post Modern Condition : A Report on knowledge" फ्रेडरिक जेमेसन ने अपनी कृतियों "Post Modernism." The Cultural logic of late capitalism" आदि में इस अवधारणा की आधारशिला रखी। ल्योतार ने आधुनिकतावाद से 'महावृत्तान्तों' (Grand Narrative) का संबंध माना है। उनकी दृष्टि में 'महावृत्तान्तों' में एक तारतम्य, समग्रता और आध्यात्मिकता का द्वन्द्व होता है। उत्तर आधुनिकतावाद महावृत्तान्तों की विरोधी है।

उत्तर आधुनिकता पूँजीवादी विकास की नई स्थिति है। नवपूँजीवाद की नाना विकृतियों और नानारूपों से सामाजिक साक्षात्कार उत्तर आधुनिकता है। उत्तर आधुनिकता एक सामाजिक विधारणा या विचारधारा (प्रत्यय) है। 'उत्तर आधुनिकतावादी' उस सामाजिक विधारणा का सांस्कृति रूप या सांस्कृतिक अवधारणा (प्रत्यय) है।

उत्तर-आधुनिकता विशेषण हीन वृत्तान्त की पक्षधर है। महावृत्तान्तों (रामायण, महाभारत, बाइबिल आदि) की नकार उसका मूल मंत्र है। उत्तर आधुनिकता मूल्य मीमांसा को भी नकारती है। वह मूल्यहीनता की पक्षधर है। वह अनुभावन पर बल देती है। यह एक व्यक्ति केन्द्रित (अनुभावन की दृष्टि से) समीक्षा या चिंतन-दृष्टि है। कुछ भी अपने में सम्पूर्ण नहीं होता। अतः सम्पूर्णता (Totality) की धारणा का उत्तर आधुनिकता खण्डन करती है। मूल्यवादी दृष्टि से विचार करें तो बौद्रिआ और ल्योतार दोनों ही मूल्यों को नकारते हैं। अराजकतावादी हैं। चूँकि प्रौद्योगिकी, तकनीक और सूचना विस्फोट (क्रान्ति) ने पूरे विश्व की भौगोलिक सीमाओं को तोड़ा है और विश्व बाजार, विश्व नगर जैसी धारणाओं को जन्म दिया है, इसलिए सम्पूर्णतावादी विचारों का यहाँ खण्डन है। वस्तुतः उत्तर-आधुनिकता साहित्य-समीक्षा की एक प्रणाली हो सकती है। यह स्थूल-अर्थ के स्थान पर साभिप्रायता और अर्थ की अनेक छायाओं और प्रतिछायों के लीला व्यापार को रेखांकित करने वाली समीक्षा-दृष्टि है। यहाँ अर्थवत्ता को विलोपित और स्थगित नहीं किया जाता वरन् अर्थ-विच्छित्ति का संधान करने के लिए कुछ समय के लिए अर्थ का स्थगन किया जाता है। उत्तरआधुनिकता में शब्दजाल

की एक क्रीड़ा है जिसे भावकीय/आलोचकीय अनुभावन से प्राप्त अन्यान्य अर्थों से सम्पृक्त किया जा सकता है। भाषा या पाठ को केन्द्र में जैसे उत्तरसंरचनावाद में रखा जाता है उसी तरह उत्तरआधुनिकतावाद में। उत्तरसंरचनावाद और उत्तरआधुनिकतावाद में साम्य के अनेक धरातल हैं और एक दूसरे के पूरक भी हैं। उत्तर आधुनिकता वादी समीक्षा में सम्मोहन (शब्द का लीला व्यापार) की सक्रियता, परम्परावादी समीक्षा-सिद्धान्तों का अतिक्रमण तथा सांस्कृतिक साहित्यानुशासन से विरक्ति और श्रवणीयता के प्रति आसक्ति पाई जाती है। प्रतीकवादी और बिम्बवादी संकल्पनाओं की अस्वीकृति यहाँ है तथा श्रवणीयता पर बल है अर्थात् जो संदेश साहित्य में प्रत्यक्षतः नहीं सुनाई दे रहा है उसी की अनुगूंज की तलाश होनी चाहिए अर्थात् काव्यगत व्यंग्य का रेखांकन होना चाहिए।

अमेरिकी विचारकों ने उत्तर आधुनिकता के संबंध में कई विचार रखे हैं और विश्लेषित करने के प्रयास किये हैं। वस्तुतः इसके स्वरूप को रेखांकित करते हुए कतिपय प्रश्न सामने आते हैं कि उत्तर आधुनिकता आधुनिकता से क्या एकदम अलग प्रत्यय है? या उसी का अगला चरण है? उत्तर संरचनावाद उत्तर प्रौद्योगिकी आदि से उत्तर आधुनिकतावाद कहाँ तक सम्पृक्त है? मानवीय समाज-संस्कृति और साहित्य की दृष्टि से भारत में इसका क्या प्रभाव पड़ा है आदि? यह सच है कि 'पोस्ट माडर्निज्म' का व्यवस्थित फलसफा अब तक कोई एक चिंतक नहीं दे पाया है। लोगों ने अपनी-अपनी दृष्टि से अपने-अपने मतों को प्रस्तुत किया है जिनमें कहीं-कहीं अन्तर विरोध भी है। जब वास्तुकला के क्षेत्र में सर्वप्रथम इस प्रत्यय का उन्मेष हुआ तो उसमें वास्तुकला की आधुनिकतावादी अंतर्राष्ट्रीय शैली का 'निगेश' नकार या विरोध मिलता है। इस विरोध का स्वर राबर्ट बेंतुरी और जेम्स स्टर्लिंग में मिलता है। इस दृष्टि से इस प्रत्यय के प्रथम दर्शन वास्तुकला में ही मिलते हैं। वास्तुकला के क्षेत्र में ही उत्तर आधुनिकता की बात कही गई और उत्तर आधुनिकता को मृत घोषित किया गया। तदुपरान्त फ्रान्सीसी उत्तर संरचनावादियों से इसे बल मिला। देल्युज, देरिदा, माइकेल फुको ने जिन उत्तरसंरचनावादी स्थितियों को रेखांकित किया वे सब उत्तर आधुनिकतावाद को भी अनुप्राणित करती हैं। इस प्रकार आठवें दशक में क्रियाशील फ्रांसीसी और अमरीकी विचारक कई अर्थों में एक दूसरे के विरोधी होते हुए भी अनेक अर्थों में एक-दूसरे निकट भी प्रतीत होते हैं। समान प्रतीत होते हैं। वे मानव जगत के यथार्थ को विखंडित कर उसमें परस्पर विरोधी और विजातीय तथा बहुवाची या अनेकता धर्मी (Plural) स्थितियों के अन्वेषण पर बल देते हैं। उनकी दृष्टि में 'मानव यथार्थ' कोई 'वस्तुनिष्ठ' यथार्थ नहीं चिर परिवर्तनशील है। सामाजिक विकास परिवर्तन गामी है। अतः कला, दर्शन, प्रौद्योगिकी आदि में विकास की स्थितियों को आधुनिकतावाद में ठीक से समझा नहीं गया है। उसे पुनः समझने की आवश्यकता है। ल्योतार और बौद्रिआ पश्चिमी जीवन में आधुनिकतावाद के आगे के परिवर्तनों की चर्चा बराबर करते हैं।

उत्तर आधुनिकतावाद, आधुनिकतावाद का अगला चरण है, उसी से प्रसूत है या उससे भिन्न है। जो लोग यह मानते हैं कि हम उत्तर आधुनिकतावादी युग में जी रहे हैं तो हम अपने वर्तमान काल खण्ड की विशेषताओं, जीवनशैलियों कला-साहित्य, सौन्दर्य विषयक मान्यताओं का स्वयं नये ढंग से विश्लेषण-विवेचन करें जो आधुनिकतावादी दृष्टि से पृथक हों। इस तरह उत्तरआधुनिकतावाद आधुनिकता वाद से विपरीत दृष्टि प्रमाणित होती है किन्तु एलेक्स कालिनिकस इसका विरोध करते हैं और वे उत्तर आधुनिकतावाद की मूल प्रवृत्ति आधुनिकतावाद में ही मानते हैं। फ्रांसीसी चिंतक ल्योतार भी उत्तर आधुनिकता को आधुनिकता की ही भीतरी प्रवृत्ति के रूप में देखते हैं। किन्तु यह भीतरी प्रवृत्ति 'यथार्थ' क्रमबद्धता/ तारतम्य और समग्रता (Totality) की अन्विति का निषेध करती है। यह 'निगेशन' नकार ही उत्तर आधुनिकता की प्रवृत्ति है। यद्यपि नकार का यह भाव आधुनिकतावाद में भी था क्योंकि आधुनिकतावाद भी मार्क्स के प्रगति और परिवर्तन की विचारधारा को अस्वीकार करता है। इतिहास की मार्क्सवादी व्याख्या भी आधुनिकतावाद ने अस्वीकृत की। किन्तु उस हद तक अराजकतावादी (निहिलिस्ट) प्रवृत्ति यथार्थवाद में नहीं थी जैसी अतियथार्थवाद में है। वस्तुतः वर्तमान तकनीक, प्रौद्योगिकी संचार-क्रान्ति कम्प्यूटरीकरण और नवपूँजीवाद (Late capitalism) आदि ने मानवचेतना के जिस लघुत्व को रेखांकित किया उसकी प्रतिक्रिया उत्तर-आधुनिकतावाद में है जहाँ यथार्थ इतिहास, तर्क, साहित्य-दर्शन के परम्परित स्वरूप और सौन्दर्य चेतना, मूल्य-चेतना सभी का 'निगेशन' है, अस्वीकृति है।

जहाँ तक भारत का प्रश्न है तो यह माना जा सकता है कि आधुनिकता और उत्तर आधुनिकता जैसी अवधारणाओं से हमारा साहित्य अभी तक आक्रांत नहीं है। न्यूनाधिक अनुगूँज ही (बौद्धिक व्यायाम के स्तर पर) हमें यदा-कदा सुनाई देती है। हिन्दी में अभी तक पूरी तरह आधुनिकतावाद को ही प्रवेश नहीं मिला है, उत्तर आधुनिकता तो दूर की बात है। हिन्दी में 'संरचना' 'संरचनावाद' जैसे प्रत्यय आधुनिक भाषायी चिंतन की परिधि में जितने हैं उतने साहित्य-लेखन और आस्वादन के क्षेत्र में नहीं। शैली विज्ञान में जिस भाषायी टेक्सचर-स्ट्रक्चर की बात की गई है वह हिन्दी को संस्कृत काव्यशास्त्र से रीति, वक्रोक्ति आदि के रूप में विरासत में मिली है। हाँ, पश्चिम के आधुनिक भाषायी चिंतन (विशेष रूप से सस्सूर का भाषायी चिंतन) ने उसे नये आयाम अवश्य दिये हैं। सस्सूर ने उत्तर संरचनावाद को भी दूर तक अनुप्राणित किया है। देरिदा जो उत्तर-संरचनावाद के शलाका पुरुष हैं सस्सूर से अनुप्रभावित हैं। साहित्य-समीक्षा के भाषायी विश्लेषण मूलक अन्वय में 'उत्तर संरचनावाद' की भूमिका है और उसी से सम्बद्ध है उत्तर आधुनिकतावाद जो सौन्दर्य (साहित्यगत) में विरूपण और 'निगेशन' के पक्ष को रेखांकित करता है। इसमें जो प्रत्यक्ष है उससे हटकर जो प्रत्यक्ष नहीं है, अनुपस्थित है, अप्रत्यक्ष है उसी की तलाश का उपक्रम है। हिन्दी में मनोहर श्याम जोशी के उपन्यास 'कुरु कुरु स्वाहा', कहानीकार उदय प्रकाश

की कहानी "वारेन हेस्टिंग्ज का सांड़" आदि में उत्तर आधुनिकता की अनुगूँज की चर्चा लोगों ने की है। 'उत्तर आधुनिकता' की संकल्पना हिन्दी में प्रवेश कर रही है। पश्चिमी नारेबाजी और बुद्धिवादी आन्दोलन से हमें परहेज नहीं करना चाहिए। किन्तु पहले पश्चिम की इस अवधारणा के सही स्वरूप को समझने का प्रयास करना चाहिए तदुपरान्त उसका अनुप्रयोग। भूमण्डलीकरण और उपभोक्तावादी संस्कृति के दबाव से हम बच नहीं सकते। अत: करणीय यह है कि हम अपने साहित्य-संस्कृति के आलोक में पाश्चात्य विधारणाओं को आत्मसात करें और अपने परिवेश के अनुरूप उन्हें ढालें और अनुप्रयुक्त करें।

29

स्त्रीवादी विमर्श

(Feminism)

लैटिन भाषा में स्त्री को 'फेमिना (Femina) कहते हैं। उसी से अंग्रेजी में शब्द 'फैमिनिज्म' (स्त्रीवाद) बना। समलैंगिकतावादी और स्त्री-अधिकारवादी दृष्टियों से इस शब्द का प्रयोग पश्चिम में 19वीं शती के उत्तरार्ध से होने लगा था। अब यह शब्द स्त्री-मुक्ति से जुड़ गया है। महिला सशक्तीकरण का मूल कारक बन गया है। पश्चिम में एलिस रासी ने इस शब्द का प्रयोग पुस्तक-समीक्षा के अर्थ में उन्नीसवीं शती के अंतिम दशक से माना है। वस्तुत: पश्चिम से बहुत पूर्व भारत में गार्गी और भारती जैसी महिलाओं ने स्त्रियों के वैदुष्य और अधिकार का परिचय हजारों वर्ष पहले दिया था। किन्तु उत्तर आधुनिकता के संदर्भ स्त्रीवादी समीक्षा (feminist criticism), स्त्रीवाद पाठ (Gyno Text) आदि प्रत्यय आज एक विधारणा के रूप में विकसित हुए हैं। स्त्रियों के अधिकारों का समर्थन पूर्व और पश्चिम में प्राचीन काल से रहा है। बीसवीं शती में जॉन स्टुअर्ट मिल, वर्जीनिया वुल्फ आदि रचनाकारों ने अपने लेखन में इस विचारधारा को बल प्रदान किया है। बौद्रीआ और रोलाँबार्थ ने उत्तरसंरचनावाद और उत्तर आधुनिकतावाद के एक तत्त्व के रूप में भी 'स्त्रीवादी' प्रत्यय को प्रश्रय दिया है।

समाज पुरुष प्रधान रहा है। फलत: स्त्रियां उपेक्षित रही हैं। शोषित और दमित रही हैं। ग्रीक सुकरात, प्लेटो और अरस्तू के समय में स्त्रियों और दासों को नागरिकता प्राप्त नहीं थी। सुकरात ईश्वर को धन्यवाद देते हुए लिखते हैं "प्रभु का शुक्र है कि मैं पुरुष पैदा हुआ, स्त्री नहीं।"[1] स्त्री-स्वातन्त्र्य न होने के कारण स्त्रियों का व्यक्तित्व विकृत होता गया और वे उपभोग की वस्तु बनकर रह गईं। स्त्रीवाद स्त्रियों के दमन और शोषण के नाना रूपों का अध्ययन करता है और उनकी मुक्ति के लिए नाना प्रयास करता है। यहा स्त्रियों के धर्म-दर्शन, राजनीति, समाज, सहित्य आदि में भागीदारी

---

1. "I am thankful to God that I was born a man not a woman."—Socrates.

और उनकी उपेक्षा, उनके वैयक्तिक शोषण (यौनि शोषण और यौनि-मुक्ति) से जुड़ा आन्दोलन है।

स्त्री समाज के साथ ही साहित्य में भी उपेक्षित रही है। अब तक साहित्य-लेखन आस्वादन और समीक्षा पुरुषवादी दृष्टि से होती रही है। अतः आवश्यकता है कि साहित्य के पाठ को स्त्रीवादी दृष्टि से पढ़ा और समझा जाए। स्त्रियों द्वारा रचित साहित्य स्त्रीवादी दृष्टि से विश्लेषित-विवेचित होना चाहिए। इसलिए स्त्रीवादी समीक्षा-दृष्टि समीक्षा के पूर्व निर्मित प्रतिमानों को अस्वीकार करती हैं।

स्त्री साहित्यकारों (मीरां, महादेवी, कृष्णा सोबती, मृदुला गर्ग, शिवानी, उषा प्रियम्वदा आदि) के लेखन में स्त्रीत्व का गुण रहेगा ही। शिल्प-संरचना-भाषा बिम्ब-प्रतीक और भाव या विचारधारा की दृष्टि से उनकी रचनाओं में एक विशिष्टता होगी जिसे स्त्रीवादी-समीक्षक (गाइनो क्रिटिक) ही बेहतर ढंग से रेखांकित कर सकेगा। अतः स्त्री द्वारा रचित साहित्य को स्त्रीवादी विशिष्ट दृष्टिकोण से ही पढ़ना चाहिए। यहाँ एक सहज प्रश्न उभरता है कि 'स्त्रीत्व' (Feminin) आखिर कैसे रेखांकित किया जाए। मनोविज्ञान और शरीर विज्ञान के आलोक में 'औरतपन' शारीरिक परिवर्तन के साथ ही भाव और मनोविकार परिवर्तन की एक प्रक्रिया है जो वयःसंधि (Puberty) से लड़कियों में शुरू होती है। इस परिवर्तन से उसके बोध और मनोविकारों, उसके भाव-संसार में एक भिन्न प्रकार की मनःस्थितियों का विकास होता है जो कालान्तर में शील, सौन्दर्य, शर्म, एकाकीपन, असुरक्षा, यौन संबंध का आग्रह और गोपन आदि के रूप में परिवर्तित और प्रतिभासित होता है। अतः स्पष्ट है कि महिला रचनाकार द्वारा सर्जित साहित्य में भाषा-संरचना, हस्तलेख, शिल्प के नाना अवयवों काव्य-भाषा, बिम्ब-प्रतीकादि में पुरुष रचनाकार से भिन्नता होगी। यद्यपि कतिपय प्रतीक-बिम्ब दोनों में एक जैसे भी हो सकते हैं तथापि उनकी अर्थवत्ता में भिन्नता होगी। अर्थवत्ता का यही पार्थक्य स्त्रीवादी पाठ (गाइनो टैक्सट) की संरचना है और इस संरचना को विखंडित कर परम्परित अर्थ से भिन्न अर्थ का संधान ही स्त्रीवादी समीक्षा दृष्टि है। इस तरह स्त्रियों द्वारा रचित साहित्य के पठन-पाठन की प्रणाली भिन्न होती है, होनी चाहिए।

शोवाल्टर महिला रचनाकारों की कृतियों में कई वैशिष्ट्य देखती हैं। ये विशिष्टताएँ जैविक, भाषाई, सांस्कृतिक और मनोवैज्ञानिक स्तर पर हो सकती हैं। मानव की जैवीय संरचना (Bio-structure) स्त्री-पुरुषों में भिन्न-भिन्न है। अतः जीव शास्त्रीय परिप्रेक्ष्य के आधार पर स्त्रीवादी समीक्षकों की यह मान्यता है कि महिला रचनाकार अपनी रचनाओं में देह-बिम्बों का अधिक प्रयोग करती हैं। दूसरे शब्दों में कहें तो कहा जा सकता है कि ऐन्द्रिक बिम्बावलियों (Sensuous poetry) का उत्कर्ष यहाँ मर्द लेखकों के मुकाबले में अधिक होता है। हिन्दी में मृदुला गर्ग, कृष्णा सोबती, उषा प्रियम्वदा आदि की रचनाओं में देह-भाषा का प्रयोग काफी कुछ हुआ है। देह-भाषा का अनियंत्रित प्रयोग रचना के सौन्दर्य का विकास नहीं करता। इसीलिए 'गाइनो

क्रिटिक' स्त्रीवादी समीक्षक लेखिका की देह-भाषा प्रयोग पर उतना बल नहीं देता जितना 'पाठ की देह' (गाइनो टैक्सटुअल स्ट्रक्चर) पर देता है। यहाँ एक प्रश्न सहज ही उठता है कि देह-भाषा संबंधी बिम्बात्मकता या ऐन्द्रिक बिम्बात्मकता क्या पुरुष रचनाकारों में नहीं होती? क्या रामधारी सिंह 'दिनकर' की 'उर्वशी' में देह-भाषा मूलक बिम्ब-विधान नहीं है? क्या उर्वशी की यह पंक्ति "रसमाती भटकती उँगलियों का संचरण त्वचा पर" स्त्री के शारीरिक स्पर्श का बिम्ब नहीं उभारती? अथवा अंग्रेजी कवि जॉन कीट्स की कविता 'फैनी ब्राउन' (Fanny Brown) अथवा कॉलरिज की कविता 'कुबला खां' (Kubla Khan) यौन-बिम्ब प्रस्तुत नहीं करतीं? समीक्षकों का एक वर्ग यह मानता है कि कॉलरिज ने 'कुबला खां' में एक बड़ा ही रूमानियत भरा यौन-बिम्ब (Oh ! that deep romantic chasm) प्रस्तुत किया है। अत: देह-भाषा का प्रयोग मात्र स्त्री रचनाकारों में ही होता है, यह बात निर्विवाद नहीं है। इसलिए स्त्रीवादी समीक्षक मात्र देह-भाषा के प्रयोग पर केन्द्रित नहीं रहते, उनका केन्द्रवर्ती बिन्दु पाठ की देह है/ शरीर है। पाठ की संरचना में निहित अतलाशित की तलाश है अथवा उपस्थित में अनुपस्थित की खोज है। औरतों के संबंध में स्त्रीवादी समीक्षकों को फ्रायड की यह मान्यता भी अस्वीकार्य है कि स्त्रियों की रचना में मात्र दमित कामभावना (वासना) की अभिव्यक्ति होती है। इसलिए वे मनोविश्लेषण के फ्रायडेतर प्रतिमानों की बात भी उठाते हैं। उनकी मान्यता है। 'स्त्री-संस्कृति' 'पुरुष-संस्कृति' से एक भिन्न अभिधान है। इसी 'स्त्री-संस्कृति' की खोज 'गाइनो-पाठ' के विश्लेषण-विवेचन से की जानी चाहिए।

इस संबंध में रोलाँ बार्थ की कृति 'फैशन की प्रणाली' (The Fashion System) भी उल्लेखनीय है। रोलाँ बार्थ ने कहा है कि फैशन-क्षेत्र यूँ तो उपभोक्तावादी समाज के प्रत्येक क्षेत्र में व्याप्त रहता है किन्तु मनुष्यों के संदर्भ में 'फैशन' में देह प्रधान हो जाती है। आज की इस विज्ञापन प्रधान उपभोक्तावादी संस्कृति में नारी के शरीर का ऐसा उपभोग (शोषण) पहले नहीं था। स्त्री की देह (स्वयं स्त्रियों द्वारा भी) फैशन के नाम पर चाक्षुष उपभोग की वस्तु बना दी गई है। बौद्रीआ उत्तर-आधुनिक समाजों में देहवाद को एक केन्द्रीय मूल्य और कामुकता का विनिमय मानते हैं। ज्यों-ज्यों देह केन्द्र में आती है वह एक नई व्यवस्था (उत्तर-आधुनिक व्यवस्था) बन जाती है और एक सजी हुई स्त्री का शरीर कामुकता का चिह्न बन जाता है। मौरियाने एडेम्स ने अपनी कृति "The Authority of Experience : Essays in Feminist Criticism" में 'स्त्रीवादी' समीक्षा को लेखक केन्द्रित न मानकर पाठक/समीक्षक केन्द्रित बताया। इस तरह पाठ को औरत की तरह पढ़ना स्त्रीवाद समीक्षा का केन्द्रबिन्दु बना। 'औरत की तरह पढ़ना' यह उत्तरसंरचनावाद का एक विखण्डनात्मक तत्त्व है। स्त्रीवादी समीक्षा के धुरमूल में यही प्रत्यय क्रियाशील है। विखंडन यहीं औरतों के लिंग-भेदी दमन को सामने लाता है। अब समीक्षाशास्त्र का एक नया रूप सामने आया। अब तक समीक्षा मर्दवादी थी। समीक्षा में अब तक पुरुष की स्थापना का प्रयास रहा था, अब स्त्री की

स्थापना का प्रयास होने लगा। पूर्व प्रचलित समीक्षाशास्त्र के प्रतिमान अब मैले हो गए क्योंकि शास्त्रहीनता विखंडन का मूल तत्त्व है। इसीलिए क्रिस्टोफर नोरिस ने कहा कि विखंडन उत्तरसंरचनावादी विमर्श नहीं है वरन् शास्त्रहीन ढंग से पाठ का अति निकट और अंतरंग 'पठन' है। इस बात को हिन्दी साहित्य लेखन के संदर्भ में देखा जा सकता है। शुक्ल जी के हिन्दी साहित्य के इतिहास में जाने कितने रचनाकार उपेक्षित रहे हैं। ये हाशिया पर पड़े साहित्यकार (कबीर-छायावादी रचनाकार) कालांतर में स्वीकृत हुए। कबीर का उद्धार द्विवेदी जी ने किया तो छायावाद का आचार्य नंददुलारे वाजपेयी ने। यह सब जाँच-पड़ताल देरिदा की रणनीति से ही सम्भव है। विखंडनात्मक प्रणाली द्वारा ही सम्भव है। यद्यपि यह भी सही है कि द्विवेदी जी जब कबीर को ही केन्द्र में रखते हैं और वाजपेयी जी छायावाद को तो ये लोग भी संरचनावाद के वृत्त में फँस जाते हैं और इन केन्द्रों के विखंडन की आवश्यकता अनुभूत की जाने लगती है। काव्यशास्त्र (साहित्यशास्त्र) में निर्धारित रचना-प्रक्रियाओं को उलट कर देखने से साहित्यशास्त्र के ये पूर्व केन्द्र, जो मर्दवादी दृष्टि पर आधारित रहे हैं, टूटेंगे। और समीक्षा का ध्यान उपेक्षित जातियों, दलितों, स्त्रीवादी दृष्टियों की ओर उन्मुख हो सकेगा। देरिदा का विखंडन उपभोक्तावादी संस्कृति को विखंडित करने का मंत्र है। आज बाजार-केन्द्रों, विज्ञापनों के माध्यम से इलैक्ट्रानिक मीडिया (टी० वी० आदि) द्वारा प्रसारित विज्ञापनाश्रित उपभोक्तावाद का विखंडन भी इसी विखंडनवाद द्वारा सम्भव है। वस्तुतः विखंडन एक प्रकार की मार्क्सवादी रणनीति (डायलेटिक्स) है। इसीलिए जेमेसन ने मार्क्स को पूंजी (पूंजीवादी, समान्तवादी) का मौलिक विखंडनकर्त्ता माना है।

उत्तरसंरचनावाद के मूल में आलोचना के पूर्व प्रतिमानों और परम्परा का अतिक्रमण है। रचना में यह अतिक्रमण विचार/भाव, शिल्प/भाषा सभी स्तरों पर है। इसी अतिक्रमण में स्त्रीवादी समीक्षा-आन्दोलन भी अंतर्निहित है। उत्तरसंरचनावाद में मूल्यों और संस्कृति से भी पलायन है। अब भारतीय या पश्चिमी संस्कृति जैसी अवधारणाएँ अतिक्रमित हो रही हैं और उत्तर आधुनिक संस्कृति वैश्विक संस्कृति की विधारणा को रूपायित कर रही है। स्त्रीवादी आन्दोलन और महिला सशक्तीकरण आदि संकल्पनाएँ उत्तर आधुनिकतावाद के ही 'उपजात (By product) हैं।

समीक्षा संबंधी उक्त विविध संकल्पनाओं पर सम्यक रूप से विचार करें तो साहित्य-समीक्षा का स्वरूप त्रिकोणात्मक ही रहा है अर्थात् रचनाकार, रचना, पाठक-भावक या समीक्षक। समीक्षा अपने प्रारम्भिक दौर में रचनाकार को वृत्त में रखती थी अर्थात् रचना में रचनाकार का संदेश, मूल मंतव्य, उसका सामाजिक, सांस्कृतिक चिंतन, उसका इतिहास बोध आदि के रेखांकन का उपक्रम और आस्वादन ही समीक्षा का केन्द्रवर्ती बिन्दु माना जाता था जिसे 'फार्मल क्रिजिसिज्म' (Formal Criticism) कहा जाता था। नयी समीक्षा बीसवीं शती के मध्य से उभरी और समीक्षा का केन्द्र कृतिकार नहीं कृति का रूपाकार बना। कृति के पाठ से ही सरोकार की बात की जाने

लगी। कृति से ही समीक्षा-प्रतिमान भी निर्मित होने चाहिए।

बीसवीं शती के उत्तरार्द्ध से उत्तरसंरचनावाद, उत्तर आधुनिकतावाद के इस दौर में पाठ के विखंडन पर बल दिया गया और अर्थ को स्थगित किया गया। पाठ को नकारा गया। स्टेनले फिश ने प्रश्न किया कि क्लास में कोई भी पाठ होता है क्या? Is there any text in the class? अर्थात् एक ही पाठ में अर्थसंधान अलग-अलग पाठकों के अनुसार अलग-अलग होता है। इस तरह अर्थ स्थगित होता रहता है। यहाँ पाठ पाठक पर आधारित होता है। जैसा पाठक पाठ का वैसा ही अर्थ। इसीलिए अर्थ-स्थगन और अदृश्य, अनुभूत अर्थ की तलाश विखंडन के मध्य में है। इस तरह पाठक केन्द्रित समीक्षा ही आज वरेण्य मानी जा रही है।

30

रूपवाद बनाम रूसी रूपवाद

रूपवाद एक प्रकार का कलावादी आन्दोलन है। किन्तु इसके विकास के पीछे विज्ञान और तकनीक का परोक्ष प्रभाव है। विज्ञान, तकनीक और प्रौद्योगिकी आदि साइंस के ये आयाम समाज निरपेक्ष हैं। साहित्याध्ययन जब समाज निरपेक्ष दृष्टि से किया जाने लगा तो साहित्याध्ययन की प्रत्ययवादी अवधारणाएँ तिरोहित हुईं और समीक्षा पूर्णत: भाषागत हो गई। चाहे पाठ के गहन अध्ययन (Close reading of the text), की बात हो, या संरचना और उत्तर संरचना, या भाषा का विरूपीकरण (श्केलोवस्की) अथवा देरिदा की अनुपस्थिति की तलाश (Trace) या नई समीक्षा के नाना आयाम हों—साहित्याध्ययन की ये सभी सारणियाँ अपने में रूपवादी ही हैं।

रूपवादी पूरा बल भाषा पर देते हैं। साहित्य की भाषा, भाषा का चयनित और उदात्त रूप होता है। क्योंकि रचना में रचनाकार का दृष्टिकोण उसकी प्रत्ययगत संचेतना उतना महत्व नहीं रखती जितनी भाषा की संरचना। यहाँ भाषा एक स्वायत्त इकाई है। एक Entity है। भाषा-भाषा से बढ़कर एक पदार्थ है, वस्तु है जिसका विश्लेषण-विवेचन रचना को नये ढंग से परखने की बुद्धि प्रदान करता है। वस्तुत: भाषिकी का संरचनात्मक नृतत्व रूपवादी समीक्षा के काफी निकट प्रतीत होता है। कुल मिलाकर रूपवाद भाषावादी समीक्षा-आन्दोलनों के गर्भ में है।

चूँकि रूपवाद का उद्भव रूस में हुआ इसलिए इसे रूसी रूपवाद भी कहते हैं। रूसी रूपवादी समीक्षा उन्नीसवीं शती के अंतिम चरण में प्रादुर्भूत हुई और बीसवीं शती के उत्तरवर्ती वर्षों तक साहित्य समीक्षा को आन्दोलन करती रही। पिछली शती के नौवें दशक में रूसी रूपवाद के समीक्षा-सिद्धान्तों का अनुवाद फ्रांसीसी भाषा में तोदोरोव ने प्रस्तुत किया था। परिणामस्वरूप पश्चिम की रूपवादी समीक्षा प्रणालियाँ (शैली विज्ञान संरचनावाद आदि) इससे अनुप्राणित हुईं। रूसी रूपवाद के प्रवर्तकों और **उन्नायकों में बोरिस एकेनबाम, विक्टर श्कैलोब्सकी, रोमन जैकोब्सन, बोरिस तोमरस्जेबस्की आदि के नाम उल्लेखनीय हैं। इन रूपवादियों के दो केन्द्र रहे**

हैं—मास्को और पेट्रोगार्ड। मास्को में 'भाषिकी' के केन्द्र की स्थापना 1915 में हुई थी। इस केन्द्र से जुड़े सदस्य भाषाविद् थे तथा पेट्रोगार्ड समाज के समीक्षक काव्य-भाषा विमर्श में अधिक तल्लीन थे। इन भाषाविद्-समीक्षकों ने कई गोष्ठियाँ की और नई निबन्ध-संकलन प्रकाशित किये जो साहित्य/कविता के रूप पर विशेष बल देते हैं तथा साहित्यिक के दृष्टिकोण विचारधारा को नगण्य मानते हैं। रोमन जैकोब्सन की 1921 में 'आधुनिक रूसी कविता' शीर्षक से प्रकाशित पुस्तक काव्य के भाषायी (रूपवादी) तत्त्वों को ही केन्द्र में रखकर लिखी गयी है।

वस्तुत: ये समीक्षक प्रतीकवादियों, बिम्बवादियों की मान्यताओं से प्रेरित प्रतीत होते हैं जहाँ कविता की रूप-रचना पर जरूरत से ज्यादा बल दिया जाता है। रूपवादी कविता के भाषागत वैज्ञानिक अभिगम पर ध्यान केन्द्रित कर उसको सौन्दर्यशास्त्रीय पक्ष से मुक्ति की ओर समीक्षा को केन्द्रित करते हैं। इनका मूल मंतव्य कविता है अर्थात् उसकी भाषिक संरचना है, उसकी 'टैकनीक' है। दर्शन, प्रत्यय, समाज, सौन्दर्य, साहित्येतिहास काव्य रसादि से मुक्त कविता एक स्वायत्त 'एन्टिटी' है। एक अस्तित्वधारी संघटना है जो साहित्य-समीक्षा के पूर्व प्रतिमानों का अतिक्रमण करती है। महत्त्वपूर्ण है तो केवल उसका 'रूप'। स्पष्टत: इन्हीं मान्यताओं के कारण रूपवादी समीक्षा संरचनावाद, शैलीविज्ञान, नई समीक्षा आदि समीक्षापरक अभिधानों के समकक्ष और समांतर आन्दोलन है। कला को एक आत्मानुशासी स्वायत्त और निजी अनुशासन मानने वाले श्केलोब्सकी कला को जिन्दगी से मुक्त मानते हैं और कला रूपों का विवेचन कला के स्वायत्त नियमों द्वारा किये जाने की वकालत करते हैं। काव्य-कला का संबंध कला की निर्मित (डिजाइन) से है न कि कला में अंतर्निहित प्रत्यय या संदेश (मैसेज या थॉट) से है। रोमन जैकोब्सन कवि प्रणीत मनोभावों , संकल्पनाओं को अविवेच्य मानते हैं, यदि कुछ विवेचनीय है तो कविता अर्थात् उसका शरीर, उसकी निर्मित, उसकी भाषा यानी कि काव्य-भाषा क्योंकि कविता का निर्माण भाषा से ही होता है। काव्यभाषा का विशिष्ट चयन और अनुप्रयोग है। परन्तु यह अनुप्रयोग बिम्बों, और अलंकारों में नहीं होता क्योंकि ऐसा तो सामान्य में भी होता है। इस प्रयोग-अनुप्रयोग का केन्द्र कविता की भाषिक निर्मित (संरचना) होती है। उस निर्मित में निहित अजनबीपन की तलाश होती है। पूर्वपरम्परित समीक्षा दृष्टि से हटकर जब रूपवादी समीक्षक समीक्षा करता है तो उसका ध्यान परम्परित भाषिक इकाइयों (रूपक, बिम्ब,अलंकार आदि) में पूर्व से निर्मित मानसिक वासनाओं से हटकर देखने की तमीज पैदा होती है और वह उन्हीं भाषिक इकाइयों में कुछ विचित्रता, कुछ अजनबीपन की तलाश करता है। वह घिसी-घिसाई लीक पर न चलकर कविता के भाषिक घटकों में एक नई 'दीप्ति' से साक्षात्कार करता है। नई दीप्ति को चिह्नित करना ही रूपवादी समीक्षा का सरोकार है। काव्य-भाषा के रूपविधान में अपरिचित, अद्भुत अजनबीयता (strangeness and defamilariation) को उसे विरूपित (de construct) करके तलाशना रूसी रूपवाद का एक प्रमुख संघटक तत्त्व है। इस तरह (छंद, बिम्ब,

अलंकार, सादृश्य गति, यति लयादि) अर्थ संधान के घटक नहीं होते वरन् वे स्वयं में ही मूल्यवान और अर्थवान होते हैं। और इनसे विकीर्ण अर्थ परम्परित अर्थ विधान में अजनबीयत (Strangeness) पैदा करके अर्थ को एक नई दीप्ति प्रदान करते हैं। कुल मिलाकर रूपवादी अपने को रूप तक ही सीमित कर लेते हैं और काव्य-भाषा में निहित परम्परित रूप को विरूपित करके कविता के अध्ययन में विचित्रता और चमत्कार की तलाश पर बल देते हैं।

वस्तुत: रूपवादियों की मान्यताओं को अन्यान्य घटक भारतीय समीक्षा में पहले से ही विद्यमान हैं। रीति, वक्रोक्ति सम्पद्राय भाषा सम्प्रदाय ही हैं किन्तु भेद इतना है कि इन सम्प्रदायों से जुड़े सभी आचार्य का लक्ष्य काव्य-सौन्दर्य और लालित्य को ही उद्घाटित करना है जबकि रूपवाद का लक्ष्य मात्र भाषागत रचना की स्वायत्तता पर ही बल देना है, रमणीयार्थ पर नहीं। भारतीय काव्यशास्त्र में शब्दार्थ और भावार्थ में पार्थक्य नहीं है। रूपवादी जिस विरूपण की प्रक्रिया पर बल देते हैं, संस्कृत काव्यशास्त्र में रीति और वक्रोक्ति के नाना भेदों में भाषायी विरूपण के उसी स्वरूप के दर्शन होते हैं। वक्रोक्ति के भेदों में 'वस्तु-विन्यास-वक्रता' एक प्रकार के विरूपण की ही प्रक्रिया है।

कुछ रूपवादी अनुभव करते हैं कि रूप (शब्द विधान) को अर्थ से भिन्न करना कठिन है। इसीलिए नोमाचास्की ने अपने 'प्रजननात्मक व्याकरण' में अर्थ प्रजनन की बात की है। हमारे यहाँ भी शब्द-शक्तियों के प्रसंग में यह सर्वथा स्वीकृति स्थापना है कि काव्य में प्रयुक्त शब्द शब्दकोशीय अर्थ से भिन्न अर्थ का द्योतन (संकेत) करता है। अर्थ के नानाविध प्रजनन की मूलकारक शब्द शक्तियां ही हैं। किन्तु रूपवादी अंततः यही स्थापित करना चाहते हैं कि कविता उसकी तकनीक, प्रविधि और रूप में निहित रहती है।

रूपवादी वस्तु (प्लाट/ कान्टेट) को नजर अंदाज करके रूप के आधिपत्य का पक्षधर होता है। वह वस्तु को साहित्य रूप का प्रकार्य मानता है अर्थात् रूप से ही वस्तु तत्त्व रेखांकित होता है। रूपेतर कुछ भी नहीं होता। रूप के अतिरिक्त ऐसा कोई गवाक्ष नहीं जहाँ से रचना की ओर झांका जा सके। श्केलेब्सकी ने उपन्यास, प्रगीत तथा बी० आई० प्राप ने लोक कथा की संरचना पर अपने ग्रंथ "लोककथा का रूप विज्ञान" में इसी दृष्टि से विचार किया है और साहित्य-समीक्षा के रूपवादी मानदण्डों को रूपाकार दिया है। स्पष्ट किया है कि रूपवाद के लिए कृति की साहित्यिकता कृतिकार के विशिष्ट भाषा-प्रयोगों में ही समाविष्ट रहती है। उसे अन्यत्र खोजना अकारथ है। रूपवाद कलावाद का ही एक विशिष्ट अभिधान है। रूसी 'रूपवाद' ने साहित्य को किसी अन्य अनुशासन (दर्शन, इतिहास, मनोविज्ञान, मार्क्सवादादि) के आलोक में नहीं देखा जा सकता और न उस पर पूर्व परम्परित समीक्षा प्रत्ययों का अनुप्रयोग ही किया जा सकता है। इस तरह साहित्य परिचय अन्य अनुशासनों से उसके अपरिचय की स्थापना है। स्क्लोवस्की ने स्पष्टता से 'अपरिचयीकरण' (Defamilarization)

सिद्धान्त से यह प्रमाणित किया कि हमारी परम्परित अनुभूतियाँ और विचार हमारे जीवन की आदतें बन जाते हैं और हमारे सोच में यह परम्परित प्रत्यय अंतर्भुक्त रहते हैं। अत: शब्दों को एक पूर्व परम्परित धारणानुसार ही हम अर्थ देते हैं। अत: आवश्यक है कि हम शब्द विधान से परम्परित मान्यताओं से अपरिचय स्थापित करें। अपरिचयीकरण की यही प्रक्रिया काव्य भाषा की नानाविध भंगिमाओं के द्वारा हमें अपरिचित से परिचित कराती है। यही 'रूपवाद' है—अपरिचित से परिचित होना। कविता में दिन प्रतिदिन की भाषा अपरिचित बनाई जाती है। शब्द का यही अजनबीपन है। और यही उसका नयापन भी है। और काव्य-भाषा, अजनबीकरण बनाम उसका 'नयापन' ही कविता का रूप है। इस तरह रूपवाद साहित्य की परम्परित और प्रचलित दृष्टि को नकारता है। साहित्याध्ययन की प्रचलित सर्वसंग्रहवादी (प्रत्ययवादी, सौन्दर्यवादी) दृष्टि को व्यर्थ करता है। एकनबॉम ने जो यह कहा कि वे रूपवादी नहीं 'विशेषान्वेषी' हैं। वस्तुत: यह भाषागत विशेषान्वेषी होना ही रूपवादी होना है। इस तरह रूसी रूपवाद का साहित्य के भाषा चिंतन पर प्रभाव पड़ा। फर्डीनांड सस्सूर (1857-1913) द्वारा भाषगत संरचनावाद की संकल्पना भी रूपवादियों की चिंतना के केन्द्र में है। नव्यालोचन से भी उसका संबंध है।

31

विशिष्ट पारिभाषिक

आत्म-निर्वासन-अजनबीपन (Alienation)

'एलिअॅनेशन' शब्द के लिए हिन्दी में कई शब्द प्रचलित है, परायापन, अजनबीपन, अजनबीयत, आत्म-निर्वासन, अकेलापन आदि। इन शब्दों में संदर्भगत सार्थकता है क्योंकि 'एलिअनेशन' शब्द साहित्येतर अनुशासनों-मनोविज्ञान, समाज विज्ञान, राजनीति विज्ञान आदि में भी प्रयुक्त किया जाता रहा है। यह एक प्रत्यय है, विधारणा है और इसका अर्थ प्रयोग सापेक्ष है। यह शब्द अथवा प्रत्ययमूलक संकल्पना पश्चिम से ही साहित्य में गृहीत की गई है। हिन्दी साहित्य में अज्ञेय जी के उपन्यास 'अपने-अपने अजनबी' में आत्म-निर्वासन या अजनबीपन की प्रतीति (अनुभूति) उपन्यास के कथानक में अंतर्निहित है। वस्तुत: आत्म-निर्वासन की अनुभूति, अपनों में अपनापन का अभाव अथवा अपवर्तन का अनुभव ही एलिअॅनेशन है जो अस्तित्ववादी दर्शन की एक महत्त्वपूर्ण प्रवृत्ति है। टाल्सटॉय की कहानी 'ईवान इलिच की मृत्यु' अजनबीयत का अच्छा उदाहरण है जिसमें ईवान इलिच मृत्यु शय्या पर पड़ा होकर सोचता है और अनुभव करता है कि उसकी प्रेयसी-पत्नी और प्रिय बच्चे उसके लिए कैसे अजनबी होते जा रहे हैं। प्रेम के प्रसंग में भी अजनबीयत विषयक अनुभूति रॉबर्ट ब्राउनिंग की अंग्रेजी कविता 'द लॉस्ट राइड टुगैदर' (The Last Ride Together) में रेखांकित की जा सकती है। जिसमें उसकी प्राण प्रिया उससे अपवर्तित होती जा रही है।

अंग्रेजी का 'एलिअंनेशन' शब्द लैटिन शब्द 'एलिनिशियों' से निर्मित है जिसका अर्थ है विमुख होना, स्थानान्तरित करना, हस्तांतरण करना आदि। फ्रांसीसी भाषा में भी 'एलीन' शब्द मिलता है। इन शब्दों की अर्थच्छाएं भिन्न हैं। आज ये शब्द एक 'प्रत्यय' अथवा विधारणा बन गये हैं और पाश्चात्य साहित्य के साथ ही आधुनिक भारतीय साहित्य में भी प्रयुक्त हो रहे हैं। ऐतिहासिक दृष्टि से एलिअॅनेशन कॉन्सेप्ट'—अजनबीयत की विधारणा पर विचार किया किया जाए तो धर्म-दर्शन अर्थ विज्ञान और साहित्य में इसका प्रयोग भिन्न अर्थों में किया जाता है। धर्म-दर्शन के क्षेत्र में आत्मा-परमात्मा के पृथक्करण को अजनबीयत कहा जाता है। आत्मा जब जीवधारी हो जाती है तो परमात्मा से पृथक हो जाती है। आत्मा का यही अजनवीपन है। इसीलिए फिक्टे के अनुसार अभौतिक और भौतिक संसार के मध्य जो अंतराल है अर्थात् प्रभु और भूतजगत के बीच जो खाई है, वही आत्म-निर्वासन है। शिलर और हीगेल आत्म-निर्वासन को प्रकृति और पुरुष से सम्बद्ध करके देखते हैं। मार्क्स उत्पादक और उत्पाद में अजनबीयत तलाशते हैं। कुल मिलाकर आत्म-निर्वासन पर आर्थिक औद दार्शनिक दृष्टियों से विचार हुआ है। कार्ल मार्क्स ने अपने आर्थिक एवं दार्शनिक चिंतन में व्यक्ति उत्पादक और वस्तु उत्पादन में अभिन्न संबंध माना है। उनके अनुसार व्यक्ति उत्पादन को रूपाकार प्रदान करता है। उसका निर्माता वही है। अपनी व्यक्ति-शक्ति का आकार वह वस्तु में संजोता है। उत्पाद (प्रोडक्ट) उसके व्यक्तित्व का बहिरंग आकार है। उसका उत्पादन उसकी अस्मिता की पहचान है। इस तरह व्यक्ति अपने उत्पादन के माध्यम से स्वयं को ही पुनरुत्पादित करता है। किन्तु इस पूँजीवादी व्यवस्था में वह अपने उत्पाद को अर्थात् स्वयं अपनी अस्मिता को दूसरों को बेचने के लिए विवश है। और इस तरह उसका अपना ही उत्पादन उसके लिए पराया हो जाता है। उसके द्वारा श्रम से निर्मित उत्पाद (पूँजी) जो दूसरों द्वारा खरीद ली जाती है, उसके लिए अजनबी हो जाती है। यही अजनबीयत है। मार्क्स की आर्थिक-दार्शनिक दृष्टि से नव-साम्यवादी सहमत नहीं है। मारकूजे अजनबीयत का संबंध अर्थ और समाज से कम और मन से अधिक जोड़ते हैं क्योंकि अजनबीयत, ऊब, आत्म-विकृति, कुण्ठा, अवसाद आदि मन:स्थितियाँ पूंजीपतियों में कहीं अधिक पाई जाती हैं। धनीवर्ग आत्म-निर्वासन के कारण ही जीवन ठीक से नहीं जी पाता। अपार सम्पत्ति-संग्रह के बाद भी वह बटोरी हुई सम्पत्ति से ही आत्म-निर्वासन की अनुभूति से ग्रस्त रहता है। शंकाएँ उसका पीछा नहीं छोड़तीं, भय उसे अविष्टित किये रहता है। अजनबीयत आधुनिक सभ्यता और व्यक्ति केन्द्रित संस्कृति का अभिशाप है। अपरिग्रह की मानसिकता का अभाव अजनबीयत को गहराता है।

अस्तित्ववादी दर्शन के प्रमुख व्याख्याकार सार्त्र और हाइडेगर ने आत्म-निर्वास पर अपने-अपने ढंग से विचार किया है। हाइडेगर ने अपनी कृति 'अस्तित्व और काल' (Being And Time) मे जीवन के दो रूप रेखांकित किये हैं। एक जीवन वह जो स्वयं जिया और रूपायित किया जाता है, दूसरा वह जिसे सामाजिक दबावों के कारण जीने-

के लिए व्यक्ति विवश है यह सामाजिक विवशताओं से भरा जीना ही छद्म जीना है, अप्रामाणिक जीवन है। अवैयक्तिक रूढ़ियों के दबाव से व्यक्ति अपने से ही अजनबी हो जाता है। वह वह नहीं रहता जैसा वह रहना चाहता है। यही अजनबीयत है।

सार्त्र ने अपने ग्रंथ 'अस्तित्व और अनस्तित्व' (Being And Nothingness) में पचास के दशक में दूसरों के लिए जीने की अवधारणा को ही अजनबीयत कहा है। क्योंकि दूसरों के अस्तित्व की चिंता ही हमें स्वयं से निर्वासित कर देती है। कहना न होगा कि सार्त्र की यह धारणा कि दूसरे लोग ही यातना है (The Hell is other people) नितांत असामाजिक, व्यक्तिवादी और संकीर्ण मनोवृत्ति की परिचायक है। उसकी मान्यता है कि दूसरों की उपस्थित और दूसरों का ध्यान रखना ही व्यक्ति की चेतना को परोन्मुखी बनाता है और व्यक्ति को आत्म निर्वासित करता है। 1960 में सार्त्र ने अपने ग्रंथ 'द्वन्द्ववादी तर्क की समीक्षा, (Critic of Dialectic Reason) में अजनबीयत को पुनः मार्क्सवादी दृष्टिकोण से देखने का प्रयास किया है।

साहित्य के क्षेत्र में आत्म-निर्वासन एक ओर जहाँ अपनों के अपनेपन के अभाव से उत्पन्न विशिष्ट अनुभूति है; वहीं दूसरी ओर 'स्वात्म' की पहचान के उपरान्त जिये गये जीवन की निरर्थकता की भयावह चेतना है। आत्म-निर्वासन की विधारणा ने विभिन्न भाषाओं के साहित्यों को अनुप्रभावित किया है। रूसी, फ्रांसीसी अंग्रेजी आदि भाषा-साहित्यों में इसका प्रभाव पड़ा है। हिन्दी में भी यह प्रभाव यत्र-तत्र परिलक्षित होता है। अस्तित्ववादी साहित्य-दर्शन से आतंकित रचनाकारों—मुक्तिबोध, अज्ञेय, कुँवर नारायण, मुद्राराक्षस आदि की रचनाओं में आत्म-निर्वासन की अनुगूँज है। इसके साथ ही नये कथा साहित्य में अजनबीयत की विशिष्ट लहर है। अजनबीयता के मूल में समकालीन समाज-व्यवस्था, सर्वग्रासी राजनीति, अलगाववादी नौकरशाही है जो सामान्य व्यक्ति और सम्भ्रान्तों के मध्य अजनबीपन को बढ़ा रही है।

विडम्बना (Irony)

व्युत्पत्ति की दृष्टि से विचार करें तो 'ऑयरनी' शब्द ग्रीक शब्द 'ईरोनिया' (Eironeia) से बना है। यूनानी कामदी का एक पात्र 'ईरोन' अपने आचरण और भाषण की पद्धति के लिए विख्यात था। उसके आचरण और सम्भाषण की रीति को 'ईरोनिया' कहा जाता था। इस तरह 'आयरनी' शब्द का लाक्षणिक प्रयोग साहित्य में गृहीत हुआ। 'ईरोन' अपने प्रतिद्वन्द्वी को शांत रहकर भी उसकी दुष्टता को ध्वस्त कर देता था। इस तरह अपने प्रारम्भिक अर्थ में 'आयरनी' किसी अंधविश्वासी, दम्भी पात्र के पतन में लक्षित होती है। सौभाग्य की कामना करने वाले दम्भी के दुर्भाग्य पूर्ण पतन में 'आयरनी' अंतर्निहित है।

प्रयोग के आधार पर विडम्बना (ऑयरनी) के क़ई रूप मिलते हैं। सुकराती विडम्बना (Socratic Irony) भी लगभग वही है। सुकरात अपने विरोधी के तर्कों को सहजरूप से सुनते थे तदुपरान्त अपने अकाट्य तर्कों से उसे पराजित कर देते थे। उनकी प्रश्नोत्तर प्रणाली से पतनोन्मुख व्यक्ति, व्यक्ति की पराजय की अनुभूति में ही विडम्बना निहित मानी गई है। त्रासदीकार साफोक्लीज का नायक 'इदिपस' अहंकारी था और अपने अहंकार और पापाचार के कारण दैवयोग से आत्महत्या के लिए विवश हुआ। रावण और दुर्योधन के पतन में भी उनका दम्भ और अहंकार पूर्ण आचरण ही उनके दु:खद पतन के लिए उत्तरदायी है। दोनों की स्थिति विडम्बना पूर्ण है।

विडम्बना का एक रूप शाब्दिक विडम्बना (Verbal Irony) भी होता है। शाब्दिक विडम्बना में कोई पात्र जाने-अनजाने ऐसा कथन प्रस्तुत करे जो कालांतर में प्रस्तुत अर्थ से विपरीत अर्थ में अंतर्घटित हो जाए। विडम्बना एक ऐसी खाई है जो खोदी दूसरों के लिए जाती है किन्तु खोदने वाला स्वयं उसमें गिरकर विनाश को प्राप्त होता है।

भाग्य की विडम्बना (Irony of Fate) में नाटक में ऐसी स्थितियों का रेखांकन होता है जो नायक (चरित्र) के लिए भाग्यवश या दैवयोग से अचानक पतन के लिए उत्तरदायी होती है। शिपले ने लिखा है—"The elements that are essential to irony : a ironic will, i. e. a will (The Gods or Fate) that prepares the sudden disillusioning of a character : a victim...."

नाटकीय विडम्बना (Dramatic Irony) को त्रासिक विडम्बना (Tragic Irony)और कामिक विडम्बना (Comic Irony) भी कहते हैं। नाटकीय विडम्बना कथानक की संरचना में गुम्फित होती है। दर्शक नायक के त्रासिक अंत से परिचित रहते हैं किन्तु नायक अज्ञानवश अपने क्रियाव्यापार से त्रासिक अंत की ओर अग्रसर होता है और अंततः पतित होता है। शरतचन्द्र के उपन्यास देवदास का कथानक कुछ ऐसा ही है। देवदास के त्रासिक अंत का आभास पाठकों (दर्शकों) को होता है किन्तु विवश देवदास अनजाने में अपने क्रिया व्यापार द्वारा दुर्भाग्यवश उसी दु:खद पतन को प्राप्त होता है।

व्यंग्योक्ति या कूटोक्ति सभी प्रकार की विडम्बनाओं में विद्यमान रहती है। इस तरह विडम्बना शब्द एक ऐसा पारिभाषिक शब्द है जिसके कई रूप मिलते हैं।

जर्मन लेखकों (फ्रेड्रिक श्लेगन विशेष रूप से) ने 19वीं शती के प्रारम्भ में रूमानी विडम्बना (Romantic Irony) की भी चर्चा की है। रोमाण्टिक विडम्बना में रचना और रचनाक़ार का सादृश्यमय संबंध उसी तरह माना जाता है जैसा प्रकृति और पुरुष में, ईश्वर और सृष्टि में अर्थात् कम से कम रचना और रचनाकार की सादृश्यमयी एकरूपता का भ्रम उत्पन्न किया जाता है।

इस तरह विडम्बना के कई रूप और अर्थों की चर्चा मिलती है। नयी समीक्षा से जुड़े समीक्षक (वारेन, क्लीन्थ ब्रुक्स आदि) विडम्बना का कई तरह से अर्थ विस्तार करते हैं। उनकी दृष्टि में विडम्बना संरचना में विरोधी स्थितियों को साथ-साथ रखना है। इस तरह 'विडम्बना' कई प्रकार की साहित्यिक युक्तियों के रूप में प्रयुक्त एक विशिष्ट साहित्यगत, प्रत्यय ठहरती है।[1] विस्मय, असमंजस, नाटकीय विडम्बना आदि नाट्य-शिल्प के महत्त्वपूर्ण तत्त्व हैं, जिनकी सहायता से नाटक के अंत तक कुतूहल और रहस्यात्मकता का निर्वाह होता है और दर्शकों का आकर्षण और जिज्ञासा बराबर बनी रहती है।

आज जीवन की जटिलताओं की समग्र अनुभूति की अभिव्यक्ति बिना व्यंग्य-विनोद, कटूक्ति और कूटूक्ति तथा विडम्बना के सम्भव नहीं। प्रेमचंद, निराला और मुक्तिबोध ने जीवन की इसी विभीषिका और त्रासदी को समझा था। इसीलिए 'कफन', 'शक्ति पूजा' भूल गलती, अंधेरे में आदि रचनाओं में विडम्बना का सफल प्रयोग हुआ है।

विसंगति या विरोधाभास (Paradox)

ऐसी काव्योक्ति, प्रत्यय अथवा भावाभिव्यक्ति जिसमें परस्पर-विरोधी तत्त्वों, विचारों अथवा भावों का अंतर्विरोध दृष्टिगोचर होता हो, परन्तु गहराई से समझने पर उनमें अन्तर्विरोध न हो। तात्पर्य है कि विरोध का प्रत्यक्षत: तो आभास हो परन्तु वस्तु तात्विक दृष्टि से उनमें कोई बुद्धिसंगत विरोध न हो।

भारतीय काव्यशास्त्र में विरोधाभास एक विरोध मूलक अलंकार है। मम्मट के अनुसार जहाँ विरोध न होने पर भी विरोध की प्रतीति हो वहाँ विरोधाभास होता है। महादेवी जी की निम्न पंक्तियाँ भी 'पैरॉडाक्स' (विरोधाभास) का अच्छा उदाहरण हैं—

'आग हूँ जिससे ढुलकते बिन्दु हिमजल के।
शून्य हूँ जिसमें बिछे हैं पाँवड़े पल के।

नयी आलोचना में जिस 'पैराडाक्स' की चर्चा है वह हिन्दी शब्द विसंगति से अनूदित किया गया है। यह विसंगति विरोधाभास अलंकार ही है। विसंगति विरोध में ही अन्तर्निहित है। विसंगति से जो वक्रता पैदा होती है उसके अनेक उदाहरण हिन्दी में भरे पड़े हैं—

'शीतल ज्वाला जलती है ईधन होता दृग जल का'। —'आँसू'
'विच्छुरित वह्नि राजीव नयन' —'राम की शक्ति पूजा'

---

1. The Term 'irony' qualified by an adjective, is also used in a numbers of specialized senses for literary devices and mode of organization.—M. H. Abrams

नयी समीक्षा में वक्रोक्ति और 'पैराडॉक्स' को (क्लीन्थब्रुक्स) एक ही अर्थ में ग्रहण किया गया है। इस तरह 'पैराडाक्स' विरोधाभास अलंकार भी है और वक्रोक्ति भी। 'पैराडाक्स' के अर्थ-परिविस्तार और महत्त्व को रेखांकित करते हुए क्लीन्थ ब्रुक्स ने लिखा है कि "कविता की भाषा विरोधाभास की ही भाषा होती है।"[1] 17वीं शती की अंग्रेजी कविता में 'अध्यात्मवादी कवियों' (Metaphysical poets) में पैरॉडाक्स के अच्छे उदाहरण मिलते हैं। उदाहरण के लिए—जॉन डन (John Donne) के इस गीत (Death be not proud) की ये पंक्तियां उल्लेख्य हैं—

> "One short sleep past, we wake eternally
> and death shall be no more; Death, thou shalt die."

●

---

1. "The language of poetry is the language of paradox."—Cleanth Brooks : The well-wrought urn, page 3.

द्वितीय खण्ड

✦ सिद्धान्त और वाद : पूर्ववाक्

सिद्धान्त और वाद : पूर्ववाक्

पाश्चात्य साहित्यालोचन की परम्परा अत्यन्त गौरवमयी एवं विशाल है। इस भव्य परम्परा में अन्यान्य साहित्य-सिद्धान्तों एवं वादों का उद्‌भव, विकास एवं ह्रास हुआ है जिनका सम्पूर्ण लेखा-जोखा प्रस्तुत करना इस पुस्तक में सम्भव नहीं था। पुस्तक के लघु कलेवर को दृष्टि-पथ में रखते हुए, फिर भी यहाँ लगभग उन सभी महत्त्वपूर्ण सहित्य-सिद्धान्तों एवं वादों की चर्चा करने का प्रयास किया गया है, जिनका पठन-पाठन हिन्दी साहित्य-मर्मज्ञों के लिए अनिवार्य-सा हो गया है।

पुस्तक के द्वितीय खण्ड की रचना पर्याप्त तथ्यात्मक होने के साथ-ही-साथ, काफी विवेचनात्मक भी है। विवेचन के बिना तो साहित्यानुशील का प्रयोजन ही सार्थक नहीं होता। तथ्योन्मुखी होना मेरी अपनी विवशता है।

प्रस्तुत ग्रन्थ में विवेचित साहित्य-सिद्धान्तों, शास्त्रवाद,नवशास्त्रवाद, स्वच्छन्दतावाद, आदर्शवाद, यथार्थवाद, अतियथार्थवाद, अस्तित्ववाद आदि—के उद्‌भव के लिए उत्तरदायी साहित्यिक, सामाजिक एवं राजनैतिक कारणों का उल्लेख करते हुए, उनके उन्नयन एवं पल्लवन का विकासात्मक इतिहास भी प्रस्तुत किया गया है। वस्तुत: किसी विशिष्ट साहित्यिक वाद के प्रस्फुटन के लिए उत्तरदायी कारणों की खोज-बीन किये बिना मुझे उस सिद्धान्त की मूल अवधारणा की विश्लेषणात्मक व्याख्या उचित प्रतीत नहीं हुई। मेरा विश्वास है कि सूचनाएँ भी अपनी जगह कम महत्त्वपूर्ण नहीं होतीं। प्रस्तुत ग्रन्थ की तथ्यात्मकता मेरे इसी विश्वास की अनिवार्य परिणति है।

1

शास्त्रवाद अथवा आभिजात्यवाद
(Classicism)

'क्लासिसिज्म' (Classicism) को हिन्दी में शास्त्रवाद, शास्त्रीयवाद, अभिजातवाद आदि कई नामों से अभिहित किया गया है। 'क्लासिसिज्म' का इतिहास बहुत प्राचीन है। दूसरी शती में लातिन के लेखक ओलस जेलियस (Aulus Gellius) ने अपनी पुस्तक 'नौकटिस एटिस' (Noctes Atticse) में दो प्रकार के लेखकों का उल्लेख किया है—(1) स्क्रिपटर क्लासीकस (Scriptor Classicus), अर्थात् सुसंस्कृत एवं अभिजातवादी अथवा 'इलीट सोसायटी' के लिए लिखने वाला अभिजातवादी लेखक तथा (2) स्क्रिपटर प्रोलेतेरिउस (Scriptor prolatarius) जन-साधारण एवं असंस्कृत लोगों के लिए लिखने वाला जनवादी लेखक। विश्व साहित्य

कोश के अनुसार —'A Latin writer of 2d C. A. D. Aulus Gellius, in his book 'Noctes Atticse', Coined the expression Scriptor Classicus which he opposed to Scriptor proletarius, thus the term meant an aristrocratic writer, an author for the 'happy few'...........[1]

काल-परिवर्तन-चक्र ने इन शब्दों के अर्थ में भी परिवर्तन कर दिया और लातिन भाषा-साहित्य में रिनेंसा काल तक इन शब्दों की अर्थावधारणा कुछ भिन्न ही रही। उस समय तक अभिजातवादी साहित्य को विश्वविद्यालयी स्तर पर पढ़ा जाने वाला तथा साहित्य-विद्वानों के पठन-पाठन का प्रमुख साहित्य माना जाने लगा था। लातिन भाषा के पंडितों तथा उच्च शिक्षकों में यह धारणा पुनर्जागरण काल तक दृढ़ थी। फलत: उस समय तक यूनान की प्रसिद्धि साहित्यिक कृतियाँ ही अभिजातवादी समझी जाती थीं।

कालान्तर में रोमीय साहित्य पतनोन्मुख हुआ। परिणामत: उस पतनोन्मुख युग के साहित्यकारों ने अपने पूर्ववर्ती साहित्यकारों के कृतित्व को ही अभिजातवाद की गरिमा से मंडित किया। इस युग के साहित्यकारों ने प्राचीन साहित्यकारों के वैभवपूर्ण उदात्त साहित्य को दृष्टि-पथ में रखकर कुछ मान्यताएँ स्थापित कीं—

(1) वर्तमान काल से पूर्ववर्ती साहित्यकार (अथवा साहित्य) उत्थान के चरम शिखर को स्पर्श कर चुके हैं।

(2) अत: वर्तमान साहित्यकार का साहित्यिक दायित्व है कि उन्हीं पूर्ववर्ती साहित्यकारों का अनुकरण करे।

(3) इस साहित्यिक अनुकरण में उन प्राचीन कृतियों के नियमों तथा शिल्पानुशासन का पूर्णत: पालन किया जाना चाहिए।

इस प्रकार इस युग के रोमन कवि-आलोचकों ने प्राचीन साहित्यकारों (ग्रीक तथा रोमन) का ही अनुसरण किया। इस समय के प्रसिद्ध कवि-आलोचक होरेस की धारणा थी कि प्राचनी यश:कामी यूनानियों को ही काव्य-देवी का वरदान प्राप्त था। अत: आज के साहित्यकारों (होरेस कालीन) को यूनानी साहित्यकारों द्वारा स्वीकृत एवं प्रतिपादित शिल्प-नियमों का ही अक्षरश: पालन करना चाहिए।

मध्य युग के यूरोपीय आलोचक भी इसी धारणा से आक्रान्त रहे। इटली, फ्रांस आदि सभी देशों के साहित्य-समालोचक इस प्राचीन रूढ़िवादी परम्परा के ही शिकार रहे। फ्रांस के अग्रणी आलोचक ब्वालो आलोचना-क्षेत्र में यदि होरेस के उत्तराधिकारी कहलाते थे, तो इंग्लैंड में सर फिलिप सिडनी तथा बेन्जानसन भी होरेस की पूर्व मान्यताओं की स्थापनाओं के लिये प्रयत्नशील थे। 18वीं शती में डॉ० जॉनसन तथा पोप ने इस प्राचीन अभिजातवादी साहित्यिक दृष्टिकोण को पर्याप्त सबल बनाकर अपने को नव-शास्त्रवादी के पद पर गौरवान्वित किया था। कहना यह है कि मध्ययुगीन

---

1. A Dictionary of World Literature, p. 99.

यूरोपीय आलोचक (इटली, फ्रांस और इंग्लैण्ड) अपने को नवशास्त्रवादी तथा प्राचीन यूनान और रोम के साहित्यकारों को शास्त्रवादी मानते थे।

शास्त्रवाद को अनेक पाश्चात्य विद्वानों (गेटे, शिलर, सैंत व्यव, मैथ्यू आर्नल्ड ग्रियर्सन, एबर क्राम्बी, इलियट आदि) ने परिभाषित किया है। सभी की धारणाएँ स्वानुकूल और समुचित हैं। सभी विचारधाराओं से कुछ निष्कर्ष द्रष्टव्य हैं—

(अ) कथ्यगत

(1) भव्य विचार एवं लोककल्याण की भावना तथा मानव-जीवन की चिरंतन समस्याओं का प्रस्तुतीकरण अभिजातवादी साहित्य का प्रमुख कथ्य (Content) होता है।

(2) कवि के व्यक्तित्व एवं अनुभूति के चित्रण के स्थान पर वस्तुनिष्ठ कथ्य के प्रस्तुतीकरण पर बल दिया जाता है।

(ब) शैलीगत

(1) प्राचीन आचार्यों के अनुकरण से काव्य-सिद्धि की प्राप्ति तथा परम्परा का निर्वाह होता है।

(2) उदात्त भाषा-शैली का प्रयोग— भाषा परिष्कृत व्याकरणोचित तथा भव्य होनी चाहिए। शैलीगत परिमार्जन को कथ्य से भी प्राथमिकता मिलनी चाहिए।

(3) संतुलन की प्रधानता, अर्थात् विषय तथा रूपगत संतुलन— कथ्य तथा कथनगत किसी प्रकार की भी अराजकता पर नियंत्रण रखकर पूर्ण सन्तुलन का निर्वाह होना चाहिए।

(4) भावनाओं की अराजकता को व्यवस्थित करके शैली में कठोर संयम का पालन किया जाना चाहिए आदि।

2

नवशास्त्रवाद अथवा छद्मशास्त्रवाद

(Neo-Classicism or Pseudo-Classicism)

'न्योक्लासिसिज्म' का अभिधान नवशास्त्रवाद अथवा नव्य शास्त्रवाद से किया गया है। शास्त्रवाद की चर्चा करते समय यह बताया गया है कि पुनर्जागरण-काल से ही इटली, फ्रांस तथा इंग्लैण्ड के अभिजातवादी साहित्यकार प्राचीन ग्रीक तथा रोम के साहित्यकारों के पदचिह्नों का अनुगमन करते हुए अपने को नवशास्त्रवादी घोषित करने लगे थे। उनका दावा था कि मूलतः प्राचीन शास्त्रवादी साहित्यकारों की साहित्यिक परम्पराओं का निर्वाह कर साहित्य-जगत से किसी प्रकार की भी अराजकता के निर्मूलन के लिए कटिबद्ध है।

वस्तुतः नवशास्त्रवादी युग में साहित्यालोचन का प्रधान केन्द्र रोम न होकर फ्रांस था। फ्रांसीसी साहित्यकारों (कोरनील, रेसाइन, ब्वालो, ला बोस्यू आदि) ने ही

सर्वप्रथम प्राचीन शास्त्रवादी साहित्यकारों (मुख्य रूप से अरस्तू और होरेस) के साहित्य-सिद्धान्तों को आदर्श मानकर साहित्य-लेखन के लिये नियम प्रस्तुत किये। इन फ्रांसीसी साहित्यकारों में ब्वालो चूँकि अग्रगण्य थे, इसलिए उन्हें ही नवशास्त्रवाद के प्रधान प्रतिष्ठाता के रूप में महिमान्वित किया जाता है। ब्वालो ने साहित्य के कुछ ऐसे शाश्वत मानदण्ड स्वीकार किये, जिनका प्रभाव फ्रांस में लगभग एक शताब्दी तक रहा। ब्वालो तथा अन्य फ्रांसीसियों का प्रभाव इंग्लैण्ड में भी पड़ा। फलतः फिलिप सिडनी, बेन जॉनसन, डॉ० जॉनसन, पोप आदि ने नवशास्त्रवादी मान्यताओं की अंग्रेजी-साहित्यालोचन में प्रतिस्थाना की।

ब्वालों ने साहित्य की प्रत्येक विधा (महाकाव्य, त्रासदी, शोकगीत, सम्बोधन गीत आदि) के लिए प्राचीन ग्रीक और रोमन साहित्यकारों (अरस्तू, होमर, वर्जिल, होरेस आदि) को आधार मानकर विस्तृत नियम (स्काट जेम्स के अनुसार सैनिक अनुशासन के नियमों की भाँति कठोर और अपरिहार्य) प्रस्तुत किये। इसी बात को दृष्टिपथ में रखकर रेनवेलेक ने नवशास्त्रवाद को अरस्तू और होरेस का विलयन (Fusion) तथा उनके सिद्धान्तों का पुनर्कथन (Restatement) कहा है; उन्हीं के शब्दों में—"Neo-Classicism is a fusion of Aristotle and Horace, a restatement of their principles and views which underwent only comparatively minor changes during almost three centuries."[1]

कहना यह है कि नवशास्त्रवाद प्राचीन शास्त्रवादी साहित्यात्मा का मध्ययुगीन यूरोपीय साहित्यकारों द्वारा किया हुआ पुनरनुभव है, उनके (प्राचीनों के) साहित्य-सिद्धान्तों का समुत्थान है। प्राचीन साहित्य-सिद्धान्तों के पुनर्स्थापन में तथा शास्त्रवादियों की साहित्यात्मा के पुनरनुभव में जब-जब साहित्यकारों को पूर्णतः सफलता प्राप्त हुई है तब-तब ये साहित्यकार नवशास्त्रवादी कहलाये हैं और जब असफल अथवा अंशतः सफल रहे हैं, तब छद्म शास्त्रवादी (Pseudo-classical) कहलाये हैं। विश्व साहित्यकोश के अनुसार—(Neo-classicism) A Movement towards the recovery of the spirit of ancient classical literature, in the renaissance and 18th c, Strictly speaking only that modern work which succeeds in recapturing the spirit of the ancients is properly called neo-classical; work that fails to recapture that spirit is pseudo-classical.[2]

कुल मिलाकर कहा जा सकता है कि नवशास्त्रवाद न्यूनाधिक परिवर्तन के साथ शास्त्रवादी सिद्धान्तों का ही पुनः प्रस्तुतीकरण है, जिसकी प्रमुख विशेषताएँ इस प्रकार हैं—

---

1. Renewellek : A History of Modern Criticism, Vol. I, p. 6.
2. Dictionary of World Literature, p. 400.

नवशास्त्रवाद में प्रकृति के अनुकरण पर विशेष बल दिया जाता है। प्रकृति मुख्यत: मानव-स्वभाव के रूप में गृहीत है। नवशास्त्रवाद के अनुसार मानव-प्रकृति के उन तत्त्वों को गृहीत करना ही समीचीन होगा, जो देश-कालातीत अर्थात् सार्वभौम एवं सार्वकालिक हों तथा यह चित्रण भी आदर्शीकरण के आधार पर हो। चुनाव, आदर्शीकरण और सुधार पर बल दिये जाने के कारण ही नवशास्त्रवादी आलोचकों ने ऐसे नायकों के चयन पर जोर दिया, जो शक्ति और गुणों में महान हों। इसके साथ ही, अतिमानवीय पात्रों अथवा तत्त्वों (Supernatural Element) के बहिष्कार की बात भी नवशास्त्रवादियों ने उठाई। उन्होंने औचित्य सिद्धान्त पर बल दिया, जिसके अनुसार साहित्य में कुरूप, भयानक, निम्न एवं नीच कोटि के पात्रों तथा परनिंदा, क्रूरता, लोभ, वासनालिप्सा आदि मनोविकारों के चित्रण को अनुचित समझा गया। काव्य-प्रयोजन का जहाँ तक सम्बन्ध है, नवशास्त्रवादी नैतिक उपदेश के ही अधिक पक्षपाती हैं। वह काव्य जो मानव-सुधार न करे उनके लिए निर्मूल्य है।

रचना-विधान-सम्बन्धी नियमों का निर्वाह साहित्यकार के लिए वे अनिवार्य मानते हैं। रचना के बाह्य आकार का उनके लिए अत्यधिक महत्त्व है। पूर्वमान्य अलंकार, छन्द, भाषा आदि सम्बन्धी नियमों के निर्वाह के समक्ष वे साहित्यकार की रुचि को महत्त्व नहीं देते। अपनी रचना-विधान-सम्बन्धी अवधारणा में वे कहीं-कहीं शास्त्रवादियों से भी अधिक नियमबद्ध कृत्रिमता को समेटे हुए हैं; उदाहरण के लिए—नवशास्त्रवादियों की किसी भी कलाकृति को खंड-खंड (कथा, पात्र, शैली, विचार-तत्त्व, छन्द आदि) करके नियमानुकूल देखने की प्रवृत्ति शास्त्रवादी अरस्तू से निश्चित ही भिन्न है, जो साहित्य-क्षेत्र में नियमानुरागी होते हुए भी साहित्यिक कृति की श्रेष्ठता उसकी सावयव पूर्णता (Organic whole) में ही देखते थे।

3

स्वच्छन्दतावाद

(Romanticism)

स्वच्छन्दतावाद 'रोमाण्टिसिज्म' का हिन्दी अनुवाद है। हिन्दी में इस शब्द का सर्वप्रथम प्रयोग कदाचित् पं० रामचन्द्र शुक्ल ने अपने ग्रंथ 'हिन्दी साहित्य का इतिहास' में पं० श्रीधर पाठक को स्वच्छन्दतावाद का प्रवर्त्तक मानते हुए किया है। 'रोमाण्टिसिज्म' शब्द की व्युत्पत्ति 'रोमांटिक़' विशेषण से हुई है, जिसके प्राचीन फ्रांसीसी भाषा में (Romantsch-Rumontsch, Romance, Romanz) आदि स्वरूप भी पाये जाते हैं। अपने प्राचीन स्वरूप में 'रोमांस' अथवा 'रोमान्ज' (Romanz) शब्द का अभिधान उस कपोल-कल्पना प्रधान अपकर्षी आख्यान अथवा साहित्य के लिए किया गया है, जो मध्ययुगीन स्वच्छन्द वृत्ति का परिचायक है। वस्तुत: यूरोप के मध्ययुगीन साहित्य में 'रोमांस' का प्राधान्य था। 'रोमांस-साहित्य' प्रेम, शौर्य, छल-कपट एवं उद्दाम मनोवासनाओं के प्रबल झांन्झावातों से परिपूर्ण था। इस प्रकार

स्वच्छन्दतावाद अपने मूल रूप में मध्ययुगीन साहित्यिक प्रवृत्तियों, जिनका प्रतिनिधित्व 'रोमांस' करते थे, का ही नवीन संस्करण माना जा सकता है। यही कारण है कि अंग्रेजी में इस आन्दोलन को स्वच्छन्दतावाद का पुनरुत्थान (Romantic Revival) कहा गया है।

शिपले ने 'विश्व साहित्यकोश' में 'रोमांटिक' शब्द का अंग्रेजी में सर्वप्रथम प्रयोग 1654 ई० के लगभग माना है, जिसका अभिधान 'रोमांस के समान' (Like a Romance) अर्थ में किया गया है। कुल मिलाकर यह कहा जा सकता है कि 'रोमांटिक' शब्द 17वीं तक बहुत उत्कर्ष अर्थ का द्योतक नहीं समझा जाता था। वस्तुत: गुणात्मक अर्थ में इस शब्द का प्रयोग 18वीं शती में ही हुआ और 18वीं शती के अन्त तक इस शब्द ने पर्याप्त ख्याति अर्जित की। 'रोमांटिक' शब्द को एक काव्य प्रवृत्ति अथवा 'वाद' के रूप में सर्वप्रथम प्रयुक्त करने वाले जर्मन आलोचक फ्रेड्रिक श्लेगल (Friedrich Schlegel) थे जिन्होंने 1798-1800 के बीच में इस शब्द का प्रयोग 'क्लासिसिज्म' के विरोधी अर्थों में 'एथेन्ड्म' (Athendum) में किया। श्लेगल ने अपनी इस कृति में 'रोमांटिक' शब्द का प्रयोग निश्चित साहित्यिक प्रवृत्ति (Romanticism) के रूप में करके इसकी सर्वप्रथम परिभाषा की। तब से अब तक 'रोमांटिसिज्म' की अनेक परिभाषाएँ की गई हैं, जिनकी संख्या लूकस ने अपनी पुस्तक 'द डिकलाइन एण्ड फाल ऑफ द रोमांटिक आयडियल' (The Decline, and Fall of the Romantic Idea, 1948) से ग्यारह हजार से भी ऊपर बताई है। यही नहीं अनेक परिभाषाओं के कारण ही आर्थर साहब ने इस शब्द को अर्थशून्य तक घोषित किया है।

स्वच्छन्दतावाद के उद्भव और विकास में सामाजिक, राजनैतिक, दार्शनिक तथा साहित्यिक कारणों का पर्याप्त हाथ रहा है। सामाजिक दृष्टि से स्वच्छन्दतावाद का उदय सामन्ती समाज-व्यवस्था का अन्त होने तथा औद्योगीकरण के कारण पूँजीवादी अर्थ-व्यवस्था के उद्भव के साथ माना जा सकता है। चूँकि सामन्तशाही का अन्त और पूँजीवाद का आरम्भ अलग-अलग समय पर हुआ, अत: स्वच्छन्दतावाद का उदय भी विभिन्न देशों में अलग-अलग समय पर हुआ।

राजनैतिक दृष्टि से स्वच्छन्दतावाद के उदय में अमेरिकन स्वातन्त्र्य-युद्ध, तदुपरान्त 1789 ई० की फ्रांसीसी क्रान्ति ने महत्त्वपूर्ण भूमिका अदा की है। फ्रांसीसी क्रान्ति का यह नारा (स्वतन्त्रता, समानता एवं भ्रातृत्व— Liberty, Equality and Fraternity) स्वच्छन्दतावादी साहित्यकारों को भी बराबर आन्दोलित करता रहा है।

काव्य एवं काव्यशास्त्र विश्वकोशकार ने दार्शनिक दृष्टि से स्वच्छन्दतावादी साहित्यिक प्रवृत्ति शेफ्टबरी (Shaftesbury's Concept of genius), बर्क, मोरिटज (Moritz) आदि दार्शनिकों से प्रभावित मानी है।

इसी प्रकार स्वच्छन्दतावाद को प्रभावित करने वाले साहित्यकारों में लोंगिनुस (पेरिइप्सुस), यंग (Young's Conjectures on original Composition), पर्सी (Folk poetry), रूसो (मानव-स्वातन्त्र्य पर बल— 'Man is born free but is found every where in chains) तथा स्वच्छन्दतावाद के सभी तत्त्वों से मुक्त उनकी महत्त्वपूर्ण कृति (Nouvelle Heloise—1761), कोपर (Cowper), थामस ग्रे (Thomas Gray) आदि विभिन्न फ्रांसीसी-अंग्रेजी साहित्यकारों और उनकी साहित्यिक कृतियों के नाम भी उल्लेखनीय हैं। वस्तुत: साहित्य के क्षेत्र में स्वच्छन्दतावाद का उदय नवशास्त्रवादी नियमबद्धता, कृत्रिमता, आडम्बरप्रियता अथवा शास्त्रवादी या रीतिवादी परम्परा, नियम और तर्क के विरुद्ध प्रतिक्रियास्वरूप हुआ। उपर्युक्त कृतियों और कृतिकारों में जाने-अनजाने नवशास्त्रवादी प्रवृत्तियों के प्रति वितृष्णा एवं परम्परा के प्रति विद्रोह था। कुल मिलाकर यह कहा जा सकता है कि स्वच्छन्दतावादी साहित्यिक प्रवृत्ति के उद्‌भव एवं विकास के लिए सामाजिक, दार्शनिक, राजनैतिक, साहित्यिक आदि अनेक कारण न्यूनाधिक रूप से उत्तरदायी थे।

स्वच्छन्दतावाद एक विश्वव्यापी आन्दोलन रहा है। विद्वानों ने इसे दो प्रकार से ग्रहण किया—शाश्वत तत्त्व के रूप में तथा एक निश्चित ऐतिहासिक आन्दोलन के रूप में।

(1) श्री ग्रियर्सन महोदय तथा कुछ अन्य भारतीय विद्वान स्वच्छन्दतावाद को एक शाश्वत तत्त्व के रूप में ग्रहण करते हैं। उनकी धारणा है कि स्वच्छन्दतावादी तत्त्व संसार के प्रत्येक साहित्य में आदिकाल से अब तक बराबर विद्यमान रहे हैं। यदि भारतीय साहित्य को लें, तो कह सकते हैं कि ये तत्त्व वैदिक साहित्य से लेकर आज तक के साहित्य में हैं। इन तत्वों की काव्य में बहुलता रहती है तथा साहित्य की अन्य विधाओं में इनकी मात्रा कम पाई जाती है। इसके साथ ही किसी समय-विशेष पर किसी साहित्य-विशेष में जब इन तत्त्वों की सर्वाधिक प्रबलता हो जाती है,तो उस साहित्य एवं समय-विशेष में स्वच्छन्दतावादी काव्य-तत्त्व एक आन्दोलन का स्वरूप धारण कर लेते हैं।

(2) एक निश्चित ऐतिहासिक आन्दोलन के रूप में मानने वालों के अनुसार स्वच्छन्दतावाद का उद्‌भव, विकास और अन्त प्राय: संसार के सभी साहित्यों में हुआ है; यथा—अंग्रेजी, जर्मन, फ्रेंच, इटालियन, अमेरिकी, भारतीय साहित्य आदि। उनके अनुसार, यह एक निश्चित साहित्यिक आन्दोलन था, जो समयान्तर से भिन्न-भिन्न साहित्यों में प्रकट हुआ। विभिन्न देशों में स्वच्छन्दतावाद के उद्‌भव में जो समयान्तर है, वह भी सामाजिक, राजनैतिक और साहित्यिक कारणोंवश ही है, जिनका कि उल्लेख किया जा चुका है। वस्तुत: आज स्वच्छन्दतावादी अवधारणा ने अत्यन्त व्यापक स्वरूप ग्रहण कर लिया है। यह प्रवृत्ति अब तक न केवल साहित्य, वरन् मनोविज्ञान, दर्शन, राजनीति, समाज विज्ञान आदि अन्यान्य मानविकी ज्ञान-विज्ञान की शाखाओं में अपना स्थान बना चुकी है। अत: साहित्य के क्षेत्र में इस आन्दोलन के विकास का इतिहास संक्षिप्त रूप से रेखांकित करना अनिवार्य होगा।

स्वच्छन्दतावादी काव्य-लहर सर्वप्रथम 1798-1805 के बीच इंग्लैण्ड एवं जर्मनी में आई, जिसने काव्य के साथ-ही-साथ, आलोचना को भी प्रभावित किया।

स्वच्छन्दतावादी आन्दोलन फ्रांस में इंग्लैण्ड एवं जर्मनी से लगभग अठारह-बीस साल बाद प्रारम्भ हुआ। चूँकि 18वीं शती के अन्तिम दिनों में फ्रांस में नवशास्त्रवादी दृष्टिकोण को राज्याश्रय प्राप्त था, इसलिए स्वच्छन्दतावादी लहर वहाँ इंग्लैण्ड और जर्मनी के बाद में आई। इंग्लैण्ड में स्वच्छन्दतावादी काव्यान्दोलन का मार्ग प्रशस्त करने वाले दो विदेशी स्कॉच कवि राबर्ट बर्नस (Robert Burns—1759-96) एवं सन्त कवि विलियम ब्लेक (William Blake—1757-1827) थे। वस्तुत: अंग्रेजी कविता में स्वच्छन्दतावादी काव्य-आन्दोलन का प्रारम्भ महाकवि वर्ड्सवर्थ के 'लिरिकल बैलड्स' (Lyrical Ballads, three editions—1798, 1800, 1802) से हुआ। वर्ड्सवर्थ (1770-1850) ने लिरिकल बैलड्स की भूमिकाओं में सर्वप्रथम नवशास्त्रवादी बंधनों तो तोड़ कर अपनी काव्यधारा को नितान्त वैयक्तिक माना तथा काव्य-भाषा सम्बन्धी प्राचीन प्रतिमानों को कृत्रिम प्रमाणित किया। अंग्रेजी में वर्ड्सवर्थ के बाद कॉलिरिज, (Coleridge), शैले, (Shelley), बायरन (Byron), कीट्स (Keats), सर वाल्टर स्कॉट (Sir Walter Scott) आदि अनेक स्वच्छन्दतावादी साहित्यकारों के द्वारा इस काव्य-आन्दोलन का पर्याप्त पल्लवन एवं विकास हुआ है।

अंग्रेजी में स्वच्छन्दतावादी आन्दोलन के उन्नयन के की गति धीमी रही। किन्तु जर्मनी में इस आन्दोलन ने 1798 के आस-पास ही अति शीघ्र प्रगति की। यही कारण है कि जर्मन में स्वच्छन्दतावादी सौन्दर्य-शास्त्र, स्वच्छन्दवादी दर्शन एवं स्वच्छन्दतावादी साहित्यशास्त्र का सृजन अंग्रेजी से पहले ही हो गया था। जर्मनी में इस आन्दोलन के सैद्धान्तिक प्रवर्तक फ्रेड्रिक श्लेगल (Friedrich Schlegel) थे।

ब्रिटिश स्वच्छन्दतावादियों में सर वाल्टर स्कॉट (1771-1832) का नाम विशेष रूप से उल्लेखनीय है, क्योंकि एक वही ऐसे स्वच्छन्दतावादी साहित्यकार हैं, जिनका प्रभाव, देश-विदेश में (विशेष रूप से उपन्यास के क्षेत्र में) सर्वाधिक पड़ा है। यूरोपियन स्वच्छन्दतावादी उपन्यास के वह कीर्तिस्तम्भ हैं। उनसे प्रभावित स्वच्छन्दतावादी उपन्यासकारों में फ्रांसीसी उपन्यासकार बलजाक (Balzac) और विक्टर ह्यूगो (Victor Hugo), जर्मन उपन्यासकार हाउफ (Hauff), शेफ्ल (Scheffel), अलेक्सिस (Alexis) तथा अंग्रेजी उपन्यासकार मर्रयात (Marryat), रीड (Reade) और थेकरे (Thackeray) के नाम गौरव से लिये जाते हैं।

इंग्लैण्ड एवं जर्मनी के अतिरिक्त फ्रांस, इटली, स्पेन, पुर्तगाल, रूस, पोलैण्ड, अमेरिका, भारत आदि देशों में स्वच्छन्दतावादी आन्दोलन अमौलिक है अथवा दूसरे देशों से गृहीत किया हुआ है। इस सन्दर्भ में 'काव्य एवं काव्यशास्त्र विश्वकोश' के ये शब्द उल्लेखनीय हैं— "In France as in Italy, Spain, Portugal, Russia, Poland, the New world, etc.—Romanticism is largely derivative."[1]

---

1. Alex Preminger : Encyclopedia of Poetry and poetics, p. 720.

भारत में स्वच्छन्दतावादी प्रभाव सर्वप्रथम अंग्रेजी के माध्यम से कदाचित् बँगला साहित्य में गृहीत हुआ। हिन्दी में स्वच्छन्दतावादी प्रवृत्ति का उदय 20वीं शती के द्वितीय दशक में हुआ है, जिस पर बँगला और अंग्रेजी स्वच्छन्दतावाद से पर्याप्त साम्य रखते हैं। इस साम्य का उल्लेख करते हुए डॉ० शिवकरणसिंह ने अपने प्रबन्ध 'स्वच्छन्दतावाद एवं छायावाद का तुलनात्मक अध्ययन' में लिखा है— "स्वच्छन्दतावाद एवं छायावाद की मूल प्रवृत्तियों पर दृष्टिपात करने पर पर्याप्त साम्य दृष्टिगोचर होता है। दोनों में सौन्दर्य-भावना, प्रकृति-प्रेम, मानवीय दृष्टिकोण, आत्माभिव्यंजना, नीति-विद्रोह, रहस्य-भावना, प्रकृति प्रेम, मानवीय दृष्टिकोण, आत्माभिव्यंजना, नीति-विद्रोह, रहस्य-भावना, वैयक्तिक प्रेमाभिव्यक्ति, देवकथा तथा प्राचीन संस्कृति के प्रति व्यामोह, प्रतीक-योजना, निराशा, पलायन, अहं के उदात्तीकरण और सृजन की अस्पष्टता के दर्शन होते हैं।"[1]

स्वच्छन्दतावाद की कोई एक परिभाषा करना बड़ा ही दुस्साध्य कार्य है, क्योंकि इसकी अब तक हजारों परिभाषाएँ की जा चुकी हैं। अतः इस संदर्भ में कुछ पाश्चात्य एवं भारतीय विद्वानों की परिभाषाएँ संक्षेप में देते हुए इसकी प्रमुख प्रवृत्तियों अथवा तत्त्वों का उल्लेख करना ही अधिक समीचीन होगा।

विक्टर ह्यूगो ने स्वच्छन्दतावाद को 'साहित्यिक उदारवादिता' कहा है। वाल्टर रेले 'दूरी के प्रति सम्मोहन' इसकी प्रमुख विशेषता मानते हैं। प्रो० कैजामियाँ के अनुसार 'स्वच्छन्दतावाद आत्मा का विजय-घोष' है तथा इसकी 'भावना-प्रेरित कल्पनातिरेक' मूल प्रवृत्ति है। सी० एस० बाँवरा तथा डलस बुश के अनुसार, स्वच्छन्दतावादी कवियों में पाई जाने वाली विशेषता है 'कल्पना में नवीन तथा गहन विश्वास' एबर क्राम्बी महान स्वच्छन्दतावादी में विवेक के स्थान पर आस्था की प्रबलता स्वीकार करते हैं। वह स्वच्छन्दतावाद को बाह्य अनुभूतियों से पलायन मानते हैं, ताकि आन्तरिक अनुभूतियों में केन्द्रित हुआ जा सके। उनकी धारणा है कि स्वच्छन्दतावादी अन्तरजगत की बाह्य जगत पर श्रेष्ठता प्रमाणित करने का आग्रही होता है। उन्हीं के शब्दों में— 'Where ever we find Romanticism, we find the inner life somehow asserting its superiority over the outer."[2]

भारतीय विद्वानों ने और विशेष रूप से हिन्दी समीक्षकों ने भी स्वच्छन्दतावाद की परिभाषाएँ दी हैं। स्वच्छन्दतावाद के प्रथम प्रयोक्ता आचार्य प्रवर शुक्ल जी ने 'हिन्दी साहित्य का इतिहास' में रोमांटिक साहित्य को आत्मानुभूति, आवेगधारा एवं कल्पना-प्रधान माना है। आचार्य हजारी प्रसाद द्विवेदी रोमांटिक साहित्य की प्रधान जननी कल्पना एवं आवेग को मानते हैं। डॉ० देवराज उपाध्याय 'आन्तरिक स्पिरिट', कल्पना, भावोन्माद, कला की सादगी आदि को स्वच्छन्दतावाद के प्रमुख लक्षण मानते हैं। कुल

1. स्वच्छन्दतावाद एवं छायावाद का तुलनात्मक अध्ययन, पृ० 2।
2. Abercrombie : Principles of Literary Criticism, p. 148.

मिलाकर यह कहा जा सकता है कि स्वच्छन्दतावाद की अनेक परिभाषाएँ हैं तथा इन विभिन्न परिभाषाओं एवं स्वच्छन्दतावादी साहित्यानुशीलन के आधार पर स्वच्छंदतावाद की कतिपय विशेषताएँ, लक्षण अथवा कुछ उल्लेखनीय तत्त्व इस प्रकार माने जा सकते हैं।

(1) व्यक्तिवाद और आत्मनिष्ठता— स्वच्छन्दतावादी काव्य-हेतु आत्म-तुष्टि एवं आत्माभिव्यक्ति मानते हैं। वे कवि-कर्म को उपयोगितावादी दृष्टिकोण अथवा परान्त : सुखायवादी दृष्टिकोण से नहीं देखते, वरन् भावाभिव्यंजनावादी दृष्टिकोण से देखते हैं। स्वच्छन्दतावाद में कवि विशिष्ट प्रतिभा से युक्त माना जाता है, जो अपनी स्वतः स्फुरित आत्मानुभूतियों को शब्द देने के लिए स्वच्छन्द एवं विवश होता है; स्वच्छन्द इसलिए कि सभी पूर्व मान्य शैलीगत अवधारणाओं से निर्देशित होना वह अनिवार्य नहीं मानता तथा विवश इसलिए कि घनीभूत दैवी उत्प्रेरणा (Intuition) युक्त मन को शब्द देना उसके लिए अनिवार्य है। यह सृजन की प्रसव-पीड़ा ही विवशता है। फलतः स्वच्छन्दतावादी सभी कवियों की रचनाओं की आधारभूत मान्यता वैशिष्ट्यवादी रही है; उदाहरण के लिये—अंग्रेजी कवि वर्ड्सवर्थ का 'प्रल्यूड', (Prelude), शैले को 'ऐडोनाइस' (Adonais) आदि तथा हिन्दी में निराला जी की 'अनामिका' (कविताओं का संग्रह), प्रसाद का 'आँसू' तथा महादेवी जी के गीत आदि सभी व्यक्ति स्वरों से ओत-प्रोत हैं अथवा आत्मनिष्ठ काव्य के उत्कृष्ट नमूने हैं।

(2) कल्पना-विलास— नवशास्त्रवादी कवि विवेक अथवा सद्‌बुद्धि (अंग्रेजी में कहें तो Good sense) को काव्य-सृजन एवं मूल्यांकन का एक अनिवार्य तत्त्व मानते थे। हिन्दी में भी महाकवि तुलसीदास जी ने 'कवित विवेक एक नहिं मोरे' लिखकर लक्षणा के सहारे विवेक पर ही बल दिया है। शास्त्रवादी परम्पराओं के अनुसार कल्पना पर विवेक का अंकुश अनिवार्य समझा जाता था। परन्तु स्वच्छन्दतावादी कवि कल्पना के स्वच्छन्द प्रवाह में विश्वास करता है। उसके लिए कल्पना मानव-मस्तिष्क की श्रेष्ठतम प्रक्रिया है, एक प्रकार की दैवी शक्ति है, आध्यात्मिकता का स्रोत है। कल्पना को अतिशय महत्ता दिये जाने के कारण ही स्वच्छन्दतावादी कवि प्रकृति में ईश्वर की सत्ता का अनुभव करते हैं। कल्पना में उन्हें रहस्यवादी बना दिया है। कल्पना के क्रियाशील क्षणों में वे ब्रह्माण्ड में ईश्वर की सत्ता का मात्र अनुभव ही नहीं करते, वरन् परमात्मा की भाँति ही सृजन (काव्य-सृजन) की शक्ति की प्राप्त करने का दावा भी करते हैं। विलियम ब्लेक तो कल्पना-लोक को ही असीम, सत्य एवं चिरन्तन मानते थे और इस भौतिक जगत को ससीम तथा नाशवान। यही नहीं—कल्पना की अतिशयता के कारण कहीं-कहीं स्वच्छन्दतावादी कवियों का काव्य दुरूह एवं विरल हो उठा है; उदाहरण के लिए—कवि शैले की 'एडोनाइस' (Adonais) कविता को लिया जा सकता है, जो कवि कीट्स की मृत्यु पर लिखा गया एक दीर्घ, शोक-गीत, है। 'एडोनाइस' में कवि ने कल्पना की इतनी जटिल उड़ानें भरी हैं कहीं-कहीं कविता दुर्बोध हो गई है। ऐसे स्थलों पर पाठक कवि को दर्दमयी

अनुभूति एवं शोक से साधारणीकरण तो नहीं कर पाता, वरन् जटिल कल्पना की दुर्गम उड़ानों के बौद्धिक विश्लेषण में उलझ जाता है।

(3) भावातिरेक अथवा भावप्रवणता— कल्पनाशीलता तथा भावप्रवणता एक दूसरे से सम्पृक्त हैं। स्वच्छन्दतावाद ने जिस प्रकार कल्पना की दिव्यता की घोषणा की और उसे 'उदात्त विवेक' माना, उसी प्रकार उत्साह तथा भावनाओं की पुनीतता एवं जीवन में उनके महत्त्व का उद्घोष भी किया। उन्होंने स्वच्छन्द भावाभिव्यंजना, भावोच्छ्वास, भावुकता तथा भावों के सहज उच्छरण अथवा उन्मोचन पर बल दिया। महाकवि वर्ड्सवर्थ ने कविता को ही 'भावोद्गारों का सहज उच्छलन' माना तथा अपने काव्य में सिद्धान्ततः यह लागू भी किया। उनकी उच्चकोटि की अधिकांश कविताएँ (डेफोडिल्स, सोलिटरी रीपर आदि) भावों का स्वतः उच्छलन ही हैं अथवा सहज भावाभिव्यंजन की अनिवार्य परिणति हैं। हिन्दी में भी कहा ही गया है—'वियोगी होगा पहला कवि, आह से उपजा होगा गान'।

भावाभिव्यंजनावादी इस विचारधारा के कारण ही रोमांटिक साहित्य एक प्रकार के अवसाद, निराशा, उदासी (Melancholy), दुःखानुभव (Romantic Agony),करुणा एवं वेदना की प्रचुरता से ओत-प्रोत है। अंग्रेजी में पी० बी० शैले की कविताएँ—(A Lament, Stanzas Written in Dejection Near Naples), कीट्स की 'नाइटेंगिल' आदि; हिन्दी में प्रसाद जी की कविता 'विशाद', 'आँसू' तथा महादेवी जी के गीत (तुममें ढूँढूँगी पीड़ा, पीड़ा को तुममें ढूँढ़ा) आदि वेदनामयी अभिव्यक्ति के प्रचुर उदाहरण स्वच्छन्दतावादी काव्य में उपलब्ध हैं।

(4) अतीत प्रेम और भविष्योन्मुखी दृष्टि— वस्तुतः सुदूर का सम्मोहन भी कल्पनातिरेक का ही परिणाम माना जा सकता है, क्योंकि सन्निकट वस्तु देश-कालगत सुपरिचितता के कारण आकर्षण खो बैठती है। और जब हमारा आकर्षण सन्निकट वस्तु के लिए धूमिल हो उठता है, तब हमारी कल्पना नवीन सौन्दर्य की खोज में सुदूर देश, अज्ञात लोक, स्वर्णिम अतीत, गुलाबी भविष्य की ओर उन्मुख होती है। यही कारण था कि सन्निकट से दूर, सुपरिचित से अपरिचित एवं अनजान, वर्तमान से भूत या भविष्य की ओर उड़ान स्वच्छन्दतावादी साहित्य की प्रमुख प्रवृत्ति बनी। इस अवर्तमानात्मक प्रवृत्ति के कारण ही अंग्रेजी स्वच्छन्दतावादी कवियों की दृष्टि वर्तमानोन्मुख न होकर मध्ययुगीन है। कीट्स की कविता (La Belle Dame Sans Merci) मध्ययुग के प्रत्यावर्तन का ज्वलंत उदाहरण है।

इस युग के कवि नये विषयों की खोज में तल्लीन हैं। वे अर्ध अज्ञात मध्ययुग, अज्ञात आदि काल , रहस्यमय पूर्व, यूनान, अरब, ईरान, भारत, चीन, जापान आदि से सम्बन्धित विषय-वस्तु की ओर ही अधिक दृष्टि लगाये प्रतीत होते हैं। कवियों की दृष्टि विलक्षण कल्पनाओं में केन्द्रीभूत है। तरंगों में लंगर डाले हुए नाविक, अर्ध लुप्त जलयान अप्राप्य परियों के बारे में लिखना ही वे स्वच्छन्दतावाद के लिये सार्थक

मानते हैं। दृश्य की अपेक्षा अदृश्य युवती अथवा अर्धदृश्य युवती उन्हें अधिक मनोहर (Wordsworth : Solitary Reaper) लगती है। ज्ञात की अपेक्षा अज्ञात लोक भव्यतर प्रतीत होता है तथा श्रुत गीतों की अपेक्षा अश्रुत गीत[1] मधुरतर। कुल मिलाकर, कहना यह है कि स्वच्छन्दतावादी कवि इस दुःखद यथार्थ संसार से खिन्न होकर स्वर्णिम अतीत, भव्य भविष्य एवं काल्पनिक स्वर्ग की ओर ललचाई आँखों से देखने में ही अपने कवि-दायित्व की इति श्री मानता है। अप्राप्य के लिये वह वेदनानुभव[2] करता है तथा स्पष्टता के स्थान पर अस्पष्टता (Vagueness) में सौन्दर्य देखता है। वायवी जगत उसके लिए नितांत सुन्दर है, यथार्थ जगत नहीं। यही कारण है कि कवि कीट्स बुलबुल के तरानों से मुग्ध होकर अपनी 'नाइटेंगिल' कविता में जादू की खिड़कियों से परीलोक के दृश्य देखते हैं तथा 'ग्रीसियन अर्न' (Grecian Urn—यूनानी कलश) नामक कविता में कलश की चित्रकला से मुग्ध होकर यूनान के स्वर्णकाल में पहुँचते हैं। कॉलरिज की कल्पना उन्हें उनकी कविता कुबला खाँ (Kubla Khan) में चीन के मध्य युगीन विजेता कुबला खाँ के सरोवर-स्थिति हिम-प्रासाद में पहुँचा देती है। यही नहीं, प्रसाद जी भी अपने नाविक से छले जाने के लिए (ले चल मुझे भुलावा देकर मेरे नाविक धीरे-धीरे) कटिबद्ध दिखाई पड़ते हैं।

(5) प्रकृति के प्रति अनुराग— नवशास्त्रवादी कवि प्रकृति के नाम पर मानव प्रकृति अर्थात् मानव-स्वभाव (Human Behaviour) के विश्लेषण-विवेचन में ही अधिक तल्लीन रहे हैं। इससे अधिक यदि वे कुछ लिख सके तो मात्र नागरिक प्रकृति का विवरण भर दे सके। उनके लिये प्रकृति पूर्णतः सुव्यवस्थित (Orderly) रही है। परन्तु स्वच्छन्दतावादी कवियों ने प्रकृति-प्रांगण में मुक्त विहार किया है। वे प्रकृति के अनंत प्रेमी हैं। स्वच्छन्दतावादियों ने प्रकृति को सचेतन सत्ता के रूप में देखा है। प्रकृति में विश्वात्मा के दर्शन किये हैं। महाकवि वर्ड्सवर्थ की दो कविताएँ (Intimations of Immortality तथा Tintern Abbey) प्रकृति में विश्वात्मा-दर्शन सम्बन्धी भाव से ओत-प्रोत काव्य के उत्कृष्ट नमूने हैं। यही नहीं, शैले, प्रसाद, पंत, महादेवी आदि सभी में यह भाव पाया जाता है।

स्वच्छन्दतावादी प्रकृति के रम्य रूपों का उद्घाटन करने में भी बड़े सिद्धहस्त हैं। परन्तु स्वच्छन्दतावादी कवियों का प्रकृति-वर्णन वैयक्तिक (Subjective) है; क्योंकि वे प्रकृति के उन्हीं अवयवों को चुनते हैं, जो उनकी आत्मानुभूति को स्पष्ट करने में सहायक हुए हों। यदि कवि क्षुब्ध है तो प्रकृति भी क्षुब्ध रूप में अंकित की गई है और यदि कवि प्रसन्न है तो प्रकृति भी हँसती हुई अंकित की गई है।

---

1. Keats : 'Heard melodies are sweet but those unheard are sweeter—Ode on a Grecian Urn.'
2. Shelley : 'We look before and after and pine for what is not—To A Skylark.'

(6) रहस्यवादोन्मुखी दृष्टि तथा विराट के प्रति आकर्षण— स्वच्छन्दतावादी काव्यधारा कल्पनातिरेक के कारण रहस्योन्मुख है। उसमें आध्यात्मिक पहलू को रचयिताओं ने निरन्तर दृष्टिपथ में रखा है, फलतः स्वच्छन्दतावादी काव्य में महान एवं विराट् के प्रति एक अदम्य आकर्षण दृष्टिगोचर होता है। ये कवि प्रकृति और मनुष्य के विराट् पहलुओं को उद्घाटित करने में निरन्तर प्रयत्नशील दिखाई देते हैं। प्रसाद जी की कामायनी का प्रारम्भ ही विराटुन्मुख है—

हिमगिरि के उत्तुंग शिखर पर
बैठ शिला की शीतल छाँव।

(7) राष्ट्र-प्रेम एवं मानवतावादी दृष्टिकोण— स्वच्छन्दतावादियों का राष्ट्रप्रेम स्थूल प्रेम नहीं, वरन् सच्चे अर्थों में राष्ट्र की आत्मा का प्रेम है। प्रसाद जी का गीत 'अरुण यह मधुमय देश हमारा' भारत के साथ ही अन्य किसी भी देश के निवासी द्वारा स्वदेश के लिए गौरव से गाये जाने योग्य है। निराला का राष्ट्र-प्रेम तो सर्वव्यापी है ही। कहना यह है कि स्वच्छन्दतावादियों का राष्ट्र-प्रेम मानवतावादी आधारभूमि पर अधिष्ठित है। वह स्थूल अर्थों में भौतिक सीमाओं से आबद्ध देश प्रेम नहीं, देश की आत्मा का प्रेम है, अर्थात देश के निवासियों, देश की प्रकृति, पशु-पक्षियों का प्रेम है, देश के लोक-जीवन का प्रेम है, जो कि मानवतावादी की भाव-रश्मियों से आप्लावित है। स्वच्छन्दतावादी सच्चे अर्थों में मानवतावादी थे, क्योंकि उनकी सहानुभूति का पात्र सामान्य मानव था। महाकवि वर्ड्सवर्थ की कवितायें—(Solitary Reaper, Idiot Boy, Leech Gatherer) तथा महादेवी का निबन्ध—'लछमा' इस बात के सबल प्रमाण हैं।

(8) अभिव्यंजना-पद्धति एवं विद्रोही दृष्टिकोण— चूँकि स्वच्छन्दतावाद का जन्म ही प्राचीन साहित्यिक परम्पराओं, काव्यगत रीतिबद्धता और शास्त्रीय नियमों के विरुद्ध प्रतिक्रिया स्वरूप हुआ था; इसलिए इन कवियों में विद्रोह का स्वर मिलता है। विषय-वस्तु के क्षेत्र में वे आभिजातावादी विषयों के स्थान पर सामान्य विषयों को ही वरीयता देते हैं। उनके लिए कथा-वस्तु का उदात्त होना अनिवार्य नहीं। वे साधारण-से-साधारण वस्तु (खण्डर, सूखी पत्ती, बुलबुल, हवा आदि) का भी काव्यात्मक एवं रम्य चित्रण करने के पक्षपाती हैं।

स्वच्छन्दतावादियों ने भाषा-शैली के सम्बन्ध में भी प्राचीन शास्त्रवादी सभी परम्पराओं को नकारा है। वर्ड्सवर्थ की 'बैलड्स' की भूमिकाएँ काव्य-भाषा एवं काव्य-विषय सम्बन्धी स्वच्छन्दता एवं विद्रोह के ज्वलंत प्रमाण हैं। किन्तु इसके साथ ही साथ यह कहना भी अनुचित न होगा कि स्वच्छन्दतावादियों की अभिव्यक्ति अस्पष्ट एवं धूमिल होती है। चूँकि स्वच्छन्दतावादी कवि काव्यानुभूति के तीव्रतम क्षणों में जीवन के रहस्य की झलकियाँ पाते हैं, स्पष्ट दर्शन नहीं कर पाते; इसीलिए उनकी अभिव्यक्ति धूमिल होती है। और यही कारण है कि स्वच्छन्दतावादी कवि

प्रतीकों, प्रतीक-वृत्तों, रूपकों, बिम्बों आदि के द्वारा अपने कल्पना-लोक की सृष्टि करते हैं।

(9) सौन्दर्यमयी दृष्टि एवं ऐन्द्रियपरकता (Sensuousness)— स्वच्छन्दतावादी कवियों की दृष्टि ही पूर्णतः सौन्दर्यमयी है। शैले सम्पूर्ण प्रकृति को सौन्दर्यमय मानते थे। कीट्स तो सौन्दर्य को ही चिरन्तन और पूर्ण सत्य मानते थे। उन्होंने सौन्दर्य और सत्य को अभेदात्मक मानते हुए लिखा है— 'Beauty is truth, truth beauty'[1] अर्थात् सौन्दर्य ही सत्य है, सत्य ही सौन्दर्य है।

इसके साथ ही स्वच्छन्दतावादी कवियों में ऐन्द्रियता की प्रवृत्ति भी पाई जाती है। कीट्स सम्वेदनाओं के जीवन को विचारों के जीवन "Oh! What a life of sensations rather than of thoughts" से वरीयता देते हैं। अपनी प्रेयसी 'फैनी ब्राउन' पर लिखी कविताओं में कीट्स अत्यधिक ऐन्द्रियपरक हैं। यही नहीं, उनके काव्य का अधिकांश भाग स्पर्श, गन्ध, दृष्टि सम्बन्धी संवेगों से ओत-प्रोत है।

स्वच्छन्दतावादी साहित्य के उपर्युक्त महत्त्वपूर्ण लक्षणों को यदि हम चाहें तो—विषयगत लक्षण, काव्यकारगत लक्षण एवं भाषा शैलीगत लक्षण—तीन प्रकार से विभाजित करके भी समझ सकते हैं, जैसा कि डॉ० नगेन्द्र ने किया है। उन्हीं के शब्दों में—"(विषयगत लक्षण) राष्ट्रीय अतीत तथा मध्ययुग से सम्बन्धित दृश्यों, घटनाओं एवम् पात्रों का चित्रण, अमूर्त की अपेक्षा मूर्त की स्वीकृति, प्राकृतिक दृश्यावली तथा तज्जनित प्रबल रागात्मक, अद्भुत तथा विस्मयोत्पादक व्यापार, आत्मा और परमात्मा, स्वप्न तथा अवचेतन—ये सभी स्वच्छन्दतावादी साहित्यकार के प्रिय विषय रहे हैं।

"(काव्यकारगत) स्वच्छन्दतावादी काव्यकार काव्य को अपने व्यक्तित्व की अभिव्यक्ति का साधन मानता है। उसके अनुसार कविता का उत्स दैवी उत्प्रेरण है। उत्प्रेरित अवस्था में कवि-मानस में जो प्रबल भावोत्तेजक आवेग उत्पन्न होते हैं, उनका मुक्त उच्छलन ही काव्य है! (वस्तुतः यहाँ पर डाक्टर साहब ने वर्ड्सवर्थ की काव्य-परिभाषा का ही भावानुवाद प्रस्तुत किया है।) काव्यकार का धर्म इसी अवस्था की अभिव्यक्ति करना, अर्थात् आत्म प्रकाशन करना है। स्वच्छन्दतावादी साहित्यकार प्रायः अपने को दिव्य द्रष्टा—सत्यदर्शी तथा आदर्शवादी मानता है।

"(शैलीगत लक्षण) उत्प्रेरणा तथा कल्पना-शक्ति को काव्य का उत्स मानने वाले साहित्यकारों के लिए शिल्प के नियमों तथा रूढ़िसम्मत आदेशों की अवहेलना करना स्वाभाविक ही है।"[2]

स्वच्छन्दतावाद एवं आभिजात्यवाद— स्वच्छंन्दतावाद तथा आभिजात्यवाद (अथवा नवशास्त्रवाद) की कुछ प्रमुख प्रवृत्तियों का तुलनात्मक अध्ययन भी यहाँ समीचीन होगा। यूँ तो दोनों का तुलनात्मक अध्ययन अंग्रेजी के आलोचकों ने

---

1. Ode on a Greacian Urn.
2. डॉ० नगेन्द्र : मानविकी पारिभाषिक कोश, साहित्य खंड, पृ० 228।

बड़े विस्तार से किया है, जैसे कि श्री आयंगार ने अपनी पुस्तक ('The study of English Literature') में दोनों के भेद को स्पष्ट के लिए 15-16 सूत्रों की तालिका ही दे दी है; फिर इस संदर्भ में कुछ महत्त्वपूर्ण तथ्यों का उल्लेख अप्रासंगिक न होगा।

यह पहले ही बताया जा चुका है कि स्वच्छन्दतावाद आभिजात्यवादी प्रवृत्ति की विरोधी साहित्यिक प्रवृत्ति है। लगभग सभी स्वच्छन्दतावादी सर्जक एवं आलोचक किसी-न-किसी रूप में आभिजात्यवाद के विरोधी रहे हैं।

वस्तुतः स्वच्छन्दतावाद जहाँ पूर्ण सृजन-स्वच्छन्दता (Absolute Creative freedom) देता है, वहीं आभिजात्यवाद सृजन-स्वच्छन्दतावाद को अपने निश्चित एवं पूर्व परम्परित नियमों से रेखांकित करता है।

जहाँ आभिजात्यवाद की दृष्टि में सर्जक का निजी व्यक्तित्व साहित्य-साधना का एक मात्र स्रोत है। कहना यह है कि पूर्णतः वस्तु-वादिता (Objectivity) का पोषक है, तो दूसरा व्यक्तिवादिता (Subjectivity) का।

आभिजात्यवादी के अनुसार समाज-कल्याण साहित्य का सर्वोपरि प्रयोजन है; स्वच्छन्दतावादी के लिए आत्म-प्रकाशन ही सर्वाधिक महत्वपूर्ण है। एक 'परांतः-सुखाय' लिखना अभीष्ट मानता है, दूसरा 'स्वांतः सुखाय'। कहना यह है कि सृजन के क्षणों में एक जहाँ समाज को बराबर दृष्टिपथ में रखता है, वहीं दूसरा व्यक्ति को।

शिल्प एवं अभिव्यंजना के क्षेत्र में आभिजात्यवादी जहाँ पूर्व निर्धारित नियम एवं मान्यताओं में निष्ठा के आग्रहशील हैं, वहीं स्वच्छन्दतावादी व्यक्तिगत मानदण्डों के अतिरिक्त किसी भी प्रतिमान को अस्वीकारते हैं।

4

आदर्शवाद

(Idealism)

आदर्शवाद अंग्रेजी शब्द 'आइडियलिज्म' का भाषान्तर है। 'आइडियलिज्म शब्द' की व्युत्पत्ति 'आइडिया' (Idea—विचार) से हुई है। इस प्रकार आदर्शवाद का दूसरा नाम विचारवाद भी हो सकता है। आदर्शवाद एक प्रकार का दार्शनिक अथवा साहित्यिक दृष्टिकोण है, प्रवृत्ति है। मूलतः आदर्शवाद नैतिक दृष्टिकोण तथा दार्शनिक दृष्टिकोण के लिए प्रयुक्त हुआ है। परन्तु आज अर्थ विस्तार के कारण सामाजिक तथा राजनैतिक आदर्शवाद की भी चर्चा होने लगी है।

नैतिक तथा दार्शनिक आदर्शवादी दृष्टिकोणों ने ही साहित्यिक आदर्शवाद का स्वरूप-निर्धारण किया है। दर्शन में आदर्शवाद प्रकृतवाद के विरोधी अर्थों में प्रयुक्त वह तत्त्व-मीमांसा है, जो इस बात का समर्थन करती है कि तत्व (Reality) अंतिम रूप से आत्मा अथवा मन का ही रूप है अथवा उनके समरूप हैं। शिपले के शब्दों

में—"In philosophy, a metaphysics is said to be idealistic if it asserts that reality is, in the last analysis, a form of mind, or spirit, or something very similar to them. Idealism is thus opposed to naturalism."[1]

साहित्यिक आदर्शवाद में नैतिक दृष्टिकोण का प्राधान्य है। नैतिक दृष्टि से आदर्शवादी प्रवृत्ति वह है, जो उच्च नैतिकता एवं मानवीय आदर्शों के अनुरूप ही मनुष्य-जीवन और मनुष्य-समाज को ढालने का प्रयास करती है। नैतिक आदर्श का मनुष्य-जीवन पर व्यापक प्रभाव पड़ा है। उसमें मनुष्य को किसी वृहत्तर आदर्शोन्मुख करने की क्षमता एवं शक्ति विद्यमान रहती है; उदाहरण के लिए—तुलसी के नैतिक आदर्श में यह शक्ति है।

साहित्य में आदर्श शब्द का प्रयोग दर्शन और नीति से कुछ अधिक व्यापक रूप में हुआ है। दर्शन में यह प्रयोग बहुत कुछ रूढ़िगत है, किन्तु साहित्य में अत्यधिक व्यापक। आदर्शवादी साहित्यकार साहित्य-क्षेत्र की गरिमामय ऊँचाइयों का स्पर्श करता है। मानव-समाज के लिए जो भी भव्य हो सकता है, महान एवं उदात्त हो सकता है, आदर्शवादी साहित्यकार उस सभी को साहित्य में उतारने का प्रयास करता है। यहाँ कुछ भी तुच्छ नहीं होता, कुरूप नहीं होता, सभी कुछ महान एवं सुन्दर होता है। साहित्यिक आदर्शवाद के स्वरूप का विश्लेषण करते हुए डॉ० प्रेमशंकर लिखते हैं—"साहित्य का आदर्शवाद मानव-जीवन के आन्तरिक पक्ष पर बल देता है। जीवन के दो पक्ष हैं—आन्तरिक एवं बाह्य। आन्तरिक पक्ष में मानसिक सुख, प्रसन्नता, परितोष, आनन्द आ जाते हैं। बाह्य पक्ष में ऐश्वर्य, वैभव तथा भौतिक उन्नति का स्थान है। आदर्शवादी साहित्यकार का विश्वास है कि मनुष्य जब तक आन्तरिक सुख प्राप्त नहीं करता, उसे वास्तविक आनन्द की उपलब्धि नहीं हो सकती। मानव की चेतना तब तक भटकती रहेगी, जब तक वह शाश्वत, चिरन्तन सत्य अथवा आनन्द नहीं प्राप्त कर लेता। इस प्रकार आदर्शवाद मानव-जीवन की आन्तरिक व्याख्या करता है। उसकी उच्च सम्भावनाओं के प्रकाशन में तत्पर होता है। वह उन मानव-मूल्यों को ग्रहण करता है, जो कल्याणकारी है। शुभ है, सर्जनात्मक है।.....अन्तर्मुखी होने के कारण कभी-कभी उसकी चेतना आध्यात्मिक; यहाँ तक कि रहस्यवादी हो जाती है। यूरोप का मध्यकालीन रहस्यवादी साहित्य इसका प्रमाण है।"[2]

वस्तुतः साहित्यिक आदर्शवाद साहित्य की एक ऐसी प्रवृत्ति है, जिसमें उच्च नैतिक, आध्यात्मिक एवं सौन्दर्यपरक प्रतिमानों—आदर्शों के अनुरूप विषय-वस्तु का प्रस्तुतीकरण किया जाता है, जिससे कि मानव समाज जीवन-भूमि पर प्रतिष्ठित होकर उत्तरोत्तर कल्याणोन्मुख हो। इसमें उपदेश तथा आदर्श का समुचित एवं सुन्दर समन्वय होता है।

---

1. Joseph T. Shipley : Dictionary of World Literary Terms, p. 218.
2. साहित्यकोश, खंड 1, पृष्ठ 103-104।

आदर्शवाद की विभिन्न परिभाषाएँ प्रस्तुत की गई हैं। वस्तुस्थिति यह है कि आदर्शवादी साहित्यिक अवधारणा का स्वरूप अतिव्यापक है। इसका आयाम अति विस्तृत होते हुए भी यह देशकाल की सीमाओं से आबद्ध है, क्योंकि जो बात एक देश या समाज में आदर्श हो सकती है, वही दूसरे यथार्थ और यही नहीं, काल-क्रमानुसार भी एक ही देश अथवा एक ही समाज में आदर्श के रूप परिस्थितियों के अनुरूप भिन्न-भिन्न हो सकते हैं। इसलिए आदर्शवाद की किसी साहित्य-आन्दोलन के रूप में ग्रहण न करके एक साहित्यिक प्रवृत्ति के रूप में ही मानना चाहिए, जिसका उद्देश्य भाव एवं कला की महत्तर ऊँचाइयों को छूना होता है। इसी सन्दर्भ में कुछ संक्षिप्त, किन्तु ध्यानाकर्षक परिभाषाएँ उल्लेखनीय हैं। जार्ज इलियट के अनुसार— 'A literary work or its creator is idealistic if the work emphasizes the objectivity and obligatoriness of moral and aesthetic values.'[1] 'नैतिक एवं सौन्दर्यपरक मूल्यों की विषयनिष्ठता तथा अपरिहार्यता को महत्त्व देने वाली साहित्यिक कृति अथवा साहित्यकार आदर्शवादी होता है।'

कहना यह है कि जब कोई साहित्यकार मनुष्य के उत्कृष्ट गुणों एवं भव्य मानवीय मूल्यों के चित्रण पर बल देता है तथा मनुष्य के दोष एवं दुर्गुणों की अवहेलना करता है। आदर्शवादी कहलाता है। डॉ० भगीरथ मिश्र के अनुसार—"वह धारणा, जिससे प्रेरित होकर साहित्यकार ऐसे चरित्र अथवा ऐसी परिस्थितियों का चित्रण करता है जो मानवसमाज के लिये अनुकरणीय है (यह आवश्यक नहीं कि वैसे चरित्र और परिस्थितियाँ सम्पूर्ण रूप में लोक में देखी और सुनी जायें) साहित्य में आदर्शवाद कहलाती है।"[2]

आदर्शवादी अवधारणा देश एवं काल—दोनों दृष्टियों से पर्याप्त व्यापक है। पश्चिमी एवं पूर्वी दर्शन-साहित्य ने इसके पल्लवन एवं उन्नयन में पर्याप्त योगदान किया है। पश्चिम में सुकरात , प्लेटो, अरस्तू संत आगस्तीन, सन्त टामस ऐक्विन्स, बर्कले, काण्ट, हीगेल, शापेनहावर, ग्रीन, ब्रेडले, रायस आदि प्रमुख आदर्शवादी दार्शनिक साहित्यकार हुए हैं। पश्चिम में 18वीं तथा 19वीं शती की कला एवं साहित्य में इसकी अभिव्यक्ति सर्वाधिक पाई जाती है। विश्वव्यापी रोमांटिक आन्दोलन के प्रमुख तत्त्वों में आदर्शवादी अवधारणा का भी महत्त्वपूर्ण स्थान है। अंग्रेजी रोमांटिक काव्यधारा के प्रमुख कवि वर्ड्सवर्थ, शैले आदि आदर्शवादी भी माने जाते हैं। यही नहीं अमेरिका में भी एमर्सन ने साहित्य में आदर्शवादी दृष्टिकोण की प्रतिस्थापना की है। इटली में क्रोचे तथा जेंताइल ने नव्य-आदर्शवाद के रूप में इस प्रवृत्ति का उन्नयन किया है।

---

1. George Eliot : Tolstoy's later stories, Quoted from 'Dictionary of world Literature, p. 310.
2. हिन्दी काव्य-शास्त्र का इतिहास—डॉ० भगीरथ मिश्र, पृ० 420।

आदर्शवाद भारतीय साहित्य-दर्शन की तो प्रमुख उपलब्धि ही है। वैदिक साहित्य, उपनिषद, ब्रह्मसूत्र श्री मद्भगवद्गीता, योगवासिष्ठ आदि सभी दर्शन-साहित्य के ग्रन्थ आदर्शवादी विचारधारा से ओत-प्रोत हैं।

संस्कृत-साहित्य में भी यह आदर्शवादी प्रवृत्ति निरन्तर विद्यमान रही है। हिन्दी-साहित्य का अधिकांश एव सर्वोत्तम अंश पूर्णतः आदर्शवादी है। वीरगाथा काल में आदर्शवादी तत्त्व यदि कुछ ह्रासोन्मुख रहे, तो भक्तिकाल में वे अपनी पराकाष्ठा को उपलब्ध हुए। तुलसी, सूर भक्तिकालीन कवि पूर्णतः आदर्शवादी थे। रीतिकाल में आदर्शवादी प्रवृत्ति का उतना पोषण नहीं हुआ है। छायावाद तथा सांस्कृतिक कविता भी आदर्शोन्मुख है। उपन्यास के क्षेत्र में उपन्यास-सम्राट मुन्शी प्रेमचन्द की जीवन दृष्टि निश्चित ही आदर्शवादी है। यही नहीं, आलोचना के क्षेत्र में आचार्य शुक्ल, आचार्य नन्ददुलारे वाजपेयी तथा आचार्य हजारीप्रसाद द्विवेदी भी आदर्शवादी आलोचक ही कहे जायेंगे।

कुल मिलाकर यह कहा जा सकता है कि साहित्य के क्षेत्र में आदर्शवादी प्रवृत्ति सार्वदेशिक एवं सार्वकालिक है। कोई भी साहित्यिक युग इस प्रवृत्ति से पूर्णतः अछूता न रहा है और न रहेगा।

5
यथार्थवाद
(Realism)

यथार्थवाद मूलतः दर्शन का एक पारिभाषिक शब्द है, जिसका तात्पर्य है कि सर्वसाधारण स्वतन्त्र रूप से अस्तित्व में रहते हैं। इस पारिभाषिक शब्द को दर्शनशास्त्र के सिद्धान्त के रूप में प्रस्तुत करने वाले प्रथम दार्शनिक प्लेटो (गणतन्त्र—पृ० 10 में) थे। विश्वसाहित्यकोश के अनुसार—"Traditionally, the term 'realism' refers to the philosophical doctrine that Universals exist independently of......this doctrine, first worked out by Plato (Republic, dk X)"[1]

परन्तु कला और साहित्य के जगत में इस आन्दोलन का प्रादुर्भाव सर्वप्रथम फ्रांस में 19वीं शती में हुआ। 1826 में मर्क्यू फ्रांसे ने 'यथार्थवाद' की परिभाषा अपने निबन्ध में की। तदुपरान्त 1855 में फ्रांस के प्रसिद्ध चित्रकार कूर्वे ने अपने चित्रों में यथातथ्य शैली का व्यवहार किया तथा अपनी चित्र-प्रदर्शनी के प्रवेश द्वार पर 'यथार्थवाद' शब्द अंकित किया। चित्रकला में यथार्थवाद के अभ्युदय के बाद 1857 में फ्रांसीसी उपन्यासकार 'फ्लौबेर' का प्रथम यथार्थवादी उपन्यास 'मदाम बोवारी' प्रकाशित हुआ। कुल मिलाकर कहना यह है कि 1855 तक फ्रांसीसी कला साहित्य-जगत में यथार्थवाद का प्रवेश हो चुका था। ''यथार्थवादी आन्दोलन सर्वप्रथम फ्रान्स में आरम्भ

1. Dictionary of World Literature, p. 470.

हुआ और सन् 1850-1865 के बीच अपने चरम उत्कर्ष पर पहुँच गया। जब (1857) पहली बार 'फ्लौबेर' का उपन्यास 'मदाम बोवारी' निकला तो उसे यथार्थवाद की (और आगे चलकर उतनी ही प्रकृतवाद की) विजय माना गया। ....एक और अधिक यथार्थवादी उपन्यास गोनकूर—बन्धुओं का यर्मिनी लासंर्ता (1865) था।"[1]

यथार्थवादी विचारधारा के अभ्युदय की पृष्ठभूमि में दार्शनिक, सामाजिक, आर्थिक, वैज्ञानिक, मनोवैज्ञानिक आदि कई प्रकार के कारण रहे हैं। विज्ञान ने मानव-समाज की पुरातन रूढ़ियों को तोड़कर मनुष्य का दृष्टिकोण तथ्यवादी बनाया। डार्विन की विकासवादी थ्योरी ने मनुष्य-जीवन का विकास ही अन्य जीव-जन्तुओं की भाँति मानकर मानव-जीवन सम्बन्धी धार्मिक मान्यताओं को झकझोर डाला, परिणामतः 19वीं शती के मनुष्य का दृष्टिकोण आदर्शवादी आवरण को भेद कर जीवन के स्थूल तथ्यों की ओर उन्मुख हुआ।

इसके साथ ही, फ्रायड के मनोविश्लेषण सिद्धान्त ने लोगों का ध्यान जैवीय आवश्यकताओं की पूर्ति-अपूर्ति और तज्जन्य, विद्रूपता, कुण्ठा, अतृप्ति, क्षोभ आदि से सम्बन्धित मानव-जीवन की वास्तविकताओं की ओर आकर्षित किया। इधर मार्क्स की चिंताधारा ने पददलितों—शोषितों के सच्चे जीवन-संघर्ष की ओर साहित्यकार का ध्यान आकृष्ट किया। कुल मिलाकर यह कहा जा सकता है कि 19वीं शती का यूरोपीय मस्तिष्क विचारधाराओं के विभिन्न झंझावातों से इस प्रकार झकझोर दिया गया था कि उसके समाज और धर्म-सम्बन्धी प्राचीन आदर्शवादी तथा रोमानी सपने एवं कल्पनाएँ तिरोहित हो गई थीं। वह अब यथार्थवादी दृष्टिकोण से ही सभी कुछ देखने-समझने लगा था। इस प्रकार धीरे-धीरे कला-साहित्य के क्षेत्र में भी यथार्थ तथ्यवादी विचारधारा का पल्लवन प्रारम्भ हुआ।

यथार्थवादी आन्दोलन की इस पृष्ठभूमि में जॉन लॉक द्वारा प्रणीत अनुभववादी (Impericistic) विचारधारा का भी पर्याप्त प्रभाव रहा है। अनुभववादी दर्शन अनुभूत तथ्यों पर विशेष बल देता है। यह एक आत्मनिष्ठ यथार्थवादी दर्शन है। इस दर्शन से प्रभावित साहित्यकारों में देश-काल के गोचर रूपों अथा प्रतीतानुभूत रूपों के चित्रण की प्रवृत्ति का उन्नयन हुआ, जोकि यथार्थवादी विचारधारा की एक प्रमुख विशेषता है।

यथार्थ और यथार्थवाद एक दूसरे के पूरक हैं। जीवन की सच्ची अनुभूति यथार्थ है; पर इसका कलात्मक अभिव्यक्तीकरण यथार्थवाद है। यथार्थवाद का प्रयोग साहित्य में आदर्शवाद एवं स्वच्छन्दतावाद के विपरीत अर्थों में किया जाता है। जो साहित्यकार मानव-जीवन एवं समाज का सम्पूर्ण तथा वास्तविक चित्र उपस्थित करता है और अपने साहित्य का विषय वायवी-जगत् से न चुनकर वास्तविक जगत से चुनता है, वह

---

1. पाश्चात्य काव्यशास्त्र : सिद्धान्त और वाद, प्रधान सम्पादक—डॉ० नगेन्द्र, पृ० 110-111।

यथार्थवादी कहलाता है। वस्तुत: 'यथार्थवाद' यथार्थ की आधारभूमि पर खड़ा किया हुआ जीवन का जीवन्त चित्र है।

अंग्रेजी शब्द 'रियलिज्म' (Realism) की व्युत्पत्ति लैटिन धातु रेस (Res) से हुई है; जिसका तात्पर्य है वस्तु। इस प्रकार 'रियलिज्म' का अक्षरश: अनुवाद 'थिग्ज्मि' (वस्तुवाद) हुआ। यही कारण है कि डॉ० जॉनसन ने अपने शब्दकोश में यथार्थवाद को वस्तु से सम्बन्धित किया है (Relating to thing not persons) व्यक्ति से नहीं। कजामिया यथार्थवाद को एक पद्धति नहीं, विचारधारा मानते हैं। (Realism in art is not a method but a tendency)[1] जार्ज ल्यूकाक्स यथार्थवादी साहित्य में समाज का यथावत् चित्रण मानते हैं (In Realism) that the author must honestly rcord without fear or favour everything he sees around him) 'फ्लौबेर वस्तुगत दृष्टिकोण और जीवन के सामान्य पक्षों के महत्त्वपूर्ण उद्घाटन को यथार्थवाद की प्रमुख विशिष्टता मानते हैं।

भारतीय विद्वानों में जयशंकर प्रसाद यथार्थवाद को 'जीवन के दु:ख और अभावों' का उल्लेख मानते हैं; आचार्य नन्ददुलारे वाजपेयी 'यथार्थवाद' का सम्बन्ध प्रत्यक्ष वस्तु-जगत से जोड़ते हैं; श्री शिवदानसिंह चौहान इसे 'निर्विकल्प रूप से जीवन की वास्तविकता का प्रतिबिम्ब' स्वीकार करते हैं तथा प्रेमचन्द 'सच्चरित्रता और कुचरित्रता' के परिणामों को देखे बिना ही यथार्थवाद को 'चरित्रगत दुर्बलताओं, क्रूरताओं और विषमताओं का नग्न चित्र' मानते हैं।

वस्तुत: यथार्थवाद जीवन का यथावत् रूप प्रस्तुत करने वाली साहित्यिक विचारधारा अथवा प्रवृत्ति है। यथार्थवादी कलाकार का प्रयत्न हमेशा ही उन घटनाओं और पात्रों का प्रस्तुतीकरण होता है, जो वास्तविक जगत की प्रतिच्छाया हों। वह असम्भव, वायवी तथा अद्भुत को प्रकृति-विरुद्ध मानकर, उनके चित्रण को अनुचित समझकर अपने साहित्य से बहिष्कृत करता है। वह एक प्रकार से मानव-समाज और जीवन का अनासक्त और निष्पक्ष फोटोग्राफर होता है। वह कृति को व्यक्तिगत विचारों के प्रचार-प्रसार का साधन नहीं मानता, वरन् जो कुछ उसके आस-पास घटित हो रहा है, उसके प्रकाशन का माध्यम मानता है। यथार्थवादी साहित्यकार अपनी इस लक्ष्यपूर्ति के लिए विशेष प्रकार के शिल्प-साधनों को प्रयोग में लाता है। डॉ० नगेन्द्र के शब्दों में—

(1) "स्थानीय—प्रादेशिक दृश्यावली तथा वातावरण का अन्तर्भाव; (2) कथावस्तु की दृष्टि से जो पात्र एवं स्थान प्राय: महत्त्वहीन हैं, उनका भी सूक्ष्म एवं सुविस्तृत चित्रण; (3) स्थानीय एवं सामयिक घटनाओं तथा रीतिरिवाजों के विवरण; (4) पात्रों के कथनोपकथन में उनके सामाजिक स्तर एवं प्रदेश के अनुसार भाषा अथवा

1. Cazamian : A History of English Literature.

बोली का प्रयोग (चाहे वह बोली असंस्कृत या क्षुद्र ही क्यों न हो)"।[1]

परन्तु जीवन के यथावत् चित्रण से तात्पर्य मात्र यौन-वर्जनाओं, कुत्सित जीवन की घटनाओं, छल-छद्मों से भरी कहानियों, भद्दी एवं अश्लील बातों के चित्रण से ही नहीं है। यथार्थवाद को मात्र असामाजिक यौन सम्बन्धों, पतित जीवन की घृणित दुर्बलताओं का ही नग्न चित्र समझना—उसे न समझना अथवा संकीर्ण अर्थ में समझना है। ये सभी कुछ प्रकृतिवादी साहित्य की विशेषताएँ हैं, यथार्थवादी साहित्य की नहीं। क्योंकि 'प्रकृतवादी साहित्यकार मनुष्य-जीवन के हीन एवं पाशविक पक्ष को ही अपने साहित्य की श्रेष्ठ कथावस्तु के रूप में स्वीकार करता है, जबकि यथार्थवादी साहित्यकार मनुष्य के आदर्श एवं दुर्बल दोनों रूपों का यथावत् चित्रण करता है। एक का उद्देश्य मनुष्य को समझदार पशु मानकर उसका दोष-दर्शन ही है, जबकि दूसरे का दोष और गुण—दोनों को सही रूप में प्रस्तुत करना।

6
प्रकृतवाद
(Naturalism)

हिन्दी में 'नेचुरलिज्म' को 'प्रकृतवाद', 'प्रकृतिवाद, 'निम्न यथार्थवाद', 'नग्न यथार्थवाद', तथा 'तथ्यवाद' आदि कई नामों से अभिहित किया गया है। ऐतिहासिक दृष्टि से 'प्रकृतवाद' 'यथार्थवाद' के बाद का आन्दोलन है। साहित्य-क्षेत्र में इसे 'यथार्थवाद' का ही विकसित, किन्तु विकृत अथवा कुत्सित रूप भी कहा जाता है। वस्तुतः 'प्रकृतवाद' दर्शन में उद्भूत होने वाला एक आन्दोलन है, जिसके अन्तर्गत मानव-मन की सभी प्रवृत्तियों एवं गति-विधियों के लिए मूलतः उत्तरदायी प्राकृतिक कारणों को ही ठहराया जाता है। 'काव्य एवं काव्यशास्त्र-विश्वकोश' के अनुसार—"Naturalism is the aesthetic correlate of philosophical doctrine that has its place in 19th-C, History.........philosophical Naturalism Considers natural causes to be responsible for all movements of mind and matter."[2]

वस्तुत इस प्रकृतवादी दर्शन की प्रतिस्थापना ही कला एवं साहित्य के क्षेत्र में हुई है। इस प्रकार प्रकृतवाद एक वह दार्शनिक आन्दोलन ठहरता है, जिसका सौन्दर्यपरक सह-सम्बन्ध कला-साहित्य से है। 'प्रकृतवाद' की साहिंत्यिक अवधारणा के आधार पर मानववादी तथा धर्मवादी दृष्टिकोणों से इतर मानव को प्रकृत रूप में अंकित करने का प्रयास किया जाता है। इसके अन्तर्गत मनुष्य के सारे क्रिया-कलापों का अध्ययन विशुद्ध शरीरवादी दृष्टिकोण से होता है। उसका अवलोकन अन्य जन्तुओं (पशुओं आदि) की भाँति ही किया जाता है।

---

1. मानविकी पारिभाषिक कोश; साहित्य-खण्ड, पृ० 218।
2. Alex Preminger : Encyclopedia of Poetry and Poetics, p. 550.

अपनी वर्तमान अवधारणा में प्रकृतवादी आन्दोलन का उदय मुख्यत: डार्विन के बाद उन्नीसवीं शती में हुआ। विश्वसाहित्यकोश के अनुसार— 'Naturalism' came into wide usage in its present sense during the 19th C; it might almost be called (in both its philosophical and its literary employment) a post—Darwinian Word.[1]

प्रकृतवादियों ने सामान्यत: उपन्यास को ही अपने विचारों के प्रस्फुटन और पल्लवन के लिए अपनाया है। यद्यपि प्रकृतवादी प्रवृत्ति के सर्वप्रथम दर्शन फ्लौबेर के प्रसिद्ध यथार्थवादी उपन्यास 'मदाम बोवारी' (1857) में होने लगे थे, तथापि प्रकृतवाद पर लिखने वाले प्रथम लेखक कदाचित एमील जोला (Emile Zola) थे, जिन्होंने 19वीं शती के उत्तरार्द्ध में अपनी प्रसिद्ध कृति 'लरोमन एक्सपेरिमेण्टल' (1880) में प्रकृतवाद की व्याख्या प्रस्तुत की। विश्वकोश के अनुसार— 'In art, this materialistic attitude finds its most poignant expression in the works of Emile Zola, whose Le Roman Experimental (1880)—forms the keystone of naturalistic aesthetics.'[2]

वस्तुत: 19वीं शती के फ्रांसीसी उपन्यासकारों ने ही प्रकृतवादी साहित्यिक प्रवृत्ति को विकसित किया था और इस धारा के पूर्ण प्रतिनिधि जोला थे। प्रकृतिवादी आन्दोलन की विशिष्टताओं को समाहित करते हुए जोला के दो उपन्यास इस क्षेत्र में प्रसिद्ध हैं। जोला के साथ-साथ जार्जमूर, आर्नल्ड बैनेट, फ्रेंक नॉरिस, थियोडोर ड्राइजर, हेनरिश मान, मूलरोमें आदि प्रकृतिवादी उपन्यासकारों एवं लेखकों के नाम भी उल्लेखनीय हैं।

यदि 'प्रकृतवाद' का प्रस्फुटन एवं पल्लवन फ्रांसीसी साहित्य में उपन्यासों के माध्यम से हुआ, तो जर्मन-साहित्य में इस प्रवृत्ति का विकास काव्य के माध्यम से। 19वीं शती के उत्तरार्ध (1880) में जर्मन में कवियों का एक विशिष्ट 'स्कूल' था, जो जर्मन साहित्य में प्रकृतवादी स्कूल के नाम से अभिहित किया गया है। इस स्कूल के प्रतिनिधि कवि रिचर्ड डेमल (Richard Dehmel) तथा आर्नो होल्ज (Arno Holz) थे।

कुल मिलाकर यह कहा जा सकता है कि प्रकृतवाद मूलत: एक दार्शनिक आन्दोलन है, जिसका सौन्दर्यपरक सह-सम्बन्ध कला एवं साहित्य से है। साहित्य के क्षेत्र में इसकी विवेचना करने वाले सर्वप्रथम प्रकृतवादी फ्रांसीसी उपन्यासकार एमील जोला थे तथा इसका पल्लवन 19वीं शती के उत्तरार्ध में फ्रांसीसी उपन्यासकारों तथा जर्मन कवियों ने समान रूप से किया था।

डा० नगेन्द्र ने 'मानविकी पारिभाषिक कोश—साहित्य खण्ड' में 'प्रकृतवाद' शब्द का प्रयोग आलोचना के क्षेत्र में तीन प्रकार से माना है। वस्तुत: डॉ० नगेन्द्र का यह मत

---

1. Dictionary of World Literature, p. 395.
2. Alex Priminger : Encyclopedia of Poetry and Poetics, p. 550-51.

'विश्व साहित्य कोश' का अनुकरण मात्र है। विश्व साहित्य कोशकार और डा० नगेन्द्र का तुलनात्मक दृष्टिकोण इस सन्दर्भ में उल्लेखनीय होगा। डॉ० नगेन्द्र के अनुसार प्रकृतवाद का प्रयोग (आलोचना में) तीन अर्थों में हुआ है—(1) 'जिन कृतियों में प्रकृति एवं प्राकृतिक सौन्दर्य के प्रति रुचि प्रदर्शित हो, उन्हें तथा उनके स्रष्टा को 'प्रकृतवादी' कहा जाता है। इस अर्थ में पंत जी की कविता को 'प्रकृतवादी' अथवा 'प्रकृतिवादी' कहा जा सकता है।''[1] (1) It refers to works of literature that exhibit a marked interest in, and love of nature and natural beauty.[2]

(2) 'उन कृतियों के लिए इसका प्रयोग होता है, जिनमें जीवन के सभी वस्तु-व्यापारों का यथावत चित्रण होता है। इस अर्थ 'प्रकृतवाद' यथार्थवाद का पर्याय है।''[3]

'It refers towards of literature that strive for a close fidelity to nature, in this sense it is equivalent to 'realism.'[4]

(3) ''अन्यान्य लेखक मानव को प्रकृत जगत से श्रेष्ठ एवं भिन्न न मानकर उसे इसी का अभिन्न अंग मानते हैं। धर्म तथा नीति में इनकी आस्था होने का प्रश्न नहीं उठता। फलस्वरूप वे मानव के आध्यात्मिक पक्ष का परित्याग कर उसके शारीरिक पक्ष, उसकी पशुओं से सहरूपता तथा उसके आदर्शों की सारहीनता एवं व्यर्थता का विवेचन और चित्रण करते हैं।''[5]

"It refers to works of literature grouped as (a) expressing, implicity or explicity, a naturalistic view of man, as apposed to a humanistic or religious view, Consequently (b) emphasizing the physiological side of man, his kinship with the animals, the transitory and futile character of his ideals (c) treating their subjects-matter in a sordid, ugly, ironic, or gloomy manner.'[6]

इस प्रकार हम देखते हैं कि डॉ० नगेन्द्र प्रणीत 'प्रकृतवाद' शब्द की अर्थावधारणा के त्रय रूप 'विश्व साहित्य कोश' से पूर्णतः प्रभावित अथवा गृहीत हैं। दूसरे शब्दों में कहें तो इसे उसका भावानुवाद भी कह सकते हैं।

जहाँ तक 'प्रकृतवाद' शब्द की अवधारणा का प्रश्न है, वह आज पूर्णतः रूढ़ हो चुका है और सर्वत्र एक ही अर्थ में प्रयुक्त होता है और वह है यथार्थवाद के विकृत अर्थ में अथवा नग्न 'यथार्थवाद' के अर्थ में। प्रकृति-काव्य (Nature-poetry) से उसका

1. साहित्य खण्ड, पृ० 180।
2. Joseph T. Shipley : Dictionary of World Literature, p. 395.
3. साहित्य खण्ड, पृ० 180।
4. Dictionary of World Literature, p. 395.
5. साहित्य खण्ड, पृ० 180।
6. Dictionary of World Literature, p. 395.

दूर का भी सम्बन्ध नहीं, वरन् स्वच्छन्दतावाद और आदर्शवाद के विरोधी अर्थ में ही आज उसका प्रयोग होता है। अत: अंग्रेजी की कुछ पुस्तकों, (George Brandes-Naturalism in 19th C. English Literature : Stopford Brooks-Natualism in English poetry आदि) जो कि 'प्रकृतवाद' के नाम से अभिहित होने पर भी स्वच्छन्दतावादी अर्थ का ही द्योतन करती हैं, से भ्रमित होने की आवश्यकता नहीं।

प्रकृतवाद के उद्भव के मूल में न्यूटन के भौतिकशास्त्र से उद्भूत यान्त्रिक सिद्धान्त, डारविन का विकासवादी सिद्धान्त, हर्बर्ट स्पेन्सर का समाजवादी सिद्धान्त तथा औग्युस्त कोंत के नियतिवाद का युगपत् हाथ है। न्यूटन के यान्त्रिक सिद्धान्त से प्रभावित बुद्धिजीवियों ने कार्य-कारण सिद्धान्त का घटन मनुष्य पर भी किया। मानवीय प्रकृति की यन्त्रवादी व्याख्या की गई। इधर डार्विन ने यह प्रमाणित किया कि मनुष्य भी अन्य जीवों का ही विकसित रूप है, उनका (जीवों का) अनन्य सम्बन्धी है। अन्य जीवों की भाँति ही वह भी प्रकृति का अभिन्न अंग तथा प्रकृति के नियमों से परिचालित है। इसके साथ ही, कोंत के नियतिवाद ने 19वीं शती के बुद्धिजीवियों को निराशावादी जीवन-दृष्टि की ओर उन्मुख किया। उनकी इस निराशावादी मनोवृत्ति को डार्विन के विकासवादी सिद्धान्त की इस अवधारणा ने (प्रकृतिजन्य सभी प्राणी जीवन-संघर्ष में रत हैं तथा इस संहारात्मक संघर्ष में दुर्बलों का विनाश हो जाता है।) और अधिक घनीभूत किया। परिणामत: एक ऐसा आन्दोलन अस्तित्व में आया, जिसके समर्थकों की मानव-जाति में कोई आस्था न थी। मनुष्य का कभी भी उद्धार होगा—ऐसी उन्हें कोई आशा न थी। वे पूर्णत: निराशावादी थे। प्रेम, दया, ममता, करुणा, त्याग, सहयोग आदि मानवीय मूल्यों में उनकी कोई रुचि न थी। कहना न होगा कि यह आन्दोलन 'प्रकृतवादी' आन्दोलन था, जिसके समर्थक एवं अनुगामी मनुष्य को पशु-तुल्य प्रमाणित करने में दत्तचित थे तथा इसके संस्थापक एवं कर्णधार जोला थे।

जोला मनुष्य का अध्ययन सामान्य तत्त्वों की भाँति ही करना चाहते थे। (Study men like simple elements and note the reactions)[1] उनकी धारणा थी कि 19वीं शती के उपन्यास में उपन्यस्त पात्रों का अध्ययन भौतिक और रसायनविज्ञान के नियमों के अनुरूप ही होना चाहिए, क्योंकि जिस प्रकार समग्र प्रकृति विज्ञान के नियमों के अधीन है, उसी प्रकार ही मनुष्य का अस्तित्व भी वैज्ञानिक नियमों से नियन्त्रित होता है। जोला शुद्ध शरीरशास्त्री और प्रकृतिवादी होने का दावा करते थे। उनकी घोषणा थी कि उनके लिए कैथोलिक मत या राजसत्तावादी-जैसे सिद्धान्तों की अपेक्षा वंशानुक्रम-जैसे नियमों का अधिक महत्त्व है। एक वैज्ञानिक की भाँति वे जो कुछ है, उसे कहना और उसमें निहित कारणों की खोज करना अपना दायित्व और उद्देश्य समझते थे। यही कारण था कि जोला ने यह उद्घोषणा की कि साहित्यकार का दायित्व है कि

1. Emile Zola

वह जीवन के यथातथ्यों को प्रस्तुत करे, चाहे वे तथ्य कितने ही नग्न, कुरूप, बीभत्स, अश्लील, गलीज एवं गन्दे ही क्यों न हों। उनका विश्वास था कि मानवीय सत्य निरावृत्त सत्य होना चाहिए। कहना यह है कि जोला का यह दृष्टिकोण पूर्णतः स्थूल एवं भौतिकवादी था।

कुला मिलाकर यह कहा जा सकता है कि जोला आदि प्रकृतवादी विचारकों का यह दृष्टिबिन्दु निराशावादी, नियतिवादी और भौतिकवादी था। वे प्रकृति और समाज की ऐसी बाह्य और आंतरिक शक्तियों पर विशेष रूप से अंकुश रखना चाहते थे, जो मनुष्य पर विवेक और नैतिक दायित्वों को लादकर उसकी (मनुष्य की) प्राकृतिक (दूसरे शब्दों में कहें तो पाशविक स्वतन्त्रता) स्वतन्त्रता को सीमित करने वाली है। ये मानव और पशुओं की प्रवृत्ति में साम्य देखते थे। अतः ये लोग प्राकृतिक विवेचन पर विशेष बल देते थे और इस विवेचन का प्रमुख अंश यौन-विकृति से सम्बद्ध करते थे।

सारांशतः प्रकृतवादी साहित्य-दर्शन के तीन तत्त्व ही उल्लेखनीय हैं—(1) मनुष्य का मानवतावादी, नैतिक अथवा धार्मिक दृष्टिकोण से विपरीत विशुद्ध प्राकृतिक चित्र प्रस्तुत करना, (2) इस चित्रण में एक शरीरवादी की भाँति मनुष्य के शारीरिक पक्ष का विश्लेषण करते हुए अन्य जानवरों से उसका सादृश्य स्थापित करना, (3) तथा मनुष्य के इस स्थूल-अनैतिक चित्रण में अधम, विषण्ण, कुरूप एवं विद्रूप भाषा-शैली का प्रयोग करना।

प्रकृतवाद के इस सैद्धान्तिक विवेचन के उपरान्त यदि उसे प्रयोगात्मक पक्ष पर दृष्टि डाली जाये, तो स्थिति और भी निराशाजनक एवं अमानवीय प्रतीत होती है। यूरोप के प्रकृतवादी साहित्य में मनुष्य का बड़ा ही निकृष्ट कोटि का चित्रण हुआ है। प्रकृतवादियों ने मनुष्य में पशु-सुलभ सभी आकर्षण-विकर्षणों को देखा है। उनका प्रयास उस मनुष्य का चित्रण ही रहा है, जो मनोरोगों एवं मनोविकारों का गट्ठर मात्र हो। वे मनुष्य के निरर्थक आचरण, भोग-लिप्सा-प्रधान कामासक्त चेष्टाओं और विद्रूप कार्य-कलापों के विवरण में ही अधिक तल्लीन प्रतीत होते हैं।

वस्तुतः प्रकृतवादी साहित्य-जगत की कथ्य एवं कथन सम्बन्धी सभी पूर्व मान्य धारणाओं के विरोधी हैं। शैलीगत गरिमा, मार्दव, भव्यता एवं रमणीयता का उनमें सर्वथा अभाव है। उनका कथ्य भी अति निकृष्ट कोटि का है। वे अत्यन्त निम्न एवं पतित श्रेणी के लोगों के जीवन को अपना सर्वोत्तम विषय समझते हैं। भद्दे-से-भद्दे तथा समाज द्वारा निषिद्ध विषयों पर ही उनकी लेखनी विशेष रूप से चलती है। वे साहित्य में कुछ भी गोपनीय नहीं मानते। मनुष्य की आदिम वासनाओं तथा उसकी कुत्सित चेष्टाओं की ओर ही वे विशेष रूप से आग्रहशील रहते हैं। नारी-देह की चीड़-फाड़ और उसके जघन्य प्रदेशों में ही प्रकृतवादियों का मन बहुत रमता है। वस्तुस्थिति यह है प्रकृतवादी साहित्य की प्रत्येक पंक्ति युग-सत्यन हीं है, वरन् उसके मन की दमित वासनाओं का जीवंत प्रतिबिम्ब है। साहित्य के लिए बड़ी विडम्बना है कि प्रकृतवाद के नाम पर लेखक अब मनुष्य से पशु बनना चाह रहे हैं

तथा सरस्वती के पावन प्रदेश में घृणा एवं कुत्सा का अशोभन प्रचार कर रहे हैं।

हिन्दी में शुद्ध प्रकृतवादी साहित्य का सर्वथा अभाव है। प्रकृतवाद से प्रभावित कुछ साहित्यकारों ने इस क्षेत्र में यद्यपि छुट-पुट प्रयास अवश्य किये हैं, किन्तु भारतीय साहित्य-संस्कार के कारण वह उतना नीचे नहीं उतर सके हैं, जितना कि यूरोप के प्रकृतवादी साहित्यकार (जोला, मोपांसा आदि)। हिन्दी में इलाचन्द्र जोशी तथा यशपाल के कुछ उपन्यासों में प्रकृतवाद का कुछ-न-कुछ प्रभाव अवश्य दिखाई पड़ता है। महेन्द्र भल्ला का उपन्यास ''एक पति के नोट्स'' तथा राजकमल चौधरी का उपन्यास ''मछली मरी हुई'' प्रकृतवादी लेखन की कोटि में रखे जा सकते हैं।

7
अतियथार्थवाद
(Surrealism or Super-Realism)

अभिधान में 'यथार्थवाद' के समरूप, किन्तु अर्थवत्ता में यथार्थवाद से पूर्णत: भिन्न 'अतियथार्थवाद' का जन्म प्रथम विश्वयुद्धोत्तर फ्रांस के साहित्य-कला में हुआ। नाम से यथार्थवाद के चरम रूप का भ्रम पैदा करने वाला यह 'वाद' यथार्थवाद से पूर्णत: भिन्न है और एक तरह से स्वच्छन्दतावाद की ही अन्तिम परिणति है। अति यथार्थवाद के प्रमुख व्याख्याता हर्बर्ट रीड भी इसे कला के स्वच्छन्दतावादी सिद्धान्त से जोड़ते हैं।[1]

अतियथार्थवाद प्रथम महायुद्ध (1914-1919) जनित विभीषिका का स्पष्ट प्रतिफलन था। प्रथम विश्व-युद्ध के भीषण नर-संहार एवं आर्थिक ह्रास ने यूरोपीय समाज को अव्यवस्था, अराजकता, विवेकशून्यता एवं एक प्रकार की नकारात्मक प्रवृत्ति से भर दिया था। परिणामत: कलाकार एवं साहित्यकार इस विश्वव्यापी विशृंखलता से ऊब कर सपनों का संसार बनाने में तल्लीन हुए। एक ओर तो ये भग्नाशा, भग्नमन लोग कठोर यथार्थ के आघातों से जर्जरित अवचेतन मन के रहस्यमय गह्वरों में विचरण के लिए विवश थे। दूसरी ओर समाज, धर्म, कला एवं साहित्य की पूर्वमान्य सभी मान्यताओं और परम्पराओं को धराशायी करने के लिये प्रयत्नशील। अतियथार्थवाद 'दादावाद' से सर्वाधिक प्रभावित था। किन्हीं अर्थों में 'दादावाद' अतियथार्थवाद का जनक है। 'दादावाद' 1916 में ट्रिस्टन जारा (Tristan Tzara) द्वारा प्रवर्तित वह आन्दोलन था, जिसके समर्थक स्विटजरलैण्ड में निवास करने वाले विभिन्न यूरोपीय देशों के निर्वासित नवयुवक थे। इस आन्दोलन का प्रमुख उद्देश्य सभी प्रकार के नैतिक एवं कलात्मक मूल्यों और प्रतिमानों का विध्वंस करना था। ये युवक घोर अराजकतावादी थे। समाज, धर्म, कला-साहित्य आदि सभी क्षेत्रों के मान-मूल्यों का विनाश करके नवीन मूल्यों की प्रतिस्थापना करना ही ये अपना दायित्व समझते थे।

---

1. Super-Realism in general i the romantic principle in art—Surrealism, edited by Herbert Read, p. ^

अतियथार्थवादियों ने कला एवं साहित्य के प्रचलित सिद्धान्तों को घृणा की दृष्टि से देखना 'दादावादियों' से ही सीखा था। कुल मिलाकर यह कहा जा सकता है कि अतियथार्थवाद प्रथम विश्वयुद्ध जनित विभीषिका तथा दादावादी प्रभाव का प्रतिफलन था।

अतियथार्थवादी आन्दोलन की पृष्ठभूमि में फ्रायड, हीगेल तथा मार्क्स के साहित्य-सिद्धान्तों का पर्याप्त प्रभाव रहा है। फ्रायड की अचेतन मन (Subliminal mind) सम्बन्धी धारणा, हीगेल का समन्वयवादी चिन्तन, मार्क्स चिन्तना प्रणीत तत्कालीन अर्थव्यवस्था के खोखलेपन के प्रति वितृष्णा आदि अनेक अवधारणाओं ने अतियथार्थवादी आन्दोलन के अभ्युदय में पर्याप्त सहायता की है। विश्व साहित्य कोश के अनुसार—"Indeed it is Freud that, together with Hegel and Marx, is chiefly responsible for Surrealist theory."[1]

अतियथार्थवादी आन्दोलन के अभ्युदय-सम्बन्धी निश्चित तिथि का उल्लेख कठिन है। स्वयं अतियथार्थवाद के पितामह आन्द्रे ब्रेन्ता (Andre Breton) ने अतियथार्थवादी प्रावृत्ति मानव-मस्तिष्क की एक ऐसी वर्गीकृत लहर मानी है, जिसकी यत्रतत्रिक अभिव्यक्ति सार्वकालिक तथा सार्वदेशिक रही होगी। यथार्थवाद शब्द का प्रयोग सर्वप्रथम कदाचित् गुयलेयूम अपोलिनयर (Guillaume Apollinaire) ने अपने प्रहसन 'लेस मेमल्स दि टिरेसियस' (Les Mamelles de Tiresias) में सन् 1917 में, प्रहसन का उपशीर्षक 'ड्रेम सुररीयलिस्ट' (Drame Surrealiste) रखकर परिहास के अर्थ में किया।

किन्तु अतियथार्थवाद की परिभाषा देते हुए इस शब्द का वर्तमान अर्थ में प्रयोग सबसे पहले फ्रांसीसी साहित्यकार आन्द्रे ब्रेतां ने 1924 में अपने घोषणापत्र 'मेनिफेस्ट दु सुरियलिज्म' (Manifaste du Surrealism) में किया। वस्तुतः इस आन्दोलन का प्रारम्भ यहीं से हुआ। यद्यपि इस घोषणापत्र को प्रकाशित करने से पूर्व ही आन्द्रे ब्रेतां तथा उनके मित्र फिलिप सूपाल्त (Philippe Soupault) ने अतियथार्थवादी लेखन का अभ्यास सन् 1919 में ही किया था। इस प्रकार अतियथार्थवाद सम्बन्धी मूल पाठ (Text) सर्वप्रथम फ्रांसीसी साहित्यकारों, आन्द्रे ब्रेतां तथा फिलिप सूपाल्त द्वारा 'लेस चेम्पस् मेगनेटिक्स' (Les Champs Magnetiques) शीर्षकान्तर्गत 1919 में प्रकाशित हुआ तथा उसका सैद्धान्तिक विश्लेषण सर्वप्रथम ब्रेन्तां के 1924 के घोषणापत्र में।

यथार्थवादी कला-साहित्य-प्रवृत्ति यदि एक ओर फ्रांसीसी साहित्य में (विशेष रूप से कविता में) अभिव्यक्त हुई, तो दूसरी ओर समकालीन फ्रांसीसी कला में भी। प्रमुख रूप से चित्रकला तथा कहीं-कहीं शिल्पकला में भी यह प्रवृत्ति दृष्टिगोचर हुई। चित्रकला में इसके मुख्य प्रवर्तक साल्वादोर दाली (Salvador Dali) थे। अतियथार्थवाद से अनुप्राणित फ्रांसीसी चित्रकारों ने अपने स्वप्नों, दिवास्वप्नों तथा असंगत कल्पनाओं

1. Dictionary of World Literature, p. 562.

को रंगों में पर्याप्त रूपायित किया है। अतियथार्थवाद के जन्म काल से ही विभिन्न कलाओं एवं साहित्य में कोई भेद-भाव नहीं किया गया, वरन् साहित्य (विशेष रूप से कविता) को भी कलाओं का ही अंग समझा गया। परिणामत: साहित्यकार, चित्रकार, संगतराश आदि एक दूसरे को प्रभावित करते हुए अपने-अपने क्षेत्र में कार्यरत रहे।

फ्रांस में प्रादुर्भूत 'अति यथार्थवादी' आन्दोलन विश्वव्यापी हुआ। यद्यपि अंग्रेजी, जर्मनी, अमरीकी तथा स्पेनिश कलाकारों एवं कवियों ने कला की इस प्रवृत्ति से प्रभावित हो बहुत कुछ लिखा, तथापि इस आन्दोलन को सर्वाधिक सहयोग एवं विरोध इंग्लैण्ड में ही प्राप्त हुआ। सन् 1936 के जून में लंदन में अतियथार्थवादी कला की प्रदर्शनी आयोजित की गई, जिसका परिचयपत्र स्वयं हर्बर्ट रीड ने प्रस्तुत किया। यही नहीं, कुछ अंग्रेज आलोचकों (ह्यू साइक्स डेवीज प्रमुख रूप से) ने यहाँ तक घोषणा की कि अतियथार्थवाद की उत्पत्ति इंग्लैण्ड में फ्रांसीसी प्रभाव से निरपेक्ष, ऐतिहासिक परिस्थितियों के फलस्वरूप हुई है। अंग्रेजी आलोचकों का विश्वास है कि 19वीं शती का स्वच्छन्दतावाद ही विकसित होकर 20वीं शती के प्रारम्भिक पाँच दशकों में अतियथार्थवाद के रूप में परिणत हो गया। कुछ भी हो, इतना तो निश्चित रूप से कहा जा सकता है कि अतियथार्थवाद 'स्वच्छन्दतावाद' की चरम अभिव्यक्ति से किसी-न-किसी प्रकार सम्बद्ध अवश्य है। अंग्रेज अतियथार्थवादी साहित्यकार स्वच्छन्दतावादी कवि विलियम ब्लेक (William Blake) की रहस्यमयता तथा कॉलरिज (S. T. Coleridge) के अति प्राकृतिक एवं अतिरंजित कल्पनाओं के वर्णनों से पर्याप्त प्रभावित रहे हैं। स्वानुभूति को रूपायित करने का प्रयत्न, व्यक्तिवादी दृष्टिकोण, आत्मप्रकाशन की प्रवृत्ति, अवचेतन मन:स्थितियों को चित्रित करने का संकल्प आदि अन्यान्य स्वच्छन्दतावादी विशेषताएँ अतियथार्थवाद की भी विशेषताएँ हैं। इस प्रकार हम देखते हैं कि स्वच्छन्दतावादी तत्त्व अतियथार्थवाद के भी अंशीभूत हैं। किन्तु इसका अर्थ यह नहीं लगाया जा सकता कि स्वच्छन्दतावाद ही विकसित होकर अतियथार्थवाद हो गया, क्योंकि दोनों में मौलिक भेद है। अतियथार्थवाद पर मार्क्स, फ्रायड, दादावाद तथा प्रथम महायुद्ध के विध्वंस की अमिट छाप है। युद्ध-विभीषिका तथा 'दादावाद' से आक्रान्त अतियथार्थवादी, मानव की नग्न पाशविकता, उसकी यौन विकृतता के ऐसे अवांछित चित्र भी प्रस्तुत करते हैं, जो स्वच्छन्दतावादी प्रवृत्ति से सर्वथा प्रतिकूल पड़ते हैं। यही नहीं, मार्क्सवादी दृष्टिकोण से प्रभावित अतियथार्थवादी समाज का पुनर्गठन भी करना चाहते हैं, जो कि स्वच्छन्दतावाद के क्षेत्र से बाहर की चीज है।

अतियथार्थवादी आन्दोलन के विकास की तीन कालवधियाँ हैं। प्रथम काल (1924-1929) आन्द्रे ब्रेन्तां के प्रथम घोषणापत्र से प्रारम्भ होकर दूसरे घोषणापत्र के प्रकाशन तक माना जा सकता है। इस काल में यह प्रवृत्ति अवचेतन मन को बिना तर्क अथवा बुद्धि के बन्धन के शब्द देने की कोशिश करती रही। अतियथार्थवादियों की धारणा रही कि मानव-मस्तिष्क को किसी प्रकार भी पूर्ण विमुक्ति दिलाना ही कला-

साहित्य के क्षेत्र में क्रान्तिकारी परिवर्तन होगा। सभी प्रकार के सामाजिक मूल्यों एवं परम्पराओं का विनाश करके नवीन मूल्यों की स्थापना करना ही इस प्रथम काल के अतियथार्थवादियों का प्रधान उद्देश्य रहा। अपने द्वितीय काल (1929-1933) में अतियथार्थवादी साम्यवाद की ओर झुके रहे, परिणामतः इस युग के अतियथार्थवाद में मार्क्सवादी जीवन-दर्शन का प्रभाव स्पष्टतः परिलक्षित होता है। यह काल ब्रेन्ता के दूसरे घोषणा पत्र, 'सैकिन्ड मेनिफेस्टि टु सुररियलिज्म 1929' (Second Manifeste du Surrealism) के प्रकाशन से प्रारम्भ होकर 1933 में कम्यूनिस्ट पार्टी से सम्बन्ध-विच्छेद होने के कारण अतियथार्थवादी पत्रिका (Review) के प्रकाशन के बन्द हो जाने तक माना जा सकता है। अपने तीसरे (1933 के बाद) और अन्तिम काल में अतियथार्थवादी कलाकारों एवं साहित्यकारों पर मार्क्सवादी प्रभाव क्षीण हुआ तथा वे स्वदेश-प्रेम, प्रेम, धर्म-परिवार व्यवस्था के साथ ही साथ सजग लेखन की प्रवृत्ति की ओर भी उन्मुख हुए। 1942 में प्रसिद्ध अतियथार्थवादी कवि इलुअर्द (Eluard) ने स्वदेश-प्रेम से परिपूरित अति जोशीली कविताएँ लिखीं, यद्यपि उनके शिल्प-विधान में अतियथार्थवादी तत्त्व तब भी विद्यमान थे।

अतियथार्थवाद के वास्तविक स्वरूप की जानकारी के लिए हमें मूलतः आन्द्रे ब्रेन्ता के घोषणापत्र का ही सहारा लेना पड़ता है। ब्रेतां ने 1924 के प्रथम घोषणापत्र में अपने उद्देश्य को स्पष्ट किया था। उन्होंने कहा था कि अतियथार्थवाद का उद्देश्य मानव-मन को किसी प्रकार के भी बन्धन से पूर्ण विमुक्ति दिलाना तथा आन्तरिक और बाह्य सत्य (Reality) को एकाकार करना है। इस उद्देश्य की पूर्ति के लिए अतियथार्थवादी चेतन-अचेतन, विवेकपूर्ण, एवं विवेकहीन दोनों का सम्बद्ध-असम्बद्ध वर्णन प्रस्तुत करते हैं। उनकी धारणा है कि अचेतन मन की वास्तविक स्थितियों का उद्घाटन एवं विश्लेषण तथा मानव-मन की विवेक के बन्धन से विमुक्ति इसी प्रकार सम्भव है। हर्बर्टरीड के अनुसार उनके लिए मनुष्य एक हिमखंड की तरह समय स्रोत के प्रवाह में बह रहा है। जिस प्रकार पानी में प्रवाहित हिमशैल का थोड़ा-सा अंश ही जल-सतह से ऊपर रहता है, उसी प्रकार मनुष्य का थोड़ा-सा अंश ही चेतन के स्तर पर ऊपर है, अधिकांश अर्धचेतन अथवा अचेतन में छुआ हुआ है। अतः अतियथार्थवादी कवि या चित्रकार का लक्ष्य इस अधिकांश को विवेक के अंकुश से मुक्त करके प्रकट करना होता है। इस प्रकार अतियथार्थवाद के सिद्धान्तानुसार सामान्य जगत से परे जो जगत है, वही अधिक यथार्थ है उसका चित्रण ही कलाकार का दायित्व है। यही कारण है अतियथार्थवादी स्वप्नों, विभ्रमों (Hallucinations), अर्ध जाग्रत अवस्थाओं की खोजबीन में अधिक तल्लीन रहते हैं और इस निरीक्षण-परीक्षण में वह स्वतः चालित लेखन (Automatic Writing) पर सर्वाधिक बल देते हैं। उनका विश्वास है कि अवचेतन मन के निर्देशन में स्वतः चालित लेखन के माध्यम से जो कुछ भी प्रस्तुत होगा, वही यथार्थ होगा, सत्य होगा। अवचेतन मन के मुक्त आसंग में स्वतः लेखन के माध्यम से की गई अभिव्यक्ति को ही, वे सच्ची ज्ञानधारा मानते हैं।

उनकी दृष्टि में इसी ज्ञानधारा का प्रसरण एवं पल्लवन साहित्यकार का दायित्व एवं प्रयोजन होना चाहिए।

स्वतः चालित लेखन को हर्बर्टरीड ने अपने निबन्ध 'मिथ, ड्रीम एण्ड पोइम' में मन की एक ऐसी अवस्था के रूप में माना है, जिसमें अभिव्यक्ति तुरन्त नैसर्गिक रूप में होती है, अर्थात् भावचित्र और उसकी शाब्दिक प्रतिकृति में कोई अन्तर नहीं आता। आन्द्रे ब्रेन्ता ने स्वतः चालित लेखन को अतिय्रथार्थवादी साहित्यकार के लिए अपरिहार्य माना है। स्वतः चालित लेखन के माध्यम से अवचेतन मन की अभिव्यक्ति में वह आदतों, धार्मिक-सामाजिक-मान्यताओं, शिल्पगत नियमों आदि सम्बन्धी किसी प्रकार के भी अंकुश को स्वीकार नहीं करते। उनकी धारणा है कि यह बन्धनहीन अभिव्यक्ति ही मानव और ब्रह्माण्ड के सही सम्बन्ध का उद्घाटन कर सकती है।

इस प्रकार शिल्प-विधान के क्षेत्र में वे स्वच्छन्द अभिव्यक्ति के पूर्णतः पक्षपाती हैं। शिल्पगत नियम और विधान में उनकी तनिक भी आस्था नहीं। भाषा एवं व्याकरण के बन्धन भी उन्हें स्वीकार्य नहीं हैं। वे शब्दों को स्वतः जीवित बिम्बों के रूप में स्वीकारते हैं, किसी प्रकार के शास्त्रीय अलंकरण में उनका विश्वास नहीं। अतियथार्थवादियों का बिम्ब-विधान बड़ा ही दुर्बोध, प्रहारक एवं आग्नेय होता है। कभी-कभी तो कविता, कविता न रहकर गद्य के स्तर पर पहुँच जाती है और वह भी ऐसी गद्य जिसे आसानी से समझा नहीं जा सकता।

Very often the poem is indistinguishable from prose.................by considering Words as images having an autonomous life of their own...........this rather than the use of metaphors, or other figures of rehtoric, is the basis of surrealist imagery."[1]

रचना-विधान के स्तर पर सभी पूर्व मान्यताओं और नियमों की अवहेलना के फलस्वरूप अतियथार्थवादी कला अपने स्वरूप में पूर्णतः अव्यवस्थित और अराजक है। ब्रेन्ता, आरागों, क्रेकल, ऐलुआर आदि फ्रांसीसी अति यथार्थवादियों के लेखों में अवस्था भाव का अत्यन्त दृढ़ता से तिरस्कार किया गया है। कहना न होगा कि अतियथार्थवादियों की इसी साहित्यिक अराजकता ने उनकी सम्प्रेषण-क्रिया को दूषित किया, जिसके कारण इस वाद का ही धीरे-धीरे क्षय हो गया।

अतियथार्थवादी साहित्य के प्रमुख विषय—प्रेम (Love), विद्रोह (Revolt), अद्भुत (The marvellous) और स्वातन्त्र्य (Freedom) हैं। प्रेम के नाम पर ये स्त्री-प्रेम के उन प्रसंगों को ही उठाते हैं, जो खुले हुए रत्यात्मक एवं कामोद्दीपक हों। दूसरे शब्दों में कहें तो कह सकते हैं कि यौन लिप्साओं का खुला चित्रण ही उनकी प्रेम-स्वच्छन्दता है। 'विद्रोह' के नाम पर वे समाज, धर्म, नीति, तर्क आदि सम्बन्धी सभी पूर्व मान्य सिद्धान्तों और परम्पराओं का विध्वंस करने वाले चरम विद्रोही हैं। हर्बर्ट

1. Alex Preminger : Encyclopedia of Poetry and Poetics, p. 82.

रीड ने अपनी पुस्तक 'द फिलॉसफी आफ माडर्न आर्ट' में लिखा है—'अतियथार्थवादी के हृदय में उस नैतिकता के लिए कोई सम्मान का भाव नहीं हो सकता, जो एक ओर घोर गरीबी और दूसरी ओर बेहद अमीरों को पोषण दे............वह नैतिकता जो काम-वासना को इतना विकृत कर देती है कि सहस्त्रों अतृप्त स्त्री-पुरुष पागल बन जाते हैं—किन्तु उनका यह विश्वास है कि संघटित नियंत्रण और वर्जन की यह सारी प्रणाली जो आधुनिक नैतिकता का सामाजिक पक्ष है, मनोवैज्ञानिक दृष्टि से गलत है और निश्चय ही हानिकारक है। दूसरे शब्दों में उनका यह विश्वास है कि आवेगों को यथासम्भव पूर्ण स्वतन्त्रता दी जानी चाहिए और उन्हें यह दृढ़ निश्चय है कि जो काम नियन्त्रण और दमन से नहीं हो सका, वह प्रेम और भ्रातृत्व के द्वारा समय आने पर हो सकेगा।'[1]

इस प्रकार 'विद्रोह और स्वातन्त्र्य' के नाम पर वे सभी पूर्व मान्यताओं और मूल्यों का विनाश कर दिन-प्रतिदिन के जीवन में ही नवीन मूल्यों एवं मान्यताओं की खोज करके उनकी पुन:स्थापना करना चाहते हैं। यही उनकी 'अद्‌भुत' अथवा 'विलक्षण' की खोज है।

अतियथार्थवादी जीवन को असंगतियों (Absurdities) से भरा हुआ मानते हैं, अतः जीवन की साहित्य अथवा कला में अभिव्यक्ति का एक ही मार्ग है कि जीवन की असंगतियों, बेहूदगियों एवं विद्रूपताओं को कला-साहित्य में स्थान दिया जाये। उनका कहना है कि असंगति ही मानव-मन अथवा जीवन का असली यथार्थ है (Absurdity of mind is the super reality)। जीवन की इन असंगतियों के चित्रण के लिए यह आवश्यक है कि अवचेतन मन की मुक्त अभिव्यक्ति हो सके, अनुभूति को यथावत् प्रस्तुत किया जा सके। मन की इस मुक्त अभिव्यक्ति अथवा अनुभूति के इस यथावत् प्रस्तुतीकरण के लिए उन्हें परम्परागत सभी सामाजिक मूल्यों तर्कसम्मत नैतिक मान्यताओं एवं साहित्य-सिद्धान्तों के प्रति विद्रोह करना आवश्यक प्रतीत हुआ। यही नहीं, उन्होंने कला को बौद्धिकता की बेड़ियों तथा सभी प्रचलित कला-विधानों से पूर्णत: मुक्त करना उचित समझा।

कुल मिलाकर यह कहा जा सकता है कि अतियथार्थवाद प्रचलित सामाजिक, नैतिक तथा कलात्मक मान्यताओं, नियमों एवं सिद्धान्तों की विध्वंसक, चरम, विद्रोही एवं पूर्ण अराजकतावादी वह साहित्यिक अथवा कलात्मक प्रवृत्ति थी, जिसने स्वत: लेखन सिद्धान्त के माध्यम से अवचेतन की अभिव्यक्ति में साहित्यकार की पूर्ण स्वच्छन्दता देने के लिए महत्त्वपूर्ण प्रयत्न किया।

अतियथार्थवाद ने अपने जीवन काल (लगभग 38 वर्ष) में विश्व-साहित्य एवं कला को पर्याप्त प्रभावित किया है। यूरोप में कविता को सौन्दर्यपरक आनन्द की वस्तु के साथ ही अतीन्द्रिय एवं आध्यात्मिक ज्ञान की वस्तु समझे जाने सम्बन्धी धारणा के

---

1. पाश्चात्य काव्यशास्त्र : सिद्धान्त और वाद, पृ० 164-165।

पीछे अतियथार्थवाद का भी हाथ है। साहित्य-कला के अतिरिक्त यथार्थवाद ने सिने-संसार को भी प्रभावित किया है। हिन्दी साहित्य पर अतियथार्थवाद का प्रभाव प्रायः नगण्य-सा ही है। हिन्दी साहित्यकोश के अनुसार यह प्रभाव इस प्रकार है—'अतियथार्थवाद का प्रत्यक्ष प्रभाव 'प्रपद्यवाद' पर अवश्य देखा जा सकता है। बिहार के तीन कवियों नलिन विलोचन, केसरी कुमार तथा नरेश (नकेन) द्वारा प्रवर्तित इस काव्य-आन्दोलन के बाह्य तथा अन्तर दोनों पर ही अतियथार्थवाद की छाया स्पष्ट है। 'प्रपद्यवाद' के कवियों ने अपना घोषणापत्र भी प्रकाशित किया। ....परन्तु अंततः यह काव्यान्दोलन अपनी कोई स्थायी परम्परा न स्थापित कर सका।'

8

कला का मूल्यवादी बनाम सौन्दर्यवादी दृष्टिकोण

(Art for Art's Sake and Art for Life's Sake)

कला के मूल्यवादी एवं सौन्दर्यवादी दृष्टिबिन्दुओं ने ही साहित्य-जगत में दो अवधारणाओं—कला, जीवन के लिए (Art for life's sake) तथा कला, कला के लिए (Art for Art's Sake)—को जन्म दिया है। वस्तुतः ये दोनों अवधारणाएँ कला के प्रति दृष्टिकोण-विशेष की ही परिचायक हैं।

कला के मूल्यवादी दृष्टिकोण अथवा 'कला, जीवन के लिए' सिद्धान्तानुसार काव्य का मूल प्रयोजन नैतिक परितोष एवं शिक्षा माना जाता है। इस सिद्धान्त के मानने वाले साहित्यकार कला को वांछित सामाजिक परिवर्तन एंव सुधार का महत्त्वपूर्ण अस्त्र मानते हैं। कला उनके लिए उनके वांछित सिद्धान्तों के प्रचार का प्रमुख साधन होती है। कला के मूल्यवादी सिद्धान्त को ही काव्य एवं नीतिवाद अथवा उपदेशवाद (Didacticism) के नाम से भी पुकारा जाता है।

कलावादी कला को लोकोत्तर वस्तु तथा कलाकार को लोकोत्तर प्राणी मानते हैं। उनके लिए कला स्वयं में एक विलक्षण एवं लोकातीत वस्तु है। वे कला को समाज से पूर्णतः निरपेक्ष, मात्र सौन्दर्यानुभूति एवं आनन्दानुभूति की अभिव्यक्ति एवं आस्वादन का साधन मानते हैं। उनके लिए कलाकार समाज के प्रति न तो उत्तरदायी होता है और न समाज से प्रतिश्रुत। कलावादी मानते हैं कि काव्यकार की उपलब्धि मात्र कलागत सौन्दर्य के स्वतन्त्र एवं निरपेक्ष महत्त्व की प्रतिष्ठा में है। इसके साथ ही, कलावादी दृष्टिकोण के अनुसार कला स्वतः, पूर्ण एवं आत्मनिर्भर मानी जाती है, जिसका प्रयोजन किसी भी बाह्य उद्देश्य की पूर्ति नहीं होता और न जिसका सौन्दर्यपरक प्रतिमानों से इतर किसी भी प्रकार के नैतिक, सामाजिक अथवा राजनैतिक मानदण्डों से मूल्यांकन ही किया जा सकता है।

काल क्रम की दृष्टि से 'कला, जीवन के लिए, अथवा 'डिडेक्टिसिज्म' का सिद्धान्त अधिक प्राचीन है। अतः पहले इस पर विचार करना ही समीचीन होगा। प्रायः

साहित्य-सृजन के प्रारम्भिक युगों से ही काव्य को नैतिक उद्देश्यपूर्ति का साधन बनाया गया है। कला को जीवनोपयोगी मानने सम्बन्धी धारणा का प्राधान्य यद्यपि पश्चिम में सर्वाधिक रहा है, तथापि यह धारणा आदिकालीन एवं देशातीत है। पश्चिम में कला का प्रारम्भिक स्वरूप उपदेशात्मक रहा, इसके भी कारण हैं। वस्तुतः पश्चिम की क्लासिकल कला धर्म के संरक्षण में विकसित हुई। यूरोपीय कला का इतिहास भी ग्रीक रोम में विकसित कला-साहित्य प्रचारात्मक, सोद्देश्य एवं उपदेशात्मक ही अधिक रहा है। शुद्ध कलावादी दृष्टि का इस युग में प्रायः अभाव ही रहा। धर्म-अनुप्राणित कला-साहित्य शिक्षा एवं उपदेश के साधन ही अधिक रहे। कुल मिलाकर यह कहा जा सकता है कि पश्चिम में कला-साहित्य अपने प्रारम्भिक स्वरूप में मूल्यवादी, उपदेशवादी अथवा नैतिकतावादी ही अधिक रहा है, उसमें सौन्दर्यवादी अथवा कलावादी दृष्टिकोण का स्थान प्रायः गौण ही है।

प्लेटो से पूर्व ही यूनानी कवि होमर मात्र कवि ही नहीं, वरन् राष्ट्र के सर्वोत्तम शिक्षक भी समझे जाते थे। प्लेटो तत्कालीन कवियों के घोर विरोधी होते हुए भी उस काव्यकार का अभिनन्दन करने को तत्पर थे, जो मानव के नैतिक एवं चारित्रिक विकास को उत्प्रेरित कर सके। प्लेटो के उपरान्त उनके विश्वविख्यात शिष्य अरस्तू ने अपने गुरु के विचारों की शृंखला से साहित्य को मुक्त कर उसका एक मात्र प्रयोजन आनन्द घोषित किया। यही नहीं, उन्होंने साहित्यकार को नीतिप्रचार एवं समाज-सुधार के दायित्वों से भी मुक्त किया। इस प्रकार अरस्तू पर्याप्त कलावादी प्रतीत होते हैं, किन्तु पूर्णतः नहीं, क्योंकि वह काव्य-प्रयोजन आनन्द मानते हुए भी उस काव्य को श्रेष्ठ मानते थे, जो मानव का नैतिक विकास एवं लोक कल्याण भी कर सके।

अरस्तू के परवर्ती आलोचकों अर्थात् रोमन आलोचकों ने काव्य के दो प्रयोजन स्वीकार किये—आनन्द और नैतिक उत्थान। होरेस ने 'आर्स पोइतिका' में काव्य-प्रयोजन शिक्षा अथवा आनन्द अथवा दोनों स्वीकार किये हैं। वर्जिल उपदेश को प्रधानता देते थे। लोंजाइनस आनन्दवादी अधिक हैं। इसी प्रकार लुक्रिटस (Lucretius) आनन्दप्रधान शिक्षा के पक्षपाती हैं। कुल मिलाकर यह कहा जा सकता है कि प्राचीन ग्रीक और रोमन साहित्यकार किसी-न-किसी रूप में मूल्यवादी ही रहे हैं, शिक्षा अथवा उपदेश से वे अपना पूर्णतः पल्ला न छुड़ा सके हैं।

मध्यकालीन साहित्यकारों ने काव्योद्देश्य आनन्द तो स्वीकार किया, फिर भी उपदेश को वह अनिवार्य रूप से ग्रहण किये रहे। सन्त आगस्तिन ने 'क्रिश्चियन डॉक्ट्राइन' (Christian Doctrine) में तथा दांते ने अपने पत्र (Letter to Can Grande Della Scala) में अपने कामदी साहित्य का प्रथमोद्देश्य मानव का सुख-विधान करना ही स्वीकार किया है। कहना यह है कि मध्यकालीन साहित्यकार भी मूल्यवादी ही अधिक थे। यही नहीं, पुनर्जागरण-काल के अधिकांश साहित्यकारों ने आनन्द पक्ष को गौण मानकर मूल्यवादी दृष्टिकोण का परिचय दिया है। इस प्रकार 16वीं शती का काव्य-सिद्धान्त भी मूल्यवादी ही अधिक ठहरता है। 17वीं शती के अंग्रेजी कवि,

अर्थात् नव शास्त्रवादी साहित्यकार तो पूर्णतः मूल्यवादी थे ही। ड्राइडन ने अपने पुस्तक 'एन एस्से आफ ड्रामाटिक पोयट्री' (A Essay of Dramatic Poetry—for the delight and instruction of mankind) में आनन्द के साथ उपदेश पर भी बल दिया है।

स्वच्छन्दतावादी युग के यूरोपीय आलोचक यद्यपि कलावादी अधिक थे; फिर भी उन्होंने नैतिक मूल्यों की अवहेलना नहीं की है। महाकवि वर्ड्सवर्थ ने 'बैलड्स' में नैतिक (Moral) शब्द का प्रयोग किया है। यही नहीं, उन्होंने प्राकृतिक शिक्षा को काव्य-विषय के रूप में भी स्थान दिया है। पी० बी० शैले ने अपने लम्बी कविता 'प्रॉमेथियस अनबाउण्ड' (Prometheus Unbound) की भूमिका में नैतिक आदर्शोन्मुखी होने का दावा (Beautiful idealism of Moral excellence) किया है। कहना यह है कि प्लेटो पूर्वकाल से 18वीं शती उत्तरार्द्ध तक पश्चिमी साहित्य-जगत में कला की मूल्यवादी मान्यताओं का न्यूनाधिक प्रभाव अवश्य रहा है। यद्यपि स्वच्छन्दतावादी साहित्यकार पर्याप्त सौन्दर्योन्मुख थे; फिर भी उन्हें पूर्णतः कलावादी अथवा पूर्णतः समाज-निरपेक्ष होकर कला को मात्र कला के रूप में देखने वाला नहीं माना जा सकता।

परन्तु 19वीं शती के मध्य में ही, अर्थात् अंग्रेजी रोमांटिक काल के समान्तर ही कुछ साहित्यकारों ने यह मान्यता उपस्थित की कि काव्य मात्र हृदय एवं अनुभूति का विषय है। काव्य नीति के क्षेत्र की वस्तु नहीं, वरन् नीति से सर्वथा स्वतन्त्र अनुभव की चीज है। इस विचारधारा के प्रबल समर्थक, फ्रांसीसी एवं अमरीकी साहित्यकार थे। फ्रांसीसी लेखक ने तो 'कला, कला के लिए' सिद्धान्त का प्रतिपादन ही किया था।

वस्तुतः इस सौन्दर्यवादी (Aestheticism) अथवा कला वादी साहित्यिक प्रवृत्ति के उद्भव का श्रेय जर्मन रोमांटिक आन्दोलन के प्रमुख दार्शनिक-लेखकों— कान्ट (Kant), शेलिंग (Schelling), गोथे (Goethe) और शिलर (Schiller) को जाता है, जो कि कला को स्वतन्त्र मानते थे। 'काव्य एवं काव्य-शास्त्र विश्वकोश' के अनुसार— "The genesis of this view of art (Aestheticism) can be traced to the writers and philosophers of the German romantic movement—Kant, Schelling, Goethe, and Schiller—Who were agreed that art must be autonomous."[1]

कान्ट कला-कृति के विशुद्ध एवं निस्पृह अस्तित्व ('Pure' and disinterested existence of the work of art) पर सर्वाधिक बल देते थे। शिलर के लिए रूप-विधान (all important is form) ही महत्त्वपूर्ण था। गोथे कला-कृति को एक स्वतन्त्र संघटना (Work of art as an independent organism) के रूप में देखते थे। शेलिंग उसे (कला-कृति को) सार्वभौम अथवा सर्वव्यापी की विशिष्ट, किन्तु विलक्षण अभिव्यक्ति (Art as a unique revelation of the universal in the paricular) मानते थे। कहना

1. Alex Preminger : Encyclopedia of Poetry and Poetics, p. 6.

यह है कि ये जर्मन विचारक कला को मूल्यवादी दृष्टिकोण से न देखकर, सौन्दर्यवादी दृष्टि से देखते थे।

जर्मन के इन दार्शनिक साहित्यकारों के विचारों का व्यापक प्रभाव पड़ा है। इन विचारों का प्रसरण करने वले लेखकों में इंग्लैण्ड के कार्लाइल (Carlyle) एवं कॉलरिज (Coleridge); अमरीका के इमरसन (Emerson) और पो (Poe); फ्रांस के म्मदु स्टेल (Mme de Stael), विक्टर कजिन (Victor Cousin) आदि के नाम उल्लेखनीय हैं। सम्भवत: सर्वप्रथम 'कला, कला के लिए' (Art for Art's Sake) सूत्र-कथन; मूलत: फ्रांसीसी भाषा में 'ल' आर्ट पोर 'ल' आर्ट' ('L' art pour l' art) के उद्‌भावक फ्रांसीसी साहित्यकार विक्टर कजिन ही थे, जिन्होंने सर्वप्रथम इस सूत्र को अपने भाषणों के दौरान 1818 में अभिव्यक्त किया था। उनके ये भाषण 1836 में सर्वप्रथम प्रकाशित हुए थे। इस प्रकार यह सिद्धान्त (कला, कला के लिए) विश्वमनीषियों के समक्ष सर्वप्रथम 1836 में आया, जबकि स्वच्छन्दतावादी काव्यधारा अपने चरम पर थी। 'काव्य-शास्त्र विश्वकोश' के अनुसार— "Cousin is reported to have made use of the phrase' 'L' art pour l' art' in his lectures on Le Vrai, Le Beauet le Bien of 1818 (Which were not printed until 1836)"[1]

सौन्दर्यवादी अथवा कलावादी प्रवृत्ति के सर्वप्रथम प्रभावकारी रचनाकार कदाचित् गाउटियर (Guatier) हैं। अमरीकी साहित्यकार 'एडगरऐलन पो' भी उच्च कोटि के कलावादी लेखक हैं। इन दोनों से प्रभाावित होकर ही फ्रांसीसी कवि बौदलेर (Baudelair) ने सौन्दर्यपरक अनुभूति पर विशेष बल दिया है। वे अन्तिम सत्य की उपलब्धि मात्र साहित्य-सृजन के माध्यम से ही करना चाहते हैं। बौदलेर से प्रभावित फ्रांसीसी प्रतीकवादी कवि मलार्मे, बर्लेन, रिमबद आदि भी पूर्णत: कलावादी हैं। कुल मिलाकर यह कहा जा सकता है कि जर्मन, फ्रांसीसी एवं अमरीकी साहित्य-जगत में कलावादी प्रवृत्ति 19वीं शती के मध्य में पर्याप्त रूप से विकसित हुई। और इस विकास के अन्यान्य वादों—प्रभाववाद, अभिव्यंजनावाद अतियथार्थवाद आदि—को भी पर्याप्त प्रभावित किया। वरन् कहना तो यहाँ तक समीचीन होगा कि उपरिलिखित इन वादों की आधार-शिला ही कलावादी अथवा सौन्दर्यवादी भूमि पर रखी गई है।

इंग्लैण्ड में कलावादी अथवा सौन्दर्यवादी प्रवृत्ति के विकास में फ्रांसीसी प्रभाव का थोड़ा-बहुत हाथ अवश्य रहा है। इस काव्य-दृष्टिकोण के उल्लेखनीय अंग्रेजी साहित्यकार वाल्टर पेटर (Walter pater), आस्कर वाइल्ड (Oscar Wilde), अर्थर सइमन्स (Arthur Symons), एडमंड गूज (Edmund Goose) आदि हैं। किन्तु कला का यह सौन्दर्यवादी दृष्टिकोण भी अधिक प्रिय नहीं हो सका है। इस सिद्धान्त के प्रबल समर्थक पेटर ने स्वयं महान साहित्य को लोक-कल्याण का साधक मानकर अपने

---

1. Alex Preminger : Encyclopedia of Poetry and Poetics, p. 6.

मूल्यवादी रुझान का परिचय दिया है। यही नहीं, जॉन रस्किन, आर्नल्ड, बैबिट, इलियट आदि तो इस सिद्धान्त के कठोर आलोचक ही हैं। इसके साथ ही, मार्क्सवादी विचाकर भी इस सिद्धान्त की निन्दा करते हैं। चीन में माओ ने 'प्राबलेम्स ऑफ आर्ट एण्ड लिट्रेचर' नाम परिपत्र में तथा स्टालिन ने रूस में इस सिद्धान्त के नितान्त विपरीत साहित्य को सिद्धान्त-प्रचार का अस्त्र माना है। यद्यपि ट्राटस्की ने अवश्य कला के क्षेत्र में पार्टी-हस्तक्षेप को अमान्य घोषित किया है; फिर भी वह कलावादी दृष्टिकोण के समर्थक नहीं कहे जा सकते। कॉडवेल तो कलावादी विचारों को, बुर्जुआ संस्कृति की नीच वृत्ति का प्रतिफलन मान, उनकी कड़ी निन्दा करते हैं।

कुल मिलाकर यह कहा जा सकता है कि विश्व-साहित्य में मूल्यवादी एवं कलावादी धाराएँ समान रूप से बहती रही हैं। कोई भी युग ऐसा नहीं, जहाँ इन दोनों साहित्यिक प्रवृत्तियों का न्यूनाधिक रूप में न ढूँढ़ा जा सके। यदि मूल्यवादी अथवा नीतिवादी धारा का इतिहास अति प्राचीन है, जिसके उन्नयन में अनेक दार्शनिक, साहित्यकार एवं विचारकों—प्लेटो, दांते, सिडनी, वर्ड्सवर्थ, आर्नल्ड, टॉल्सटाय, रस्किन, इलियट रिचर्ड्स आदि— ने पर्याप्त योगदान किया है; तो कलावादी धारा भी कम विस्तीर्ण नहीं। इसके विकास में भी विभिन्न लेखकों एवं साहित्यकारों—इमरसन, पो, कार्लाइल, कॉलरिज, ह्विसलर, आस्कर वाइल्ड, जे० ई० स्पिनगार्न, ए० सी० ब्रैडले, ए० सी० स्विनबर्न आदि—ने महत्वपूर्ण भूमिका निभाई है। वस्तुत: किसी भी युग-विशेष में ये दोनों ही प्रवृत्तियाँ न्यूनाधिक रूप में सक्रिय रही हैं। हमारे साहित्य में भी इन दोनों ही प्रवृत्तियों के दर्शन होते हैं।

संस्कृत-साहित्य में रस-सिद्धान्त सामाजिक के आनन्द को साध्य मानने के कारण जिस प्रकार मूल्यवादी धारा का समर्थक माना जा सकता है, उसी प्रकार काव्य में अलंकार, रीति आदि सम्प्रदायों को उनके द्वारा कलापक्ष पर बल दिये जाने के कारण कलावादी धारा का समर्थक स्वीकार करना होगा। हिन्दी-साहित्य में प्रेमचन्द यदि मूल्यवादी दृष्टि के समर्थक हैं, तो प्रसाद जी कलावादी दृष्टि के। इसी प्रकार जहाँ आचार्य द्विवेदी कला का अंतिम लक्ष्य मानव-हित-चिंतन मानते हैं, वहीं इलाचन्द्र जोशी कला में उपदेश या नीति ढूँढ़ना कुत्सित मानते हैं। जोशी जी ने लिखा है—"उच्च अंग की कला के भीतर किसी तत्त्व की खोज करना सौन्दर्य देवी के मन्दिर को कलुषित करना है।" इधर राष्ट्रकवि मैथिलीशरण गुप्त की उक्ति—"मानते हैं जो कला को कला के अर्थ ही, स्वार्थिनी करते कला को व्यर्थ ही'—यदि पूर्णत: मूल्यवादी है; तो कविवर 'दिनकर' का यह कथन—"वसन्त का गुलाब और कवि के स्वप्न अपने में पूर्ण होते हैं, वे किसी को को कुछ सिखाने के लिए नहीं होते"—पूर्णत: कलावादी। यही नहीं, 'साहित्यालोचन' में बाबू श्यामसुन्दरदास भी—"उस अवस्था में 'कला, कला के लिए' का हमारे लिये इतना ही अर्थ रह जाता है कि कला एक स्वतन्त्र सृष्टि है। कला-सौन्दर्य और कला-अभिव्यंजना के अपने कुछ नियम हैं"—कलावादी के रूप में मुखरित हुए हैं, जो स्पष्टत: पश्चिम का प्रभाव है।

9
प्रतीक और प्रतीकवाद
(Symbol and Symbolism)

सामान्यतः 'प्रतीक' शब्द का अर्थ 'संकेत', 'चिह्न', 'प्रतिरूप', 'उपलक्षण' समझा जाता है। साहित्य में प्रतीक शब्द उस गोचर वस्तु के लिए प्रयुक्त होता है, जो किसी अगोचर अथवा अप्रस्तुत विषय का प्रतिविधान करती हो। कहना यह है कि किसी अदृश्य वस्तु, अथवा भाव को व्यक्त करने के लिए किसी दृश्य वस्तु का प्रस्तुतीकरण उस अदृश्य (वस्तु अथवा भाव) का प्रतीक होगा तथा साहित्य में अमूर्त, अदृश्य अश्रव्य एवं अप्रस्तुत विषय का प्रतिनिधित्व मूर्त, दृश्य, श्रव्य एवं प्रस्तुत विषय द्वारा किया जाना ही प्रतीक-पद्धति का प्रयोग कहलायेगा। शब्दार्थ और प्रतीकार्थ में भेद होता है। डॉ० चन्द्रकला के अनुसार—"शब्दार्थ मिलने से जो भाव स्पष्ट होता है, वह शब्दों की पहचान पर अवलम्बित रहता है। प्रतीक से, शब्दों के अन्तरंग में पैठकर उसके मर्म को समझने के साथ उसमें नये अर्थों की उद्भावना भी सम्भव होती है।"[1]

अपने मूल अर्थ में 'प्रतीक' किसी व्यक्ति, विषय, घटना अथवा क्रिया की ओर संकेत करने सम्बन्धी अर्थ तक ही सीमित थे। किन्तु आज हमारा सामाजिक, सांस्कृतिक, राजनैतिक, धार्मिक, साहित्यिक एवं कलात्मक जीवन प्रतीकों से आक्रान्त है; यहाँ तक कि मनोविज्ञान में भी अवचेतन मन और स्वप्निल संसार की व्याख्या प्रतीकों के माध्यम से ही होती है। कहना यह है कि आज ज्ञान-विज्ञान की सभी शाखा-प्रशाखाएँ प्रतीकों के सहारे ही अपना अर्थविस्तार करती हैं। प्रतीक का बिम्ब, मिथ आदि से स्पष्ट अंतर है।

'मिथ' में विश्वास की प्रधानता रहती है, भले ही वह विश्वास अंधविश्वास के स्तर को ही क्यों न पहुँच गया हो। मिथ का विश्वास सामाजिक परम्पराओं से सन्नद्ध होने के कारण रूढ़ हो जाता है। कुल मिलाकर यह कहा जा सकता है कि मिथ किसी जाति-विशेष के सामाजिक, धार्मिक अथवा सांस्कृतिक जीवन से सम्बन्धित वह प्रतीक होती है, जिसमें मिथ्या तत्त्व अधिक होता है तथा जिसका सम्बन्ध उस जाति अथवा समाज-विशेष के लोगों के प्राचीन सांस्कृतिक अथवा धार्मिक जीवन-विश्वासों से अनवरत रूप से जुड़ा रहता है और जिसमें अर्थविस्तार, परिवर्तन अथवा संकुचन की कोई सम्भावना नहीं होती; जबकि प्रतीक पूर्णतः व्यक्तिगत हो सकते हैं, उनका अर्थपरिवर्तन, अर्थविस्तार अथवा अर्थ-संकोच भी प्रयोक्ता के पूर्णतः अधीन होता है। इसलिए डॉ० कुमार विमल मिथ को 'सामूहिक चेतना' की उपज मानते हैं तथा प्रतीक को 'व्यक्ति चेतना' की। उन्हीं के शब्दों में—"मिथ का ग्रीक अर्थ है—'मुँह से निकला हुआ। मिथ, मनुष्य की सामूहिक चेतना की उपज है और प्रतीक व्यक्ति

---

1. आधुनिक हिन्दी काव्य में प्रतीकवाद : डॉ० चन्द्रकला (पाश्चात्य साहित्य-शास्त्र की भूमिका, पृ० 123 से उद्धृत)

चेतना की। मिथ को कपोल-कल्पना के रूप में ही अधिक ग्रहण किया जाता है।''[1]

कभी-कभी बिम्ब धीरे-धीरे प्रतीक का रूप ले लेते हैं। किसी बिम्ब की एकाधिक आवृत्ति उसे प्रतीक का रूप दे देती है। प्रारम्भ में काव्यकार को उपमेय (वस्तु) और उपमान—दोनों का वर्णन करना पड़ता है, किन्तु कालान्तर में अर्थ निश्चित हो जाने पर मात्र उपमान का ही उल्लेख होता है। ऐसी स्थिति में यह निश्चित अर्थावधारणा का बोध कराने वाला उपमान ही प्रतीक कहलायेगा। बिम्ब किस प्रकार प्रतीक का रूप धारणा कर लेता है, इस बात को जायसीकृत 'पद्मावत' की इस पंक्ति से समझा जा सकता है—

'हीरामन जो कमल बखाना, सुनि राजा होइ भँवर भुलाना'।

इस पंक्ति में 'भँवर' एवं 'कमल' का बिम्बगत प्रयोग हुआ है। अब प्रतीकगत प्रयोग भी द्रष्टव्य है—

'भवर जो पावा कँवल, कह बहु चिंता बहुकेलि'

बिम्ब में चित्रोपमता का अधिक महत्त्व होता है, प्रतीक में प्रभाव-साम्य पर बल दिया जाता है। प्रतीक में किसी भाव-विशेष की अभिव्यक्ति होती है, बिम्ब में सम्पूर्ण दृश्य के चित्रण का प्रयास।

प्रतीक का ध्येय भाव अथवा विचार की ओर संकेत करना होता है, जबकि बिम्ब का उसे (भाव अथवा विचार को) मूर्त रूप देकर प्रेषणीय बनाना। प्रतीक अनुभूति की स्थूलता को तीव्रता एवं गहनता प्रदान करके प्रेषित करता है, जबकि बिम्ब सूक्ष्म और रूपहीन मनोभावों को रूप प्रदान करके सुसंवेद्य और संप्रेषणीय बनाता है। कहना यह है कि प्रतीक भावोद्गारों को और अधिक सूक्ष्म एवं गहन बनाता है; बिम्ब उन्हें और अधिक स्थूल एवं चित्रात्मक। साहित्य में प्रतीकों का प्रचलन पर्याप्त प्राचीन है। भारत में वैदिक-साहित्य से ही प्रतीकों का प्रचलन है। पाश्चात्य जगत में भी प्लेटो की अनुकरण-सम्बन्धी अवधारणा का प्रतीक-पद्धति से सम्बन्ध स्थापित किया गया है। यही नहीं, ईसाइयों का प्रसिद्ध धर्मग्रन्थ बाइबिल तथा ईसाई संतों की रहस्यात्मक काव्यधारा भी किसी-न-किसी रूप में प्रतीकवादी मानी गई है।

प्रतीकवाद

साधारण अर्थ में प्रतीकों के माध्यम से विषय का प्रतिविधान प्रतीकवाद कहा जा सकता है। इस दृष्टि से प्रतीकवाद का प्रचलन विश्व-साहित्य में हजारों वर्ष प्राचीन है। कहना यह है कि फ्रांस के कवियों द्वारा प्रणीत एवं इन कवियों से प्रभावित अन्य देश के कवियों द्वारा प्रचारित यह प्रतीकवादी आन्दोलन अति प्राचीन इसलिए माना जा सकता है, क्योंकि साहित्य में भाषा का प्रतीकात्मक प्रयोग, भारत में उपनिषद्-काल तथा पश्चिम में प्लेटो और ईसाई संतों के समय से ही मिलता है। फिर भी अपनी

1. सौन्दर्यशास्त्र के तत्व : (पाश्चात्य साहित्यशास्त्र की भूमिका : पृ० 126 से उद्धृत)

आधुनिक अवधारणानुरूप प्रतीकवाद 19वीं शती ईसवी का साहित्य-आन्दोलन है। ऐतिहासिक दृष्टि से प्रतीकवाद फ्रांसीसी काव्य-जगत का पारनेसियनिज्म (Parnassianism) के बाद का आन्दोलन है। यह पारेनेसियनिज्म और रियलिज्म के विरोध में उत्पन्न होने वाली काव्य-प्रवृत्ति है। उन दिनों फ्रेंच-साहित्य विज्ञानसम्मत, विवेकवादी एवं यथार्थवादी प्रवृत्ति से आक्रांत था। सन् 1865 में प्रारम्भ होने वाले 'पारनेसियनिज्म' के प्रतिनिधि कवि [प्रथम प्रमुख कवि कतूल (Catulle)] कविता को पूर्णत: अवैयक्तिक एवं वस्तुनिष्ठ मानते थे। वे काव्य-विषयों को विज्ञान, इतिहास, प्रकृति तथा समकालीन जीवन से ग्रहण कर उनका पूर्णत: अवैयक्तिक (Nonpersonal) अथवा निर्वैयक्तिक प्रतिपादन करने के पक्ष में थे। उनका प्रधान उद्देश्य हर स्थिति का यथावत चित्रण करना था। वे पूर्ववर्ती साहित्यिक परम्पराओं के पालन का विशेष ध्यान रखते थे। फलत: कवि द्वारा अनुभूत जीवन की सघन अनुभूतियों और भावनात्मक संवेदनाओं की साहित्य-जगत में चर्चा प्राय: नगण्य-सी हो गई थी। अत: फ्रेंच साहित्य की इस विज्ञान सम्मत यथार्थवादी एवं वस्तुपरक साहित्यिक प्रवृत्ति के विरोध में 19वीं शती के उत्तरार्द्ध में प्रतीकवादी काव्य-धारा का उन्मेष हुआ। 1886 में सितम्बर मास में प्रतीकवादी काव्य-धारा के समर्थक कवियों ने [जिन्हें उन दिनों फ्रांसीसी साहित्य में 'क्षयोन्मुखी' कवियों (Decadents) के नाम से जाना जाता था।] कवि जीन मोरेआस के नेतृत्व में प्रतीकवाद का घोषण-पत्र प्रकाशित किया, जिसके अनुसार कला के क्षेत्र में सृजनात्मक प्रवृत्ति को व्यक्त करने के लिए मात्र प्रतीकवाद को ही सक्षम ठहराया गया। उनकी (प्रतीकवादी कवियों की) घोषणा का प्रधानोद्देश्य विचार अथवा भाव को संवेदनात्मक रूप में ही अभिव्यक्त करना था। इस प्रकार 1886 से फ्रांसीसी साहित्य-जगत में प्रतीकवादी साहित्य-धारा का विकास प्रारम्भ हुआ तथा उसी वर्ष कला के क्षेत्र में भी प्रतीकवादी चित्रों की प्रदर्शनी का आयोजन भी फ्रांस में ही हुआ।

प्रतीकवादी कवि साहित्य में शब्दों के वाच्यार्थ अर्थात् अभिधात्मक प्रयोग के स्थान पर प्रतीकात्मक एवं व्यंजनात्मक प्रयोग के आग्रहशील हैं। इस आन्दोलन का मुख्य उद्देश्य यथार्थात्मक नग्न चित्रण एवं अभिव्यक्तियों को रोकना तथा यथार्थात्मक नग्न चित्रण के स्थान पर साहित्य-कला में प्रतीकात्मक चित्रण को प्रोत्साहन देना था।

मलार्मे कविता को संगीत अथवा गणित की भाँति विशुद्ध मानते थे। इस प्रकार प्रतीकवाद एक प्रकार से शुद्ध कविता की खोज का आन्दोलन है। इसमें भाषा के ऐसे सांकेतिक प्रयोग किये जाते हैं, जिनसे काव्यगत स्थूल तत्वों का ह्रास होता है। परिणामत: कविता संगीत के समकक्ष पहुँच जाती है या संगीत के समान ध्वनित होती है। कहना यह है कि भाषा का ऐसा सांकेतिक प्रयोग जिससे दूसरा ही अर्थ व्यंजित हो 'प्रतीकवाद' है। 'काव्य एवम् काव्यशास्त्र-विश्वकोश' में प्रतीकवाद को परिभाषित करते हुए लिखा गया है—"Symbolist poetry is a poetry of indirection, in which objects tends to be suggested rather than named or to be used primarily for an evocation of mood. Ideas may be important, but are characteristically presented obliquely through a variety of symbols and must be apprehended largely by intuition and feeling...............For the symbolists the power of the word goes far beyond ordinary denotative verbal limits through suggestive developments ....of musicality and connotative sound relationships."[1]

"प्रतीकवादी काव्य, वक्रताप्रधान काव्य है, जिसमें विषय अथवा वस्तुओं का वर्णन अभिधात्मक न होकर व्यंजनात्मक होता है अथवा (इसमें वस्तुओं का) प्रयोग मूलत: चित्तवृत्ति अथवा भावावस्था के उद्‌बोधन के लिए होता है। विचार महत्त्वपूर्ण हो सकते हैं, किन्तु विचारों को विशेषतया विभिन्न प्रतीकों के माध्यम से वक्रोक्ति के सहारे प्रस्तुत किया जाता है और (विचारों का) बोध विशद रूप से स्वानुभूति तथा संवेदना के द्वारा होता है।...........प्रतीकवादियों के लिए शब्द-शक्ति का संवर्धन शब्दों के व्यंजनात्मक या ध्वन्यात्मक उन्नयन से होता है, जिसके कारण शब्द अपनी अभिधायकात्मक या वाचक सीमाओं का अतिक्रमण कर जाते हैं............(और) संगीतमयता तथा लक्षणार्थक ध्वनि में अन्वय (Relationships) स्थापित करते हैं।" इस बात को स्पष्ट रूप से कबीरदास जी के निम्न दोहे से समझा जा सकता है—

माली आवत देखि कैं कलियाँ करैं पुकारि।
फूले फूले चुनि लिए, कालि हमारी बारि॥

यहाँ पर माली, कलियाँ, फूल आदि शब्दों का प्रयोग लक्षणार्थ प्रधान प्रतीकात्मक है तथा सम्पूर्ण दोहा मृत्यु-भय-जनित विषाद की व्यंजना कर रहा है।

प्रतीकवाद में वर्ण, गंध, स्पर्श, आदि ऐन्द्रिय बोधों के उद्रेक द्वारा एक विशेष प्रकार की अनिश्चित एवं अस्पष्ट अनुभूति उत्पन्न कराने का प्रयास किया जाता है। किसी भी प्रत्यक्ष जड़ अथवा चेतन पदार्थ के वर्ण, गंध अथवा स्पर्श से मानव मन में कोई-न-कोई भावना जन्म लेती है। यह भावना स्वाभाविक रूप से हमारा ध्यान किसी अन्य वस्तु की ओर ले जाती है, जो गुण धर्म में उस वस्तु के समान हो, परन्तु वह ध्वनित वस्तु मात्र भावनात्मक अस्तित्व ही रखती है। वस्तु अथवा पदार्थ का यह भावनात्मक अस्तित्व बोध कराने का उपक्रम ही साहित्य में प्रतीकवाद कहलाता है।

प्रतीकवाद एक प्रकार का काव्यात्मक रहस्यवाद भी है। इस बात का स्पष्टीकरण करते हुए अंग्रेज कवि यीट्स (W. B. Yeats) ने कवि बर्नस् (Burns) की निम्न पंक्तियाँ उद्धृत की हैं—

"The White moon is setting behind the white wave
And the time setting with me oh !"

---

1. Alex Preminger : Encyclopedia of Poetry and Poetics, p. 836.

यहाँ पर लहरों और चन्द्रमा की गौरता (Whiteness) समय की श्वेतता की ओर संकेत करती है। समय की श्वेतता मन को विशाद एवं क्षोभ से आक्रांत करती है। इस प्रकार श्वेतता विषाद का प्रतीक बनकर एक प्रकार के रहस्यमय वातावरण का सृजन करती है। बताया जा चुका है क प्रतीकवादी आन्दोलन का उद्‌भव पारनेशियनिज्म एवं रियलिज्म के विरोध में हुआ था, जिस पर आदर्शवाद, स्वच्छन्दतावाद, रहस्यवाद एवं संगीत का प्रभाव था। स्वच्छन्दतावाद और प्रतीकवाद में कुछ-न-कुछ सम्बन्ध अवश्य रहा है। इसके साथ ही, दार्शनिक एवं सौन्दर्यवादी दृष्टि से प्रतीकवाद रहस्यवाद एवं आदर्शवादोन्मुख है। प्रतीकवादियों द्वारा बुद्धि तत्त्व का तिरस्कार ही उन्हें रहस्योन्मुख बनाता है, क्योंकि रहस्यवाद का सम्बन्ध पारलौकिक चिन्तन से होने के कारण उसमें विवेक का स्थान गौण हो जाता है। परिणामतः वे बौद्धिकता के स्थान पर आध्यात्मिक संकल्पनाओं की स्थापना करते हैं। प्रतीकवादियों की आदर्शवादिता एवं रहस्यात्मकता की ओर जो रुझान है। उसमें जर्मन आदर्शवादी दार्शनिक हीगेल एवं शोपेनहावर का प्रभाव परिलक्षित होता है। प्रतीकवादी आन्दोलन पर विश्व-चिन्तना का बड़ा विस्तृत एवं व्यापक प्रभाव रहा है। काव्यशास्त्र विश्वकोश के अनुसार यह प्रभाव देश-विदेश के लेखकों एवं दार्शनिकों का है; उदाहरण के लिए—यह प्रभाव ब्रिटेन के कवि कॉलरिज, कीट्स, शैले, स्विनबर्न, दर्शनशास्त्री एवं साहित्यकार रस्किन, कार्लाइल, पेटर आदि; जर्मन दर्शन शास्त्री हीगेल, शिलर, संगीतकार वेग्नर (Wagner) आदि; अमेरिकन साहित्यकार पो (Poe), ह्विटमैन, इमरसन आदि का है।

प्रतीकवाद को सर्वाधिक प्रभावित करने वाले जर्मन संगीतज्ञ वेग्नर तथा अमेरिकन कवि पो थे। वेग्नर ने संगीत एवं काव्य में सम्बन्ध स्थापित करने पर विशेष बल दिया। पो का काव्य तो अनेकों फ्रांसीसी प्रतीकवादियों के लिए प्रेरणादायक आदर्श था। पो को कविताओं के अतिरिक्त उनके सिद्धान्तों ने भी प्रतीकवादियों को विशेष रूप से प्रभावित किया। पो 'कविता, कविता के लिये' लिखे जाने वाले सिद्धान्त के पक्षपाती थे। वे काव्य में पूर्ण सौन्दर्य (Absolute beauty) एवं विषाद की अभिव्यक्ति आवश्यक मानते थे। विश्वकोशकार के अनुसार—"Poet, who came to prefigure an ideal of the poet for several of the great French Symbolists...........Poe's theories proclaimed the idea of an absolute Beauty and the importance of the poem "Written Solely for the poem's sake"; urged in poetry " a Certain taint of sadness."[1]

फ्रांसीसी लेखकों में प्रतीकवादियों पर अन्तोयन हरोत (Antoine Heroet), रूसो आदि का प्रभाव भी, सम्भवतः पड़ा होगा। सैंट ब्युव (Saint-Beuve) तो प्रतीकवाद को अग्रदूत (Precursor) ही कहे जाते हैं। चार्ल्स बाउदलेर (Charles Baudelaire--1821-67) प्रथम महान फ्रांसीसी प्रतीकवादी कवि माने गए हैं, जिनसे कि उन्नीसवीं शती के

1. Alex Preminger : Encyclopedia of Poetry and Poetics, p. 36-37.

उत्तरकालीन तीन महान फ्रांसीसी प्रतीकवादी कवियों (वर्लेन, रिमबद तथा मलार्मे) ने पर्याप्त प्रभाव ग्रहण किया है। इनमें से पॉल वर्लेन (Paul Verlaine—1844-96) प्रसिद्ध फ्रांसीसी गीतकार हैं। अर्थर रिमबद (Arthur Rimbaud—1854-91) किशोरों में प्रमुख प्रतीकवादी कवि हैं। कहा जाता है कि रिमबद की प्रतीकवादी कविताओं का प्रथम महत्त्वपूर्ण संग्रह उनकी सत्तरह वर्ष की अवस्था में ही प्रकाशित हो गया था तथा उन्होंने अपनी उन्नीसवीं वर्षगाँठ से पूर्व ही कविता-जगत से त्यागपत्र दे दिया था। वे कवि को ऐन्द्रिजालिक (Mage) एवं भविष्य दर्शी (Seer) मानते थे, फलत: काव्य में रहस्य की उत्पत्ति उनकी दृष्टि से आवश्यक थी। इस प्रकार फ्रांसीसी प्रतीकवादी कविता का रहस्योन्मुख होना अनिवार्य था।

इस महान फ्रांसीसी प्रतीकवादी कवित्रयी में स्टीफेन मलार्मे (Stephane Mallarme 1842-98) अन्तिम एवं कदाचित् सर्वोत्तम प्रतीकवादी कवि हैं। मलार्मे फ्रांस के सर्वाधिक कठिन कवियों में से हैं। हिन्दी के आचार्य केशवदास जी की भाँति ही वे भी 'कठिन काव्य के प्रेत' समझे जाते हैं। मलार्मे के काव्य में निराशा का स्वर प्रधान है। वे शब्द-प्रतीकों की संगीतमयता एवं व्यंजनात्मकता के आधार पर कवि को अपने सौन्दर्य परक एवं आध्यात्मिक आदर्श की अभिव्यक्ति की सलाह देते हैं। ऐसा उनके काव्य में पाया भी पाया जाता है। मलार्मे कविता को एक रहस्य मानते हैं, जिसके आवरण को भेदने की कुंजी पाठक को तलाशनी चाहिए। काव्य में रहस्यमयता की उत्पत्ति के लिए वे काव्य को व्यंजना-प्रधान अथवा ध्वनि-प्रधान (Full of Suggestion) होना अनिवावर्य बताते हैं। उन्हीं के शब्दों में—"To name an object is to suppress three fourths of the delight of the poem which is derived form the pleasure of diving little by little : to suggest it' that is the dream."[1]

वर्लेन और मलार्मे के भिन्न-भिन्न प्रभावों के कारण फ्रांसीसी प्रतीकवादी कवि, वस्तुत: दो दलों में विभक्त भी किए गए हैं। प्रथम दल के नेता वर्लेन (उनके अनुयायी ली कार्डोनल, समेन आदि) हैं, जो मन की अस्पष्ट एवं अर्धचेतन भावदशाओं की अभिव्यक्ति प्रत्यक्ष रूप में उचित प्रतीकों के माध्यम से सरल ढंग से करने के पक्षपाती हैं तथा दूसरे दल के कवि मलार्मे की प्रमुखता स्वीकार कर उनकी धारा में बहने वाले (कवि घिल, दुबुस, हेनरी आदि) हैं। मलार्मे क्लिष्ट, दुर्बोध एवं संश्लिष्ट अभिव्यक्ति को प्रतीकवादी साहित्य के लिए उचित मानते हैं।

यद्यपि फ्रांस में 19वीं शती के अन्तिम दिनों में ही प्रतीकवादी काव्य-धारा निश्शेष होने लग गई थी, तथापि फ्रांस के बाहर प्रतीकवादी आन्दोलन आज तक कला एवं साहित्य के क्षेत्र में महान, प्रेरक एवं प्रभविष्णु काव्यान्दोलनों में से एक रहा है। इंग्लैण्ड में अर्थर सइमन्स, एरनस्ट डाब्सन, वाल्टर डी० ले० मेयर बर्नस, कीट्स, आडिन, आस्कर वाइल्ड, इलियट, स्पेण्डर आदि; जर्मन में स्टीफन जार्ज; आस्ट्रिया में

---

1. Quoted from 'Encyclopedia of Poetry and Poetics' p. 838.

ह्यूगो बोन; रूस में एलेक्सैंडर ब्लोक; अमेरिका में एमी लावैल आदि अनेक विदेशी साहित्यकारों ने प्रतीकवादी प्रभाव ग्रहण किया है। हिन्दी-साहित्य में छायावादोपरान्त प्रगतिशील एवं प्रयोगवादी कवियों में अज्ञेय प्रमुख प्रतीकवादी कवि माने जा सकते हैं।

कुल मिलाकर यह कहा जा सकता है कि विश्व-साहित्य पर प्रतीकवाद का प्रभाव पर्याप्त विस्तृत एवं गहन है। आज भी यह प्रभाव पूर्णतः निश्शेष नहीं हुआ है। अतुकान्त छन्द अथवा मुक्त वृत्त जो इस आन्दोलन की प्रमुख देनों में से एक है, आज भी प्रभावशाली है। हिन्दी में आचार्य पं० रामचन्द्र शुक्ल ने प्रतीकवाद को 'चित्र भाषावाद' के नाम से भी अभिहित किया है।

10
बिम्ब और बिम्बवाद
(Image and Imagism)

साहित्य के क्षेत्र में कल्पना सृजनात्मक शक्ति है। कल्पना सूक्ष्म विचारों अथवा भावों को स्थूल बिम्ब के रूप में भी प्रस्तुत करती है। यद्यपि विश्व-साहित्य के स्वच्छन्दतावादी युगों में कल्पना को सर्वाधिक महत्त्वपूर्ण स्थान प्राप्त हुआ है, किन्तु स्वच्छन्दतावादोत्तर काल में बिम्ब ही महत्त्वपूर्ण काव्य-तत्त्व के रूप में गृहीत है।

बिम्ब का शाब्दिक अर्थ—चित्र, रूप अथवा आकृति है। मनोविज्ञान में 'बिम्ब' इन्द्रियों द्वारा गृहीत अनुभवों का प्रतिबिम्ब माना गया है। कहना यह है कि मनोवैज्ञानिक यह मानते हैं कि जब व्यक्ति भौतिक वस्तुओं के सम्पर्क में इन्द्रियों के माध्यम से आता है, तब उस इन्द्रिय सम्पर्क के कारण व्यक्ति के मन में उन भौतिक वस्तुओं के चित्र अथवा प्रतिबिम्ब अंकित हो जाते हैं। जो अचेतन मन में एकत्रित होते रहते हैं तथा कभी-कभी स्मृति अथवा कल्पना के सहारे मन के चेतन स्तर पर अवतरित भी हो जाते हैं। साहित्यकार अथवा कलाकार इन्हीं बिम्बों को अपनी कृतियों में स्थान देते हैं।

साहित्यकारों ने बिम्ब की अनेक परिभाषाएँ की हैं। सी० डी० लेविस 'काव्यात्मक बिम्ब' को शब्द-निर्मित एक ऐसा चित्र मानते हैं, जिसका सम्बन्ध किसी न किसी प्रकार के ऐन्द्रिक गुण से होता है। प्रसिद्ध बिम्बवादी फ्रांसिस स्टुअर्ट फ्लिंट के अनुसार किसी क्षण-विशेष में बौद्धिक एवं भावात्मक समष्टि बिम्ब है। उन्हीं के शब्दों में—"An 'Image' is that which presents an intellectual and emotional complex in an instant of time."[1]

---

1. Imagism : poetry : Vol. I N0. 6 (March, 1913) Quoted from 'Imagism' : S.K. Coffman, p. 9.

एक अन्य विद्वान ने बिम्ब को ऐसा शब्द माना है जो ऐन्द्रियानुभव कराने में सहायक होता है। डॉ० नगेन्द्र के अनुसार, ''काव्य-बिम्ब शब्दार्थ के माध्यम से कल्पना द्वारा निर्मित एक ऐसी मानस-छवि है, जिसके मूल में भाव की प्रेरणा रहती है।'' काव्य-बिम्ब के प्रमुख पाँच लक्षणों के आधार पर बिम्ब से स्वरूप को भली-भाँति समझा जा सकता है; यथा—

(1) चित्रात्मकता अर्थात् वस्तु अथवा भाव का ऐसा प्रतिबिम्ब जो पाठक के मन में उस वस्तु का चित्र अथवा आकार स्पष्टत: प्रस्तुत कर सके।

(2) शब्द रूपात्मकता, अर्थात् काव्य-बिम्ब रेखाओं में नहीं, शब्दों में प्रस्तुत किया जाता है।

(3) ऐन्द्रिकता, अर्थात् काव्य-बिम्ब ऐसा हो जो हमें ऐन्द्रियानुभव करा सके, अर्थात् काव्य-बिम्ब में पाठक की इन्द्रियों को उत्तेजित करने की क्षमता होनी चाहिए।

(4) भावोत्पादकता, अर्थात् काव्य-बिम्ब में मनोभावों के जाग्रत करने की क्षमता होनी चाहिए।

(5) आरोपण का अभाव, अर्थात् काव्य-बिम्ब मूल वस्तु से सीधा सम्बन्ध स्थापित करता है, रूपक अथवा उपमा अलंकारों की भाँति बाहर से आरोपित नहीं होता।

बिम्ब के पश्चिमी विद्वानों ने इतने भेद किए हैं कि साहित्य के समग्र तत्त्व ही बिम्ब में समाहित कर दिए हैं। हिन्दी में पश्चिम के इस प्रभाव के आधार पर बिम्ब के कुछ भेद द्रष्टव्य हैं; यथा—सरल बिम्ब, तात्कालिक बिम्ब, विशृंखलित बिम्ब, प्रतिमा शून्य बिम्ब (Abstract Image), रूपात्मक बिम्ब, आलंकारिक बिम्ब प्रतीकात्मक बिम्ब आदि। इसी तरह इन्द्रियों के आधार पर बिम्ब के पाँच भेद किए गए हैं—घ्राणपरक बिम्ब, स्वादपरक बिम्ब, ध्वनिपरक बिम्ब, चाक्षुष बिम्ब एवं स्पर्शात्मक बिम्ब। वस्तुत: ये सभी भेदोपभेद भ्रामक हैं, आलोचकों का कोरा बुद्धि विलास है; क्योंकि अपने सही एवं वास्तविक रूप में बिम्ब चाक्षुष ही होता है। यदि वह चाक्षुष नहीं है, तो बिम्ब भी नहीं है, अन्य कुछ भी हो। इन बिम्ब-भेदों की भ्रामकता की ओर संकेत करते हुए डॉ गणपतिचन्द्र गुप्त ने लिखा है—''ये भेद न केवल अनावश्यक हैं, अपितु कहीं-कहीं तो बिम्ब के मूल स्वरूप के भी प्रतिकूल हैं। यथा 'प्रतिमा शून्य बिम्ब' लीजिए। यह ऐसा है जैसा कि कोई कहे 'मधुरता शून्य मिठाई' या 'लावण्यशून्य लवण' । जब बिम्ब का लक्षण ही प्रतिमा युक्त होता है तो उसका एक भेद प्रतिमाशून्य मानना स्वतोव्याघात छोष का उदाहरण प्रस्तुत करना है।''

बिम्ब और अलंकार में भेद है। क्योंकि बिम्ब वस्तु का प्रत्यक्ष चित्रण करके पाठकों की प्रभावित करता है, जबकि अलंकार अप्रत्यक्ष या किसी अन्य वस्तु या विषय को सहायता से प्रभवोत्पादन का कार्य सम्पन्न करता है। फिर भी कुछ अलंकारों में बिम्बात्मकता तथा कुछ बिम्बों में अलंकारिता कहीं-कहीं अवश्य दिखाई देती है।

बिम्ब और प्रतीक में भी गहरा अन्तर है, यद्यपि बिम्बवादियों ने 'प्रतीकात्मक बिम्ब' तथा प्रतीकवादियों ने 'बिम्बात्मक प्रतीक' के भेद भी प्रस्तुत किए हैं। वास्तविकता यह है कि दोनों में मौलिक भेद है। सर्वप्रथम यह उल्लेखनीय है कि बिम्ब में वस्तु-बोध हमेशा ही अभिधा में प्रस्तुत किया जाता है, जबकि प्रतीक में लक्षणा अथवा व्यंजना में। दूसरे प्रतीक में शब्दों का प्रयोग हमेशा ही द्विअर्थक होता है, जबकि बिम्ब में एकार्थक। तीसरे बिम्ब का प्रधानोद्देश्य एवं प्रधान लक्षण ही चित्रात्मक होता है, जबकि प्रतीकात्मक कथन में वक्रता की प्रधानता रहती है। हाँ, इतना अवश्य कहा जा सकता है कि बिम्ब भी कालान्तर में प्रतीक का रूप ले सकते हैं।

बिम्बवाद— मूलतः बिम्बवादी आन्दोलन का उदय प्रचारोन्मुख इश्तहार बाजी (Publicity Stunt) के रूप में हुआ, जो शीघ्र ही परिस्थितियों के कारण एक गम्भीर काव्यान्दोलन का रूप धारण कर गया। कॉफ मैन के शब्दों में—"It began as a publicity stunt which circumstances soon proved to have a value beyond its immediate purpose."[1]

इस आन्दोलन का प्रारम्भ करने वाले कवियों में प्रमुख रूप से इंग्लैड के कवि रिचर्ड आल्डिग्टन (Richard Aldington), एफ० एस० फ्लिट (F. S. Flint) युवा दार्शनिक कवि टी० ई० ह्यम (T. E. Hulme) तथा अमरीकी कवि एजरा पाउण्ड (Ezra Pound) एवं कवयित्री हिल्डा डूलिटल (Hilda Doolittle) के नाम उल्लेखनीय हैं।

बिम्बवाद शब्द का सर्वप्रथम प्रयोग एजरा पाउण्ड ने 1912 के बसंत में कवयित्री हिल्डा एवं कवि रिचर्ड आल्डिग्टन की कुछ अप्रकाशित रचनाओं के अध्ययन के बाद किया। पाउण्ड ने तत्कालीन साहित्य-जगत में अमान्य इन दोनों कवियों का उल्लेख बिम्बवादी कवियों के रूप में किया है। यही नहीं, उन्होंने कुछ समयोपरान्त कुमारी हेरिट मोनरो (Harriet Monroe) को लिखे गये एक पत्र में इन कवियों को पुनः बिम्बवादी (An over elaborate post Browning Imagiste) के नाम से पुकारा। उसी वर्ष अर्थात् 1912 के नवम्बर के महीने में कुमारी मोनरो ने 'कविता' (Poetry) नामक पत्रिका में बिम्बवाद पर कुछ टिप्पणियाँ लिखीं। इस प्रकार बिम्बवादी आन्दोलन के जनक पाउण्ड कहे जा सकते हैं, यद्यपि पाउण्ड से पूर्व ही 1909 ई० में ह्यम के साहित्य-सिद्धान्तों में बिम्बवाद के कतिपय तत्व पाये जाते हैं। यह बात पाउण्ड ने ही स्वयं स्वीकार भी की है। पाउंड ने इस आन्दोलन को प्रारम्भ में अधिक गम्भीर रूप में स्वीकार नहीं किया था। उनका कहना था कि यह आन्दोलन एक 'चर्चवाक्' (Church Walk) के दौरान शुरू हुआ।

---

1. Stanley K. Coffman; JR.—Imagism : A Chapter for the History of Modern Poetry, p. 4.

कहा जाता है कि ह्यूम ने 1908 ई० में अपना प्रथम 'काव्य-क्लब' स्थापित किया था, जिससे किन्हीं कारणवश 1909 में उन्होंने फिलण्ट को अपने साथ लेकर सम्बन्ध-विच्छेद कर लिया और मार्च 1909 में एक नये 'काव्य-ग्रुप' की स्थापना की, जो '1909 का भूला हुआ काव्य-स्कूल' ('Forgotten School of 1909) के नाम से जाना गया है। पाउंड ने बिम्बवाद को इसी—'फारगेटन स्कूल' का वंशज (Descendant of a 'Forgotten School of 1909' Organized by Hulme) स्वीकार किया है और इसी तथ्य पर फ्लिंट ने अपनी पुस्तक 'हिस्ट्री आफ इमेजिज्म' (History of Imagism—1915) में प्रयाप्त प्रकाश डाला है। यही नहीं, फ्लिंट ने तो इस आन्दोलन के प्रणेता-पद श्रेय पाउंड को नहीं, वरन् ह्यूम को ही दिया है। मिलाकर यह कहा जा सकता है कि बिम्बवादी आन्दोलन का उद्‌भव 1912 में हुआ और इसका पूर्णत: विकास 1912 से 1917 के बीच हुआ। इस आन्दोलन के नामकरण कर्त्ता अमरीकन साहित्यकार एजरा पाउंड थे, जो ह्यूम के सिद्धान्तों से पर्याप्त प्रभावित थे। कहना यह है कि इस आन्दोलन के नामकरण कर्त्ता यद्यपि एज़रा पाउण्ड थे, तथापि इसके उद्‌भव एवं विकास में विभिन्न अंग्रेज एवं अमरीकी साहित्य-मनीषियों का हाथ था। 'काव्य एवं काव्यशास्त्र-विश्वकोश' के अनुसार— 'Imagism refers to a concept of poetry associated with a school or movement that flourished between 1912 and 1917.'[1]

इस आन्दोलन के उद्‌भव के मूल में ह्यूम की स्वच्छन्दतावाद विरोधी प्रवृत्ति का गहरा हाथ था। 1909 में ह्यूम ने साहित्य में स्वच्छन्दतावादी काव्य-प्रवृत्ति का विरोध तथा आभिजात्यवादी काव्य-प्रवृत्तियों के प्रतिस्थापन का भरसक प्रयास किया था। बिम्बवाद इस विरोध का प्रतिफलन माना जा सकता है। कहना यह है कि बिम्बवादी आन्दोलन का उद्‌भव स्वच्छन्दतावादी अस्पष्ट काव्य-अभिव्यक्ति के विरुद्ध प्रतिक्रियास्वरूप हुआ था। कॉफमैन ने लिखा है— 'Imagism refers to the theory and practice of a group of poets who, 'between 1912 and 1917, joined in reaction against the Careless technique and extra-poetic values of much nineteenth Century Verse."[2]

कहना यह है कि बिम्बवाद स्वच्छन्दतावादी कवियों के स्वच्छन्द काव्य-मूल्यों; भावात्मक, श्लथ, अस्पष्ट एवं स्वच्छन्द भाषा-शैली के विरुद्ध एक ऐसा साहित्यिक आन्दोलन था, जिसके प्रवर्तक कवि-साहित्यकार तत्कालीन काव्य-प्रणीत भाषा-शैली के कायाकल्प में तल्लीन थे। 'कविता एवं काव्यशास्त्र विश्वकोश' के अनुसार— 'It is possible to see imagism as an experiment toward the rejuvenation of the language of poetry...'[3]

---

1. Alex Preminger : Encyclopedia of Poetry and Poetics, p. 377.
2. S. K. Coffman : Imagism, p. 1.
3. Encyclopedia of Poetry and poetics, p. 377.

वस्तुत: बिम्बवादियों का उद्देश्य कविता को एक नई दिशा देना था; सांस्कृतिक उन्नयन के लिए कविता का मार्ग-दर्शन करना था। इस उद्देश्य पूर्ति के लिए फॉसिस स्टुअर्ट फ्लिन्ट ने मार्च 1913 में 'पोयट्री पत्रिका में बिम्बवादियों के तीन सिद्धान्तों की घोषणा की; यथा—

(1) Direct treatment of the 'thing' whether subjective or objective.

(2) To use absolutely no word that did not contribute to the presentation.

(3) As regarding rhythm : to compose in Sequence of the musical phrase, not in sequence of a metronome.[1]

डॉ० नगेन्द्र ने 'मानविकी पारिभाषिक कोश, साहित्य खंड' में पृ० 143 पर इन सिद्धान्तों का अनुवाद इस प्रकार प्रस्तुत किया है—

(1) विषयगत अथवा विषयीगत 'वस्तु' का प्रत्यक्ष चित्रण,

(2) जो चित्र-विधायक न हो, उस शब्द का बहिष्कार और

(3) लय-संगीत से युक्त शब्द-योजना।

इस प्रकार 'बिम्बवाद' 1912 एवं 1917 के बीच कुछ अंग्रेज एवं अमरीकी साहित्यकारों की वह साहित्यिक प्रवृत्ति ठहरती है; जो काव्य-प्रकृति एवं प्रयोजन के रूप में उपरिउक्त सिद्धान्तों को कार्यान्वित कर रहे थे अथवा करने के लिए कटिबद्ध थे। ये साहित्यकार आभिजात्यवादी यूनानी कवियों, जापानी कवियों, फ्रांसीसी प्रतीकवादी कवियों आदि से (The Japanese and Hebrew poets and the French Symbolists—S. K. Coffman) पर्याप्त प्रभावित थे। ये साहित्यकार बिम्बवादी साहित्यिक प्रवृत्ति एवं 'टेकनीक' के प्रबल पक्षपाती थे। फ्लिंट तो काव्यकार द्वारा सम्पूर्ण जीवन में मात्र एक बिम्ब के प्रस्तुतीकरण को वृहदाकार कृतियों की रचना करने से अधिक मूल्यवान मानते हैं। उन्हीं के शब्दों में— 'It is better to present one Image in a life time than to produce Voluminous Works."[2]

11
प्रभाववाद
(Impressionism)

किसी दार्शनिक विचारधारा के रूप में प्रभाववाद का प्रतिपादन कदाचित् कभी नहीं हुआ। यद्यपि अन्य वादों की भाँति ही प्रभाववाद का अभ्युदय भी 19वीं शती के

1. 'Imagism' Poetry, Vol. I, No. 6 (March, 1913) Quoted from Imagism S. K. Coffman, p. 9.
2. Ibid, p. 10.

उत्तरार्ध में फ्रांस में ही हुआ। यह उदय चित्रकला में हुआ 'प्रभाववाद' शब्द का सर्वप्रथम प्रयोग एक पत्रकार ने उपहासपूर्ण ढंग से किया। उसने यह शब्द क्लाउड मोने (Claude Monet) के उन चित्रों से ग्रहण किया था, जो कि अप्रैल-मई 1874 में पेरिस में 'इम्प्रेशन' (Impression) शीर्षकांतर्गत प्रदर्शित किये गये थे। ब्रिटेनिका विश्वकोश के अनुसार— "The term impressionism, first used derisively, by a journalist, was taken from Claude Monet's canvas representing the effect of the sun rising over the sea and entitled 'Impression'."[1]

चित्रकला के उपरान्त 'प्रभाववाद' का उल्लेख संगीत के संदर्भ में भी हुआ। संगीत के क्षेत्र में कदाचित् इस शब्द का सर्वप्रथम प्रयोग रेनोइर (Renoir) ने 14 जनवरी, 1882 को अपने एक पत्र (We spoke of the impressionists of music) में किया। वैसे प्रमुख रूप से 'प्रभाववाद शैली' का उल्लेख सर्वप्रथम क्लाउड दबुसी (Claude Debussy) के संगीत के सम्बन्ध में फ्रांस में ही किया गया था। संगीत के क्षेत्र में प्रभाववाद का प्रभाव फ्रांस और अन्य यूरोपीय देशों में 20वीं शती के प्रारम्भिक वर्षों तक विशेष रूप से प्रकट हुआ।

साहित्यिक शैली के रूप में प्रभाववाद बहुत स्पष्ट रूप से प्रकट नहीं हुआ है। प्रकृतवाद और प्रतीकवादी आन्दोलनों के बीच में प्रभाववाद कब प्रकट हुआ कब समाप्त हुआ— यह कहना कठिन है। यदि कहने का आग्रह ही हो तो कहा जा सकता है कि चित्रकला में प्रभाववाद का सबसे सर्जनात्मक युग जब बीत रहा था तथा संगीत-कला में प्रभाववाद जब ऊर्ध्वगामी था, साहित्य में उसी समय प्रभाववाद का अभ्युदय हुआ। कुल मिलाकर यह कहा जा सकता है कि साहित्य में 20वीं शती के प्रारम्भ में प्रभाववाद का प्रभाव परिलक्षित होने लगा था। वस्तुतः प्रभाववाद कोई साहित्यिक अथवा दार्शनिक विचारधारा नहीं, वरन् कला-साहित्य की एक शैली है जिसमें कलाकार द्वारा अनुभूत वस्तुगत व्यापक प्रभाव अभिव्यक्ति पाते हैं।

प्रभाववाद में वस्तुप्रधान प्रस्तुतीकरण नहीं होता, वरन् वस्तु अथवा दृश्यानुभूत प्रभाव का अथवा वस्तु या दृश्य के अवलोकन से होने वाले अनुभव की आभा का निरूपण होता है। कहना यह है कि प्रभाववादी कलाकार अथवा साहित्यकार वस्तुप्रधान विवरण के विस्तरण में नहीं जाते, वरन् प्रथम अवलोकन अथवा प्रथमानुभव जन्य भावों के समान्यीकृत (जिसे चाहें तो समग्र प्रभाव भी कह सकते हैं) रूप को रंग अथवा शब्दों में बाँधते हैं। ऑक्सफोर्ड शब्दकोश के अनुसार—प्रभाववाद की परिभाषा इस प्रकार है— "The method of Painting (or describing) things so as to give their general tone and effect, or the broad impression which they produce at first sight, without elaboration of detail.'[2]

---

1. Encyclopedia Britannica, Vol. 12, p. 9.
2. The Oxford English Dictionary, Vol. 5, p. 110.

'(प्रभाववाद) चित्रांकन अथवा वर्णन की वह पद्धति है जिसके अन्तर्गत वस्तुओं का तथ्यगत विस्तार प्रस्तुत नहीं किया जाता, वरन् उनके (वस्तुओं के) प्रथमावलोकन जन्य भाव और आभा के सामान्यीकृत रूप अथवा व्यापक प्रभाव का प्रस्तुतीकरण किया जाता है, प्रभाववाद की चित्रकलागत तथा साहित्यगत अवधारणा एक जैसी ही है। जिस प्रकार प्रभाववादी चित्रकार रंग-योजना से स्वानुभूत प्रभाव को रूपायित करते हैं, उसी प्रकार साहित्यकार छन्दों, शब्दों आदि के विशिष्ट संघटन से मानसिक प्रभाव को व्यक्त करते हैं। कहना यह है कि स्थायी तथा वास्तविक तथ्य के स्थान पर अस्थायी एवं क्षण-विशेष की प्रतीति के अंकन का प्रयास ही प्रभाववादी साहित्य-पद्धति अथवा साहित्य-शैली का प्रमुख लक्ष्य होता है। प्रभाववादी कवि या चित्रकार उस क्षणिक प्रभाव को कला में रूपित करना चाहते हैं, जो उन्हें किसी संवेदन (Sensation) के मनोभाव (Feeling) में रूपांतरित होने के क्षण में प्राप्त होता है। वे मात्र उस प्रभाव को रूप देना ही अपना लक्ष्य मानते हैं; वस्तु अथवा दृश्य जिसके कारण उन्हें वह प्रभाव अनुभव हुआ, उसके यथातथ्यात्मक विवरण में वे उलझना नहीं चाहते। काव्य एवं काव्यशास्त्र विश्वकोशकार के शब्दों में—"The impressionist poets, like their fellow painters, desired to capture the fleeting impression at the very moment in which sensations are transformed into feelings......instead of naming the thing he is concerned with, the impressionist describes the effect which it produces."[1]

कुल मिलाकर यह कहा जा सकता है कि कला-साहित्य की प्रभाववादी शैली अथवा पद्धति बड़ी ही अस्पष्ट, अबौद्धिक एवं तर्कहीन है। उसका सम्बन्ध मात्र उन क्षणिक अनुभूतियों एवं प्रभावों से रहता है, जो कलाकार अथवा साहित्यकार को वस्तु अथवा दृश्य के प्रथम साक्षात्कार के क्षणों में अनुभव होते हैं। इस प्रकार वे न तो वस्तुवादी (Objective) ही ठहरते हैं और न पूर्णतः अवचेतन मन पर विश्वास करने वाले अतियथार्थवादी ही, उनकी स्थिति इन दोनों से भिन्न और विलक्षण है। यद्यपि प्रभाववादी कलाकारों का रुझान कुछ-कुछ अभिव्यंजनावाद की ओर है; परन्तु अभिव्यंजनावादियों की भाँति भी वे कला को पूर्णतः आत्मिक क्रिया नहीं मानते। अतः कहा जा सकता है कि प्रभाववाद की अवधारणा शास्त्रवादी यथातथ्यांकन और अभिव्यंजनावाद की मध्यवर्तिनी है।

कविता के साथ-ही-साथ, प्रभाववाद ने साहित्य की अन्य विधाओं को भी प्रभावित किया है। प्रभाववादी आलोचना-प्रणाली का सूत्रपात ही प्रभाववादी प्रभाव के कारण हुआ। अंग्रेजी साहित्य में प्रभाववादी आलोचकों में अग्रगण्य वाल्टर-पेटर हैं; जिन्होंने सर्जना एवं आलोचना—दोनों क्षेत्र में प्रभाववादी पद्धति का सफलता के साथ निर्वाह किया है। उन्होंने 'ऐसेज फ्रॉम द गार्जियन' में (Essays From the Gaurdian) में वर्ड्सवर्थ की प्रभाववादी आलोचना की है। इसके साथ ही, 'मैरियस द

---

1. Alex Preminger : Encyclopedia of Poetry and Poetics, p. 381.

एपिक्यूरियन' में प्रभाववादी सिद्धान्तों के अनुसार एक उपन्यास अथवा कल्पना चित्र प्रस्तुत करने का भी प्रयास किया है। वस्तुत: प्रभाववाद का सृजनात्मक साहित्य से कहीं अधिक प्रधानता—साहित्य-समालोचना के क्षेत्र में रही है। पेटर भी प्रभाववादी समालोचक के नाम से ही अग्रगण्य हैं।

प्रभाववादी आलोचना-प्रणाली का वैशिष्ट्य इस बात में निहित है कि आलोचक किसी भी कृति के प्रणयन पर जैसा प्रभाव अनुभव करे, उसे वैसा ही सम्प्रेषित भी कर दे। सफल साहित्य-कृति संवेदनशील आलोचक की चेतना को उद्‌बुद्ध करती है, फलस्वरूप उद्‌बुद्ध चेतना की प्रतिक्रिया को आलोचक जब यथावत् व्यक्त कर लेता है, तब वह प्रभाववादी आलोचक कहलाता है। इस प्रकार की आलोचना निश्चित ही कृति की सम्पूर्ण समीक्षक न होगी, वरन् आलोचक के मन पर पड़ने वाले न्यूनाधिक प्रभाव की निर्देशिका भर होगी; क्योंकि किसी भी कृति का समग्र रूप अथवा सभी स्थल किसी भी आलोचक को पूर्णत: प्रभावित नहीं कर सकते। कृति के जिन स्थलों का प्रभाव आलोचक को संवेद्य होगा, वह उन्हीं स्थलों की विशुद्ध प्रभाववादी समीक्षा कर सकेगा। अत: आलोचकों में प्रभावगत संवेद्यता-वैभिन्य होने के कारण एक ही कृति की भिन्न-भिन्न समीक्षकों के द्वारा आलोचना भी भिन्न-भिन्न होगी। इसके साथ ही, प्रभाववादी आलोचक अपने पर पड़ने वाले प्रभावों को इस प्रकार सम्प्रेषित करते हैं कि उनकी समीक्षाएँ, समीक्षाएँ न रहकर एक प्रकार का सृजनात्मक साहित्य बन जाती हैं, जिनकी पुन: समीक्षा भी आवश्यक हो जाती है।

प्रभाववादी समीक्षक आत्म-संवेदन पर विशेष बल देता है और उस संवेदन अथवा प्रभाव को यथावत् प्रेषित करना अपना दायित्व मानता है। कहना यह है कि कृति सम्बन्धी गृहीत प्रभाव का सम्प्रेषण प्रभाववादी समीक्षक के लिए सामाजिक एवं साहित्यिक मूल्य और मान्यताओं से महत्त्वपूर्ण है। वह वही कहना चाहता है जिसकी उसने अनुभूति की है, भले ही यह अनुभूति साहित्य-समाज के प्रचलित प्रतिमानों पर खरी उतरती हो अथवा नहीं। यही कारण है कि प्रभाववादी समीक्षक 'कला, कला के लिए' सिद्धान्त का ही अधिक अनुगामी होता है।

12
अस्तित्ववाद
(Existentialism)

वर्तमान विश्व चिन्ताधारा निर्वैयक्तिकतात्मक और विघटनकारी प्रवृत्तियों की ओर अधिक झुकी हुई है। व्यक्ति के विकास एवं निर्माण को समाज विभिन्न वर्जनाओं और निषेधों से अवरुद्ध करता है। धर्म और समाज की इन निषेधात्मक प्रवृत्तियों के विरोध में 19वीं शती में कुछ विद्वानों ने मनुष्य को उसके प्रकृत रूप में स्थापित एवं विकसित होने देने के लिए आवाज़ उठाई। उन्होंने एक ऐसा दार्शनिक दृष्टिकोण प्रस्तुत किया, जो उन तमाम परम्परागत एवं तर्कसंगत दार्शनिक एवं सामाजिक मतवादों का

विरोध करता था, जो मानवीय सत्ता (Human Existence) की उपेक्षा करके मात्र विचारों तथा नैतिक मूल्य एवं मान्यताओं की प्रतिस्थापना में संलग्न रहकर प्राचीन परम्पराओं का पालन एवं उन्नयन कर रहे थे। सभी पूर्व मान्य सामाजिक, धार्मिक एवं नैतिक परम्पराओं के विरोध में सर्वप्रथम आवाज उठाने वाले डेनिश विद्वान एवं धार्मिक चिन्तक सारेन कीर्केगार्ड (1813-1855) थे।

यूरोप की उन्नीसवीं शती की औद्योगिक क्रान्ति, वैज्ञानिक अनुसंधान एवं मशीनीकरण ने मनुष्य अस्तित्व को अन्धकार के गर्त में धकेल दिया था। तत्कालीन समाज-व्यवस्था मनुष्य के अस्तित्व की अवहेलना कर रही थी। मनुष्य प्रकृति की भाँति ही मशीन का भी गुलाम बन कर रह गया था। भौतिक एवं वैज्ञानिक विकास की घुड़दौड़ में मानव-अस्तित्व का स्वतः कोई मूल्य नहीं रह गया था। कीर्केगार्ड ने ऐसी बदली हुई परिस्थितियों में मानव-जीवन में वैयक्तिकता की आवाज बुलंद की। सर्वप्रथम कीर्केगार्ड ने पूर्व मान्य सामाजिक मान्यताओं तथा धर्म की नियन्त्रणकारी एवं व्यक्तित्व-विघटनकारी प्रवृत्तियों का घोर विरोध कर एक नितांत भिन्न जीवन दर्शन प्रस्तुत किया जिसका, मूलोद्देश्य हर दशा में मानव को पूर्ण रूप से स्वच्छन्द करना था। धार्मिक विचारक सारेन कीर्केगार्ड (Soren Kierkeggard) उस समय यूरोपीय विचार-जगत पर शासन करने वाले हीगले के आदर्शवादी दर्शन के घोर विरोधी थे। वे किसी प्रकार के भी आदर्श से मुक्त कर मानव को पूर्णतः स्वच्छन्द बनाना चाहते थे। वस्तुतः अस्तित्ववाद का मूलाधार ही वैयक्तिक स्वच्छन्दता है। अस्तित्ववाद ने अपने उन्मेष-काल में ही व्यक्ति की स्वच्छन्दता और गरिमा का प्रतिपादन किया है। अमेरिकन विश्वकोश के अनुसार— 'It may be said that the recognition of the centrality of the problem of man and of man's essential freedom, is the most significant and hopeful feature of the existentialist trend in modern thought.'[1]

कीर्केगार्ड के साथ ही अस्तित्ववादी दर्शन का एक और प्रमुख स्रोत माना जाता है और वह है एडमण्ड हसर्ल (Edmund Husserl—1859-1938) का घटना क्रिया-विज्ञान (Phenomenology),जिस पर विल्हल्म डिल्थे (Wilhelm Dilthey—1833-1911) जो कि हीगेल के आदर्शवाद के विरोधी थे, का प्रभाव था। फिर भी यह कहना अनुचित न होगा कि आधुनिक अस्तित्ववादी दर्शन के आदि स्रोत डेनिश विद्वान कीर्केगार्ड ही थे, जिन्होंने इस दर्शन का प्रतिपादन हीगेल के आदर्शवादी दर्शन (The real is the rational and the rational is the real) के विरोध में किया था। 'अस्तित्ववाद' (Existentialism) शब्द जर्मन शब्द 'इक्सिटेञ्च फिलॉसफी' (Existenz philosophic) का अनुवाद है। व्यापक रूप में अस्तित्ववाद का उन्मेष प्रथम विश्वयुद्ध के बाद जर्मनी में हुआ, तदुपरान्त यह फ्रांस और इटली में भी फैला।

---

1. Encyclopedia Americana, p. 640.

कीर्केगार्ड के डेनिश भाषा रचित अस्तित्ववादी साहित्य का अनेक भाषाओं में अनुवाद हुआ और इस प्रकार अस्तित्ववाद का प्रचलन अन्तर्राष्ट्रीय क्षेत्र में प्रारम्भ हुआ। कीर्केगार्ड के बाद 19वीं शती के उत्तरार्ध में अस्तित्ववादी विचारधारा के प्रबल संपोषक एवं व्याख्याता जर्मन दार्शनिक फ्रेडरिख नीत्शे (Fredrich Nietzsche—1844-1900) माने जाते हैं। नीत्से ने सामाजिक तथा नैतिक धरातल पर प्रचलित तत्कालीन एवं परम्परावादी धारणाओं का कट्टर विरोध किया। नीत्से की धारणा थी कि सामाजिक एवं नैतिक मान्यतायें मानव-व्यक्तित्व को बौना बना देती हैं, अत: वे निरर्थक हैं। यही नहीं व्यक्ति-स्वाच्छंद्य के आधार पर नीत्से ने अति मानवीय गुणों से सम्पन्न 'सुपर-मैन' की कल्पना की है। नीत्से अनीश्वरवादी थे। (God is dead—Nietzsche)। डॉ० श्यामसुन्दर मिश्र के अनुसार—"परम्परागत ईश्वरत्व की परिकल्पना को वह (नीत्से) निरर्थक मानता है, और धर्म को व्यक्ति स्वतन्त्रता का अतार्किक अनैतिकीकरण प्रमाणित करता है। सामाजिक रीति, नीति और आचारों को लाभकारी स्थिति में आसीन व्यक्तियों को ढकोसला तथा समाज के अधिकाधिक जनों के शोषण का आधार स्वीकार करता है। वह परम्परा द्वारा स्वीकृत सभी सामाजिक, धार्मिक और राजनैतिक धारणाओं का विरोध करता है।"[1]

अस्तित्ववादी चिन्ताधारा को विद्वानों नें अति प्राचीन घोषित किया है। भारत के प्रसिद्ध दार्शनिक राष्ट्रपति डॉ० राधाकृष्णन् के अनुसार अस्तित्ववाद पुरातन प्रणाली का ही नवीन नाम है। डॉ० राधाकृष्णन् अपनी पुस्तक 'हिस्ट्री ऑफ फिलॉसफी : ईस्टर्न एण्ड वेस्टर्न' के भाग दो में अस्तित्ववाद को उपनिषद् और बौद्ध धर्म की आत्मज्ञान सम्बन्धी प्रपत्तियों का नवीन संस्करण मानते हैं। यही नहीं, प्रसिद्ध अस्तित्ववादी विचारक कार्ल जेस्पर्स तो बौद्ध चिन्ताधारा से पर्याप्त प्रभावित प्रतीत होते हैं। उन्होंने अपनी पुस्तक 'द ग्रेट फिलॉसफर्स' में संसार के चार प्राचीन दार्शनिकों की रचनाओं में मानवीय अस्तित्व के दार्शनिक स्वरूप का उल्लेख किया है, बुद्ध उनमें से एक हैं, जिनके दु:ख और करुणा सम्बन्धी विचार अस्तित्ववादियों की चिन्ताधारा से पर्याप्त साम्य रखते हैं। श्री के० आर० श्रीनिवास आयंगर की मान्यता है कि श्री अरविन्द भी अस्तित्ववादी विचारक थे।

कुल मिलाकर यह कहा जा सकता है कि अस्तित्ववाद अपने वर्तमान अर्थ में 19वीं शती के मध्य की उपज है, जिसने व्यापक रूप प्रथम विश्वयुद्ध (1914-1919) के बाद धारण किया और जिसकी पृष्ठभूमि में औद्योगिक क्रान्ति जनित वह भौतिकता थी, जो मनुष्य-अस्तित्व की अवहेलना कर उसे निर्मूल्य कर रही थी। मनुष्य-अस्तित्व के इस अवहेलनात्मक सामाजिक दृष्टिकोण को यूरोप की युद्धकालीन विभीषिकाओं ने और और अधिक घनीभूत किया, जिसकी प्रतिक्रिया यह हुई कि कुछ चिंतकों ने परम्परागत सामाजिक एवं धार्मिक मूल्य-मान्यताओं को निष्प्राण घोषित कर

1. अस्तित्ववाद और द्वितीय समरोत्तर हिन्दी साहित्य, पृ० 17।

विशुद्ध मानवीय मूल्यों की स्थापना का प्रयास किया। इन चिंतकों में जर्मनी के फ्रेडरिख नीत्से (1844-1900), कार्ल जेस्पर्स (Karl Jaspers—1883). मार्टिन हेडगर (Martin Heidegger—1889) तथा फ्रांस के गेब्रियल मार्सल (1889-Gabriel Marcel), ज्याँ-पालसार्त्र (Jean-Paul Sartre-1905), अल्बर्ट कामू (Albert Camus 1913-1960) आदि के नाम उल्लेखनीय हैं। डेनमार्क के सारेन कीर्केगार्ड तो इस दार्शनिक प्रवृत्ति के प्रवर्त्तक ही थे। इन विचारकों में कुछ आस्तिक हैं तथा कुछ नास्तिक। आस्तिक वर्ग में कीर्कीगार्ड तथा मार्सल हैं तथा अन्य सभी नास्तिक वर्ग में रखे जा सकते हैं। नास्तिक वर्ग का प्रतिनिधित्व सार्त्र करते हैं। वस्तुतः अस्तित्ववादी विचारकों में सर्वाधिक महत्त्व भी सार्त्र को ही दिया जाता है। साहित्य के क्षेत्र में इस दार्शनिक दृष्टिकोण को व्यापकत्व प्रदान करने वाले प्रथम दार्शनिक साहित्यकार सार्त्र ही हैं। कहना यह है कि साहित्य में अस्तित्ववादी चिंतन का प्रारम्भ सार्त्र से ही होता है, जिसका अनुसरण बाद में बहुत-से लेखकों ने किया। इन लेखकों ने कृति साहित्य की रचना भी की है तथा शुद्ध दार्शनिक स्तर पर अस्तित्ववाद का प्रवर्तन एवं सम्वर्धन भी। सार्त्र अस्तित्ववादी कृती साहित्यकार भी हैं तथा अस्तित्ववादी चिंतक भी। उनके तीन उपन्यास, अनेक कहानियाँ, नाटक आदि अस्तित्ववादी साहित्य के अन्यतम नमूने हैं। यहीं नहीं, इस संदर्भ में उनके समीक्षात्मक ग्रंथ भी बहुत महत्व रखते हैं—विशेष रूप से 'वॉट इज लिटरेचर'।

सार्त्र के बाद पाश्चात्य जगत के प्रमुख अस्तित्ववादी लेखक तथा विचारक नोबुल पुरस्कार विजेता फ्रेंच साहित्यकार अल्बर्ट कामू हैं। उपन्यास तथा नाटकों के माध्यम से उन्होंने कृति साहित्य का क्षेत्र भी अपनाया है तथा दार्शनिक विचारधारा के क्षेत्र में अलग से कई ग्रन्थ भी लिखे हैं। इस संदर्भ में उनके प्रसिद्ध कृति 'ल होमे रिवोल्टे' उल्लेखनीय है। कुल मिलाकर यह कहा जा सकता है कि अधिकांश अस्तित्ववादी लेखक कृति साहित्यकार होने के साथ-ही-साथ महत्त्वपूर्ण दार्शनिक भी है।

अस्तित्ववादी दर्शन की प्रमुख अवधारणाएँ—परम्परागत आदर्शवादी यह मानते थे कि विचार अथवा तत्त्व ही सर्वांगीण सत्य हैं, शाश्वत सत्ता के प्रतिनिधि हैं ग्रीक गुरु प्लेटो विचार (Idea) को ही शाश्वत सत्य तथा इस जगत को विचार (Idea) की अभिव्यक्ति के रूप में देखते थे। इसी भाँति सम्पूर्ण मध्यकालीन दर्शन में ही तत्व अथवा सार (Essence) को पदार्थ अथवा व्यक्ति की अपेक्षा अधिक महत्त्व प्रदान किया गया है। मध्यकालीन दर्शन की मूल अवधारणानुसार तत्त्व अथवा विचार ही शाश्वत सत्ता के लिए प्रतिनिधि हैं, प्राणी (मनुष्य) अपनी क्षणभंगुरता के कारण मिथ्या। अस्तित्ववादियों ने इस मध्यकालीन दार्शनिक प्रवृत्ति को नकारा। उन्होंने कहा कि मनुष्य का महत्त्व सार (Essence) से पहले है। चूँकि मनुष्य के अस्तित्व के बाद ही व्यक्ति-चिन्तना के आधार पर विचारों का प्रतिपादन होता है, इसलिए वह अस्तित्व को सार से पूर्व एवं महत्त्वपूर्ण मानते हैं। उनका सिद्धान्त ही (Existence is prior to Essence) अस्तित्व को सार से प्राथमिकता देता था। कहना यह है कि पहले वस्तु

(व्यक्ति) का अस्तित्व होगा, तदनन्तर उसके सम्बन्ध में विचारों अथवा सामान्यीकृत सिद्धान्तों का प्रतिपादन किया जायेगा। इस बात को एक उदाहरण द्वारा इस प्रकार समझा जा सकता है। 'Man is mortal' 'मनुष्य नश्वर है।' यह एक सिद्धान्त है, विचार है, तत्त्व है। किन्तु इस सिद्धान्त के उद्‌भव और प्रमाण के लिए मनुष्य का अस्तित्व आवश्यक है। मनुष्य के अस्तित्व के बिना इस वाक्य (Man is mortal) को सामान्यीकृत कर सिद्धान्त अथवा शाश्वत एवं सत्य विचार के रूप में प्रस्तुत नहीं किया जा सकता। अत: अस्तित्ववादी सार से अस्तित्व को प्राथमिकता देते हैं।

'अस्तित्ववाद' के अनुसार, चूँकि अस्तित्व महत्त्वपूर्ण है, फलत: वे पूर्व मान्य सामान्य विचारों, तत्त्वों, सिद्धान्तों, नियमों आदि में कोई आस्था नहीं रखते। वे प्रत्येक सिद्धान्त को व्यक्ति-विशेष का व्यक्तिगत दृष्टिकोण मानते हैं, चूँकि पूर्व मान्य सभी विचार-सिद्धान्त (सामाजिक, नैतिक, शास्त्रीय, राजनैतिक, वैज्ञानिक आदि) व्यक्ति सापेक्ष हैं, अत: सर्वांगीण, सार्वभौम एवं सार्वजनिक नहीं हो सकते। फलत: अस्तित्ववादी सभी परम्परागत (नैतिक, सामाजिक, साहित्यिक आदि) सिद्धान्तों के विरोधी हैं। यही नहीं, अस्तित्वादी व्यक्ति का अस्तित्व किसी बाह्य सत्ता के अधीन नहीं मानते। उनके अनुसार मनुष्य अपने भाग्य का निर्माता तथा अपने कर्मों के लिए उत्तरदायी स्वयं है। अस्तित्ववादी आत्म-स्वातन्त्र्य अथवा वैयक्तिक स्वच्छन्दता के इतने बड़े समर्थक हैं कि उसकी खातिर वह सुख के स्थान पर दारुण दु:ख को भी वरीयता देते हैं। उनकी धारणा है कि सच्चे अर्थों में मनुष्य अपने अस्तित्व का बोध दु:ख एवं त्रास; यहाँ तक कि मृत्यु के अहसास के क्षणों में ही कर सकता है और बिना अस्तित्व-बोध के मनुष्य सच्चे अर्थों में स्वच्छन्द भी नहीं हो सकता। आत्म-स्वातन्त्र्य के लिए मनुष्य को भीषण क्लेशों एवं पीड़ाओं को सुख से वरीयता देनी चाहिए।

बताया जा चुका है कि अस्तित्ववादी धर्म और ईश्वर के सम्बन्ध में दो वर्गों में विभक्त हैं—आस्थावादी एवं अनास्थावादी। वस्तुत: अनास्थावादी वर्ग का ही प्राधान्य है। नास्तिक वर्ग का प्रतिनिधित्व नीत्से से प्रभावित सार्त्र ही करते हैं। नीत्से ने कहा था 'ईश्वर मर गया है'— 'God is dead'। वस्तुत: अस्तित्ववादियों का ईश्वर से उतना वैर नहीं है, जितना धार्मिक, नैतिक एवं चारित्रिक मूल्य तथा मान्यताओं से है, क्योंकि ये सभी पूर्व मान्यताएँ एवं मूल्य मनुष्य की स्वतन्त्रता को सीमित करते हैं, व्यक्ति को स्वच्छन्द चुनाव एवं कार्य का अवसर नहीं देते। सार्त्र ईश्वर के अस्तित्व को इसीलिए मिटाना चाहते हैं, ताकि धर्म, समाज एवं नीति सम्बन्धी कोई भी मूल्य या आदेश भी ऐसा न बचे, जो कि मनुष्य के स्वच्छन्द एवं सहज चरित्र-विकास में बाधक हो। सार्त्र ने लिखा है— 'Indeed, everything is permissible if God does not exist.........if God does not exist, we find no values or commands to turn to which legitimize our conduct.'[1]

---

1. Existentialism and Human Emotions, p. 22-23.

वस्तुत: अस्तित्ववादी उन परम्परित आस्थाओं, जीवन-विश्वासों, धारणाओं नीति-नियमों के कट्टर शत्रु हैं, जो ईश्वर के अस्तित्व में विश्वास रखने के कारण समाज में प्रचलित हैं तथा व्यक्ति स्वच्छन्दता में बाधक हैं। वे तो इन पूर्वमान्य परम्पराओं के विरोध के कारण ही ईश्वर का विरोध करते हैं। सार्त्र ने लिखा भी है कि अस्तित्ववादी इतना नास्तिक भी नहीं है कि उसे ईश्वर का विरोध करने के लिए व्यर्थ ही अपने समय और शक्ति का अवश्य अपव्यय करना पड़े, वरन् वह तो इस बात को प्रस्तुत करना चाहता है कि यदि ईश्वर इस संसार में है भी, तो उससे मनुष्य का न तो कुछ लेना-देना ही है और न कुछ बनना-बिगड़ना।

अस्तित्ववादी विचारक ज्ञान-विज्ञान (इतिहास, समाजशास्त्र, दर्शन, मनोविज्ञान आदि) को भी महत्त्वहीन मानते हैं। उनके लिए वह सभी कुछ व्यर्थ है, जिससे अस्तित्व-बोध में सहायता नहीं मिलती। वे मात्र मानव-स्थिति (Human Condition) जानने के आग्रही हैं, क्योंकि उससे अस्तित्व-बोध में सहायता मिलती है। मानव-स्थिति के ज्ञान के लिए किसी भी पूर्व प्रचलित परम्परा, सामाजिक, वैज्ञानिक, आर्थिक एवं धार्मिक विश्वास अथवा किसी भी नियम-सिद्धान्त आदि के सहारे की आवश्यकता नहीं है। यदि आवश्यकता है तो मात्र कष्ट अथवा वेदनानुभूति की, क्योंकि मानव-स्थिति अनिवार्य रूप से वेदनामय है, दु:खद है।

अस्तित्ववादी सुख की लालसा को ही निरर्थक मानते हैं, मिथ्या घोषित करते हैं। उनके लिए किसी प्रकार की भी सामाजिक, धार्मिक, नैतिक, राजनीतिक दार्शनिक अथवा वैज्ञानिक उन्नति मनुष्य को न तो पूर्णत: संतुष्ट कर सकती है और न सुखी। फलत: इन क्षेत्रों में किए जाने वाले सभी सामाजिक अथवा वैयक्तिक प्रयास निरर्थक हैं तो उन प्रयासों को करने वाले तथाकथित महापुरुषों का योगदान बेकार एवं भ्रामक। इन क्षेत्रों में की गई उन्नति ने मात्र एक ही कार्य किया है और वह है मनुष्य की स्वच्छन्दता को बाधित करने का काम। अस्तित्ववादी किसी प्रकार की भूतकालीन समाज-सुधार, वैज्ञानिक, आर्थिक, राजनीतिक अथवा धार्मिक सुधार एवं उन्नति को व्यर्थ मानते हैं। वे इस प्रकार के कार्यों में स्वयं को न फँसाने के लिए भी कृत संकल्प हैं। उनकी धारणा है कि मनुष्य को कुछ भी करने की स्वतन्त्रता होनी चाहिए। अस्तित्ववादियों की यह पूर्ण स्वच्छन्दता भले ही उन्हें घोर अराजकता, अशान्ति, संघर्ष और यहाँ तक कि मृत्यून्मुख ही क्यों न कर दे, इसकी उन्हें परवार नहीं, क्योंकि मृत्यु को तो वह जीवन का अनिवार्य अंश मानते हैं। वे पूर्ण स्वच्छन्दता में जीकर अन्त में मृत्यु को 'अस्तित्व' का अनिवार्य अंश मानकर उसका साहसपूर्वक वरण करना चाहते हैं। सार्त्र ने लिखा है, "मृत्यु नहीं आती है, जब तक "मैं" हूँ, मृत्यु के आने के बाद "मैं" हूँ ही नहीं, इसलिए बाधा कैसी? जन्म की भाँति मृत्यु भी एक शुद्ध तथ्य है।"[1]

1. Six Existentialist Thinkers : Blackham.

वे मृत्यु का साहसपूर्वक वरण मानव की वैयक्तिक स्वच्छन्दता का सबल प्रमाण मानते हैं। कुल मिलाकर यह कहा जा सकता है कि प्रत्येक क्षेत्र में वैयक्तिक स्वच्छन्दता ही उनके जीवन-दर्शन का मूलाधार है तथा उनके मूल्यहीन साहित्य दर्शन का एक मात्र मूल्य।

सुखों की अपेक्षा दु:खों में उनकी आस्था है। कारण स्पष्ट है कि दु:ख और अवसाद एक तो मानव-जीवन में अधिक स्थायी हैं; दूसरे मानव-जीवन में इनकी स्थिति ही मनुष्य को उसका अस्तित्व बोध कराने का महत्त्वपूर्ण उपादान कारण भी है। अस्तित्ववादी मानते हैं कि मनुष्य की वेदनानुभूति जितनी तीव्र होगी, उसका अस्तित्व-बोध उतना ही गहन एवं गम्भीर होगा। कहना यह है कि पीड़ा को वह एक महत्त्वपूर्ण जीवन-मूल्य एवं वांछनीय तत्त्व मानते हैं। सारांशत: कहा जा सकता है कि पीड़ा अथवा संत्रास मानव-जीवन के लिए अनिवार्य है, अत: पीड़ा से भयभीत नहीं होना चाहिए, वरन् पीड़ा को अस्तित्व-बोध के उपादान कारण के रूप में समझना और उसका उपयोग करना चाहिए।

चयन की स्वच्छन्दता अथवा वैयक्तिक स्वच्छन्दता ही चूँकि अस्तित्ववादी दर्शन का प्राणतत्त्व है, इसलिए उनके साहित्य में घोर अराजकता, उन्मुक्त भोग, यौनवादिता, नास्तिकता, असामाजिकता, विज्ञान-विरोधिता आदि अनेक अनाचारी एवं अवांछनीय तत्त्वों की बहुलता पायी जाती है।

अस्तित्ववादी की कोई एक परिभाषा देना कठिन है, क्योंकि अस्तित्ववादी-दर्शन के अनेक विचारकों के अनुरूप कई रूप पाये जाते हैं। कुल मिलाकर अस्तित्ववादी को कुछ सामान्य विशेषताओं-भर का उल्लेख किया जा सकता है। वस्तुत: अस्तित्ववादी जीवन-दृष्टि में मनुष्य की समस्या ही सर्वोपरि है। उसका ठोस अस्तित्व, उसकी व्यक्तिगत स्वच्छन्दता तथा अपने कार्य कार्य-कलापों के निर्माण एवं उत्तरदायित्व का स्वतन्त्र अनुभव ही वे स्तम्भ हैं। जिन पर अस्तित्ववादी जीवन-दर्शन का महल खड़ा है। साहित्य में यह जीवन-दृष्टि पूर्णत: व्यक्तिवादी, आत्मकेन्द्रित, अंत:मुखी एवं आत्मनिष्ठ विचारधारा है, जिसकी कुछ प्रमुख विशेषताएँ इस प्रकार रेखांकित की जा सकती हैं—

(1) जीवन की निरर्थकता का अनुभव (Absurdity of Human Life)—मनुष्य का अस्तित्व इस संसार में अनर्गल है। कामू मनुष्य की अभिलाषाओं एवं आशाओं का इस निरर्थक (Meaningless) संसार से अनवरत संघर्ष मानते थे। क्योंकि मनुष्य की आशाओं एवं अभिलाषाओं का इस संसार में प्रतिफलन असम्भव है, अत: इस संसार के सभी व्यापार अकारथ हैं। जीवन की निरर्थकता के अनुभव सम्बन्धी अस्तित्ववादी जीवनदृष्टि को अल्बर्ट कामू ने अपनी प्रसिद्ध कहानी 'सिसिपस की गाथा' में साहित्यिक रूप दिया है। उन्होंने बतलाया है कि मनुष्य की जिन्दगी एक प्रकार का अकारथ श्रम है, एक निरर्थक प्रयास है, जिस प्रकार कि सिसिपस का पत्थर पहाड़ पर चढ़ाने का प्रयास और फिर नीचे गिर पड़ने का क्रम। देवताओं द्वारा अभिशप्त

सिसिपस पहाड़ के ऊपर पत्थर चढ़ाने के लिए बाध्य है और जैसे ही चट्टान पहाड़ पर पहुँचती है, फिर नीचे गिर पड़ती है। सिसिपस के जीवन की कैसी विडम्बना पूर्ण निरर्थक स्थिति है! मानव-जीवन भी इसी प्रकार व्यर्थ एवं अकारथ है, कम से कम इस आधुनिक सभ्यता में। कामू के इसी अन्रर्गलता-बोध से प्रभावित अस्तित्ववादी निराशावादिता, पीड़ा, एकाकीपन एवं वैयक्तिक स्वच्छन्दता की ओर अग्रसर होते हैं।

(2) पूर्णतः वैयक्तिक स्वच्छन्दता पर बल— चूँकि जीवन निरर्थक है, अतः अस्तित्ववादी सभी प्रकार के परम्परित जीवन-मूल्यों के प्रति अर्थात् समग्रतः जीवन के प्रति विद्रोह करना ही सच्ची वैयक्तिक स्वच्छन्दता मानते हैं। उनकी धारणा है कि जीवन की निरर्थकता के प्रति विद्रोह करने वाले ही सच्चे अर्थों में मुक्त हैं। जिन्हें जीवन की निरर्थकता का स्पष्ट बोध हो गया है, वे जीवन के प्रति सही अर्थ में विद्रोही हैं। जीवन के प्रति विद्रोह अथवा जीवन की निरर्थकता के प्रति विद्रोह से अस्तित्ववादियों का तात्पर्य जीवन के परम्परागत मान-मूल्यों के प्रति, समाज, धर्म, नीति आदि से सम्बन्धित धारणाओं एवं विचारों के प्रति विद्रोह से है।

(3) मानव-स्थिति (Human Condition) को पूर्णतः यातनापूर्ण, दुःखद एवं पीड़ा जनक मानना— अस्तित्ववादी मानव-स्थिति को पूर्णतः दुःखद मानते हैं। इस दृष्टि से वे घोर निराशावादी हैं। पीड़ा, दुःख, संत्रास, यातना, एकाकीपन अथवा आत्मनिर्वासन (Alienation) से युक्त जीवन जीना मनुष्य की अनिवार्य स्थिति है। जीवन के अनिवार्य तत्त्व के रूप में मानकर अस्तित्ववादी जिसका स्वागत करते हैं। वे सफलता से असफलता को, सुख से दुःख को अधिक महत्व देते हैं। फिराक ने लिखा है—

जो दुनिया में कामयाब हैं उनको क्या कहिए?
है इससे बढ़कर भले आदमी की क्या तौहीन।

वे मानव-स्थिति का सीमा-निर्धारण भी करते हैं और वह सीमा है मृत्यु।

(4) मृत्यु-बोध— अस्तित्ववादी मृत्यु को मानवीय स्थिति (Human Condition) की सीमा मानते हैं। उनकी दृष्टि से मृत्यु की उपयोगिता है, वह जीवन का शुद्ध तथ्य है, क्योंकि मृत्यु ही मानव-जीवन की वह अन्तिम सीमा है, जहाँ मनुष्य में निरासक्ति का भाव पैदा होता है तथा अपने अस्तित्व का सही ज्ञान भी। मृत्यु-बोध सम्बन्धी अस्तित्ववादियों की अवधारणा को टालस्टाय की कहानी 'ईवान इलिच की मृत्यु' से भली-भाँति समझा जा सकता है। अति सम्पन्न, पूर्णतः प्रतिष्ठित एवं अपने जीवन में अति सफल व्यक्ति ईवान इलिच अचानक सीढ़ियों से गिरकर जब मरने लगा, तब उसे जीवन से मोह पैदा हुआ। इलिच के शब्द 'काश मैं जीना फिर से प्रारम्भ करता' इस बात के द्योतक हैं कि आज की सभ्यता ने मनुष्य को स्वयं से अलग (Alienated) कर दिया है। वह अपने से ही अलग है, अकेला है। अपना आपा खो चुका है। इस अकेलेपन का कारण आज की भौतिक सभ्यता है। इस सभ्यता में अस्तित्व-बोध के लिए, अपने को जानने के लिए कम-से-कम मृत्यु जैसे धक्के की

आवश्यकता है। इस प्रकार मृत्यु-बोध मनुष्य को अस्तित्व-बोध कराने का महत्वपूर्ण अनुभव है। इसलिए अस्तित्ववादी मृत्यु-बोध को अस्तित्ववाद का अनिवार्य तत्त्व मानते हैं।

हिन्दी की नयी कविता में अस्तित्ववादी लहर व्याप्त है। धर्मवीर भारती, दुष्यन्त कुमार, भारतभूषण अग्रवाल, कुँवर नारायण, अज्ञेय आदि कवियों में अनास्था, अस्तित्व-बोध, मृत्यु-बोध, वैयक्तिक स्वच्छन्दता, पीड़ा, निराशा, उन्मुक्त भोग आदि अस्तित्ववादी प्रवृत्तियों की अनुगूँज पाई जाती है। अज्ञेय के 'अपने-अपने अजनबी' तथा कुँवर नारायण की 'आत्मजयी' तो निश्चित ही घोर अस्तित्ववादी कृतियाँ हैं; उदाहरण के लिए उन्मुक्त-भोग की निकृष्ट अभिव्यक्ति द्रष्टव्य है—

आमाशय,
यौनाशय,
गर्भाशय,
जिसकी जिन्दगी का यही आशय
यही इतना भोग्य
कितना सुखी है वह
भाग्य उसका ईर्ष्या के योग्य।

ग्रन्थ-विवरणी

(इस पुस्तक में समीक्षित समालोचकों की मूल कृतियों के अतिरिक्त सन्दर्भ-ग्रन्थों की सूची)

हिन्दी

1. हिन्दी साहित्य कोश, भाग—1 (पारिभाषिक शब्दावली) द्वितीय संस्क०, सं० 2020 (प्रका०) ज्ञानमण्डल लिमिटेड, वाराणसी।
2. मानविकी पारिभाषिक कोश—साहित्य खण्ड—सं० डॉ० नगेन्द्र।
3. पाश्चात्य साहित्य शास्त्र : सिद्धान्त और सम्प्रदाय—डॉ० कृष्ण वल्लभ जोशी, (प्रका०) स्मृति प्रकाशन—इलाहाबाद—1971।
4. पाश्चात्य समीक्षा की रूपरेखा—डा० प्रताप नारायण टंडन, राजपाल एण्ड सन्ज—दिल्ली 1969।
5. पाश्चात्य काव्यशास्त्र की परम्परा—सम्पादिक—डॉ० सावित्री सिन्हा, हिन्दी विभाग, दिल्ली विश्वविद्यालय—1966।
6. पाश्चात्य काव्य-शास्त्र : सिद्धान्त और वाद—सम्पा० राजकुमार कोहली, हिन्दी विभाग, दिल्ली विश्वविद्यालय।
7. पाश्चात्य काव्यशास्त्र : मार्क्सवादी परम्परा—सम्पादक डॉ० मक्खनलाल शर्मा, हिन्दी विभाग, दिल्ली विश्वविद्यालय।
8. काव्य में उदात्त तत्त्व—अनुवादक डॉ० नगेन्द्र, राजपाल एण्ड सन्स—दिल्ली—1958।
9. उदात्त के विषय में—अनु० डॉ० निर्मला जैन, ऋषभचरण जैन—दिल्ली—1970।
10. सौन्दर्यशास्त्र की पाश्चात्य परम्परा—राजेन्द्र प्रताप सिंह, नया साहित्य प्रकाशन—इलाहाबाद—1962।
12. अस्तित्ववादी और द्वितीय समरोत्तर हिन्दी साहित्य—डॉ० श्यामसुन्दर मिश्र, विद्या प्रकाशन मंदिर—दिल्ली—1971।
13. पाश्चात्य आलोचना की अर्वाचीन प्रवृत्तियाँ—(निबन्ध संग्रह) राजकमल प्रकाशन—दिल्ली—1962।
14. साहित्यिक निबंध—डॉ० गणपतिचन्द्र गुप्त, लोकभारती प्रकाशन—इलाहाबाद—1973।

15. होरेस की काव्य-कला—अनु० डॉ० एन० रामन नायर, रोशनलाल जैन एण्ड सन्स—जयपुर—1972।
16. साहित्य का मनोवैज्ञानिक अध्ययन—डॉ० देवराज उपाध्याय, एस० चन्द्र एण्ड कम्पनी—दिल्ली—1954।
17. पाश्चात्य समीक्षा-दर्शन—डॉ० जगदीश चन्द्र जैन, हिन्दी प्रचारक संस्थान—वाराणसी—1969।
18. पाश्चात्य साहित्यशास्त्र की भूमिका—डॉ० मदन केवलिया, अनुपम प्रकाशन—जयपुर—1972।
19. समीक्षालोक—प्रो० भगीरथ दीक्षित, समुदाय प्रकाशन—बम्बई—1964।
20. हिन्दी साहित्य में विविध वाद—डॉ० प्रेम नारायण शुक्ल, पद्मजा प्रकाशन—कानपुर।
21. पाश्चात्य काव्य-शास्त्र के सिद्धान्त—डॉ० शान्तिस्वरूप गुप्त, अशोक प्रकाशन—दिल्ली—1965।
22. स्वच्छन्दतावाद एवं छायावाद का तुलनात्मक अध्ययन—डॉ० शिवकरण सिंह, किताब महल—इलाहाबाद—1967।
23. आलोचक और आलोचना—डॉ० बच्चनसिंह, विश्वविद्यालय प्रकाशन—वाराणसी।
24. काव्य में अभिव्यंजनावाद—लक्ष्मी नारायण सिंह 'सुधांशु'।
25. चिन्तामणि, भाग-2—आचार्य रामचन्द्र शुक्ल।
26. साहित्यालोचन—डॉ० श्यामसुन्दर दास।
27. काव्य और कला तथा अन्य निबंध—जयशंकर प्रसाद।
28. सिद्धान्त और अध्ययन—बाबू गुलाबराय।
29. त्रिशंकु—ही० वा० अज्ञेय।

अंग्रेजी

1. Encyclopedia Brittanica, Vol. 12, 18, 21.
2. Encyclopedia Americana, Vol. I.
3. The Reader's Encyclopedia of American Literature—Mx. J. Herzberg.
4. Encyclopedia of Poetry and Poetics—Alex Preminger.
5. Dictionary of World Literature—Joseph T. Shipley.
6. Dictionary of World Literary Terms—Joseph T. Shapely.
7. Literary Criticism : A Short History—William K. Wimsaat JR. and Cleanth Brooks, Oxford Publishing Co. Calcutta—1964.

8. A Short History of English Criticism—George Saintsbury-London—1911.
9. A History of Modern Criticism—Rene Wellek (1750-1950)
Four Volumes—(1) The Later Eighteenth Century.
(2) The Romantic Age
(3) The Later Nineteenth Century.
(4) The Twentieth Century.
1955—London
10. The Making of Literature—R.A. Scott James—1958—London.
11. Discrimination—Further Concepts of Criticism—Rene Wellek, 1970. Vikas Publications—Delhi.
12. Critics and Criticism—Ed. R. S. Crane, 1957—Chicago.
13. Critics and Criticism—A. G. George, 1971, Asia Publishing House—Bombay.
14. Imagism—A chapter for the History of Modern poetry 1951—U. S. A. Stanley K. Coffman, J. R.
15. An Introduction to English Criticism—B. Prasad—1965 Macmillan and Co.
16. Aristotle's Theory of Poetry and Fine Art—S. H. Butcher.
17. Critical Approaches to Literature—David Daiches.
18. Literary Criticism in Antiquity—J. W. H. Atkins.
Vol. I—Greek.
Vol. II—Graceo—Roman
19. English Literary Criticism—J. W. H. Atkins.
Vol. (1) The Medieval Phase.
(2) The Renaissance.
(3) Seventeen and Eighteenth Century.
20. Aristotle's Poetics—Humphry House—1965, Lyall Book Depot—Chandigarh.
21. Literary Criticism—An Introductory Reader-1970.—U.S.A. Edit. Lionel Trilling.
22. Maker's of Literary Criticism—Vol. I, 1966-Edit. Rajan And George.
23. Ars Poetica—Translated by T. A. Moxon-Everyman's Library Series.
24. The Whirligig of Taste, E. E. Kellett (Hogarth Press)
25. Italian Literature—Richard Garnett.

26. The Literary Critics—George Watson.
27. Matthew Arnold—H. W. Paul.
28. Twentieth Century Literature—A. C. Ward.
29. Othello—William Shakespeare.
30. A Glossary of Literary Terms—M. H. Abrams.
31. Simplifications—An Introduction to Structuralism and Post Structuralism—Aniket Jaaware.
32. Writing and Difference—Derrida Jacques—Translation : David B.
33. Course in General Linguistics : de Sassure Ferdinand.
34. Madness and Civilization : Foucault Michel.
35. Selected Writings : Barthes Roland.
36. Surprised by Sin : The Reader in Paradise Lost : Fish Stanley.

राजनीति-शास्त्र

हिन्दी

1. आधुनिक राजनीतिक चिंतन—हरिदत्तशास्त्री।
2. आधुनिक राजनीतिक विचारों का इतिहास—डॉ० प्रभुदत्त शर्मा।
3. मार्क्स-एंगिल्स-मार्क्सवाद—ब्ला० इ० लेनिन—प्रगति प्रकाशन-मास्को।

अंग्रेजी

1. Marxist Philosophy—V. Afansasyev.
2. A History of Political Theory—George H. Sabine.

दर्शनशास्त्र

1. A Short History of Existentialism—Jean Wahl—1949, New York.
2. A History of Philosophy—Frank Thilly.
3. History of Philosophy—F. Compleston S. J.
4. Hegel : A Re-examination—J. N. Findley.

मनोविज्ञान

1. A History of Modern Psychology—Duane P. Schultz.
2. Historical Introduction—To Modern Psychology—Gardner Murphy.